辽宁省首批"十二五"普通高等教育本科省级规划教材

船舶动力装置技术管理

黄连忠　主　编
孙培廷　主　审

大连海事大学出版社

图书在版编目(CIP)数据

船舶动力装置技术管理／黄连忠主编．—大连：
大连海事大学出版社，2017.2(2020.4 重印)
辽宁省首批"十二五"普通高等教育本科省级规划教材
ISBN 978-7-5632-3456-1

Ⅰ.①船… Ⅱ.①黄… Ⅲ.①船舶机械—动力装置—
高等学校—教材 Ⅳ.①U664.1

中国版本图书馆 CIP 数据核字(2017)第 035324 号

大连海事大学出版社出版

地址:大连市凌海路1号 邮编:116026 电话:0411-84728394 传真:0411-84727996
http://press.dlmu.edu.cn E-mail:dmupress@dlmu.edu.cn
大连金华光彩色印刷有限公司印装 大连海事大学出版社发行

2017 年 2 月第 1 版	2020 年 4 月第 2 次印刷
幅面尺寸:184 mm×260 mm	印张:30.5
字数:756 千	印数:2001~3000 册

出版人:余锡荣

责任编辑:苏炳魁 责任校对:董洪英 刘若实 孙延彬
封面设计:解瑶瑶 版式设计:解瑶瑶

ISBN 978-7-5632-3456-1 定价:59.00 元

内容简介

本教材以培养轮机工程专业的高层次人才为目标,其主要研究任务是从轮机专业的实际需要出发,以船舶轮机安全、高效运行以及防止海洋污染为主线,使读者学习和掌握船舶动力装置的组成和设备配置、各种管理要点以及有关安全和防止海洋污染的法规,并且围绕船舶动力装置的可靠性、经济性要求,系统科学地掌握轮机工程及管理的相关知识。

本教材共分十一章,分别是船舶动力装置概论,船舶推进装置,推进装置的工况配合特性,船舶管路系统及其管理,船舶动力装置的可靠性与经济性管理,轮机部油料、备件和物料管理,船舶安全管理体系和船舶安全检查,船舶防污染,船舶技术状态监督与维护,船舶安全运行与应急处理,船员管理。

本教材反映了船舶动力装置技术管理发展的最新成果,具有较强的实用性。教材内容丰富,文字简明,深入浅出,篇幅适中。本教材主要是作为轮机工程专业本科教材,也可供船舶轮机管理人员及从事相关专业的工程技术人员参考。

前　言

本教材曾被列为航海类专业精品系列教材,也曾是"十一五"普通高等教育本科国家级规划教材。本教材前一版主编为于洪亮,副主编为黄连忠。本教材自 2009 年 10 月由大连海事大学出版社出版后,一直被全国航海类院校轮机工程专业使用。

本次修订后本教材被列为辽宁省首批"十二五"普通高等教育本科省级规划教材,按照辽宁省对普通高等教育本科省级规划教材的最新要求,并参考了教育部对普通高等教育本科国家级规划教材的最新要求。本教材在编写过程中参考了大量船舶动力装置技术管理的最新资料,听取了我国航运界有关专家对原教材的意见,收集了有关船舶动力装置,尤其是船舶柴油机动力装置技术管理方面的经验和案例,以当前典型的船用大型低速二冲程柴油机及中速四冲程柴油机为主要参考机型,结合各种船型,融合了原教材的经典内容,并对原教材中过时的内容进行了更新和修订。本次修订的主要内容如下:

1. 根据 2010 年《1978 年海员培训、发证和值班标准国际公约马尼拉修正案》和 2012 年《中华人民共和国海船船员适任考试和发证规则》的最新要求,对教材相关内容进行了修订。

2. 根据国际海事组织《SOLAS 74 公约》两个议定书(即 1978 年 SOLAS 议定书和 1988 年 SOLAS 议定书)和修正案提出的新要求,对教材相关内容进行了修订。

3. 根据国际海事组织《国际防止船舶造成污染公约》等防污公约修正案提出的新要求,对教材相关内容进行了修订。

4. 根据国际劳工组织《海事劳工公约》提出的最新要求,对教材相关内容进行了修订。

5. 根据中国船级社 2015 年《钢质海船入级规范》的新要求,对教材相关内容进行了修订。

6. 由于近十年来船舶柴油机动力装置的最新发展,对船舶柴油机动力装置的技术管理相关内容进行了修订。

7. 根据近年来各船型船舶动力装置的运转情况和管理经验,对相关内容进行了修订。

因为于洪亮已调离大连海事大学,因此,本书由黄连忠主编,孙培廷主审。本次编写修订工作由大连海事大学轮机工程学院黄连忠、张跃文、邢辉、仇大志、赵俊豪、魏一、冯伟、姜兴家、梁大龙、张君彦共同完成。全书共十一章。第一章由黄连忠编写修订;第二章由赵俊豪、魏一编写修订;第三、六章由邢辉、冯伟编写修订;第四、十一章由赵俊豪、张君彦编写修订;第五、九章由黄连忠、张跃文编写修订;第七、八章由仇大志、梁大龙编写修订;第十章由仇大志、姜兴家编写修订。全书由黄连忠统稿。

孙培廷教授一直十分关心本教材的编写工作,在本教材的编写和审定的各个阶段都提出了许多意见和建议,对提高本书质量做出了较大贡献。本教材也得到了大连海事大学领导、大连海事大学教务处和轮机工程学院领导及主动力装置教研室全体教师的大力支持,在此向上述单位和所有关心、帮助本教材编写和出版的专家和老师表示衷心感谢。

由于教材内容广泛,编者学识水平有限,书中难免存在不当之处,恳请读者批评指正。

编　者

2016 年 12 月

目　录

第一章 船舶动力装置概论

第一节 船舶的发展及分类

一、船舶发展概况

船舶作为一种水上交通工具，发展至今已有五千多年的历史，几乎与人类文明史一样悠久。从古代的独木舟发展到现代各类船舶，大体经历了下面几个不同阶段：

1. 以造船材料的发展划分

（1）木船时代

19世纪以前，船舶几乎都是木材建造的。

（2）铁船时代

19世纪50年代开始进入铁船全盛时期，时间较短，仅二三十年的时间。

（3）钢船时代

19世纪80年代开始，绝大部分船舶均采用钢材建造。20世纪40年代以前都采用铆接结构，以后部分船舶采用焊接结构，20世纪50年代以后基本上都采用焊接结构。

2. 以推进装置的发展划分

（1）舟筏时代

如图1-1所示，独木舟起源于石器时代，后被木筏、竹筏、兽皮做成的皮筏所取代。进入青铜器时代以后，出现了木板船。舟筏时代所用的推进工具是木制的桨、橹或竹制的篙。

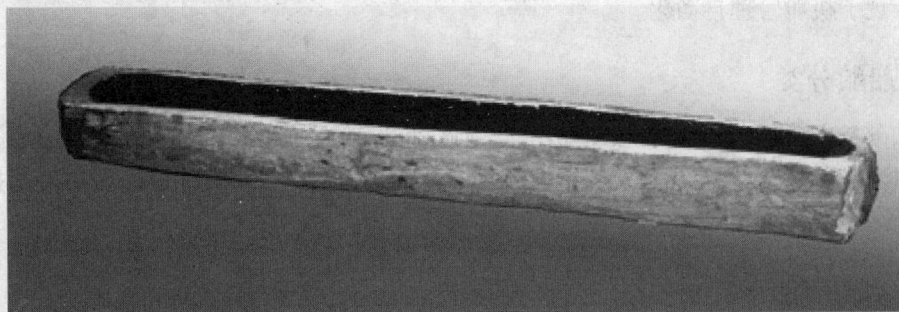

图1-1 上古时期的独木舟

（2）帆船时代

远在公元前4000年就出现了帆船，15世纪到19世纪中叶为帆船的鼎盛时期，如图1-2所示，直到19世纪70年代以后才逐渐被蒸汽机船所取代。

(a)英国3桅帆船　　　　　　　(b)拉丁式大帆船　　　　　　　(c)美国双桅帆船

图1-2　帆船

（3）蒸汽机船时代

蒸汽机船包括往复式蒸汽机船和回转式汽轮机船两种类型。1807年世界上第一艘往复式蒸汽机船在美国建成并试航成功，如图1-3所示。1894年～1896年世界上第一艘回转式蒸汽轮机船建成。20世纪50年代往复式蒸汽机船逐渐被淘汰。

（4）柴油机时代

20世纪初柴油机开始应用于船舶。20世纪40年代末，柴油机船的吨位就已超过蒸汽机船，目前世界船队中柴油机船占绝对优势。

近五十年来，船舶发展的突出特点是：专业化、大型化、自动化。最早的专业化运输船舶主要是运输散装石油的油船，而其他海上货运船舶专业化，大体是从20世纪50年代才发展起来的。船舶大型化可以降低单位造价，有利于降低运输成本。20世纪50年代以后，商船向大型化发展非常迅速，如远洋船舶中的大型油船最大载重量从1950年的2.8万吨，发展到1980年的56.3万吨；大型散货船最大载重量发展到2010年的20万吨以上；大型集装箱船最大装载量发展到2014年的近20 000个标准集装箱。近几十年来，船舶专业化的程度越来越高，船舶基本上实现了机舱管理自动化。

二、船舶分类

船舶分类方法很多，通常可按船舶用途、航区、推进动力的形式、推进器的形式、机舱位置、造船材料、航行状态以及上层建筑的结构形式等进行分类，其中，多数船舶是按船舶用途来分类的。

1. 按船舶用途分类

（1）军用船

军用船指用于从事作战或辅助作战的各种舰艇。

（2）民用船

(a) 世界上第一艘投入运输的木壳明轮船"克莱蒙特"号

(b) "克莱蒙特"号的明轮动力系统

图1-3 蒸汽机船

民用船包括运输船、工程作业船、工作船舶、渔业船等,如图1-4所示。

①运输船:运输船又称商船,是指从事水上客货运输的船舶。大致可分为8种类型:

a. 客船、客货船、渡船;b. 普通货船(即杂货船);c. 集装箱船、滚装船、载驳船;d. 散粮船、运煤船、矿砂船;e. 油船、液化气体船、液体化学品船;f. 多用途散货船,包括矿砂/油两用船、矿砂/散货/油三用船;g. 特种货船,指木材船、冷藏船、运输汽车的滚装船等;h. 驳船,有拖船拖带和顶推船顶推两种作业方式。

②工程作业船

工程作业船是指在港口、航道等水域从事各种工程作业的船舶。主要有挖泥船、打捞船、测量船、起重船、打桩船、钻探船等,如图1-5所示。

(3) 工作船舶

工作船舶又称为特殊用途船,是指为航行进行服务工作或其他专业工作的船舶,诸如破冰船、引航船、供应船、消防船、航标船、科学调查船、航道测量船等,如图1-6所示。

(a)5 600箱集装箱船　　　(b)全压式液化气运输船　　　(c)16 000吨客/车滚装船

(d)破冰型多用途拖船　　　(e)散货船　　　(f)20 200立方米电力推进化学品船

图1-4　民用船

(a)抓斗式挖泥船　　　(b)远洋打捞救生船　　　(c)打桩船

图1-5　工程作业船

(a)破冰船　　　(b)消防船

图1-6　特殊用途船舶

（4）渔业船

渔业船是指从事捕鱼和渔业加工的船舶。

2.按航区分类

（1）远洋船舶

远洋船舶指在环球航线上航行的船舶,即通常所指的能航行于无限航区的船舶。

（2）近海船舶

近海船舶指航行于距岸不超过200 n mile 海域(个别海区不超过120 n mile 或50 n mile)

的船舶,即航行于近海航区的船舶,可以来往于邻近国际间港口。

(3)沿海船舶

沿海船舶指航行于距岸不超过 20 n mile 海域(个别海区不超过 10 n mile)的船舶,即沿海岸航行的船舶。

(4)内河船舶

内河船舶指在内陆江河中航行的船舶。

3.按推进动力的形式分类

(1)蒸汽机船

蒸汽机船指以往复式蒸汽机作为主机的船舶。

(2)汽轮机船

汽轮机船指以回转式蒸汽机作为主机的船舶。

(3)柴油机船

柴油机船指以柴油机作为主机的船舶。

(4)燃气轮机船

燃气轮机船指以燃气轮机作为主机的船舶。

(5)电力推进船

电力推进船指由主机带动主发电机发电,再通过推进电动机驱动螺旋桨的船舶。

(6)核动力船

核动力船指利用核燃料在反应堆中发生裂变反应放出的巨大热能,再加热水产生蒸汽供汽轮机驱动螺旋桨工作的船舶。

4.按推进器形式分类

(1)螺旋桨船

螺旋桨船指以螺旋桨为推进器的船舶,常见的有定距桨船和调距桨船两种。

(2)平旋推进器船

平旋推进器船指以平旋轮为推进器(又称为直翼推进器)的船舶。

(3)明轮船

明轮船指以安装在船舶两舷或船尾的明轮为推进器的船舶。

(4)喷水推进船

喷水推进船指利用船内水泵自船底吸水将水流从喷管向后喷出所获得的反作用力作为推进动力的船舶。

(5)喷气推进船

喷气推进船指将航空用的喷气式发动机装在船上以供推进用的船舶。

5.按机舱位置分类

(1)中机型船

中机型船指机舱位于其中部的船舶。

(2)尾机型船

尾机型船指机舱位于其尾部的船舶。

(3)中尾机型船

中尾机型船指机舱位于船舶中部偏后的船,又称为中后机型船。

6. 按造船材料分类

（1）钢船

钢船指以钢板及各种型钢为主要材料的船舶。

（2）木船

木船指以木材为主要材料，仅在板材连接处采用金属材料的船舶。

（3）钢木结构船

钢木结构船指船体骨架用钢材，船壳用木材建造的船舶。

（4）铝合金船

铝合金船指以铝合金为主要材料的船舶。

（5）水泥船

水泥船指以钢筋为骨架，涂以抗压水泥而形成的船舶。

（6）玻璃钢船

玻璃钢船指以玻璃钢为主要材料的船舶。

7. 按航行状态分类

（1）排水型船

排水型船指靠船体排开水面获得浮力，从而漂浮于水面上航行的船舶。

（2）潜水型船

潜水型船指潜入水下航行的船舶，如潜水艇等。

（3）腾空型船

腾空型船指靠船舶高速航行时所产生的水升力或靠船底向外压出空气，在船底与水面之间形成气垫，从而脱离水面而在水上滑行或腾空航行的船舶，如水翼艇、滑行艇、气垫船等。

8. 按上层建筑结构形式分类

（1）平甲板型船

平甲板型船指上甲板上无船楼的船舶。

（2）首楼型船

首楼型船指上甲板上只设有首楼的船舶。

（3）首楼和尾楼型船

首楼和尾楼型船指甲板上只设有首楼和尾楼的船舶。

（4）首楼和桥楼型船

首楼和桥楼型船指上甲板上设有首楼和桥楼的船舶。

（5）三岛型船

三岛型船指上甲板上设有首楼和尾楼的船舶。

第二节 船舶动力装置的含义及组成

一、船舶动力装置的含义

现代船舶是一片可在水上游动、具有现代化城市功能的船旗国浮动领土。如第一节所述，船舶历史悠久，在以前相当长的岁月里，船舶都是以人力、风力作为船舶航行的动力。直到1807年，以蒸汽作为船舶推进动力源的"克莱蒙特"号的建成，才标志着船舶以机械作为推进动力源时代的开始。

当时的推进器是由蒸汽机带动一个桨轮构成，构成推进器的桨轮直径较大且大部分露出水面，因而人们又称之为"明轮"，而把装有明轮的船舶称为"轮船"，把产生动力的蒸汽锅炉和蒸汽机等成套设备称为"轮机"，所以，当时的"轮机"仅是推进设备的总称。随着科学的发展和技术的进步，为适应船上的各种作业、人员生活、财产和人员安全的需要，不仅推进设备逐渐完善，而且还增设了诸如船舶电站、装卸货机械、冷藏和空调装置、海水淡化装置、防污染设备以及压载、舱底、消防、蒸汽、压缩空气等系统，扩大了"轮机"一词所包含内容的范围。一般来说，"船舶动力装置"的含义和"轮机"的含义基本相同，即：为了满足船舶航行、各种作业、人员的生活、财产和人员的安全需要所设置的全部机械、设备和系统的总称。它是船舶的心脏。

二、船舶动力装置的组成

船舶动力装置主要由推进装置、辅助装置、管路系统、甲板机械、自动化设备和特种系统等六部分组成。

1. 推进装置

推进装置是指发出一定功率、经传动设备和轴系带动螺旋桨，推动船舶并保证一定航速前进的设备。它是船舶动力装置中最重要的组成部分，包括：

（1）主机

主机是指推动船舶航行的动力机。如柴油机、汽轮机、燃气轮机等。

（2）传动设备

传动设备是隔开或接通主机传递给传动轴和推进器的功率，同时还可以使后者达到减速、反向和减振目的的设备。其设备包括：离合器、减速齿轮箱和联轴器等。

（3）轴系

轴系用来将主机的功率传递给推进器。它包括：传动轴、轴承和密封件等。

（4）推进器

推进器是能量转换设备。它是将主机发出的能量转换成船舶推力的设备。它包括：螺旋桨、喷水推进器、电磁推进器等。

绝大多数船舶使用的推进器是螺旋桨，通过其在水中旋转推动水流产生的推力推动船舶运动。如图1-7所示为典型的船舶推进装置的示意图，图中示出了主机、传动设备、轴系和螺旋桨的连接情况。主机2的转矩通过传动设备3和轴系4传递到螺旋桨5，使其在水中转动，

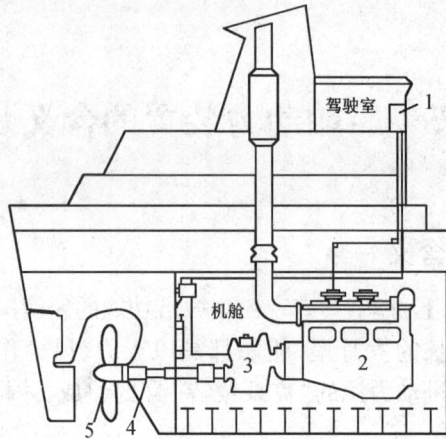

图 1-7 船舶推进装置示意图

1—遥控操纵台;2—主机(柴油机);3—传动设备(包括离合
器和减速齿轮箱);4—轴系;5—推进器(螺旋桨)

使船舶前进或后退。图 1-7 中驾驶员从驾驶室通过车钟与机舱的值班轮机员取得联系或直接遥控主机,改变主机的转速和轴系的转动方向,从而控制船舶航行速度和方向。

2.辅助装置

辅助装置是提供船舶除推进船舶运动所需能量以外,用以保证船舶航行和生活需要的其他各种能量设备。它包括:

(1)船舶电站

船舶电站的作用是供给辅助机械及全船所需的电能。由发电机组、配电板及其他电气设备组成。

(2)辅锅炉装置

辅助锅炉装置一般提供低压蒸汽,以满足加热、取暖及其他生活需要。它由辅助锅炉及为其服务的燃油、给水、鼓风、配汽系统及管路、阀件等组成。

(3)压缩空气系统

压缩空气系统供应全船所需的压缩空气,以满足作业、起动及船舶用气等用途。主要有空气压缩机、空气瓶、管系及其他设备。

3.管路系统

管路系统是用来连接各种机械设备并输送相关流体的管系。由各种阀件、泵、滤器、热交换器等组成,它包括:

(1)动力系统

为推进装置和辅助装置服务的管路系统。主要包括:燃油系统、滑油系统、海淡水冷却系统、蒸汽系统和压缩空气系统等。

(2)辅助系统

为船舶平衡、稳性、人员生活和安全服务的管路系统。也称船舶系统。主要包括:压载系统、舱底水系统、消防系统、日用海淡水系统、通风系统、空调系统和冷藏系统等。

4.甲板机械

为保证船舶航向、停泊、装卸货物所设置的机械设备。它主要包括:舵机、锚机、绞缆机、起货机、开/关舱盖机械、吊艇机及舷梯升降机等。

5. 自动化设备

为改善船员工作条件、减轻劳动强度和维护工作量、提高工作效率以及减少人为操作失误所设置的设备。主要包括:遥控、自动调节、监控、报警和参数自动打印等设备。

6. 特种系统

为某些特种船舶而设计、装备的系统。如油船的原油/海水洗舱系统、浮式储油船的单点系泊系统、挖泥船的泥浆抽吸系统等。

第三节　船舶动力装置的类型及特点

在船舶动力装置各组成部分中,无论从重要程度、制造成本来看,还是从营运费用、日常维护管理所投入的工作量来看,推进装置都处于最显著的地位。因此船舶动力装置往往以推进装置的类型进行分类。

一、蒸汽动力装置

根据运动方式的不同,蒸汽动力装置有往复式蒸汽机和汽轮机两种。往复式蒸汽机最早应用于海船,由于它具有结构简单、运转可靠、管理方便及噪声小等优点,在过去很长的一段时间内占据着主导地位。但由于其经济性差、体积和重量大,现在已经基本上被其他船用发动机所代替。汽轮机自装船使用以来,由于受到柴油机的挑战,一直发展缓慢。主汽轮机虽然单机功率大、运转平稳、摩擦和磨损小、噪声小,但其装置的热效率低,要配置重量尺寸较大的锅炉、冷凝器、减速齿轮装置以及其他辅助机械,因此装置的总重量和尺寸均较大,这就限制了它在中小船舶上的应用。然而近年来,由于新技术、新工艺的应用,使汽轮机和锅炉的效率得到了提高,不少资料表明,在功率超过 22 000 kW 和船速超过 20 kn 时,汽轮机动力装置的优越性更为突出。

汽轮机动力装置由锅炉、汽轮机、冷凝器、轴系、管系及其他有关机械设备组成,其工作原理如图 1-8 所示。由图 1-8 可知,燃料在锅炉 1 的炉膛里燃烧,放出热量,水在水管中吸热并汽化成饱和蒸汽;饱和蒸汽在蒸汽过热器 2 中吸热变成过热蒸汽;过热蒸汽进入高压汽轮机 4 和低压汽轮机 5 膨胀做功,使汽轮机叶轮旋转,再通过减速齿轮 6 带动螺旋桨 7 工作。做过功的乏气在冷凝器 8 中将热量传给冷却水,同时本身凝结成水,然后由凝水泵 10 抽出,并经给水泵 11 通过给水预热器 12 泵入锅炉 1 的水鼓中,从而形成一个工作循环。冷凝器的冷却水用循环泵 9 由舷外泵入,吸热后又排至舷外。

汽轮机推进装置具有如下优点:

(1)由于汽轮机工作过程的连续性有利于采用高速工质和高转速工作轮,因此单机功率比活塞式发动机大。

(2)汽轮机叶轮转速稳定,无周期性扰动力,因此机组振动小、噪声低。

(3)磨损部件少,工作可靠性大,使用期限可达 100 000 h 以上。

(4)使用劣质燃油,滑油消耗率也很低,为 $0.1 \sim 0.5$ g/(kW·h)(柴油机的滑油消耗率一

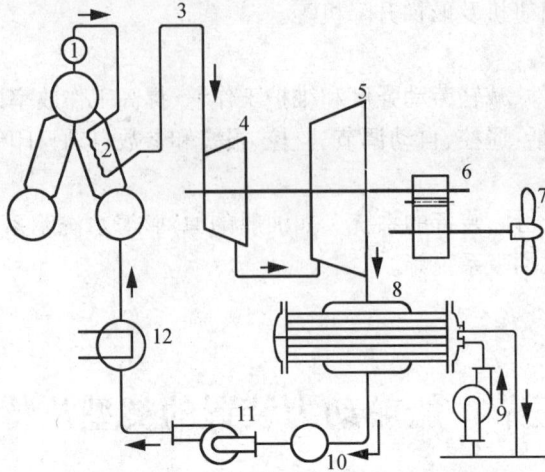

图 1-8　汽轮机动力装置原理图

1—锅炉;2—过热器;3—主蒸汽管路;4—高压汽轮机;5—低压
汽轮机;6—减速齿轮;7—螺旋桨;8—冷凝器;9—冷却水循环
泵;10—凝水泵;11—给水泵;12—给水预热器

般为 $3 \sim 10$ g/(kW·h)。

汽轮机动力装置存在以下缺点:

(1)装置的总重量、尺寸大。因为它配置了主锅炉以及为其服务的辅助机械和设备,占去了船体许多营运排水量。

(2)燃油消耗大,装置效率较低,额定经济性为柴油机装置的 $1/2 \sim 1/1.5$;在部分工况下,甚至为 $1/3 \sim 1/2.5$;在相同燃油储备下续航力降低。

(3)机动性差,备车时间和变工况时间较柴油机动力装置长。

二、燃气动力装置

在燃气动力装置中,根据发动机运动方式的不同,有柴油机动力装置和燃气轮机动力装置两种。

1. 柴油机动力装置

一般认为,1912 年投入营运的 Selandia 号是世界上第一艘远洋柴油机船。从此以后,柴油机动力装置就在同蒸汽动力装置的竞争中不断发展壮大。1914 年只有不足 300 艘柴油机船,其总吨位约为 235 000 GRT;10 年以后,柴油机船已发展到约 2 000 艘,总吨位达 2 000 000 GRT;1940 年柴油机船进一步发展到约 8 000 艘,总吨位达 18 000 000 GRT。1939 年,柴油机船在世界船队总吨位中所占的比例也从 1920 年的不足 4% 上升到约 60%。从 20 世纪 40 年代开始,可以说船舶动力装置开始进入到了柴油机时代。

目前,船舶柴油机在民用船舶动力装置中占绝对统治地位,不仅占领了普通船舶动力装置领域,也占领了 VLCC、大型散货船和集装箱船等在传统上属于蒸汽动力装置的领域。近年来在 LNG 船舶动力装置中开发的双燃料柴油机也取代了蒸汽动力装置的地位,船舶柴油机基本上成为船舶主机的代名词。近 20 年来,船舶柴油机动力装置在民用船舶动力装置中所占的比例都超过了 98.5%,在某些年份甚至高达 100%。在全部民用船舶柴油主机中,以功率计算,二冲程(大功率)低速机约占80%,四冲程中速机约占20%;若以装机台数计算,二冲程低速机约占60%,四冲程中速机约占40%。

柴油机在船舶上的另一个主要的应用场合是作为发电机的原动机,也就是作为船舶副柴油机,也称为船舶副机。从船舶实际使用来看,除了少数蒸汽动力船舶,无论是远洋、近海还是内河船舶,绝大多数都是以柴油机作为发电原动机。可以说,柴油机作为发电原动机也占了绝对的主导地位。

柴油机动力装置具有如下优点:

(1)具有较高的经济性,耗油率比蒸汽、燃气轮机动力装置低得多。目前,低速柴油机的耗油率为160~170 g/(kW·h);中速机的耗油率为170~190 g/(kW·h);高速机的耗油率为220~240 g/(kW·h)。一般汽轮机装置耗油率为180~350 g/(kW·h),燃气轮机装置耗油率则更大,为240~400 g/(kW·h)。这一优点使柴油机船舶的续航力大大提高。换句话说,一定续航力所需的燃油储备量较少,从而使营运排水量相应增加。

(2)重量轻。柴油机动力装置除主机和传动机组外,不需要锅炉、燃烧器及工质输送管道等,所以,辅助设备和机械相应较少、布置简单,因此单位重量指标较少。

(3)具有良好的机动性,操作简单、起动方便、正倒车迅速。

柴油机动力装置工作中也存在如下缺点:

(1)工作时噪声和振动较大。

(2)中、高速柴油机的运转部件磨损较严重,高速强载柴油机的整机寿命为1 000~2 000 h。

(3)柴油机在低速时稳定性差,因此不能有较小的最低稳定转速,影响船舶的低速航行性能。另外,柴油机的过载能力也较差,在超10%负荷时,一般仅能运行1 h。

一般对船用主机来讲,经济性、可靠性和使用寿命是第一位的,重量和尺寸是第二位的。据此,低速二冲程柴油机因其效率高、功率大、工作可靠、寿命长、可燃用劣质油以及转速低(通常为100 r/min左右,最低可达56 r/min)等优点适于作船舶主机使用。大功率四冲程中速柴油机因其尺寸与重量小,较适于作为滚装船和集装箱船舶主机。船舶发电柴油机(称副机)因其发电机要求功率不大,转速较高以及结构简单,因而均采用中、高速四冲程筒形活塞式柴油机。

柴油机动力装置占绝对优势的状况已存在多年,在今后一个相当长的时期内还将继续下去。柴油机本身的热效率现在已提高到50%以上,进一步提高的步伐已经有所放慢。但优化整个动力装置配套、加大废热利用的广度和深度,以进一步提高整个动力装置经济性的研究将会加强。提高柴油机装置的可靠性和维修性研究,也已经越来越引起人们的重视。随着人们对不污染水域和大气的"绿色船舶"的期望,减少排放污染也是对柴油机动力装置提出的更高要求。

2. 燃气轮机动力装置

燃气轮机的制造业自20世纪30年代开始兴盛发展,第一批商船主机始于20世纪50年代。它的基本工作原理与汽轮机大致相似,只是在做功的工质方面有所不同。汽轮机中使用的燃料是在锅炉内燃烧,对锅炉中的水加热产生蒸汽,推动叶轮做功;而燃气轮机则利用燃料在燃烧室内燃烧,产生燃气推动叶轮做功。

如图1-9所示为燃气轮机装置的基本工作原理图。一般由三部分组成:

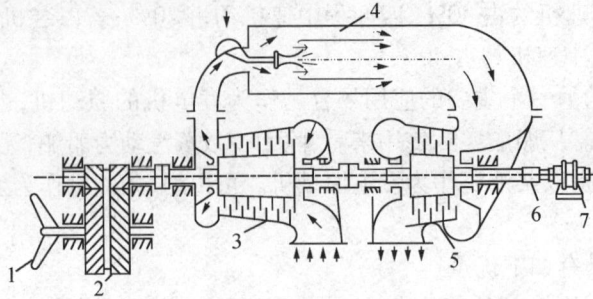

图 1-9　燃气轮机动力装置原理图

1—螺旋桨;2—减速齿轮;3—压气机;4—燃气发生器;5—燃气轮机;

6—联轴器;7—电动机

（1）压气机。压气机用来压缩进入燃烧室的空气。

（2）燃烧室。燃料在其中燃烧成燃气。

（3）燃气轮机。它将燃气的热能转变为推动轴系和螺旋桨的机械功。

如图 1-9 所示,供燃料燃烧的空气首先进入压气机 3,经过压气机压缩后温度升高到 100 ~ 200 ℃,然后再送到燃烧室(燃气发生器)4 中去,与此同时,燃料通过喷油嘴喷入燃烧室,与高温高压的空气混合后经点火即进行燃烧,这时温度可高达 2 000 ℃左右。一般用渗入压缩空气的方法,即二次进风的方法降低燃气温度至 600 ~ 700 ℃。燃气进入燃气轮机 5,在叶片槽道内膨胀,将其动能转换为机械功,使燃气轮机旋转,驱动压气机 3,随后通过减速齿轮 2 带动螺旋桨 1 工作。装置的起动是利用电动机 7 进行的,电动机通过联轴器 6 与燃气轮机连接。

燃气轮机装置有如下优点:

（1）单位功率的重量尺寸极小。加速用燃气轮机装置的单位重量可达 0.65 ~ 1.3 kg/kW,全工况用燃气轮机装置为 2 ~ 4 kg/kW。机组功率也较大,复杂线路的燃气轮机(有中间冷却、中间加热和回热措施)机组功率可达 60 000 kW。

（2）良好的机动性,从冷态起动至全负荷时间一般为 1 ~ 2 min,大功率复杂线路的燃气轮机装置也只需 3 ~ 5 min。

燃气轮机装置有以下缺点:

（1）主机没有反转性,必须设置专门的倒车设备。

（2）必须借助于起动电机或其他起动机械起动。

（3）由于燃气的高温,叶片材料的合金钢昂贵,工作可靠性较差,寿命短,如燃气初温在 750 ℃以上的燃气轮机,寿命为 500 ~ 1 000 h。

（4）由于燃气轮机工作时空气流量大,一般为 16 ~ 23 kg/(kW·h)。柴油机约为 5 kg/(kW·h),汽轮机约为 0.5 kg/(kW·h),因此进、排气管道尺寸较大,舱内布置困难,甲板上有较大的管道通过切口,影响船体强度。

（5）燃油消耗率较高,一般可达 200 ~ 390 g/(kW·h)。

三、核动力装置

核动力装置是以原子核的裂变反应所产生的巨大能量,通过工质(蒸汽或燃气)推动汽轮

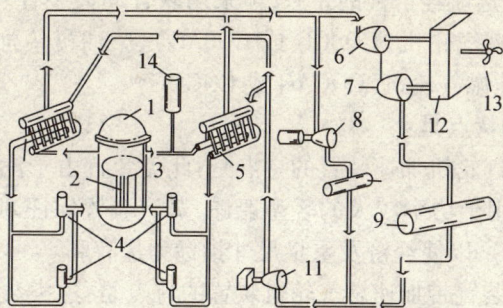

图 1-10 压力水堆核动力装置示意图

1—核反应堆;2—反应堆芯;3—控制棒;4—冷却循环泵;5—蒸汽发生器;6—高压汽轮机;7—低压汽轮机;8—辅汽轮机;9—主冷凝器;10—辅冷凝器;11—主给水泵;12—减速器;13—螺旋桨;14—稳压筒

机或燃气轮机工作的一种装置。现有的核动力装置几乎全部采用压力水型的反应堆。

如图 1-10 所示为压力水堆核动力装置的结构和工作原理图。核反应堆 1 里有反应堆芯 2 存放着核燃料,控制棒 3 可控制核裂变速度及释放出的热量,同时用控制棒起动和停堆。核裂变时释放出的热能被压力水带走,压力水由冷却循环泵 4 供给,压力水经过反应堆被加热后温度升高,然后经蒸汽发生器(热交换器)5 将热量传递给水,而本身温度下降。压力水放热后又进入冷却循环泵,重新被送入反应堆加热,因此,压力水形成一个闭合回路,称为第一回路。由蒸汽发生器产生的蒸汽,一路进入高压汽轮机 6 和低压汽轮机 7 膨胀做功,通过减速器 12 驱动螺旋桨 13 推动船舶。另一路蒸汽进入辅汽轮机 8 膨胀做功,驱动发电机向全船供电。做过功的乏蒸汽分别经主冷凝器 9 和辅冷凝器 10 凝结成水,凝水由主给水泵 11 送入蒸汽发生器 5,这又完成一个工作循环,称为第二回路。第二回路的基本工作原理与一般汽轮机动力装置相同。第一回路中的稳压筒 14 的作用是保持供入蒸汽发生器的压力水有足够的压力。

核动力装置有如下优点:

(1)核动力装置以及少量的核燃料能释放出巨大的能量,这就可以保证船舶以较高的航速航行极远的距离,如 11 000 kW 核动力装置工作一昼夜仅消耗核燃料 15~18 g。

(2)核动力装置在限定的舱室空间内所能供给的能量,比一般其他型式的其他动力装置要大得多。

(3)核动力装置的最大特点是不消耗空气而能获得能量,这就不需要进、排气装置。

核动力装置存在的缺点:

(1)核动力装置的重量、尺寸较大。

(2)核动力装置的操纵管理检查系统比较复杂。

(3)核动力装置的造价昂贵。

四、联合动力装置

对于民用船舶来说,主要考虑经济性,其他的问题可采用某些措施加以调整解决。对于某些有特殊要求的船舶来说,如军用舰艇,要求尽可能提高航速和机动性,增大功率的同时还要减少装置所占排水量以提高续航力。船舶全速工况要求动力装置发出最大功率,但全速工况在船舶总航行时间中只占2%左右,船舶大部分时间是巡航工况,要求经济性高,以提高续航力。为解决全速大功率与巡航经济性的矛盾,可采用联合动力装置。联合动力装置的型式目前有三种:汽轮机＋加速燃气轮机(COSOG 或 COSAG)、柴油机＋加速燃气轮机(CODOG 或 CODAG)、燃气轮机＋加速燃气轮机(COGAG 或 COGOG)。

三种联合动力装置的特点是:

(1)汽轮机装置带燃气轮机加速装置的特点是:此类装置由于汽轮机装置的一系列优点,与燃气装置联合后,能适用于功率较大的轻型船舶,蒸汽装置保证80%全速以下航行所需要的功率(即全功率约50%),以使经济及重量尺寸指标为最有利。

(2)全工况燃气轮机装置带加速燃气轮机装置的特点是:这类装置中,巡航燃气轮机装置可以采用复式线路(带中间冷却器及回热)工作的开式燃气轮机,或闭式循环工作的燃气轮机。前者具有蒸－燃联合装置的大部分优点,燃料消耗和重量尺寸都可减少;后者在巡航性能保证较高的热效率,部分负荷时性能良好。

(3)柴油机与燃气轮机联合的特点是:这类装置中,柴油机工作在巡航状态时,与燃气轮机两者都通过离合器与主减速器相联,采用倒顺离合器或调距桨实现倒车。这类装置常被小型船舶使用,它的常用功率一般小于全功率的50%,全功率仅占整个使用时间的1%～2%。

这类联合装置的优点是:

(1)重量尺寸小,一定排水量下可提高航速或增加配置功率。

(2)操纵方便,备车迅速,紧急情况下可将燃气轮机立即起动,用调距桨或倒顺离合器实现倒车。

(3)自巡航到全速工况加速迅速,可立即发出全功率。

(4)两个机组共同使用一个减速器,具有多机组并车的可靠性。

(5)管理与检修费较低。

由于是两种装置联合,因此有下列不足之处:

(1)必须配置适用不同机种的燃料及相应的管路的储存设备,不同种类燃料的储存比例影响船舶特性。

(2)共同使用一个主减速器,小齿轮数目多,结构复杂。

(3)在减速器周围布置两种不同类型机组有一定难度。

五、特种动力装置

1. 喷水推进装置

主机驱动水泵,产生高速高压的水流,向外喷出而使船舶运动的装置,在水翼船、气垫船和高速船上得到应用。

喷水推进装置在加速和制动性能方面具有和变螺距桨相同的能力,喷水推进船舶具有卓越的高速机动性,在回转时喷水推进装置产生的侧向力可使回转半径减小。喷水推进船舶舱内噪声和振动较小,比具有螺旋桨的船舶低(7～10)dB(A)。

2. 不依赖空气推进系统(Air Independent Propulsion System,简称 AIP)

为了增大常规潜艇水下续航力,在潜艇上增加一个舱段安装 AIP 系统,它采用电力传动装置,其热能机械可以是热气机、闭式循环柴油机、闭式循环蒸汽机或闭式循环燃气轮机,也可用燃料电池或小型核动力装置。

(1)用于水下潜航器的小型核能装置

是真正意义上的不依赖空气推进系统,但有别于核动力潜艇中的动力装置,它的最大特点是在所有的换热回路中,热载体的循环都是自然循环的,反应堆工作是自主调控和免维护的,且应有较高的核安全和生态环境安全性。小型核能装置在国内外受到广泛的关注,可望应用于航天器和海洋工作站。作为常规核潜艇的 AIP 系统,同样具有很大优势,它的特点是自持力极长,比能量很高,但效率低。

(2)不依赖空气闭式循环热能动力发动机

不依赖空气推进系统也可使用常规热能动力发动机,但工质是闭式循环的,这种发动机包括热气机、闭式循环柴油机、闭式循环蒸汽机或闭式循环燃气轮机。

热气机是一种外部加热(外燃式)活塞式发动机,它自身是工质被封闭在闭式回路中,通过一个外部加热器(或燃烧)装置对工质加热后,在气缸中将热能转化为机械能。热气机的燃烧系统若不依赖外界空气,燃烧系统也需形成闭式循环。

闭式循环柴油机是指不依赖空气能正常工作的柴油机。气缸内燃烧做功后的废气经冷却后排入一个吸收器,将其中的二氧化碳和水蒸气溶解在加热的海水中,剩下的不可溶气体进入混合室,在混合室内加入氧气和少量的惰性气体(氩气),由氧传感器测定工质中氧含量,并通过微机自动控制加入的氧气量,工质再送入气缸参加燃烧做功,从而形成闭式循环。

闭式循环蒸汽轮机是指不依赖空气能正常工作的蒸汽轮机。它由两个回路组成,一是产生高温燃气回路,二是产生蒸汽回路。高温燃气一般由乙醇和氧气在燃烧室燃烧产生,然后送至蒸汽发生器进行热交换,而后进入冷却装置,冷却后燃气一部分返回到燃烧室内,一部分靠自身高压直接排出舷外。蒸汽回路中水在蒸发器中受热而产生高温高压蒸汽,并通过蒸汽轮机输出功率,而后蒸汽进入冷凝器冷凝成水,再进入蒸发器从而完成蒸汽循环。

闭式循环燃气轮机是指不依赖空气能正常工作的燃气轮机。它由两个回路组成,一是产生高温燃气回路,基本上与闭式循环蒸气轮机系统相同。二是工质回路,工质进入压气机进行增压后,进入回热器利用做功后的余热加热,然后进入热发生器进一步加热(利用一回路来的热量),最后进入燃气轮机膨胀做功。带动同轴的压气机和发电机。做功后的工质从燃气轮机出来,经回热器放出部分余热,再进入冷却器冷却,再次进入压气机。

不依赖空气闭式循环热能动力装置由于使用的主机是常规动力机械,已具有成熟的制造和使用经验,这是其中优点之一,但工作中所需要的氧气是由液态氧气蒸发而来,因此闭式循环热能动力装置的总持续工作时间,除决定于燃料外还决定于液态氧的储存量,另外液态氧存储和安全性是个很重要的问题。

(3)燃料电池

燃料电池是较理想的水下能源,它是将燃料的化学能直接转换为电能的电化学装置。离子交换膜酸性燃料电池是以全氟磺酸型离子膜为固体聚合物电解质,铂为电催化剂,由外部不断供给燃料和氧化剂,纯氢(或由甲醇重整得到氢)为燃料,空气或氧为氧化剂。这种燃料电池的最大特点是可以在室温下起动。无腐蚀问题,寿命长,工作电流密度高。

半燃料电池是介于燃料电池和蓄电池之间的一种电池,它的金属阳极本身就是燃料。

铝-氧半燃料电池的电解质为氢氧化钾,阳极采用纯铝,氧输送到阴极处在催化剂作用下,将氧和电解质中的水还原成为氢氧根离子,由电解质运送到阳极,氢氧根离子与铝反应产生电子和氢氧化铝。

燃料电池的特点是没有复杂的运动机构,运动时无振动噪声,燃料利用率高,向环境排放的产物比较容易处理,但燃料、氧化剂的供给及电解质的循环等辅助系统比较复杂,还要采取各种措施保证氢、氧在燃料电池中正常安全运行。

3. 蓄热式非传统能源

蓄热式非传统能源是指高温蓄热器将基地或母船的热能储存起来,作为高温热源供给热电直接转换器或其他热能动力机械。高温蓄热器包括有相变蓄热和无相变蓄热两种,已知的无相变蓄热材料中,石墨的蓄热能力最强,在 1 000 K 时具有 $0.279(\text{kW} \cdot \text{h})/\text{kg}$ 的蓄热能力。热电直接转换器是以碱金属(如金属钠)为工作介质,利用固体电解质(如氢氧化铝)自阳极输送带电荷蒸汽离子至阴极并输出电流,钠蒸汽冷凝成液态再送至蒸发器成为钠蒸汽,完成热电转换过程。

4. 采用空间传输机的活塞式发动机

这类发动机气缸内活塞的往复运动,通过特殊传输机构变为轴的转动,其中包括凸轮式、摆盘式及斜盘式发动机。由于传输机构的特殊形式和多个气缸中心线与转轴中心线平行,且在其四周呈筒状布置,因而结构紧凑,重量轻,平衡性好。这些优点对于某些单级功率、尺寸和重量指标要求较高的使用现象,如水中鱼雷兵器、坦克等具有重要意义,因而受到许多国家军事部门的关注。

第四节　船舶动力装置的技术、经济及性能指标

各种船舶的动力装置虽然存在着类型、传动方式及航区等条件的不同,但其对一些基本特性指标却有着共同的要求。动力装置的基本特性指标是指技术指标、经济指标和性能指标。这些指标是我们对船舶进行选型、设计和判断性能优劣的重要依据。

一、船舶动力装置的技术指标

技术指标是标识动力装置的技术性能和结构特性的参数,它主要指下列几个指标:

1. 功率指标

功率指标表示船舶做功的能力。为了保证船舶具有一定的航速,就要求推进装置提供足够的功率。动力装置的功率是按船舶的最大航速来确定的。随着船舶营运时间的延长,船体水线以下锈蚀或附生物增多,使船舶附体阻力增加,航速下降,为了保持船舶的航速,船舶动力装置的功率应当有储备,即要高于桨的设计功率。在船舶以一定的航速前进时,螺旋桨产生的推力必须克服船体对水和风的阻力,这些阻力取决于船舶线型、尺寸、航行速度,以及风浪大小和航道深浅等。

(1)船舶有效功率 P_R

船舶有效功率是指推进船舶航行所需功率。如已知船舶的航行速度为 $V_S(\text{m/s})$、其运行阻力为 $R(\text{N})$,则有效功率

$$P_R = R \times V_S \times 10^{-3} \quad \text{kW} \tag{1-1}$$

P_R 常称为拖曳功率,可以从船模或实船的静水试验中得出。阻力 R 相当于速度 V_S 拖动船模(或实船)时绳索上的拖曳力。

（2）主机的输出功率

主机的输出功率即主机的制动功率或主机的有效功率。如果考虑了推进轴系的传动损失，主机的供给功率实际上就是指主机的额定功率

$$P_e = \frac{P_R}{\eta_H \cdot \eta_P \cdot \eta_S} = \frac{R \times V_S}{\eta_H \cdot \eta_P \cdot \eta_S} \times 10^{-3} \quad kW \tag{1-2}$$

式中，P_e——主机额定功率；

$\quad\eta_P$——螺旋桨效率；

$\quad\eta_S$——轴系传动效率；

$\quad\eta_H$——船身效率。

新船设计时，估算船舶的有效功率 P_R 可用"海军常数法"进行估算

$$P_R = \frac{D^{\frac{2}{3}} \cdot V_S^3}{C_B} \quad kW \tag{1-3}$$

式中，D——排水量，t；

$\quad V_S$——航速，kn；

$\quad C_B$——海军常数，与船型有关，根据弗劳德数（Fr）相同的母型船来估算。若已知母型船的航速 V_0、排水量 D_0 和功率 P_{E0}，则

$$C_B = \frac{D_0^{\frac{2}{3}} \cdot V_0^3}{P_{E0}} \tag{1-4}$$

（3）相对功率

对于排水量相同的船舶，由于其性质、任务不同，动力装置所要求的功率相差很大。为便于比较，通常用相对功率来表示。所谓相对功率，就是对应于船舶每吨排水量所需的主机有效功率。即

$$P_r = \frac{P_e}{D} \quad kW/t \tag{1-5}$$

或

$$P_r = \frac{P_R}{\eta_H \cdot \eta_P \cdot \eta_C \cdot D} = \frac{D^{\frac{2}{3}} \cdot V_S^3}{C_B \cdot \eta_H \cdot \eta_P \cdot \eta_C \cdot D} = \frac{1}{C_2} \cdot \frac{V_S^3}{\sqrt[3]{D}} \quad kW/t \tag{1-6}$$

式中，$C_2 = C_B \cdot \eta_P \cdot \eta_C \cdot \eta_H$；$P_r$ 为相对功率。

2. 重量指标

重量指标通常是相对于主机功率或船舶排水量而言，在一定的排水量下，为了保证船舶具有足够的载重量，要求动力装置的重量轻些为好。但对于排水量相同的船舶，由于彼此的航速不同，所需的总功率也不同，从而动力装置的重量相差也很大。

装置的重量指标，常采用主机的单位重量 g_m、动力装置的单位重量 g_z、主机的相对重量 a_m 和动力装置的相对重量 a_z 来表示。

（1）主机的单位重量 g_m

主机的单位重量 g_m 是指主机单位有效功率的重量，表达式为

$$g_m = \frac{G_m}{P_e} \quad kg/kW \tag{1-7}$$

式中，G_m——主机重量，kg；

P_e——主机有效功率,kW。

（2）动力装置的单位重量 g_z

动力装置的单位重量 g_z 是指主机单位有效功率所需动力装置的重量,表达式为:

$$g_z = \frac{G_z}{P_e} \quad \text{kg/kW} \tag{1-8}$$

式中,G_z——动力装置重量,kg;

P_e——主机有效功率,kW。

（3）主机的相对重量 a_m

主机的相对重量 a_m 是指主机重量 G_m 与船舶满载排水量 D 之比:

$$a_m = \frac{G_m}{D} \quad \text{kg/t} \tag{1-9}$$

式中,G_m——主机重量,kg;

D——船舶满载排水量,t。

（4）动力装置的相对重量 a_z

动力装置的相对重量 a_z 是指动力装置重量 G_z 与船舶满载排水量 D 之比:

$$a_z = \frac{G_z}{D} \quad \text{kg/t} \tag{1-10}$$

式中,G_z——动力装置重量,kg;

D——船舶满载排水量,t。

3.尺寸指标

动力装置的机械设备,绝大多数布置在机舱内。机舱的大小应当能够把这些机械设备合理地安排其中,便于维修管理。从这点出发机舱应宽敞些为好。但从增加船舶有效装载容积角度考虑,又要求机舱小些为好。对于不同船舶,机舱尺寸要求也不统一,为了表征机舱的面积和容积利用率,特引用面积饱和度和容积饱和度两个指标。

（1）面积饱和度 K_S

面积饱和度是指每平方米机舱面积所分配的主机有效功率,表达式为:

$$K_S = \frac{P_e}{S} \quad \text{kW/m}^2 \tag{1-11}$$

式中,P_e——主机有效功率,kW;

S——机舱所占的面积,m^2。

（2）容积饱和度 K_V

$$K_V = \frac{P_e}{V} \quad \text{kW/m}^3 \tag{1-12}$$

式中,P_e——主机有效功率,kW;

V——机舱所占的容积,m^3。

二、船舶动力装置的经济指标

船舶动力装置的经济指标常用以下指标表示。

1.动力装置的总效率

船舶动力装置的总效率主要由推进装置的热效率、柴油发电机组的热效率和燃油辅锅炉的热效率组成。对有焚烧炉的船舶应包括焚烧炉的热效率;对有废气余热利用设备的动力装置,应计及所回收的废热对动力装置总效率的影响。

(1)推进装置的热效率 η_T

推进装置的热效率是指推进装置所产生的有效功的热当量与主机所消耗热量之比,表达式为:

$$\eta_T = \frac{3\ 600 \cdot P_P}{G_e \cdot H_u} \tag{1-13}$$

而

$$P_P = P_e \cdot \eta_S \tag{1-14}$$

式中,P_e——主机的有效功率,kW;

P_P——考虑轴系损失后桨的吸收功率,kW;

G_e——主机每小时的燃油消耗量,kg/h;

η_S——轴系传动效率;

H_u——燃料的低热值,kJ/kg。

(2)柴油发电机组的热效率 η_g

柴油发电机组的热效率是指柴油发电机组电功率的热当量与其所消耗热量之比,表达式为:

$$\eta_g = \frac{3\ 600 \cdot P_g}{G_g \cdot H_u} \tag{1-15}$$

式中,P_g——柴油发电机组运行时的额定功率,kW;

G_g——柴油发电机组每小时的燃油消耗量,kg/h;

H_u——燃料的低热值,kJ/kg。

(3)燃油辅助锅炉的热效率 η_b

燃油辅助锅炉的热效率是指燃油辅助功率有效利用的热量与其所消耗热量之比,表达式为:

$$\eta_b = \frac{Q_b}{G_b \cdot H_u} \tag{1-16}$$

而

$$Q_b = G_{bs}(I_{bs} - I_{bg})$$

式中,Q_b——锅炉有效利用的热量,kJ/h;

G_b——锅炉每小时的燃油消耗量,kg/h;

H_u——燃料的低热值,kJ/kg;

G_{bs}——锅炉蒸汽产量,kg/h;

I_{bs}——湿饱和蒸汽热焓,kJ/kg;

I_{bg}——锅炉给水的热焓,kJ/kg。

2.柴油机的燃油消耗率 g_e

柴油机的燃油消耗率是指在单位时间内柴油机额定功率所消耗的燃油量,表达式为:

$$g_e = \frac{G_e}{P_e} \quad kg/(kW \cdot h) \tag{1-17}$$

式中，G_e——柴油机每小时燃油消耗量，kg/h；

P_e——主机有效功率，kW。

3. 船舶主机日耗油量 G_{de}

船舶主机日耗油量是指主机在 24 小时内的燃油消耗量，表达式为：

$$G_{de} = P_{ds} \cdot g_e \times 24 \times 10^{-3} \quad t/d \tag{1-18}$$

式中，P_{ds}——主机服务工况下常用功率，kW；

g_e——主机相应的燃油消耗率，kg/(kW·h)。

4. 船舶日耗油量 G_d

船舶日耗油量是指每 24 h 全船主机、发电柴油机、辅助锅炉所消耗的燃油总量，有时也称为船舶日耗油率(Daily Fuel Consumption)，表达式为：

$$G_d = G_{de} + G_{dg} + G_{db} \quad t/d \tag{1-19}$$

式中，G_{de}——船舶主机日耗油量，t/d；

G_{dg}——船舶发电柴油机日耗油量，t/d；

G_{db}——船舶燃油辅助锅炉日耗油量，t/d。

5. 船舶每海里燃油消耗率 g_n

船舶每海里燃油消耗率是指船舶航行每海里所消耗的燃油总量，表达式为：

$$g_n = \frac{G_t}{V_S} = \frac{G_{te} + G_{tg} + G_{tb} + G_{to}}{V_S} \quad t/n\ mile \tag{1-20}$$

式中，G_t——船舶每小时燃油消耗量，t/h；

V_S——航速，kn；

G_{te}、G_{tg}、G_{tb}、G_{to}——分别表示主机、发电柴油机、燃油辅助锅炉及焚烧炉等其他耗油设备每小时的耗油量，kg/h。

一般情况下，G_{tg}、G_{tb}、G_{to} 与航速无关。主机每海里燃油消耗率为：

$$g_{te} = \frac{P_e \cdot g_e}{V_S} = \frac{D^{\frac{2}{3}} \cdot V_S^3 \cdot g_e}{C_2 \cdot V_S} = \frac{D^{\frac{2}{3}}}{C_2} \cdot g_e \cdot V_S^2 \quad kg/n\ mile \tag{1-21}$$

式中，g_{te}——主机每海里燃油消耗率。

由式(1-21)可知，g_{te} 既与 g_e 有关，又与 V_S 有关。这项经济指标与船舶营运管理水平和轮机管理水平密切相关。

如图 1-11 所示为主机燃料消耗率和每海里航程船舶燃料消耗量随船速变化的关系图。当船舶处于慢速航行时，虽然主机燃油消耗率 g_e 较高，但船舶每海里燃油消耗率 g_n 却较低；随着船速的增加，虽然 g_e 有所降低，但 g_n 却明显增加。图 1-11 中 g_n 的最小值所对应的航速常称为节能航速。

6. 船舶经济航速

经济航速是指船舶营运时能取得某种经济效果的航速，常用的经济航速有以下几种：节能航速、最低营运费用航速和最大盈利航速。

(1) 节能航速

节能航速是指每小时燃油消耗量最低时的静水航速，它常由主机按推进特性运行时能维持正常工作的最低稳定转速所决定。营运船舶在实现减速航行时，主机所输出的功率大大减少，其每海里燃油消耗率大幅度降低。但航速降低后，营运时间被延长，运输的周转量也少了，

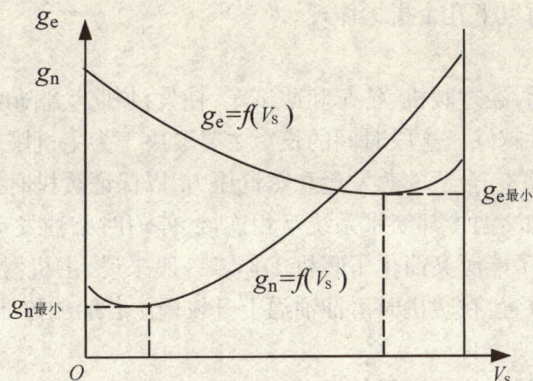

图 1-11　燃料消耗随航速变化关系图

故当船舶需实现减速航行时,尚应联系企业的货源、运力及完成运输周转量的情况综合考虑后再决策。

（2）最低营运费用航速

船舶航行一天的费用,主要由其固定费用（折旧费、修理费、船员工资、港口驶费、管理费、利息、税金以及船舶停泊期间燃、润油费等）和船舶航行时燃、润油费用构成。最低营运费用航速是指船舶每航行 1 n mile 上述固定费用及航行费用最低时的航速,可供船舶及其动力装置的性能评价及选型用。在满足完成运输周转量的前提下,船舶按最低营运费用航速航行,其成本费用最省,但它并未考虑停港时间及营运收入的影响,故不够全面。

（3）最大盈利航速

最大盈利航速是指每天（或船舶在营运期间）能获得最大利益的航速。此航速的大小,往往与每海里（或公里）运费收入、停港天数及船舶每天付出的固定费用有关。一般在运费收入低,停港时间长,运距短,油价高的情况下,其最大盈利航速相对较小。

三、船舶动力装置的性能指标

性能指标是进行动力装置选型的重要依据,也是反映装置好坏及特点的重要指标。它主要包括:装置的可靠性、机动性、续航力、振动和噪声控制、船舶自动化程度等。

1. 可靠性

可靠性对船舶动力装置来说具有特别重要的意义。船舶航行中长期远离陆地,在发生故障时不可能及时得到陆地人员的支援;若影响航行的重要部件发生故障,在复杂的航行环境和严峻的气象条件下,有可能导致海损和严重的海洋污染;可靠性不足会额外增加排除故障的开支,增加维修工作量,延长停航修理时间,降低营运效率。因此,船舶动力装置的可靠性一直受到人们的重视。

在实际设计与管理工作中,可靠性计算必须结合具体情况进行。设计者对所设计方案的工作可靠程度,虽已从理论上进行过计算与证明,但在船建成后其实际效果还与管理人员的工作经验,维修制度及其执行情况,环境条件的变化等因素有关。

2. 机动性

机动性是指改变船舶运动状态的灵敏性,它是船舶安全航行的重要保证。船舶起航、变速、倒航和回转性能是船舶机动性能的主要体现,而船舶的机动性取决于动力装置的机动性,动力装置的机动性主要由以下几个指标体现。

（1）起航时间

从接到起航命令开始，经过暖机、备车和冲试车，使发动机达到随时可用状态的时间。这段时间越短船舶的机动性越好。这段时间的长短主要取决于为主机服务的各油水系统温度的上升速度，这就要求辅锅炉有合适的蒸发量和蒸汽压力，以保证暖机时提供足够的蒸汽。许多船上主机和发电柴油机的高温冷却淡水系统互相连接，停泊时柴油发动机的冷却水流经主机气缸冷却空间，这既节约了能源又简化了暖机工作。一般来说，主机滑油循环柜储油较多，它又处在易散热的双层底位置，在暖机时滑油油温上升较慢。若船舶停航时间较短，完车后可以不停滑油分油机。

对货船来说，开船时间往往知道得较早，所以对起航时间没必要要求太短。大中型机船舶的推进柴油机在冬季暖机时间一般都在 2 h 以上。但对一些需要执行紧急任务的船舶，如消防、救生和缉私船等就要求具有很短的起航时间。

（2）发动机由起动开始至达到全功率所需的时间

这是动力装置加速性能的指标，它的长短直接影响到船舶加速的快慢，所以希望它短一些。这段时间的长短主要取决于发动机的型式，影响发动机加速的因素是它的运动部件的质量惯性和受热部件的热惯性，热惯性影响更为突出，在这方面中速机优于低速机。船舶本身的阻力大小对发动机的加速性能也有很大的影响，由于调距桨对外界条件有很好的适应性，它的加速性能明显优于定距桨。

（3）发动机换向时间和可能的换向次数

发动机换向所需的时间是指主机在最低稳定转速时，从发出换向指令到主机以相反方向开始工作所需的时间。换向时间越短发动机的机动性越好。柴油机起动和换向都很迅速，明显优于其他型式的发动机。按中国船级社《钢质海船入级规范》规定：主机换向时间不得大于 15 s。起动次数取决于空气瓶的容积和主机的起动性能，连续起动的次数越多越好。中国船级社《钢质海船入级规范》规定：供主机起动用的空气瓶至少应有 2 个，其容量在不补充空气的情况下，对每台可换向主机能在冷车条件下连续起动不少于 12 次，试验时应正倒车交替进行；对每台不能换向的主机能在冷车条件下连续起动不少于 6 次。

（4）船舶由全速前进变为倒航所需时间（或滑行距离）

这是体现主机紧急倒车性能的指标。由于船舶惯性大，由全速前进变为后退所需时间总是大大超过发动机换向所需时间。船舶开始倒航前滑行的距离主要取决于船舶的载重量、航速、主机的起动换向性能、空气瓶空气压力和主机倒车功率。根据国际海事组织要求，船舶由全速前进变为开始倒航前，滑行距离不能超过船体长度的 15 倍。

（5）发动机的最低稳定转速和转速禁区

发动机的最低稳定转速直接影响船舶微速航行性能。船舶在进出港口的机动操纵期间，往往需要很低的航速，主机最低稳定转速低，可得到较低的船速，因此主机的最低稳定转速应尽量低些。一般低速柴油机的最低稳定转速不高于标定转速的 30%，中速机不高于 40%，高速机不高于 45%。在主机使用转速范围内如果存在引起船舶或轴系共振的临界转速，则应规定为转速禁区，并在主机转速表上以红色表明。在主机使用转速范围内，转速禁区越少、越窄越好。

3. 续航力

续航力是指船舶不需要补充任何物资(燃油、滑油、淡水等)所能航行的最大距离或最长时间。它是根据船舶的用途和航区确定的。续航力不但和动力装置的经济性、物资储备量有关,也和航速有很大关系。续航力的表达式为:

$$L = \frac{G_C \cdot V_S}{G_T} \tag{1-22}$$

式中,G_C——船舶燃油储备量,t;

G_T——全船每小时燃油消耗量,t/h;

V_S——设计航速,kn。

4. 振动和噪声的控制

动力装置的噪声不仅影响机器的寿命,而且严重影响轮机人员的健康。为此船舶噪声标准中对机舱区的噪声有如下规定:无控制室机舱主机操纵为 90 dB,无人机舱或有控制室机舱为 110 dB,机舱控制室为 75 dB,机舱工作间为 85 dB。

轴系的扭振应力不得超过许用范围;否则将导致断轴和使柴油机的正常工作遭到破坏,故对它必须进行控制或回避,一般可以从结构设计或加装弹性联轴器等方式入手,使其扭振的附加应力不超过规范所规定的范围。一旦扭振许用应力超过正常值时,则应在其共振转速附近设"转速禁区",在此禁区,发动机不应持续运转,且应避开禁区转速范围。具体要求可参考有关规范的有关规定。

5. 船舶自动化程度

根据船舶自动化要求的等级,分成值班机舱和无人值班机舱两类。机舱中应尽量使所有机器设备自动化,以减轻轮机人员的劳动强度,并保证机器在复杂多变工况下正常工作。近年来,新型船舶的推进装置在这方面越来越提出明确要求,除了发电机组实现自动化以外,要求主机全套自动化,整个机舱实现 24 h 处于无人状态。

第五节　机舱布置规划和主要动力设备选型

一、机舱布置和规划

船舶上专门用来集中放置推进装置、辅助机械设备和管系等的船舱称为机舱。

机舱规划与设备布置就是要在机舱中合理地解决、安排主机、辅机及有关机械设备的相互位置关系。

机电设备在机舱中布置得合理与否,它影响船舶上层建筑的形式,水密舱的划分和布局,它牵涉全船性能、结构、管理维修,以及安全可靠等多方面的指标。

1. 机舱的位置

决定机舱位置的主要因素有两个方面:一是船舶的总布置规划要求,二是动力装置本身的要求。

对于一般船舶来说,按各类船舶用途的不同,机舱在整个船纵向长度中所居的位置,归纳起来主要可分为中部机舱和尾部机舱。近代趋势,除客船外,放在尾部的占绝大多数。

中部机舱一般用于客船、拖船、军舰及动力装置重量占很大比例的船舶上。机舱位于船中部时,货船货舱分布在机舱的前方和后方。这样布置能使动力装置的重心在纵中剖面和横中剖面内,或者离开这些剖面很近,船舶在满载或空载时不会产生纵倾或者纵侧倾。即使不是满载而是部分装载的情况下,只要进行适当配载,就可以保持船舶的正浮状态而不产生纵倾现象,容易保持船舶的平衡。而且由于船舶的中部线形一般变化比较平缓,底部平坦或角度变化不大,机械设备规划布置安装起来比较容易。另外,从抗沉性来讲,中部机舱的船舶,其抗沉性也比较好,即使机舱破损进水,对船体的抗沉性影响较小。机舱设在中部也有它的缺点:①货舱容积因此而减少,将货舱分成前后两部分,也会造成装卸货的困难。②因为由机舱(中部)伸向船尾的传动轴系必须穿过尾部各货舱,因此在这些货舱的底部,必须沿纵向开设轴隧,将传动轴与货舱完全隔开,保护轴不受损伤。由于轴隧占用了一部分空间,这样尾部的货舱容积减少了,船体结构也变得复杂,并且由于轴隧的存在,给舱内货物的堆积也带来不便。③由于机舱设于船的中部,轴系的长度大大增加,轴系效率低,也给维护管理带来了很多麻烦。

尾部机舱一般用于油船、集装箱船、冷藏船等船舶。其优缺点正好与中部布置的船舶相反。其主要的优点是:①轴系短,重量及造价低。②增加货舱容积。③便于装卸。④维护管理方便。机舱布置在尾部的主要缺点,是船舶在空载或轻载时,会发生较大的纵倾,这样必须使用压载来改善。纵倾对于各种类型的船舶有不同的影响,有的船舶对纵倾有较严格的要求,例如,客舱无论什么时候都不希望纵倾,因此客船机舱大多位于中部。有些船,如油船、矿砂船、冷藏船和一般货船,虽然也不希望产生纵倾,但由于机舱位于尾部的一系列优点,而对于纵倾变化很大和由此而带来的其他缺点,则可以在设计上解决,因此在这种情况下,往往将机舱设在艉部或偏后布置。

2. 机舱的数量

机舱的数目主要取决于轴系的数目和主机的数目。例如一艘多机双桨船可以安排成集中式机舱,也可采用两个机舱,每桨有一个机舱,也可以分为三个机舱,即两个主机舱前面单独设一个发电机舱。

这里有几条简易的原则,从管理出发,从制造考虑,要求集中成一个机舱,但从船舶的抗沉性、生命力、噪声控制等出发,宜多机舱。

3. 机舱的尺寸

机舱和其他船舱一样,是船舶总容积的一部分,它的容积有一定的标准。机舱容积的大小是根据机舱中全部机械设备的数量、主要机械设备的尺寸和保证这些设备正常运行、维修等需要的空间来决定。机舱的容积越大,货舱的容积就越小,因此从载运经济性上考虑机舱容积要尽可能小;但机舱尺寸过分小,又将影响机械设备的规划布置,并给操作管理、维修等工作带来不便。所以,在合理的情况下,力求减小机舱的容积、长度、面积,则是对船舶动力装置的要求之一。

不同用途的船舶,对机舱尺度的要求也不一样,如对客货船和货船、民用运输船和军用船都有不同的要求。在船舶动力装置上,我们常用第四节所介绍的面积饱和度和容积饱和度来衡量机舱底平面与机舱容积利用的情况。

机舱容积是由机舱的长、宽、高构成的;而机舱的长、宽、高与舱内机械设备的尺寸以及它们在舱内合理安排所必需的位置有关。因此,应按照机械设备的实际需要来确定机舱的长、宽、高，然后定出机舱的容积。

机舱长度主要是根据船舶主机的长度和类型决定的。与主机长度、螺旋桨数目、机舱部位、船体线型、船体主尺度大小等有关，但主要取决于主机长度，如果主机的长度为 L_1，机舱长度用 L_2 表示，则 $L_2 = L_1 + C$，中机型船 C 为 $4 \sim 5$ m，中尾机型船为 $4 \sim 6$ m，尾机型船为 $10 \sim 12$ m。

对多机装置来讲，当辅助机械(如辅发电机组)因机舱宽度不允许在主机两侧沿两舷布置时，这些设备可能布置在主机前方。当然这时机舱长度还须考虑安置这些机械设备所需的长度。另外，对于尾部机舱，机舱长度不仅要考虑以上因素，还有以下两个因素要加以考虑：一是要留有把螺旋桨轴向舱内抽出来的轴向距离，从而确定主机机组输出法兰相对于尾尖舱舱壁的位置。当然，如果船舶的螺旋桨轴是从船外取出，则这个因素可以不考虑；二是根据船体尾部的结构，决定船舶主机机组允许安装的最靠近尾部的位置。

机舱的宽度一般取作船宽。因为机舱两舷的空间有限，利用这部分空间作为货舱是有困难的，而且在一般情况下，机舱的长度按主机的要求作出决定后，不少机械设备就必须要设置于主机的两侧，所以这两舷的地方又是动力装置所必需的，有时机械设备在机舱底层两舷的地方还布置不下，尚需要在机舱内筑起一层或二层平台加以安排。所以机舱宽度取为船宽，往往是动力装置本身的要求，艉部机舱的布置更是如此。

机舱高度一般取决于舱内大型设备本身的高度，特别是主机高度及它们正常运行、维修等所必需的高度。首先要保证主机及辅机在修理时能顺利地进行向上起吊活塞等工作。另外，还要满足动力装置进行大修时能顺利地将需要在船外修理及更换的机械设备吊出船外。

机舱的高度在主甲板以下往往是一样的，而在主甲板以上常常是上层建筑。布置一些供船员生活用的舱室，这样，自甲板以上，机舱的长度和宽度都减少而形成直通大气的机舱棚通道。通道的大小依船舶的性质、吨位而定，中小型船舶常利用机舱棚作为吊放主机的通道，因此其长度和宽度必须略大于主机外形极限尺寸；大型船舶由于主机过于庞大或小型船的甲板面积不允许有很大的机舱开口，此时机舱棚仅供通风和透光用。

4. 设备布置的原则及要求

如果是军舰，安装动力装置的各个机械设备时应力求保证尽可能的布置紧凑，在平时和战斗情况下要求运行方便，保证动力装置最大的活力；对于商船来说尽可能的布置紧凑和运行方便是对布置方面的主要要求。

布置机械设备时必须考虑下列基本原则：

(1)机械设备的布置主要是操作上的方便，同时也要考虑检修和拆装。机舱内布置机械的目的在于合理地运行，因此在布置时须考虑如何使操作人员方便地、自由地接近机械设备各个部分，为此在机械周围必须留有一定的空间作为操作场地，同时彼此有关的机器或同一系统的辅机应该汇集在一起或距离不远，这样可以达到操作上的方便。另一方面就是考虑管路布置简单而不致造成管路拥塞和由于布置的不适当而引起各方面的不良影响，还需考虑大修时的吊装路线等。

(2)在布置船舶机械时应力求紧凑，尽可能减小所占场地，以便尽可能缩短机舱长度，这个长度一般是根据主机长度而定。在商船上由于船体较宽，所以在机舱内所有辅助机械是足够自由地布置在主机的周围，而在军舰上则较困难，最好参考母型船的布置。

(3)一定的机械设备要求放在一定的位置，对于机械设备的位置往往有一定的要求。如增压器均放在主机上部排气出口处,废气锅炉和消声器均放在发动机通向烟囱的通道上部。又如膨胀水箱、压力水柜要放在高处,以便能产生足够的压头,应急发电机应放在最上面舱室内以便在危机情况时仍然可以供应电源。

(4)整个机舱的机械设备的布置必须使船舶保持平衡,除了主机应放在船体纵中线或对称布置外,对于重量较大的辅助机械及设备如发电机、蒸发装置、水柜、油柜以及热交换器等不应集中任一侧,应考虑整个动力装置的平衡,同时,为了增加船舶的稳性,机械设备特别是重量大的设备宜布置在底层,使其重心尽可能低。在布置完了以后还要进一步求出动力装置的重心,如果布置不恰当,动力装置重心位置过度偏移,这时还要进行重新布置。因此在布置时必须严格考虑重量的平衡和重心位置这个问题。

(5)各机械设备间的相互位置要合理。在机舱中,有不少机械设备,因它们本身的特性,在布置时应满足其特殊要求,如总配电板在正常工作时,常产生电弧,所以它的布置必须远离燃油和其他易燃物,也不允许在其上方设置燃油柜等设备,以免发生危险。如有需要相互配合进行工作的机械设备,应尽可能相互接近,以利于操作管理和简化管路,便于建造施工。

对于机械设备的相对位置及这些设备安装位置的有关规定,在一些设计资料中都有推荐,这些数字只是基本要求,在实际工作中,尚需要根据船舶的实际情况确定。

(6)机械设备的布置还要考虑操作管理和维修方便。一切机械设备在使用过程中都要进行操纵、检测和维修,以保持其良好的技术状态,因此在布置时,设备周围必须留有足够的活动空间,以便进行上述各项工作。

(7)在机械设备规划布置中还要充分考虑到各种安全措施,并尽可能做到有条不紊、整齐美观。

5. 机舱规划的方法与步骤

(1)机舱规划前的准备

在布置规划机舱内各机械设备之前,必须对船舶动力装置进行全面的了解,掌握主机、辅机、各设备及容器的性能及它们在安装、管路连接、操纵、保养及维修等方面的要求。

首先,应与船体设计人员共同对机舱所需长度及机舱棚长度、宽度作初步估计,了解机舱位置处的船体线型及结构特点,以及机舱位置处对船体的要求。布置尾部机舱更要注意这点。

其次,将机械设备总图或外形安装图按适当比例缩小成简单明了、尺寸准确的三视图,按船舶的大小可分别用 1:50、1:25 和 1:10 的比例在视图上尽可能地表明附属机械位置及其管路接头,小视图最好是用透明蜡纸画,贴在设计草图上,以便布置时不断调正和校对。

(2)布置的方法和步骤

在进行机舱机械设备布置时,首先要把注意力集中在对布置影响较大的机械设备上,如主机、发电机组、传动设备、锅炉等。所以设计机舱布置方案时,应该先从主机、轴系、发电机组、锅炉等大件进行布置开始。对于主机、锅炉、发电机组等的装船要求、顺序、时间和方法应作充分的讨论和协商。此外,还需要考虑机舱容积的合理利用。在机械设备较多时,可在机舱内加设平台。按以上基本原则,主机、发电机组、锅炉等大件进行框图安排设计时,很重要的一点就是要提高机舱的容积饱和度和面积饱和度,缩短机舱长度,提高有效载运吨位。

(3)机舱布置:集中布置和分舱布置。

单层集中布置:主机、发电机组布置在同一层。许多小型船只大都采用这类集中式布置。

分层集中布置:在中型、大型船上,为了紧缩机舱长度,很多采用分层集中式布置。

单层分舱布置:在大型船舶和军用船舶上,也经常采用单层分舱布置。

分层分舱布置:大型船舶和军用船舶上,现在最经常使用的是分层分舱的布置方法。

在机舱布置大框图上的机舱长度确定以后,一般可以按照下列顺序安排各个设备并确定位置尺寸:主机位置、发电机组布置、辅锅炉布置、动力管系及船舶管系布置、集中控制室布置、机舱天井、地板、扶梯出口位置等布置。

另外,为了机器能正常地工作和让船员在值班期间能保持良好的工作状态,在机舱的布置和规划中,还要对机舱的通风路线及散热和热平衡进行计算。

二、主要设备的选型

构成动力装置的设备很多,各设备之间相互联系、相互影响、相互制约。在设计新船时合理选用每一台设备是一项非常重要而繁重的工作,它将直接影响到船舶整个生命周期动力装置的可靠性、经济性以及其他性能,所以用船部门应对船舶动力装置主要设备选型有所了解,在船舶设计阶段,与船舶设计部门充分协商、研究分析,建造出高质量的新船。下面仅对动力装置中的主要设备,即主机、发电原动机及锅炉的选型加以介绍。

1. 主机选型

主机选型是根据船舶设计任务书中的技术要求以及船体设计所提供的资料来进行的。主机选型和螺旋桨的设计密切相关,也包括推进装置设备的选型等。实际上是通过船、机、桨匹配计算和分析选定螺旋桨参数、主机型号,在满足设计的技术要求(如航速、转速、功率)基础上,同时考虑重量和尺寸、油耗、造价、可靠性、使用寿命、振动噪声等因素,选择一套从主机到螺旋桨的最佳推进装置。

(1)现代柴油机为主机的选择提供了较大的灵活性

以前对同一缸径及冲程的柴油机只有一个额定功率输出点(MCR:Maximum Continues Rating)。这在一定程度上不能使某一已定船舶的螺旋桨达到最佳转速和发出所需功率,另外,吨位差异较大的船舶,往往能供匹配的主机甚少,结果形成"船配机"的传统性船机匹配设计。按此配合,所选主机的常用功率是否合适,经济性是否最佳,并用此主机转速和功率所设计的螺旋桨在船体尾部型线下是否满足布置要求等方面出现了一系列问题。

当今,可供选择的柴油机型式众多,为正确选择主机创造了较好的优选条件,而不再出现以前机型较少时的"船配机"现象。

自1979年开始,MAN B&W(现在的 MAN)、Sulzer(现在的 Wärtsilä)公司以及某些中速柴油机制造厂家,先后为它们的柴油机规定了一个供船舶设计者选用的区域,即选型区域(layout diagram),区域内任何一工况点都可被选为约定最大持续功率(CMCR 或 SMCR)。所谓约定最大持续功率是指由船东和厂方商定的在船上实际使用的最大功率。约定最大持续功率确定后,便可确定柴油机的允许运行范围。约定最大持续功率的确定需要考虑各种因素,如推进功率、螺旋桨效率、航行的机动性、功率和转速储备、是否有轴带发电机以及船舶的营运方式等。

近年来,MAN 和 Wärtsilä 公司两个主要的船用柴油机公司都提供了柴油机的选型区域,两家公司的内容基本相同。MAN 公司的 MC 系列柴油机的选型区域是由两条等平均有效压力线 $L_1 - L_3(100\% p_b)$ 和 $L_2 - L_4(64\% p_b)$ 和两条等转速线 $L_1 - L_2(100\% n_b)$ 和 $L_3 - L_4(75\% n_b)$ 组成的,如图 1-12 所示,图顶端的 α 线簇为船舶的等航速线,它体现了若选用转速高的小直径螺旋桨时,由于桨的效率低,若达到大直径低转速螺旋桨的航速,主机必须增加一

定的功率。α 值可由实船阻力计算及船模试验实测阻力换算而得。某些公司推荐:对瘦型船为

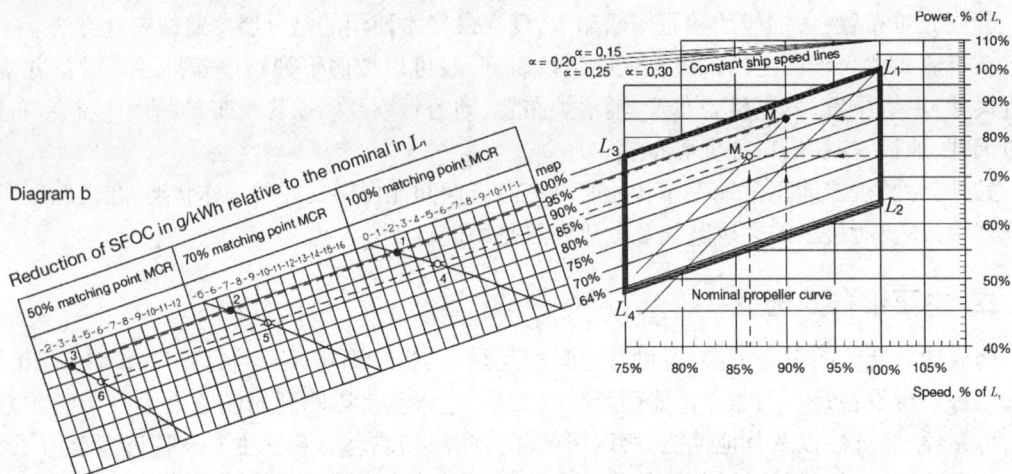

图 1-12　MAN MC 和 ME 系列柴油机选型区域

0.2,对正常船型为 0.25,对肥型船为 0.3。它在功率转速函数式中是转速的指数。如:

$$\frac{P_e}{P_{e0}} = \left(\frac{n_e}{n_{e0}}\right)^{\alpha} \tag{1-23}$$

式中,P_e 为目标桨所需的主机功率;P_{e0} 为参考桨所需的主机功率;n_e 为所选目标桨的转速;n_{e0} 为参考桨转速。

Wärtsilä 公司推出的 Sulzer RTA 系列柴油机的选型区域是由 R_1、R_2、R_3、R_4 四个点的连线所围成的,如图 1-13 所示,其中 R_1 为柴油机的最大持续功率(MCR,即标定功率)点,R_2 为 100% 标定转速与 55% 标定功率的交点,R_3 为 72% 标定转速与 100% 标定平均有效压力线的交点,R_4 为 72% 标定转速与 55% 标定功率线的交点。

在整个选型区内,柴油机的最高燃烧压力是相同的。选型区域可用于确定柴油机的运行区域及燃油消耗率、排气流量和排气温度、燃油喷射参数、废气涡轮增压器及增压空气冷却器的规格等。例如图 1-12 中,如果选定 M_1 点作为柴油机的约定最大持续功率($SMCR$)点,则 M_1 点的燃油消耗率($SFOC$)比 L_1 点,即最大持续功率(MCR,即标定功率)点省 1.9 g/(kW·h);若柴油机运行功率为 M_1 点的 70%,此时的燃油消耗率($SFOC$)比 L_1 点节省 6.7 g/(kW·h);若柴油机运行功率为 M_1 点的 50%,此时的燃油消耗率($SFOC$)比 L_1 点节省 3.2 g/(kW·h)。类似地,如图 1-13 也示出在部分负荷运转及带功率增强器时燃油消耗率($SFOC$)的计算方法(图 1-12 中 $\triangle BSFC$ 表示燃油消耗率的变化值)。

柴油机在上述区域内,可以由船东和厂方商定在船上实际使用的最大持续功率。由于所选定工作点的功率和转速低于柴油机的标定功率和转速,也称为柴油机的减额输出,所选定工作点的功率称为约定最大持续功率($SMCR$ 或 $CMCR$)。采用约定最大持续功率实际上是在寻求船、机、桨三方面经济效益最佳的匹配。这是一个牵涉面很广的问题,需要考虑到柴油机的燃油消耗率,给定船速所需的最小推进动力,船体形状和螺旋桨效率等问题。一般来说,选取的工作点越靠下,柴油机的燃油消耗率下降;工作点越往左,柴油机转速下降,螺旋桨效率提高,而这些是以柴油机动力性为代价的。对于同样功率的装置所需发动机缸数要增加,桨的直径和船舶吃水也要增加。

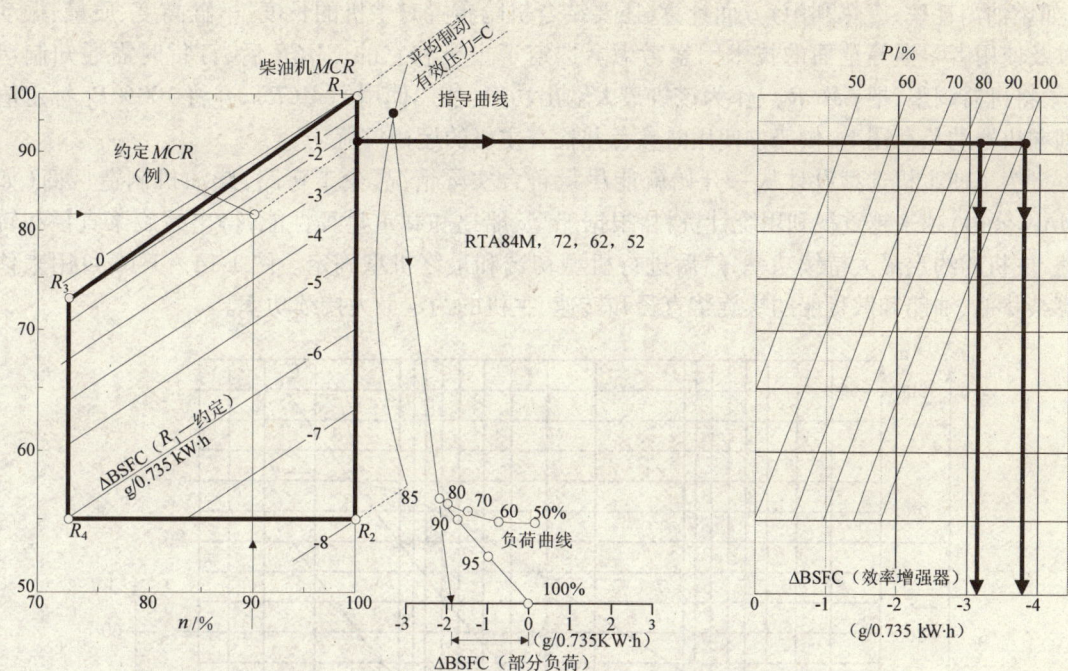

图 1-13 Sulzer RTA 柴油机选型区域

（2）主机选型的主要步骤

由于现代柴油机为主机的选择提供了较大的灵活性，因此，彻底改变了以前机型较少时的"船配机"现象，而采取"机配桨""机配船"方式。具体叙述如下：

①船东对所造新船提出的技术、性能要求中，首先提出船舶类型、船速和载重量等最基本的要求。可以通过相似船舶的实船试航结果、船舶研究机构研发的计算方法或船模试验结果来估算船舶所需的功率、能装船的螺旋桨的合理直径。

②通过理论计算和水池试验得到螺旋桨的功率/转速关系曲线（该曲线是不带海况储备的螺旋桨特性曲线，也称为轻载运行曲线），确定船舶所需的螺旋桨转速和功率，即螺旋桨参考设计点。

③考虑到功率储备，包括海况储备、轻桨运行储备（LR）、发动机储备，确定主机的约定最大持续功率。

④主机机型初选。根据主机的约定最大持续功率和螺旋桨转速对主机进行机型初选。首先考虑各柴油机公司产品的质量、性能、价格、备件供应、船上使用经验、运行中的反馈信息及咨询服务情况，同时也要考虑用户意见，使所选主机工作可靠、性能优良、价格低廉、运行成本低、维护管理方便。经过调查分析，先决定出选用哪个（或哪几个）公司的产品。由于一般柴油机特别是二冲程柴油机都有一个较宽广的选型区域，往往从一个柴油机公司的系列产品中，就能选出多种柴油机机型符合基本要求，因此还要从所选方案中再经过经济性、振动特性、机舱布置等多方面的比较和论证，最后确定出比较满意的机型。

⑤初选机型比较，最终机型确定。对初选方案必须经过详细计算和全面分析比较，最后选定一种最佳方案。主机选型，在经济上主要考虑其初投资额及动力装置总燃油费用额，主机的燃油消耗率当然是最重要的考虑因素之一。选择主机不仅要从功率性指标、转速、经济性指标

(如燃油消耗率、废热利用)方面计算,还要结合机舱布置时主机的长度、吊缸高度、质量、振动以及使用者习惯等全面的技术因素考虑。选定了主机和它的 *CMCR* 后,订货时需通知制造厂,将机器调整,把 *CMCR* 点作为该机最大输出功率(实船使用的 *MCR*),并将 100% P_e 标定值列在机器的负荷图上,供船方使用时参考并检查主机的运行负荷。

为了使主机选型设计从一开始就能尽量符合实际情况,少走弯路,柴油机制造厂商(如 MAN 公司)越来越重视利用统计资料,根据船型、船速和载重量等性能,得出螺旋桨直径和转速、主机的约定最大持续功率,然后进行机型初选和最终机型确定。图 1-14 ~ 1-16 可用来估算杂货船、油船和散货船的螺旋桨直径和转速、主机的约定最大持续功率。

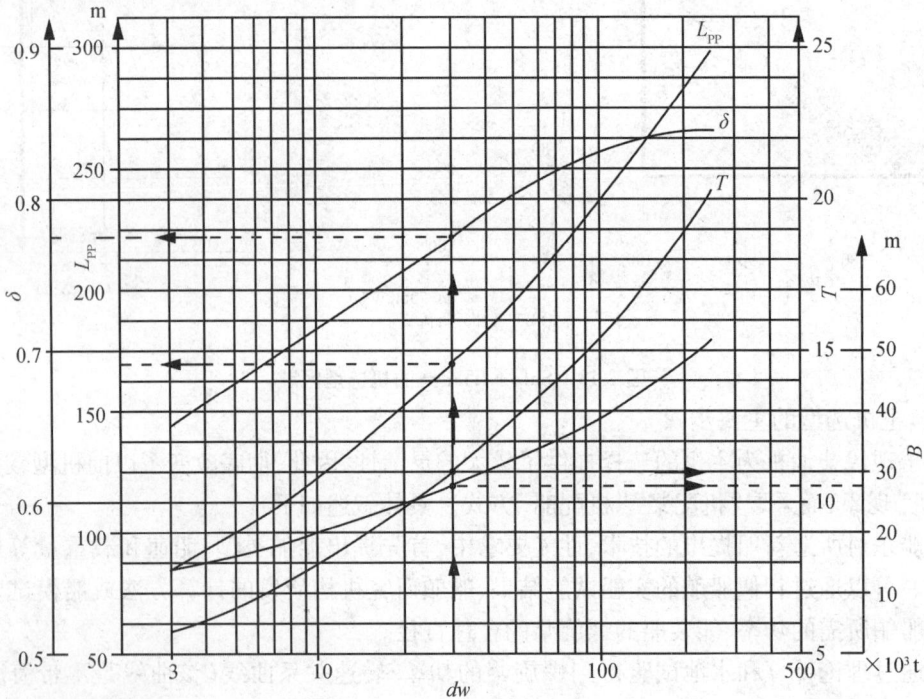

图 1-14　杂货船、油船和散货船的主要参数

L_{PP}—船舶首尾垂线间长;B—船宽;T—吃水;δ—方型系数;dw—载重量

图 1-14 反映了杂货船、油船和散货船的船舶首尾垂线间长、船宽、吃水、方型系数与载重量间的关系。例如一艘载重量为 30 000 t 的散货船,由图 1-14 可看出其首尾垂线间长为 170 m,船宽 28 m,吃水 11 m,方型系数 0.775。

图 1-15 反映了在 13 kn 至 16 kn 之间,选定某一航速的情况下,杂货船、油船和散货船安装的主机功率建议值与载重量之间的关系。例如一艘载重量为 30 000 t、航速为 14 kn 的散货船,由图 1-14 可看出其安装的主机功率建议值为 5 880 kW。

图 1-16 反映了杂货船、油船和散货船安装的螺旋桨最大直径建议值与载重量之间的关系。例如一艘载重量为 30 000 t 的散货船,由图 1-16 可看出其安装的的螺旋桨最大直径建议值为 6 m,图 1-16 也可看船舶吃水(11 m)在船舶平均吃水曲线范围内。

2. 发电原动机的选型

船舶动力装置中电气设备很多,用在发电上的燃油数量仅次于主机所消耗燃油数量,居第

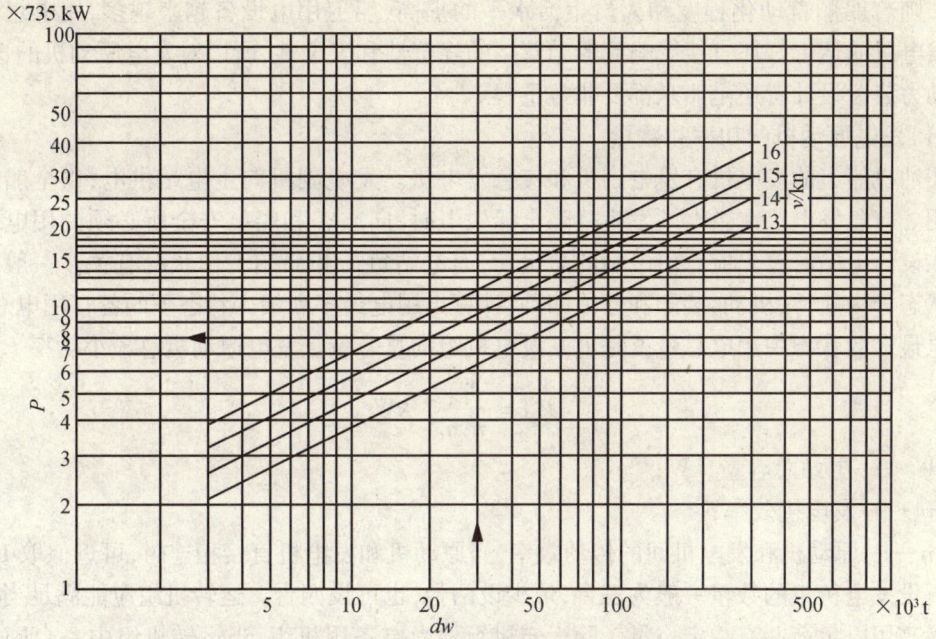

图1-15 杂货船、油船和散货船安装的主机功率的参考值

v—船速；P—主机功率；dw—载重量

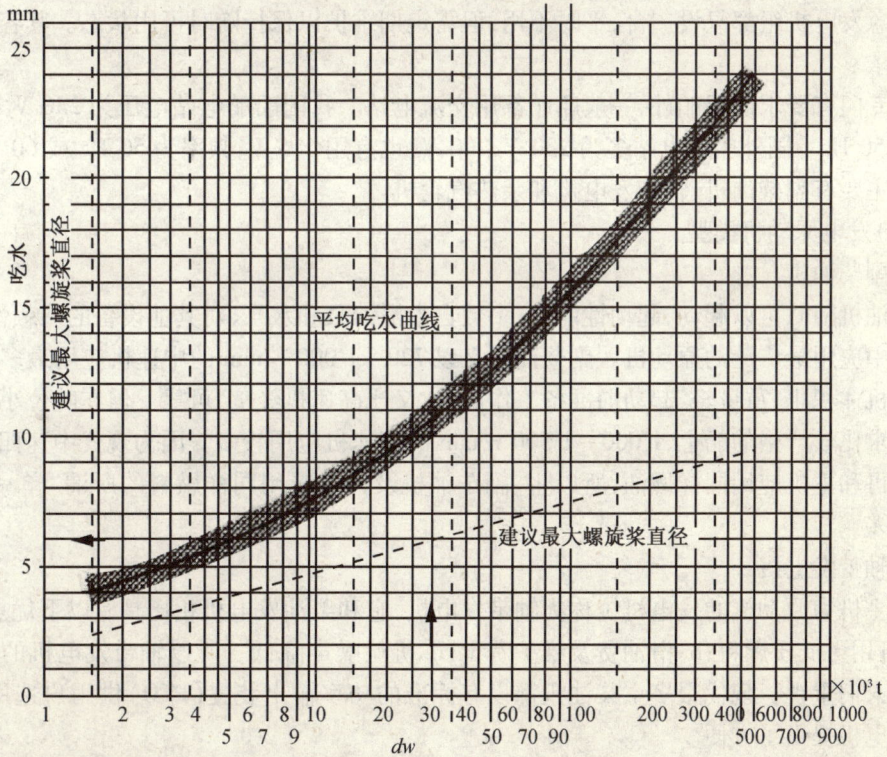

图1-16 杂货船、油船和散货船吃水和建议的最大螺旋桨直径

dw—载重量

二位。随着船舶自动化程度和人员生活水平的提高,船上用电设备越来越多,用电量越来越大。发电机的运行好坏直接影响到船舶营运的经济性和安全性,所以对发电原动机的选型,不论是动力装置设计者还是船东都要非常重视。

(1)发电原动机的功率和数量

柴油机船上的发电机有发电副机和应急发电机。发电副机向主电站供电,供全船用电设备使用。应急发电机在主电站发生故障全船失电时,向旅客和船员安全所必须的用电设备供电。在设计电站时首先应算出电站的总负荷,而电站负荷和船舶工作状况有关。一般将船舶工作状态分为航行、机动、装卸和停泊四种,计算出用电最多和最少状态下的各自用电总量,船舶用电最多的状态中用电总量就是电站发电机组的总容量。发电原动机总最小功率 P_g 为:

$$P_g = \frac{W_g}{\eta_g \eta_t} \quad \text{kW} \tag{1-24}$$

式中,W_g——电站总容量,kW;

η_g——发电机效率;

η_t——原动机和发电机间的传动效率,当原动机和发电机直接相连时,可近似取1。

所设发电机组的数量一般为三台,最少设两台,也可设四台。运转机组应能满足当时船舶状态最高用电负荷并有一定裕量。除运转机组外尚有备用机组,当运转机组中一台因故不能供电时,立即起动备用机组,并能达到原来的总供电能力。各机组的型号应尽量相同,以便并电容易、互换方便、备件通用、操作维护规范。

应急发电机组都只设一台,平时不用,但需定期维护以保持随时可用状态。其容量要满足规范要求。

除专门有要求的船舶外,一般船舶都用交流电站。我国船舶电站电压为 230 V 或 400 V,频率为 50 Hz。国外船舶电站多为 230 V、400 V,也有用 115 V,频率为 50 Hz 或 60 Hz。发电原动机主要有副柴油机、轴带发电机和余热汽轮机。

(2)发电原动机类型

①副柴油机

柴油机随时可以起动,起动性能好,多数自带滑油泵和水泵,对其他设备的依赖性小,是船舶电站中应用最广泛的原动机。副柴油机又以 720 ~ 1 000 r/min 的中速机应用最多。它比低速柴油机体积小、重量轻、起动前准备工作简单,又比高速机经济、可靠。但在吨位小或对机舱容积要求比较严格的船上,1 000 ~ 1 500 r/min 的高速机应用较多。因为现代中速四冲程副柴油机已可和主机应用同样燃油,所以主、副柴油机及锅炉应用同样燃料的所谓"单一燃料船"越来越多。

②轴带发电机

以主机为原动机的发电机统称为轴带发电机,它和柴油发电机相比具有以下优点:a. 耗油率低,可用更低质燃料;b. 滑油费及维护费少;c. 机舱噪声降低。所以轴带发电机的应用越来越受到人们重视。现代很多主柴油机都设有标准的功率输出装置(PTO)供用户选用,为采用轴带发电机提供了方便。

一般来说,大中型船舶上采用轴带发电机,发电成本比柴油发电机组约低 50%,动力装置效率可提高 2% ~ 4%,但轴带发电机的价格为柴油发电机组的 1.2 ~ 2 倍。因此,是否采用轴带发电机,要从主、副柴油机耗油率差额、燃油差价、维护费用和滑油耗量的降低、机舱噪声的减轻、初投资费的增加及增加额的利率、机舱布置等方面进行综合分析,权衡利弊,决定取舍。目前中速机已开始燃用 380 cSt 燃料油,燃油差价的优势已渐消失。

③余热汽轮机

汽轮机体积小、重量轻、运转平稳。随着动力装置余热利用的发展和深化,余热汽轮发电机组(T/G 装置)在船上已进入实用阶段,当主柴油机功率为 5 800~7 350 kW 时,其发电量已能满足全船用电的需要,特别是在油船上应用更具优越性。但因系统较复杂,初投资也较大,目前在船上应用不多。

3. 锅炉选型

柴油机船上的锅炉是辅助锅炉,简称辅锅炉。除装有辅汽轮发电机的船舶和油船的辅锅炉需向某些动力机械提供蒸汽外,一般船上的辅锅炉产生的蒸汽主要用于油和水加热、空调、厨房和杂用。虽然如此,船上蒸汽量不足将直接影响到主机和许多辅助机械的运转,所以辅助锅炉仍然是动力装置中的主要设备之一。

若蒸汽只用于油、水加热和船上人员的生活,采用压力为 0.4~0.7 MPa,对应的饱和温度为 143~164 ℃ 的低压饱和蒸汽即可。若压力太低,对应的饱和温度也低,有可能达不到燃油雾化所要求的温度。压力太高不但使供热装置的初投资费用高,而且会增加维护管理工作量和降低安全可靠性。为提高蒸汽动力机械的效率,向辅助动力机械提供的蒸汽一般用压力为 1.0~1.5 MPa 的过热蒸汽。辅锅炉的单位时间产汽量是根据全船用汽总量决定的。全船用汽总量是船舶各用汽工况(如航行、机动航行、暖机备车、装卸作业等)中耗汽最多工况的蒸汽耗量。所选辅锅炉的蒸发量应比全船用汽总量再增加 10%~20%。

辅锅炉的型式很多,按能源不同有燃油锅炉和废气(余热)锅炉。为了节约能源废气锅炉早已在船上广泛应用。一般船舶正常航行时废气锅炉产生的蒸汽足够全船所需,在机动航行时废气锅炉若供汽不足,可由燃油锅炉协助供汽,停航时由燃油锅炉单独供汽。

按锅炉的结构不同,辅锅炉有水管锅炉、火管(烟管)锅炉和水管—火管联合式锅炉。这些锅炉各有特点,在船上都有应用。

除利用水作工质的蒸汽锅炉外,以油液作为工质的热油炉也可以在柴油机船上作为辅锅炉用。热油炉的能源可以是燃油也可以是主机排气。热油炉中的工质始终以液体状态在加热系统中进行循环,压力很低(仅用来克服系统中的阻力),加热温度容易控制。这种锅炉结构很简单,维护保养比较容易。但传热系数小,系统若发生漏泄容易烫伤人员甚至引起火灾,因此对系统连接、安装工艺要求较高。

综上所述,辅锅炉选型时主要应考虑:参数和容量符合要求,结构简单,操作维护方便,重量轻、体积小,安全可靠。一般情况下在产品目录中可找到合适的锅炉产品。

第二章　船舶推进装置

第一节　船舶推进装置的组成及传动方式

一、船舶推进装置的组成

推进装置也称主动力装置,是船舶动力装置中最重要的组成部分。它包括主机、传动设备、轴系和推进器等。其作用是由主机发出功率,通过传动设备和轴系传给推进器,以完成推进船舶的使命。如图2-1所示为典型的船舶推进装置。

二、船舶推进装置的传动方式

按传动功率方式的不同,船舶推进装置的传动方式可分为直接传动、间接传动和特殊传动三大类。

(一)直接传动

直接传动是主机动力直接通过轴系传给螺旋桨的传动方式,如图2-1(a)所示。在这种传动方式中,主机和螺旋桨之间除了传动轴系外,设有减速和离合设备,运转中螺旋桨和主机始终具有相同的转向和转速。

1. 直接传动方式的主要优点

(1)结构简单,维护管理方便。只要安装时定位正确,平时管理中注意润滑与冷却,一般不会出现大问题。

(2)经济性好,传动损失少,传动效率高。主机多为耗油率低的大型低速柴油机,螺旋桨转速较低,推进效率较高。

(3)工作可靠,寿命长。

2. 直接传动方式的缺点

整个动力装置的重量、尺寸大,要求主机有可反转性能,非设计工况下运转时经济性差,船舶微速航行速度受到主机最低稳定转速的限制。

3. 直接传动方式的应用

由于直接传动方式具有结构简单、经济性好、工作可靠等优点,所以广泛应用于以大功率低速柴油机为主机、采用定距桨推进的大中型商船。

中间轴承

0 5 10 15 20 25 30 35

螺旋桨 螺旋桨轴 中间轴 主机

(a) 直接传动

高弹性离合器 主机

螺旋桨轴

中间轴

5 0 5 10 15 20 25 30

螺旋桨 轴承座 减速齿轮箱

(b) 间接传动

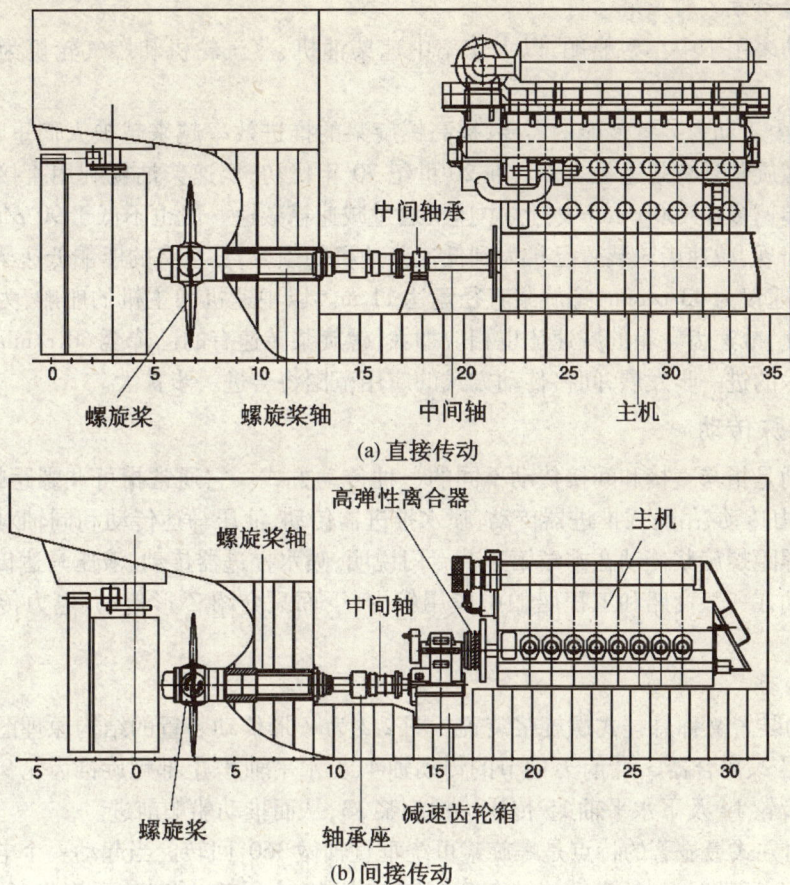

图 2-1 典型的船舶推进装置

（二）间接传动

间接传动是主机和螺旋桨之间的动力传递,除经过轴系外,还经过某些特设的中间环节(离合器、减速器等)的一种传动方式,如图 2-1(b)所示。

根据中间传动设备的不同,间接传动又可分为只带齿轮减速器、只带离合器、既带齿轮减速器又带离合器三种形式。

1. 间接传动方式的优点

(1)主机转速可以不受螺旋桨要求低转速的限制。只要适当选择减速比,就可使主机的转速适应螺旋桨的转速要求。

(2)轴系布置比较自由。主机曲轴和螺旋桨轴可以同心或不同心布置,以改善螺旋桨的工作条件。

(3)在带有倒顺车离合器的装置中,主机不用换向,使主机结构简单,工作可靠,管理方便,机动性提高。

(4)有利于多机并车运行及设置轴带发电机。

2. 间接传动方式的主要缺点

间接传动方式的主要缺点是轴系结构复杂,传动效率较低。

3.间接传动方式的应用

间接传动多用于中小型船舶,以大功率中速柴油机、蒸汽轮机和燃气轮机为主机的大型船舶。

近年来,由于动力装置节能的需要,提高螺旋桨的推进效率越来越被人们重视,而采用大直径低转速螺旋桨是有效途径之一。在20世纪70年代初,低速柴油机利用直接传动方式带动的螺旋桨转速多在100 r/min以上,中速机通过减速箱减速一般也不低于90 r/min。随着节能型船舶的出现,减速齿轮装置已扩大到低速柴油机的领域,甚至有的船舶低速柴油机经减速后,螺旋桨转速仅为43 r/min,螺旋桨直径竟达11 m。以中速机为主机的船舶,为了进一步降低螺旋桨转速,减速齿轮箱的减速比也相应加大,螺旋桨转速有的已降至60 r/min。随着动力装置节能技术的进一步发展,间接传动方式的应用范围将会进一步扩大。

(三)特殊传动

特殊传动是指与直接和间接传动不同的一种传动方式。它通常指可调螺距螺旋桨传动、Z形传动、电力传动、吊舱式推进器传动、喷水推进器传动、液压马达传动和同轴对转螺旋桨传动等。可调螺距螺旋桨传动在本章第五节专门说明,喷水推进器传动、液压马达传动和同轴对转螺旋桨传动在一般商船和工程船舶中应用较少,下面只介绍Z形传动、电力传动和吊舱式推进器。

1.Z形传动

Z形传动装置又称悬挂式螺旋桨装置。图2-2为Z形传动装置的结构原理图。主机1的功率经联轴器2、离合器3、带有万向节的传动轴4、上水平轴8、上部螺旋锥齿轮9、垂直轴12、下部螺旋锥齿轮14及下水平轴15传递给螺旋桨13,从而推动船舶前进。

Z形传动方式最显著的特点是螺旋桨可绕垂直轴做360°回转。当起动一个电动机带动蜗轮蜗杆装置10运动时,蜗轮带动旋转套筒16在支架17中回转,同时使螺旋桨13绕垂直轴12在360°范围内做平面旋转运动。由于螺旋桨可绕垂直轴做360°回转,因此它具有以下优点:

(1)操纵性能好。螺旋桨的推力方向可以自由变化,使船舶操纵性能优于其他传动方式,特别是采用两台主机,而每台分别带动一个Z形传动装置时,可以使船舶原地回转、横向移动、快速进退以及微速航行等。

(2)可以省掉舵、艉柱和艉轴管等结构,使船尾形状简单,船体阻力减少。

(3)可以使用重量轻、体积小的中高速柴油机,而不需要单独的减速齿轮装置,不需要主机有换向机构,可以延长柴油机使用寿命。

(4)由于这种传动装置是垂直悬挂在船尾,可由船尾部甲板开口处吊装,检修不用进坞,可大大缩短修理时间。

尽管如此,由于结构上的原因,传递功率会受到一定限制,因而仅适用于小型船舶,特别适用于港作船和在狭窄航道中航行的船舶。

2.电力传动

电力传动是主机驱动主发电机将发出的电供到主配电板,再由主配电板供电给主电动机,从而驱动螺旋桨运转的一种传动方式。采用电力传动方式的船舶被称为电力推进船舶。电力传动装置的布置如图2-3所示。

(1)电力传动方式的优点

主机和螺旋桨之间没有机械联系,可省去中间轴及轴承,机舱布置灵活;主机转速不受螺

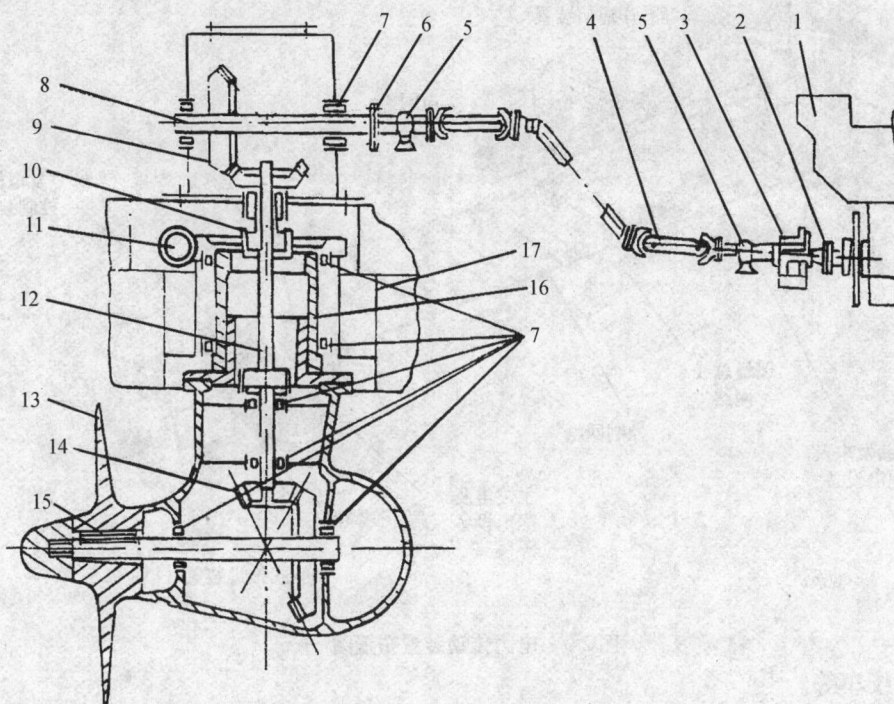

图 2-2　Z 形传动装置结构原理图

1—主机;2—联轴器;3—离合器;4—带有万向节的传动轴;5—滑动轴承;6—弹性联轴节;7—滚动轴承;8—上水平轴;9—上部螺旋锥齿轮;10—蜗轮蜗杆装置;11—齿式联轴器;12—垂直轴;13—螺旋桨;14—下部螺旋锥齿轮;15—下水平轴;16—旋转套筒;17—支架

旋桨转速的限制,可选用中高速柴油机,并可在柴油机恒定转速下调节电动机转速,使螺旋桨转速得到均匀、大范围的调节;螺旋桨反转是靠改变主电动机(直流)电流方向来完成的,倒车功率大,操纵容易,反转迅速,船舶机动性能提高;主电动机对外界负荷的变化适应性好,甚至可以短时间堵转。

(2)电力传动的缺点

需要经过机械能变电能、电能变机械能两次能量转换,传动效率低;增加了主发电机及主电动机数量,使动力装置总的重量和尺寸都增加,造价和维护费用都增加。

(3)电力传动的应用

基于上述特点,电力传动主要用于对机动性能要求很高的船舶,需要从事特殊作业的船舶,以及具有大容量辅助机械的船舶;也适用于军用舰船。

①起重船。在自航式起重船上,可利用起重机械的电力作为推进动力。如我国自行设计、建造的 50 t 起重船,装有两台 55 kW 柴油发电机组,起重作业时,电网向起重机械供电;航行时,电网向两台推进电动机供电,维持 3 kn 左右的航速。

②消防船、救捞船。消防船在驶向火场的过程中,主发电机的功率全部用于船舶推进;到达火场后,需要用少量的电能维持低速推进,而把大部分的电能供给消防泵。电力推进不仅可以减少消防船上原动机的数量,而且便于实现驾驶台遥控,以获得良好的机动性和操纵性。救捞船与消防船类似,在到达救捞地点后,就可将主发电机组产生的电能大部分用于救捞设备,

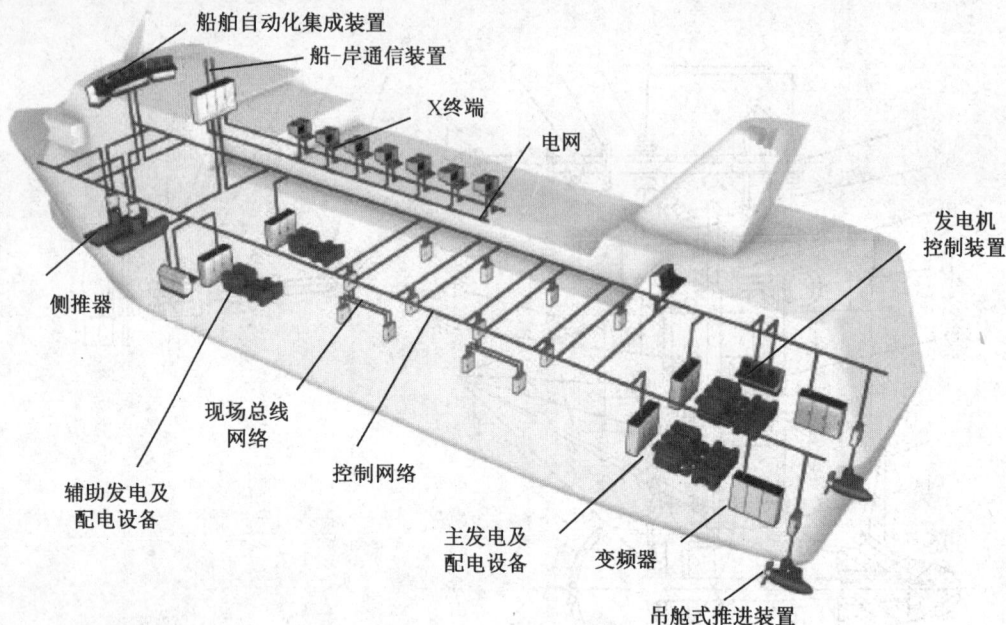

图 2-3　电力传动装置布置图

如空压机、绞车等。

③布缆船、航标作业船。在敷设电缆时,需要船舶保持精确的航向和较低的航速。采用电力推进后,可在达到上述要求的同时,将主发电机组的功率主要用于布缆作业。航标作业船与布缆船情况类似。

④调查船、测量船。这类船上一般配备有大功率的甲板机械或科研设备,它们可与电力推进装置一起从主电网获得电能。电力推进船舶的机动性、低速航行性能较高,这对于航行状态多变、航区复杂的调查船和测量船十分有利。

⑤挖泥船。采用电力推进的耙吸式挖泥船,其大功率的泥浆泵不必由专用的原动机带动,主发电机组的功率可以随意地分配给泥浆泵和推进装置。在挖泥时,船舶低速航行,大部分电能供给泥浆泵;航行时,电能全部供给推进装置,船舶保持高速航行。这样,既减少了原动机的数量,又提高了动力装置的经济性。

⑥破冰船。电力推进的破冰船在低速时能发出较大推力,适合完成破冰任务。电动机的堵转特性使机组不会超载,并在螺旋桨被冰块卡住时不致损坏。电力推进装置的机动性和恒功率自动调节性能也改善了破冰船的工作效率。

⑦拖船。电力推进装置的调速范围广,可保证拖船从自由航行状态到拖带状态都发出全功率,从而获得拖航工作的最佳效率。此外,在拖带过重时,电动机还可实现堵转,避免事故的发生。

⑧渡船。电力推进设备易于实现集中控制,除船尾设置主推进器外,还可方便地在船首及左右两舷设置侧推器,以便于渡船在港口要道和狭窄水道中快速、灵活和安全地航行,并快速、准确地靠离码头。"烟大"号是国内首次采用全电力推进系统的客滚船,由上海船舶研究设计院设计,天津新港船厂建造,2006 年投入营运,长 182.6 m,宽 24.8 m,满载排水量16 299 t,服务航速 18 kn,抗风能力 8 级,采用了 ABB 公司的 Azipod 电力推进装置(2 × 4 088 kW)。

⑨大型邮轮。采用电力推进的大型邮轮,布置方便、紧凑,增加了乘客房间,减少了噪音,提高了舒适性。美国的"幻想"号、日本的"Crustal Harmonuy"号等邮轮,都采用了电力推进方式。

3. 吊舱式推进器

吊舱式推进器的结构与 Z 形传动装置类似,但工作原理不同,属于电力传动范畴,即柴油机或燃气轮机驱动发电机发电,电力通过电缆输送给直接安装在水下吊舱中的电动机,带动螺旋桨旋转。图 2-4 为吊舱式推进器的结构原理图。

采用吊舱式推进器的船舶,其推进电动机直接受到周围海水的冷却,冷却效果好,尺寸紧凑,效率高,操纵方便,功率范围较大。单台吊舱式推进器的功率范围为 5 000 ~ 25 000 kW,四台推进器总功率可达 100 000 kW 以上。近年来,其在超大型豪华旅游船和大型客滚船上应用逐渐增多。

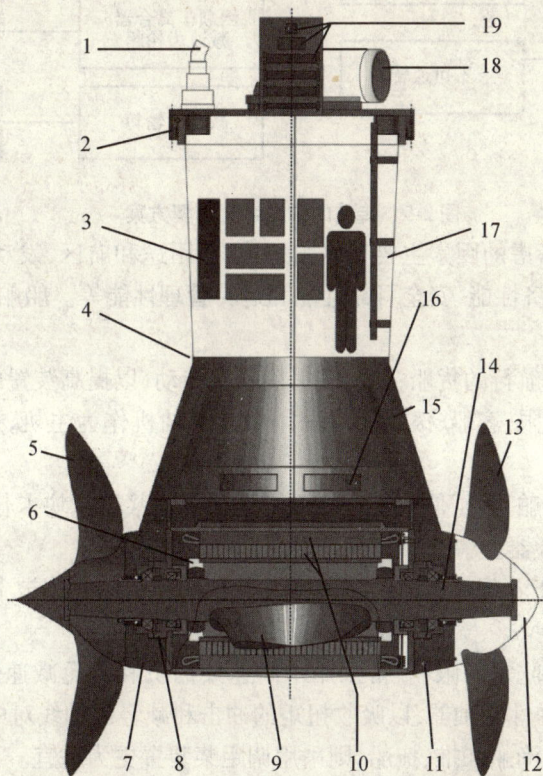

图 2-4 吊舱式推进器结构原理图

1—回转电机;2—回转轴承;3—辅助设备;4—船体线;5—后桨;6—转子联轴节;7—后污水井;8—轴承;9—散热翅片;10—励磁机;11—前污水井;12—桨帽;13—前桨;14—桨轴;15—外壳;16—污水泵;17—工作通道;18—电液操纵系统;19—滑环装置

三、船舶推进装置选型分析

发动机、传动设备、传动方式及推进器的类型很多,因此,它们可组合成多种推进装置。如图 2-5 所示为船舶推进装置的部分组合方案。传动方式不同,装置的性能也将不同,并且有各自的优缺点和适用条件,在进行传动方式的选型时要综合分析,权衡利弊,最后做出决策。

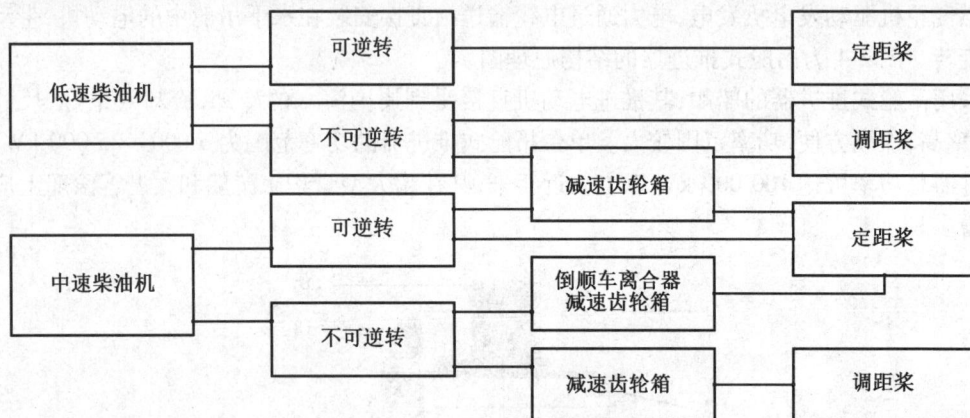

```
┌──────────┐    ┌──────────┐                          ┌──────────┐
│          ├────┤  可逆转   ├──────────────────────────┤  定距桨   │
│ 低速柴油机 │    └──────────┘                          └──────────┘
│          │    ┌──────────┐        ┌──────────┐      ┌──────────┐
│          ├────┤  不可逆转 ├────────┤ 减速齿轮箱 ├──────┤  调距桨   │
└──────────┘    └──────────┘        └──────────┘      └──────────┘
┌──────────┐    ┌──────────┐                          ┌──────────┐
│          ├────┤  可逆转   ├──────────────────────────┤  定距桨   │
│          │    └──────────┘    ┌──────────────┐      └──────────┘
│ 中速柴油机 │                   │ 倒顺车离合器   │
│          │                   │  减速齿轮箱    │
│          │    ┌──────────┐    └──────────────┘      ┌──────────┐
│          ├────┤  不可逆转 ├────┐   ┌──────────┐      │  调距桨   │
└──────────┘    └──────────┘    └───┤ 减速齿轮箱 ├──────┴──────────┘
                                    └──────────┘
```

图 2-5　传统的推进装置选型方案

选择传动方案时要考虑的因素主要有船舶的大小、用途和航区,发动机的形式和发展,传动设备的形式和发展,经济性能、安全可靠性能和运转管理性能等。船舶动力装置常见的选型方案如下:

(1)一般远洋和沿海航行的货船、油船多采用直接传动,以提高装置的经济性。

(2)由于机舱空间有限,客船、滚装船多采用中速柴油机作为主机,通过减速齿轮箱驱动定距桨或调距桨。

(3)在冰区航行的船舶,为了使主机和轴系不致因螺旋桨被冰块卡住而损坏,在采用低速柴油机时还加上液力偶合器。

(4)对于破冰船,由于希望在破冰时获得较大的机动性及螺旋桨被卡住时有较大的扭矩,多采用电力传动。

(5)内河船舶由于受吃水的限制,常采用中高速柴油机和齿轮减速传动。此时在主机和齿轮减速器之间一般设弹性联轴器,以吸收扭矩的冲击和减轻因轴线对中偏差造成的影响。

(6)对于工况多变的渔船和推、拖船,则采用调距桨装置更为适宜。

(7)双机单桨推进装置因并车和航行中检修主机的需要,必须加装离合器,如摩擦离合器、液力偶合器等。

在考虑经济性时,不但要看传动轴系本身的效率,还要将传动设备的效率、主机效率以及螺旋桨效率联系起来一块考虑。例如,就传动方式本身而言,直接传动的效率比齿轮减速间接传动的效率要高。但采用齿轮减速传动后,螺旋桨转速可以降低,直径可以增加,螺旋桨效率将会提高,因此整个推进装置的效率可能提高。

第二节　传动轴系

一、传动轴系的组成、作用和工作条件

从曲轴动力输出端法兰到螺旋桨间的轴及其轴承统称为传动轴系,简称轴系。

1. 轴系的组成

(1)传动轴。包括推力轴(有的柴油机把推力轴和曲轴造为一体)、中间轴和艉轴。

(2)轴承。包括推力轴承(有的推力轴承设在柴油机机座内)、中间轴承和艉轴承。

(3)轴系附件。主要是润滑、冷却、密封设备等。

如图 2-6 所示为某大型低速柴油机直接传动轴系的组成简图。机舱 18 位于船舶的中后部,柴油机 1 通过推力轴承 2、短轴 3 和中间轴 5、8、10 以及艉轴 11 驱动螺旋桨 13。推力轴承 2 给整个轴系轴向定位,推力轴由推力轴承内的径向轴承支承,中间轴由中间轴承 4、7、9 支承。中间轴承 12 是最后一道位于轴隧内的中间轴承,但其作用是和艉轴管中的艉轴承共同支承艉轴,也称为艉轴前轴承。艉轴从艉轴管 14 伸出船尾,曲轴、推力轴、中间轴和艉轴之间通过法兰用螺栓连接,螺旋桨用键和螺母固定到艉轴上。

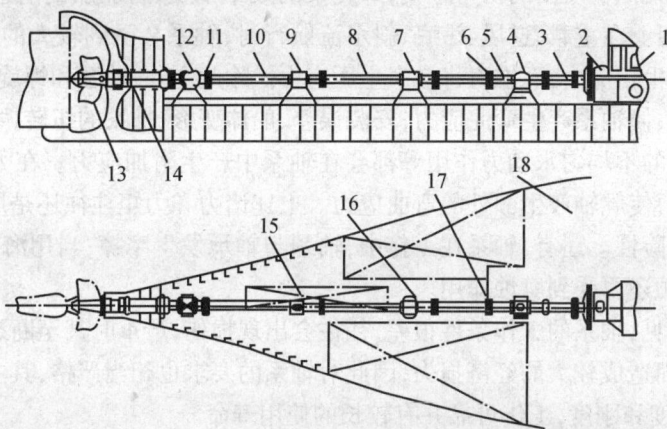

图 2-6　大型低速柴油机直接传动轴系的组成简图

1—柴油机;2—推力轴承;3—短轴;4、7、9、12—中间轴承;5、8、10—中间轴;6—隔舱填料箱;11—艉轴;
13—螺旋桨;14—艉轴管;15—窗口;16—轴隧;17—水密门;18—机舱

为了维护和管理轴系,设有轴隧 16,轴隧的顶部设有窗口 15 以吊运轴系。此窗口平时用铁板封死,用以把轴系和货舱隔开。轴隧与机舱的隔壁上装有水密门 17 和中间轴的隔舱填料箱 6。

2. 轴系的作用

轴系的作用是把柴油机曲轴的动力矩传给螺旋桨,以克服螺旋桨在水中转动的阻力矩;同时又把螺旋桨产生的推力传给推力轴承,以克服船舶航行中的阻力。轴系所传递的扭矩可从

它传递的功率和轴的转速算出。轴上的扭矩 M 为

$$M = 9.55 \frac{P}{n} \times 10^3 \quad \text{N·m} \tag{2-1}$$

式中, P—轴传递的功率, kW;

　　 n —轴的转速, r/min。

轴系所传递的推力可以根据螺旋桨所吸收的功率、螺旋桨的效率和船舶航速算出。轴系所传递的推力 T 为

$$T = 1.94 \frac{P_p}{V_S} \eta_p \quad \text{kN} \tag{2-2}$$

式中, P_p——螺旋桨吸收的功率, kW;

　　 V_S——船舶航速, kn;

　　 η_p——螺旋桨的效率。

3. 轴系的工作条件和要求

从轴系的作用可知, 轴系承受着很大的扭矩和推力。例如, 在大型低速机直接传动的情况下, 不考虑轴系摩擦损失, 若主机的有效功率为 10 000 kW, 转速为 100 r/min, 由式(2-1)可算得轴系所受到的扭矩为 9.55×10^5 N·m。在航速为 15 kn, 螺旋桨效率为 0.5 时, 可由式(2-2)算得受到的推力为 646.7 kN。

由公式(2-2)还可看出, 螺旋桨的推力与它吸收的功率和螺旋桨的效率成正比, 与船舶的航速成反比。如果柴油机发出的功率不变, 螺旋桨的效率不变, 若船舶的航速降低, 螺旋桨推力则增大。因此, 船舶在重载、逆风、污底、斜水流航行时, 轴系会受到较大的推力。轴系承受的扭矩在轴系中产生扭应力, 而推力将会产生压应力。除此之外, 轴系和螺旋桨本身的重量以及其他附件的作用, 使轴系产生弯曲应力; 安装误差、船体变形、轴系的扭转振动、横向振动、纵向振动以及螺旋桨的不均匀水动力作用等都会在轴系中产生附加应力。在大风浪天, 螺旋桨上下运动的惯性力, 使艉轴产生额外的弯曲应力。上述诸力和力矩往往还是周期变化的, 这就更增加了它们的危险性。还有, 轴系在工作中, 轴颈与轴承发生摩擦; 当用海水做艉轴承润滑剂时, 艉轴管和轴颈还要受到腐蚀作用。

由上述分析可见, 轴系的工作条件很差, 往往会出现损伤, 严重时甚至断裂, 修理时又往往要使船舶进坞, 从而造成较大的经济损失, 因此对轴系的要求也相当严格, 其主要要求有:

(1)足够的强度和刚度, 工作可靠并有较长的使用寿命。

(2)有利于制造和安装, 在满足工作需要的基础上, 力求简化, 使制造与安装方便并便于日常维护保养。

(3)传动损失少, 合理选择轴承种类、数目及润滑方法。

(4)对船体变形适应性好, 力求避免在正常航行状态下因船体变形引起轴承超负荷。

(5)保证在规定的运行范围内不发生轴的扭转共振和横向、纵向共振。

(6)能够良好地密封、润滑和冷却。

(7)尽可能减小轴的长度和减轻轴的重量。

二、传动轴系的布置

船舶轴系布置设计与整个船体设计有密切的关系, 应满足船舶总体性能, 是船舶动力装置

设计中比较重要的一个环节。

(一)轴线的布置

传动轴系通常是由位于同一直线上的轴连接起来的,轴中心线称为轴线。

1. 轴线的数目

轴线的数目取决于船舶类型、航行性能、生命力、主机类型及特性、装置在多种工况下的经济性及其工作可靠性等。一般民用船舶轴线不超过 3 根。大型远洋商船往往采用 1 根;客船、港作船、集装箱船等有特殊要求及操纵性好的船舶采用 2 根;上水上滩的船舶采用 3 根;军用船舶为提高航速、生命力及良好的机动性,一般采用 2 根或 3 根,个别的达 4 根。

2. 轴线的位置与长度

由于机舱位置的不同,轴线的长度差别很大,尾部机舱的轴线较短,有的不用中间轴,而使推力轴直接和艉轴相连。船中机舱的中间轴段数目较多,轴线往往很长,这时在机舱和艉尖舱间必须围成水密的走廊,以使轴系与货舱隔开。此水密走廊即是图 2-6 中提到的轴隧(地轴弄)。单桨船的轴线布置在纵向中剖面上,双桨船的轴线常对称地布置在两舷。

轴隧用水密门与机舱相通,轮机人员可通过此门进入轴隧,对轴系进行检查和维护管理工作。水密门的打开与关闭应能在门的两面都可操作,而且在机舱外也可对水密门进行远距离操作。隧顶高度应允许更换或修理轴线中的任何部件,一般都在 2 m 以上。隧道宽度应符合规定,人行道上应铺有花铁板并设置栏杆,以便将人行道和轴线隔开。隧道内在尾部一般设有逃生通道,此通道直通上甲板,当机舱各门由于烟、火封住不能通行时,轮机人员可由此通道撤离或供上面人员进入机舱实施各种应急措施。轴隧尾部常留有较大空间,供放置备用轴及其他备件、专用工具和附件等。

轴系是一根直线,它的长度与位置取决于两个端点。前端点为主机(机组)的输出法兰中心,后端点为螺旋桨的桨毂中心。

(1)主机(机组)位置的决定原则及主机(机组)布置原则

①对称布置。考虑到重量平衡及便于布置与方便操作,对于单主机,一般布置在船舶纵中剖面上,即机舱首尾中心线上;对于双主机,一般对称布置于船舶纵中剖面两侧,即对称于机舱中心线两侧。

②轴线布置尽量与船体龙骨线(基线)平行。但是这种理想的轴线有时很难实现,因为它的首尾位置必须服从于主机的位置和螺旋桨的位置。如主机位置比较高而船舶吃水比较浅时,为了保证螺旋桨能浸入水下一定深度,有时不得不使轴线向尾部倾斜一定角度,如图 2-7(a)所示,图中 α 即为倾斜角。有些双桨或多桨船,为了使螺旋桨桨叶的边缘离开船的外板并留有一定的空隙,允许轴线在水平投影面上离开船舶纵中垂面偏斜一个角度,如图 2-7(b)所示,图中 β 为偏斜角。当轴线出现倾斜和偏斜时,螺旋桨输出的推力将受到损失,这一方面是由于此时螺旋桨推力与船舶运动方向不一致;另一方面,轴线倾斜使轴系重量产生方向朝后的轴向分力,抵消了桨的部分推力。为了使桨的推力不致损失太多,并保证主机的工作可靠,一般 α 角不超过 5°,β 角不超过 3°。对于小艇或高速快艇等,由于吃水与线形的关系,α 可达 12°～16°。

③主机尽量靠近尾舱壁布置,使轴系长度缩短(要考虑有无传动设备、隔舱密封部件的拆装、更换位置,同时要兼顾机舱开口的位置)。

④考虑主机左、右、前、底部与上部是否满足拆装与维修要求以及吊缸的高度。

（2）螺旋桨的布置与定位

①螺旋桨应浸入水中有一定的深度。如图2-7（c）所示为螺旋桨布置图。e为水线至桨上叶梢距离；D为螺旋桨的直径。对于单桨船，$o = (0.25 \sim 0.30)D$；对于双桨船，$e = (0.4 \sim 0.5)D$；隧道船例外（内河浅吃水船舶，尾部布置有隧道，可允许桨叶高于水面）。

②螺旋桨边缘一般不超过船中部轮廓之外。

③螺旋桨的叶梢与船体间最小间隙保持在表2-1中所提出的范围之内。

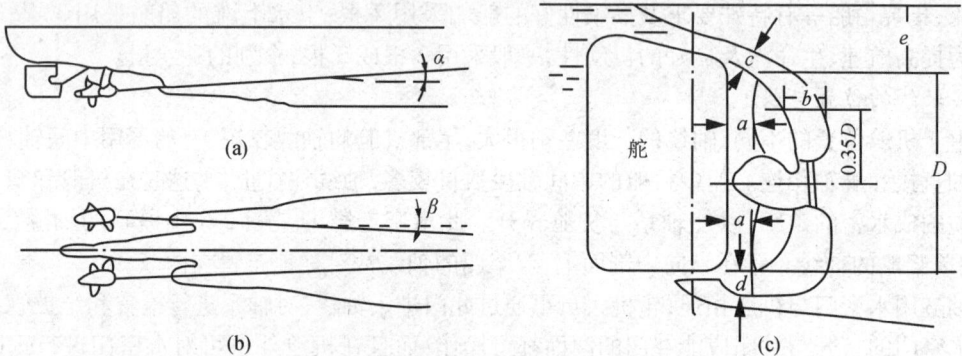

图2-7　轴线及螺旋桨的布置图

表2-1　螺旋桨与船体间隙

螺旋桨边缘与舵 a	0.12D	螺旋桨边缘与船壳 c	0.14D
螺旋桨边缘与艉柱 b	0.2D	螺旋桨边缘与龙骨 d	0.04D

注：①D为螺旋桨的直径。②a、b、c、d的具体含义见图2-7（c）。

（二）轴承的布置

1．推力轴承的位置

船用推力轴承是船舶动力装置中不可缺少的重要组成部分，它承受螺旋桨产生的轴向推力，并将其传给船体，使船舶产生前后运动，同时，它也承担一部分径向负荷。对于直接传动的新型低速柴油机主机，推力轴承一般由主机自带，设在曲轴箱内，如图2-8（a）所示；对于带有减速箱的推进装置，推力轴承往往设在减速箱中；对于其他的船用主机，尤其是中速柴油机，因结构上的需要，推力轴承往往单独设置，如图2-8（b）所示。

2．中间轴承的位置

中间轴承是用来支承中间轴并给予径向定位的，每根中间轴一般由一个中间轴承支承，少数也有设两个的。中间轴承的位置、数量和间距对轴系工作的可靠性有很大影响，在轴系布置时必须认真考虑。由于装载量的变化、航行中波浪的冲击，船体发生不同程度的变形是不可避免的，若把中间轴承置于刚性较差的位置，当船体变形时，会使轴承受到很大的附加负荷，造成发热和迅速磨损，有时甚至使轴在轴承中咬死，所以应尽量使中间轴承布置在船体刚性较强的部位（例如隔舱壁附近）。

中间轴承的间距和数量直接影响轴承对轴线变形的牵制作用。因为船舶总是存在着船体变形和轴承位置的安装误差，致使各轴承的实际中心线不在一条直线上，所以轴系在运转时，轴颈与轴承的接触处会产生附加轴承负荷，轴承的间距越小，它对轴线变形的牵制作用越大，附加负荷也就越大。理论和实践都证明轴承间距太小是不利的，特别是船体结构比较弱的船，为提高其轴系对船体变形的适应性和增加轴系的柔性,轴承间距应该大一点。但是,轴承的间距也不能太大,因为过大的间距会给轴系的制造安装带来一定的困难;轴的挠度过大将造成轴承负荷不均匀;还易使轴系产生回转振动和横向振动,且由于这些振动的固有频率是随轴承跨距的增大而降低,容易造成在轴系的工作转速范围内出现临界转速。轴承的间距和中间轴直径有关,一般可由下列经验公式估算:

$$395.3\sqrt[3]{d} \leqslant L \leqslant 632.4\sqrt{d} \tag{2-3}$$

式中,L——两轴承的间距,mm;

d——中间轴轴径,mm。

中间轴承实际布置间距应通过轴系校中计算后确定。

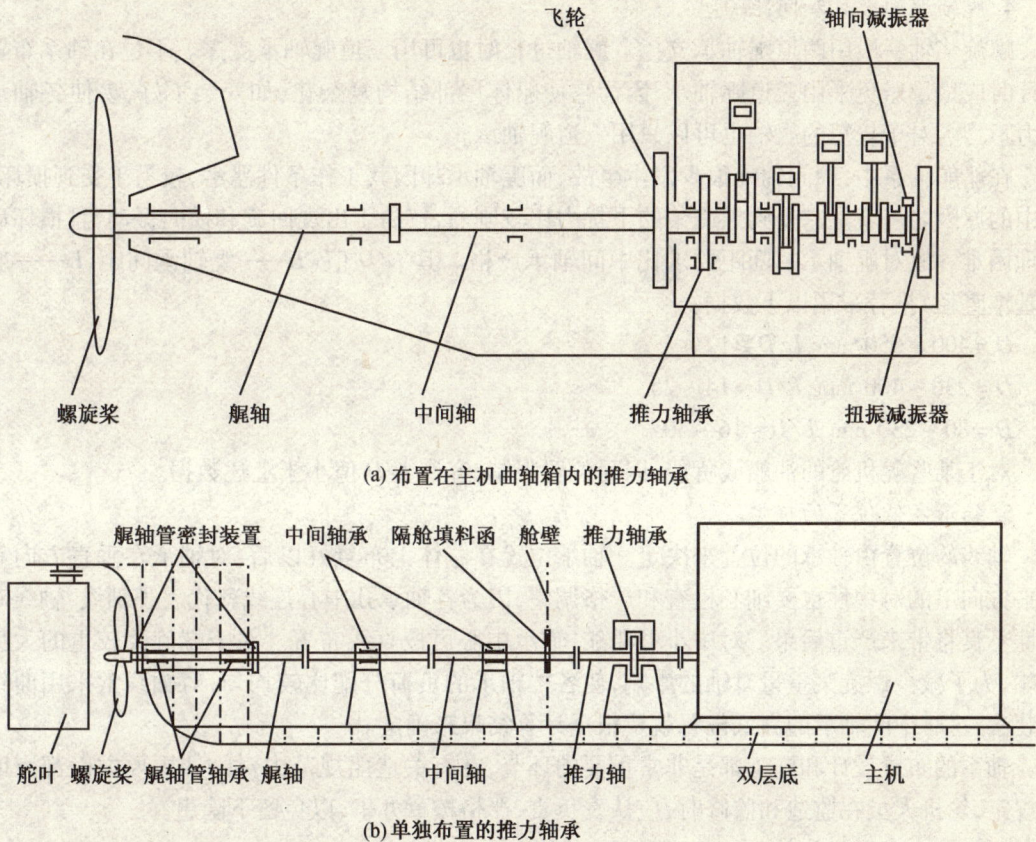

(a) 布置在主机曲轴箱内的推力轴承

(b) 单独布置的推力轴承

图 2-8 推力轴承的布置

轴承的间距确定以后,布置轴承时应使轴承中心到连接法兰端面的距离等于 $0.2L$,如图 2-9 所示。这样在轴系对中时,在距另一端法兰端面 $0.2L$ 处装一个临时支承 A,使中间轴因自重产生弹性变形对两端法兰的偏移影响很小,而且仍与中间轴不发生弹性变形时的直轴中心线垂直。

3. 轴承负荷

一般轴承负荷的大小用轴承比压表示,在进行轴系布置设计时,必须使轴承的比压在许可范围内,并力求使各轴承的负荷分配均匀。轴承负荷过重(指比压超过许可范围),将使其很快磨损或导致其他事故;轴承负荷是负值(指仅轴承上瓦受到压力)会使邻近的轴承负荷过重;轴承负荷为零,则表示这道轴承可有可无。因此,轴承负荷或比压过大、为负值或零都是不适宜的。一般情况下每个轴承所受正压力(力的方向向下)应不小于相邻两跨轴重量的20%。

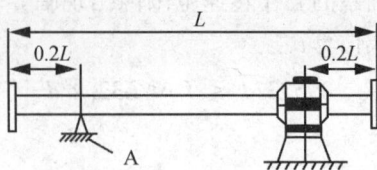

图 2-9 中间轴承位置

4. 艉轴承的数目和间距

螺旋桨轴一般用两道艉轴承支撑。艉轴过长时也可用三道艉轴承支撑。不过在轴系布置设计时应尽量避免采用三道艉轴承,因为它使船体尾部结构复杂化,如安装不好,易使各轴承受力不均。对于较短的艉轴也可以只用一道艉轴承。

在船舶轴系中,中间轴承很少发生事故,而艉轴承却因其工作条件恶劣,较易于受到损坏。其中的原因之一就是它受到螺旋桨的干扰力比较剧烈,较易于出现回旋和横向振动,且损坏后修理困难。故对艉轴承的间距要求比中间轴承严格。其 L/D 值(L——艉轴承间距,D——艉轴基本直径)推荐采用以下数据:

$D = 400 \sim 650 \text{ mm},L/D \geqslant 12$

$D = 230 \sim 400 \text{ mm},L/D \approx 14 \sim 25$

$D = 80 \sim 230 \text{ mm},L/D \approx 16 \sim 40$

对于某些艉机舱的油船或货船,因受位置限制,容许 L/D 值小于上述数据。

5. 轴承高低位置的确定

轴线的位置由轴承的位置来决定。轴承位置在总体上布置好以后,对轴承在垂直方向和水平方向上的对中性也要细心检查和严格调整,因为各轴承孔中心连线就代表了轴线,轴线对中性不良将带来严重后果。对中小型船舶,轴承中心可按直线布置。对于螺旋桨较重的大型船舶,为了减少螺旋桨重量对轴的影响,使各档轴承的负荷分配比较均匀,对轴线常采用曲线安装法,这时中间轴承的高低位置就要根据计算结果来确定。

轴系的布置设计和施工都是非常重要的环节,在有关造船规范中对一些重要方面都有明确规定,轮机人员在监造和监修时,应认真负责,严格按章办事,以免留下隐患。

三、传动轴系的组成

传动轴主要由螺旋桨轴、艉轴、中间轴和推力轴组成,轴段的数目和配置主要决定于船型、动力装置类型和机舱的位置。

(一)中间轴、推力轴、中间轴承和推力轴承

1. 中间轴和推力轴

如图 2-10(a)、(b)所示分别为中间轴和推力轴的结构图。需要说明的是,只有在推力轴承单独布置时才有推力轴,当推力轴承置于减速齿轮箱或主机曲轴箱中时无推力轴。

法兰1位于中间轴和推力轴的两端,2为轴干,轴颈4由径向轴承支撑,轴颈的位置和长

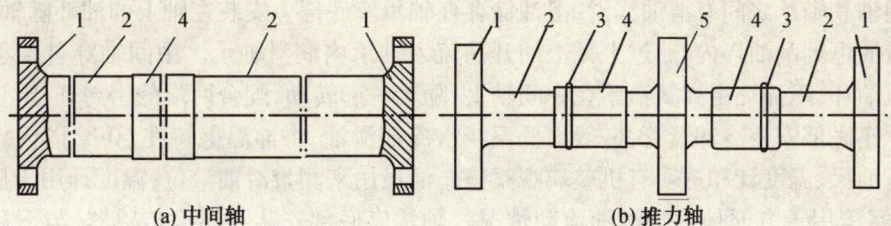

(a) 中间轴　　　　　　　　(b) 推力轴

图 2-10　中间轴和推力轴结构图

1—法兰;2—轴干;3—甩油环;4—轴颈;5—推力环

度由径向轴承的位置和宽度确定(轴颈长度稍大于轴承宽度),轴颈的直径比轴干大些,一般大 5~20 mm,以便磨损后有足够的光车裕量。轴上不同直径断面的连接处都是圆滑过渡,以减少应力集中。法兰的连接螺栓会受到固紧时产生的拉应力和传递扭矩时产生的剪应力的联合作用。船舶倒航时,由于螺栓受拉,致使拉应力大大增加,安装不正和轴系扭振等还可使螺栓受到较大的附加应力。所以对连接螺栓的加工、安装都有较严格的要求。为了使连接螺栓在螺栓孔中不致松动,连接螺栓中应有 50% 以上是紧配螺栓,对中小型船舶也不少于四只,并要求紧配螺栓和其他螺栓相间排列。推力环 5 两侧面与推力块相配,两侧面应平行且都与轴线垂直。甩油环 3 用于阻止推力轴承中的滑油沿轴颈外漏。

2. 中间轴承

中间轴承是为了减少轴系挠度而设置的支撑点,它承受着中间轴的重量以及因轴系变形和各种形式的运动造成的附加径向负荷。

中间轴承的结构形式很多,按摩擦形式不同可分为滚动式和滑动式两大类,商船上多采用滑动式,目前广泛使用的是固定油盘式中间轴承,其结构如图 2-11 所示。

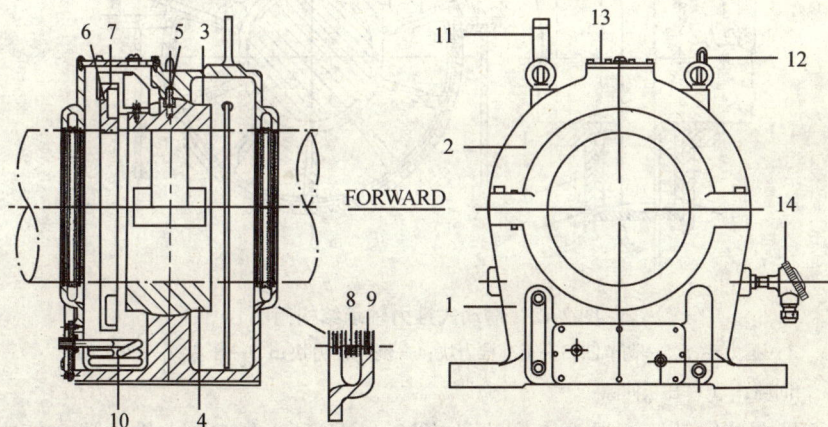

FORWARD

图 2-11　固定油盘式中间轴承

1—轴承座;2—轴承盖;3—轴承上瓦;4—轴承下瓦;5—定位销;6—油环;7—刮油环;8—阻油环;
9—密封环;10—冷却盘管;11—温度计;12—量油尺;13—盖板;14—温度传感器

中间轴承本体由轴承座和轴承盖组成,两者由螺栓紧固。轴承为自定位式滑动轴承,包括轴承上瓦和轴承下瓦。上、下瓦分别安装在轴承盖与轴承座内,为防止轴承随轴转动,轴承盖上有定位销对轴承定位,但允许轴瓦 1° 以内的转动。轴瓦和本体接触面为球形面,可以补偿轴与轴间的不对中,减少因此产生的额外应力。

中间轴和轴承之间有滑油润滑,滑油储存在轴承座底部。安装在轴上的油环随轴转动,将底部的滑油甩到刮油环内,通过上瓦上的开孔流入轴承内润滑轴承。中间轴穿过轴承本体处安装有阻油环,阻油环由弹簧箍紧在中间轴上,随轴一起转动,配合两端的密封环,阻止滑油外泄。轴承座底部安装冷却盘管,一般由低温淡水冷却滑油,将油温保持在 60 ℃ 以内。轴承盖上安装有油尺、温度计和透明有机玻璃观察镜。油尺用来测量滑油液位,温度计用于显示滑油温度,观察镜用于方便地观察滑油流动情况。轴承座底部安装有温度传感器,与下瓦瓦背接触,传送轴瓦温度信号。一旦轴瓦高温,说明轴承异常磨损,主机需立即降速或停车。

这种滑动式中间轴承结构简单,管理方便,寿命长,不论轴在何转速下运转,都能得到可靠的润滑。

3. 推力轴承

螺旋桨产生的推力(或拉力)通过艉轴、中间轴和推力轴作用到推力轴承上,并通过推力轴承传给船体。推力轴承的作用是:传递推(拉)力;为传动轴系轴向定位;在曲轴和推力轴直接连接的情况下,推力轴承也给曲轴轴向定位。

在大中型船舶上广泛应用滑动式推力轴承,如图2-12所示为其结构简图。图中,3 为正车推力块,4 为倒车推力块。推力块和推力环1 相接触的面上铸有白合金。调节圈2 和5 用来调节推力轴承间隙 f_1 和曲轴与主轴承之间的轴向相对位置。图示推力轴承正车推力块和倒车推力块都为 6 块,约占推力轴周向240°圆弧。目前,也有些船舶的推力轴承,其正车推力块采用周向360°布置,以减小推力轴承的尺寸与重量,并使推力环受力均匀。为了阻止推力块随推力环一起转动,设有压板6 和7。

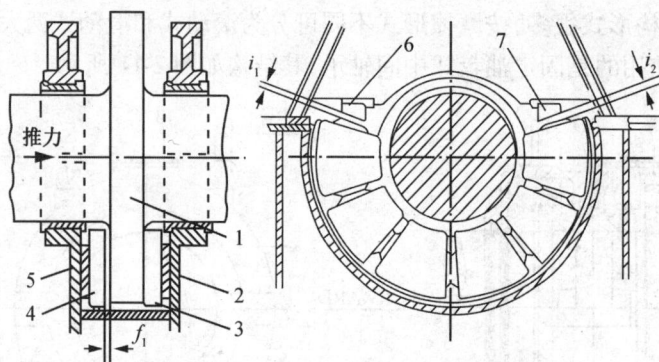

图 2-12　滑动式推力轴承结构简图

1—推力环;2、5—调节圈;3—正车推力块;4—倒车推力块;6、7—压板;f_1—推力轴承间隙;i_1、i_2—压板间隙

推力轴承是在液体动压润滑下工作的,如图2-13 所示。在工作中推力块2 绕支持刃偏转一个小角度,使推力块与推力环3 的工作面间形成楔形空间,滑油被转动的推力环带入楔形空间,从而产生动力油压。推力环的推力通过楔形油膜传递到推力块上,再通过支持刃传递到调节圈1 上。

润滑推力轴承的滑油一般来自主机的滑油系统,由喷嘴喷射到推力块和推力环之间,工作后的滑油从推力轴承油池回流到主机的曲轴箱中。

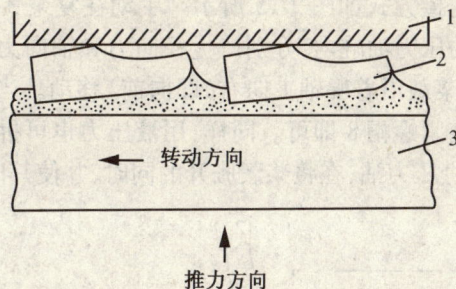

图 2-13 推力轴承的工作原理
1—调节圈;2—推力块;3—推力环

（二）艉轴

艉轴是穿过艉轴管伸出船尾的轴。在单轴系船上它是轴系中最末的一段轴,首端与最后一个中间轴法兰相连,尾端安装螺旋桨,这种艉轴也称为螺旋桨轴。艉轴的结构如图 2-14 所示,由法兰 A、轴干 B 和 D、轴颈 C 和 E 以及安装螺旋桨的锥部 F 和螺柱 G 等部分组成。该艉轴用优质碳钢锻造,艉轴法兰与中间轴法兰用紧配螺栓连接。轴颈 C 由艉轴管前面的一个中间轴承支撑,而轴颈 E 与艉轴管中的轴封和支持轴承相配合。在用海水润滑的铁梨木轴承中,为了防止轴被腐蚀和减少轴与轴承的摩擦损失,在艉轴管中的轴段 E 上装有铜套。因为铸造长的轴套有困难,红套也不方便,铜套由几段合成,在接缝处采用密封性好的搭叠形式,套合后经滚压辗平,以防止海水漏入配合间隙使轴遭到腐蚀。艉轴轴干裸露在海水中的部分,一般包有玻璃钢保护层。

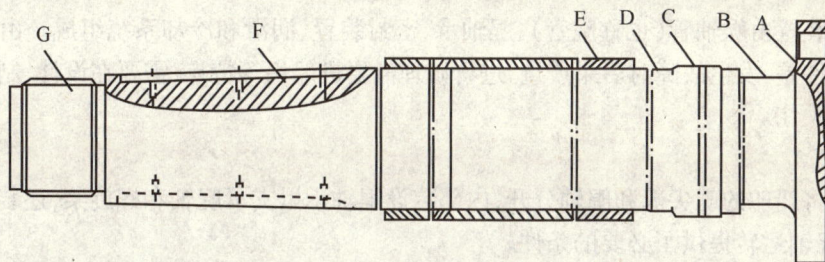

图 2-14 艉轴结构图
A—法兰;B、D—轴干;C、E—轴颈;F—锥部;G—螺柱

螺旋桨与艉轴间采用锥面结合、键连接和螺母紧固。螺柱上螺母的旋紧方向与螺旋桨的正转方向相反,以便螺旋桨在正转时螺母能自动锁紧。至于倒车,因使用的时间短,功率也比正车小,所以采用了止动片防松。螺母外面还装有流线型的导流罩,且为水密,既可减少水力损失,又可防止螺纹锈蚀。

目前,液压无键连接技术越来越多地用在螺旋桨和艉轴的联接上。液压无键连接是在圆锥面上进行过盈配合,其液压装配原理是利用液压油使桨毂内孔发生弹性变形而胀大,同时,另一路液压油通过执行机构(轴向千斤顶、液压缸等),将螺旋桨推入桨轴的椎体部位。当轴向推入量达到要求后,卸去液压力,桨毂将因收缩而固定在桨轴的锥体上,从而形成牢固的过盈配合。

螺旋桨和艉轴的液压连接方式如图 2-15 所示。手动往复泵 3 产生的液压力可同时作用于螺旋布油槽 7 和螺帽 8 的压力油缸内,分别产生径向力和轴向力。径向力使桨毂 2 产生弹性变形而被胀开,轴向力使桨毂沿着艉轴 1 向右(即向前)移动。当桨毂向前移动至规定位置后,将管路中的油压泄放,旋紧螺帽 8 即可。同样,用液压力也可拆卸螺旋桨,此时,需要旋松螺帽 8,仅向布油槽 7 中提供压力油,在将桨毂胀开的同时,并使其向左移动而移出。

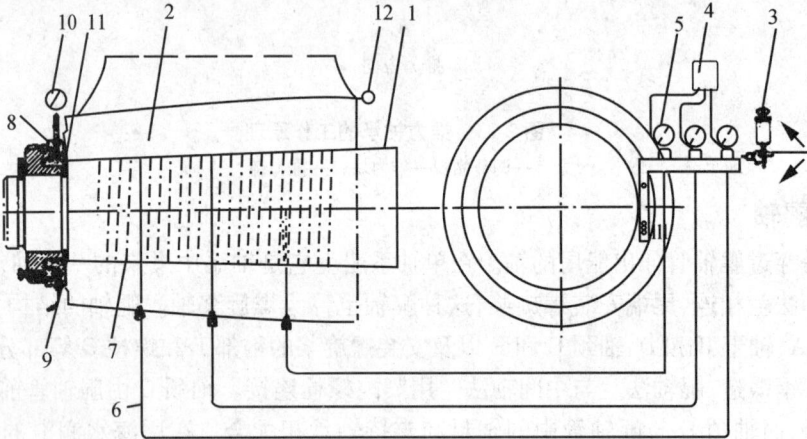

图 2-15　螺旋桨和艉轴的液压连接

1—艉轴;2—桨毂;3—手动往复泵;4—油箱;5、10—压力表;6、9—高压油管;7—螺旋布油槽;
8—液压螺帽(带压力油缸);11—调节圈;12—千分表

(三)艉轴管装置

艉轴管装置由艉轴管(也称艉管)、艉轴承、密封装置、润滑和冷却系统组成。由于艉轴管装置工作条件差、发生故障时后果严重、进行修理需要进船坞等特点,需要在设计、制造及管理中对其特别关注。

1.艉轴管

艉轴管将船舶的艉尖舱和艉轴分开,内部装设艉轴承以支承艉轴和螺旋桨,还装设艉轴密封装置,为艉轴运转提供了必要的条件。

艉轴管的结构有整体式和连接式两种,单轴系船舶多用整体式。它是由船内向船尾压入尾柱轴毂孔内,靠一定的装配过盈量固紧。还有的整体式艉轴管的尾部车有外螺纹,用大螺帽固紧。整体式艉轴管的材料多为铸钢、铸铁或球墨铸铁。连接式艉轴管是分成几段加工后由螺栓连为一个整体,多用于双轴系船舶。

2.艉轴承

艉轴承是艉轴管装置中最重要的部分,它分水润滑和油润滑两大类型。水润滑的艉轴承材料有铁梨木、桦木层压板、橡胶等。油润滑的艉轴承有白合金滑动轴承和滚动轴承。铁梨木轴承曾经是海船上应用较为广泛的一种水润滑轴承,但由于其造价高、来源少,已基本被新型的高分子材料(如赛龙、卡普龙等)或橡胶轴承所取代。在此,仅介绍海船上目前广泛使用的白合金油润滑轴承。如图 2-16 所示为艉轴管连同设置的白合金轴承的结构简图。

白合金浇铸在纵向与横向都开有燕尾槽的轴承衬套(相当于瓦背)上,轴承衬套的外面与艉轴管紧密配合,在接合面的端面攻丝,用螺钉固定,以防衬套随轴一起转动。轴承内表面沿纵向在水平位置开有两道布油槽,外表面在轴向和周向开有输油槽,内、外油槽钻孔相通。滑油由设置在满载吃水线以上的重力油柜供应,以防海水浸入轴承。

白合金轴承的优点是:抗压强度高,耐磨性好,散热快,摩擦损失少。其缺点是:结构复杂,管理工作多,若漏油会污染海区,制造与修理要求都比较严格。

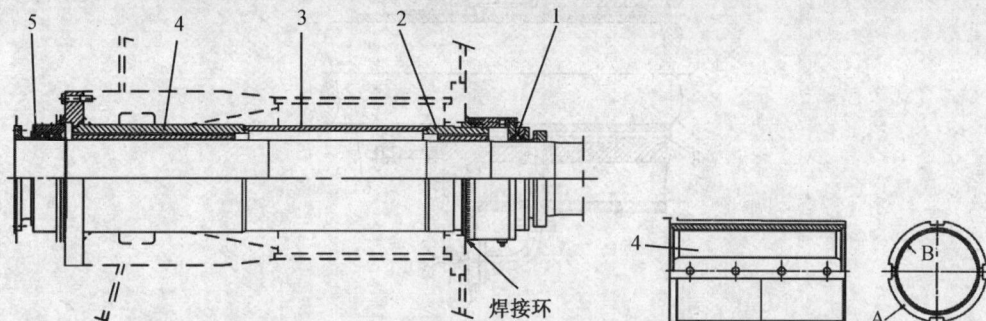

图 2-16 白合金轴承艉轴管结构简图

1—艏密封;2—前轴承;3—艉轴管;4—后轴承;5—艉密封;A—铸铁衬套;B—铅基白合金镀层

按中国船级社《钢质海船入级规范》规定,艉轴承数量一般为 2 个(如图 2-16 所示)。但当艉轴管较短时,设后轴承者可不设前轴承,此时在艉轴的法兰端,一般要设一道中间轴承(如图 2-6 所示)。

3. 艉轴密封装置

艉轴和艉轴承之间按规定要留有一定的间隙,艉轴又处于水面以下,工作时需要润滑和冷却,因此,为了防止舷外水沿艉轴流入船内及润滑油外泄,在艉轴管中必须设置密封装置。密封装置按所处的位置不同,可分为艏密封装置和艉密封装置两种。对于油润滑艉轴承,其艏密封装置是用来阻止滑油漏入机舱内,而艉密封装置既阻油外漏,又阻水内漏;对于水润滑艉轴承,一般仅设艏密封装置,用来控制艉轴承的冷却水量。

对密封装置的主要要求是:工作可靠,耐磨性能好,消耗的摩擦功小,散热性好。另外,还要求密封元件有很好的跟踪性,使其能在艉轴下沉、跳动、轴向窜动及偏心转动时仍能保持较好的密封性能。

艉轴密封装置的类型很多,常用的有填料函型和辛泼莱克司型密封装置,以及新型的空气型密封装置。此外,尚有机械式端面密封装置、端面密封——唇口密封组合式密封装置、金属环式(油冷式)密封装置等,但其应用都没有辛泼莱克司型广泛。在此,仅介绍几种典型的艉轴密封装置。

(1)填料函型密封装置

如图 2-17 所示为填料函型密封装置的简图,它广泛应用于水润滑艉轴承的艏密封装置。阻止舷外水大量流入机舱是靠牛油填料,填料由填料压盖的预紧力使其与艉轴衬套紧密接触,以达到密封的目的。填料函壳体在垂直方向上的位置是可以调节的,当因艉轴承被磨损而使艉轴下沉时,可酌情将填料函壳体向下调节,确保壳体与轴颈同心,使其仍然具有良好的密封效果。密封装置设有进水管,以便引入具有压力的舷外水,对艉轴及轴承进行润滑、冷却和冲走积存在里面的泥沙。

这种密封装置结构简单、维护方便、工作也比较可靠,但摩擦损失大,容易损伤艉轴轴套。

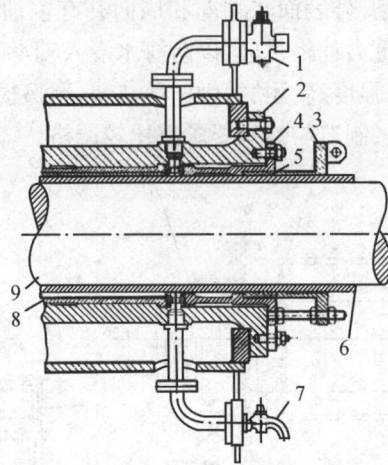

图 2-17　填料函型密封装置简图

1—冷却水进口;2—艉轴管;3—填料压盖;4—填料函外壳;5—牛油填料;6—艉
轴铜套;7—放水管;8—轴承衬套;9—艉轴

(2)辛泼莱克司(SIMPLEX)型密封装置

白合金艉轴承需要用滑油润滑,用滑油润滑的艉轴承其艏艉密封要求更为严格,特别是艉密封,密封不良不但浪费滑油,更重要的是容易使轴和轴承发生故障及污染海域。

用滑油润滑的白合金艉轴承密封装置,不论是艏密封还是艉密封,多采用辛泼莱克司型。这种密封装置结构比较简单,密封效果好,使用寿命长,摩擦损失功少。

①艉密封装置

如图 2-18 所示为辛泼莱克司型艉密封装置,其主要由固定的壳体和转动的耐磨衬套构成。

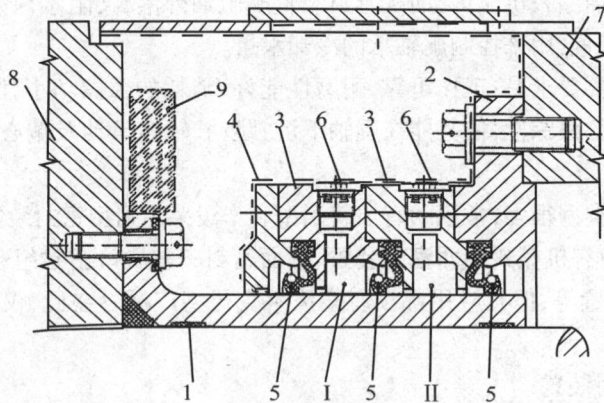

图 2-18　辛泼莱克司艉密封装置

1—耐磨衬套;2—法兰环;3—中间环;4—后盖环;5—密封圈;6—螺塞;7—艉
轴管法兰;8—螺旋桨轴法兰;9—防腐锌块

后盖环 4、两道中间环 3 及法兰环 2 用螺栓紧固成一体,构成密封装置的壳体。壳体紧固在艉轴管法兰 7 上,固定不动。壳体为两半式结构,可以在不拆卸螺旋桨轴的情况下解体更换密封圈。密封元件为夹紧在壳体中的三道橡胶密封圈 5。密封圈唇部装有箍紧弹簧,紧压在耐磨衬套 1 上。密封圈一道向前翻,用以阻止艉轴管中滑油外漏;两道向后翻,用来阻止舷外水和泥沙进入艉轴管。壳体中有两个密封腔室Ⅰ、Ⅱ,其中应充以滑油,用来润滑密封圈。滑油在安装时从中间环螺塞 6 处预先灌入再封死。

耐磨衬套由螺栓紧固在螺旋桨轴法兰 8 上,随螺旋桨轴一起转动。它也是两半式结构,如磨损过大,不必拆卸螺旋桨即可更换。衬套上安装防腐锌块 9,以减小衬套的腐蚀。

如图 2-19 所示为橡胶密封圈的截面图。密封圈的唇部产生的热量通过耐磨衬套传到衬套和艉轴之间的滑油中。密封圈的唇部 3 的凹槽处设有箍紧弹簧,头部 1 由支撑环和中间环夹紧(老式密封圈头部须穿过螺栓上紧),腰部 2 柔性好,提高了密封性和跟随性。

辛泼莱克司密封装置的优点是:摩擦损失少,密封性好,对艉轴的跟随性好,维修、管理方便,安全、可靠,寿命较长。但为了防止密封圈唇口处橡胶老化变质,须采用耐热性好的优质橡胶材料,致使整个装置价格较高。

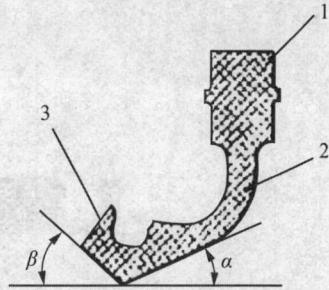

图 2-19　密封圈的截面图
1—头部;2—腰部;3—唇部

②艏密封装置

辛泼莱克司艏密封装置基本结构和艉密封装置类似,它只有向后翻的两道密封圈,用来阻止滑油外漏,因此结构更为简单。如图 2-20 所示为辛泼莱克司型艏密封装置。艏密封装置和艉密封装置结构类似,它只有向后翻的两道密封圈。其中,第一道用于密封艏轴管内滑油,第二道用于密封两道密封圈之间腔室内的滑油。腔室内滑油用来冷却第一道密封圈。

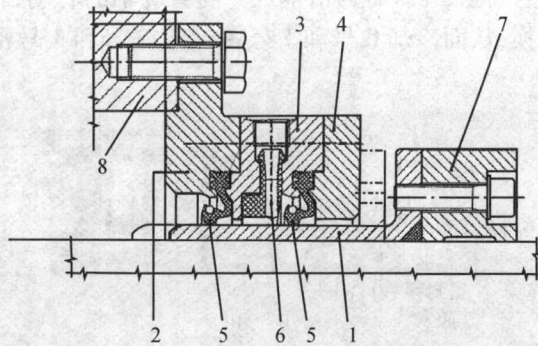

图 2-20　辛泼莱克司艏密封装置
1—耐磨衬套;2—法兰环;3—中间环;4—后盖环;5—密封圈;6—循环器;7—中间轴固定环;
8—艏轴管法兰

(3)空气型密封装置

传统的艉密封装置是通过多个密封圈将艉轴管滑油和海水隔离开,在这种情况下,少量的滑油和海水的泄漏是不可避免的。随着国际社会对海洋环境保护意识的提高和防止海洋污染法规的日益严格,空气型艉密封装置的应用越来越广泛,主要有瓦锡兰 OLS4A-P 型和 SIM-PLEX-COMPACT 2000 型(简称"SC 2000 型")等。在此,将以后者为例,对空气型艉密封装置进行介绍。

SC 2000 型艉密封装置是在上述图 2-18 所示的辛泼莱克司艉密封装置的基础上发展起来的,主要由艉密封油柜、空气控制单元、吃水传感器等组成,如图 2-21 所示。

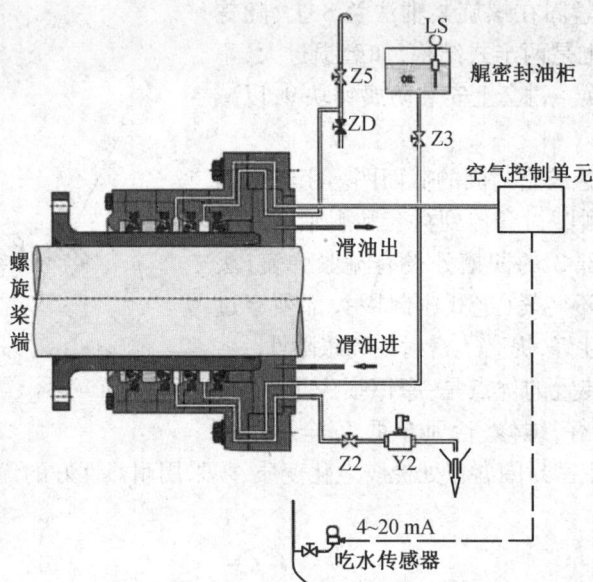

图 2-21　SC 2000 型艉密封装置的组成

如图 2-22 所示为 SC 2000 型艉密封装置的密封环及腔室布置图。密封环共 4 道,采用"3 后 1 前"布置,0 号、1 号和 2 号密封环为向后的"knee"型,3 号密封环为向前的"knee"型。腔室 Ⅰ 为海水腔,腔室 Ⅱ 为空气腔,腔室 Ⅲ 为滑油腔。随着艉轴的转动,在腔室 Ⅰ 内的海水也随之转动,并与外界海水交换,从而冷却 0 号和 1 号密封环;2 号和 3 号密封环主要通过艉轴管本体间接被海水冷却。

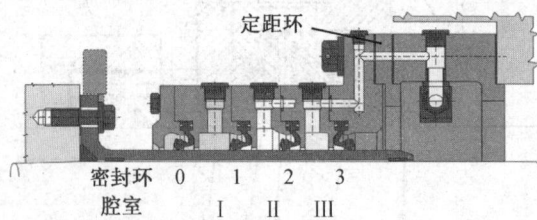

图 2-22　SC 2000 型艉密封装置布置图

SC 2000 型艉密封装置可以根据不同的压载吃水与满载吃水差设置一个或两个艉密封油柜以适应吃水的变化。对于压载吃水与满载吃水差小于 4 m 的船舶来说,只需设置一个艉密封油柜。SC 2000 型密封装置的空气控制单元如图 2-23 所示。若吃水差低于 4 m,则通过空气控制单元中的压力控制阀控制定压的空气,保证在满载吃水时密封环受到最大的压力为 0.05 MPa,确保密封环的使用寿命。对于压载吃水与满载吃水差大于 4 m 的船舶,SC 2000 型密封装置需设置两个艉密封油柜,通过手动或自动控制转换两个艉密封油柜:若吃水差较大,使用高位的油柜;若吃水差较小,则使用低位的油柜。

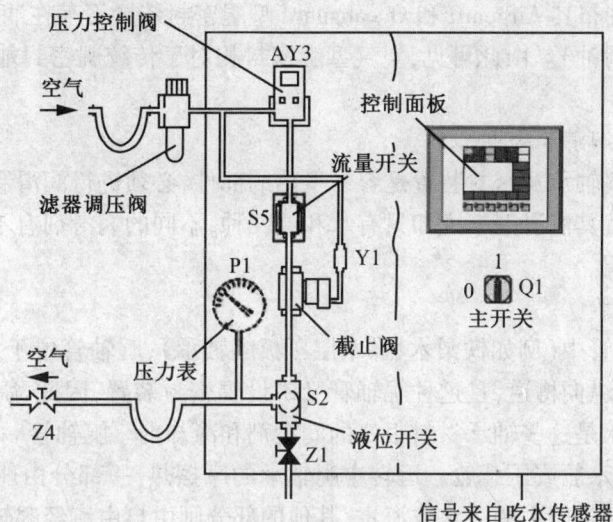

图 2-23 SC 2000 型艉密封装置空气控制单元

SC 2000 型艉密封装置还设有一个艉部吃水传感器,感知吃水的变化,空气控制单元会接收来自艉部吃水传感器的 4～20 mA 的信号,通过该信号来保证空气腔室的压力始终比海水腔室的压力小 0.01 MPa 左右,确保 1 号密封环处于最优的工作状态。如果海水进入空气腔室,则可以通过控制面板自动或手动控制电磁阀 Y2 开启,将空气腔内的海水泄至舱底。

空气型艉密封装置的特点如下:

(1)操作简单。艉密封装置均装设有空气控制单元,可以通过空气控制单元上的仪表、按钮或触控显示器更加简便地观察和操作。

(2)可靠性高。根据上述 SC 2000 型艉密封装置的工作原理可以看出,该装置已在最大程度上减少了油的泄漏。当发生密封环失效的情况,海水进入空气腔室,会产生海水倒灌入空气控制单元中的情况,空气控制单元上的液位开关就会关闭空气的供应。如果空气系统失效,可以自动或手动将空气控制单元关闭,恢复到传统的艉密封型式。

(3)使用寿命长。空气型艉密封相对于传统艉密封的使用寿命更长,维修保养更加简单。如 SC 2000 型艉密封可在艉密封与艉管之间加装一定距环(如图 2-22 所示),在进坞检修时,可以将此定距环取下,使艉密封向内移动一定距离,从而改变密封环与衬套的接触位置。该方法已经过实践验证,在艉轴维修时可以不必抽轴光车,既可延长使用寿命,又可减少维修费用及维修工作量。

(4)适应最新法规的要求。2013 年 12 月 19 日,美国发布的新的 VGP(船舶普通许可证)正式生效,对传统的艉密封装置提出了更高的要求:①使艉密封处于良好的工作状态并尽可能减少油的泄漏;②尽量减少艉密封在非进坞时间段内的维修活动;③如果必须在非进坞时间段内进行紧急维修,必须配备溢油处理设备;④除非是技术上无法达到,所有的船舶必须在艉密封等设备处使用环保油,如果船舶无法使用环保油,必须记录无法使用环保油的原因,且在年报中将无法使用环保油的原因上报给 EPA(美国环保局)。目前,某些空气型艉密封装置厂家已经得到许可,其空气型艉密封装置不需要更换 EAL(一种环保润滑油),如:B＋V 的空气型艉密封装置在 2014 年 3 月 17 日得到了 DNV·GL 的"第三方认证",确认其 SIMPLEX COMPACT 空气型艉密封装置不属于 VGP 规定的油水界面,可以继续使用传统滑油;瓦锡兰公司也于2014年3月4日宣布其Airguard和Oceanguard型艉密封装置不存在油水界面,不需要更换为EPL(一种环保润滑油)。由此可见,空气型艉密封相对于传统艉密封能够适应最新的规范要求。

4.艉轴管装置的润滑和冷却

当船舶航行时,艉轴承及密封装置是容易发热的部件,必须进行润滑和冷却。艉轴管装置的型式虽比较多,但就其润滑剂来说却只有水和油两种,不同的润滑剂有不同的润滑和冷却方法,下面分别加以介绍。

(1)水润滑艉轴管

在水润滑的艉轴管中(例如铁梨木、桦木层压板艉轴承),艉轴管位于水面之下,艉轴承中留有轴承间隙和开有纵向槽道,且这种艉轴管又不设艉密封装置,因此,艉轴和艉轴承之间总是充满舷外水的,而水是这些轴承材料很好的润滑剂和冷却剂。艉轴管一般是穿过艉尖舱,艉尖舱在船上常用作淡水舱或压载舱。运转中艉轴承的摩擦热,一部分由船尾金属直接传给舷外水,一部分传给了艉尖舱中的淡水或海水,其他的部分则由自由流经艉轴纵向槽道和间隙进入机舱的舷外水带走。在一般情况下,只要艉密封装置的填料压盖压得不太紧,是能够可靠运转的。但由于在首部的艉轴承和艉密封装置处容易淤积泥沙,使冷却效果变差甚至形成死水,因此水润滑艉轴管(特别是在大型船舶上),一般在首部轴承处或填料函附近,仍设置冷却水进出水管(参见图2-17),以达到冲洗泥沙污物及加强首部冷却的目的。对于要求冷却水量大而连续的橡胶艉轴承,可由所装设的管系送入压力水进行润滑和冷却。

(2)油润滑艉轴管

在油润滑艉轴管上都要装设润滑系统。中小型船上用的润滑系统比较简单,由一个重力油柜、一台手摇泵和进回油管组成。在大型船舶上相对要复杂一些,如图2-24所示的润滑系统在大型船舶上应用较广。

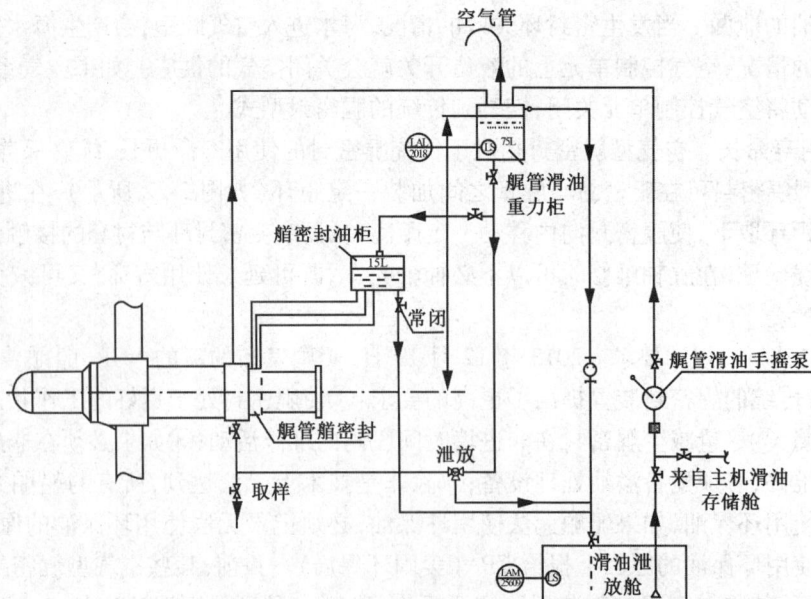

图2-24　油润滑艉轴管润滑系统

滑油由位置较高的重力油柜从艉轴管前配油箱底部进入艉轴管,润滑艉轴承,气体和多余的滑油从透气管返回重力油柜。正常情况下,艉轴管内充满滑油,消耗后由重力油柜自动补给。艉轴承产生的摩擦热可通过艉轴、艉轴管传给艉轴冷却水及舷外水,系统不需装设特别的冷却器冷却滑油。重力油柜安装有两个观察镜,油位一般在上部观察镜底部位置,以便观察。油柜内部设有低油位报警,上部有加油口和测量孔。取样阀在系统底部,用来对滑油定期取样化验。船舶入坞特检需将螺旋桨轴抽出检查时,可通过泄放阀将滑油泄放到滑油泄放舱。艉轴管需大量加油时,可以用手摇泵将油加入重力柜。

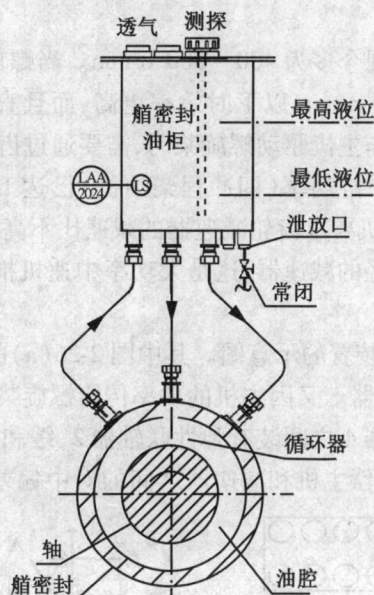

图 2-25　艉密封装置冷却滑油工作原理

艉密封装置设在艉轴间内,冷却条件差,因此,系统专门设了艉密封油柜,并在内侧两道密封圈间腔室设置循环器(见图 2-20),使滑油循环自然散热,冷却密封圈,其工作原理如图 2-25所示。循环器装在两道中间环之间,使其底部与艉轴上的前防磨衬套外圆间留有一定的间隙。在衬套随轴转动时,油腔中的滑油就会按图中箭头所示方向形成循环。循环柜上带翅片,以加强散热作用。

第三节　传动设备

在间接传动的推进系统中,为了完成各种传动功能,必须设置某些传动动设备,如齿轮传动装置、联轴器、离合器、制动器等。为使它们工作可靠和便于操作,还专门设有为它们服务的润滑、冷却和操纵系统。这些传动设备所起的作用有:汇集(对多机单桨)或分配(对单机带双桨或轴带发电机)主机功率;把主机转速改变为负荷所需要的转速(螺旋桨需要的低转速或轴带负荷所需的高转速或恒定转速);使主机和螺旋桨离合;使不可反转主机所带的螺旋桨实现倒顺转;减振和消除螺旋桨对主机的冲击作用。

传动设备很多,为了布置紧凑和便于管理,往往把选用的传动设备组合为一个整体,总称为传动机组。下面对船上常用的传动设备分别予以介绍。

一、齿轮传动装置

(一)齿轮传动装置的类型

齿轮传动装置的类型很多,根据它们的功能不同可分为以下几种。

1. 减速齿轮传动装置

大功率中速柴油机的转速现今多为 400 ~ 500 r/min。当螺旋桨的转速在 100 r/min 左右时有比较高的效率,当转速在 80 r/min 以下时效率更高,而且直径越大、转速越低,一般来说其效率也就越高。当用中速机作主机驱动螺旋桨时,需要通过齿轮减速,以获得较高的推进效率。目前大功率中速柴油机的单缸功率(四冲程柴油机)已达 1 300 kW 以上,单机功率已超过 22 000 kW。因此,中速柴油机要求齿轮减速器的减速比不高,而传递的功率很大。现代工业能提供功率大、尺寸小、重量轻的减速器,这是大功率中速机推进装置得到迅速发展的一个重要原因。

如图 2-26 所示为减速齿轮装置的示意图。其中图 2-26(a)的输入轴与输出轴中心线不在同一直线上,称为异心齿轮减速器。又因主机的功率传给螺旋桨只有一条途径,所以属于单路减速齿轮装置。主机 1 与减速器 4 之间装有弹性联轴器 2,缓和了主机交变扭矩的冲击性,改善了减速器的工作条件,还可补偿主机和减速器之间的对中偏差。气胎制动器 3 可通过充气

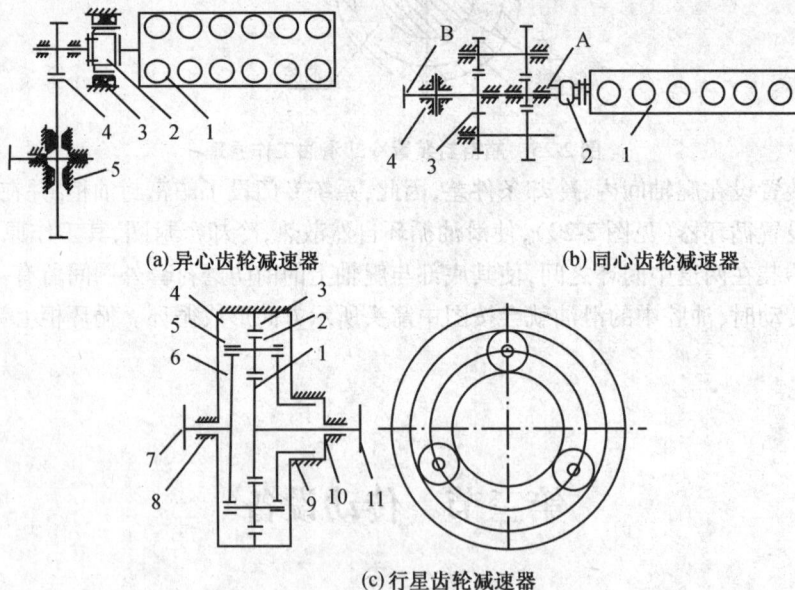

(a)异心齿轮减速器　　　　　　　　(b)同心齿轮减速器

(c)行星齿轮减速器

图 2-26　减速齿轮装置示意图

(a):1—柴油机;2—弹性联轴器;3—气胎制动器;4—减速器;5—推力轴承

(b):1—柴油机;2—弹性联轴器;3—减速器;4—推力轴承;A—输入轴;B—输出轴

(c):1—太阳轮;2—行星齿轮;3—内齿轮;4—壳体;5—轴承;6—系杆;7—输出轴;8、9、10—轴承;11—驱动轴

来制动主机,使之迅速停车,以利于主机换向,提高了动力装置的机动性。推力轴承 5 布置在

齿轮箱内,使结构简化、刚性增加。这种减速齿轮装置的优点是:结构简单,主机重心低,两主机间的距离(对双机双桨船)容易得到保证;缺点是减速齿轮装置占机舱面积较大。

图2-26(b)示出的减速器输入轴与输出轴的中心线在同一直线上,称为同心齿轮减速器,且主机的功率传给螺旋桨有两条途径,属多路减速齿轮装置。它克服了异心齿轮减速器的缺点,但由于增加了过桥齿轮(增加了两对),使结构复杂,传动效率降低,成本提高。

图2-26(c)示出一种行星齿轮减速器简图,它也是同心、多路减速齿轮装置。它的突出优点是尺寸小、重量轻、能传递大的功率和扭矩、传动效率高。不仅广泛应用于大功率中速柴油机,也适用于大型低速柴油机,以获得更高的推进效率。这种减速器的输入轴与输出轴转向相同。输入轴转速 n_1 与输出轴转速 n_H 之比即为减速比 i_{1H}。

$$i_{1H} = \frac{n_1}{n_H} = 1 + \frac{z_3}{z_1} \qquad (2-4)$$

式中,z_1 与 z_3——太阳轮和内齿轮的齿数,所以它的传动速比与行星齿轮的齿数无关。

2. 倒顺减速齿轮装置

对于没有换向功能的一部分中速柴油机和一般的高速柴油机,以它们做主机时不仅需要减速装置,而且也需要设置倒顺车装置,将倒顺与减速两个功能结合在一起就构成了倒顺减速齿轮装置。如图2-27所示为一种行星齿轮倒顺减速装置原理图。

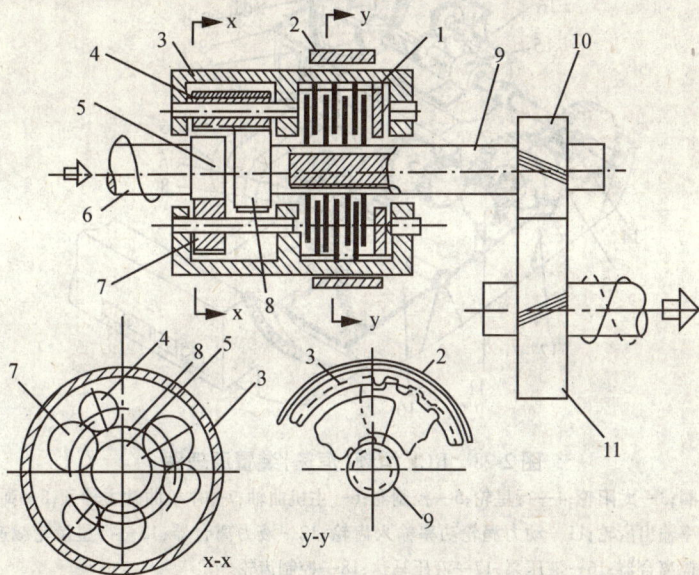

图2-27 行星齿轮倒顺减速装置原理图
1—正车多片式摩擦离合器;2—倒车制动带;3—离合器外壳;4、7—行星轮;5、8—太阳轮;6—输入轴;9—从动轴;10—减速小齿轮;11—减速大齿轮

不能反转的主机带动输入轴6。行星轮7有三个,它们和太阳轮5啮合并在太阳轮5圆周上均匀分布。行星轮4也有三个,它们和太阳轮8、行星轮7啮合并在太阳轮8周向均匀分布。减速大齿轮11通过轴系带动螺旋桨。由图可见,整个装置是由减速器和倒顺离合器两大部分组成的。当螺旋桨需要正转(开顺车)时,倒车制动带2脱开,正车多片式摩擦离合器1接合,齿轮5、7、4和8对于离合器外壳3无相对转动,输入轴6和从动轴9处于刚性连接状态,功率

通过减速小齿轮 10 和减速大齿轮 11 传给输出轴。当开倒车时,收紧制动带 2,脱开离合器 1,动力通过太阳轮 5,行星轮 7、4 和太阳轮 8,以相反的转向传给从动轴 9,再通过减速齿轮 10、11 传给输出轴。空车时,倒车制动带 2 和离合器 1 都脱开,离合器外壳 3 与输入轴 6 同方向回转,而从动轴 9 停止不动,无功率输出。

3. 辅助功率齿轮传动装置

为了充分发挥主机耗油率低的优越性,有的船上采用主机带动发电机或其他辅机的节能措施,这时也用齿轮传动装置,这种传动装置称为辅助功率齿轮传动装置。该装置有多种型式,下面仅对其中的 RCF——兰克恒频(恒速)装置加以介绍,图 2-28 示出该装置的原理图。由图可见,太阳轮 3 的转速既和输入轴转速有关,也和齿圈 2 的转速有关,它们之间的关系可由速比公式求得,即

$$n_2 = \frac{n_1(d_3 + d_2)}{d_2} + n_3 \frac{d_3}{d_2} \tag{2-5}$$

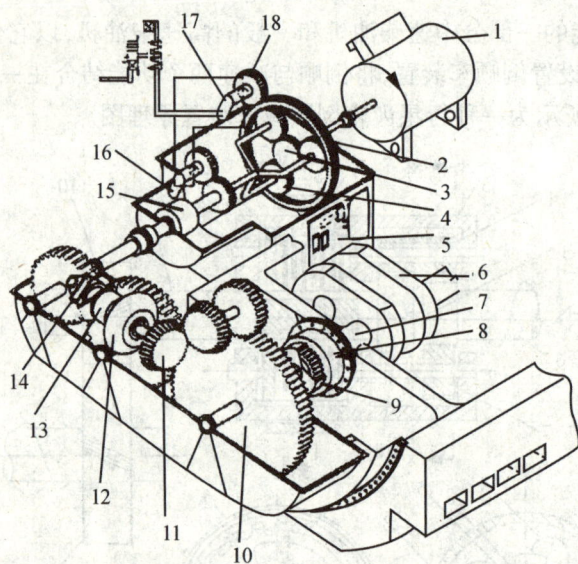

图 2-28　RCF 恒频(恒速)装置原理图

1—发电机;2—齿圈;3—太阳轮;4—行星轮;5—控制器;6—主机曲轴;7—主机曲轴主轴颈;8—弹性联轴器;9—齿型联轴器;10—功率输出齿轮;11—动力涡轮功率输入齿轮;12—液力离合器;13—行星齿轮减速器;14—动力涡轮;15—多片式摩擦离合器;16—液压泵;17—液压马达;18—控制齿轮

式中,n_2——太阳轮转速;

n_1——输入轴转速;

n_3——齿圈转速;

d_2——太阳轮直径;

d_3——齿圈直径。

当 d_2 等于行星齿轮直径 d_1 时,$d_3 = 3d_2$,代入上式,则有

$$n_3 = \frac{1}{3}n_2 - \frac{4}{3}n_1 \tag{2-6}$$

由此可见,为了使 n_2 保持不变,只要把 n_3 作为 n_1 的一个函数进行调节即可。这种装置是一

种液压—机械式动力系统和电子式控制系统相结合的恒速装置。当柴油机工作时,其飞轮端输出的功率通过轴系带动定螺距螺旋桨,而且自由端通过弹性联轴器 8、功率输出齿轮 10、多片式摩擦离合器 15 和 RCF 装置带动恒频交流发电机。控制速比的控制轮 18 由液压马达 17 带动,液压马达的液压油由液压泵 16 供给。液压泵为一变向泵,供液方向和排量均由泵的伺服角 a(相当于斜盘型轴向变向泵中倾斜盘的倾角)控制。液压马达为可反转式,其转向和转速分别由液压泵的供液方向和排量控制。发电机的同步转速为 1 800 r/min,电频率 60 Hz。本装置的中性点设在主机标定转速的 85%,行星齿轮传动装置这时的传动比为 4,也就是当主机以标定转速的 85% 运转时液压马达不转,齿圈由一制动器(图中未示出)刹住,因此也不转,发电机转速正好 1 800 r/min。当主机转速超过 85% 的标定转速时齿圈的刹车松开,当液压马达转动时通过控制轮带动齿圈也转动,以便对太阳轮提供附加转速,以消除主机转速变化对发电机转速的影响。当主机转速低于 85% 的标定转速时,齿圈产生一个相反方向的转速,以便对太阳轮提供转速的补偿,使发电机仍保持原来转速。输入轴转速 n_1、输出轴转速 n_2 和齿圈转速 n_3 之间的关系如图 2-29 所示。由图可知:用 RCF 装置带动的发电机,当主机转速在标定转速的 70% ~100% 范围内变化时,发电机可以正常工作,在上述转速范围之外发电机不能工作;在输入轴转速由 371 r/min 变至 529 r/min 的整个过程中,齿圈转速由 106 r/min(转向与输入轴相同)逐渐降为零,然后又逐渐反方向增加至 106 r/min;输出转速与输入转速之比是由 1 800/371 连续减为 1 800/529,因此它是一个无级变速装置。

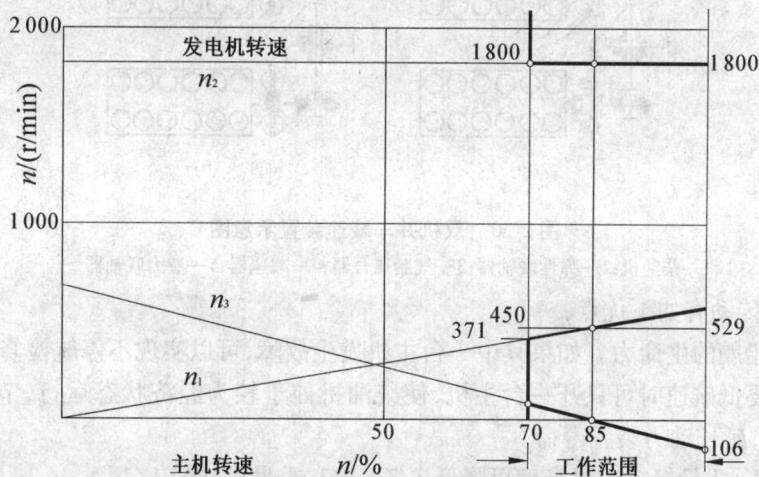

图 2-29 传动齿轮转速之间的关系

RCF 装置控制箱的主要功能有:发出控制液压泵伺服角 a 的信号。当输入转速偏离中性转速时,这一转速变化信号送入控制箱,经运算处理后送出一个控制 a 信号,使 a 值发生相应变化;对 RCF 本身的重要参数(如油压、油温、滤器堵塞等)进行监视,若偏差超过正常范围便发出报警信号,必要时还能停止传动装置甚至主机的工作;提供允许 RCF 轴带的发电机与其他发电机并联运行所需的各种参数。

RCF 装置带的发电机有三种工作方式。

(1)变功率工作方式。当外界用电量变化时,轴带发电机和与它一起并联运行的发电机同时按速度降特性进行负荷的分配。

(2)等功率工作方式。当外界用电量发生变化时,轴带发电机的负荷仍不变,外界负荷的变化均由其他发电机承担。

（3）经济工作方式。此时 RCF 的液压部分失去作用,齿圈被刹车锁住,变为一个普通行星齿轮增速装置,因此这时不再存在液压部分的功率损失,产生最高工作效率。但由于此时频率控制失效,只能用在主机转速接近标定转速的 85% 的情况下;否则,控制箱即自行使 RCF 的液压部分恢复正常功能。

图 2-28 中的动力涡轮 14 是由主机一部分排气驱动的,它输出的功率也传给主机曲轴,使主机有效效率明显提高,成为柴油机节约能源的有效措施之一。

4. 并车传动减速齿轮箱

减速齿轮箱的特殊类型是多机并车传动减速齿轮箱,在船上最常见的是双机并车传动减速齿轮箱,但亦有三机和四机并车减速齿轮箱。

图 2-30 示出一种双机并车减速装置示意图。图 2-30(a)中柴油机 1 与减速器 4 之间用弹性联轴器 2 和气胎离合器 3 相连。图 2-30(b)中柴油机 1 与减速器 4 之间是用液力联轴器 5 相连接。双机单桨或三机甚至四机单桨推进装置,因并车的需要,必须加装离合器。离合器还利于单机运行和柴油机检修。液力联轴器在传动中有滑动,效率要低 1% ~2% 。然而,也正是由于有滑动,它的减振性能和并车性能较好。

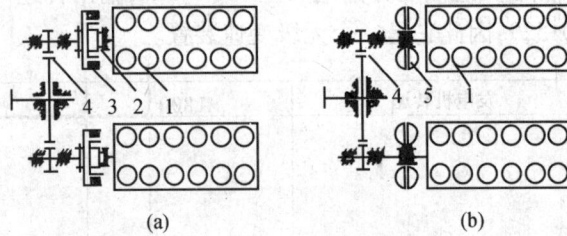

图 2-30　双机并车减速装置示意图
1—柴油机;2—弹性联轴器;3—气胎离合器;4—减速器;5—液力联轴器

采用并车传动有如下优点:

（1）提高船舶的生命力。如果其中一台主机发生故障,可以实现不停航检修。

（2）在需要低航速时可只开一台主机,使柴油机处于较为经济状态运行,节省燃料,且可轮换使用主机,延长动力装置寿命。

（3）尺寸小、重量轻。装置高度可降低 1/3 ~1/2,重量可减轻 1/4。

（4）单轴功率增大,扩大了中速机与低速机竞争领域。

并车传动装置的缺点是:

（1）结构复杂。

（2）各台主机间负荷分配不均时会造成某台主机过载。

（3）主机台数多,操纵控制复杂。

5. 增速齿轮箱

（1）齿轮箱结构

齿轮箱型号为 SHHⅡ1135/760,速比 1:8.82。齿轮箱主轴是空心的,第一道中间轴从中间穿过,为隧道式齿轮箱,结构如图 2-31 所示。

齿轮输入轴通过弹性联轴节和中间轴及主机曲轴连接,中部有一个大齿轮,两端由壳体上

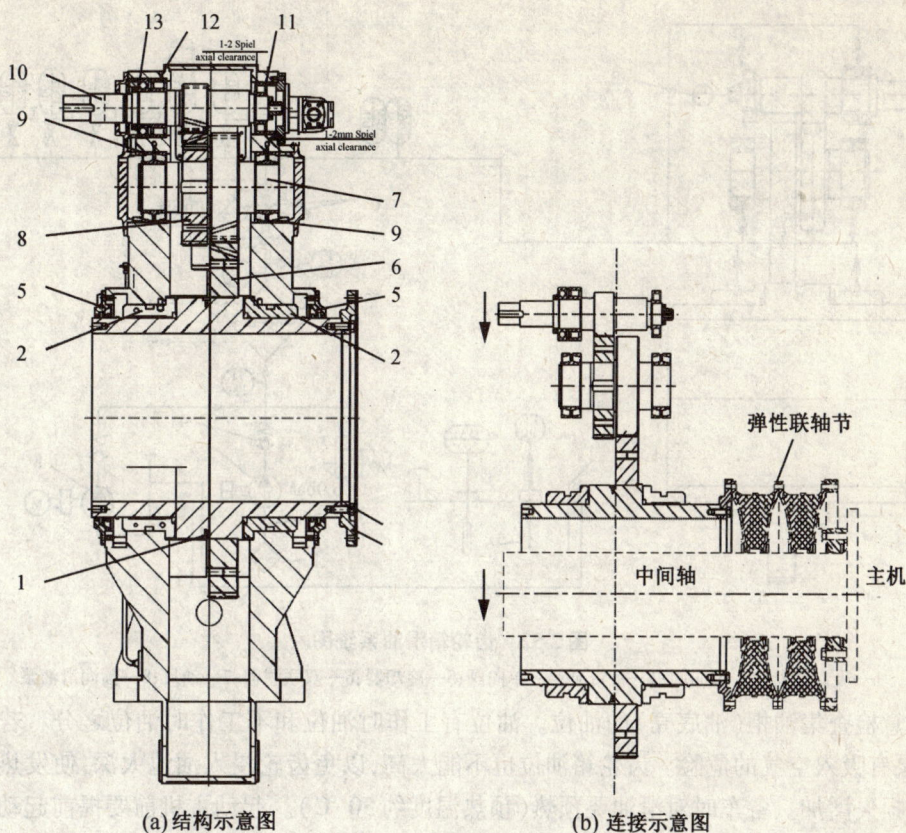

(a) 结构示意图　　　　　(b) 连接示意图

图 2-31　增速齿轮箱结构图

1—输入轴;2—轴套;3—法兰;4—螺栓;5—轴封端盖;6—大齿轮;7—传动轴;8—小齿轮;9—球面轴承;
10—输出轴;11、12—滚柱轴承;13—四点接触轴承

安装的轴套支撑。轴与轴套之间由滑油润滑,输入轴穿过壳体处安装密封装置,防止滑油泄漏。中间传动轴安装有两个较小齿轮,一个与输入轴齿轮啮合,另一个与输出轴小齿轮啮合,轴两端由球面轴承支撑。输出轴一端通过弹性联轴节(图中未标出)与轴带发电机轴连接,另一端驱动润滑油泵。输出轴由 11、12、13 三个轴承支撑。

(2)齿轮箱润滑油系统

齿轮箱传动齿轮、输入轴与轴套、传动轴与轴承及输出轴与轴承均由滑油润滑。图 2-32 示出齿轮箱润滑油系统。

油泵有两个,一个电机驱动的预润滑油泵,一个机带泵。主机起动前或低速时,机带泵不能建立起足够的压力,由预润滑油泵自动供油。主机转速升高、机带泵油压足够高时,预润滑油泵自动停止运行,由机带泵向系统供油。

滑油存在齿轮箱底部。机带泵通过吸口滤器、单向阀吸入滑油(预润滑油泵直接将油打出),压力升高,打开出口单向阀,经过冷却器冷却,再由双联滤器过滤,润滑各个摩擦副。滑油润滑摩擦副后,温度升高,再返回齿轮箱底部。

齿轮箱油位用油尺测量。油尺上有最低和最高刻度标记,正常油位在二者之间。

(二)齿轮传动装置的管理

大型船舶上所用的齿轮减速器一般都设有独立的润滑系统(见图 2-32)。在开航前备车

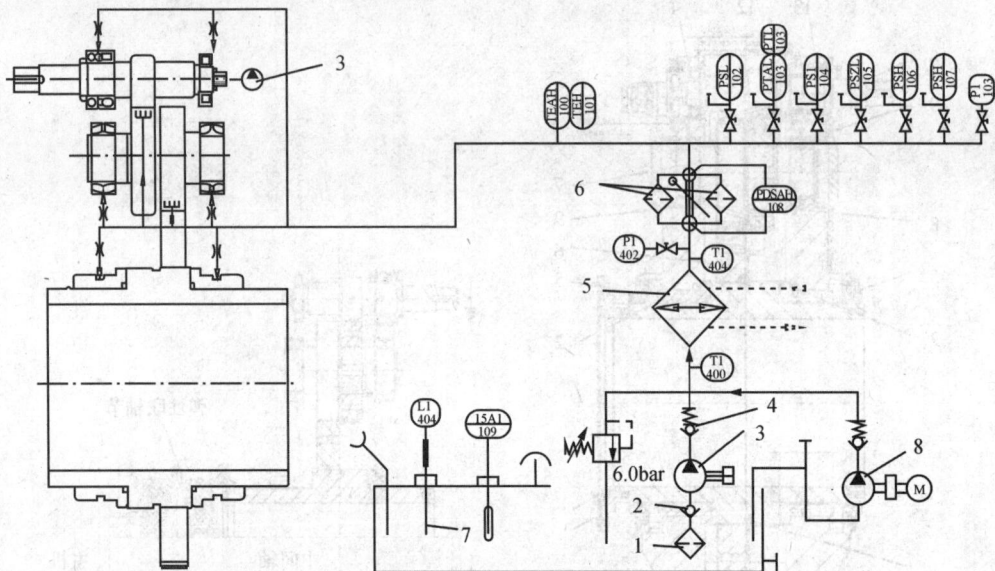

图 2-32　齿轮箱滑油系统图

1—吸口滤器;2—单向阀;3—机带泵;4—单向阀;5—冷却器;6—双联滤器;7—油尺;8—预润滑油泵

时应注意检查集油柜(油底壳)的油位。油位有工作时油位和不工作时油位之分。若油位太低,油泵有吸入空气的危险。齿轮箱油位也不能太高,以免齿轮浸入油池太深,使发热量和主机功率损失增加。备车时对滑油要预热(预热温度约 30 ℃)。起动主机前要提前起动减速器润滑系统滑油泵,进行暖机和摩擦表面的预润滑。提前的时间按说明书规定进行,一般应在 15 min 左右。

在减速器运行期间要注意监视滑油压力和温度,若不符合规定应及时调整,以获得合适的滑油黏度。滑油黏度对齿轮减速器的寿命和效率都有很大影响。运转中注意观察滑油油位,注意监视轴封和管接头的漏泄情况,并注意监听减速器的运转声音,发现异常及时找出原因并加以排除。对冷却器和滤器要注意放空气,滤器要经常清洗,特别是风浪天航行更应注意。清洗滤器时应仔细观察污物中是否有白合金和铁末,白合金和铁末分别是轴承和齿轮牙齿损伤的象征。在停机后不要马上停齿轮箱滑油泵,要继续供油以进行冷却,一般在 10 min 左右。

平时除注意对滑油进行分离净化外,还要定期取样对滑油进行化验,不符合要求时及时换新油。要定期对齿轮减速器进行拆检。在拆开后进行检查时要特别注意齿轮啮合面的情况。若发现有很多麻点,可能是由于表面加工和硬度不均,产生金属粒子的疲劳所致。在不能进行表面再生处理的情况下,可适当提高滑油黏度作为临时补救措施。若在啮合面的径向发现较多的划痕,多因为滑油不洁,含有硬质细粒所致,应勤洗滑油滤器及进行净化处理。若发现齿面有碎片剥落,可能是因为超负荷运转,运转中发生冲击或滑油黏度不足,也可能是由于对中不良的原因造成的。发现缺陷要及时采取修理措施或更换备件。齿轮各部及轴承的间隙也要注意检查,要保持在要求范围之内。

二、联轴器

将各轴段连接成为整体的专门设备称为联轴器(节)。在船舶上常见的联轴器有刚性联轴器和弹性联轴器两种。

（一）刚性联轴器

刚性联轴器主要用于中间轴之间、中间轴与推力轴之间以及中间轴和艉轴之间的连接,有固定法兰式、可拆法兰式和液压联轴器之分。如图 2-33 所示为液压联轴器的结构示意图。

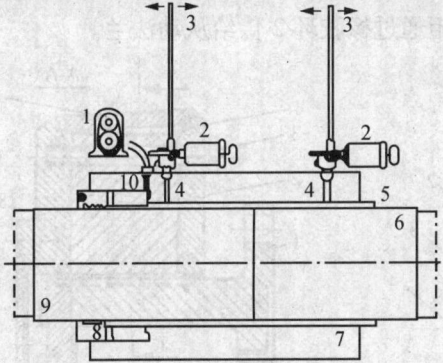

图 2-33　液压联轴器的结构示意图

1—电动齿轮泵;2—手动活塞泵;3—驱动杆;4、10—油道;

5—内轴套;6、9—轴;7—外轴套;8—活塞

在轴 6 和 9 端部套有外表面带锥度的内轴套 5,在内轴套 5 外又套有内圆面带锥度的外轴套 7,外轴套 7 上开有油道 4 和 10,内圆面上还设有布油槽,外轴套 7 与活塞 8 构成活塞油缸结构。当两轴连接时,将两个手动活塞泵 2 和一个电动齿轮泵 1 按要求装好,然后用手同时驱动杆 3,此时压力油经油道 4 进入内、外轴套之间。将内轴套压缩,外轴套外胀,当达到规定压力后再开动齿轮泵,使压力油经油道 10 进入油缸,并使内外套相对移动。待达到要求的距离,先后放掉内、外轴套间及油缸中的油压,轴 6 和 9 就可连接起来。由此可见,这种联轴器是靠轴套与轴的装配过盈的弹性变形,从而产生正压力,使轴与套接触表面上产生摩擦力与摩擦力矩。扭矩就是靠摩擦力矩传递的。随着液压技术的发展,液压联轴器应用得越来越多。这种联轴器不在轴上开设键槽,因而提高了连接强度,简化了加工工序,拆装也较方便。

（二）弹性联轴器

在联轴器中,若主动轴与从动轴之间设有如橡胶或弹簧之类的弹性元件,使扭转方向上具有弹性作用,则这种联轴器称为弹性联轴器。

1.弹性联轴器的作用

在轴系中使用弹性联轴器的主要目的是:

(1)改变轴系的自振频率,衰减振动的传递,降低扭振的振幅,使柴油机在使用转速范围内不出现危险的共振转速。

(2)在带有齿轮减速装置的推进轴系中,在柴油机和减速齿轮装置之间加装弹性联轴器,可改善减速齿轮装置的工作条件,使齿面少受变动扭矩的冲击,延长齿轮使用寿命。

(3)补偿轴系在安装中产生的误差和安装后由船体变形产生的误差,避免齿轮的齿面接触不良和轴承过载等所引起的故障,保证推进系统正常运转。

另外,使弹性联轴器在隔音、电气绝缘以及隔热等方面也能取得良好效果。

2. 弹性联轴器的类型

常用的弹性联轴器有橡胶弹性联轴器和金属弹簧弹性联轴器两大类。

(1)伏尔肯(Vulkan)型橡胶联轴器

伏尔肯型橡胶联轴器的结构如图2-34所示。它的弹性元件是两个橡胶环2,借助螺栓和压紧环3分别固定在主动法兰1和从动法兰4上。主动法兰与柴油机飞轮相连,从动法兰装在输出轴上,主动法兰的扭矩通过橡胶环2传给从动法兰。

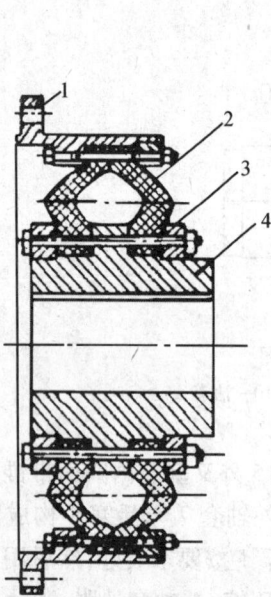

图2-34　伏尔肯型橡胶联轴器

1—主动法兰;2—橡胶环;3—压紧环;4—从动法兰

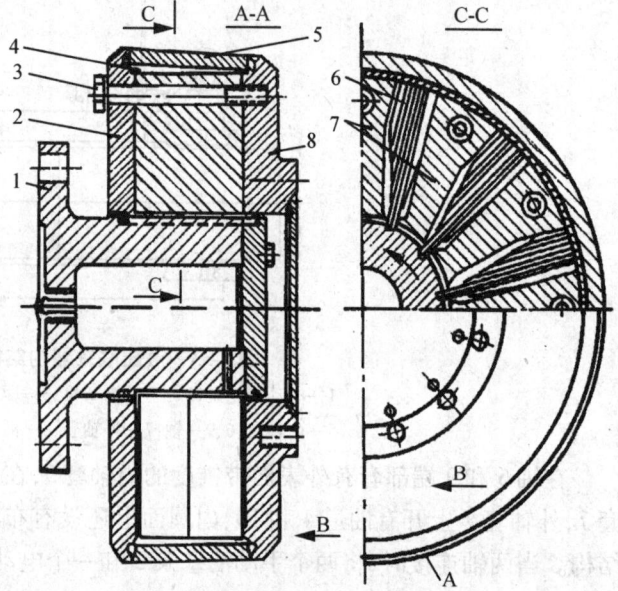

图2-35　盖斯林格簧片联轴器剖视图

1—花键轴;2—侧板;3—限位块压紧螺栓;4—锥形环;5—外套圈;6—弹簧片;7—限位块;8—带法兰侧板

(2)盖斯林格(Geislinger)高阻尼簧片联轴器

图2-35是盖斯林格高阻尼簧片联轴器的剖视图。它主要由内轮和外轮两部分组成,内轮部分的主要零件是花键轴1,它一般作为输出端,但亦可作为输入端。外轮部分的主要零件是侧板2、限位块压紧螺栓3、锥形环4、外套圈5、限位块7和带法兰侧板8等。在内外轮之间装有数组到十数组板弹簧片6,它的一端与外轮元件固定,另一端镶入花键轴槽内,利用板弹簧片自由支撑作用来传递扭矩。每一板弹簧片组都与内外轮零件间形成油腔,其中充满了油。当传递扭矩时,板弹簧片便会扭曲,油便从一个油腔流入另一个油腔,振动被阻尼。这种联轴器的阻尼效果一般比橡胶联轴器高5~10倍。限位块7对联轴器起保护作用,在联轴器负荷太大时,限制弹簧片的变形,使联轴器得到保护。

三、船用离合器

离合器是船舶传动机组中一个重要传动设备,一般装在主机和减速齿轮箱之间,它的作用是在主动轴旋转时把从动轴接合或脱开。当离合器接合时,主机功率通过离合器传给齿轮箱再传给螺旋桨;当离合器脱开时,主机虽旋转,齿轮箱和螺旋桨均不被带动。船用离合器的种类很多,有机械式、液压式和电磁式,而摩擦离合器是属于机械式离合器中的一种,它是靠摩擦力来传递扭矩的一种离合器。由于它具有一系列优点,在中小功率船舶动力装置中得到了广泛的应用。近年来,其在大功率中速柴油机或多机并车传动机组中也普遍使用,甚至在大功率船用燃气轮机机组中,也逐渐推广使用。

(一)摩擦离合器的作用和优缺点

1. 摩擦离合器的作用

摩擦离合器的作用如下:

(1)可实现主机空载起动和空转。离合器在脱开情况下起动主机,轴系和螺旋桨都不转动,主机的起动阻转矩小,易于起动,节省压缩空气,并可在主机空转状态下对主机做某些运行状况的检查。

(2)可采用不可反转的主机。船舶进退由倒顺车离合器完成,主机结构简单,可靠性提高。

(3)使船舶的机动性提高。这一方面是因为摩擦离合器的离、合动作迅速,另一方面,当主机在低速运转时,利用离合器的时离时合,可使船舶超低速运行。

(4)可保护主机和轴系。当螺旋桨碰到冰块、礁石等意外情况时,摩擦离合器可打滑,起到很好的缓冲作用。

(5)在并车传动装置中实现主机并车、切换和航行中修理。

2. 摩擦离合器的特点

中国船级社的《钢质海船入级规范》规定,摩擦离合器在正常运转时不得有打滑现象;在空车运转时,其带排(主、从摩擦片间的拖带)扭矩不得使其联接的推进轴系有带转现象。离合器所传递的最大扭矩,一般应不小于主机标定扭矩的 1.5 倍。对于可倒顺的离合器,其换向时间应不大于 15 s。

和其他类型的离合器相比,摩擦离合器的主要优点是:

(1)传动效率高。结合后在稳定工作中,主、从动轴间没有相对滑动,传动效率接近于 1。

(2)离、合动作迅速。

(3)尺寸小、重量轻、结构简单。

摩擦离合器主要缺点是:在结合和分离的动态过程中产生打滑、磨损、发热和消耗功率。

(二)摩擦离合器的类型

摩擦离合器的种类很多,分类方法也不一样,一般可根据摩擦元件间的接合力的来源、摩擦面的工作状态以及摩擦面的形状特征不同进行区分。

1. 按接合力的来源分类

(1)机械式。利用机械传动装置使摩擦面接合或脱开。

(2)液压式。利用油压使摩擦面接合或分开。

(3)电磁式。利用电磁力使摩擦面接合或分开。

2. 按摩擦面的工作状态不同分类

(1)干式。摩擦面呈干燥状态,摩擦副的摩擦系数高,工作面的允许温度视摩擦材料而定,一般温升允许值较高,采用自然或强制通风冷却,分离较彻底。但摩擦副易磨损,寿命短,需注意检查和更换。

(2)湿式。摩擦面要用油润滑和冷却,摩擦副许用比压高,摩擦系数低,摩擦副耐磨、寿命长。摩擦副的热量由滑油带走,温度要受油的汽化温度限制,一般不超过 120~150 ℃。

(3)半干式。摩擦表面有少量的油,工作中呈半干摩擦状态。

3.按摩擦面的形状特征不同分类

(1)盘片式(圆片式)。它的摩擦元件为盘片状,如图 2-35 所示。若摩擦副为一对,称单片式;两对则称双片式;再多的话就称多片式。多片式能传递较大扭矩,应用较多。但是,由于摩擦片多,摩擦片间鼓风或剩余油膜(湿式)的影响较大,当输出轴轴承摩擦阻力矩小于带排力矩时,输出轴会有很慢的转动。

(2)圆锥式。摩擦元件为内外锥体,工作面为圆锥面。它又分单锥面和双锥面两种。在大功率传动装置中,应用较为广泛的是双锥面形式。如图 2-36 所示为一种双面高弹性摩擦离合器结构图。主动摩擦锥体 1 和 2 通过法兰和主机输出轴相连。从动锥体 3 和 4 则通过四个盆形橡胶弹性元件 10 和从动轴 11 相连。当需要接合时,来自从动轴 11 中孔的压缩空气,通过管 8 和 9 通至由两从动摩擦锥体 3 与 4 之间形成的气缸 5 中,气缸外侧与内侧有密封装置 6 和 7,以防止压缩空气漏泄。在压缩空气的作用下,两个从动锥体被分别推向左、右方,与主动摩擦锥体 1 和 2 逐步压紧,完成离合器接合。一般主动锥体为铸铁或铸钢件,从动锥体的外表面镶有耐热摩擦材料。若放掉气缸 5 中的压缩空气,靠弹性元件 10 的弹力使主、从动摩擦锥体分开,离合器便不传递扭矩。

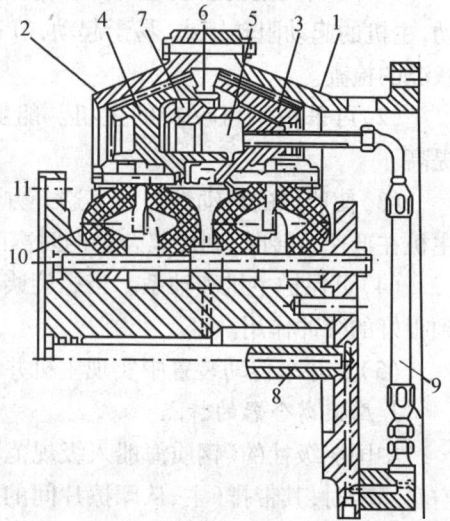

图 2-36 双面高弹性摩擦离合器
1、2—主动摩擦锥体;3、4—从动摩擦锥体;5—气缸;6、7—密封圈;8、9—压缩空气管;10—弹性元件;11—从动轴

这种摩擦离合器为干式,接合力来源于压缩空气,它具有以下优点:①摩擦力作用半径大,摩擦系数大,可传递较大扭矩。②主、从动轴间的扭矩通过弹性元件传递,具有良好的隔振性能和对中性能,摩擦面磨损后能自动调整。③弹性元件离摩擦面较远,在接合与脱开的过渡过程中产生的摩擦热对橡胶元件影响小。④便于遥控。

(3)圆柱式。摩擦元件为内外圆柱体,工作面为圆柱面,如图 2-37 所示为它的工作原理简图。当 0.7~1 MPa 的压缩空气充入轮胎时,它的容积膨胀,离合器接合;反之则脱开。这种型式还常用作轴的制动器。

(三)摩擦离合器的管理

摩擦离合器主动轴与从动轴间的同轴度要求比较严格,一般应在 0.05 mm 之内,以使摩擦副能良好接合。对液力接合的离合器滑油压力要符合规定,以免压力过低造成打滑发热。摩擦元件是易损件,应定期拆检,对过度磨损元件要及时更换。使用中不允许长期超过离合器的额定扭矩。对于设有橡胶弹性元件的离合器,不允许油、酸、碱及其他有机溶剂玷污橡胶元件的表面。离合器外应安装防护罩,并注意通风。应避免在超过允许的交变扭矩情况下长期工作,也要避免在主临界转速附近长期运转;否则将损坏离合器。

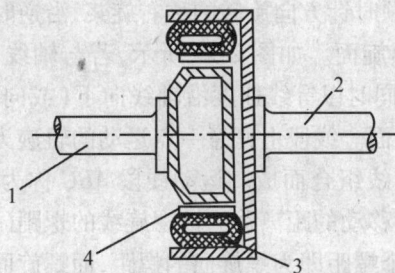

图 2-37　圆柱式摩擦离合器

1—主动轴;2—从动轴;3—橡胶轮胎;4—摩擦片

第四节　螺旋桨

一、螺旋桨的结构和工作原理

螺旋桨是一种反作用式推进器,当螺旋桨转动时,桨推水向后(或向前),并受到水的反作用力而产生向前(或向后)的推力,使船舶前进(或后退)。

1.螺旋桨的结构

螺旋桨是由数片桨叶连接在共同桨毂上构成的,其结构如图 2-38 所示。桨叶的数目通常为 3~5 片,最多为 6 片,各片之间按等距布置。桨叶靠近桨毂的部分叫作叶根,最外端叫作叶梢。从船尾向船首看,看到的叶面叫作压力面(即推水面),桨叶的另一面叫作吸力面(即吸水

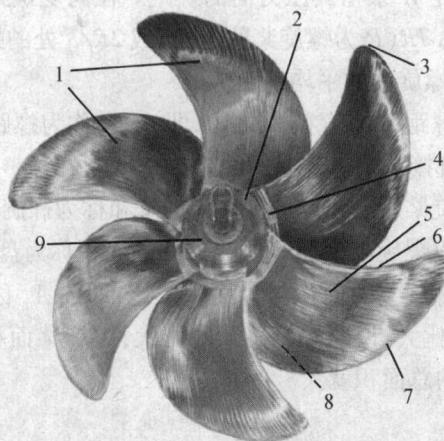

图 2-38　螺旋桨的结构

1—桨叶;2—桨毂;3—叶梢;4—叶根;5—叶面;6—随边;
7—导边;8—叶背;9—锁紧帽

面)。按正车方向旋转时,桨叶先入水的一边叫作导边,后入水的一边叫作随边。螺旋桨旋转时叶梢顶尖画出的圆叫作叶梢圆,叶梢圆的直径叫作螺旋桨的直径,用 D 表示。从船尾向船

首看,螺旋桨在正车工作时沿顺时针方向旋转的称右旋桨,沿逆时针方向旋转的称左旋桨。

螺旋桨的压力面是一个螺旋面。如图 2-39 所示,若与轴线 OO' 成某一固定角度的线段 ABC,以等角速度绕轴线旋转,同时以等线速度沿轴线向下(或向上)移动,此线段在空间划过的轨迹所形成的曲面即是螺旋面。线段上任意一点运动的轨迹为一螺旋线。螺旋面也可以看成是由无数个不同半径的螺旋线组合而成。运动线段 ABC 称为该螺旋面的母线。母线上的任一点旋转一周在轴线方向上移动的距离称为该螺旋线的螺距(pitch),以 H 表示。若组成螺旋面的各螺旋线螺距相等,这个螺距即为螺旋面的螺距,而螺旋面称为等螺距螺旋面。

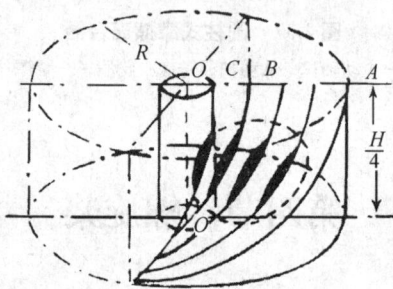

图 2-39　螺旋面的形成

OO'—轴线;ABC—螺旋面母线;R—螺旋桨半径;H—螺距

如果母线上的各点以等速旋转但各点下降的速度不同,这样形成的螺旋面称为径向变螺距螺旋面。大型船舶螺旋桨的压力面大多由径向变螺距螺旋面构成,其吸力面通常是一个复杂的螺旋面。

2. 螺旋桨的主要结构参数

(1)螺距。螺旋面母线上的任一点旋转一周在轴线方向上移动的距离称为该螺旋线的螺距,以 H 表示。螺旋桨的螺距 H 系指其压力面的螺距。径向变螺距螺旋桨的螺距,通常自叶根向叶梢逐渐增加,一般以 $0.7R$(R 为螺旋桨的半径)或 $2R/3$ 处的螺距代表螺旋桨的螺距,记作 $H_{0.7R}$ 或 $H_{2R/3}$,此值约等于螺旋桨的平均螺距。

(2)螺距比。螺旋桨的螺距 H 与直径 D 之比,即 H/D,称为螺距比,它是螺旋桨的主要结构参数之一,其数值的大小直接影响螺旋桨的性能。

(3)螺旋桨的面积。螺旋桨所有桨叶展平面积的总和称为螺旋桨的面积,用 A 表示。

(4)螺旋桨的盘面积。以螺旋桨直径 D 画出的圆的面积称为盘面积,用 A_d 表示。

(5)螺旋桨的盘面比。螺旋桨的面积与盘面积之比,即 A/A_d 称为盘面比,它是螺旋桨的另一个重要结构参数。盘面比大,说明螺旋桨桨叶肥大,螺旋桨面积在以 D 为直径的圆面积里充实程度大,螺旋桨推水的总面积就大。

3. 螺旋桨的工作原理

若用一把与桨毂共轴的圆筒形刀切割桨叶,将切得的断面展平后所得的面称为叶素断面,如图 2-40 所示。半径为 r 和 $r+dr$ 的两个叶素断面间的这部分桨叶称为叶素(或叶原体)。整个桨叶的作用可以看成是无数个叶素作用的总和。因此,只要分析清楚叶素的作用,就可推知整个桨叶以及整个螺旋桨的工作情况。

(1)滑失现象。螺旋桨在水中同时参与两种运动,即绕桨毂轴线的回转运动和沿桨毂轴线的轴向运动。我们知道,螺钉在螺母中每转动一圈时前进一个螺距。当螺旋桨在水中运动

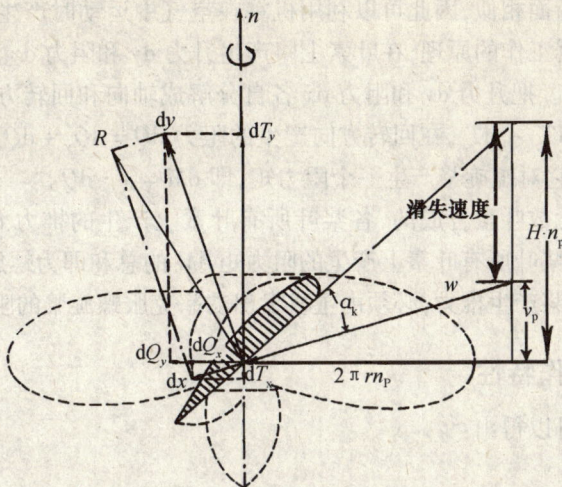

图 2-40 螺旋桨叶素作用力分析

时,水被它推向后移,螺旋桨前进的距离比螺距要小,这种现象称为螺旋桨的滑失现象(或滑脱现象)。

(2)进程。螺旋桨旋转一周在轴向前进的距离称为进程,以 h_P 表示。

(3)进程比。进程与桨直径的比值称为进程比,以 $\lambda_P = h_P/D$ 表示。

(4)滑失。螺距和进程的差值称为滑失(或滑脱),即 $H - h_P$,如图 2-41 所示。

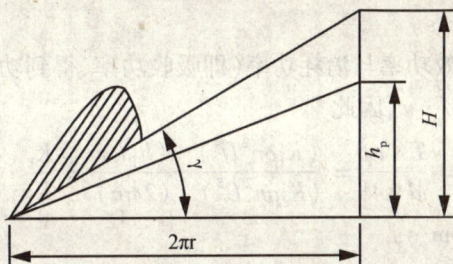

图 2-41 螺旋桨的滑失

(5)滑失比。滑失与螺距的比值称为滑失比,以 S 表示,即

$$S = \frac{H - h_P}{H} \tag{2-7}$$

若取单位时间来考虑,设螺旋桨的转速为 $n_P(\text{r/s})$,则每秒叶素沿圆周方向的回转路程为 $2\pi r n_P$,即叶素的切向速度。每秒钟叶素前进的路程并不是 $H \cdot n_P$,而仅为 $v_P = h_P \cdot n_P$,称为螺旋桨的进速,$H \cdot n_P$ 与 v_P 之差称为滑失速度。因此,滑失比还可表示为:

$$S = \frac{H n_P - v_P}{H n_P} \tag{2-8}$$

(6)螺旋桨产生的推力与受到的阻力矩

由上述可知,半径 r 处的叶素一方面以切向速度 $2\pi r n_P$ 绕轴心回转,一方面又以进速 v_P 前进,它相对水的速度 w 即为这两种速度的合成。如果把叶素视为不动,根据运动转换原理,则各种速度的方向如图 2-40 所示。水流速度 w 与弦线间的夹角称为冲角,用 a_k 表示。由于叶

素断面的形状与机翼断面相似,因此可以利用机翼在空气中运动时产生的升力来说明螺旋桨的受力情况。根据机翼工作的原理,在叶素上将产生升力 dy 和阻力 dx。升力 dy 垂直于 w,阻力 dx 则沿着 w 的方向。把升力 dy 和阻力 dx 各自分解成轴向和回转方向的分力,于是,在叶素上产生了推力 $dT = dT_y - dT_x$,在回转方向产生的阻力 $dQ = dQ_y + dQ_x$。此阻力作用在距轴心半径为 r 的叶素上,它对螺旋桨产生一个阻力矩,即 $dM = r \cdot dQ$。

螺旋桨桨叶是由无数叶素合成的,各桨叶所有叶素上产生的推力 dT 的总和即为螺旋桨的推力,以 T 表示。各桨叶所有叶素上产生的阻力矩 dM 的总和即为螺旋桨的阻力矩,以 M 表示。因此,为了使螺旋桨产生推力,必须由主机发出功率克服螺旋桨的阻力矩。

二、螺旋桨的工作特性

应用因次比较法可以得出:

螺旋桨的推力

$$T = K_1 \rho n^2 D^4 \quad \text{N} \tag{2-9}$$

螺旋桨的阻力矩

$$M = K_2 \rho n^2 D^5 \quad \text{N} \cdot \text{m} \tag{2-10}$$

式中,K_1——推力系数;

K_2——扭矩系数;

ρ——水的密度,kg/m^3;

D——螺旋桨的直径,m;

n——螺旋桨的转速,r/s。

螺旋桨的效率 η_P 是有效功率与消耗功率(即吸收功率、得到功率)之比,而螺旋桨的有效功率为 $T \cdot v_P$,消耗功率为 $M \cdot w$,因此

$$\eta_P = \frac{T \cdot v_P}{M \cdot w} = \frac{(K_1 \rho n^2 D^4) \cdot (h_P n)}{(K_2 \rho n^2 D^5) \cdot (2\pi n)} = \frac{K_1}{K_2} \cdot \frac{\lambda_P}{2\pi} \tag{2-11}$$

式中,v_P——螺旋桨的进速,m/s;

w——螺旋桨的旋转角速度,rad/s;

λ_P——进程比。

式(2-9)、(2-10)和(2-11)是螺旋桨工作性能的基本方程式。对于几何形状一定的螺旋桨,推力系数 K_1 和扭矩系数 K_2 都取决于进程比 λ_P,它们之间的变化关系可由实验测得,如图 2-42 所示。

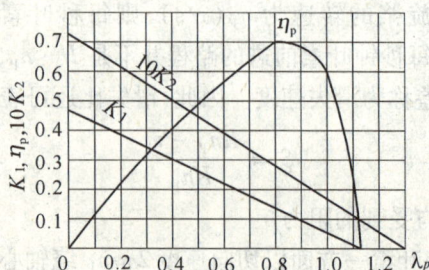

图 2-42　螺旋桨的 K_1、K_2、η_P 与 λ_P 间的关系

由进程比定义式 $\lambda_P = h_P/D = v_P/nD$ 可知,对于一定的螺旋桨,λ_P 取决于船舶的航行状态,即取决于船舶的航行工况。因此,当船舶在某一工况下稳定航行时,螺旋桨就有一个固定的 λ_P 值,K_1 和 K_2 也成为常数。螺旋桨直径 D 是固定不变的,水的密度 ρ 也可认为不变,这样,可把螺旋桨工作性能的基本方程式表示为

$$T = C_1 n^2 \quad \text{N} \tag{2-12}$$

$$M = C_2 n^2 \quad \text{N·m} \tag{2-13}$$

$$\eta_P = C_0 \tag{2-14}$$

式中,C_1,C_2,C_0——系数,取决于船舶航行工况,当船舶在不变的工况下稳定航行时,均为常数。

螺旋桨的功率 $P_P = 2\pi nM$,将式(2-13)代入,得到

$$P_P = Cn^3 \tag{2-15}$$

式中,系数 C 和 C_1,C_2,C_0 一样,也取决于船舶航行工况。

式(2-12)和(2-13)说明螺旋桨的推力和扭矩与其转速的平方成正比,式(2-15)说明螺旋桨吸收的功率与其转速的立方成正比。将以上三式绘成曲线,此曲线即称为螺旋桨特性曲线,如图 2-43 所示。

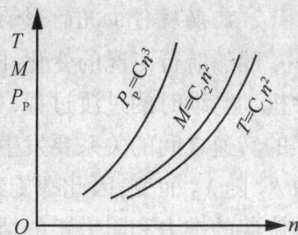

图 2-43　螺旋桨特性曲线

三、影响螺旋桨特性的因素

影响螺旋桨特性的因素是多方面的,但可概括为以下两个主要方面。

1. 螺旋桨结构参数的影响

螺旋桨的结构参数主要有直径 D、螺距比 H/D。由式(2-9)、(2-10)可看出,直径 D 对螺旋桨产生的推力和吸收的扭矩影响很大,分别为四次方和五次方的关系,所需要的功率也是五次方的关系。对于同一直径的螺旋桨,其螺距比 H/D 越大,它所需要的功率也越多。图 2-44 所示为不同 H/D 时的螺旋桨功率特性,H/D 越大,曲线就越陡。

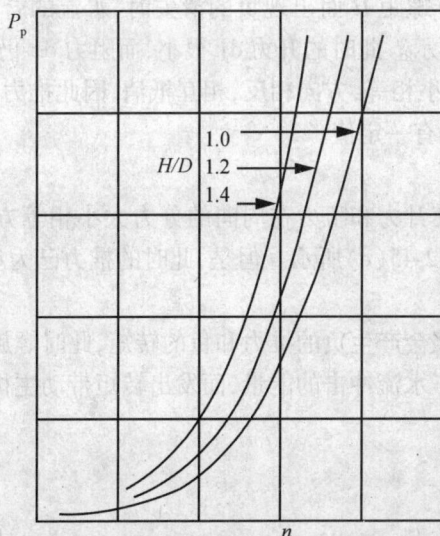

图 2-44　H/D 对螺旋桨功率特性的影响

对于一定功率的主机，必须选配合适的螺旋桨。如果直径 D 或螺距比 H/D 过大，螺旋桨会过重，主机带不动，它在高转速下运转时，就会造成超负荷。如果 D 或 H/D 选得过小，螺旋桨会过轻，主机就不能充分发挥做功能力。

2. 船舶航行工况的影响

船舶航行工况的变化，既包括航行的自然条件变化，如风浪大小、水深的变化等，也包括各种机动操纵时的过渡过程，如船舶的加速、减速、倒航等。当航行工况改变时，船舶航速与螺旋桨的转速之间的关系要发生变化，也即进程比 λ_P 的数值要改变。由于推力系数 K_1 和扭矩系数 K_2 随 λ_P 而变，因此螺旋桨的推力和阻力矩也发生变化。下面分析一下在不同航行工况时，螺旋桨的推力和阻力矩的情况。

（1）无进程情况

无进程情况相当于系泊工况。此时 $v_P = 0$，即 $\lambda_P = 0$，如图2-45（a）所示，水将从垂直于轴线方向流入，螺旋桨只有旋转运动而无轴向移动。此时 K_1 与 K_2 都最大，升力和推力重合，推力和阻力矩都达到最大值。此种情况下管理人员应注意控制柴油机油门和转速，以免主机超负荷。

（2）λ_P 减小情况

λ_P 减小相当于主机转速未变，由于船体污底、载重量增加、顶风、浪大和船舶转弯等原因，船体阻力增加，船速变慢。随着 λ_P 的减小，K_1 和 K_2 都增加，而转速没变，推力和阻力矩也都增加。在这种情况下，必须防止主机超负荷。

（3）λ_P 增大情况

λ_P 增大相当于船舶空载、轻载或顺风航行，船体阻力减小，主机仍保持原来的转速，船速会增大。随着 λ_P 的增大，K_1、K_2 都相应减小，因此推力和阻力矩都会减小。此时，轮机人员应减小油门格数，维持主机的转速使之不超过额定值。

（4）无推力情况

当螺旋桨进程 h_P 稍大于螺距 H 而出现负的滑失时，水流的合成速度 w 就以某一负的冲角流向叶素，如图2-45（b）所示。此时的升力 $\mathrm{d}y$ 很小，而阻力 $\mathrm{d}x$ 仍有一定值，结果 $\mathrm{d}y$ 和 $\mathrm{d}x$ 在轴向的分力 $\mathrm{d}T_y$ 和 $\mathrm{d}Tx$ 的大小相等，方向相反，相互抵消，因此推力为零，这就是零推情况。但是，此时螺旋桨的阻力 $\mathrm{d}Q$ 仍有一定值。

（5）无阻力矩情况

若进程进一步增大，致使升力和阻力在周向的分力大小相等方向相反，螺旋桨的阻力 $\mathrm{d}Q$ 为零，这就是零矩情况，如图2-45（c）所示。但是，此时的推力已为负值，阻止船舶前进。

（6）水涡轮情况

若进程继续增加，螺旋桨会产生负的推力和负的转矩，此时螺旋桨的作用就变成了一只水涡轮。就是说，螺旋桨吸收了水流冲击的能量，而发出转矩带动主机回转。

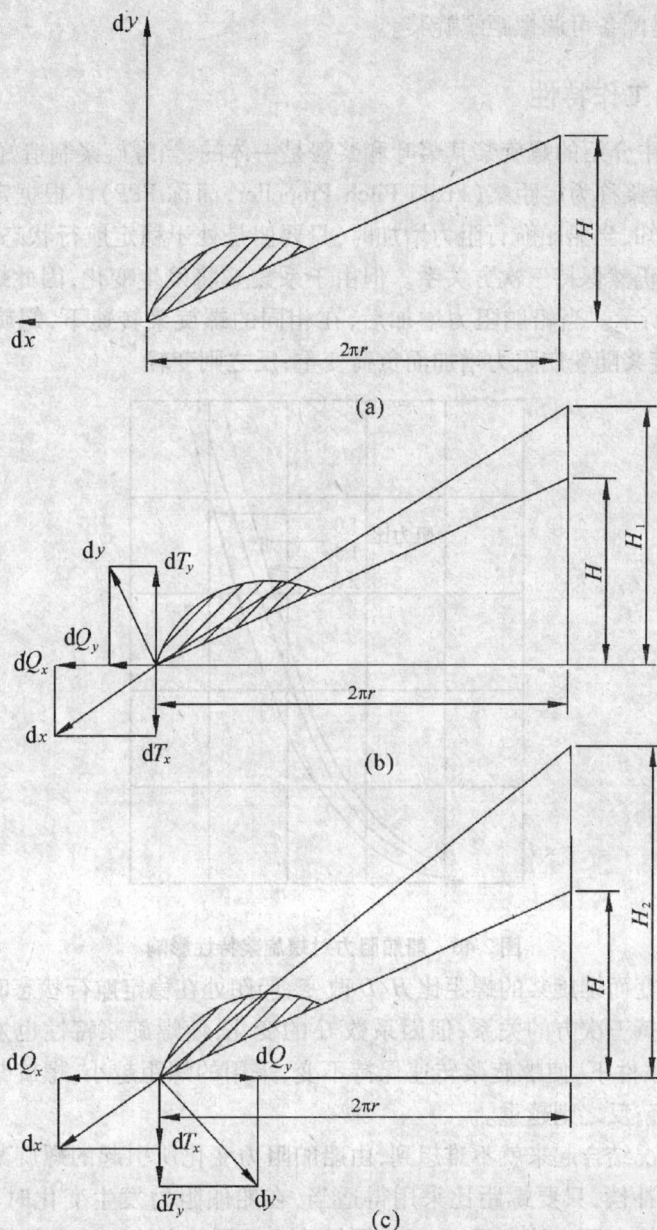

(a)

(b)

(c)

图 2-45　螺旋桨推力和阻力矩随航行工况的变化

第五节　可调螺距螺旋桨

对于大多数商船而言,其主要运行于定速航行工况,为保证动力装置的可靠性和经济性,它的推进装置大多是低速柴油机直接驱动定距桨。然而,救助船、打捞船等需要从事相关海上作业的工程船舶以及靠离港频繁的船舶,对船舶的机动性能有很高要求,这就需要对其推进装置进行优化,通常是配备可调螺距螺旋桨。

一、调距桨的工作特性

在本章第四节中介绍的螺旋桨其桨叶和桨毂是一体的,当螺旋桨制造好后,它的螺距就不再改变,这样的螺旋桨称为定距桨(Fixed Pitch Propeller,简称FPP)。根据定距桨功率与转速关系式 $P_p = Cn^3$ 可知,当船舶航行阻力增加时,只要船是处于稳定航行状态,螺旋桨所需功率 P_p 与其转速 n 之间仍然保持三次方关系。但由于系数 C 将发生变化,因此螺旋桨特性也要发生变化,如图2-46所示。当船舶阻力增加后,在相同的螺旋桨转速下,螺旋桨所需功率将增加。也就是说,螺旋桨随船舶阻力增加而负荷变重;反之则变轻。

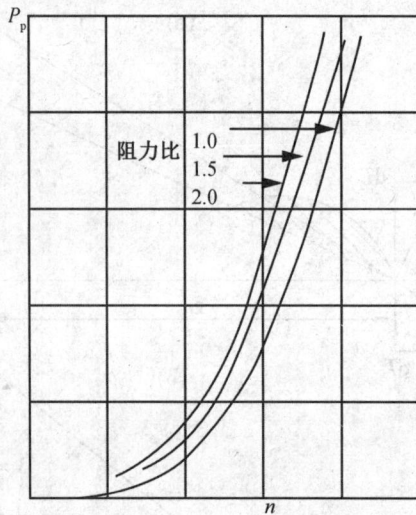

图2-46　船舶阻力对螺旋桨特性影响

当外界条件不变而螺旋桨的螺距比 H/D 改变,船舶处在稳定航行状态时螺旋桨所需功率与其转速也仍然保持三次方的关系,但因系数 C 的变化,使螺旋桨特性也发生变化。由此可见,在同样的航行条件下,使螺旋桨转速保持不变,采用的螺距越小,螺旋桨所需功率也就越小,螺旋桨负荷越轻;反之则越重。

将以上两种情况结合起来就不难想到,由船舶阻力变化所引起的螺旋桨特性变化可用改变螺距比的方法来补偿,只要螺距比采用得适当,在船舶阻力发生变化时,可使螺旋桨的功率—转速特性线保持在原来的位置,也就是可用改变螺距的方法去适应船舶工况的变化,于是就出现了可调螺距螺旋桨。可调螺距螺旋桨(Controllable Pitch Propeller,简称CPP),简称调距桨,其桨叶螺旋面与桨毂可做相对转动,通过转动桨叶来达到改变螺距的目的。桨叶每到一个位置,就有一个对应的螺距 H,螺旋桨也就有一个新的特性。

对于一个定距桨,它只有一组工作特性曲线,并且当进程比 λ_p 为常数时,它的推力、阻力矩、功率与转速之间的关系曲线都只有一条;而调距桨,则可以把它视为一系列同一直径的具有不同螺距比的定距桨的组合,所以它的特性曲线是由多组类似于定距桨的工作特性曲线共同组成的。

为了醒目和使用方便,把调距桨工作特性曲线绘成图2-47的形式。由图可见,在阻力因素不变的情况下,螺距越大,则相同转速下的推力越大,转矩也越大,因而当船舶阻力发生变化时,可通过调整螺距比来控制螺旋桨转速和转矩及推力之间的关系,即可满足船舶阻力变化的需要。在图 2-47 上还示出了螺旋桨的等效率线,从图上可以看出调距桨在不同工况时的效率变化情况。

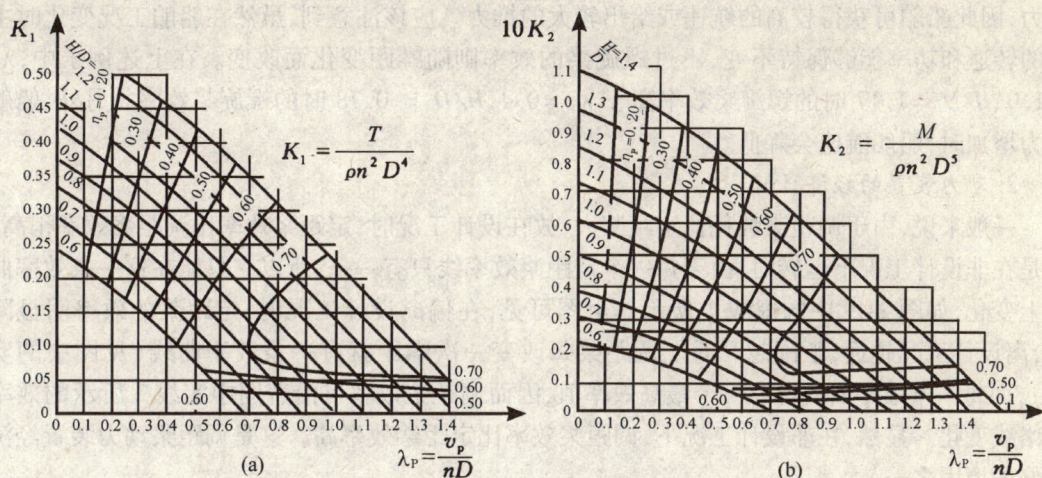

图 2-47　调距桨工作特性曲线

调距桨的工作特性也可以用推力、阻力矩、功率分别与桨转速之间的关系曲线表示。图 2-48 所示为调距桨的功率—转速特性。由图可见,当 λ_P 为常数时,它是以螺距比为参变量的一组曲线。

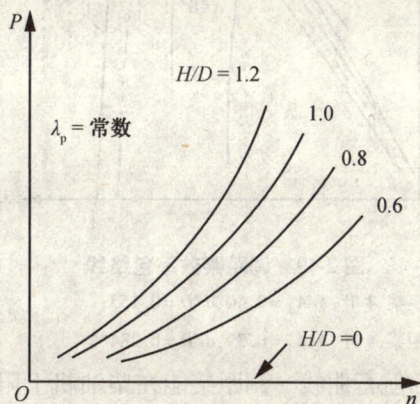

图 2-48　调距桨功率与转速之间的关系

二、调距桨的优点

根据调距桨的特性,它和定距桨相比,具有以下优点:

1. 对船舶航行条件的适应性强

在图 2-47(b) 上经纵坐标的 0.26 点画有一条与横坐标轴平行的直线,此线是等转矩系数线,它和一系列等螺距线相交。由此可以看出,无论船舶阻力因素如何变化(即 λ_P 取任何数值),只要适当选用螺距比即可使 K_2 保持不变。例如当 $\lambda_P = 1.0$ 时选用 H/D 为 1.17,而当

$\lambda_P = 0.4$ 时选用 H/D 为 0.78，两种情况的 K_2 均为 0.26。由于调距桨具有可使 K_2 保持不变的性能，在航行条件变化时通过调节 H/D，就可使螺旋桨的转矩不变，主机就可以保持原转速运转，并发出原功率。这就意味着不论船舶在任何工况下，调距桨均能给予主机发出全部功率的能力，因此船舶可获得较高的航速或给出较大的推力。应该注意到，虽然在船舶工况变化时主机的转速和功率能够保持不变，不过螺旋桨的效率则随螺距变化而改变。在上述例子中，$\lambda_P = 1.0$、$H/D = 1.17$ 时的螺旋桨效率高于 $\lambda_P = 0.4$、$H/D = 0.78$ 时的螺旋桨效率。另外，船舶阻力增加时，船舶航速会降低。

2. 动力装置的经济性好

一般来说，由于调距桨毂径比定距桨大，故在设计工况时，定距桨效率比调距桨效率稍高。但是在非设计工况下运转时，由于每一个定距桨效率线只有一条，所以它只能在这一条效率曲线上变化，如图 2-49 中的虚线 1 所示。由图可见，在偏离设计工况时，定距桨的效率明显降低，离设计工况越远，下降越严重。调距桨每改变一次螺距就有一条效率曲线（见图中的实线），而每一条效率曲线都有一个最高效率值，因而调距桨效率可沿着图中实线 2 所示的效率包络线变化。显然，在非设计工况下，调距桨效率比定距桨效率高。这是调距桨动力装置经济性好的原因之一。

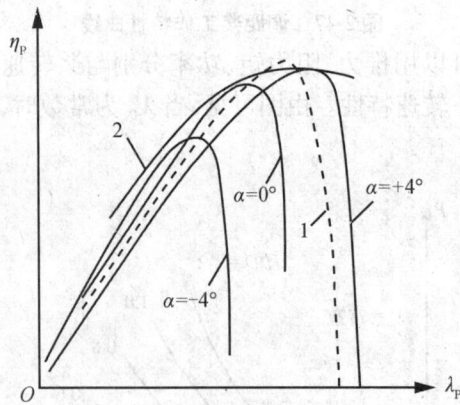

图 2-49　调距桨效率包络线

1—定距桨，4 叶，$A/A_d = 0.40$，$d/D = 0.155$；
2—调距桨，4 叶，$A/A_d = 0.39$，$d/D = 0.284$

图 2-50 示出某调距桨船的航行曲线。调距桨能在柴油机上限曲线 1、最大转速线 2 和最低稳定转速线 3 所限制的范围内任何一点上工作，在不同的航速下，都有许多 n 和 H/D 的搭配。这就为柴油机在部分负荷下按油耗率最低的点运行提供了可能，如图 2-51 所示。对定距桨来说，在部分负荷下，运行点只能沿曲线 2 变化，而调距桨可根据航速的要求，在 $n - H/D$ 的多组配合中，找到使柴油机油耗率最低的一组配合，使不同航速下的配合点沿着最低油耗率曲线移动。

由以上分析可见，在某一航速下为了取得好的经济性，选用的 $n - H/D$ 组合应既要使螺旋桨的效率高，又要使主机的燃油消耗率低。但根据螺旋桨效率选取的 $n - H/D$ 组合，与根据主机燃油消耗率选取的 $n - H/D$ 组合，一般来说两者并不相同，但可以兼顾两者进行优化，使所选的一组配合经济性最好。经济性最好的一组配合称为最佳 $n - H/D$ 匹配。不同的航速有不

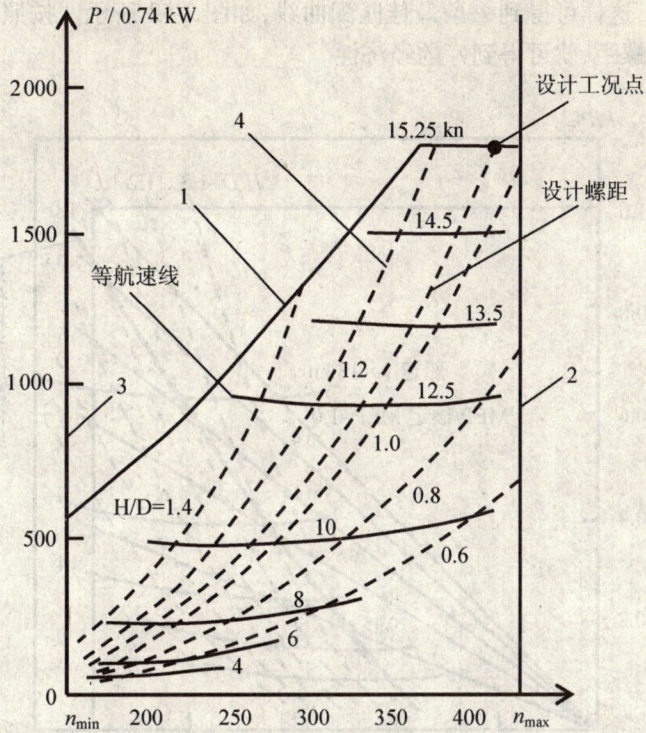

图 2-50 某调距桨船的航行曲线
1—柴油机工作上限；2—最高转速限制线；3—最低转速限制线；4—等螺距线

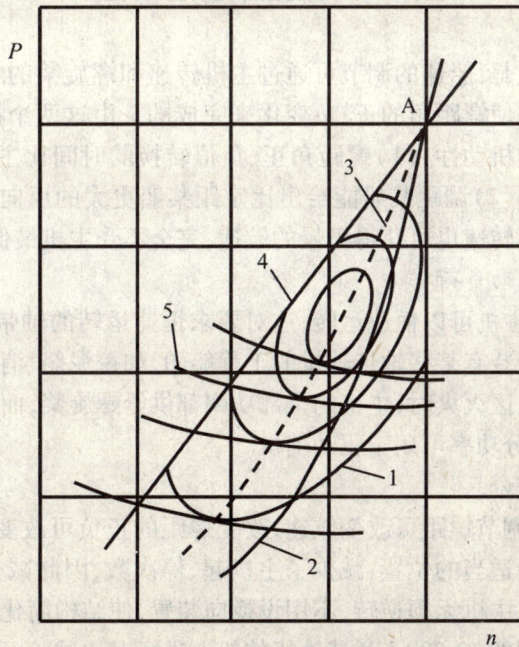

图 2-51 部分负荷下最低油耗率曲线
1—等油耗率曲线；2—定距桨推进特性线；3—最低油耗率线；
4—柴油机标定速度特性线；5—船舶等航速线；A—标定工作点

同的最佳匹配数值,这样可得到一条最佳匹配曲线,如图 2-52 所示。按照这一条曲线来控制主机转速和调距桨螺距,就可得到好的经济性。

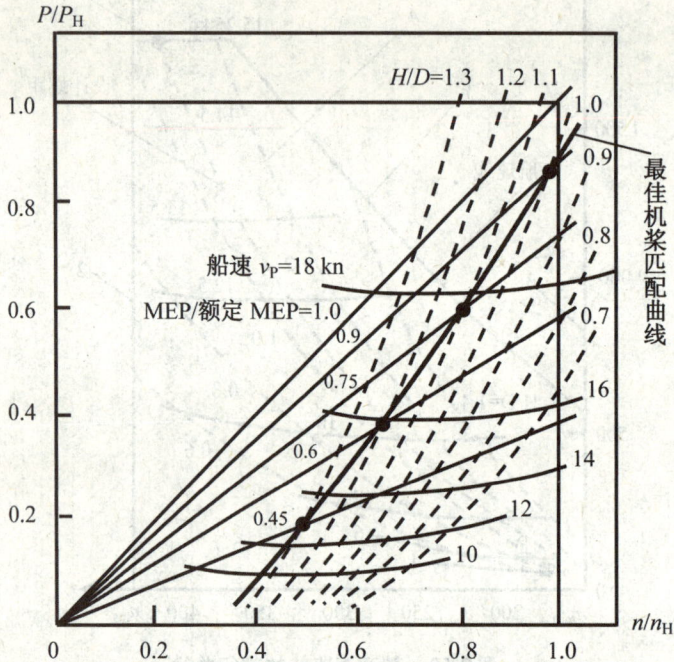

图 2-52　带调距桨船主机控制曲线

3. 船舶的机动性提高

调距桨船的操纵特点是:船速的调节可通过主机转速和螺旋桨的螺距两个参数的调节来完成;船舶的进、退是通过使螺距角的正、负变化来完成的。由这两个操作特点可看出调距桨在三个方面提高了船舶的机动性:(1)螺距角正、负值转换的时间比主机换向时间短,特别是在船速高时将更为明显。(2)调距桨船能给出比定距桨船更大的反向推力。(3)船舶可进行无级调速。主机保持在高转速也可获得极慢的航速,完全不受主机最低稳定转速的限制。

4. 有利于主机驱动辅助负荷

配置调距桨的船舶,主机可以恒速运转,这对要求恒速运转的轴带交流发电机特别有利。主机可恒速运转也有利于装有某些轴带辅机的工程船舶,如挖泥船、消防船等。当挖泥船满载航行或消防船全速赶赴火区灭火时,主机的全部功率都供给螺旋桨,而当以低航速挖泥作业或火区灭火时,主机的大部分功率可用于驱动辅机。

5. 延长了发动机的寿命

采用调距桨的装置,调节螺距可改变航速,改变螺距的正负可改变螺旋桨推力方向,这就使主机转速可以固定在最适当的位置,减少了主机起、停次数,因此减少了运动部件的磨损和受热部件的热疲劳损坏。主机无须逆转,不用设换向装置,使结构简化,减少了维护管理工作。根据在两条安装同样机型的 12 900 kW 柴油机的船上进行对比试验,采用调距桨的船,其柴油机气缸的磨损程度,较另一条安装定距桨的船要减少 1/8 ~ 1/3。

6. 便于实现遥控

调距桨螺距的调节,一般是在驾驶台由驾驶员直接操作,整个遥控系统较简单,容易实现。

三、调距桨的缺点

采用调距桨的主要缺点是：

(1)调距桨和轴系的构造复杂。制造工艺要求高,所用材料也较好,还要设置一套调距机构和系统,因此造价较高。

(2)桨毂中的转叶机构零件较多,而空间又小,可靠性不如定距桨,这些部件难以维护保养,一旦损坏,船舶必须停航进坞,给营运带来损失。

(3)调距桨的毂径比 d/D 比定距桨大,因此在相同的设计工况下,调距桨的效率比定距桨的效率低3%左右。

(4)调距桨桨叶根部由于受叶根法兰尺寸限制和固定螺栓布置的影响,使叶根剖面宽度较小,为保证根部强度,叶根厚度相应增加,使桨叶根部容易产生空泡。

四、调距桨装置的动作原理

调距桨装置的动作原理可用图2-53说明。驾驶人员发出的指令信号,通过信号传递系统传到操纵杆6,杆ABC则以C为支点动作,将控制阀4移动使其离开中央位置,此时具有一定压力的油经控制阀进入配油轴套3,由桨轴中的油道进入伺服油缸1的相应工作空间(另一空间回油),推动动力活塞2。动力活塞的移动带动调距杆(动力活塞杆),继而通过转叶机构将桨叶转动,使螺距发生变化。

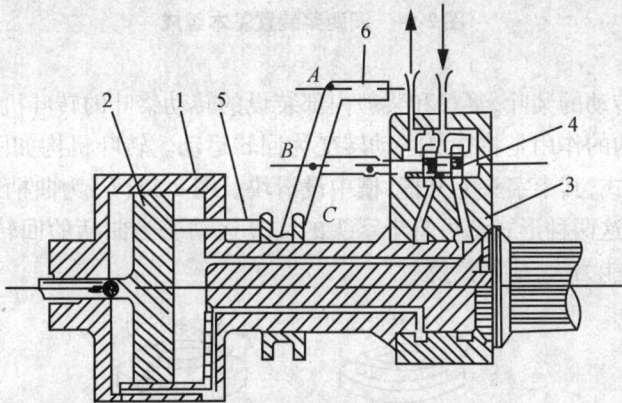

图2-53 调距桨装置的调距机构

1—伺服油缸;2—动力活塞;3—配油轴套;4—控制阀;5—反馈装置;6—操纵杆;

杆ABC—追随机构

动力活塞移动的同时还通过反馈装置5移动杆 ABC 的 C 点,此时 A 点不动,于是反馈信号传到控制阀4。反馈信号和驾驶台指令信号进行比较,若这两个信号相等,则说明螺距已调到驾驶人员所要求的值,控制阀就回到原来的平衡位置,切断压力油和回油。若反馈信号和指令信号不相等,则继续上面的调距动作,直至符合要求为止。

调距的时间是短暂的,而使螺距固定在某一要求的位置却是长期的。如果动力活塞由于某种原因,如液压油的漏泄而偏离所要求的位置,这意味着螺距偏离了所要求的螺距值,如图2-53所示的调距机构可通过反馈机构使动力活塞的偏移信号传到控制阀,重新开始一个调节过程,使动力活塞即螺距回复到原来要求的位置上。这种稳距方式是通过调节过程的动作自动完成的,称为动态稳距方式。还有的调距桨装置的稳距作用是利用液体的不可压缩性,靠止回阀密封伺服油缸油腔的方法来实现的,称为静态稳距方式。

五、调距桨装置的组成

由以上调距桨的动作原理可看出,调距桨装置主要包括调距桨、传动轴、调距机构、液压系统、操纵系统等五个基本组成部分,如图 2-54 所示。

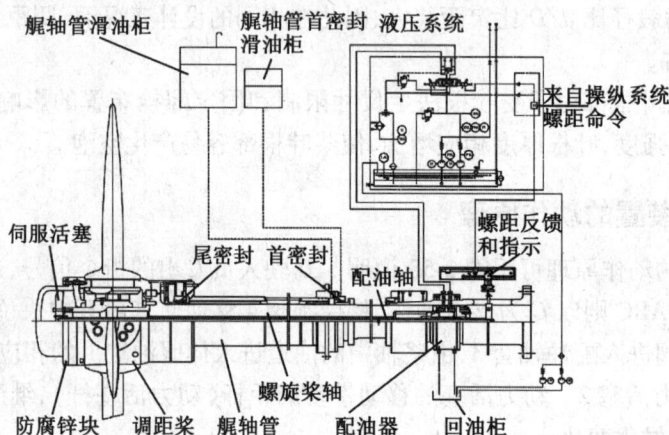

图 2-54 调距桨装置基本组成

1.调距桨

调距桨包括可转动的桨叶、桨毂和桨毂内部装设的转动桨叶的转叶机构等。

调距桨转叶机构的作用是将往复运动转变为回转运动。转叶机构如图 2-55 所示,其中图 2-55(a)为曲柄滑块式,其十字头上开槽,槽中设滑块。图 2-55(b)为曲柄销槽式,其十字头上带销,曲柄上开槽。这两种形式都可将十字头的往复运动变为曲柄的回转运动。它们的结构简单紧凑,传递扭矩能力大,应用广泛。

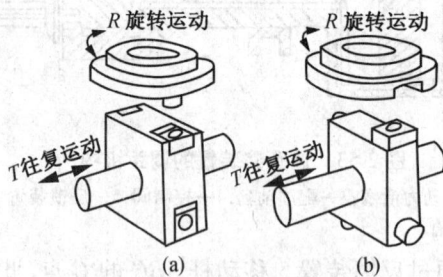

图 2-55 转叶机构示意图

2.传动轴

传动轴一般由螺旋桨轴和配油轴组成,两者用套筒联轴器相连。这种传动轴和定距桨的传动轴不同,它是中空的,其中装调距杆;或者,当伺服油缸位于桨毂内时中空的传动轴作为进、排油通道。

3. 调距机构

调距机构包括产生转动桨叶动力的伺服油缸、伺服活塞,分配压力油给伺服油缸的配油器,桨叶定位和桨叶位置的反馈装置及其附属设备等。它的主要任务是调距、稳距以及对螺距进行反馈和指示。

4. 液压系统

液压系统主要由油泵、控制阀(换向阀)、油箱和管件等组成。它的作用是为伺服油缸提供符合要求的液压油。

如图 2-56 所示为某船的调距桨液压系统图。其工作过程如下:

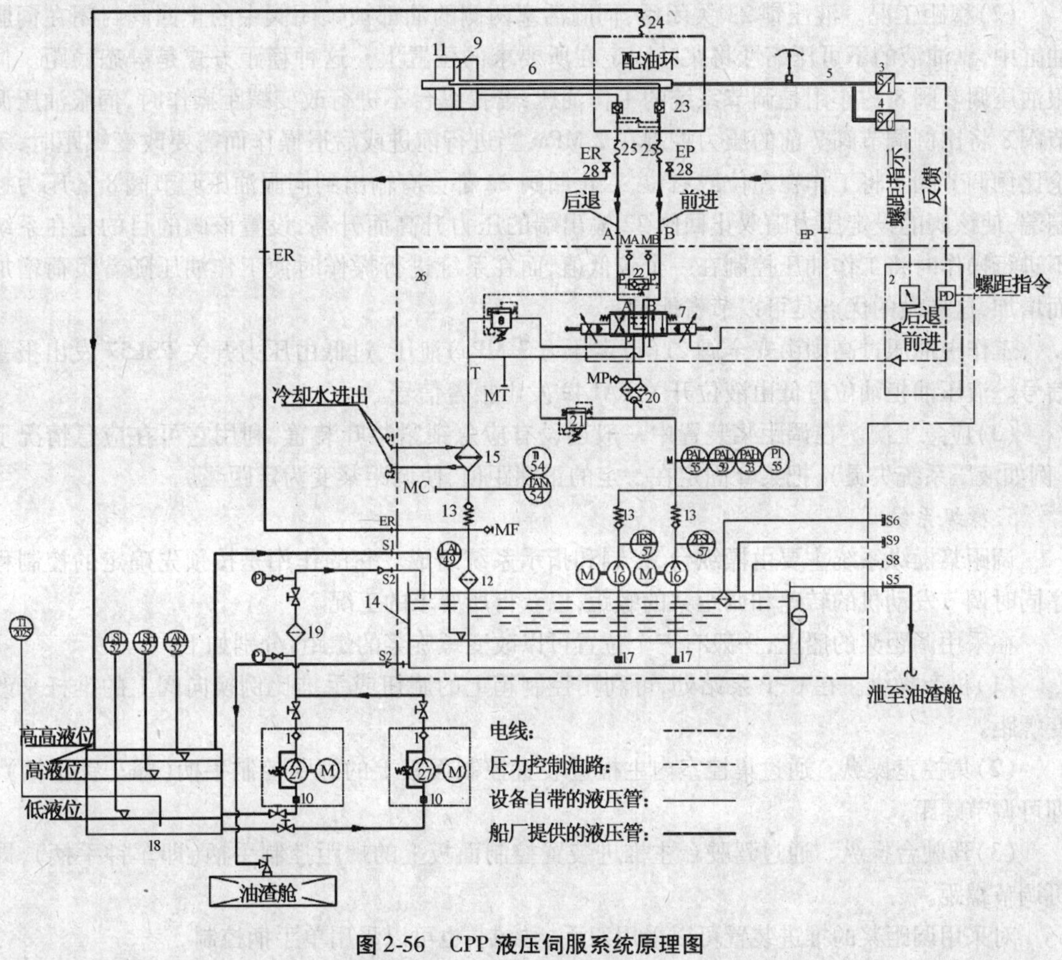

图 2-56 CPP 液压伺服系统原理图

1,13—止回阀;2—伺服遥控箱;3,4—位置变送器;5—活塞杆;6—配油轴;7—比例调节阀;8—伺服油压调节阀;9—伺服活塞;10,12,17,19—滤器;11—伺服油缸;14—液压油柜;15—液压冷却器;16—电动伺服油泵;18—泄放油柜;20—压力滤器;21—安全阀;22—双止回阀;23—液压锁;24—配油环泄放管;25—柔性接头;26—液压单元;27—输送泵;28—阀 EP/ER(用于锁桨);29—滤器;A—伺服油-后退;B—伺服油-前进;C1—冷却水进口;C2—冷却水出口;EP—锁桨动力油进口;ER—锁桨动力油回油;S1—泄放柜透气;S2—输送泵进动力单元油柜;S3—泄放口;S5—油盘泄放;S6—系统油注入/透气;S7—备用接口;S8—透气;S9—测深;TI54—温度计;PI55—压力表;LAL49—液位低位报警;LSL52—液位低位开关;LSH52—液位高位开关;LAH52—液位高位报警;PSL57—压力低开关;PAH53—压力高报警;PAL55,PAL59—压力低报警;TAH54—温度高报警;M、MA、MB、MC、MF、MP、MT—测量点

(1)调距工况。操纵台发出的调距指令,传给比例调节阀 7。若此时指令信号使左电磁阀通电,比例调节阀 7 工作在左位。液压油柜 14 中的液压油经滤器 29 由伺服油泵加压后,经止

回阀 13、压力滤器 20、比例调节阀 7（左位）、管路 B、配油环中的液压锁 23，以及配油轴 6 中的油道进入伺服活塞 9 的左侧。伺服活塞右侧的油在活塞的推压下，经配油轴 6 中的另一油道、管路 A、比例调节阀 7（左位）、液压冷却器 15 和滤器 12 回至液压油柜。伺服活塞在两侧压差作用下向右移动，同时通过十字滑块和曲柄机构驱动桨叶回转。伺服活塞移动的同时，还通过活塞杆 5 和位置变送器 3，将桨转叶的动作传给伺服遥控箱 2，当达到要求的角度后，调距指令自动取消，电磁阀失电，比例调节阀 7 回到中位，液压锁 23 关闭，这一调节过程结束。另外，位置变送器 4 将活塞杆 5 的位置传至操纵台的桨叶角指示器，即螺距指示器，以显示螺距的大小。

（2）稳距工况。液压锁 23 关闭后，伺服活塞两侧的油都被锁闭阀中的止回阀封闭在伺服油缸中，靠油液的不可压缩性将桨叶固定在所要求的位置上。这种稳距方式是静态稳距。伺服油压调节阀 8 的作用是调节系统的工作油压，若操纵台不进行改变螺距操作时，伺服油压调节阀 8 将比例调节阀 7 前的压力控制在 2 MPa，当进行前进或后退操作而需要改变螺距时，无论比例调节阀 7 将工作在左位或右位，双止回阀 22 都会有输出到伺服油压调节阀 8 的压力控制端，使该阀的设定压力随双止回阀 22 输出端的压力升高而升高，设置该阀的目的是在系统不进行操作时将工作油压控制在一个较低值，而在系统进行操作时使工作油压随着负荷增加而增加，这样做的优点是可以节省能量。

工作中油压过高则由安全阀 21（设定压力 7 MPa）泄压，过低由压力开关 PSL57 发出报警信号。液压油柜油位过低由液位开关 LAL49 发出报警信号。

（3）应急工况。在调距桨装置中一般还设有应急锁紧桨叶装置，利用它可在应急情况下（例如液压系统失灵），把桨叶固定在一定的正螺距值，使调距桨变为定距桨。

5. 操纵系统

调距桨操纵系统主要由操纵台、控制和指示系统组成。它的作用是按预先确定的控制程序同时调节发动机的转速和调距桨的螺距，以获得所要求的工况。

在采用调距桨的船上，一般有三个位置可以改变螺旋桨的螺距，分别如下：

（1）机旁操纵。在 CPP 泵站处，可利用控制箱上的旋钮或手推比例换向阀上的推杆来改变螺距。

（2）集控室操纵。通过集控室内主推进装置控制面板上的螺距控制手柄（即车钟手柄），即可调节螺距。

（3）驾驶台操纵。通过驾驶台主推进装置控制面板上的螺距控制手柄（即车钟手柄），即可调节螺距。

对采用调距桨的推进装置可以采用双手柄控制，也可以采用单手柄控制。

所谓双手柄控制，就是用两只操纵手柄分别地操纵主机转速和螺旋桨螺距，这种控制方式不但操作不方便，而且也很难把工况调到最佳，甚至使运行工况比采用定距桨还要坏。目前，单手柄控制方式应用得较多，即采用一个手柄，按螺旋桨螺距与主机转速的规定关系来操纵螺旋桨和主机。

对于单手柄控制的调距桨，主机和螺旋桨的控制模式一般有三种，包括联合模式、分离模式和定速模式。

（1）联合模式。在联合模式下，控制手柄的动作将同时调节螺距和主机转速，二者按照控制系统中预先设定的对应关系同时发生改变。联合模式适合船舶在机动航行过程中采用，此时,控制系统可自动匹配主机转速和螺距,使二者按照预先设定的最佳匹配线运转,从而保证最佳的经济性。

(2)分离模式。在分离模式下,控制手柄只能调节螺距,主机转速需要通过主机控制系统来单独控制,此种情况类似于双手柄控制。如果轮机员或驾驶员的业务水平不够精湛,则可能导致主机和螺旋桨运行失配,从而大大影响推进装置的经济性。

(3)定速模式。在定速模式下,主机按照预先设定的转速稳定运转,控制手柄仅用于调节螺距。一般情况下,主机将被设定在额定转速下工作,从而提高了主机的可靠性。但在船舶航速较低时,螺旋桨处于效率较低的工况,影响了船舶运行的经济性。

总之,对于采用调距桨的推进装置,在船舶机动航行时,适合采用联合模式;在船舶定速航行时,适合采用主机定速模式。

第六节　船舶侧推装置

一、侧推装置的作用和要求

侧推装置,又称侧推器,是一种能产生船舶横向推力的特殊推进装置,其工作原理与螺旋桨推进器基本相同。它一般装在船首或船尾水线以下的横向导筒中,产生的推力大小和方向可根据需要改变。

1. 需设置侧推装置的船舶类型

船舶在靠离码头、过运河、进出水闸、穿过狭窄航道和拥挤水域时,一是要开慢速,二是要经常用舵改变航向。但航速越慢舵效越差,给船舶操纵带来困难。在低速航行时,只靠舵效改变航向往往不能满足要求,不得不用拖船帮助。因此,凡是低速航行又要保持良好的操纵性、受风面积大而又不用拖船能方便靠离码头的船舶,一般都需要设置侧推装置,以改善船舶低速航行时的操纵性和机动性。

需要设置侧推装置的船舶有:需要经常通过狭窄水道、进出拥挤港口的大型船舶;受风面积大的集装箱船、客船、滚装船、木材船等;须进行低速航行作业的船舶,如海上运输补给船、救助船、打捞船、调查船、考察船、电缆敷设船、领航船等。

2. 侧推装置的作用

船上设侧推装置将会起到如下作用: 提高船舶的操纵性能,特别是船速为零或船速很慢时的操纵性能,这一点对工程作业船舶尤为重要;缩短船舶靠离码头的时间;节省拖船费用;提高船舶机动航行时的安全性,以及船舶在低速时的转向和定位能力;可减少主机起动、换向次数,延长主机使用寿命。

3. 侧推装置应满足的要求

(1)对油船、货船,一般装设 1 套侧推装置,位于船首,即艏侧推装置。

(2)对集装箱船,一般装设 1 套艏侧推装置;大型集装箱船所需侧推力较大而布置又不合理时,可采用 2 套艏侧推装置,前后排列。

(3)对客船、渡船,由于要求侧推力较大,当 2 只艏侧推装置尚不能满足侧推力要求时,可增加 2 套艉侧推装置。

（4）对于首、尾各装设 1 套侧推装置的船舶，艏、艉侧推装置的推力分配可为 6∶4。

（5）侧推装置应有足够的浸没深度，以提高侧推器的工作效率。通常从螺旋桨轴线至水线的距离应为 1.5 倍以上的桨叶直径，最小不得小于桨叶直径。

（6）侧推装置应尽可能设在船的端部，以便在同样推力下获得较大的转船力矩。

（7）侧推装置对船体所造成的附加阻力要小，本身的工作效率要高。

（8）装置结构简单，工作可靠，维护管理方便，能根据需要迅速改变推力大小和方向。

（9）在侧推器旁及驾驶台均能进行操作，且一般在驾驶台中央与两翼均可进行。

二、侧推装置的类型

1. 按照布置位置分类

按布置位置的不同，侧推装置可分为艏侧推、艉侧推和舷内式、舷外式。

对于一般的船舶而言，装设艏侧推装置即可满足对操纵性的需求。但在对操纵性要求非常高的救助船、打捞船上，一般要同时设置艏侧推和艉侧推装置。

舷内式侧推器一般布置在位于船首（或船尾）的一个左、右舷贯穿的管隧内，其推力与管隧的轴线方向平行。舷内式侧推器的布置如图 2-57(a) 所示。

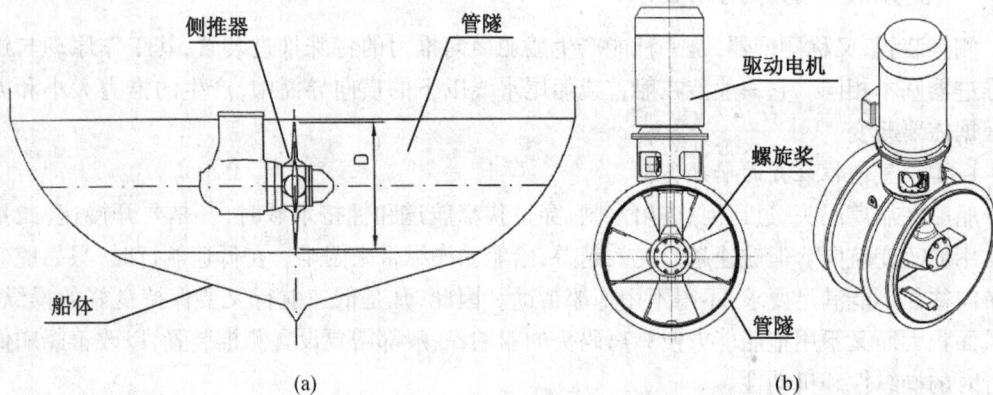

(a)　　　　　　　　　　(b)

图 2-57　管隧式、螺旋桨式侧推装置

舷外式侧推器悬挂在船体之外，可采用 360° 回转的推进器，从而大大提高船舶的操纵性。本章第一节中所介绍的 Z 形传动装置，实际上就是一种兼作舷外式艉侧推装置的推进器。

2. 按照推进器的形式分类

按产生推力的方法不同，侧推装置可分为螺旋桨式和喷水式。螺旋桨式推进器使用较为广泛，其典型布置如图 2-57(b) 所示。

3. 按照原动机的驱动方式分类

按原动机的不同，侧推装置可分为电动式、电液式和柴油机驱动式等。目前，电动调距桨式侧推装置应用得较为普遍，如图 2-57(b) 所示。电液定距桨式侧推装置也有所采用，而柴油机驱动的侧推装置使用较少。

三、螺旋桨式艏侧推装置

在诸多侧推装置中，螺旋桨式艏侧推装置应用较多。螺旋桨式艏侧推装置既可采用定距桨，也可采用调距桨。因为定距桨要求其原动机具有变速变向功能，而可变速变向的电动机控制系统复杂，操作也不方便，故应用较少，所以定距桨式侧推器多用液压马达带动。调距桨不需要驱动它的原动机换向，容易实现遥控，在恒速下靠桨叶角的变化就可改变推力大小，因此由电动机驱动调距桨的侧推器型式应用最为广泛。

（一）定距桨式艏侧推装置

如图 2-58 所示为定距桨式艏侧推器的液压系统图。

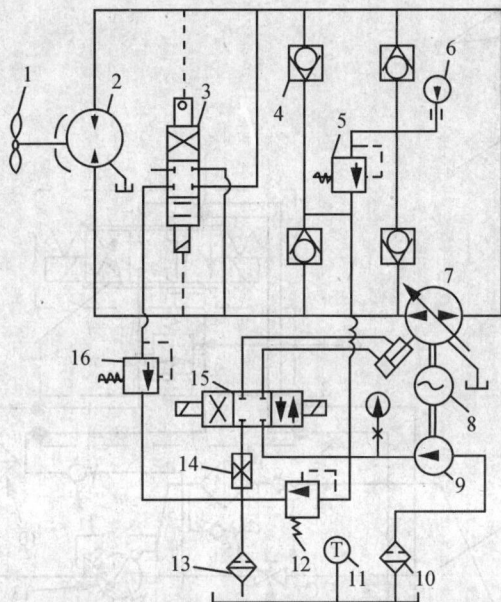

图 2-58　定距桨式艏侧推装置液压系统

1—螺旋桨；2—液压马达；3—更油阀；4—补油单向阀；5—溢流阀；6—压
力表；7—变量泵（主泵）；8—电动机；9—定量泵（辅泵）；10—吸入滤器；
11—温度计；12—辅泵溢流阀；13—回油细滤器；14—可调节流阀；15—电
磁三位四通阀；16—背压阀

侧推器螺旋桨 1 通过联轴器与液压马达 2 相连，而液压马达的转向与转速由双向变量泵 7 来控制。泵 7 的控制可通过辅泵 9 和电磁阀 15（电磁三位四通阀，控制主泵的伺服变量机构），借助泵 7 中的变量伺服机构来实现。在系统工作时，从液压马达 2 至主泵 7 管路必然是一路低压，另一路高压。在低压管路，部分热的液压油经更油阀 3、背压阀 16 和回油细滤器 13 泄回油箱，同时，辅泵 9 将从油箱中吸入低温、洁净的油液，经相应的补油单向阀 4 不断地补入低压管路，以控制系统的油温。

溢流阀 5 和 12 分别用作主泵 7 和辅泵 9 的安全阀，系统中的压力由压力表 6 显示。电动机 8 可同时驱动主泵 7 和辅泵 9。在油箱中还设置有辅泵吸入滤器 10 和温度计 11。可调节流阀 14 用于调节主泵的动作速度。

（二）电动调距桨式艉侧推装置

以 BRUNCOLL THRUSTER（挪威）公司生产的 FU-45-LTC-1375 型船舶艉侧推装置为例，对电动调距桨式侧推装置的工作原理、操作规程、操作注意事项、日常管理等进行介绍。

1. 工作原理

艉侧推装置的组成主要包括液压动力单元和驱动电机（450 kW，1 485 r/min），图 2-59（a）、（b）分别为其液压系统原理图和结构原理图。传动轴 18 上端与驱动电机（未画出）相连，下端通过锥齿轮 30、螺旋桨轴 31 带动调距桨 25 运转。

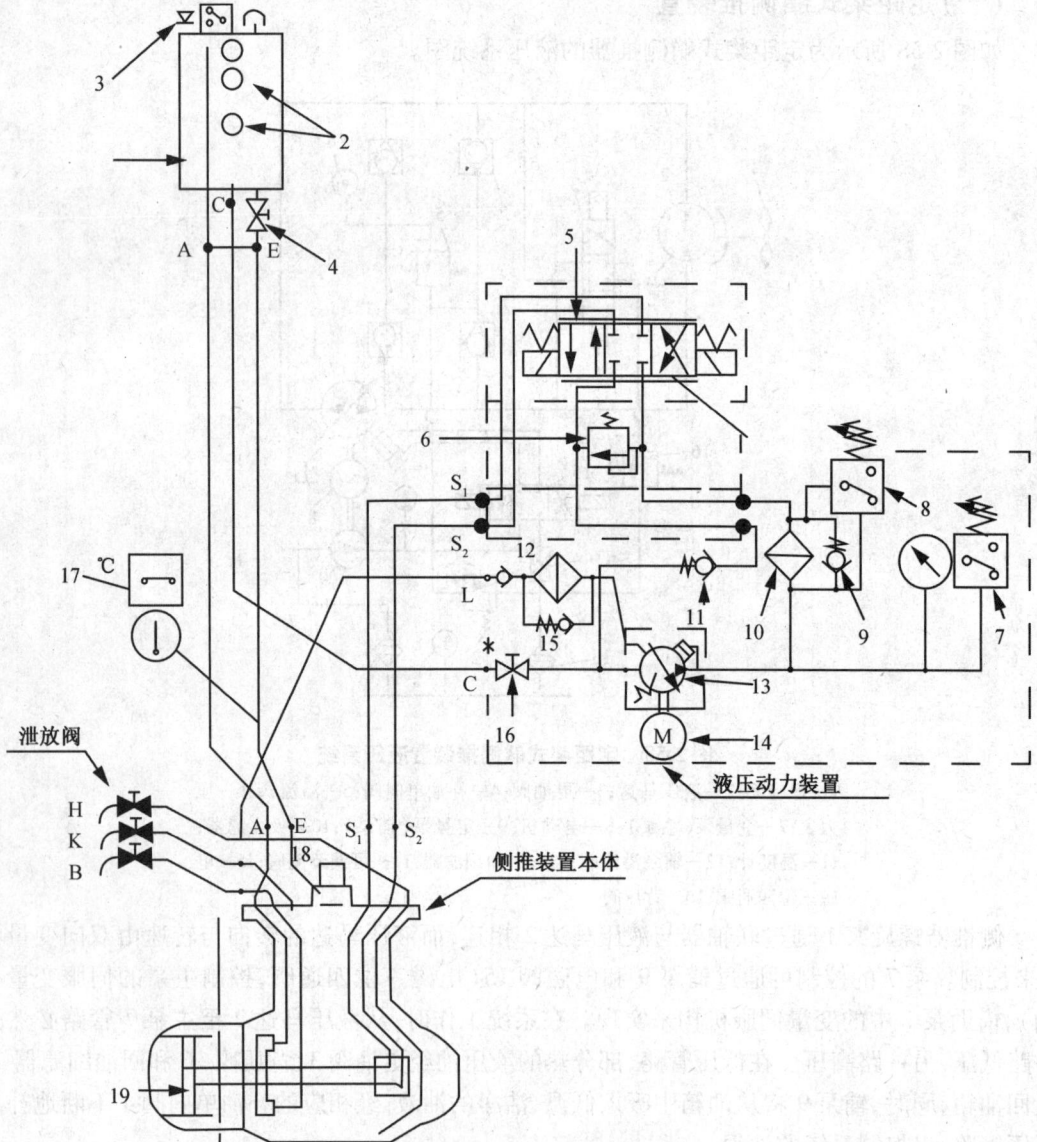

(a)液压系统原理图

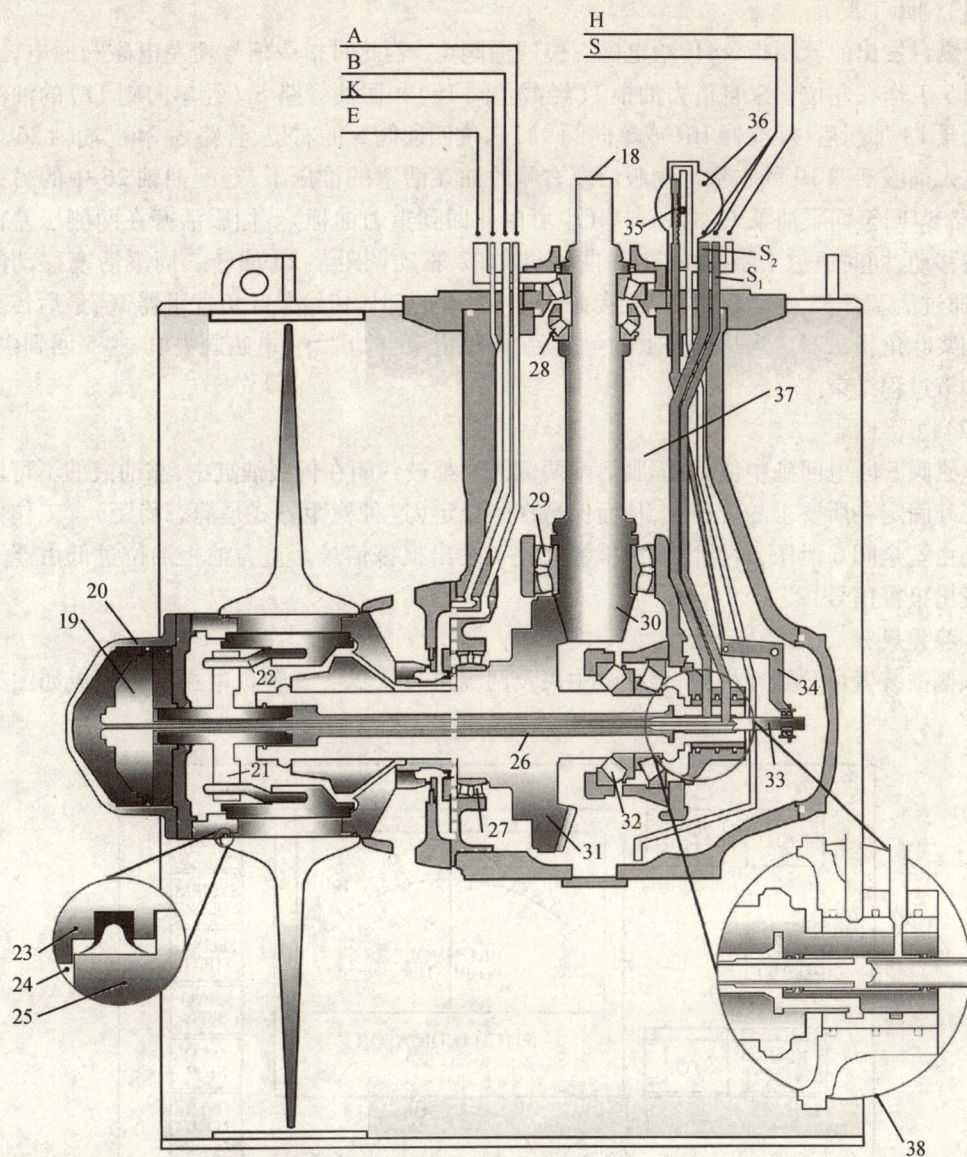

(b)结构原理图

图2-59 电动调距桨式艏首侧推装置原理图

1—重力油柜;2—液位观察镜;3—浮子开关;4,16—截止阀;5—电磁三位四通阀;6—安全阀;7—低压警报开关;8—滤器压差警报开关;9,11,15—单向阀;10,12—滤器;13—伺服油泵;14—电动马达;17—高温警报开关;18—传动轴;19—伺服活塞;20—伺服油缸;21—十字滑块;22—曲柄机构;23—桨毂;24—水;25—调距桨;26—配油轴;27、32—螺旋桨轴轴承;28,29—传动轴轴承;30—锥齿轮;31—螺旋桨轴;33—活塞杆;34—反馈杆;35—齿条;36—桨叶角发讯器;37—齿轮箱;38—伺服油分配器;A,E—通主轴密封系统液压油管路;B—主轴密封系统排水管路;C—伺服油泵补偿管路;H—齿轮箱泄放管路;L—伺服油泵排油管;K—空气泄放阀;S₁,S₂—伺服油泵油循环管路

（1）调距工况

操纵台发出的调距指令,传给电磁三位四通阀 5。若此时指令信号使左电磁阀通电,三位四通阀 5 工作在左位。来自重力油柜 1(经截止阀 16)和回油管路 S_2(经单向阀 11)的油液由伺服油泵 13 加压后,经滤器 10(或单向阀 9)、三位四通阀 5 的右位、管路 S_1 和配油轴 26 中的油道进入伺服活塞 19 的左侧。伺服活塞右侧的油在活塞的推压下,经配油轴 26 中的另一油道、管路 S_2 回至伺服油泵 13 的吸入端(也可由此回到重力油柜)。伺服活塞在两侧压差作用下向右移动,同时通过十字滑块 21 和曲柄机构 22 驱动调距桨 25 回转。伺服活塞移动的同时,还通过活塞杆 33 驱动反馈杆 34、齿条 35,将转叶的动作传给桨叶角发讯器 36,最后传至操纵台的桨叶角指示器。当达到要求的角度后,调距指令自动取消,电磁阀失电,阀 5 回到中位,这一调节过程结束。

（2）稳距工况

电磁阀 5 断电回到中位后,伺服活塞两侧的油都被封闭在伺服油缸中,靠油液的不可压缩性将桨叶固定在所要求的位置上,从而保持螺距稳定(这种稳距方式是静态稳距)。工作中油压过高由安全阀 6 泄压,过低由低压报警开关 7 发出报警信号。重力油柜油位过低由浮子开关 3 发出报警信号。

2. 操作规程

该侧推装置可分别在机旁、驾驶台中央及两翼进行操纵。驾驶台中央控制面板如图 2-60 所示。

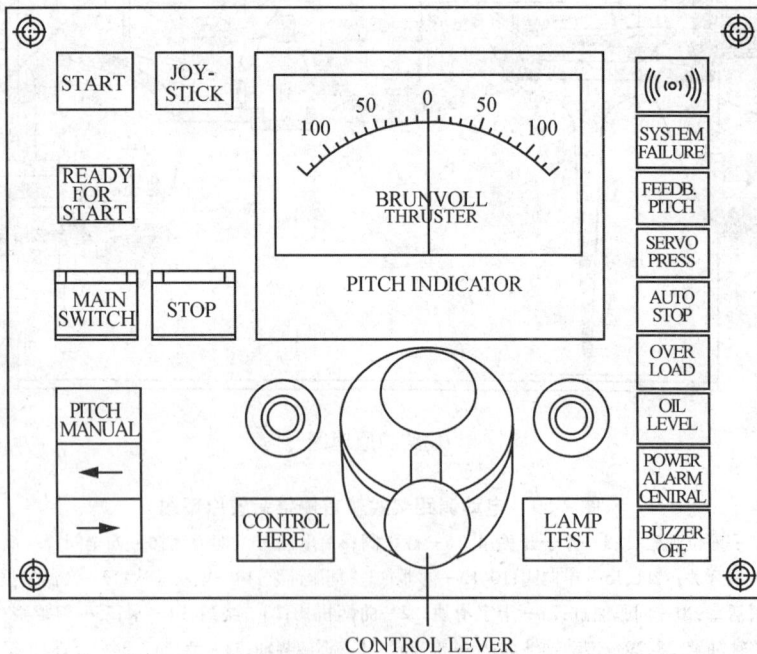

图 2-60　艉侧推驾驶台中央控制面板

（1）起动艉侧推器前检查液压油油位,确认驾驶台螺距操作手柄在零位。

（2）按下驾驶台操作面板上的"MAIN SWITCH"按钮,向机舱发出艉侧推器申请指令。

（3）机舱主机恒速后,通过轴带发电机向艉侧推器供电,同时发出艉侧推器许用指令。

（4）若一切正常,则驾驶台"READY FOR START"指示灯亮,艏侧推器准许起用。

（5）按下驾驶台操作面板上的"START"按钮,起动艏侧推器驱动电机。

（6）驾驶台应先选择操作位置,然后再进行加、减螺距操作。

（7）如转"应急操作",需按下驾驶台面板上的"PITCH MANUAL"按钮,并通过面板上的"←"和"→"按钮进行螺距操纵。

（8）艏侧推器使用完毕后,按下控制面板上面的"STOP"按钮,停止艏侧推器。

（9）按下驾驶台操作面板上的"MAIN SWITCH"按钮,取消艏侧推器申请指令。

（10）机舱接到艏侧推器申请取消指令后,停止向艏侧推器供电,并视情将轴带发电机停用。

3. 操作注意事项

（1）侧推器的电动机功率较大,使用前电站容量必须足够。一般都设有发电机台数联锁装置,达不到规定工作台数侧推器无法起动。一般地,至少三台发电机并网运行方可使用艏侧推装置。

（2）航速在 5 kn 以下方可使用侧推器。

（3）操作地点转换前,要确认主、辅控制站的控制杆位置和负荷一致后才可切换。

（4）对于电动调距桨式艏侧推装置,只有在螺距为零时才能起动,以保证起动转矩最小,同时减小起动电流。

（5）操纵时不得大范围地快速操纵控制手柄,在最大推力工况下的连续使用时间不应超过规定的时间,一般为 0.5 h。

（6）在天气寒冷的冬季,值班驾驶员应尽可能提前向机舱申请侧推器,使调距桨液压系统多运转一段时间,以便对系统中的液压油加温,提高操作性能。

4. 日常管理工作

（1）使用合乎要求的液压油:所用液压油应能传递大的动力,能适应不同季节、不同海域气温变化,有合适的黏度,有高的黏度指数,凝点低(要在 −30 ℃ 以下)。

（2）定期清洗滑油滤器。

（3）定期检查管系的漏泄。

（4）定期检查油位、油温、油压,注意观察各部振动情况和运转声音,发现异常及时处理。

（5）定期取样化验油质,及时更换不合格滑油,换新油时要将系统中旧油彻底放净。

（6）侧推器间位置低,空气潮湿,注意检查电气设备绝缘和供电加热除湿。

5. 坞内检查

（1）放掉桨毂内的滑油,观察是否有水进入油中。

（2）桨轴也设有密封装置,其形式也多用辛泼莱克司型,凡密封圈唇口有裂纹、严重磨损、老化等现象均应换新,注意检查密封性能。

（3）检查桨叶、桨毂的固紧螺栓和螺栓防松装置。

（4）检查桨叶根部密封圈(一般过四年应换新)。

（5）螺旋桨轴轴承、传动轴轴承都是滚动轴承,若发现它们锈蚀、剥蚀、护圈破裂、滚子严重磨损或转动不灵活、转动声音过大时,应予换新。

第七节　船舶减摇装置

一、船舶减摇装置的作用

1.船舶在波浪中的摇荡

船舶因某种外力的作用,使其围绕原平衡位置所做的往复性(或称周期性)的运动,称为船舶摇荡运动。

船舶的摇荡主要有下列六种形式:横摇、纵摇、首摇、垂荡(又称升沉)、横荡、纵荡。其中,横摇、纵摇和垂荡对船舶航行的影响最大,而横摇又最易发生,摇荡幅值也最大,严重影响船舶安全。

2.摇荡运动对船舶性能的影响

摇荡运动对船舶性能的影响包括:可能使船舶失去稳性而倾覆;引起货物移动从而使船舶重心移动危及船舶安全;产生的附加应力会导致船体结构和设备受到损坏;使船舶阻力增加,螺旋桨的效率降低甚至露出水面,造成主机飞车;影响机器设备及航海仪器、仪表的正常运转和使用;使船上人员工作和生活条件恶化,并造成甲板上浪等。

3.船舶减摇装置的作用

船舶摇荡以横摇的不良影响为最大,减摇效果也最佳。因此船舶减摇装置主要以减轻横摇为目的。而纵摇和首摇程度较轻,减摇必要性不大,且摇摆力矩巨大,减摇的效果和经济性均较差,所以在船上没有专门为其设置减摇装置。

船舶减摇装置的作用有:提高船舶的安全性,改善船舶的适航性;改善船上工作条件,提高船员工作效率;避免货物碰撞及损伤;避免由于摇摆引起的航速下降,节省燃料,确保船舶设备的使用寿命;提高船舶营运率;保证特殊作业,如海上救助、打捞、起重等。

二、船舶减摇装置的能力

如图 2-61 所示的 θ 为海浪的波倾角。海况越恶劣,波倾角 θ 越大,船舶摇荡也越激烈。

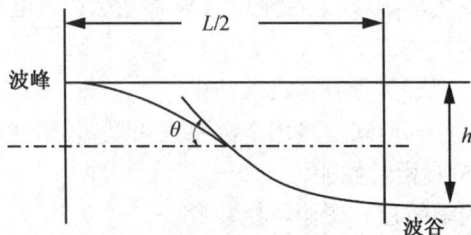

图 2-61　波倾角

为了平衡波倾角 θ 的波浪作用于船舶的横摇力矩,减摇装置必须具有与该力矩相等的减摇力矩。实际上减摇装置所具有的减摇力矩是有限的,通常将其最大减摇力矩所能克服的波浪波倾角 θ 作为衡量减摇装置能力的标志,并称为减摇装置的当量波倾角,或称为减摇能力。

各种减摇装置的减摇能力不同,减摇水舱的减摇能力一般为 $2° \sim 3°$;减摇鳍能力较大,客船通常是 $5°$,军舰为 $7°$,集装箱船和货船在 $5°$ 以下。

实际上,任何减摇装置都不可能完全克服横摇,总有一定剩余横摇,只有在共振周期时才具有较高的减摇率,而在其他情况下减摇率都较低。因此,在共振周期之外,减摇性能都用减摇效果的绝对值即剩余横摇角来表示。一般剩余横摇角为 $3°$。

三、船舶减摇装置的类型

减少船舶横摇有两个途径:一是增加船体横摇阻尼,二是增加复原力矩或减少横摇力矩。减摇装置根据是否为其提供动力分为被动式和主动式两类。主动式减摇装置的动力系统有三种,即电力式、液压式、电液式,各种电液式主动减摇装置应用较普遍。

1. 舭龙骨

舭龙骨板是装设在船体舭部外侧,沿着水流方向的一块长条板,如图 2-62 所示。常见的舭龙骨板的长度为 $1/4 \sim 1/3$ 船长,宽度为 $20 \sim 60$ cm(大型船更大一些),其外缘不超过船舷和船底线相交的范围,以免受到码头和海底等碰损。

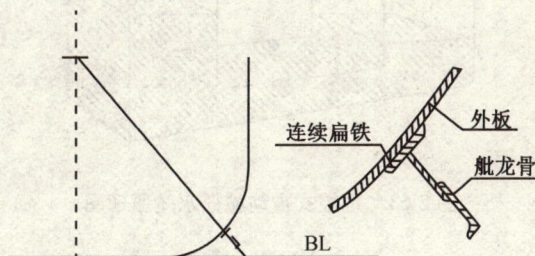

图 2-62　舭龙骨

当船舶横摇时,舭龙骨产生与横摇方向相反的阻力,形成减摇力矩,包括零速在内的各种航速范围内都能有效地增加船体的横摇阻尼,从而减小船舶的横摇。

舭龙骨有连续式和间断式两种。连续式舭龙骨结构简单,适用于航速不是很高的船舶。间断式舭龙骨适用于高速船,其优点是使船舶的航行阻力较小,而船舶的横摇阻力较大。

为了防止舭龙骨损坏时使船体外板受损,舭龙骨一般不直接焊接在舭部外板上,而是用一块覆板将两者连接起来。

舭龙骨的特点:构造简单,制造方便,不占船内体积,重量较轻,减摇效果较好,对船体和航速影响不大,所以几乎所有船舶均装设有舭龙骨。

2. 减摇水舱

减摇水舱是船体内部左右舷连通的 U 形或槽形水舱,分为主动式和被动式两种。当船舶侧倾时,水在水舱中的流动产生的水柱振荡滞后于波浪振荡 $180°$ 相位角,所产生的减摇力矩与波浪的倾侧力矩正好相反,从而起到减摇作用。其效果与水舱的形状、水量、位置有关。

减摇水舱内的水与舷外水不连通时,称为闭式减摇水舱;若减摇水舱内的水与舷外水相通时,称为开式减摇水舱。当水舱内的左右舷流动是可以控制的,称为主动式减摇水舱;而不能控制水的流动的,称为被动式减摇水舱。

(1)被动式减摇水舱

槽形自由液面式减摇水舱是靠船舶横摇时造成水在水舱中向左右舷做往返流动来减轻船舶横摇。水舱的容积应足够大,以便工作时水舱的一边可容纳全部水流,得到最佳减摇效果。要注意使水舱的装水量等于舱容的一半,水量太多或太少都产生不利影响。

U 形管式被动减摇水舱工作原理同上,分为不可控式和可控式两种。不可控式 U 形管被动减摇水舱由设在两舷的水舱和连通管组成。其工作原理与自由液面式相同,差别只是水舱在两舷离船舶中线较远,水可在水舱中聚集液面更高,减摇效果更好些。图 2-63 为可控式被动减摇水舱,通常是封闭的 U 形管水舱。两水舱间的水流和气流可通过控制系统调节,因此水流的流动周期可调范围较大。自动调节两封闭水舱间空气连通管上的阀门,通过控制连通管中的气流,从而控制舱中水的流速,使水的流动周期在较大范围内与横摇周期趋向一致,来改善水舱的响应特性。但因储水量有限,又是靠水位差而流动的,所以,减摇能力有限,很少大于 2°~3°,仅适用于中等海况。

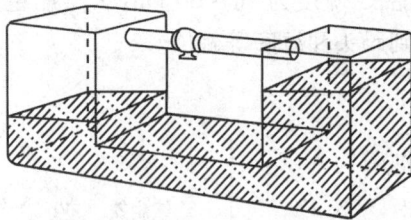

图 2-63　可控式被动减摇水舱原理图

(2)主动式减摇水舱

主动式减摇水舱是在 U 形被动式减摇水舱的基础上发展起来的。它通过水泵或风机强迫水在水舱间流动,并能形成较高的水位差,因此可在水量有限的条件下获得较大的减摇能力。控制系统可对水泵(或风机)、调节阀进行控制,调节水的流量,使装置在很宽的遭遇周期范围内具有良好的减摇效果。这种方式可作为防止船舶倾斜的手段,在船舶装卸货物向一舷倾斜时调整船舶。

3.减摇鳍

减摇鳍是迄今使用最多、效果最好的一种主动式船舶减摇装置。它是在船中舯部或舯部稍上方伸出舷外的一对或数对鳍片,剖面为机翼形,又称侧舵。

减摇鳍一般为长约 3.0 m、宽约 1.5 m、剖面为机翼型的长方体。在船内设有操纵机构,需要减摇时,将鳍伸出舷外,并在一定幅度内转动;不需要减摇时,可收进船内。

减摇鳍的布置及其工作原理分别如图 2-64、图 2-65 所示。它的减摇原理是:船舶在水中航行过程中,通过操纵机构转动减摇鳍,当鳍在水中有一个速度和倾斜角的时候,就会产生一个升力,利用此升力产生的力矩来抵抗海浪的干扰力矩,便可达到减小船舶横摇的目的。当叶片前端向上倾斜时,产生正的水动升力;当叶片前端向下倾斜时,产生负的液压升力;当两个叶片以一定的角度倾斜时,就会在船舶上联合产生一个力矩,以抵消海浪导致的摇摆力矩,从而实现船舶的稳定。

减摇效果取决于航速,航速越高,效果越好,这是因为减摇鳍的升力与航速的平方成正比。因此,在低速航行时升力很小,减摇作用差,只适合于航速高于 12 kn 的船舶。

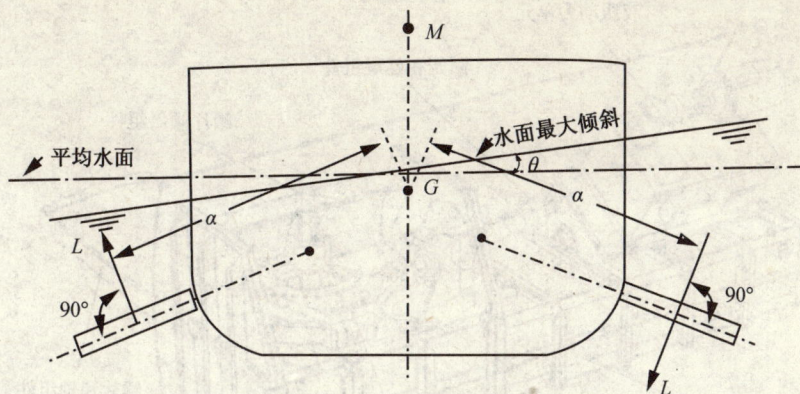

图 2-64　减摇鳍的布置

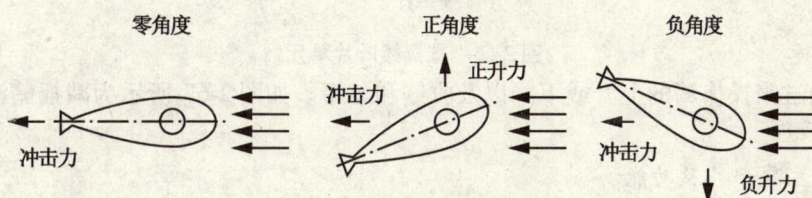

图 2-65　减摇鳍的工作原理

鳍的减摇力矩与船舶固有周期无关,不受船舶稳心高度变化的影响,并在整个遭遇周期范围内具有良好的响应特性。与其他主动式减摇装置不同,减摇鳍装置的功率不直接用来产生减摇力矩,而是用于控制鳍角,因此所需功率有限,具有很好的运行经济性。

减摇鳍装置根据能否将鳍收入船内,分为不可收式减摇鳍、伸缩式减摇鳍、折叠式减摇鳍。

减摇鳍的减摇效果比舭龙骨好,且在船速较高的船舶上使用减摇效果更好。但由于减摇鳍需要配备自动操纵系统,造价高,所以目前只有在客船、救助船或军舰上才设置。

除了上述减摇装置外,还有舵减摇、减摇陀螺仪、主动重锤和被动重锤等。就其减摇率来说可收放式减摇鳍最高。

四、减摇装置实例

在此,以 Rolls-Royce 公司(苏格兰)的 Brown-Brothers Aquarius 系列减摇鳍系统为例进行说明。该装置在船舶的左、右两舷各布置一套,系统组成包括:左舷和右舷叶片单元、左舷和右舷液压系统、减摇鳍控制系统。

(一)叶片单元

叶片(亦称鳍片)单元位于船内,左、右两舷各一套。减摇鳍叶片单元的构成如图 2-66 所示。主要由液压动力单元、回笼和延展组件、叶片倾斜组件、叶片和轴组件、十字头组件、叶片箱/十字头箱组件等构成。

(二)液压系统

减摇鳍液压系统由液压动力单元和内接管构成。液压系统提供的液压动力与控制信号交

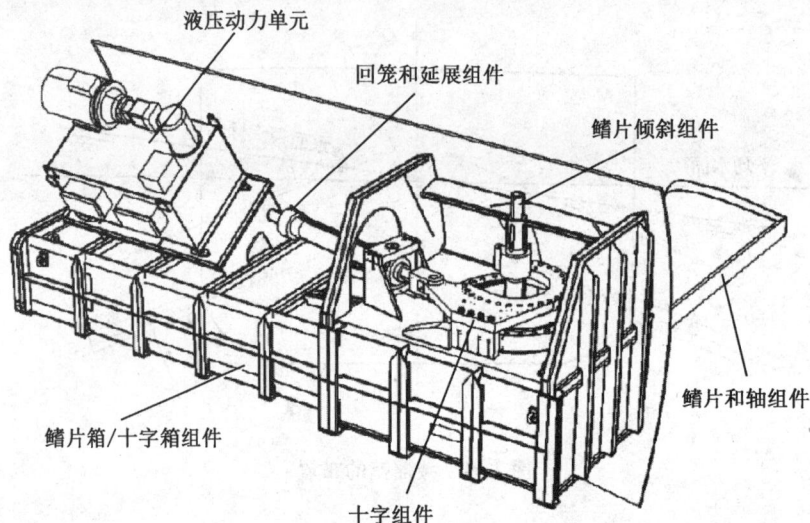

图 2-66　减摇鳍叶片单元

互作用,用油缸来操作鳍的上升或下降以及收鳍和放鳍。如图 2-67 所示为减摇鳍液压系统原理图。

1. 系统主要部件及功能

液压系统的主要部件包括:液压油箱 35,双向叶片泵 26(主泵),齿轮泵 27(应急泵),分配阀箱 16,油冷却器 31,回油过滤器 29,平衡阀 36,收/放鳍液压缸,升/降鳍液压缸等。

(1)液压油箱。液压油箱 35 既是储油装置,又是液压系统的基础结构。球阀 33(用于泄放油箱)和油冷却器 31 安装在箱底,其他所有元件和设备都安装在箱顶板上。检查油量计 22 的刻度,即可监测油箱 35 内的油位高度。低油位可以被液位/温度检测计 21 自动监测到,发出报警信号。高温可以被热调节开关监测到,发出报警信号。通过油箱顶的注油/通气口可以为箱内注油,使油位增高,也可以注入新过滤的液压油。

(2)主泵。主泵/电动机组由双向叶片泵 26、电动机 24 和卸载阀 32 构成。泵的出口连接有一个卸载阀 32,该阀得电时关闭,泵的流量全部用于鳍的操作功能;该阀断电时打开,主双联泵较大一侧出来的流量在低压状态下直接回到油箱,只有较小的泵输出用于鳍的回收和伸出。泵是连续运行双叶片结构,一个泵壳内有两个独立的叶片。泵有一个共用的抽吸管道,两条独立的输出线。泵壳的流量分布使得高流量单元的流量约为低流量单元的 4 倍。主泵/电动机组为系统提供压力油。从低流量单元送出的压力油直接通过单向阀进入分配阀箱 16,从高流量单元送出的压力油通过另一个单向阀 8 也进入分配阀箱 16,并可通过可远程控制的泵卸载阀 32 回油箱。除稳定操作外,在涉及所有其他操作中,高流量单元都在卸载。这使得电动机可以在最小负载状态下起动。由于低流量单元流量较小,这也使得收鳍和放鳍操作以及鳍对中操作能减速进行。

(3)分配阀箱。分配阀箱 16 内有鳍控制所需的全部阀门,主要包括:比例阀 17、补偿器箱 18、压力补偿器 3、收/放鳍电磁阀 1 等。

主泵和应急泵送出的压力油通过单向阀 8 进入分配阀箱中一个共同的压力总管,压力总管被分割成多个部分,对应多个出口,压力油在这里进行分配和输出。液压油流经压力总管进入比例阀 17 以及收鳍和放鳍电磁阀 1。压力总管还通过一根管路连接至压力计 20,压力计可

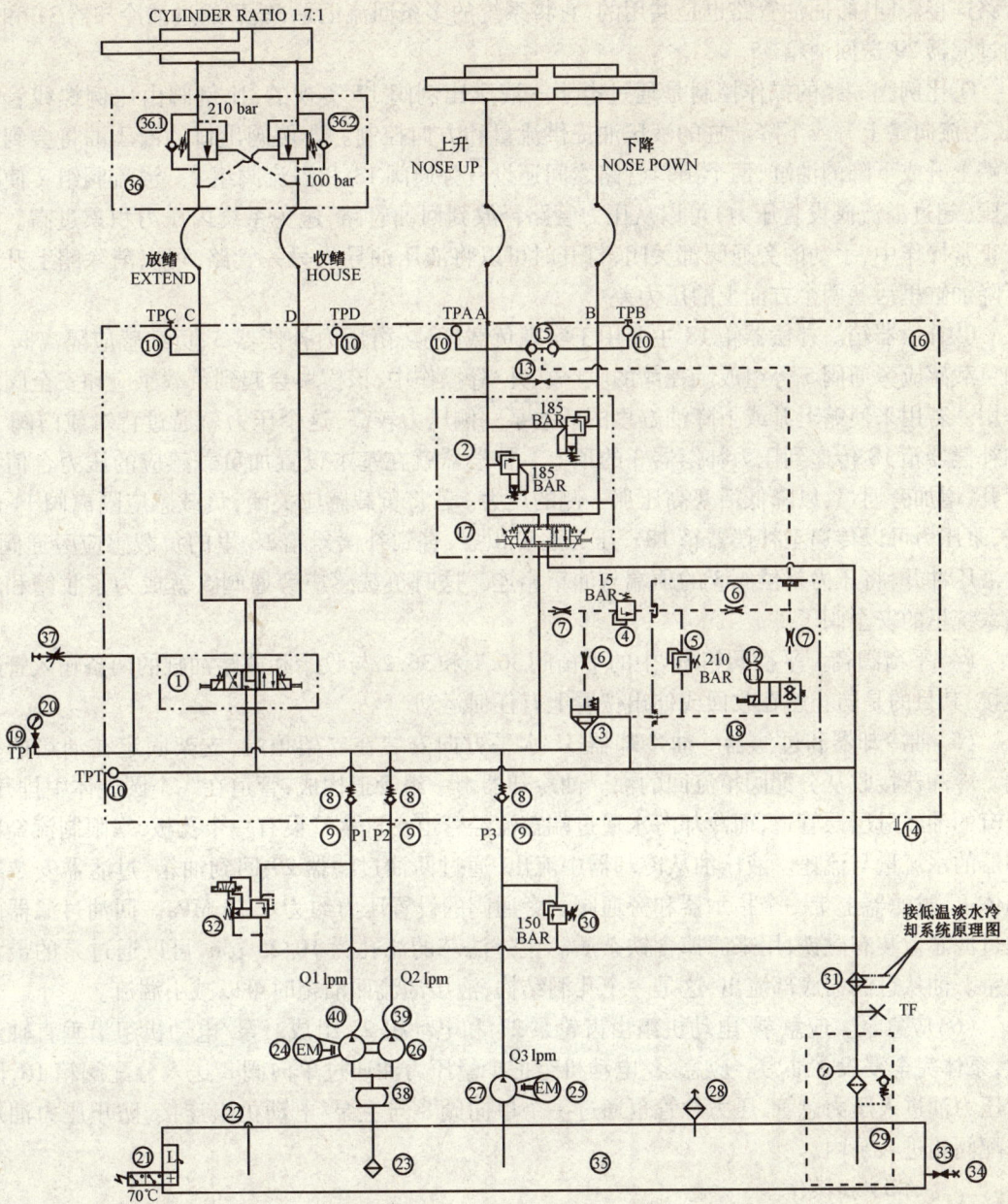

图 2-67 减摇鳍液压系统原理图

1—电磁阀;2—溢流阀组;3—压力补偿器;4—溢流阀;5—负载感应旁通阀;6—阻尼孔;7—阻尼孔;8—单向阀;9—法兰;10—压力测量点;11—负载感应隔离阀;12—电磁线圈;13—旁通阀;14—快速释放销;15—或门阀;16—分配阀箱;17—比例阀;18—补偿器箱;19—截止阀;20—压力计;21—液位/温度检测器;22—油量计;23—吸入滤器;24,25—电动机;26—双向叶片泵;27—齿轮泵;28—透气装置;29—回油过滤器;30—溢流阀;31—油冷却器;32—卸载阀;33—球阀;34—旋塞;35—油箱;36—平衡阀箱;36.1,36.2—平衡阀;37—液压油取样探头;38—吸入波纹管;39,40—软管以通过手动操作的截止阀 19 关闭。压力总管通过压力补偿器 3 和负载感应旁通阀 5 与回油管路连接。同样,回油管路也是共用的,它将系统的多条回流汇总,然后通过油冷却器 31 和回油过滤器 29 送回油箱 35。

①比例阀。鳍的操作控制是通过电子—液压比例阀 17 实现的,比例阀由比例螺线管操纵,为流向鳍上升或下降油缸的液压油提供流量和方向控制。比例阀出口的液压油将会到达使鳍上升或下降的油缸,两个出口管路之间还设有旁通阀 13 和溢流阀组 2。溢流阀组 2 使得高压(超过溢流阀设置压力)可以从压力管路释放到回油管路,避免系统内压力积累过高。所有正常操作中,手动的旁通阀都关闭,打开时可以将液压油导入另一管路,可以消除鳍上升或下降油缸里活塞两个方向上的压力差。

②补偿器。补偿器箱 18 主要用于实现负载感应,由压力补偿器 3、负载感应隔离阀 11 和负载感应旁通阀 5 等组成。在鳍的收/放、升/降操作中,该模块会起到负载感应和安全阀的作用。若用来使鳍上升或下降油缸里的活塞某一侧压力较高,这个压力就通过背对或门阀 15 和补偿器箱 18 传递到压力补偿器 3 的顶上。补偿器就在基本设置加负载感应的压力合值下打开,增加旁通量,以降低活塞高压那一侧的压力。若将负载感应关闭,负载感应隔离阀 11 断电,泵压力可以传递至补偿器箱 18。压力逐步积累,直到补偿器箱 18 里的负载感应旁通阀 5 被液压冲开,将压力补偿阀 3 的顶端与油箱相连。这时负载感应旁通阀 5 就成为了收鳍和放鳍系统里的安全阀了。

(4)平衡阀箱。平衡阀箱 36 中的平衡阀 36.1 和 36.2 与收鳍和放鳍油缸的两条输入管路连接,其目的是防止鳍在收回或伸出位置上有任何运动。

(5)油冷却器和过滤器。油冷却器 31 水平方向安装在支架顶端,支架固定在油箱的一端。冷却器接收从分配阀箱流回的油。油冷却器由一组管道构成,管道在一个圆柱体中排开,回流的油经过层层管道,而冷却海水通过端盖流经管道。进水管设有一个孔板,来限制流经冷却器的水流量与流速。液压油从冷却器中流出,通过回油过滤器 29 回到油箱,过滤器安装在箱体上,过滤器上带一个指示器和旁通阀。旁通阀的设置压力约为 0.15 MPa。回油过滤器的主过滤芯上装有磁铁,用来滤掉含铁杂质。主过滤芯的滤孔为 10/25 μm,可以通过泵的最大流量。油从过滤器底部流出,这是一个孔洞结构,液压油流回油箱时可以减小湍流。

(6)应急泵。应急泵/电动机组由齿轮泵 27 和电动机 25 组成。泵/电动机组沿垂直轴定位,泵体完全浸没在油中。应急泵/电动机组把少量压力油通过单向阀 8 送入分配阀箱 16,随后压力油进入压力总管,压力总管也通过一个单向阀 8 与主泵/电动机组连接,防止压力油从分配阀箱进入泵内。

2. 鳍的收/放操作

分配阀箱里的压力总管用一条支管接到收/放鳍电磁阀 1。在放鳍操作中,电磁阀 1 右侧放鳍线圈得电,使得液压油通过平衡阀箱 36 中的平衡阀 36.1 的通道进入收鳍和放鳍油缸左侧的环形区域,把活塞杆向右推回原位。在鳍伸出位置上,液压作用力使得鳍保持外伸,鳍箱的限位块提供了拉力的反作用力,同时,液压油被送到对面的平衡阀 36.2,目的是打开平衡阀 36.2,油缸右侧的液压油在油缸活塞作用下流回油箱。放鳍动作完成后,线圈断电。在收鳍操作中,电磁阀 1 左侧收鳍线圈得电,使得液压油通过平衡阀箱 36 中的平衡阀 36.2 的通道进入收鳍和放鳍油缸右侧,收鳍和放鳍油缸里的活塞杆外伸,鳍被收回,同时,液压油被送到对面的平衡阀 36.1,目的是打开平衡阀 36.1,油缸左侧的液压油在油缸活塞作用下流回油箱。

3. 鳍的升/降操作

比例阀 17 将电流变化信号成比例地转换为液压油的流量变化。在中央位置附近有一个静止区域。压力补偿器 3 实质上是一个变量安全阀,与双向叶片泵 26 和齿轮泵 27 共同使用,以防止产生过热(产生的热量等于流速与压力的乘积,在泵的最大流速固定的情况下,减小工作压力是十分关键的)。压力补偿器 3 在与比例阀 17 共同使用时,压力补偿器 3 与比例阀 17 共享双向叶片泵 26 和齿轮泵 27 的输出压力油,其比例取决于比例阀 17 的开度大小。比例阀开度为 0,则压力补偿器流量最大;比例阀完全打开,则压力补偿器流量最小(0)。对压力补偿器基本设置的调节是一项很重要的工作,因为它决定了压力补偿器的最小设置。比如,泵的输出为 100 L/min,而为了实现要求的全程动作时间,用来改变鳍上升或下降需要最大量为 90 L/min,那么压力补偿器 3 必须上调,直到通过的流量小于 10 L/min。如果这种情况是在 1.5 MPa 的压力下出现的话,那么整个系统的基本设置就是 1.5 MPa,这个压力值由溢流阀 4 来设定。

4. 鳍的应急操作

收/放鳍电磁阀 1 和升/降鳍比例阀 17 可以手动操作,可在紧急情况下分别控制鳍上升或下降及收鳍和放鳍。每个液压动力单元都有一个紧急停机按钮。按下按钮,电动机停机,按钮锁定在停机位置。

(三)控制系统

电液式减摇鳍装置控制原理如图 2-68 所示。敏感元件感受的船舶摇摆信号有横摇角度、横摇速度、横摇加速度、船舶自然倾斜角等。控制机构将信号放大并用来控制动力元件的伺服机构,使动力元件输出必要的功率以推动减摇机构动作,产生减摇力矩。减摇机构的动作信号反馈到控制机构,与敏感元件感受的船舶摇摆信号相减,达到平衡即停止动力元件的输出。

图 2-68　减摇装置控制原理图

该减摇鳍的控制是通过一个工业用的可编程逻辑控制系统(PLC)来实现的,其控制系统如图 2-69 所示。主要的人机交互界面由驾驶台控制站、集控室中央控制站、左/右舷局部控制面板(位于减摇鳍液压系统旁)等构成。

摇摆传感器不断监控船舶的摇摆动作并向中央控制单元传送信号,同时,船舶航行信号也送到中央控制单元,经过中央控制单元的处理,得出对每一个鳍片角度的指令信号,然后该指令信号被发送至左/右舷电子—液压比例阀,通过控制液压油的流量,这些阀门将相应的鳍片调整到要求的角度,由此产生的水动力量抵消了船舶的摇摆。鳍片角度由鳍片单元中的线性转换器监控,并被反馈给伺服放大单元,以对鳍片的位置实现闭环控制。

减摇鳍控制系统运用了专为满足严格的强度和可靠性标准而设计的现代工业可编程逻辑控制技术。使用串行通信网络以数字化形式进行信息传递,符合工业总线标准。可以提供高速、高质、可靠的通信。使用模块式总线终端组合,将模拟信号与数字信号同通信网络对接,以提供一个灵活且易于维护的系统。

主要的人机交互界面由驾驶台控制站和工程控制站(在机舱集控室内)构成。驾驶台控

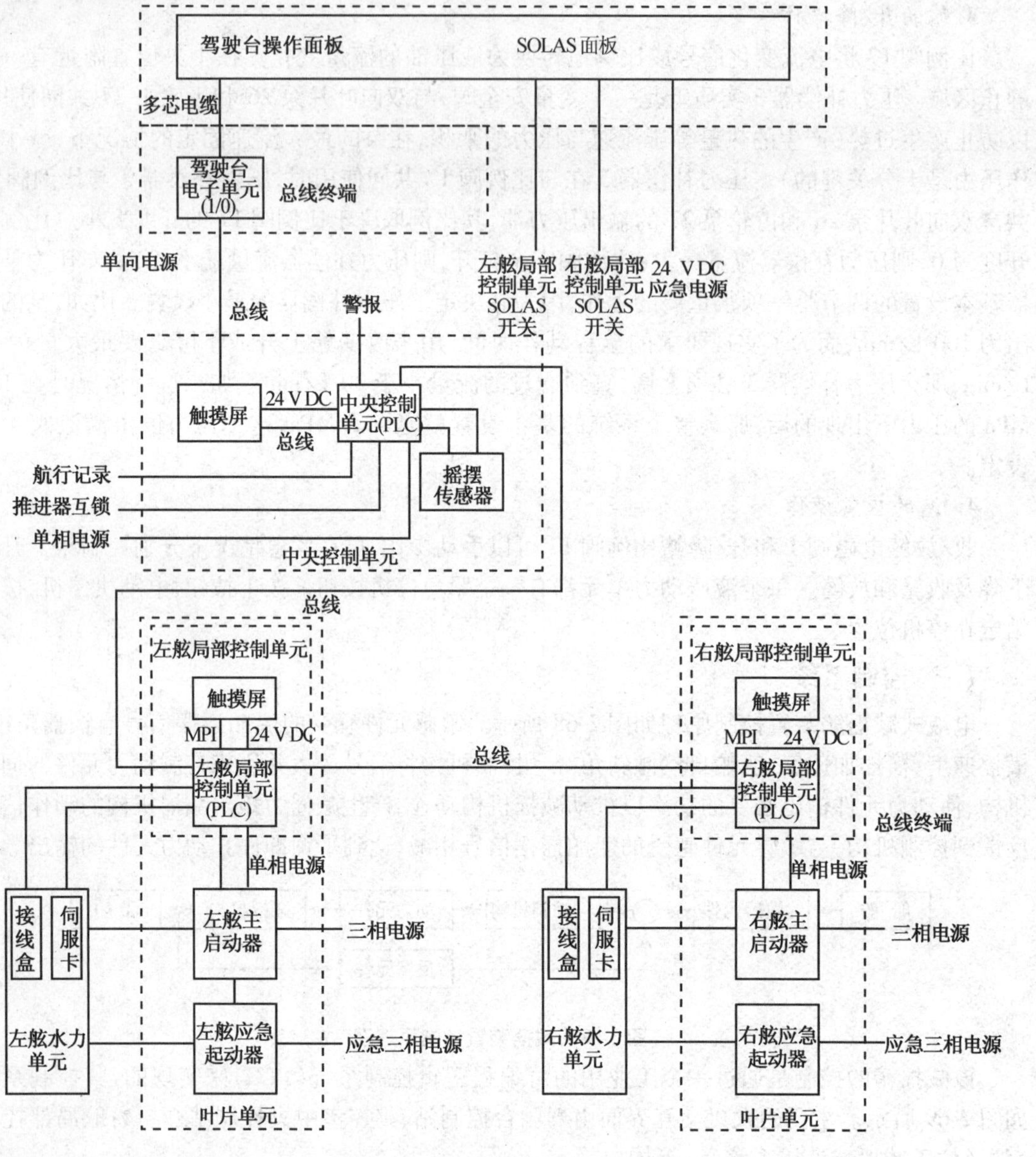

图 2-69 减摇鳍控制系统框图

制站包括一个驾驶台电子设备单元和一个驾驶台操作员面板,后者可以清楚地指示每一个鳍的运行状态。驾驶台控制站的驾驶台操作员面板部分由 SOLAS 面板和减摇鳍控制面板构成。这些单元可以同驾驶台电子控制单元、中央控制单元以及每一个鳍的局部控制单元相互作用。这些个体单元配置安装于减摇鳍旁的控制箱内。之后通过通信网络实现相互连接。该系统和水力、鳍等子系统连接,控制鳍的运行顺序并监控故障情况。

SOLAS 面板用于在紧急情况下显示鳍是否收回。对每一个鳍的紧急控制,属于局部功能,独立于控制系统。

(四)操作注意事项

(1)可收式减摇鳍一定要在船舶进入宽敞水域后才能将鳍放出,并在进入窄水道、浅水道前将鳍收回,以免碰伤鳍片。

(2)当船舶的横摇角不大时,例如小于 3°～5°,应停止使用减摇鳍,以免增大船舶航行阻力。

(3)只许在鳍角为零时进行鳍的收放,只有在鳍片完全放出就位后,才能转动减摇鳍。

(4)尽管装置的传动机构、液压系统或控制系统中都有连锁装置,但在操作时还需注意核查鳍的状况,以免连锁装置失误造成鳍的损坏。

(五)减摇装置的管理

(1)对转鳍和收放鳍机构中各摩擦部位要进行可靠润滑,尤其是鳍伸缩导轨和滑块。

(2)伸缩式减摇装置的鳍轴出轴处和折叠式减摇装置的转鳍油缸耳轴处,均有密封装置,要确保其密封性能,防止海水漏入船内。暴露在海水中的鳍也要保证完好的水密,严防海水进入鳍内腐蚀鳍内的传动机构。折叠式减摇装置的转鳍油缸一般都浸在海水中,油缸的漏泄不易发现,因此它的密封应更可靠。

(3)船舶坞修时,应对鳍片和鳍箱内的机构进行检查。

(4)对减摇鳍的控制设备,要防止受热、受潮或受到剧烈振动;要保证控制和反馈信号的发送、传递和接收机构在机械连接和电气连接上的正确、可靠;起动时,应注意鳍的动作与鳍角指令的一致性;否则应对鳍角反馈等环节进行调整。

(5)因减摇鳍装置的响应速度较高,如液压系统有空气,除产生较大的振动和噪声外,还会大大影响减摇效果。因此一定要保证油箱的油位和系统的严密性,杜绝空气进入系统。每次启用减摇鳍时,都要检查油箱的油位,并放出系统内的空气。

第三章 推进装置的工况配合特性

第一节 船、机、桨的基本工作特性

一、船、机、桨的能量关系

对于主机、传递设备(包括轴系和传动设备)、螺旋桨组成的船舶推进装置,在船舶实际航行中,船舶主机、传递设备、螺旋桨、船体这几部分相互联系、相互作用,组成了保障船舶运动的一个统一体系。船、机、桨能量传递和转换关系如图 3-1 所示。

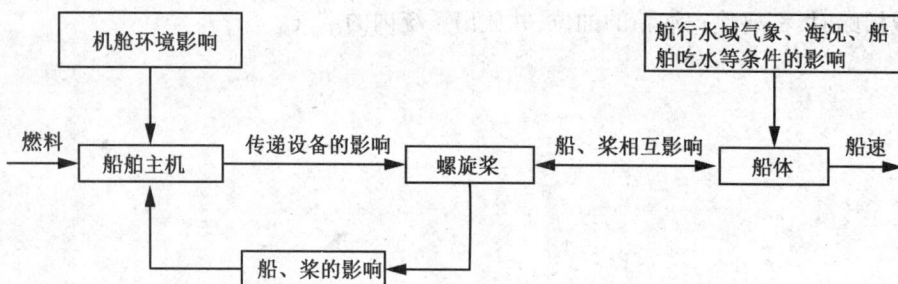

图 3-1 船、机、桨能量传递和转换关系图

从能量的角度来看:

(1)船舶主机是"能量发生器"。将燃料的化学能转变为机械能,其机械能是用输出轴的扭矩和转速来表征的。其工作实质是:燃烧燃料,输出扭矩。

(2)传递设备是"能量传递器"。其作用是将船舶主机的机械能传递到螺旋桨。能量在经过传递后在数量上会减少,因此可将其以效率的形式纳入整个系统考虑。其工作实质是:输入扭矩,输出扭矩。

(3)螺旋桨是"能量转换器"。螺旋桨是最常见的推进器,它将传递设备传递来的主机机械能转换成液体的液力能。螺旋桨获得主机输出的动力矩,克服水对螺旋桨的阻力矩而转动,从而产生推力,其目的是为了克服船体的阻力。其工作实质是:输入扭矩,输出推力。

(4)船体是"能量消费者"。它接受传递设备传递来的推力,克服船体阻力,使船舶以一定的速度前进、后退或转向。船体阻力大,所需螺旋桨的推力也大,就需发动机消耗更多的燃料,产生更大的扭矩。

船、机、桨处在同一能量系统中,当要求船舶在某一工况下航行时,同时也决定了机、桨的运转点,三者总是要保持能量平衡。在稳定运转条件下,若不计传动损失,主机输出的功率应等于螺旋桨吸收的功率,同时也等于船体消耗的功率;主机输出的动力矩应等于螺旋桨转动所受到的阻力矩;螺旋桨产生的推力应等于船舶航行所需要克服的阻力。

二、船舶阻力特性

船舶航行时其水下部分受到水的阻力,水上部分受到空气的阻力。在一般气象情况下(3~4级风),水阻力是主要的,空气阻力很小,可忽略不计。但当风力较强时,空气阻力则不可忽略。

船舶的水阻力按其产生的原因及阻力的性质可分为:摩擦阻力、形状阻力(漩涡阻力)和兴波阻力。这三种阻力均随航速的增加而增加,所以船舶的总阻力(三者合成)也随航速的增加而增加。船舶水阻力与航速的变化关系如图3-2所示。由图可知,同一艘船,航速低时,摩擦阻力是主要的;当航速提高时,兴波阻力变成主要的了。形状阻力主要取决于船体形状,与航速关系不大。针对这一性质,要最有效地改善船舶的航行特性,就要切实地考虑兴波阻力的特性:在某一速度区域内(图3-2中a点航速以下区域),虽然航速增加很多,但阻力增加值却不大(称为有利速度区域);而在另一速度区域内(图3-2中b点航速以上区域),只要速度略有增加,即可引起兴波阻力急剧增加(称为速度有害区域)。从图中也可看出,当航速变低时,阻力变化平缓,航速愈高时,阻力增加率愈快。由此可见,在高速时,要增加一节航速比在低速时同样增加一节航速要克服较大的阻力,从而要求船舶主机的功率要大得多。

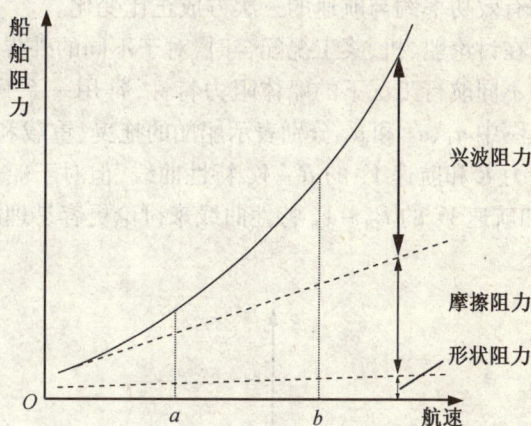

图 3-2 船舶阻力特性曲线

表3-1示出了当船舶航速相同时,不同航行工况时船体阻力变化的一些参考数字。它表明了航行工况的影响是不同的,同时也是不能忽视的。

表 3-1 航行工况引起船舶阻力变化表

船舶阻力增加的原因	%
船体粗糙度	<50
海 况	<25
水 深	<20
风 力	<15
负载或压载情况	<10

船舶所受的水阻力与航速有关。船模或实船实验表明,水对船体的总阻力与航速的关系

可表达为：

$$R = A_R \cdot V_S^m \quad \text{N} \tag{3-1}$$

式中，R 为水对船体的总阻力，N；V_S 为船速，kn；A_R 为阻力系数，与船体线型、排水量、污底程度、拖曳、航道及海况等因素有关；m 为指数，对航速不高的民用船舶来说，可取 $m = 2$。

若船舶航速为 V_S 时，船体总阻力为 R，则克服船体总阻力所需要的有效功率可表达为：

$$P_R = R \cdot \frac{V_S}{1.94} \cdot 10^{-3} = \frac{A_R \cdot V_S^{m+1}}{1.94} \cdot 10^{-3} \quad \text{kW} \tag{3-2}$$

式中，P_R 为船舶有效功率，kW；R 为水对船体的总阻力，N；V_S 为航速，kn。

由式（3-1）、（3-2）可知，对于低速的民用船舶来说，船体总阻力与航速的平方成正比变化，船舶有效功率约与航速的三次方成正比变化。

在讨论船、机、桨工况配合时，对于不同的外界航行工况，往往通过船舶阻力的变化来反映各种不同航行工况下的船体阻力特性，常用一系列阻力－航速特性曲线来表示，如图 3-3 所示。图中 a_1、a_2 和 a_3 分别表示船舶的拖曳、重载和轻载特性曲线。图 3-3 表示的是一组船体的阻力 R 和航速 V_S 的 R-V_S 特性曲线，但对于船、机、桨工况配合问题，转换成船舶有效功率 P_R 和航速 V_S 的 P_R-V_S 特性曲线来讨论更容易理解。船舶有效功率－航速特性曲线如图 3-4 所示。

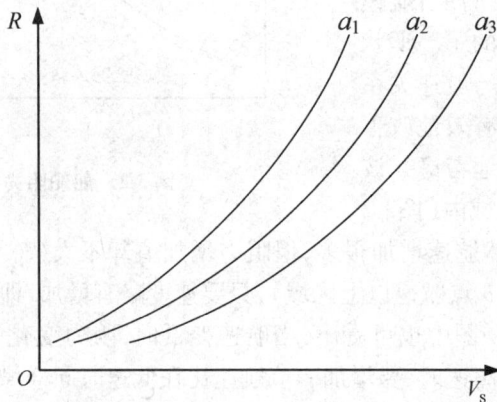

图 3-3　船舶阻力－航速特性曲线图

三、螺旋桨特性

根据第二章所述螺旋桨的工作特性可知，螺旋桨运转产生的推力 T、所受到的阻力矩 M_p 和所消耗的功率 P_p 可表达为：

$$T = C_1 \cdot n_p^2 \tag{3-3}$$

$$M = C_2 \cdot n_p^2 \tag{3-4}$$

$$P_p = \frac{M \cdot n_p^3}{9\,550} = C_3 \cdot n_p^3 \tag{3-5}$$

式中，C_1、C_2、C_3 为系数，取决于船舶航行工况；n_p 为螺旋桨转速，r/min。

由式（3-3）、（3-4）可知，螺旋桨的推力和扭矩与其转速的平方成正比。系数 C_1、C_2 均可表示为螺旋桨进程比 λ_p 的函数，具体可参照图 2-42。对于某一艘船舶，其外界航行工况受到多

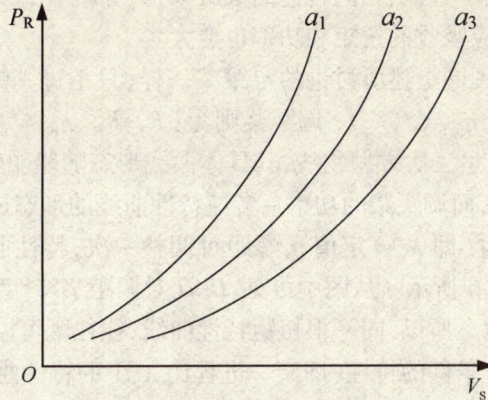

图 3-4 船舶有效功率—航速特性曲线

个因素的影响,且处于不断的变化当中。代表螺旋桨负荷变化的 λ_p 也在不断改变,因此系数 C_1、C_2 也变成了不同的数值,推力和扭矩与转速之间的关系也就变成了另一条二次方曲线。所以,船舶在各种航行状态时(如轻载、重载、拖曳等),螺旋桨就处于不同的工作状态,其推力、扭矩和转速间的关系可以用一组二次方曲线族来表示,如图 3-5(a)所示。图中实线表示推力—转速特性;虚线表示扭矩—转速特性。

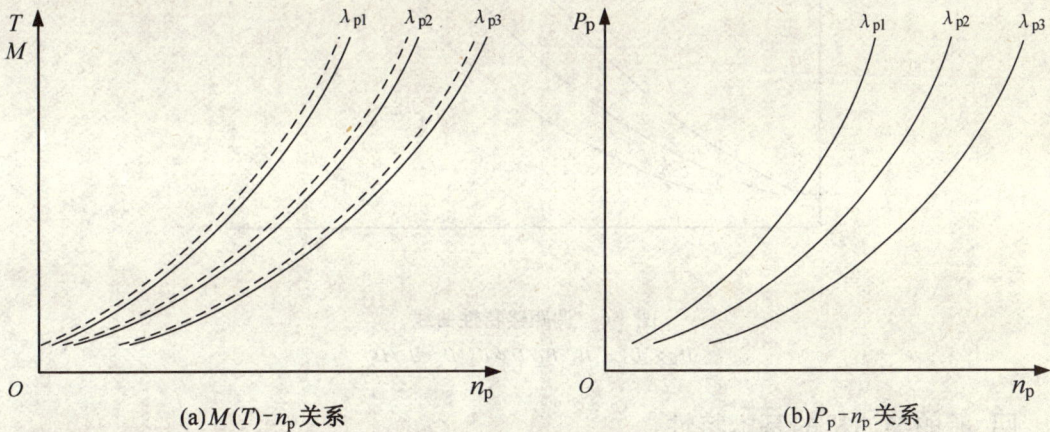

(a)$M(T)\text{-}n_p$ 关系

(b)$P_p\text{-}n_p$ 关系

图 3-5 螺旋桨特性曲线

$\lambda_{p1} < \lambda_{p2} < \lambda_{p3}$;$\lambda_{p1}$—拖曳特性线;$\lambda_{p2}$—重载特性线;$\lambda_{p3}$—轻载特性线

由式(3-5)可知,螺旋桨的功率与其转速的三次方成正比。系数 C 决定于螺旋桨的工作状态,即船舶的航行状态。因此,在各种航行状态下,功率与转速间的关系可以用一组三次方曲线族来表示,如图 3-5(b)所示。这种特性曲线通常称为螺旋桨特性,其特点是有一个 λ_p 值就有一条特性曲线,不同的 λ_p 值对应不同的螺旋桨特性曲线,也对应不同的效率 η_p。同一螺旋桨转速下,λ_p 减小,扭矩增加,所需功率也增加。因此 λ_p 愈小螺旋桨特性曲线就愈陡,效率 η_p 也将愈低。

以上所述,说明了几何参数已定的螺旋桨在各个给定工况下工作时的特性变化规律。当螺旋桨几何参数不同时,其特性曲线就不同。螺旋桨的几何参数主要有螺旋桨直径 D、螺距比 H/D 和盘面比 A/A_d 等。直径 D 对螺旋桨所产生的推力和所吸收的扭矩影响最大,分别为四次方和五次方的关系。对同一直径、相同转速的螺旋桨,其螺距 H 或桨叶展开面积 A 愈大,它们所产生的推力也愈大,相应吸收的扭矩和功率也愈大。

对于调距桨,其工作原理同上述所讨论的定距桨一样,只不过其螺距可以在运转中变化。定距桨的特征式为: K_T、K_M、$\eta_p = f(\lambda_p)$;调距桨则为: K_T、K_M、$\eta_p = f(\lambda_p、H/D)$。前面已经指出,定距桨的功率与转速 n_p 呈三次方抛物线,其具体曲线形态随船舶航行工况而变,亦即随进程比 λ_p 而变[见图 3-5(b)],而调距桨的功率 – 转速特性曲线的形态还与第二变量 H/D 有关。

当船体阻力条件不变时(即 λ_p = 定值),螺距每调整一次,特性曲线就变动一次,H/D 愈大,特性曲线就愈陡,如图 3-6 所示。从图中可见,H/D 对调距桨特性线形态的影响同 λ_p 对定距桨特性线形态的影响相似。所以,同一根扭矩特性曲线,往往既可以看作是该螺旋桨在螺距不变时代表某一条船舶阻力条件的特性(即某一进程比 λ_p 下的特性曲线),又可以看作船舶阻力条件不变(即 λ_p = 定值)时代表某一螺旋桨的特性。

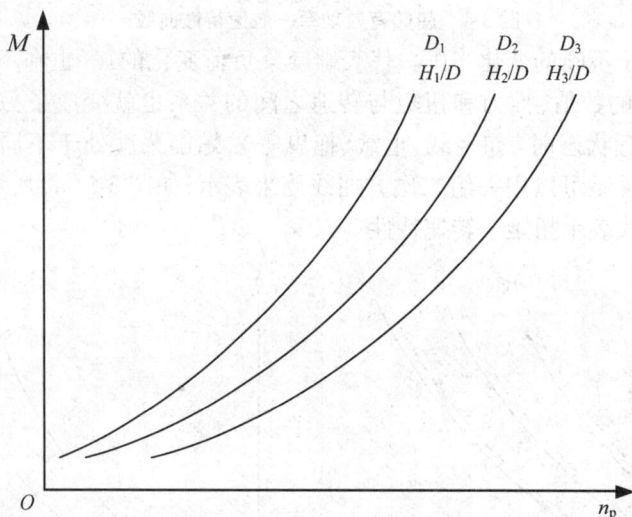

图 3-6 调距桨特性曲线

$D_1 > D_2 > D_3$;$H_1/D > H_2/D > H_3/D$

四、船舶柴油机的基本特性

1. 柴油机的输出功率及扭矩

柴油机输出的有效功率 P_e 表达式为:

$$P_e = p_e \cdot \frac{\pi \cdot D^2}{4} \cdot S \cdot \frac{n}{60} \cdot m \cdot i \cdot 10^{-3} = C \cdot p_e \cdot n \quad \text{kW} \tag{3-6}$$

式中,P_e 为柴油机有效功率,kW;p_e 为平均有效压力,Pa;D 为气缸直径,m;S 为活塞冲程,m;n 为柴油机转速,r/min;m 为冲程系数(二冲程机 $m = 1$,四冲程机 $m = 1/2$);i 为柴油机气缸数。

柴油机的输出扭矩 M_e 表达式为:

$$M_e = \frac{9\,550 \cdot P_e}{n} = C' \cdot p_e \tag{3-7}$$

对于型式一定的柴油机,参数 C 和 C' 均为常数。如果忽略柴油机喷油泵的性能、扫气性能及机械效率等在不同转速时的变化,可近似地认为:当柴油机供油量一定时,可认为柴油机

的平均有效压力 p_e 不变。由式(3-7)可知,当柴油机供油量一定时,其输出功率 P_e 仅随转速 n 变化;其输出扭矩 M_e 不变。为了便于分析问题,采用上述经过简化处理的 P_e 和 M_e 随转速 n 的线性关系,作为分析船、机、桨配合特性的依据。

2. 柴油机的特性

当柴油机工况发生变化时,柴油机的性能指标及主要工作参数(如功率 P_e、平均有效压力 p_e、燃油消耗 g_e、排气温度 T_r、有效效率 η_e 等)随工况改变发生相应变化。所谓柴油机的特性,就是指柴油机的性能指标及主要参数与运转情况之间的变化关系,主要由速度特性、负荷特性、推进特性和限制特性等表示。

(1)速度特性

柴油机运转中,只改变柴油机的转速 n,而平均有效压力 p_e 保持不变,这种运转特性称为速度特性。它表达柴油机的性能指标随转速的变化关系。柴油机的速度特性是用试验法在柴油机试验台上测定的。将喷油泵油量调节机构固定在某一位置上,然后改变柴油机的负荷(通过测功器),使柴油机转速变化,在这种条件下测得柴油机主要性能指标和工作参数随转速变化的规律。

根据喷油泵油量调节机构固定的位置不同,亦即每循环供油量不同,柴油机速度特性分为全负荷速度特性、超负荷速度特性和部分负荷速度特性。柴油机的速度特性所反映的性能参数和转速的变化规律与本身的使用条件无关。即柴油机性能参数和转速的关系与柴油机应用时的负荷类型无关。速度特性本质上反映出柴油机所具有的潜在的最大工作能力。

①全负荷速度特性。将柴油机喷油泵油量调节机构固定在相当于标定转速下发出标定功率的供油位置上,然后,通过调节试验负荷,逐步改变柴油机的转速。在各个稳定转速下,测取对应的 p_e、M_e、P_e、b_e、t_r、p_k、n_T 等参数值。由此得到的性能指标及工作参数随转速变化的规律即为全负荷速度特性,亦称外特性。如图 3-7 中的线 3 所示。船用低速柴油机往往将标定功率所对应的供油量作为最大供油量,并在喷油泵的齿条上加以限制,其相应的输出功率及转速(即 MCR 点),一般作为船舶螺旋桨的设计负荷点。

②超负荷速度特性。我国船用柴油机标准规定,船用柴油机的超负荷功率为标定功率的 110%(与之对应的转速为标定转速的 103%),并且在 12 h 运转期内允许超负荷运转 1 h。

测定超负荷特性时,首先使柴油机在标定转速 n_b 下稳定运行,然后,通过测功器来增加柴油机的外负荷,并同时加大供油量,使之达到超负荷功率和相应的转速。此时把喷油泵油量调节机构固定,逐渐增加柴油机的外负荷,使柴油机在低于超负荷功率对应转速的若干个不同的转速下稳定运行,并

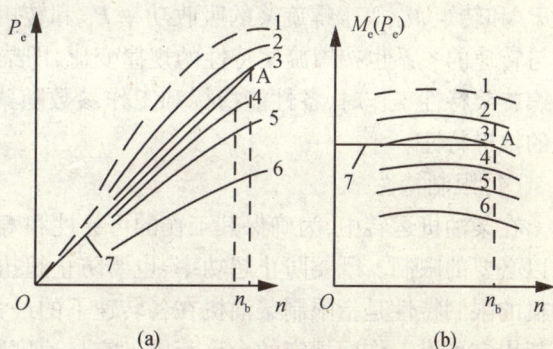

图 3-7　柴油机速度特性 $P_e - n$ 和 $M_e - n$ 的关系

测量、记录各转速下的各项柴油机性能指标和工作参数。最后根据所测数据在坐标图上标绘超负荷速度特性曲线,如图 3-7 中曲线 2 所示。该曲线显示了柴油机在各种不同的转速下可能达到的最大功率。在这种情况下,柴油机工作时,由于喷油泵油量调节机构固定在最大供油量位置上,气缸内的温度和压力都很高,致使机件受到很大的热应力和机械应力,柴油机处于

超负荷状态下工作。因此,按超负荷特性工作的时间不能太长。

③部分负荷速度特性。如果将喷油泵油量调节机构固定在比标定功率油量小的各个位置上,然后通过上述方法分别测得柴油机的主要性能指标和工作参数随转速变化的关系,称为部分负荷速度特性。由于油量调节机构固定的位置不同,可测得若干条柴油机部分负荷速度特性曲线,如图3-7中曲线4、5和6所示。

(2)负荷特性

柴油机负荷特性是指在转速保持不变的情况下,柴油机的各项主要性能指标和工作参数随负荷变化的规律。负荷特性是在试验台上或实船条件下测取的。试验时,先将柴油机调定在标定转速下稳定运转并保持转速不变,然后由小逐渐增大柴油机负荷。在各负荷下分别测取柴油机的主要性能指标和工作参数 (b_e、t_r、η_m、α、p_k、p_z、P_i、P_e、η_i 等)并绘制成曲线,即为负荷特性曲线。

对柴油机负荷特性的研究,在实船柴油机管理中有着非常重大的意义。例如,发电副机和船舶上装有全制式调速器的主机,在设定转速不变的情况下,当负荷发生变化时其转速保持不变,可认为这些柴油机是按负荷特性工作的。

负荷特性一般是在标定转速下测取的。为了更全面地了解柴油机特性,必要时可在低于标定转速的若干不同转速下测取负荷特性。负荷特性是标志柴油机动力性与经济性的基本特性。可用于:比较不同柴油机的性能或评价同一台柴油机的结构设计改变或调整后的效果;标定柴油机的功率;绘制万有特性曲线(柴油机各种性能参数相互关系的综合特性曲线)。

柴油机按负荷特性工作时,意味着转速不变而只改变喷油泵的循环供油量,即当外界负荷变化时,柴油机改变循环供油量使输出功率改变。因此,表征 P_e 和 p_e 关系的公式可简化成 $P_e = C' \cdot p_e$,而 p_e 可认为只与循环供油量有关。

(3)推进特性

当柴油机作为船舶主机带动螺旋桨工作时,无论柴油机与螺旋桨直接连接还是通过减速齿轮箱连接,两者总是要保持能量平衡。在稳定运转条件下,若不计传动损失,主机发出的功率 P_e 和转矩 M_e 等于螺旋桨的吸收功率 P_p 和转矩 M_p。因此,柴油机带动螺旋桨工作时,其功率与转速的关系也按螺旋桨特性的规律变化,即柴油机功率与转速的三次方成正比。柴油机按螺旋桨特性工作时,各性能指标和工作参数随柴油机转速(或负荷)变化的规律,称为柴油机的推进特性。

(4)限制特性

在柴油机运转中,为确保其工作的可靠性和寿命,对柴油机工作时的机械负荷和热负荷都加以必要的限制。既要防止超功率,也要防止超扭矩;既要防止超转速,也要防止超高温。柴油机的限制特性是指限制柴油机在各转速下的最大有效功率,使柴油机的机械负荷和热负荷不超出它可靠工作而规定的允许范围。它是速度特性的一种。柴油机按限制特性工作时,不同转速下喷油泵的每循环供油量需要根据限制条件作出相应的调整。

现代船舶柴油机随着增压度不断提高,其机械负荷和热负荷已接近可靠工作所允许的极限。因此,用限制特性来限制柴油机在各种运转条件下的负荷显得尤为重要。按柴油机类型的不同,在确定其运转功率范围时,可把最高爆发压力、平均有效压力、曲轴转矩、过量空气系数、排烟温度、涡轮增压器转速等参数作为限制因素,其中较常用的是曲轴转矩和排烟温度。

作为船用主机的柴油机常以转矩为限制参数来建立等转矩限制特性。建立这种限制的条件是柴油机在各转速下的转矩 M_e 都小于或等于标定转速和标定功率时的转矩 M_b。对一台柴油机，其曲轴在工作时所产生的扭应力主要取决于它所传递的转矩 M_e，再设计曲轴时是以标定工况下的转矩为依据的。因此，要求柴油机在各种转速下长期运转时 M_e 都不大于 M_b，以免柴油机因机械负荷过大而损坏。在标定转速下，有 $M_b = 9\,550P_b/n_b$，则要求各转速 n 下，有 $M_e = 9\,550P_e/n \leqslant M_b = 9\,550P_b/n_b$。因此，有 $P_e \leqslant P_b/n_b \cdot n = c \cdot n$。也就是说，在 $P_e - n$ 坐标系中，等转矩限制线是一条通过坐标原点、斜率 $c = P_b/n_b$ 的直线。因此，为确保柴油机曲轴的机械负荷不超过允许值，在其全部转速范围内，各转速下发出的功率不应超过等转矩限制线。

柴油机的热负荷与其工作时的过量空气系数 α 有直接关系，为了限制热负荷，一些柴油机以 α 作为限制参数，即所谓的等 α 限制特性。同样，建立这种限制特性的条件是柴油机各转速下的 α 都等于或大于标定工况下的 α_b，则可确保热负荷不会超出标定工况水平。然而，柴油机实际运转中 α 值难以测定，也难以在整个转速范围内保持恒定。因此，实际中常采用平均排烟温度来表示柴油机的热负荷。它虽不能直接确定柴油机热负荷的数值，但可在一定条件下反映出柴油机热负荷的大小，因此可作为限制柴油机热负荷的一个参数来建立相应的限制特性。

因此，柴油机的限制特性是对机械负荷和热负荷两个方面的限制。通常在低转速阶段以排烟温度作为主要限制参数，在高转速阶段以转矩作为主要限制参数。

（5）柴油机的工作范围

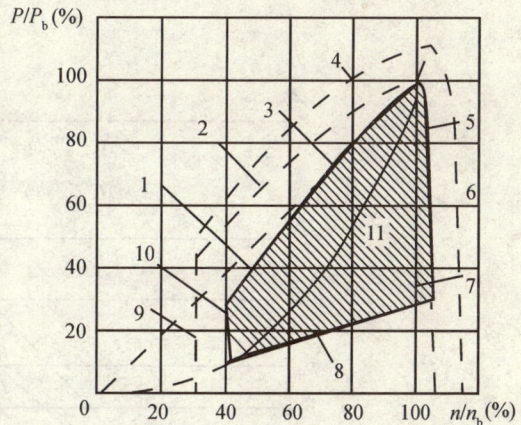

图 3-8 增压柴油机工作范围

1—等排烟温度限制线；2—全负荷速度特性线；3—等转矩限制线；4—超负荷速度特性线；5—标定功率下的超转速限制线；6—超负荷功率下超转速限制线；7—标定转速线；8—最低负荷限制线；9—按全负荷速度特性工作时的最低稳定转速；10—按推进特性工作时的最低稳定转速；11—螺旋桨工作特性线

为使柴油机经济、稳定和可靠地工作并具有较长的寿命，必须对运行时可能达到的功率（或平均有效压力或转矩）和转速做适当的限制，即确定一个允许的工作范围，如图 3-8 所示。

第二节　典型推进装置的特性与配合

忽略传动机组（齿轮箱等）及轴系的传动损失，柴油机所发出的功率 P_e 等于螺旋桨所吸收的功率 P_p。柴油机的速度特性线 $P_e = C_e \cdot n$（C_e 为比例常数）和螺旋桨的推进特性线 $P = C_p \cdot n^3$ 变化规律不同，在某一稳定工况条件下，两者的配合只能相交一点，一旦工况变化，配合点将发生变化。无论推进装置的型式如何，都必须符合上述配合的基本原则。

一、单机单桨直接传动配合特性

1. 特点

它是用一台柴油机不经过传动机组,直接带动一只螺旋桨,如图3-9(a)所示。这种装置的性能特点是(忽略传动损失):

$$P_e = P_p; \quad M_e = M_p; \quad n_e = n_p \tag{3-8}$$

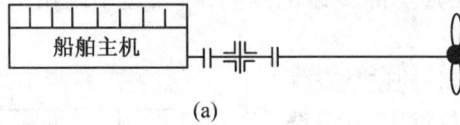

(a)

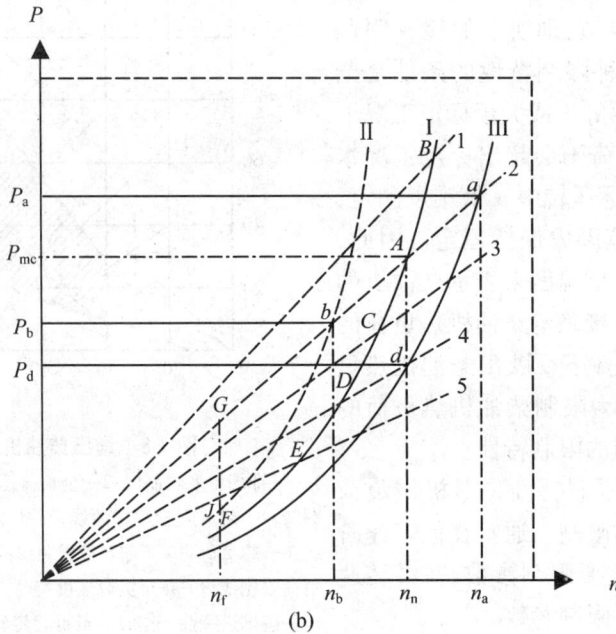

(b)

图3-9 单机直接传动的机桨配合特性

Ⅰ、Ⅱ、Ⅲ—螺旋桨的推进特性;

1、2、3、4、5—柴油机在各等平均有效压力时,$P_e = f(n)$的变化曲线

这种主机与桨直接连接的装置,通过改变主机工作油门,可改变主机的输出功率。每一个主机工作油门对应一个主机速度特性工作曲线,如图3-9(b)中的曲线组1、2、3、4、5等。其中曲线2是标定负荷下的工作曲线,曲线1是超负荷条件下的工作曲线,曲线3、4、5是部分负荷条件下的工作曲线。而随着船舶条件(吃水、船体清洁等)和海况条件(风浪和水深等)的改变,螺旋桨的阻力特性曲线也发生相应的改变。如图3-9(b)中的曲线组Ⅰ、Ⅱ、Ⅲ等。其中曲线Ⅰ是标定工况下的螺旋桨阻力特性曲线,曲线Ⅱ是船舶阻力增加条件下的螺旋桨阻力特性曲线,曲线Ⅲ是船舶阻力降低条件下的螺旋桨阻力特性曲线。为了分析方便,忽略储备量及传动损失的影响,即将图中的A看作是按额定负荷P_e工作的,并位于MCR点上,其相应的功率为P_{mc}、转速为n_n。B点为超负荷时的配合点;C、D、E和F为主机在部分负荷情况下的配合点。如图3-9(b)所示。

2.配合特性

(1)机配桨条件下的机桨配合情况

假定螺旋桨是工作在其设计推进曲线Ⅰ的配合情况。一般当船舶航行在良好海况(风浪较小,对船舶阻力影响不大)条件下,由于船舶的吃水及船体的清洁度不会发生大的改变,可近似为此配合情况。

假定船舶现航行于机桨的配合点为 C 工况下,在外界条件不变的情况下,若想增加航速,只要加大油门,使主机的 P_e 增加,从曲线 3 改变为曲线 2,配合点也会移至相应的 A 点,主机和螺旋桨的转速都会相应地增加,这样航速就加快了。当减少油门并以部分特性线 4 或 5 等与之相配,使机、桨的特性在 D 或 E 点相交,这样船舶就可以实现减速航行。按推进曲线Ⅰ工作时柴油机的转速调节范围是在 A 点至 F 点之间,F 点的转速 n_f 为其最低稳定转速。主机按部分特性工作时,有一部分潜在功率未能发挥,如按图中的推进曲线 AF 线段工作时,对非增压机来说有 AGFA 这块面积的潜在能量未被利用,对某些废气涡轮增压机来说有 bJFA 这块面积未被利用。

(2)桨配机条件下的机桨配合情况

假设主机是按工作在标定工况外部特性线 2 的配合情况。一般当船舶航行在恶劣海况(风浪较大,对船舶阻力影响较大)条件,或由于船舶的吃水及船体的清洁度发生改变条件下,可近似为此配合情况。

当船舶遭遇恶劣天气或吃水深度或清洁度发生改变,使船舶阻力增加时,螺旋桨推进曲线将变陡,这种配合情况常称为"桨重",如图 3-9(b)中示出的曲线Ⅱ。在这种情况下,主机将随之按曲线Ⅱ工作,如果其油门仍保持在特性 2 的供油量位置上时,机、桨就会在 b 点相交,这时的功率 P_b 和转速 n_b 均较 A 点为低。如果该主机设有调速器,由于后者有使转速恢复的功能,将会使主机油门进一步加大,并将使配合点延曲线Ⅱ向上移动,这就可能导致主机超负荷,故在此配合点只允许短时间工作。

当船舶装载量(或顶、拖量)减少使船舶阻力减少时,螺旋桨推进曲线将变平,假定这时的工况如 3-9(b)中曲线Ⅲ所示。这时主机亦会按曲线Ⅲ工作,如果油门位置仍维持在原定供油量位置上,则因主机所产生的功率大于桨所吸收的功率,就会使配合点移至 a 处,从图中可见,a 点的转速 n_a 已是超转速了。由于调速器的关系,它会自动使油门减小,并以部分特性与之相配,即它与桨的推进特性线Ⅲ交于 d 点,但 d 点的功率 P_d 将远小于最大持久功率 P_{mc},故称这种工况为"桨轻"。

二、减速齿轮箱传动配合特性

中速或高速柴油机作主机的船舶,一般在其机、桨之间均采用减速齿轮箱传动,借以获得较低的螺旋桨转速,从而提高其螺旋桨效率。

1.特点

柴油机的功率是通过减速齿轮箱后传送给螺旋桨的,如图 3-10(a)所示。如忽略功率在传递过程中的各种损失,则有:

$$P_P = P_e$$
$$M_P = i \cdot M_e$$

(3-9)

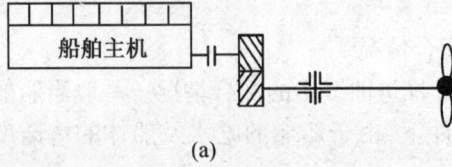

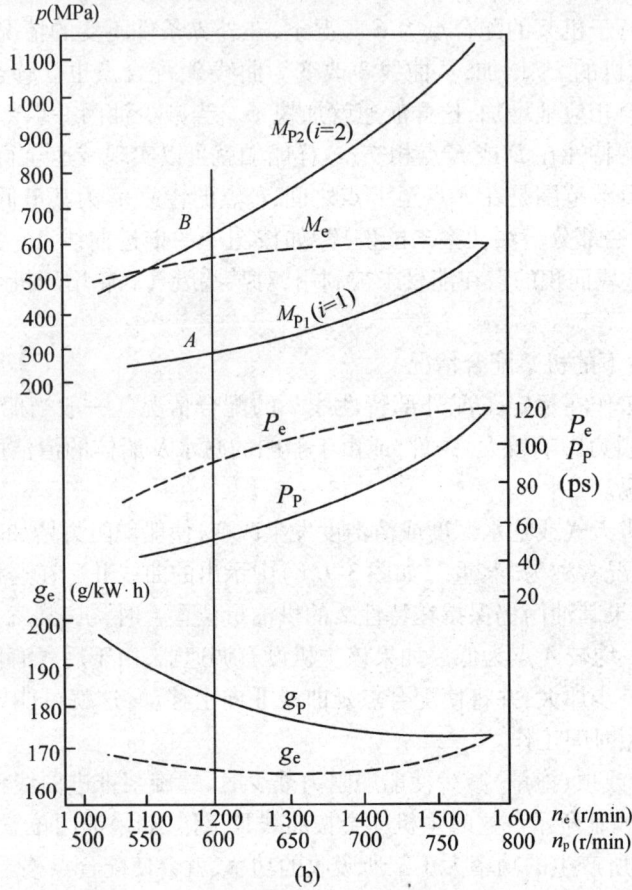

图 3-10 单机单桨经减速齿轮的配合特性

M_{p1}、M_{p2}—分别为 $i=1$ 和 $i=2$ 时的扭矩特性线;i—减速比;P_e、P_P—分别为机、桨功率;g_e、g_P—分别为按推进和外特性工作时的油耗率

$$n_p = n_e / i$$

式中,P_e——柴油机的功率;

    P_P——螺旋桨的功率;

    i——减速比。

由于柴油机的输出功率在减速后其转速降低了 i 倍,而其扭矩相应地增加了 i 倍。

2. 配合特性

如图 3-10(b)所示为某柴油机通过减速齿轮箱带桨工作时的特性曲线实例。横坐标有两项:一是主机的转速 n_e,二是螺旋桨的转速 $n_p = n_D / i$。图中纵坐标表示的主机或螺旋桨的 P_e 或 P_P;主机的扭矩 M_e 和经减速($i=2$)和不经减速($i=1$)的螺旋桨扭矩 M_{P2} 和 M_{P1}。

图中除示出了有关性能指标随转速 n 变化的特点外,还表示出采用减速齿轮箱后桨的输出转速为 n_p 时所对应的扭矩 M_{P2} 的变化规律。经减速后螺旋桨的扭矩增加了,如图中 B 点和 A 点所示。

三、双机单桨传动配合特性

1. 特点

由两台主机各自通过离合器后共同经过减速齿轮箱带动一个螺旋桨,其主机与螺旋桨之间的转速关系同减速比有关,这与单机减速后带桨的情况类似,即

$$P_P = 2P_e$$
$$M_P = 2i \cdot M_e \qquad\qquad (3\text{-}10)$$
$$n_p = n_e / i$$

式中,P_e——柴油机的功率;

$\quad P_P$——螺旋桨的功率;

$\quad i$——减速比。

这种装置一般多采用单级传动,双主机的转向相同,但与桨的转向相反。其装置的配合情况如图 3-11 所示。

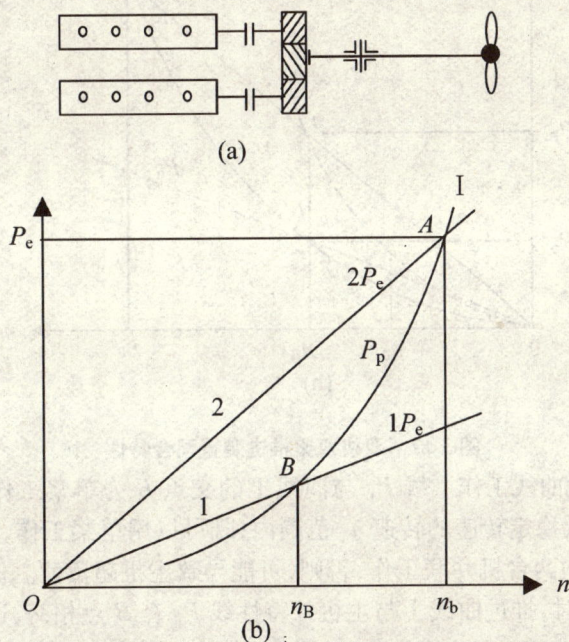

(a)

(b)

图 3-11 双机单桨推进装置配合特性

Ⅰ—推进特性曲线;1、2—分别为一台机和两台机速度特性曲线

2. 配合特性

如图 3-11(b)所示为这种并车装置的特性曲线。设 A 点是两台主机联合工作时与桨相配合的额定工作点,其相应的功率和转速各为 P_{ec} 和 n_b。B 点为一台机开全功率时与螺旋桨推进曲线的配合点。可见,要使船舶在推进曲线的 AB 段内工作,两台主机必须并联运行。如果转速/航速降低至 B 点以下时,既可起动两台机联合工作,也可起动其中一台机。但应注意,在 B

点以下由于螺旋桨所吸收的功率本来已经很小,如果仍起动两台机联合工作,那么每台主机所担负的负荷就更小,会造成耗油率的增加;如果只起动一台机,其功率的利用较充分,耗油率也相应要低一些。

四、双机双桨传动配合特性

如图 3-12(b)所示为双机双桨推进装置机桨配合特性。图中曲线 I 为单桨工作时的单桨推进特性曲线;曲线 II 为双桨同时工作时的单桨推进特性曲线;P_1 为一台主机的标定负荷外特性线;P_h 为一台主机的部分负荷外特性线;线 P_1 与曲线 II 的交点 A 为标定工作点,此时双

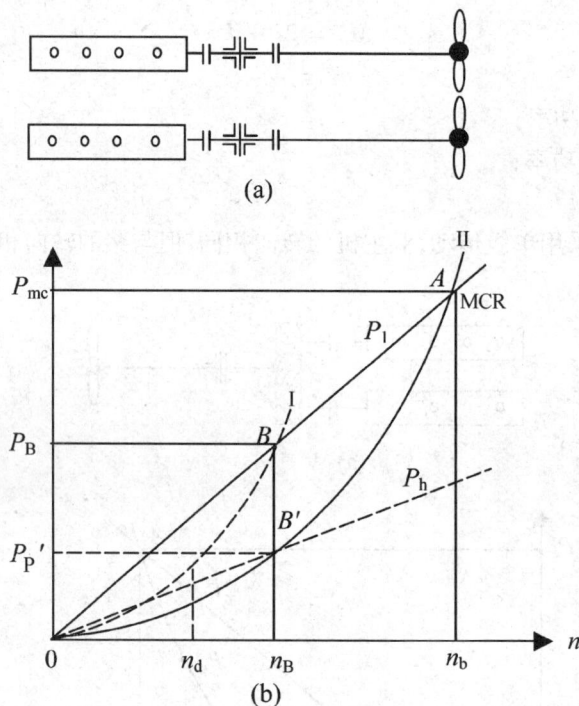

图 3-12　双机双桨推进装置配合特性

机均按标定负荷外特性曲线工作。线 P_1 与曲线 I 的交点 B 为单桨工作时机桨配合工况点。在 B 点以下并大于最低稳定转速的转速 n_d 范围内,既可以用单桨工作,也可以用双桨同时工作;而在 AB 范围内必须两台机并联工作;否则,可能导致主机超负荷。例如,设在某转速的工作条件下,按单桨工作时,推进曲线 I 与主机外特性线 P_1 在 B 点相交,这时由于航速较小,螺旋桨的进程比 λ 也小,曲线 I 较曲线 II 陡(实际上,由于拖桨等关系曲线会更陡),尽管主机是按额定负荷 P_e(按 P_1 线)工作,但其功率 P_B 和转速 n_B 均远小于额定值;如果在转速 n_B 条件下按推进曲线 II(双桨同时工作时的单桨特性线)运行,则分摊到每个桨上的功率 P_B' 约为 1/2P_B,它只能与主机的部分特性线 P_h 在 B′点相交。在这种情况下,逐渐增加发动机的负荷,航速就相应增加,直到额定负荷 A 点达到额定航速,航速不再提高。设 n_d 为发动机的最低稳定转速,如果只开一台发动机,那就只能在转速 n_d 至 n_B 范围内工作;同时开两台发动机,可在 n_d 至 n_b 间的全部转速范围里工作。但此时应注意,当主机转速接近最低稳定转速 n_d 时,如果两台主机间负荷分配不均匀,可能导致负荷分配较低的一台主机停车。

第三节　各种航行条件下推进装置工况配合特性

船舶推进装置工作的可靠性、经济性和使用寿命，不仅取决于它们的设计建造质量，也取决于投入营运后实施的技术管理的正确性和科学性。为了适应船舶实际营运的需求，船舶经常要航行在各种工况下（如：不同的吃水、多种气象条件、窄航道或浅水区、船舶污底及拖曳航行等）和多种机动航行状态下（如：起航加速状态、倒航状态和转向状态等）。各种航行工况有其相应的机桨配合特性，全面地掌握在各种工况下的机桨配合特点，正确地操纵船舶，选择适合的机桨配合模式是确保船舶安全营运的必要条件，同时可相应地延长船舶的使用寿命，提升船舶的可靠性和经济性。因此轮机人员应很好地了解并掌握船舶推进装置在各种航行条件下的运转情况，以便正确地进行操纵和实施管理。为方便起见，下面以海船上应用最广泛的直接传动方式的推进装置为例，对经常遇到的一些工况进行讨论。

分析工况配合特性所采用的方法，是在同一坐标系里画出螺旋桨（也代表船）和主机各自的功率—转速（或扭矩—转速）特性线，主机的特性线代表推进装置的驱动特性，而螺旋桨特性线代表推进装置的负荷特性。两曲线的交点符合能量守恒定律，推进装置可在此点稳定工作，所以画出的图为驱动—负荷平衡图。研究推进装置工况配合特性也就是分析驱动—负荷平衡图中曲线交点变化情况。

根据船舶的航行特点，可将船舶航行分成两个不同阶段：即船舶正常（定速）航行工况和船舶机动（过渡）航行工况。对于大多数商船来说，船舶 95% 以上的时间航行于正常航行工况，此时，船舶的航行条件（船舶阻力和主机工况）相对稳定，船舶的机桨配合点不发生大的变化。而航行于机动工况下的船舶，则航行条件一直处于变化中，船舶的机桨配合点也一直变化。

一、正常航行条件下的工况配合特点

船舶的正常航行一般又称为船舶的定速航行工况，一般情况下，其定速航行的影响因素主要包括船舶吃水（装载）、船舶污底、大风浪条件、船舶拖曳及窄航道或浅水航行等。

1. 船舶吃水改变时的工况配合特点

由于商用船舶的营运特点，船舶的装载经常变化，这样船舶的吃水也经常要发生相应的变化。受其影响，船舶航行时的阻力发生变化。当船舶吃水增大时，船舶航行阻力增大，假定螺旋桨转速不变，由于螺旋桨进程减小，航速将相应减慢，螺旋桨进程比 λ 减小，扭矩系数增大，螺旋桨所需转矩增加，螺旋桨特性曲线变陡，如图 3-13（a）所示。在正常情况下主机与螺旋桨配合的工作点为 a，此时，主机功率和航速分别为 P_a 和 n_a。如果船舶吃水增加，其螺旋桨的特性线将由 I 变为 II。若要保持螺旋桨转速不变，则必须增加主机每循环喷油量，机桨工作点由 a 变为点 e，显然此时主机已超负荷。若要保持主机油门格数不变（喷油量不变），由于螺旋桨的阻转矩增加，迫使主机降速，航速也降低，最后机桨在点 b 得到平衡。由图可见，当装载量增大时，虽然主机油门格数不变，但主机发出的功率由 P_a 降为 P_b，主机转速由 n_a 降为 n_b，航速由 V_a 降为 V_b。虽然喷油量没变，但是转速降低，容易出现大负荷低转速的情况，有可能使主

机工作恶化。如果轮机人员不了解这些情况,为了保持原来转速而加大油门格数,将导致主机

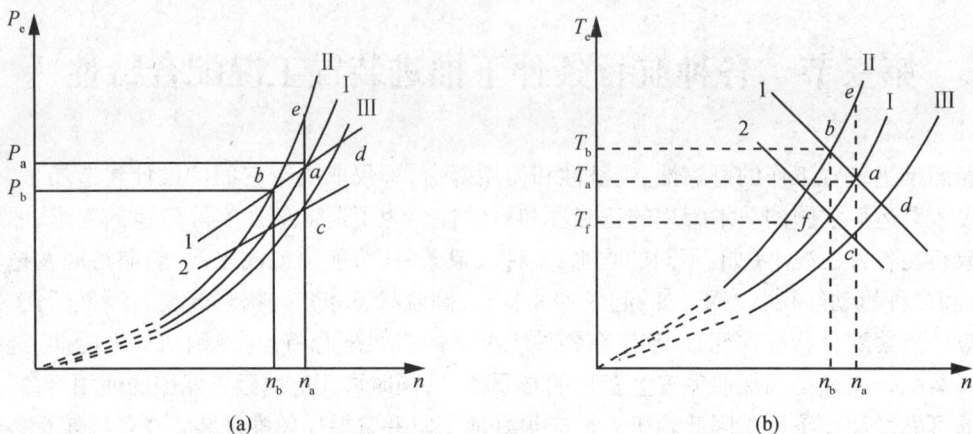

图 3-13　船舶吃水改变时的工况配合特性

Ⅰ—正常装载情况下螺旋桨特性线;Ⅱ—装载增加情况下螺旋桨特性线;

Ⅲ—装载减少情况下螺旋桨特性线;1—主机全负荷速度特性线;2—主机部分负荷速度特性线

超负荷运转,这是不允许的。目前,船舶主机大都装有全制式调速器,当船舶阻力增大时,将自动加大油门,以保持设定转速。因此,当装载量增大时,应将负荷限制适当调小。

从图 3-13(b)可知,在正常情况下,螺旋桨推力增加 T_a,装载量增大后,虽然喷油量不变,但航速降低,螺旋桨推力增加 $T_b - T_a$。图中 $T_b - T_a$ 为由于船舶吃水改变而额外增加的船舶阻力。

当装载量减少时,变化的情况恰恰相反,进程比 λ 增大,螺旋桨特性曲线变得平坦(曲线Ⅲ),主机按全负荷工作特性工作时就在点 d 达到平衡。这时虽然主机气缸的热负荷没有超额定值,但功率和转速超过规定值,致使机械效率下降,运动部件的惯性力增加,部件磨损加剧。这时为了使转速不致过高,主机只能在部分负荷速度特性线工作(曲线 2),它与曲线Ⅲ交于点 c。对装有全制式调速器的主机,应将转速限制适当调小。

对于装载量变化较大的油船或矿砂船,在一个往返航次中,经常是一个单航次满载,一个单航次空载,必须相应地选择不同的油门格数,使其速度特性适应螺旋桨特性的变化。

2. 船舶污底

船舶水下部分表面附着海生物以及发生锈蚀、船舶污底。船舶发生污底后将使船体阻力增加,其对机、桨配合的影响同装载量增多的情况相同,如图 3-13 所示。

3. 大风浪天气航行条件下的工况配合特点

船舶航行要受到气候变化的影响,特别是风浪的影响。逆风航行时,风力会使船舶的空气阻力增加,而顺风航行时则相反。空气阻力的大小取决于风力、风向、船体水上部分以及上层建筑的受风面积和航速。图 3-14 中Ⅰ、Ⅱ和Ⅲ分别代表船舶的无风、逆风和顺风航行时的螺旋桨推进特性线,曲线 1 是主机全负荷速度特性线,曲线 2 是主机部分负荷速度特性线。

在风浪中航行的船舶,不但空气阻力剧变,而且船体在汹涛中产生摇摆和起伏而引起汹涛阻力。此外,船舶的摇摆起伏,使螺旋桨处于随摇摆周期而变化的斜水流中工作,斜水流会增加螺旋桨的扭矩和推力,其增加值的大小随斜水流的角度和摇摆周期而变。对排水量 2 000 t、平均航速为 20 kn、主机转速为 230 r/min 的某船,在 6~7 级风的海面航行时,所做螺旋桨轴的

负荷计算表明,船舶在纵向摇摆航行时,螺旋桨的扭矩和推力呈周期性变化,如图 3-15 所示。图中 $\triangle M_b$ 和 $\triangle T_e$ 分别是扭矩和推力的增量。

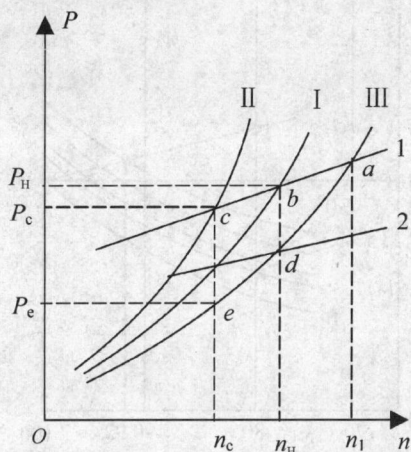

图 3-14　风力对机桨配合特性的影响

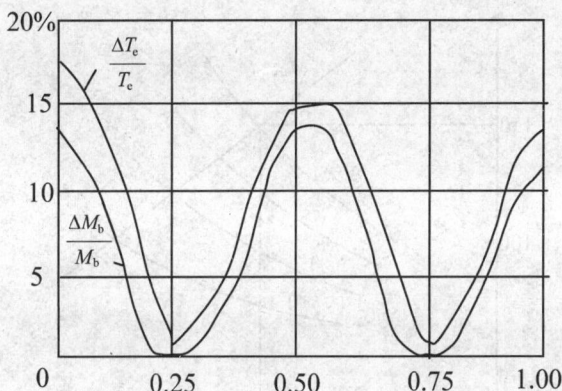

图 3-15　船舶纵摇对螺旋桨扭矩和推力的影响

在风浪中航行的船舶,为了使其因侧面受力影响而不致偏离原定航线,要随时用舵效来补偿,因此增加了舵的制动作用,使船舶附体阻力增加,航速降低。图 3-16 为偏舵航行时航速和螺旋桨推力同舵角间的对应情况。由图可见,舵角为 30°时,航速将降为额定航速的 92%。舵角对主机转速的影响非常明显,船舶定速航行后,由于使用较大舵角,而使主机转速比原来转速下降 5% 以上的情况是屡见不鲜的。

以上介绍的顶风、汹涛、摇摆和用舵等都是由于使船舶阻力增加而导致航速降低的因素。然而,风浪天航行引起航速降低的原因除阻力因素外,尚有螺旋桨的推进效率因素。风浪天航行推进效率将降低,其原因是船尾的摇动使螺旋桨周围水区产生了附加扰动。

风浪对推进装置的综合影响可用图 3-17 表示(曲线 0,4,6,9 分别为风力是 0,4,6,9 级时推力特性线随航速变化线)。由图可见,在 9 级风情况下,航速在 $0.7v_0$(v_0 为 0 级风航速)时,扭矩已是额定值,推力比 T_0(T_0 为 0 级风时的推力)增加了 50%。

需要特别指出的是,在大风浪中航行的船舶,由于船的纵向摇摆,螺旋桨有可能露出水面,

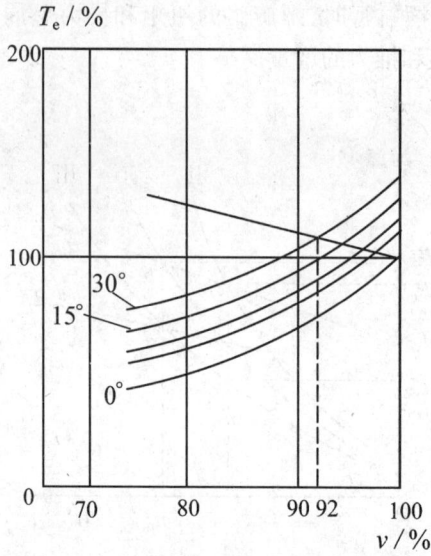

图 3-16　舵角对航速和推力的影响

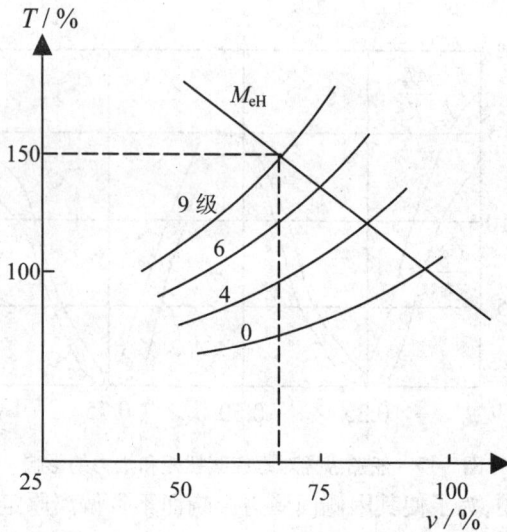

图 3-17　风浪对航速和推力的综合影响

这时阻力矩大大降低,桨的特性曲线变得极为平坦。这时如果喷油泵操纵杆位置不变,柴油机功率将大大超过螺旋桨所吸收的功率,柴油机扭矩大大超过螺旋桨的阻转矩,迫使转速急剧上升。当转速超过标定转速的 15% 时,即产生所谓飞车现象,对推进装置的危害很大,因此主机要设极限调速器或全制调速器,并应在风浪天航行时把调速器的设定转速降低,适当增加船舶后部的压载水量,以避免造成飞车现象。

4. 船舶拖曳(顶推)作业

船舶在进行拖曳作业时,螺旋桨推力除用于克服船舶阻力外,还要负担全部拖曳负荷,即:

$$T_e = R + Z \tag{3-11}$$

式中,T_e ——螺旋桨有效推力;

R——船体阻力；

Z——拖曳力(或顶推力)。

在没有拖曳负荷时,桨的有效推力等于船舶阻力;在有拖曳负荷时,拖曳力随航速的提高而增加。而航速不变时,拖曳负荷越大,所需拖曳力也越大。图 3-18 为船舶进行拖曳作业时的工况配合特性。曲线 I 为无拖曳负荷(自航)时的功率特性曲线,曲线 II 为有拖曳负荷的功率特性曲线;曲线 A 为自航时的推力特性线,曲线 B 为有拖曳负荷的推力特性线;曲线 1 为柴油机的额定外特性线,曲线 2 为柴油机的等额定扭矩线(曲线 1 的);点 a 与点 b 为自航与拖曳作业时的工作点;T_z,P_z 分别为牵引力与牵引功率,T_R,P_R 分别为用于船舶本身的推力及消耗功率。在主机喷油量为额定值时,如图 3-18 所示,船舶航速为 V_a 时,螺旋桨有效推力只能克服自航时的船舶阻力,不能进行拖曳。只有航速小于 V_a 时才能进行拖曳作业,航速越低,船舶的拖曳量越大。对于阻力变化范围较大的船舶,如拖船、渔船、破冰船等都具有自航和拖曳作业两种工况,若按自航选桨,对拖曳作业来说,重桨易超负荷;若按拖曳作业选桨,自航又显得太轻,自航时不能利用全部功率。因此,要优选一个两者平均效率高、总体经济效益好的桨,其工况必定在两者之间,故在使用时应注意其使用工况及工况的变化。如在拖曳工况时,为防止柴油机处于超负荷状态下工作,应适当减少油门、限制排温,在保证滑油温度和压力正常的前提下,可适当提高冷却水温度,以减少机件的热应力。另外,还要注意拖曳的拖带方式、编队(有利于减小阻力及靠离码头作业方便)及拖曳的安全(防止船舶被拖翻引起事故)等。在自航工况时应适当减小油门,防止轻载时主机超转速,应限制其转速。对多工况的船舶可采用双速、多速齿轮箱及采用调距桨,可获得较明显的效益。

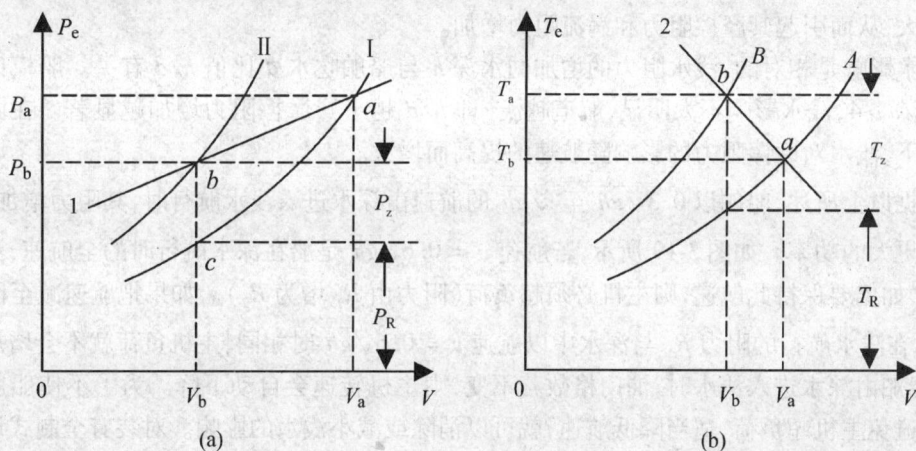

图 3-18　拖曳作业的配合特性

5. 船舶进入浅水或窄航道航行

船舶在浅水中航行时,由于船体周围的水流从深水的三元流动变为主要是二元流动,水流与船体的相对速度增加,使摩擦阻力、涡流阻力和兴波阻力均相对增大,因此船舶在深水和浅水中航行时所遇到的阻力随航速变化的情况是不同的。图 3-19 的曲线 1 和 2 分别代表船在深水和浅水中航行时所遇到的阻力随航速变化的关系。

根据试验结果,船在深水中航行时的阻力与航速的二次方成正比,而在浅水航行时阻力的变化规律很不规则。当航速 $v < 0.3\sqrt{gh}$(g 为重力加速度,h 为水深)时(图 3-19 点 a),浅水

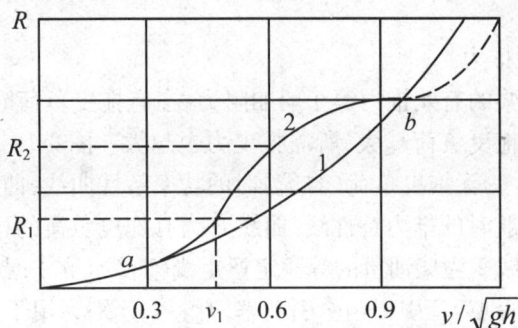

图 3-19　航速对浅水阻力的影响

1—深水阻力曲线；2—浅水阻力曲线

阻力与深水阻力基本相同；当 $0.3\sqrt{gh} < v < \sqrt{gh}$ 时，浅水阻力明显大于深水阻力，这是由于船所产生横波的长度、宽度和散波角都增大的缘故；当航速 $v \approx \sqrt{gh}$ 时（图 3-19 点 b），散波与船舶的运动方向垂直，并与横波合成为首尾两个巨大的横波，致使兴波阻力增至极大值，此时浅水阻力又与深水阻力相同；而当 $v > \sqrt{gh}$ 时，由于散波角减小，横波消失，仅在船首附近出现散波束随船前进，此时浅水阻力甚至小于深水阻力。一般运输船很少能达到这样的航速。民用船舶的航速一般小于 $\sqrt{gh}$，因此由深水进入浅水航行时，阻力一般都会增加，并会产生船体下沉和后倾现象。这是因为在浅水中船体下面的水流受到海底的限制（即水深的限制），水流由三元变为二元流动，使流经船体两侧的水流速度加快，压力降低，沿船长方向上的压力变化增大，从而引起其摩擦阻力和涡流阻力增加。

　　浅水影响是相对的，浅水阻力的增加同水深 h 与船舶吃水 d 比值 h/d 有关。船模试验表明，若 $h/d > 4$，浅水影响不太明显，航道越浅（即 h/d 越小），摩擦阻力增加越显著。在同样水深条件下，浅水对摩擦阻力的影响随航速的提高而增大。

　　根据以上所述，船舶以 $0.3\sqrt{gh}$ 至 $\sqrt{gh}$ 的航速由深水进入浅水航行时，其阻力增加，螺旋桨需要更大的功率。如图 3-19 所示，若航速 $v = 0.6\sqrt{gh}$ 是船在深水航行时的全航速，当进入浅水时，如仍要保持此航速，则主机必须超负荷（阻力由 R_1 增为 R_2）。如果把航速减至图中的 v_1，此时在浅水航行的阻力 R_1 与深水中以航速 $v = 0.6\sqrt{gh}$ 时相同，主机负荷就不会增加。因此，当船舶由深水进入浅水时，油门格数若不变，则主机转速会自动下降。为了不使船舶尾部搁浅和避免主机超负荷，适当降低航速，就可以消除或减小浅水的影响。对装有全制式调速器的主机，在船舶进入浅水前应将负荷限制适当调小。

　　窄水道对船舶阻力的影响与浅水是类似的。由于船舶周围水流状态不但受到水深的限制，同时还受到航道宽度的限制，阻力增加的程度会更大。窄水道的影响也是相对的，它与航速和航道相对宽度有关。如果 $v < 0.5\sqrt{gh}$，而且 $b/B > 20$（b 为航道宽度，B 为船宽），就没有窄水道的影响。

二、机动航行条件下的工况配合特点

　　船舶的航行状态处于变化过程的机桨配合工况称为机动航行工况，又称过渡工况。在这样的航行条件下，船舶机桨配合点处于变化中，主机的转速和航速一直处在变化中。这样的工况主要包括系泊工况(机动航行特例)、起航加速工况、转向工况及倒航工况等。

1. 系泊工况

船舶制造或大修后,在试航前,为了检验主、副机及其他设备的运转情况和性能,需要在码头上进行一系列试验。船舶在不动的情况下(船舶系在系缆桩上),主机和螺旋桨的运转配合情况称为系泊工况。这时航速为零,因而进程比 $\lambda_p = 0$,螺旋桨的推力系数和扭矩系数都达到最大值,螺旋桨特性曲线较正常航行时更陡,如图 3-20 所示。图中 Ⅰ 和 Ⅱ 分别为正常航行和系泊试验时的螺旋桨特性线,1 为主机的全负荷速度特性线。正常航行时机、桨配合点为 a 点,其相应的转速和功率分别为 n_H 和 P_H。系泊试验时机桨配合工作点为 b,其相应的转速 n_b 和功率 P_b 均比 n_H 和 P_H 小。若系泊试验时主机转速大于 n_b 就会导致主机超负荷。因此为了保证主机不超负荷,应使系泊试验时的主机转速不大于 n_b。若由于没有螺旋桨的系泊特性曲线无法确定 n_b 值,通常取 $n_b = (0.80 \sim 0.85) n_H$。系泊试验时的转速还要受主机最高排气温度的限制,应使这个温度不超过船舶在全速航行时的正常排气温度。另外,要注意推力轴承承载能力,水润滑尾轴承的冷却条件,船舶压载情况,码头水深情况等。

实际上,船舶在起航操作初期的工况类似于船舶的系泊工况,此时,主机由于转速很快达到设定转速,而船舶由于其巨大的惯性还保持其速度为零。

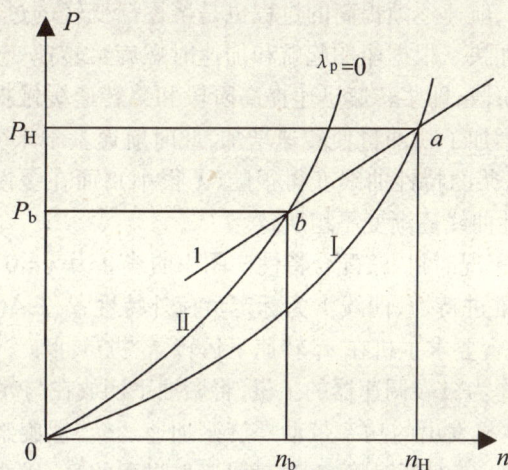

图 3-20 系泊工况

2. 船舶起航和加速工况

船舶在由航速为零逐渐加速到某一稳定航速过程中机、桨的运行情况称为起航工况。船舶在由较低稳定航速变为较高稳定航速过程中机、桨的运行情况称为加速工况。

船舶在稳定航行时,只要航行条件不变,进程比 λ 就是一个常数,不论船舶稳定在哪一航速,船、机、桨配合点就只能沿一条螺旋桨推进特性线变化。而起航和加速工况,都是一种过渡(动态)工况,λ_p 是时刻变化的,因此船、机、桨配合点不能只在一条推进特性曲线上变化。

当船舶稳定航行时,船舶航速取决于桨转速,桨转速取决于喷油量,而喷油量又取决于燃油手柄的位置(油门格数)。因此有一个燃油手柄位置就有一个稳定的桨转速和船舶航速,而在起航或加速工况的过渡过程中,航速是追求的目标。航速增加的快慢除和船舶本身的惯性有关外,主要取决于主机操纵系统对燃油的控制性能和操作方式。例如,设极限调速器或全制式调速器但只用作极限调速系统(开航前把定速手轮调到标定转速),燃油增加的快慢由燃油手柄推进的速度直接控制;装有全制式调速器并具有给定转速供油量限制功能的系统,燃油增加的快慢除受燃油手柄推进的速度直接控制外,还要受到主机调速特性的约束;对可进行遥控并设有加速程序的自动化程度较高的系统,燃油的增加量与操纵手柄位置有关,但燃油的增加速度取决于预先设定的加速程序,与操纵手柄(把车钟、燃油和换向三手柄合一)推进的速度无关(把加速程序限制解除时除外)。由此可见,对于既定的船舶和推进装置,人员的操作直接影响起航和加速过程。下面以装有全制式调速器并具有给定转速供油量限制功能的系统为例,讨论其起航和加速工况配合特性,从而指导人们正确地去管理和操作推进装置。

不论哪种操纵系统,喷油量均可在瞬间增加,而增压器由于转子的惯性,其供气量的增加总是滞后于喷油量的增加,当喷油量增加时,主机气缸中出现油多气少现象,影响了扭矩输出数值。不过增压器转子惯性很小,加速很快(约几秒钟),因此,主机的扭矩在喷油量增加后也很快增加上去,增加的这部分力矩将迫使螺旋桨加速旋转。由于螺旋桨的转动惯量较小,其转速迅速增加,桨的阻转矩也增加,很快和主机输出的转矩平衡,转速暂时趋于稳定。当桨转速提高时,推力增加,增加的推力将使船舶加速航行。但船舶质量很大,航速的增加比较缓慢。综合起来考虑,船舶在起航、加速过程中,因为船舶质量远远大于转动部件的转动惯量,所以船舶惯性远远大于转动系统惯性,螺旋桨转速的升高速度也就高于航速的升高速度。随着时间的推移,航速会逐渐提高,航速逐渐提高的过程也是桨逐渐变轻的过程,这又导致桨转速随着航速的逐渐提高而逐渐加快。根据船舶起航和加速时螺旋桨转速变化的特点,可以把整个起航和加速过程分为两个阶段,即桨转速迅速提高阶段和桨转速缓慢提高阶段。迅速提高阶段是由于起航加速的需要增加了喷油量使转速增加,此时航速基本未变,或接近于零(起航时)或接近于恒速(加速时),桨的特性曲线变得很陡(λ 很小),而在缓慢增加阶段是由于航速的逐渐提高,λ 变大,其特性曲线逐渐变平坦所致。

图 3-21 为船舶起航工况时机、桨配合特性。图中曲线 II 为 $\lambda = 0$ 时的系泊工况推进特性,曲线 I 为标定工况下的推进特性,曲线 1 为标定负荷外特性,2,3,4(4′、4″、4‴)为部分负荷外特性。在起航时,如驾驶台要求主机在 n_1 转速下运转,轮机员回车令后起动主机,对带有极限调速器或全制调速器暂作为极限调速器的主机,将燃油手柄放在与 n_1 相对应的部分负荷曲线4 的油门刻度上。这时主机发出的功率带动螺旋桨加速运转,螺旋桨工作点沿系泊工况推进特性曲线 II 迅速上升,至 a 点时暂时稳定,这就是起航过程的第一阶段——桨转速迅速提高阶段。如果轮机员保持上述油门不变,船舶在螺旋桨推力的作用下,由静止状态开始逐渐加速。由于船舶惯性大,其加速过程非常缓慢。由于航速的增加,导致 λ 增加,使机、桨配合点沿曲线4 向右移动,最后逐渐过渡到曲线 I 上,即沿着点 $a - a_1 - a_2 - a_3$ 变化,最后稳定在点 a_3,$a - a_3$ 过程是起航过程的第二阶段——桨转速缓慢提高阶段。由于轮机员在起动主机时设置的油门较大,在第二阶段中主机转速增大,逐渐偏离 n_1 值。为了严格执行车令,轮机员应及时、断续地减小油门刻度,尽量减小转速 n_1 的偏移量,即沿着图中 $a_1 - a' - a_2' - a'' - a''_3 - a'''_3$ 折线变化,该折线的变化过程是调节桨转速稳定在所要求转速的过程。

在起航时,如驾驶台要求较高的主机转速 n_3,而轮机员在起动过程的第一阶段就使主机达到所要求的转速 n_3 的话,则机桨暂时稳定点为 b,由图3-21 可见,主机将在超扭矩和超负荷下工作,容易使主机发生故障。在这种情况下,轮机员不可盲目增大油门,而应逐级增大油门,逐渐使转速接近 n_3,起航过程应按 $II - a - a_1 - b_1 - b_2' - b_2 - b_3$ 折线进行,避免在过渡过程中主机超负荷运转,控制主机转速不要上升过快,特别是在暖机不充分的情况下更应如此。

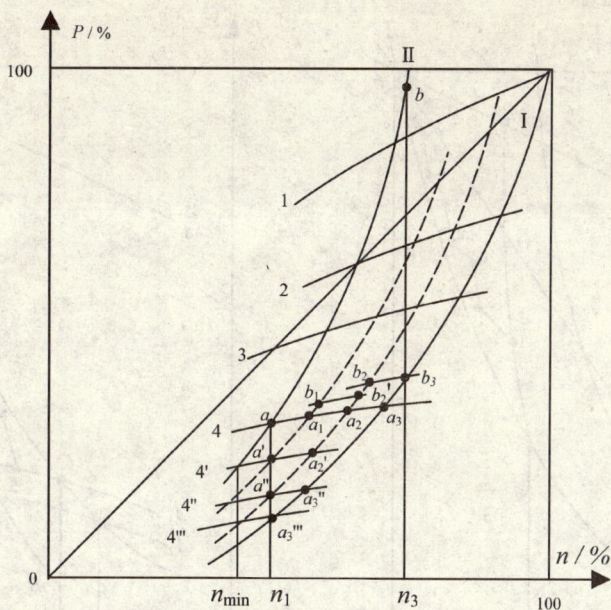

图 3-21 起航工况

加速工况与起航工况基本相似,其差别仅在于加速工况不是从航速为零开始,而是从船舶已有一定航行速度开始的。驾驶台要求定速航行时的操作就是一种常见的加速工况。下面仍以带有极限调速器或全制调速器暂作为极限调速器的主机为例加以分析。如图 3-22(a)所示,机桨暂稳定工作于点 a_1,如此时驾驶台要求定速航行将转速增至 n_H,轮机员如将燃油手柄推至标定负荷外特性线 A 对应的油门位置,由于船舶惯性大,油门虽已加上去,但航速基本上仍为原来航速。因此,螺旋桨工作点将沿等航速线 a_1B 上升至 B 点并暂时稳定下来,这是加速工况的第一阶段。随后随着航速的逐渐增加,λ 增加,桨的阻转矩减小,机、桨配合点将沿 $B-a$ 线逐渐过渡到 a 并在 a 点稳定下来。$B-a$ 是加速工况的第二阶段。由图可见,加速工况 a_1-B-a 的部分过程使柴油机处于超扭矩和大负荷的转速工作状态,造成燃烧不良,影响主机寿命。显然,上述定速操作的加速过程是不恰当的。由于定速航行操作时柴油机接近标定负荷,而且转速升高的快慢与航行安全无关,正确的加速方式都采用逐级增大油门,缓慢加速的办法,如图 3-22(a)上的 $a_1-1-2-3-4-5-6-7-8-9-a$ 过程。在这个过程中,陡度大的各线为不同的等航速线,而陡度小的线为柴油机的各种部分负荷外特性线。实际操作时,油门分级越多越好,为使柴油机热负荷缓慢增加,一般定速航行的操作需要 $30\sim40$ min。

对于装设极限调速器的主机,要依靠人工调节油门来调速,故在进行起航和加速操作时,不仅要注意不使主机超负荷,而且还要及时减油调速,以防止转速超过车钟的要求,而在减速操作时,则要避免转速低于车钟要求和自动停车。如驾驶台由转速 n_b 要求改为微速前进转速 n_c,轮机员立即减油使主机转速降为 n_c。由图 3-22(b)可知,螺旋桨将沿等航速线到达 B 点,这是减速的第一阶段($b-B$)。但此时柴油机的油门格数已处在最低稳定转速 n_{min} 对应的外特性曲线 A_2 以下,随着航速的下降,在减速的第二阶段转速将逐渐下降。若不及时加油门,当转速低于 n_{min} 时则自动停车。因此在减速过程的第二阶段应及时调节转速,使机、桨最后稳定在点 C。在航速较高的情况下要求开微速前进转速时,若沿图中折线所示过程 $b-1-2-3-4-5-C$ 操作,则可避免自动停车,但过渡过程的时间延长。

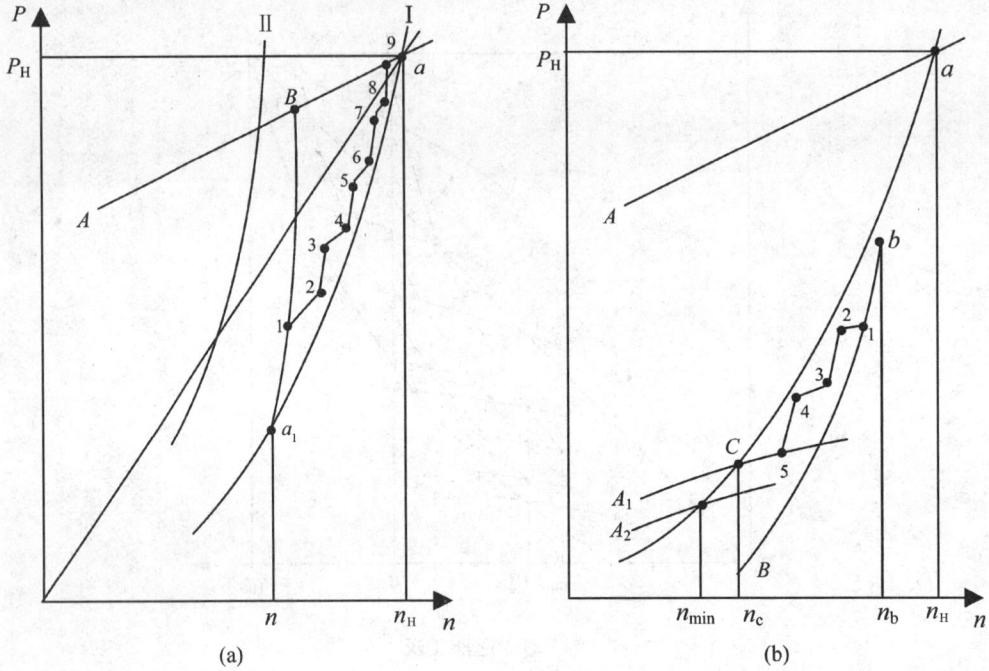

图 3-22　加速工况配合特性

在主机可实行遥控和调速器具有设定转速调节的条件下,调速器的静态调速率 $\delta_2 = 0$ 可自动保持主机转速恒定。在起航时,如同样要求转速为 n_1 ,则起航过程的第一阶段与上述带极限调速器的主机相同,在图 3-21 上机、桨配合工作点沿系泊工况推进特性线 II 上升至 a 点,柴油机在部分负荷外特性线 4 上运转,转速迅速升至 n_1 ,在 a 点主机带动螺旋桨所产生的推力暂时与船舶静止时的阻力相平衡。此后在螺旋桨推动下逐渐克服船舶惯性,使航速逐渐提高,在新的航行条件下, λ 增加,推进曲线逐渐变平坦,曲线由 II 向 I 缓慢地过渡。在过渡过程中因船舶阻力下降,航速提高,使主机负荷变轻,转速提高,但在调速器的控制下,相应减小油门,不使转速提高,主机沿调速特性 $a - a' - a'' - a_{3'''}$ 工作,保持所要求的转速,主机油门则按曲线 4、4′、4″、4‴等部分负荷特性所对应的油量变化。

加速(包括定速航行操作)时,这种全制式调速器接受遥控系统的程序控制,程序控制不仅体现了轮机员的操纵经验,而且油量调节的分级操作更加细微。一个良好的控制程序,可使柴油机负荷和转速的变化过程与推进特性的过渡过程相吻合。

3. 船舶转向

船舶转向时,舵要偏转一个角度,使船舶在斜水流中前进,因此,船舶阻力要比直线航行时有所增加,航速降低,进程比 λ 减小,螺旋桨特性曲线变陡。在这种情况下,当主机油门格数固定不变时,主机转速自动降低,而当转向过程结束后,转速又恢复至原来数值。船舶在转向时,若发现主机转速降低,这是正常现象,不应加大油门格数以保持原来主机转速。如果主机装有全制式调速器,在此情况下,调速器会自动加油,这时要注意观察实际负荷的大小,必要时要减小油门格数,以防止超负荷。

当船舶采用双机双桨推进时,一般右桨为右旋桨,左桨为左旋桨,船转向时由于船舶横移和偏转,两个桨都处在斜水流中。但是,由于两个桨所处的位置及回转方向不同,致使两个桨和水流之间的相互作用状况发生了不同的变化,改变了它们的水动力特性,从而使两桨之间的负荷分配产生了差异。

图 3-23 为某双桨船做转向试验时测得的两台主机负荷变化情况。船舶航速为 14 kn,转向前两机功率相等,以左舵 35°向左转向,在半分钟之后船转到 20°,此时外桨(右桨)的负荷降至最低,此后重新上升,当超过标定功率 6% ~7% 后稳定下来。内桨(左桨)的负荷一开始就不断增大,经 4~5 min 船转至 180°,功率已超过原来的 60%。此例说明,船在转向时,内桨负荷比外桨负荷增加的值大,内桨的转速因此下降得也多,而外桨在转向开始时负荷变轻,很快又逐渐增加,所以外桨转速开始时升高,而后又下降。实验还表明,航速越快、舵角越大,桨的负荷(尤其是内桨)增加越厉害。由此可见,当船舶采用双桨推进转向时,带动内桨的主机容易超负荷,为了保护主机,在必要的情况下,应降低主机转速,在不紧急的情况下,应避免在高航速时用大舵角转向。

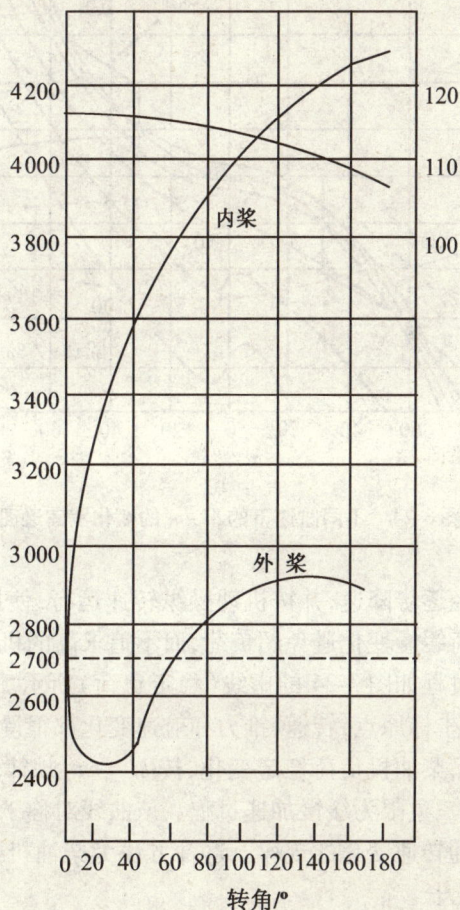

图 3-23 双桨船转向时内、外机负荷变化

4. 船舶倒航工况

船舶在港内航行、靠离码头或者遇到避碰等紧急情况时,常需改变主机的回转方向,使前进的船舶迅速停止下来或改为倒航。船舶动力装置的机动性能要求船舶能迅速从高速航行状态转为停止状态,且应有尽可能短的滑行时间和滑行距离;而柴油机的工作条件则要求负荷变化不要太剧烈,以防止热负荷和机械负荷变化过于剧烈而导致损坏。

图 3-24 为增压柴油机直接驱动的定距桨,在不同航速下扭矩 M 随转速 n 变化的罗宾逊图。图中纵、横坐标分别为转矩 M 和转速 n 的百分数,曲线 0 为航速等于 0 的系泊工况,进程比 $\lambda = 0$,曲线通过坐标原点;曲线 100 为航速等于 100% 标定航速的等航速螺旋桨推进特性;其他曲线 -25, 25, 50, 75 分别为相应航速(%)下的推进特性。图中还画出增压柴油机的工作范围和油门为 100%,75%,50%,25% 的外特性和部分负荷速度特性,并假设柴油机的正、倒车工作范围相同;螺旋桨的正、倒车水动力特性相同;船体的正、倒航阻力特性相同。低速时柴油机能发出的扭矩大小与增压度有关。按经验而论,最低转速时的最大扭矩等于标定转速下标定扭矩乘以增压度。

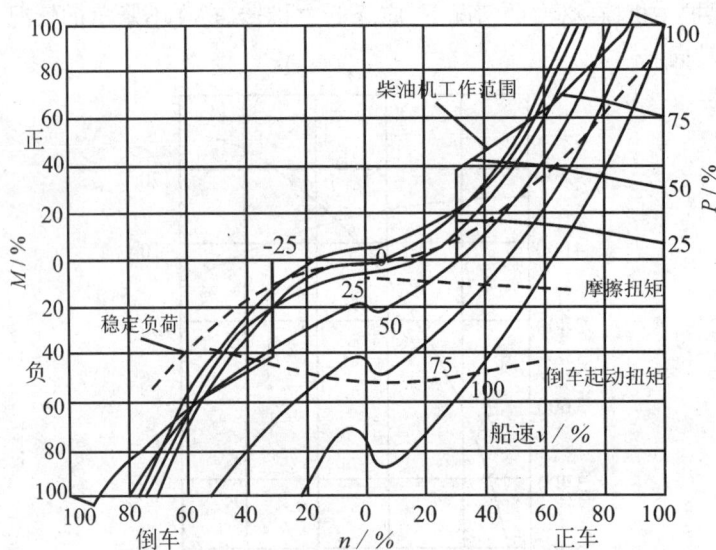

图 3-24　不同航速下的 $M-n$ 的变化罗宾逊图

(1)缓慢倒车过程

通常船舶在进港前已经逐步降速,并按机动操纵转速运行,使用倒车时航速已经很低,如此操作主要是使柴油机负荷缓慢变化避免超负荷,而不追求高的机动性,可以认为这是缓慢倒车过程。典型的缓慢倒车过程如图 3-24 的虚线(稳定负荷)所示。在第一象限由标定工况点逐渐减小油门,缓慢降速至坐标原点,转速、推力和航速变化都很慢,整个过程若不考虑惯性力影响,则是等进程比的过程,柴油机负荷稳定变化,按 $M = cn^2$ 规律(除 $n_{min} \rightarrow 0 \rightarrow -n_{min}$ 外),在第一象限为缓慢减速,在第三象限为缓慢加速过程。该曲线对称于坐标原点,柴油机的负荷变化规律是螺旋桨水动力矩随转速变化的规律。这种方法为柴油机提供了最优越的工作条件,但船舶的滑行时间和距离太长。

(2)紧急倒车过程

在船舶全速前进时施行紧急倒车操纵,将引起主机热负荷和机械负荷剧烈变化,还会产生增压器喘振。除非船舶航行遇到十分危险情况,一般是不会轻易施行紧急倒车操纵的。

罗宾逊图是研究全速前进→全速后退过程的有用工具。以图中 100% 等航速线为例,说明其紧急倒车过程。主机和螺旋桨在配合工况点下航速为 100%,当接到紧急倒车车令后,首先停止向主机供油,主机扭矩迅速为零,主机转速迅速下降,而螺旋桨转矩沿等航速线下降,故

进程比 λ 逐渐增大，螺旋桨敞水效率 η_0、推力系数 K_F、扭矩系数 K_M 等逐渐减小，在第一象限内出现零推，继之出现零矩（转速为 60%~70%），负推力开始阻止船舶前进。此为紧急倒车过程的第一阶段。

在第一阶段，柴油机油门突然为零，要求柴油机的调速特性有足够好的动态稳定性，而且对增压柴油机来说，在急减速时会产生增压器的喘振，因此正常情况下不宜采用这种方法而采取分段减速法。

在第二阶段，由于保持100%航速不变，螺旋桨转速降至低于60%，使 λ 继续增加，螺旋桨被船舶前进的水流冲击产生负转矩，像水涡轮一样带动主机曲轴使柴油机仍按正车方向运转。螺旋桨的"水涡轮"作用，使轴系转速下降变慢。螺旋桨转矩仍按等速线变化，当螺旋桨转速下降到接近10%时，负转矩达到最大值。转速再继续下降，由于作用在螺旋桨上的水流离开了产生最大负转矩的最佳方向，使螺旋桨负转矩逐渐减小。为了提高机动性能，增压柴油机一般设置有倒车起动刹车功能。当螺旋桨负转矩小于刹车转矩与柴油机摩擦转矩之和时，轴系转速下降为零。第四象限内倒车工况的第二阶段，也称为"水涡轮"工作阶段。

第三阶段为轴系停转后，如立即反向起动成功，在第三象限螺旋桨开始倒车。如航速高螺旋桨负转矩过大而不能反向起动，则当轴系转速 $n=0$ 后，不立即倒车起动，而是等待一段时间（由柴油机起动性能、发火转速和机、桨配合特性决定），使航速在螺旋桨负推力和船舶阻力作用下有明显降低之后，即沿等转速线 $n=0$ 向坐标原点移动一段距离后，再进行倒车起动。由于水流冲击在螺旋桨叶背上产生负转矩和负推力，倒车工况曲线较陡，应防止超负荷。

其他航速下的倒车工况推进特性与上述100%航速的变化规律基本相同，只是航速越低，其特性曲线越向坐标原点靠近，而且因为航速下降，在水涡轮阶段作用于桨叶上的水流速度下降，负转矩的最大值也越小。当在航速为0（相当于系泊情况）时，螺旋桨没有水涡轮工作阶段，而通过坐标原点。

从罗宾逊图还可解释一些其他问题。如图上绘出柴油机的（正车）倒车起动扭矩曲线（约为 $50\% M_H$），当前进航速超过 $75\% V_H$ 时，柴油机不可能倒车起动，即不可能刹车成功。从图中还可清楚地看到，当前进航速超过 $50\% V_H$ 时倒车也是没有意义的，因为超过 $50\% V_H$ 的各倒车工况扭矩线没有穿过柴油机倒车工作范围。图上还绘出柴油机和轴系的摩擦扭矩曲线，当切断燃油供应后（$0\% P_e$），柴油机输出扭矩立即为零，但在转动惯性作用下立即提供摩擦扭矩（约为 $-10\% M_H$），它可确定停油后螺旋桨转速和（负）扭矩以及负推力和停船力。例如在标定航速（$100\% M_H$）下停油，由于惯性使航速保持不变，而螺旋桨转速迅速降至 $60\% V_H$，扭矩则为 $-10\% M_H$ 时，从推力图上就可确定螺旋桨的负推力为 $-19\% T_H$，加上标定航速下的船舶阻力 R_H（等于推力 T_H），成为 $1.19 R_H$ 的船舶减速力。

如图3-24所示为增压柴油机与螺旋桨的配合情况，标定航速下推进特性通过其标定点（$100\% M_H$、$100\% n_H$、$100\% P_e$），而零航速（系泊工况）时需要扭矩较大，但其推进特性曲线不完全在柴油机工作范围之内，不利于船舶加速工况。

在一般情况下，当船舶全速前进时，是不准紧急倒车的，但在特殊紧急情况下，船长决定采取紧急倒车措施时，应意识到为了船舶安全而可能损伤主机和轴系，并尽量避免在航速较高时进行倒航操作。

图3-25为某货船（32 000 DWT，8 160 kW，船长195.8 m）实测的倒车工况曲线，该图表示在不同航速下，航速、主机转速和船舶滑行距离的变化情况。当船舶在全速航行时，不进行倒

车制动,只进行全速正车—停车操作,从主机停止供油开始主机转速 n_1 由 125 r/min 至零,需时 5.1 min;航速 v_1 由 15 kn 降至零,需时 20 min,则船舶滑行距离 S_1 为 3 150 m,约为船长的 16 倍。如进行倒车制动,进行全速正车—全速倒车操作,从主机停止供油开始,航速 v_2 由 14 kn 降为零,需时 5.33 min,S_2 为 1 200 m(6 倍船长)。滑行的距离和时间明显下降,如在较低航速下倒航,进行半速正车—全速倒车的操作,船舶滑行距离只有 700 m(3.5 倍船长)。

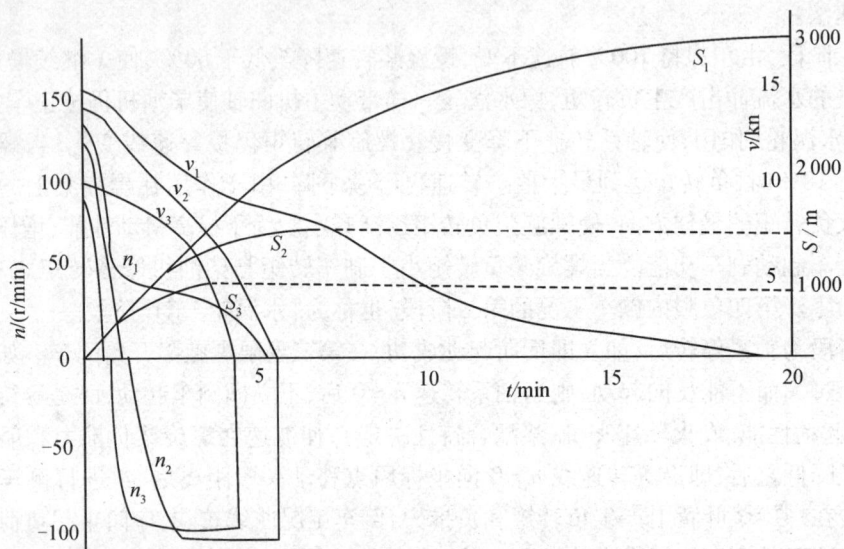

图 3-25 某船实测倒车工况曲线

第四章 船舶管路系统及其管理

第一节 船舶管路与附件的组成和作用

船舶管路系统(简称"管系")是专门输送流体的管路、设备以及检查、测控仪表的总称。船舶管系的作用是保证船舶航行性能和安全,以及满足船舶正常运行和人员生活的需要。

一、船舶管系的分类

船上的管路纵横交错,遍布全船,概括起来,可将船舶管系分为三种类型,如表4-1所示。其中,动力管系是为船舶主机、副机(即发电机的原动机)和锅炉等动力机械服务的管系;辅助管系又称通用管系,是为保证船舶的正常航行和安全,以及船员和旅客的生活所需而设置的管系;特种船舶专用管系仅适用于相应的特种船舶。

表4-1 船舶管系分类

类型序号	船舶动力管系	船舶辅助管系	特种船舶专用管系
1	燃油系统	压载水系统	液货装卸系统
2	滑油系统	舱底水系统	洗舱系统
3	冷却系统	消防系统	液货加热系统
4	压缩空气系统	日用水系统	惰性气体保护系统
5	排气系统	通风系统	
6	蒸汽系统	空调系统	

二、船舶管系的识别

为了便于管理人员识别各种管路所输送的工质和流向,管路外表通常按系统作用不同涂有不同颜色的油漆予以标识,如表4-2所示。

表 4-2　管路识别

管路	颜色	管路	颜色
燃油管路	棕色	压缩空气管路	浅蓝色
滑油管路	黄色	消防管路	红色
海水管路	绿色	舱底水管路	黑色
淡水管路	灰色	蒸汽管路	银白色

透气、测量和溢流管路则依其介质而定。但是不同的国家可能略有差异,故应以船上的标志说明为准。管路上还有用标志颜色表示的介质流向的箭头符号。

管路系统图中各部件的识别可参照附录一:轮机管系符号说明。

三、管路布置的原则和要求

1. 管路布置的原则

(1)船舶管路应能保证其工作的可靠性,在部分管路发生故障时,仍然能继续维持工作。

(2)管路应布置成直线,尽可能减少弯头,如需弯曲,曲率半径应大些。在满足需要的情况下,附件的数量应尽量减少,布置的位置应便于检修。

(3)管路应加以固定,以避免因温度变化或船体变形而损坏。一般要求每隔 2～4 m 有一个支承架,防止管子移动或下垂。但是这些支架应不妨碍管路受热引起的膨胀。

(4)承受胀缩或其他应力的管子应采取管子弯曲或膨胀接头等补偿措施。

(5)重要管路中的阀都应装上开关标志。

(6)根据管路所输送的工质及工作条件(温度、压力)而选用接头垫片。

(7)在安装或修理管路及附件时应做好管系内部的清洁工作。

2. 对管系布置的要求

(1)淡水管不得通过油舱,油管也不得通过淡水舱,如不可避免时,应在油密隧道或套管内通过。其他管子通过燃油舱时管壁应加厚,且不得有可拆接头。

(2)钢管应有防止锈蚀的保护措施,并在加工后施以保护涂层。

(3)应避免燃油舱柜的空气管、溢流管和测量管通过居住舱室,如有困难时,通过该类舱室的管子不得有可拆接头。

(4)油管及油柜应避免设在锅炉、烟道、蒸汽管及消声器的上方。如有困难,则应采取有效措施,防止油类滴在上述管路或设备的热表面上。

(5)所有蒸汽管和温度较高的管路,应包扎绝热材料,绝热层表面温度一般不应超过60 ℃。可拆接头及阀件处的绝热材料应便于拆换。

四、管路材料与管路等级

1. 管子的材料

根据材料的不同,管子可分为钢管、有色金属管、铸铁管及塑料管等,如表 4-3 所示。

(1)钢管

钢管包括碳素钢管和合金钢管。根据管子的结构形式分为无缝钢管和焊接钢管。

表 4-3　船用管子的材料

管子种类	材料牌号	使用温度极限(℃)
无缝碳素钢管	10,15,20,25,30,35,40,45,50	<350
焊接钢管	Q215A,Q235A,Q255A	
无缝合金钢管	15CrMo,16Mn,15MnV,1Cr13,2Cr13,3Cr13,1Cr18Ni9Ti	<450
紫铜管	T2,T3,T4,TUF,TU1,TU2	
铝黄铜管	HAl77-2	
铜镍合金管	NCu40-2-1,NCu28-2.5-1.5(蒙乃尔合金)	<250
黄铜管	H62,H68,H96,HSn70-1,HSn62-1,HPb59-1,Hfe59-1-1	
双合金管	10 + T2	
铝合金管	L4,L6,LF2,LF3,LF6,LF11,LF21(GB 3190)	<200
内部涂塑钢管	涂聚氯乙烯	<60
塑料管	硬聚氯乙烯塑料、聚乙烯塑料	

＊内部铜片厚度为 0.6～0.8 mm。

①无缝钢管。无缝钢管适用于高压系统。例如,常用 10、20 优质碳素结构钢无缝钢管作为介质温度低于 350 ℃ 的蒸汽、高压燃油和高压给水的管路。碳素结构钢 Q235A、Q255A 制成的无缝钢管用于介质温度低于 250 ℃ 的燃油、滑油、CO_2 气体、压缩空气和给水、乏气等管路。耐热钢 15CrMo 等制成的无缝钢管可用于介质温度小于 450 ℃、工作压力大于 4 MPa 的过热蒸汽管、锅炉管等。

②焊接钢管。焊接钢管可用 08、10、15、20 等优质碳素钢和 Q215A、Q235A、Q255A 碳素结构钢制成。适用于介质工作温度和压力均较低的管路,如燃油、滑油低压吸入、油舱注入、空气和测量管路及甲板栏杆、楼梯扶手等。

(2)有色金属管

有色金属管主要有紫铜管、黄铜管、铝合金管及铜镍合金管等。

①紫铜管。一般用于仪表的传压管、小直径油管、热交换器中的传热管和中、低压压缩空气管等。

②黄铜管。由于对大气、淡水、海水和蒸汽有较好的耐蚀性,又具有较高的导热性能,故常用作热交换器管。

③铝合金管。因其重量轻、耐腐蚀、塑性好但强度低,而适用于低温、低压介质的管路,如燃油管、滑油管及冷却水管。

(3)塑料管

塑料管是以合成树脂为主要成分,加入添加剂,在一定的温度、压力下加工塑制成型的。用于制造机器零件、工业容器、设备、管系的塑料称为工程塑料。该塑料一般具有较高的机械强度和较好的耐磨、耐蚀、耐热、减振和绝缘性能。船上所用的塑料管应根据其使用要求和塑料的成分、机械性能、耐温极限选用。塑料管的最大允许工作压力应不大于使用温度下爆破压力的 1/5,工作介质温度不超过 60 ℃ 和不低于 0 ℃。

塑料管一般用于低温、低压的管系。如甲板落水管、粪便水管、卫生水管、测量管等。塑料管不能用于消防管系、舱底管系、饮水管系和机器处所内的压载管系,也不能用于动力管系、输送油类或其他易燃液体的管系,以及管子漏泄或损坏后将使船舶增加浸水危险的海水管系等。

2. 管路等级

船舶管路中随着管路级别和用途不同,管子的材料、试验要求、连接形式和热加工工艺等也不同。对于不同用途的压力管路按其设计压力和设计温度分为三级,如表4-4所示。其中,管路设计压力是指其最高许用工作压力;设计温度则是管内流体的最高温度,但设计温度最低不少于50 ℃。

表4-4　管路等级

级别 参数 管路	Ⅰ级		Ⅱ级		Ⅲ级	
	设计压力 (MPa)	设计温度 (℃)	设计压力 (MPa)	设计温度 (℃)	设计压力 (MPa)	设计温度 (℃)
蒸汽和热油	>1.6	或 >300	≤1.6	和≤300	≤0.7	和≤170
燃油	>1.6	或 >150	≤1.6	和≤150	≤0.7	和≤60
其他介质	>4.0	或 >300	≤4.0	和≤300	≤1.6	和≤200

注:①管路设计压力或温度的其中一个参数达到表中Ⅰ级规定时,即定为Ⅰ级管路;管路设计压力或温度两个参数均达到表中Ⅱ或Ⅲ级规定时,即定为Ⅱ级或Ⅲ级管路。

　②表中其他介质是指空气、水、滑油和液压油。

　③不承受压力的开式管路,如泄水管、溢流管、透气管和锅炉放汽管等也定为Ⅲ级管路。

五、管路附件

管路附件是指船舶管路中的连接件、阀件、密封、滤器、热交换器、固定支架等。船舶上经常使用的管路附件都已经标准化,应用时可参考有关国家标准(GB)和船标(CB)选取。下面对管路中常用的连接附件、阀件、密封材料等加以介绍。

(一)连接附件

在管路中连接附件用于将机械、设备、仪表和管子等连接成一体,主要有螺纹连接、法兰连接、夹布橡胶管连接、膨胀接头连接等几种形式。

1. 螺纹连接

螺纹连接通常是用成品的螺纹接头作为连接件,螺纹接头一般用碳钢、镍铬钛钢、黄铜、青铜等制造。这种接头通常用于直径小于150 mm 的各种工质压力的管路上,如图4-1所示。除直接螺纹连接外,还有45°、90°、T 字形和活络管接头等。

2. 法兰连接

法兰连接又称凸缘连接,如图4-2所示。法兰连接是最可靠的连接方法之一,易于拆装,适用范围广,但外形尺寸和重量较螺纹接头大。

3. 夹布橡胶管式连接

将一段夹布橡胶管分别套于两根待连接的管子外壁上,

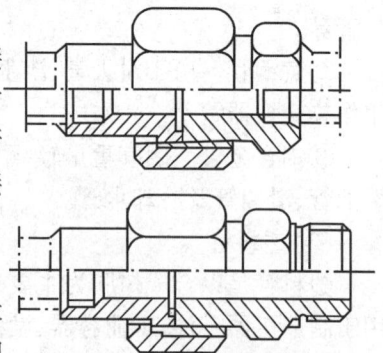

图 4-1　螺纹接头

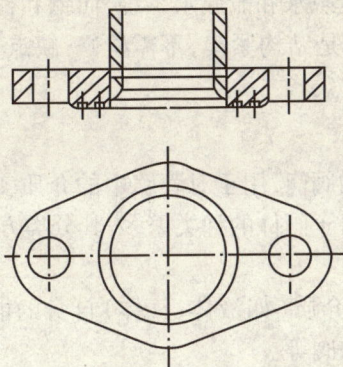

图 4-2　法兰连接

而后用金属夹子固定。这种方式只适用于低温、低压、小口径油水管路,结构简单,便于操作,有弹性,但寿命短。

4.膨胀接头

在管路中常设有膨胀接头,以防止当船体变形或管路受热膨胀时造成管路漏泄、管子弯曲或破裂。

图 4-3 为常用的三种弯管式膨胀接头,图 4-3(a)和图 4-3(b)适用于高温蒸汽管路,图 4-3(c)适用于温度较低的管路。其优点是补偿能力大,易于加工,使用方便;缺点是占地面积大,对工质阻力大,接头材料易产生疲劳。

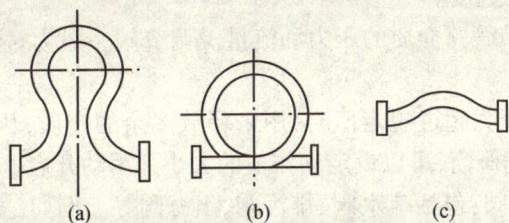

图 4-3　弯管式膨胀接头

图 4-4 为常用的两种波形膨胀接头,图 4-4(a)为钢质波形膨胀接头,其内部焊有一根中间固定的(也有一端固定的)光管,这种形式既可防止所送介质的压力损失,又适应管路的热胀冷缩,适用于柴油机和锅炉的排气管路。图 4-4(b)为胶质波形膨胀接头,也有钢和铜质的,其

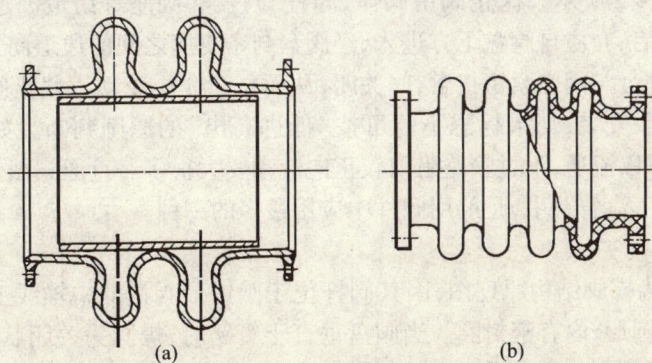

图 4-4　波形膨胀接头

中胶质的主要用于管路较长的压载水和舱底水系统,而钢和铜质的则主要用于柴油机排气管系和某些分油机的管路,其优点是结构紧凑,不需检修,缺点是承压能力小,只适用于低压管路,补偿能力小,使用寿命短。

(二)管路阀件

船舶管路中装有各式各样的阀门,用于对管路中的介质实现截止、调节、导流、防止逆流、稳压、分流、溢流泄压等功能。由于阀件的种类繁多,其分类方式也不尽相同。总体上,阀门主要有以下两大类:

第一类:自动阀门。指依靠介质(如液体、气体)自身的能力而自行动作的阀门,如止回阀、安全阀、减压阀、调节阀、疏水阀等。

第二类:驱动阀门。指借助手动、气动、电动、液动等方式来操纵的阀门,如截止阀、蝶阀、闸阀、球阀、旋塞阀等。

目前,根据国际、国内惯例,一般按照用途对阀门进行分类如下:

(1)开断阀:用来接通或切断管路介质,主要包括截止阀、蝶阀、闸阀、球阀、旋塞等基本类型。开断阀可以采用手动或其他动力驱动方式。

(2)止回阀:主要用来防止管路中的介质倒流,主要包括各种结构类型的止回阀。止回阀一般是自动控制的阀门。

(3)分配阀:分配阀用来改变管路介质流向或分配介质,如常用的三通阀、三通旋塞等。分配阀可以采用手动或其他动力驱动方式。例如,在主机冷却水系统中,常通过气动或电动三通阀来控制气缸冷却水的温度。

(4)调节阀:用来调节管路介质的压力和流量。调节阀一般为自动阀门,并可以设定动作值的大小。

(5)安全阀:在介质压力超过规定值时,用来释放多余的介质,从而保证管路系统及设备安全。安全阀一般是自动阀门,可以设定动作值的大小并手动开启。

(6)其他特殊用途的阀:包括疏水阀、排污阀、出海阀等。例如,安装在蒸汽凝水管路中的蒸汽疏水阀,安装在锅炉排污系统中的排污阀,安装在压载水排舷外管路中的出海阀。

下面,将介绍几种常用阀门的结构、工作原理及使用场合。

1. 截止阀

截止阀,又称普通型截止阀,是一种最常见的阀,用来将管路中的一段与另一段隔开,直通式截止阀结构如图4-5所示。截止阀由阀体、阀杆、阀盖和阀座等组成。逆时针方向转动阀杆,手轮上升,阀开启,介质自阀盘下方进入,经阀盘与密封座之间的通道向上流出。若顺时针方向转动阀杆,使阀盘与阀座紧密接触,阀关闭,从而截断介质流动。截止阀应按阀上标明的介质流动方向的箭头安装,如果标志不清可按"低进高出"的原则判断。如果截止阀反向安装,工作介质依然可以流通,不过管路阻力较正向流动要大很多。直通式截止阀一般用于日用海水、淡水、燃油和蒸汽管路中,是船用阀件中应用最多的一种。

2. 蝶阀

如图4-6所示为蝶阀结构原理图,因其阀杆位于圆饼形阀盘的中轴线上,形似蝴蝶,故而得名。其阀体亦呈圆形,内有密封圈。当阀盘垂直于管路时,蝶阀为关闭状态;当阀盘平行于管路时,蝶阀为全开状态。手动蝶阀上一般都标注有0°~90°的角度,对应于不同的开度。在开关过程中,阀杆只是在90°的范围内转动,其高度保持不变。蝶阀的密封面积较大,对工作

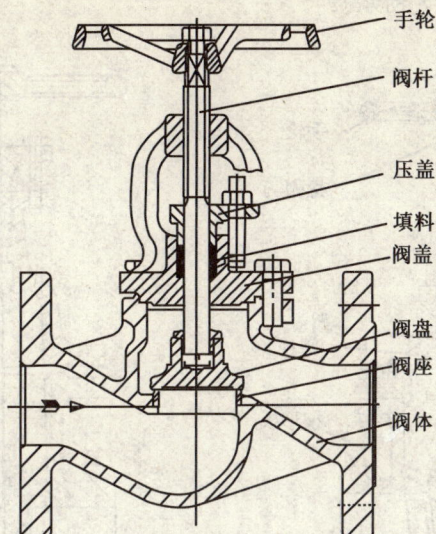

图 4-5　直通式截止阀

介质的洁净程度和温度有较高要求,并且不宜频繁开关;否则易导致泄漏。

在全开状态下,蝶阀对工质产生的阻力非常小;与截止阀和闸阀等相比,在通径相同时,蝶阀的重量要小很多。所以,在船上,蝶阀广泛应用在低压、大流量的场合,如各种冷却系统、压载水系统、消防水系统等。

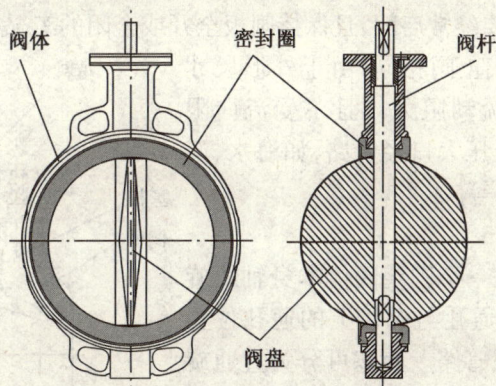

图 4-6　蝶阀

3. 闸阀

闸阀的阀盘为一楔形板,开关过程中产生平移而改变开度。其作用与截止阀相同,但只能是直通式,且无节流作用。根据其在开启状态下阀杆外移与否,可将闸阀分为两类:

(1)阀杆不向外移动的闸阀。其优点是高度尺寸较小,开启与关闭其高度均不改变。缺点是当转动手轮时无法知道内部闸板位置,需在阀的上部加设一套行程指示器。其阀杆、螺纹在本体内与工质接触,易腐蚀与损伤,如图 4-7 所示。

(2)阀杆向外移动的闸阀。其优点是开启时阀杆向外伸出的高度即表示了闸板的开启高度,且阀杆螺纹位于本体外部,与工质不接触,容易加注润滑剂。缺点是高度尺寸较大,并随闸板开启的增大而增大,如图 4-8 所示。

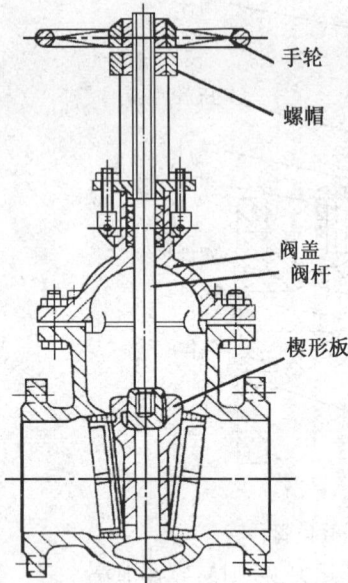

图 4-7　闸阀(阀杆不外移)

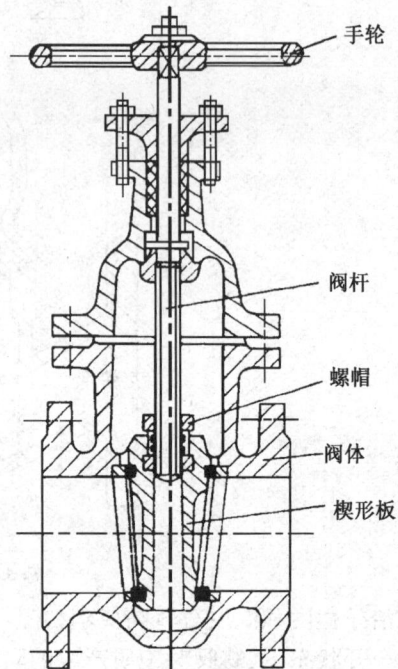

图 4-8　闸阀(阀杆外移)

当闸阀部分开启时,其闸板背面会产生涡流,引起闸板的振动和侵蚀,从而损坏密封面,因此,闸阀通常适用于不需要经常启闭,且保持闸板全开或全闭的工况,不适合节流使用。

闸阀的作用基本与截止阀相同,由于外形尺寸大,流通截面积大,工质流动阻力小且不受流向限制,开关省力,故常用于低压大口径管路,如海水、淡水、燃油、滑油及污水管路等。

4. 旋塞

旋塞的主要控制件是一个围绕阀体本身轴线旋转的塞芯,依靠塞芯上的通孔与阀体上的通孔位置不同来切断或接通某一段管路。旋塞可分为直通旋塞、三通旋塞、多通旋塞等类型,如图 4-9 所示为直通旋塞的结构。

旋塞的优点是通道面积几乎不变,介质流阻较小,开关转换迅速方便。其缺点是在转动时摩擦较

图 4-9　直通旋塞

大,易于磨损而失去紧密性。只适用于低温低压管路,一般用于公称直径不大于80 mm、温度不超过 100 ℃、压力不超过 0.6 MPa 的管路。

5. 球阀

球阀是由旋塞演变而来的,其阀芯是一个球体,球体可以绕阀体中心线旋转,从而实现阀的开启与关闭。其结构如图 4-10 所示。当球体的中心开孔方向与阀体的中心线方向一致时,球阀便处于开启状态;当球体的中心开孔方向与阀体的中心线垂直时,球阀则处于关闭状态。

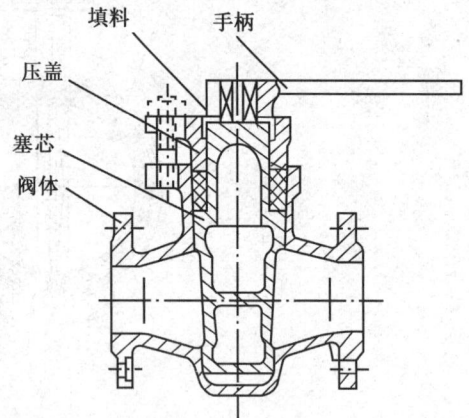

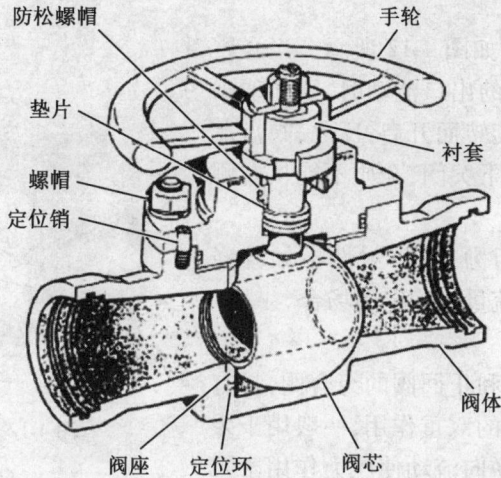

图 4-10 球阀

可见,只需要将球体旋转 90°,就能使球阀开启或关闭。

球阀的结构简单、紧凑,密封可靠,密封面与球面在常闭状态下不易被介质冲蚀,易于操作与维修,常用于淡水管路、锅炉清洗水泄放管路等。

6. 止回阀

止回阀又称单向阀,它使介质只能沿一个方向流动而不能倒流,分为升降式、旋启式和蝶式三种。

(1)升降式止回阀

升降式止回阀在船舶管路中应用较多,其结构如图 4-11 所示。当介质自阀盘下面向上流动时,则顶开阀盘,经阀盘与阀座之间的通道流出。若阀盘下面的介质停止向上流动,则阀盘将在自身重力和弹簧弹力的作用下下落,阀盘与阀座之间的通道关闭,阀盘上面的介质压紧阀盘和阀座,故不能倒流。

一般而言,尺寸较小的止回阀需要设置弹簧,而尺寸较大的止回阀,由于阀盘足够重,一般不设弹簧,仅靠阀盘自身重量关闭。由于阀盘靠重力落座,止回阀需要直立安装在管路上。

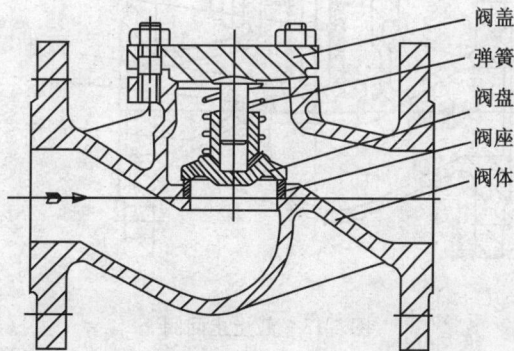

图 4-11 升降式止回阀

（2）旋启式止回阀

旋启式止回阀的结构如图 4-12 所示。当介质自阀盘左侧的进口向右侧的出口流动时，则顶动阀盘，使其绕阀座外的销轴旋转而开启；反之，阀盘在重力以及介质压力的作用下关闭，介质不能从右侧向左侧流动。

旋启式止回阀流动阻力小，密封性不如升降式，适用于低流速和介质流量较稳定的场合。

7. 截止止回阀

截止止回阀是截止阀和止回阀的组合阀，具有截止和阻止介质逆向流动的双重作用，一般用于泵的出口管路，以避免介质逆向流动使压力作用于泵

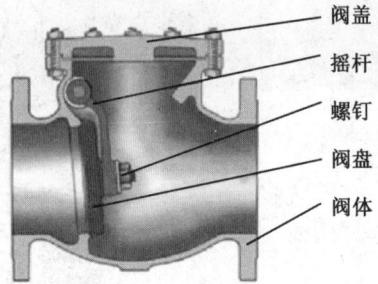

图 4-12　旋启式止回阀

上。图 4-13 所示为截止阀与升降式止回阀组合而成的截止止回阀，属于半自动阀门。

截止止回阀不能强制开启阀盘，阀杆上升阀盘不能随之提升，仅当阀盘下面介质的作用力大于阀盘上面的作用力时，才能开启阀盘，顶起高度取决于阀杆上升的高度和介质的流动情况；反之，当阀盘上面的作用力（阀盘重量、弹簧弹力和介质压力）大于下面的力时，亦即当介质逆向流动时，阀盘即下降而自动关闭，从而阻止介质逆向流动。顺时针转动阀杆可压紧阀盘，将阀强制关闭，从而截断介质的流动。和止回阀一样，尺寸较大的截止止回阀一般不设弹簧，也需要直立安装在管路上。

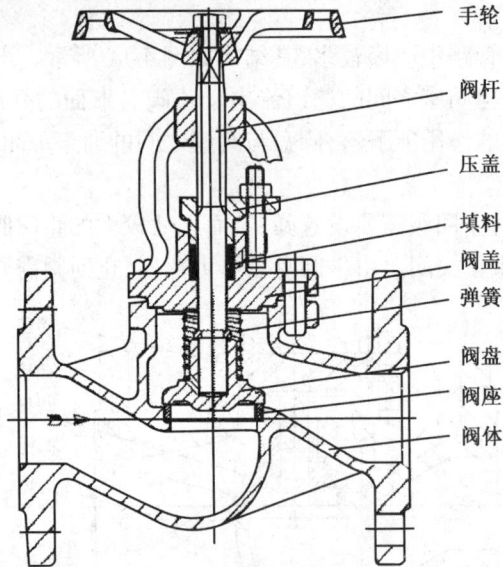

图 4-13　截止止回阀

8. 三通阀

三通阀的阀体有三个口，在管路中主要起到介质分流、分配、合流等作用，也可以用于流量调节。其阀芯结构可以有多种型式，但以三通球阀和三通流量调节阀（即三通控制阀）最为

常见。

（1）三通球阀

三通球阀主要有 L 形和 T 形两种结构形式，其结构如图 4-14 所示。其中，左侧的两个阀为 L 形，右侧的四个为 T 形。

L 形为垂直双孔道，主管道常通，通过阀杆带动阀芯旋转 90°，实现介质的流向在两个支流管道之间切换；T 形为三孔道，适用于介质的分流、合流或流向切换，通过不同的设定，可以使三个通道互相连通或使其中两个通道连通。

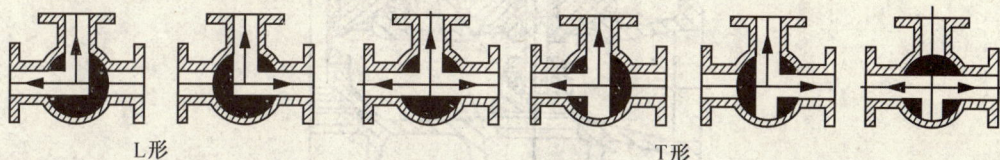

L形   T形

图 4-14 三通球阀

（2）三通调节阀

三通调节阀多采用 T 形三孔通道，其典型结构如图 4-15 所示。

按照流体作用方式的不同，三通调节阀可分为合流阀和分流阀。合流阀有两个入口，合流后从一个出口流出；分流阀有一个入口，经分流后从两个出口分别流出。当一个阀芯与阀座之间的流通面积增加时，另一个阀芯与阀座之间的流通面积会减少。

三通调节阀常采用气动、电动或电 – 液驱动方式，实现对压力、流量、温度等参数的调节或者对液体、气体等介质的配比调节与控制，广泛应用在各种船舶管路系统中。

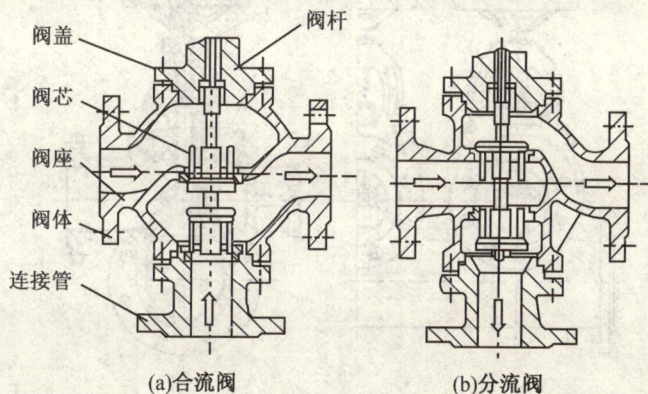

阀盖
阀杆
阀芯
阀座
阀体
连接管

(a)合流阀   (b)分流阀

图 4-15 三通阀

9. 阀箱

阀箱是由两个以上的阀组合在一起的组合体，便于集中管理和减少管系中的阀门数量。由于管系性质和连接方式不同，阀箱有各种型式；在阀箱本体内可以包括几个截止阀、止回阀或截止止回阀，可以制成单排或双排型式。按用途不同，可分为吸入、排出和调驳阀箱三大类。

（1）吸入阀箱

吸入阀箱是下部分开上部连通的单排阀箱，联数根据需要而定。吸入阀箱能将液体分别从每一个阀门的下部吸入阀箱内，然后由一个公用的排出室排出。图 4-16 所示为单排法兰式吸入截止阀箱的结构。采用截止止回阀的吸入阀箱常见于机舱舱底水系统中。

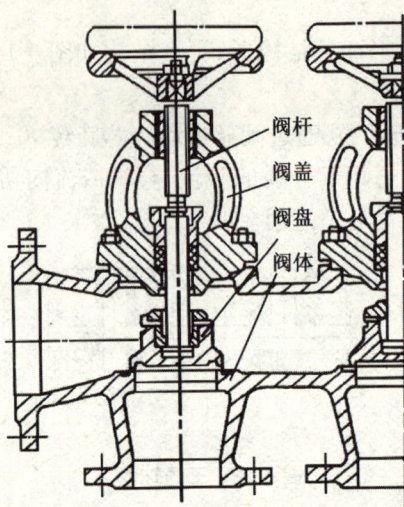

图 4-16 单排法兰式吸入截止阀箱

（2）排出阀箱

排出阀箱是上部分开而下部连通的单排阀箱，其联数根据需要而定。流体由阀箱下部的公共吸入室进入，然后由上部控制的阀分别排出。图 4-17 所示为单排法兰式排出截止阀箱的结构。

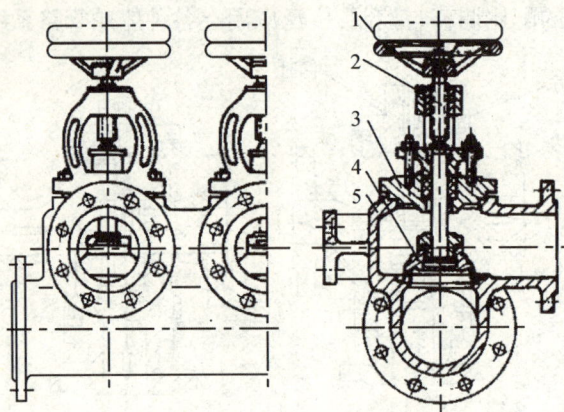

图 4-17 单排法兰式排出截止阀箱
1—手轮;2—阀杆;3—阀盖;4—阀盘;5—阀体

（3）调驳阀箱

将吸入阀箱和排出阀箱组合到一起，就构成了一种有公共吸入室和公共排出室的调驳阀箱，常用于燃油驳运系统与压载水系统，实现燃油储存舱之间、压载水舱之间的互相调驳。

图 4-18 为双排三联调驳阀箱结构示意图和外观图。阀箱分上、下两层，上层被分隔成左右两个空间，即 1、2、3 连通，4、5、6 连通;下层被分隔成前后三个空间，即 1 与 4、2 与 5、3 与 6 分别连通。阀箱中使用的六个阀门均为截止阀，介质可以从阀盘的下部流入，也可以从阀盘的上部流入。

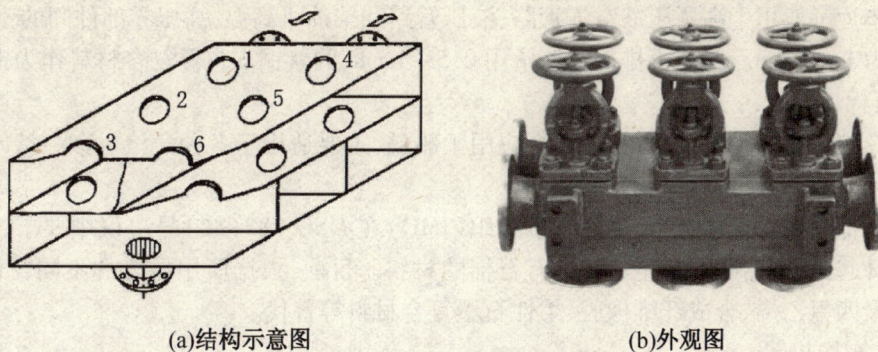

(a)结构示意图　　　　　　　　　　(b)外观图

图 4-18　双排三联调驳阀箱

如图 4-19 所示为使用双排三联调驳阀箱的燃油调驳系统工作原理图。其中,阀箱上部的两个空间分别与燃油驳运泵的排出口与吸入口相连通;下部的三个空间分别与三个燃油储存舱相连通,既可以是吸入口,也可以是排出口。

①燃油加装操作。由舷外向船内加油时,应将加油管路连接至加油站的通岸接头,打开截止阀 1、调驳阀 1(或 2、3),将燃油加入储存舱一或二或三。在此过程中,燃油从阀箱的上层流向下层,系统中的其余阀门应保持关闭。

②燃油驳出操作。欲将储存舱一(或二、三)的燃油驳至舷外,则可打开调驳阀 4(或 5、6)和截止阀 2,起动燃油驳运泵,经加油站将燃油驳出。在此过程中,燃油从阀箱的下层流向上层,系统中的其余阀门应保持关闭。

③燃油调驳操作。通过调驳阀箱,可以实现各燃油储存舱之间的互相调驳操作。例如,在系统中其余阀门保持关闭的前提下,打开调驳阀 4、截止阀 2、截止阀 1、调驳阀 3,起动燃油驳运泵,可将一舱的燃油调驳至三舱。

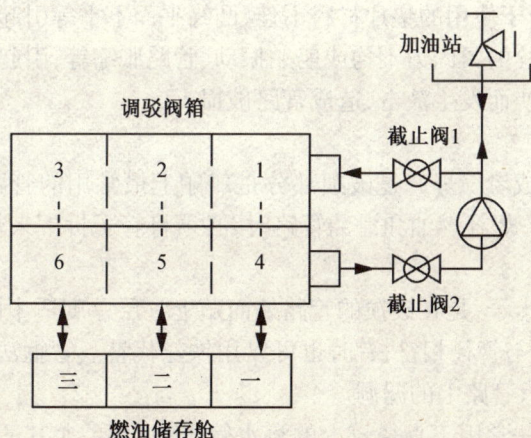

图 4-19　燃油调驳原理图

(三)管路密封材料

管路接头的密封件可以有效地防止管路介质的跑、冒、滴、漏现象,常用的类型有很多,如紫铜、橡胶、石棉、纸箔、塑料、复合材料等。

(1)紫铜垫片

紫铜垫片一般用于高压压缩空气管路、液压管路和柴油机高温、高压零部件间的密封。其厚度一般为 1~3 mm。柴油机排气管路常用 0.5~1 mm 的紫铜皮包覆复合材料作为密封件。

（2）石棉橡胶板

石棉橡胶板是一种复合材料，曾广泛应用于船舶，主要适用于各种蒸汽、海水、淡水（饮用水除外）、空气、烟气和惰性气体等管路。

由于石棉材料对人体有害，国际海事组织（IMO）在 MSC.282（86）号决议中要求，自 2011 年 1 月 1 日起，所有船舶应禁止新装含有石棉的材料。目前，根据所用场合的不同，石棉材料由相应的聚四氟乙烯、合成纤维橡胶、柔性石墨复合材料等替代。

（3）夹布橡皮

夹布橡皮是一种复合材料，适用于工作压力为 0.6 MPa 和工作温度为 60 ℃ 以下的低温、低压管路，如海水、燃油等管路。但不可用于蒸汽、高温水管路，以免其黏结。饮用水管路的密封应为无毒夹布橡皮垫片。

（4）聚四氟乙烯密封带

聚四氟乙烯密封带是一种塑料密封材料，一般用于工作压力为 0.6 MPa 和工作温度为 260 ℃ 以下的海水、淡水、空气和燃油等管路。

六、管路维修管理

1. 管路损坏的原因

（1）管路内残水未放干净，引起锈蚀或冻裂。

（2）在寒冷的冬季未能及时包扎而冻裂。

（3）管路内工质的流速太高或因焊接缺陷，造成管路内部过度磨损破裂。

（4）管路断续使用，时干时湿，内部最易产生腐蚀，特别是经过焊接加工的弯曲部分。

（5）管路在安装时，由于使用的垫片材料不佳、凸缘平面不平等引起泄漏和松脱。

（6）由于法兰连接螺栓的紧固力不均或船舶振动、管路胀缩等，引起泄漏或裂缝。

（7）蒸汽阀门开启过快而发生液击，造成管路破损。

2. 管路的修补

（1）焊补法。用电焊或者气焊修复破损部分是船舶上最常用的管路修补方法，适用于各种材质、各种介质的管路。焊补燃油和滑油管路时，必须将管子拆下来焊补，以防引起火灾或爆炸。

（2）管箍法。又称打卡子，是在破损的管路外面贴上一层厚度适中的橡皮，然后用管箍或卡子卡牢。使用的管箍要与管径相符，有时也可以用铁丝代替。管箍法常用于修复直径较小的低压海、淡水管路或蒸汽管路上的漏洞。

（3）打水泥。这种方法常用于直径较大的海水管子的堵漏，尤其适用于靠近船底板的大直径管子。预先将漏洞处的管壁清洗干净，用木板或铁皮制作一个简单的框架，再用铁丝将框架与管子相对固定，最后将拌和好的水泥灌注于框架与管壁之间。水泥干固后撤除框架即可。拌和水泥时宜掺入一定比例的沙子，水泥灌注好后应每隔 2~3 h 洒上些淡水，以防止产生裂纹。

（4）铁水泥修补。工业修补剂，俗称"铁水泥"，能与多种金属材料、水泥、塑料等良好黏合，可在常温下固化，坚硬耐磨。铁水泥价格较高，一般用于直径较小管路的应急堵漏。应用前,管路泄压、清洁,涂用后再用玻璃丝带包扎,待铁水泥干固后即可投入使用。

（5）环氧树脂修补。环氧树脂可替代铁水泥使用。环氧树脂泛指分子中含有两个及以上环氧基团的有机化合物,是一类重要的热固性塑料,广泛用作黏合剂、涂料等。固化后的环氧树脂对金属和非金属材料的表面具有优异的黏接强度。

3. 管路的管理

（1）熟悉管系资料

船舶管系资料反映本船管系设计和施工布置的情况,说明了管路的走向和管路中附件的情况及其所在位置,是轮机人员必须掌握的资料之一。因此,熟悉并掌握管系资料是做好管系管理的基础。

（2）管路的操作管理

对于各管路系统,在使用之前必须检查下列项目:

①检查或试验所有管路的畅通情况,以及管路附件工作状态是否正常,各阀门开关是否正确。

②检查管路连接部位的可靠性与密封性,不得有泄漏现象。

③排除气体管路中的水分、液体管路中的空气。

④检查管路与传动装置、机械设备连接的紧固情况。

（3）日常管理

①保持管路外表和内部的清洁。

②注意管路接头处的情况,发现泄漏及时排除。

③对润滑部位经常加注润滑油或润滑脂。

④定时清洗管路中的滤器。

⑤注意管路支架、紧固装置的牢固性,防止因松动造成事故。

（4）工作结束后的管理

①寒冷天气注意及时放掉有关管路附件中的积水,防止管路冻裂。

②拆卸或维修管路时,谨防杂物落入管内。

③对于重要的管系,在拆检、换新完毕后,要进行水压试验,或用其他方法检查其密封情况。

④定期清除管路上的铁锈,并涂以防锈漆。

第二节　船舶动力管系

一、燃油系统

1. 燃油系统的作用

船舶燃油系统是为主机、副机、燃油锅炉等供应足够数量和一定品质的燃油,以确保船舶动力装置的正常运转。

2. 燃油系统的组成

燃油系统一般由注入、储存、驳运、净化、供给和计量 6 个部分组成。根据船舶尺度、类型和柴油机机型、所用燃油品种等的不同，燃油系统的组成也有所差别。船用燃油主要有燃料油（fuel oil，缩写为 FO，俗称重油）和柴油（diesel oil，缩写为 DO，俗称轻油）两类。

（1）燃油的注入、储存和驳运

燃油的注入是指船舶所需燃油自船舶两舷甲板经注入阀（标准法兰）和注入管路注入燃油储存舱。注入时一般是利用岸上油泵或船上的燃油驳运泵。注油后将注油口封好，以防落入污物。

船上设有足够容量的储油舱，储备燃油以满足船舶最大续航力的需要。例如利用双层底的一部分作为双层底燃油舱，利用双层底至上甲板的两舷部分作为深油舱等。

燃油的驳运是为了满足使用和船舶稳性的要求，在各燃油储存舱、柜之间进行燃油的相互调驳。驳运泵有轻柴油和重油之分，且一般可互相代替。

（2）燃油的净化

对于燃油中所含的水分和杂质，通常采用加热、沉淀、过滤和分离等方法进行净化和处理。燃用轻柴油的小型船舶主要采用滤器净化燃油。大中型船舶多燃用劣质的燃料油，多采用沉淀柜、滤器和分油机来净化。

沉淀法是靠油、水、杂质的密度不同进行沉降分离。根据燃油品质的不同，一般燃油在沉淀柜中至少放置 12 h，以使大颗粒杂质尽可能沉淀。劣质燃油在常温下较难沉淀，应在有加热装置的沉淀舱（柜）中进行沉淀净化。推荐重柴油沉淀时间不少于 12~16 h，燃料油不少于 20~24 h，渣油不少于 36 h。

燃油中的一些水分和较小颗粒的杂质需采用离心分离法净化。分油机是最好的净化设备，一般至少有两台。对劣质燃油净化可采用分油机串联处理，净化效果比较理想。当燃油中含有较多水分和杂质时常采用分油机并联运行，可获得较好的分离效果。

燃油通过沉淀、分离处理后，较大颗粒杂质已被除去，燃油中悬浮的微小颗粒则由系统中的粗、细滤器予以滤去。粗滤器可以滤掉直径大于 0.1~0.2 mm 的杂质，细滤器可以滤掉直径大于 0.05 mm 的杂质。

如图 4-20 所示为常见的船舶劣质燃油净化系统。通过调驳阀箱 1，燃油被驳运泵从油舱送入沉淀油柜 5，每次补油量限制在液位传感器 3 与 3′ 之间。自动调节蒸汽流量的加温系统加速油的沉淀分离，并且可使沉淀油柜提供给供油泵 7 的油温变化幅度很小。供油泵后设气动恒压阀 9 和流量控制阀 9′，以确保平稳地向分油机输送燃油，有利于提高净化质量。燃油进入分油机前，通过分油机加热器加温，加热温度由温度控制器 10 控制，使进入分油机的燃油温度几乎保持恒定。系统设有既能与主分油机串联也能并联的备用分油机，还设有备用供油泵，提高了系统的可靠性。分油机所分的净油进入日用油柜 15，日用油柜设溢流管。在船舶正常航行的情况下，分油机的分油量将比柴油机的消耗量大一些，故在吸入口接近日用油柜底部设有溢流管，可使日用油柜底部温度较低、杂质和水含量较多的燃油引回沉淀柜，既实现循环分离提高分离效果，又使分油机起停次数减少，延长分油机使用寿命。沉淀柜和日用柜都设有水位传感器 6、16，以提醒及时放残。

（3）燃油的供给

燃油供给系统用于将相应的燃油输送到主机、副机和燃油锅炉，主要包括日用柜、供给泵、

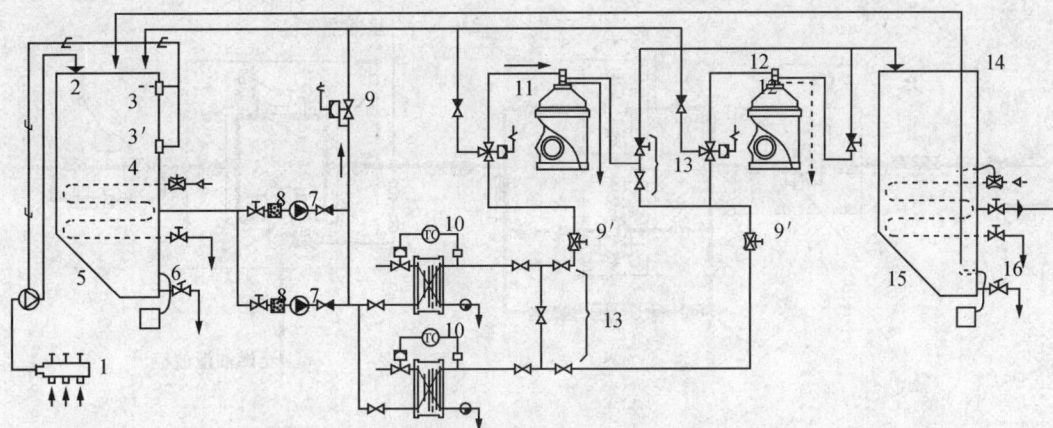

图 4-20　劣质燃油净化系统

1—调驳阀箱;2—沉淀油柜燃油进口;3—高位报警;3′—低位报警;4—温度传感器;5—沉淀油柜;6、16—水位传感器;7—供油泵;8—滤器;9—气动恒压阀;9′—流量控制阀;10—温度控制器;11、12—分油机;13—连接管;14—日用柜溢油管;15—日用油柜

细滤器等,是燃油系统的核心。一般情况下,主机、副机和燃油锅炉都有各自的燃油供给系统。

①典型的主机燃油供给系统

目前,船舶主机燃油供给系统常以模块化的形式安装到机舱内,故又称燃油单元。图 4-21 是现代船舶主机所普遍采用的燃油供给系统。

从轻油日用柜或重油日用柜来的燃油,经燃油单元加压、加热后,供主机燃烧所用,主机燃用不了的燃油可以返回燃油单元或直接回到轻、重油日用柜。该系统布置为整体式燃油单元,其构成包括轻/重油三通转换阀、供给泵进口粗滤器、燃油供给泵、燃油自清滤器、燃油流量计、混油桶、燃油循环泵(或增压泵)、加热器、测黏计、缓冲器,以及控制箱。

轻油或重油经三通转换阀,首先通过供给泵进口粗滤器。粗滤器为双联滤器,一般单个工作,互为备用,滤器自带压差计。燃油通过粗滤器后,由燃油供给泵吸入加压。供给泵为两台螺杆泵或齿轮泵,互为备用,当运行的供给泵出现故障时,燃油单元控制箱将自动转换备用泵。供给泵工作压力为 0.4 MPa 左右。经供给泵加压的燃油进入燃油自清滤器。自清滤器能够定时或进、出口压差过大时自动反冲洗。用压缩空气自动反向冲洗滤器,无须人工拆洗。当自清滤器功能失灵时,可以转换到其自带的旁通滤器。自清滤器也带有压差计。

从自清滤器出来的燃油进入流量计。流量计可以准确地测量主机燃用燃油数量。流量计有旁通管路,以备流量计堵塞或需要清洗时旁通燃油。流量计后连着混油桶。从混油桶出来的油再经过循环泵加压、加热器加热进入主机,部分燃油从主机返回混油桶,进入下一循环。混油桶顶部带有除气阀,可以放出燃油中混入的空气。此外,混油桶还有一个很重要的作用,当主机进行轻、重油转换时,两种油在混油桶中混合可以避免油温突变。循环泵将燃油进一步加压到 0.8 ~ 1.0 MPa。加压后的重油,进入加热器可以加热到较高的温度而不会汽化,同时满足主机燃油喷射系统对进油压力和温度的要求。循环泵同样为两台螺杆泵或齿轮泵,互为备用。

两台加热器采用蒸汽加热重油,可以单独使用,也可以并联使用。蒸汽管上安装有自动控制阀,可以控制进入加热器的蒸汽量,从而自动调整燃油加热温度。重油进入主机前,需加热

(a)

(b)

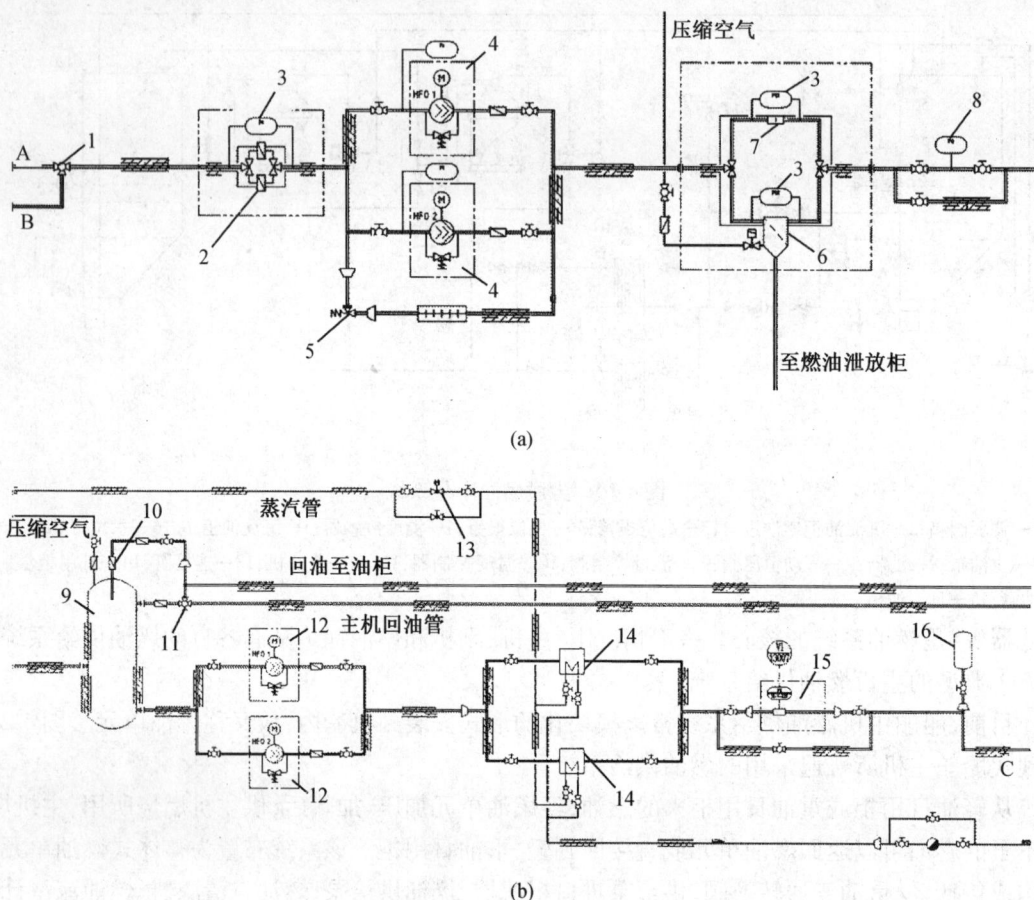

图 4-21　燃油供给系统

1—轻/重油三通转换阀；2—双联粗滤器；3—压差计；4—燃油供给泵；5—调压阀；6—自清滤器；7—旁通滤器；8—流量计；9—混油桶；10—除气阀；11—回油三通阀；12—燃油增压泵；13—蒸汽流量自动调节阀；14—加热器；15—黏度测量单元；16—缓冲器；A—重油管；B—轻油管；C—燃油单元至主机油管

使其黏度降为 10~15 cSt，才能满足雾化的要求。若主机燃用的是 IFO 180 cSt 重油，通常要加热到 120 ℃左右。重油加热后，进入测黏计及其并联管路。测黏计测量燃油黏度，将黏度信号送入燃油单元的控制箱，控制箱依程序自动控制加热器蒸汽加热阀开度，增加或降低燃油温度，从而控制燃油进机黏度在要求的范围内。

燃油最后经过缓冲器的缓冲后，流出燃油单元。缓冲器的作用是通过容器内部形成的气垫保持燃油压力的稳定。燃油从燃油单元出来，流经双联进机细滤器，进入主机高压油泵入口。进机细滤器有两个，互为备用，对进机燃油进行最后的过滤。

为确保重油在管路中流动时温度不降低，需要在系统中设置蒸汽伴热管或电加热丝，并通过隔热材料将其与燃油管路包覆在一起。在柴油机燃用重油时，需要保持伴热管路的运行。

②典型的副机燃油供给系统

船舶副机燃油供给系统的组成和主机燃油供给系统基本相同，只是一般需要在系统中额外设置一台排压在 0.8~1.0 MPa 的应急柴油泵，以及相应的应急柴油管路。该柴油泵需要连接应急电源，可在全船失电时运转，以便向副机提供一定压力和流量的柴油。

③共用、加压的燃油供给系统

在某些船舶上,其主机、副机共用一套与图4-21所示系统大体相同的燃油供给系统,以减少设备的数量,节省船舶的初投资和维护保养费用。系统中也需要为副机单独设置一台应急柴油泵。

(4)燃油的测量

为了及时了解燃油舱(柜)中的燃油储量、主机的燃油消耗量和系统中各处的燃油温度与压力等,在燃油系统中还设有测量与指示装置,如链尺、液位遥测装置、流量计、温度计和压力表等。

3.燃油系统的管理要点

(1)加装燃油是一项十分重要的工作,在加装过程中必须遵守有关规定。

(2)航行中要密切注意沉淀柜和日用柜的油位,及时驳油与分油;值班过程中定期对油柜放残。当船舶在大风浪中航行时,要尽量保持油柜的高油位,并勤洗滤器,以防止油柜底部沉积的油渣泛起而堵塞滤器,造成断油停车事故。

(3)供油系统中要避免空气的存在,特别是在拆装滤器和高压油管后,应注意及时驱气。

(4)在进行重油舱之间的相互调驳时,要确认各阀门的开关是否正确,以免将燃油误驳至舷外造成恶性污染事故。

(5)主机一般燃用重油,在进、出港等机动航行时,如需要可换用轻柴油,以确保主机的机动性能,并有利于在停车前置换掉管系中的重油,避免其在管路中凝固,易于再次起动。在轻、重油的转换过程中,必须防止油温的突然升高或降低;否则可能会使喷油泵的柱塞或喷油器的针阀卡死。

(6)注意对各环节重油温度的控制。在柴油机、锅炉等燃油设备的说明书中,会对不同规格的重油在不同环节的加热温度提出明确要求。对于船舶常用的180 cSt和380 cSt重油,在燃油系统各环节的加热温度参考值如表4-5所示。

表4-5　重油加热温度参考值

部位	180 cSt(50 ℃)燃料油		380 cSt(50 ℃)燃料油	
	加热温度(℃)	对应黏度(cSt)	加热温度(℃)	对应黏度(cSt)
油舱	35	400	40	700
沉淀柜	60	110	70	120
分油机	96	25	96	40
日用油柜	70	70	80	80
雾化加热器	98~123	24~12	112~137	24~12

二、滑油系统

1.滑油系统的作用

滑油系统的主要任务是向主、副机等的运动部件提供足量而清洁的润滑油,并具有减小摩擦、带走部分热量、洗涤摩擦面、密封、防蚀、减噪等作用。

2. 滑油系统的组成

船用润滑油种类较多,除了常用的曲轴箱油、透平油(即涡轮增压器润滑油)和气缸油外,还包括冷冻机油、液压油、齿轮油等。通常所说的滑油系统主要指曲轴箱油、透平油和气缸油系统。目前,多数船用柴油机的涡轮增压器采用曲轴箱油润滑,故而取消了透平油。

(1)曲轴箱油润滑系统

柴油机曲轴箱油又称系统油,依柴油机结构不同分为湿底壳式和干底壳式滑油系统。

①湿式油底壳滑油系统。滑油存放在柴油机油底壳中,柴油机正常运转时,由机带的滑油泵抽吸油底壳滑油,经滑油冷却器送至各润滑部位,润滑后流回油底壳,构成独立的润滑系统。此种滑油系统的特点是结构简单,柴油机自带滑油泵,管路依附于机体上,油底壳存油量少。但该系统的缺点是油底壳中的滑油将经常受到燃烧室泄漏的高温燃气的污染,容易变质,故滑油的使用寿命短。这种系统经常用于小型柴油机动力装置。

图 4-22 所示为典型的瓦锡兰 4L20 柴油机的曲轴箱油润滑系统。该柴油机用作船舶副机,采用了湿式油底壳滑油系统,整个系统部件均安装在柴油机本体上。

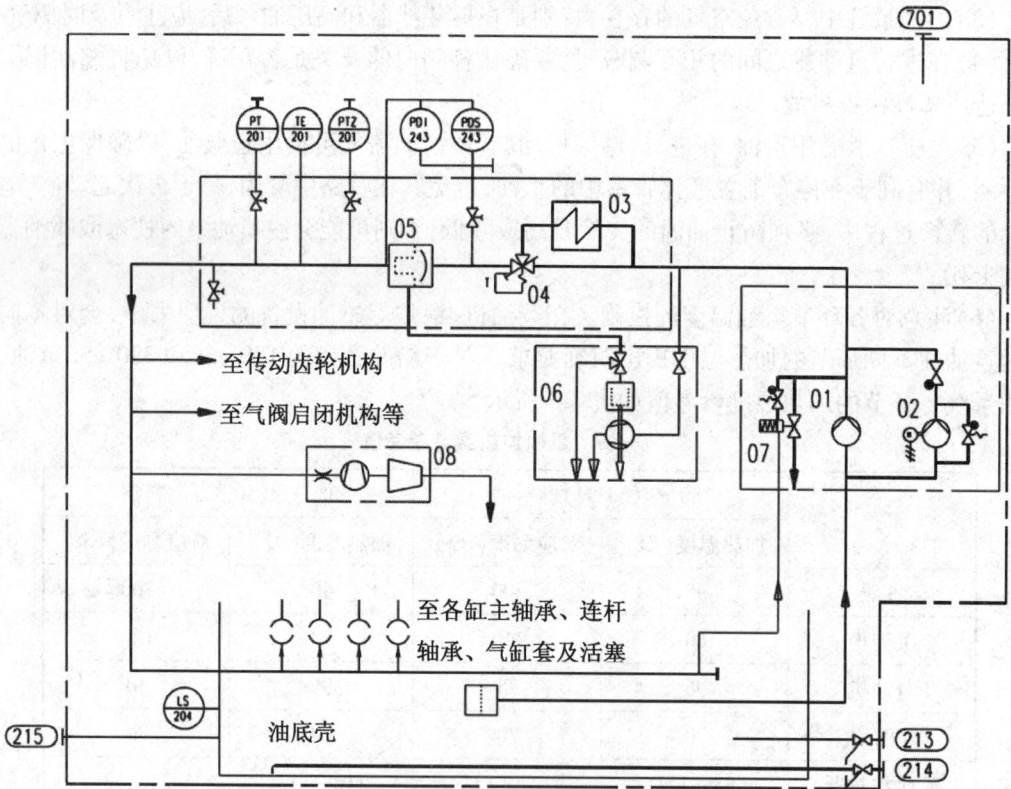

图 4-22　瓦锡兰 4L20 柴油机曲轴箱油润滑系统

01—滑油泵;02—预润滑泵;03—滑油冷却器;04—恒温阀;05—自清滤器;06—离心滤器;07—调压阀;08—增压器;213—滑油进口(自分油机或储藏柜);214—滑油出口(至分油机或泄放舱);215—加油口;701—透气口

在副机备车状态下,电动预润滑泵(接应急电源)02 运转(排压 0.15 MPa 左右),维持滑油在系统中循环。副机起动后,机带滑油泵 01 工作(排压 0.45 MPa 左右),作为压力润滑的动力源,此时预润滑泵自动停止。油泵排出的滑油首先进入滑油冷却器 03,然后进入自清滤器05。自清滤器靠滑油自身进行反冲,反冲出的油渣进入离心滤器06被进一步分离净化。离心滤器采用滑油泵的排油作为动力,靠离心力的作用将油渣分离并储存于滤器内部,洁净的滑油则排至油底壳循环使用。所以,离心滤器应每250 h进行解体清洁。经自清滤器过滤后的滑油则被分成若干个支路:

支路一,至主轴承,并经曲轴内部的钻孔至连杆大端轴承,再经连杆内部钻孔至小端轴承,并供应至活塞实现活塞的冷却;另有一部分滑油经连杆大端轴承的缝隙流出,被转动的连杆大端甩至气缸套的下部,实现气缸飞溅润滑。此支路的滑油最终会回流至油底壳。

支路二,至增压器,润滑增压器轴承,然后回流至油底壳。

支路三,至凸轮轴轴承、气阀机构、喷油泵驱动机构等,实现相关部件的润滑。因此类用途的滑油量少,且容易被污染,一般不再回流至油底壳,而是被泄放到污滑油舱或泄放油舱。

支路四,至各种传动齿轮机构,如定时齿轮、调速器齿轮、机带泵齿轮等,润滑各摩擦表面后,也被泄放至污滑油舱或泄放油舱。

在工作过程中,滑油需要润滑气缸套,容易被污染甚至变质,因此,需要定期使用分油机净化(每运转500 h左右),并且要定期换新(每运转1 000 h左右)。净化和换油均应通过接口213、214上的双联截止阀进行。此外,也可通过No.2气缸道门油尺处的加油口进行补油。滑油系统还设有透气口701与大气相通,以维持曲轴箱内的压力稳定。

②干式油底壳滑油系统。滑油存放于单独设置的滑油循环舱(柜)中,其系统布置一般为:滑油循环舱(柜)设置于柴油机油底壳之下,滑油泵自其内吸油,经滑油冷却器冷却后送至各润滑部件,润滑后借助重力流回柴油机底部,最后流回滑油循环舱(柜)。

大中型柴油机的滑油系统,以干式油底壳滑油系统居多,其特点是储油量大,滑油沉淀与净化处理方便,冷却充分和滑油使用寿命长。但其所占位置较大,管路较为复杂。

如图4-23所示为MAN B&W MC系列柴油机的曲轴箱油润滑系统,该系统为主机曲轴箱运动部件、凸轮轴、排气阀液压油泵以及增压器轴承提供滑油。

滑油润滑主机各部件后,通过曲轴箱前后两个泄油孔S流入到滑油循环柜。主滑油泵从滑油循环柜吸入滑油,滑油进泵前经过进口滑油粗滤器过滤。主滑油泵有两台,一般为三螺杆泵,互为备用。主滑油泵设置有安全阀兼旁通阀,既可以在泵的排压过高时沟通吸、排管路泄压,又可以通过调节其开度而调整系统的工作压力。

滑油经主滑油泵加压后,在三通调温阀的控制作用下,一路进入滑油冷却器(一般为板式换热器)被冷却,另一路进入滑油冷却器的旁通管路。滑油进机温度要求在40~50 ℃之间。调温阀通过传感器测量滑油进机温度,自动控制冷、热油进入调温阀的比例,从而使滑油温度保持在设定值。从调温阀出来,滑油进入滑油自清滤器进行过滤。滑油自清滤器的功能和燃油自清滤器一样,按时间或当滤芯脏堵时,自动使用压缩空气反冲洗滤芯。系统中还设有旁通滤器,可以在自清滤器工作不正常时投入使用。

经过过滤的滑油由进油总管分成两路进入主机。一路润滑曲轴主轴承、尾部的推力轴承及首部的传动链轮;另一路向十字头输送滑油,这一路又分出两个支路:一个支路向凸轮轴及排气阀液压油泵供油,另一支路向增压器轴承供油。

滑油润滑主机的这些运动副后,又返回曲轴箱,从而实现系统的循环。

(2)曲轴箱滑油净化系统

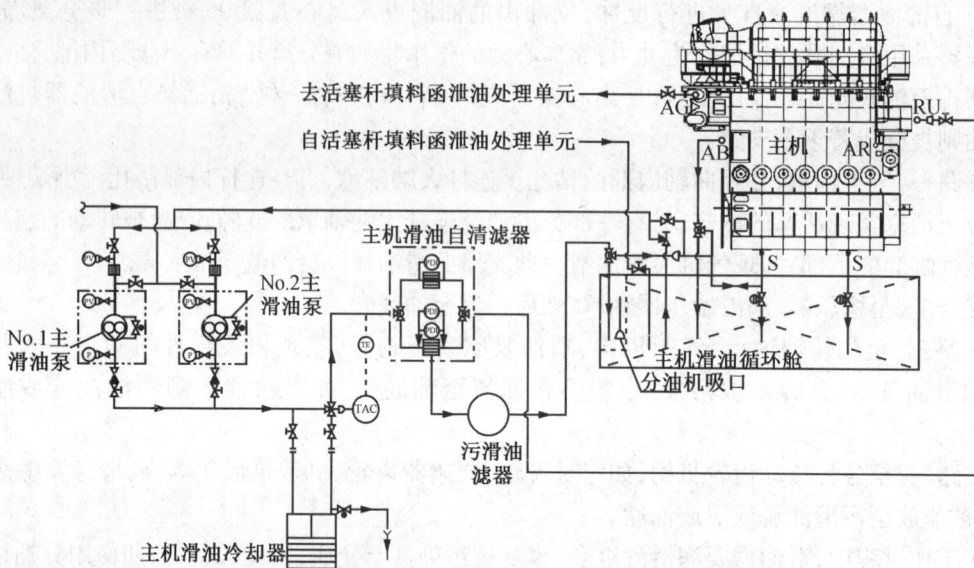

图 4-23　MAN B&W MC 系列柴油机曲轴箱油润滑系统

曲轴箱滑油在使用时通常不会丧失润滑性能,但可能变得具有腐蚀性。滑油的腐蚀性会使轴颈变得粗糙,从而破坏轴颈和轴承间油膜,加重轴承的磨损,甚至发生烧瓦抱轴的恶性事故。

滑油自身的氧化会使其具有腐蚀性。在正常使用条件下,滑油氧化进程非常缓慢。但滑油使用时产生的一些杂质会加速氧化过程。杂质主要包括轴承副运动产生的铜铁磨损颗粒及机械杂质,滑油自身氧化产生的漆皮状氧化物。这些杂质通常通过曲轴箱滑油净化系统连续不断地从滑油中净化出去,从而减小滑油的氧化程度。

曲轴箱滑油净化系统的核心设备是滑油分油机。对于大型柴油机,独立于分油机的油泵将滑油从主机滑油循环柜抽出,经加热器加温后进入分油机分离。分离后的滑油,返回主机滑油循环柜。曲轴箱滑油净化系统除了能够净化滑油,还可以在备车暖机时加热滑油,起到预热的作用。对于中小型柴油机的曲轴箱油,因其油量有限,一般采用全部滑油换新法,因而可以不设置净油系统。

(3)气缸油润滑系统

对于中小型的筒形活塞式柴油机,其气缸润滑一般通过连杆大端甩出并飞溅到气缸壁上的滑油来实现,故而不需要单独设置气缸润滑系统。

如图 4-24 所示为 MAN 系列柴油机所广泛使用的气缸油电子注油系统,即 alpha 电子注油系统。在柴油机每个气缸的缸套中部突肩处,钻有若干个贯穿的孔(一般 4 ~ 8 个),气缸油注油接头插在孔中,按一定规律向气缸内喷入气缸油,活塞上下运动,活塞环将滑油均匀分布在缸套表面,从而达到润滑活塞环和缸套的目的。

该系统包括气缸油储存柜、气缸油驳运泵、气缸油日用柜、气缸油泵站、alpha 电子注油器、注油接头、控制箱及控制面板等。

气缸油日用柜一般位于机舱较高处,气缸油靠重力进入柴油机本体上的气缸油泵站。气缸油经油泵加压到 4.5 MPa 左右,送到每个缸的电子注油器。气缸油泵有两个,互为备用。每

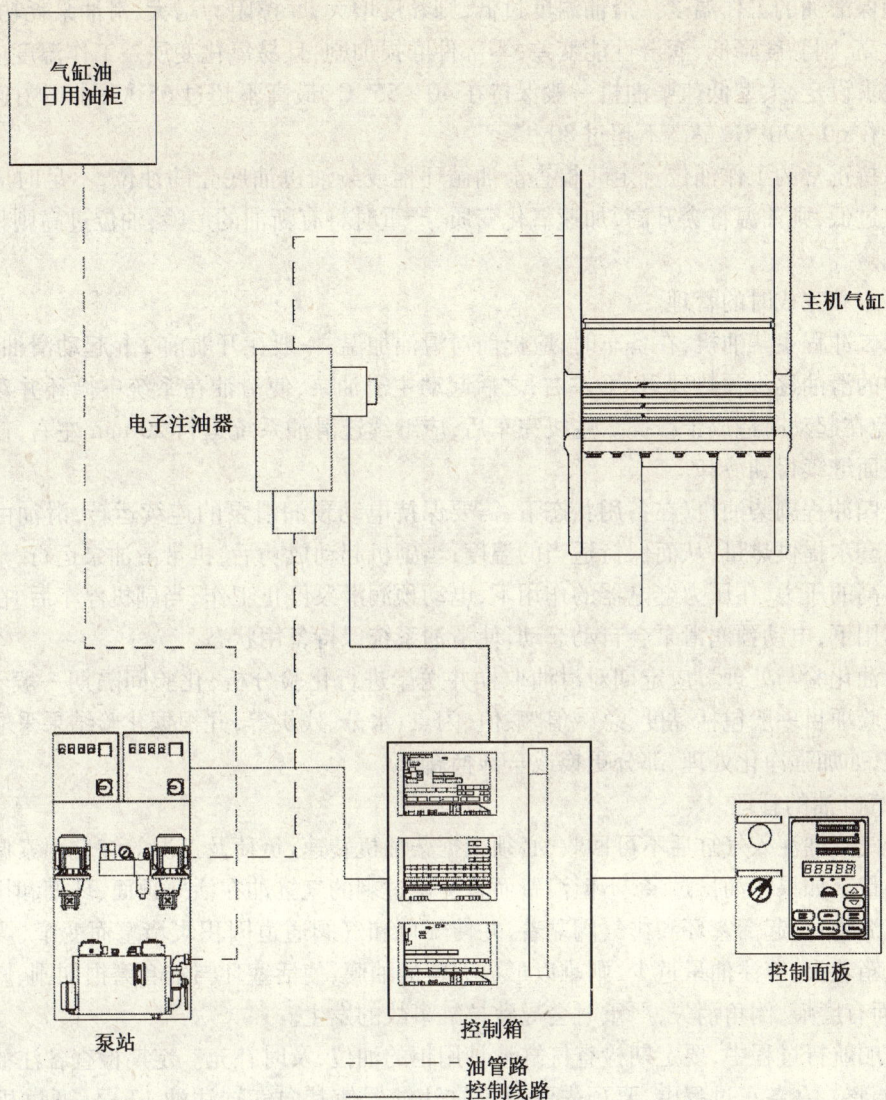

图 4-24 气缸油电子注油系统

个气缸有一个电子注油器。当活塞上行至第一道活塞环经过注油枪时,注油器通过油管向各注油枪注油,润滑活塞环及缸套。通常,曲轴每转 2～4 转,注油器注一次油。每次注油量是固定的,注油频率是可变的,系统通过程序根据缸内平均有效压力改变注油频率,从而改变注油量的大小。

3. 滑油系统的管理要点

(1)曲轴箱油的管理

①确保滑油的工作压力。滑油压力是柴油机最重要的工作参数之一,若压力过低,可能会导致柴油机降速甚至停车。工作压力应按照说明书的要求调节,大型低速柴油机一般保持在 0.2～0.4 MPa,小型中速柴油机一般保持在 0.4～0.5 MPa。滑油压力应高于冷却水的压力,可通过滑油泵的旁通阀调节。

②确保滑油的工作温度。滑油温度过低,则黏度增大,摩擦阻力增大,滑油泵耗功增加;滑油温度过高,则黏度降低,润滑性能变差,零部件磨损加剧,且易氧化变质。工作温度应按照说明书的要求设定,大型低速柴油机一般保持在 40 ~ 55 ℃,最高不超过 65 ℃;小型中速柴油机一般保持在 60 ~ 70 ℃,最高不超过 80 ℃。

③保持正常的工作油位。定时检查滑油循环柜或柴油机油底壳的油位,不足时应及时补充。油位过低,则油温将会升高,加速氧化变质,严重时将有断油的危险;油位过高则将可能造成溢油危险。

④备车和完成时的管理。

对于二冲程主柴油机,在备车时,应提前对滑油加温,一般在开航前 2 h 起动滑油分油机,使系统中的滑油逐步预热到 38 ℃左右;之后起动主滑油泵,使滑油在系统中循环并对各部件预热,避免在起动时造成干摩擦。主机完车后,应继续让滑油系统运行 20 min 左右,使柴油机各润滑表面继续得到冷却。

对于四冲程副柴油机,在备用状态下,需要保持电动预润滑泵的连续运转,滑油由在运行副机的缸套水提供热量,从而保持适当的温度;当副机起动成功后,机带滑油泵运行,滑油系统建立足够高的压力,在压力继电器的作用下,电动预润滑泵停止工作;当副机停车后,在压力继电器的作用下,电动预润滑泵会自动起动,使滑油系统保持备用状态。

⑤滑油化验与处理。应定期对滑油取样并送岸进行化验分析,化验间隔期一般不超过 6 个月。化验项目一般包括黏度、总碱值、酸值、闪点、水分、残炭等,并根据化验结果采取相应的处理措施,如加强净化处理、部分更换或全部换新。

(2)气缸油的管理

由于气缸油注入气缸后不可回收,必须根据柴油机转速、负荷及工况等综合因素调节注油器的注油量。如果注油量过多,不但浪费而且会使过剩的气缸油在活塞顶面、环槽和排气阀等处形成沉淀物,引起活塞环和排气阀黏着,并使气口和气阀通道因积炭堵塞而变窄,严重时将导致扫气箱着火;若注油量过少,则难以形成完整的油膜,使活塞环与缸套磨损加剧、燃气漏泄严重、环面有磨痕,倒角消失,严重时会导致拉缸事故的发生。

在船舶航行过程中,要定期检查气缸油日用柜的油位,及时补充。定期检查各注油器的工况,及时调整。在备车过程中,要预先驱动气缸注油器使其向气缸注油 12 次(通过机旁手摇或集控室的"预润滑"按钮),以避免在盘车、起动过程中活塞和气缸间的干摩擦,有利于柴油机的起动。在扫气箱检查和检修吊缸过程中,要注意检查缸内各注油口出油量和布油情况,发现问题应予以解决。

三、冷却系统

1.冷却系统的作用

冷却系统的作用就是把充足、连续和温度适宜的冷却介质供给柴油机动力装置的各个需要冷却的部位,将其多余的热量带走,确保船舶动力装置正常可靠地工作。

船舶动力装置中使用的冷却介质主要有海水、淡水、滑油、燃油和空气等,其中最常用的是海水和淡水。

2.冷却系统的形式

在柴油机动力装置中,根据冷却方式和工作特点的不同,冷却系统可分为以下几种形式:

（1）开式冷却系统

开式冷却系统是用海水作为冷却剂冷却淡水、滑油、增压空气和空气压缩机等。系统的基本组成是海底阀和大排量海水泵。冷却系统所需的设备和管路少、维护管理方便、水源丰富，是船上应用最早的冷却方式。但是由于开式冷却系统的冷却介质为舷外水，水质和水温变化较大，容易使零部件冷却水腔积垢和堵塞，使受热零部件产生过大的热应力。特别是海水，当水温达到 50～55 ℃时，海水中的盐分会大量析出，积垢则更为严重，因此水温不可超过 45 ℃。开式冷却系统主要用于某些小型船舶柴油机和对冷却水要求不十分严格的各种热交换器、空气压缩机、排气管、艉轴管等的冷却。

（2）闭式冷却系统

由于受热件工作条件不同，所要求的冷却液温度、压力和基本组成也各不相同，因而各受热件的冷却系统通常由几个单独的系统组成。对于传统的柴油机，可分为缸套和气缸盖、活塞、喷油器 3 个闭式淡水冷却系统。但目前，大型柴油机的活塞一般采用曲轴箱滑油冷却，喷油器采用燃油循环冷却，因而仅有气缸套和气缸盖采用闭式淡水冷却。

①大型主柴油机的缸套冷却水系统

如图 4-25 所示为 MAN B&W MC 系列柴油机缸套冷却水系统。

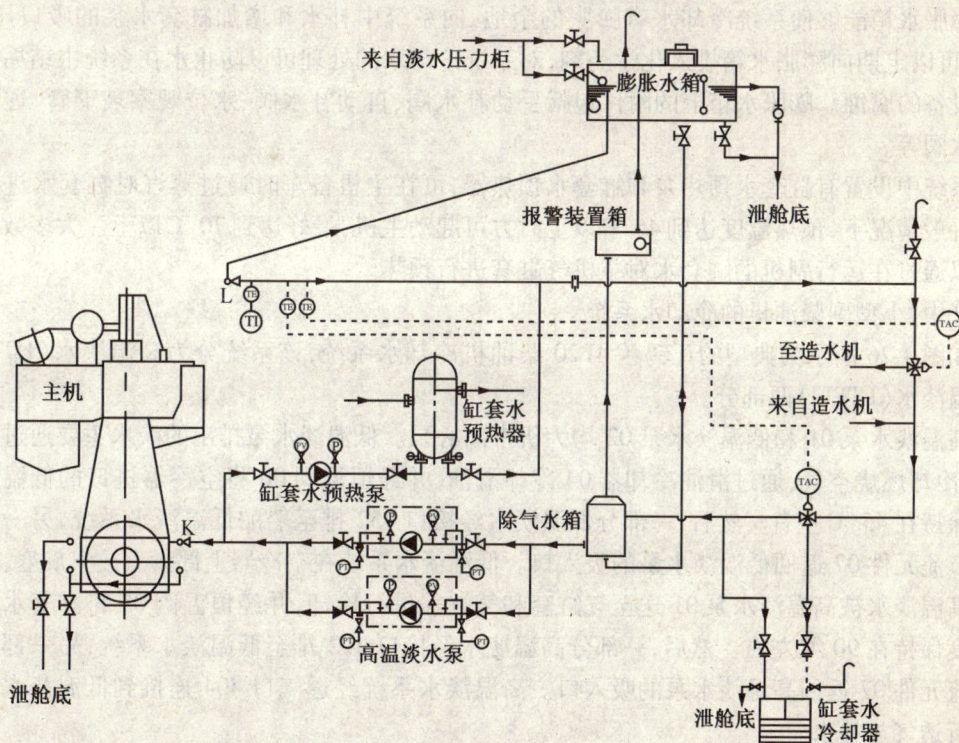

图 4-25　MAN B&W MC 系列柴油机缸套冷却水系统

高温淡水经缸套中上部的冷却水总管 K 处进入各缸套冷却水套，冷却缸套后，通过两个冷却水接头进入气缸盖冷却水套。冷却水冷却气缸盖下部后，向上流动，通过气缸盖上部钻有的一圈冷却水孔，进入缸盖和排气阀阀座形成的冷却水空间，冷却排气阀阀座。之后，一部分冷却水从缸盖内部通道出来，通过一个连接管进入排气阀，冷却排气阀上部。一部分冷却水从缸盖另外的内部通道流出气缸盖,通过出口管汇集到高温淡水出口总管。冷却排气阀上部的冷却水最后也通过缸盖的出口管进入出口总管 L。其中,缸套水大部分被高温淡水泵吸入,进入下一循环;另有一小部分经一根较细的水管进入高置膨胀水箱。

冷却水从出口总管出来后,先经过第一个调温三通阀。造水机通过三通阀及管路并联在系统上,造水机工作时,三通阀动作使一部分高温冷却水进入造水机。当造水机不工作时,三通阀直接使高温水旁通,不进入造水机。

通过第一个调温三通阀后,冷却水进入系统中的第二个调温三通阀。从调温阀出来的冷却水有两路,一路不经过冷却器,一路进入缸套水冷却器,冷却后与不经冷却器的高温水汇集在一起。三通阀通过安装在缸套水出口总管上的传感器得到缸套水出机温度,控制旁通及进入冷却器的水量,使出机温度保持在 80~85 ℃。

高温水流过第二个三通阀后进入除气箱。系统中如果进气,空气就通过除气箱上部管路进入膨胀水箱,在管路上安装报警装置箱,如果空气过多,会发出低位警报。从膨胀水箱有一路水直接进入除气箱,起到向系统中补水和增加缸套水泵压头的作用。

冷却水通过除气箱后,进入到两台并联运行的缸套水泵。两台缸套水泵均为离心泵,互为备用,将冷却水加压后打入到主机缸套冷却水进口总管。

膨胀水箱能够使系统冷却水有膨胀的余地,向系统中补水和增加缸套水泵的吸口压头。此外,可以定期向膨胀水箱投入化学药剂,对系统冷却水的处理可以防止水在系统中结垢及对管路设备的腐蚀。膨胀水箱上的附件包括手动补水阀、自动补水阀、水位观察玻璃管、透气管及泄水阀等。

系统中设置有缸套水预热泵和缸套水预热器,可在主机备车时通过蒸汽对缸套水进行预热。一般情况下,预热温度达到 45 ℃ 以上时方可起动主机,最好达到 70 ℃ 以上。大多数船舶还可以通过在运行副机的缸套水对主机气缸套进行预热。

②中、小型副柴油机的冷却水系统

如图 4-26 所示为典型的瓦锡兰 4L20 柴油机冷却水系统,该系统分为高温淡水(HTFW)和低温淡水(LTFW)两部分。

高温淡水泵 01 和低温淡水泵 02 均为机带离心泵。低温淡水泵排出的淡水主要通过空冷器 03 冷却燃烧空气,通过滑油冷却器 04 冷却滑油,并经恒温阀 06 将空冷器进口的低温淡水温度保持在 45 ℃ 左右。然后,一部分低温淡水经接口 452 排至船舶低温淡水系统,另一部分则经节流元件 07 返回低温淡水泵的吸入口。低温淡水系统在空冷器上部设有放气旋塞。

高温淡水被高温淡水泵 01 送至气缸套和气缸盖进行冷却,并经恒温阀 05 将缸套水出口的温度保持在 90 ℃ 左右。然后,一部分高温淡水经接口 402 排至低温淡水系统,另一部分则经节流元件 07 返回高温淡水泵的吸入口。高温淡水系统经透气口 404 连接到低温淡水膨胀柜进行透气与补水。

船舶上一般设置 2~3 台副机,在航行中,备用副机可通过在运行状态的副机的高温淡水进行预热。如果所有副机均处于备机状态(坞修期间),太低的高温淡水温度对于副机的起动非常不利,所以系统中需要设置缸套水预热单元,如图 4-27 所示。此时,淡水预热泵 3 从船舶低温淡水中吸入低温淡水,经加热器 1 将冷却水预热后,再由出口 4 经图 4-26 中的接口 406 送至副机气缸套。副机缸套水预热单元应接应急电源,加热器采用电加热,淡水预热泵为离心泵。

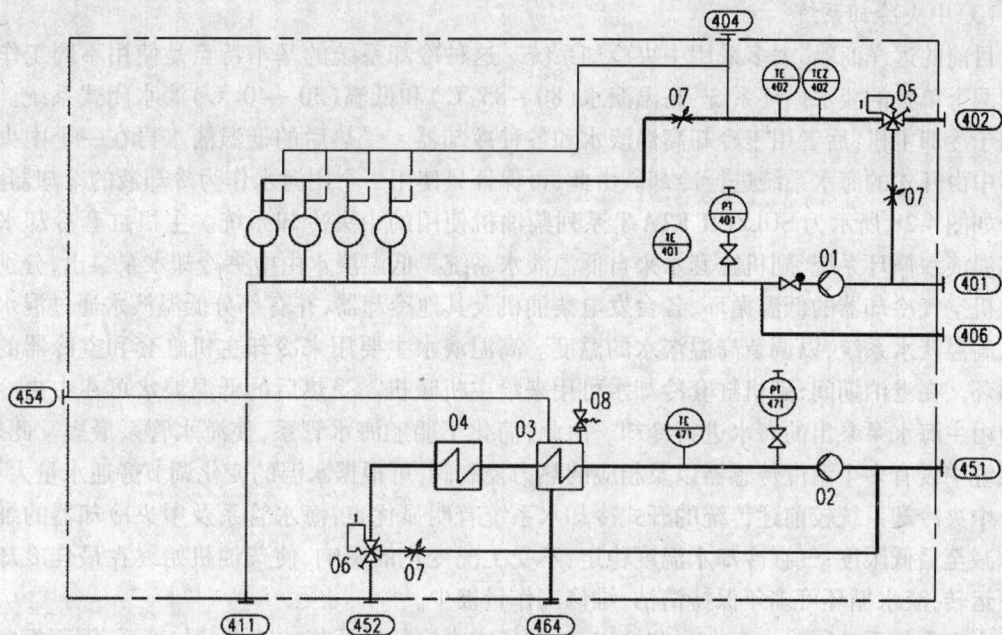

图 4-26　瓦锡兰 4L20 副柴油机冷却系统

01—高温淡水泵;02—低温淡水泵;03—空冷器;04—滑油冷却器;05—高温淡水恒温阀;06—低温淡水恒温阀;07—可调节流元件;08—安全阀;401—高温淡水进口;402—高温淡水出口;404—高温淡水透气口;406—淡水预热单元至高温淡水系统进口;411—高温淡水泄放;451—低温淡水进口;452—低温淡水出口;454—低温淡水自空冷器放气;464—低温淡水泄放

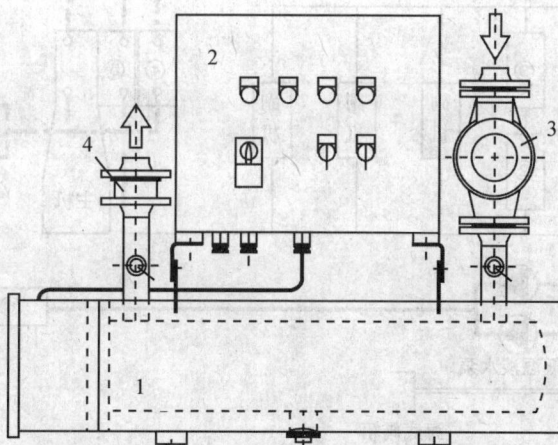

图 4-27　缸套水预热单元结构

1—加热器;2—控制箱;3—预热淡水泵;4—高温淡水出口

（3）中央冷却系统

目前的远洋商船，大多采用中央冷却系统。这种冷却系统的基本特点是使用不同工作温度的两个单独的淡水循环系统：高温淡水（80～85 ℃）和低温（30～40 ℃）淡水闭式系统。前者用于冷却主机，后者用于冷却高温淡水和各种冷却器。受热后的低温淡水再在一个中央冷却器中由开式的海水系统进行冷却。由此，可保证只使用一个用海水作为冷却液的冷却器。

如图4-28所示为SULZER RTA-T系列柴油机使用的中央冷却系统。主机缸套冷却水来自高温淡水循环系统，副机缸套水来自低温淡水系统。低温淡水由中央冷却水泵泵出，分别冷却主机空气冷却器的低温循环、各台发电柴油机及其他冷却器，并有部分低温淡水通过混水阀进入高温淡水系统，以调节高温淡水的温度。高温淡水主要用来冷却主机缸套和空冷器的高温循环。在港泊期间，副机缸套冷却水可用来给主机暖机。受热后的低温淡水可在中央冷却器中由主海水泵泵出的海水进行冷却。由此，简化了船舶海水管系，使海水管系最短。此外，在系统中设有多个温度传感器以及相应的热力控制阀，可根据水温的变化调节旁通水量大小。

中央冷却系统较前述传统的开式冷却水系统有明显优点：海水管系及中央冷却器的维修工作减至最低限度；气缸冷却水温度稳定，不受工况变化的影响，使柴油机始终在最佳冷却状态下运转；淡水循环可多年保持清洁，维修工作量极少。

中央冷却系统同时也存在一些缺点：增加了中央冷却器及其辅助设备与管系，因而投资费用较高；由于附加管系的阻力损失，使泵送耗功也有所增加。

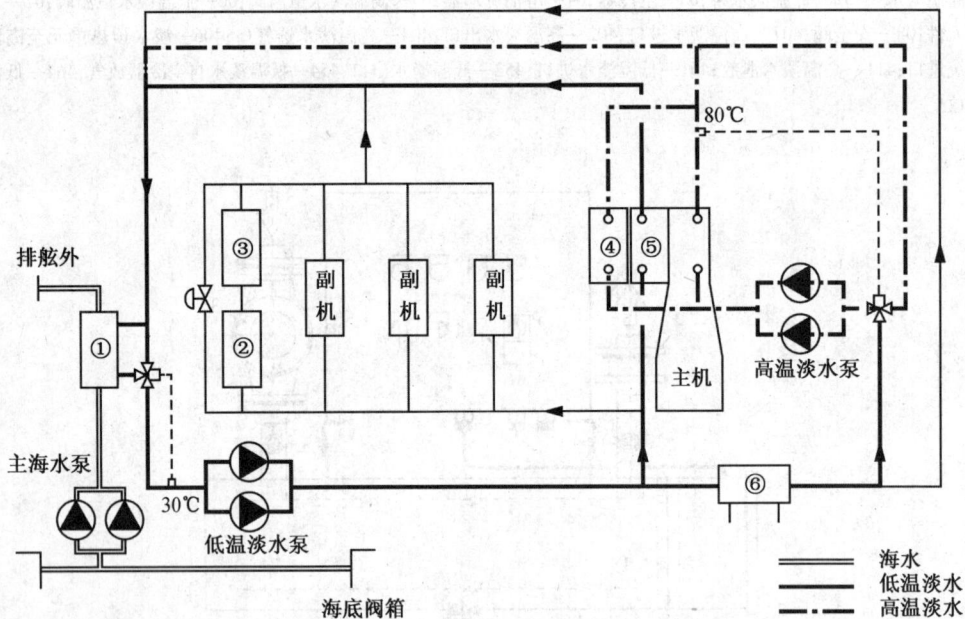

图4-28　SULZER RTA-T系列柴油机中央冷却系统

1—中央冷却器；2、3—各种冷却器；4—高温空冷器；5—低温空冷器；6—滑油冷却器

3.冷却系统的管理

（1）海水系统

①根据不同的海域与海况，正确选用高、低位海底阀，保证海水系统的畅通。

②定期清洗海底门滤器，维持海水压力的稳定。

③寒冷天气要加强管理,防止系统结冰。

（2）淡水系统

①淡水压力应高于冷却海水的压力,以防止冷却器泄漏时海水漏入淡水中。淡水压力一般在 0.2~0.4 MPa。

②淡水温度应根据说明书调整,大型低速主柴油机的高温淡水出机温度一般保持在 80~85 ℃,最高不超过 90 ℃;中、小型中速副柴油机的高温淡水出机温度一般保持在 86~95 ℃,最高不超过 105 ℃。为确保柴油机发出更多的功率,出口温度一般取接近上限值。高温淡水出机温度是柴油机最重要的工作参数之一,温度过高会导致柴油机的降速甚至停车。

③定期检查高、低温淡水膨胀水箱的水位,及时补水,并定期进行水质化验与处理。

④备车时,应对高温淡水预热至 45 ℃以上,确保每分钟的淡水温升在 2 ℃之内,并起动高温淡水泵对系统进行驱气。

⑤航行过程中,如果发现高温淡水压力或膨胀水箱水位波动剧烈,膨胀水箱翻泡,可能是气缸套或气缸盖有裂纹,应及时检查并处理。

⑥机动航行时,应控制淡水温度的波动。主机完车后,应保持高温淡水系统继续运行 20 min 以上。

四、压缩空气系统

在柴油机动力装置中,压缩空气系统是保证船舶正常运行的不可缺少的动力源。又由于压缩空气具有取之方便、易于储存和输送、没有着火危险等优点,因而在船上获得了广泛的应用。

1. 压缩空气在船上的应用

船上压缩空气的用途不同,其使用压力亦不同,如表4-6所示。

表4-6 船上压缩空气的用途及压力范围

使用场合	压力范围(MPa)
柴油机起动和换向	2.5~3.0(随机型而异)
气动仪表和杂用	0.6~1.0
淡水、海水压力柜	0.3~0.4
气笛、雾笛	0.5~1.0
吹洗海底门	0.2~0.3

2. 压缩空气系统的组成

（1）全船压缩空气系统的主要设备及功能

压缩空气系统主要包括空压机、空气瓶、减压阀和安全阀等设备和管路。

如图4-29所示为某船压缩空气系统原理图,系统的主要组成部分及功能如下:

①空压机。系统中共有4台空压机,其中主空压机2台,辅空压机1台,手动应急空压机1台。各空压机的额定排压均为 2.5~3.0 MPa,可满足主机、发电柴油机及应急发电机原动机的起动需求。

②空气瓶。其中,主空气瓶2台,辅空气瓶、应急空气瓶、控制空气瓶、杂用空气瓶、气笛空

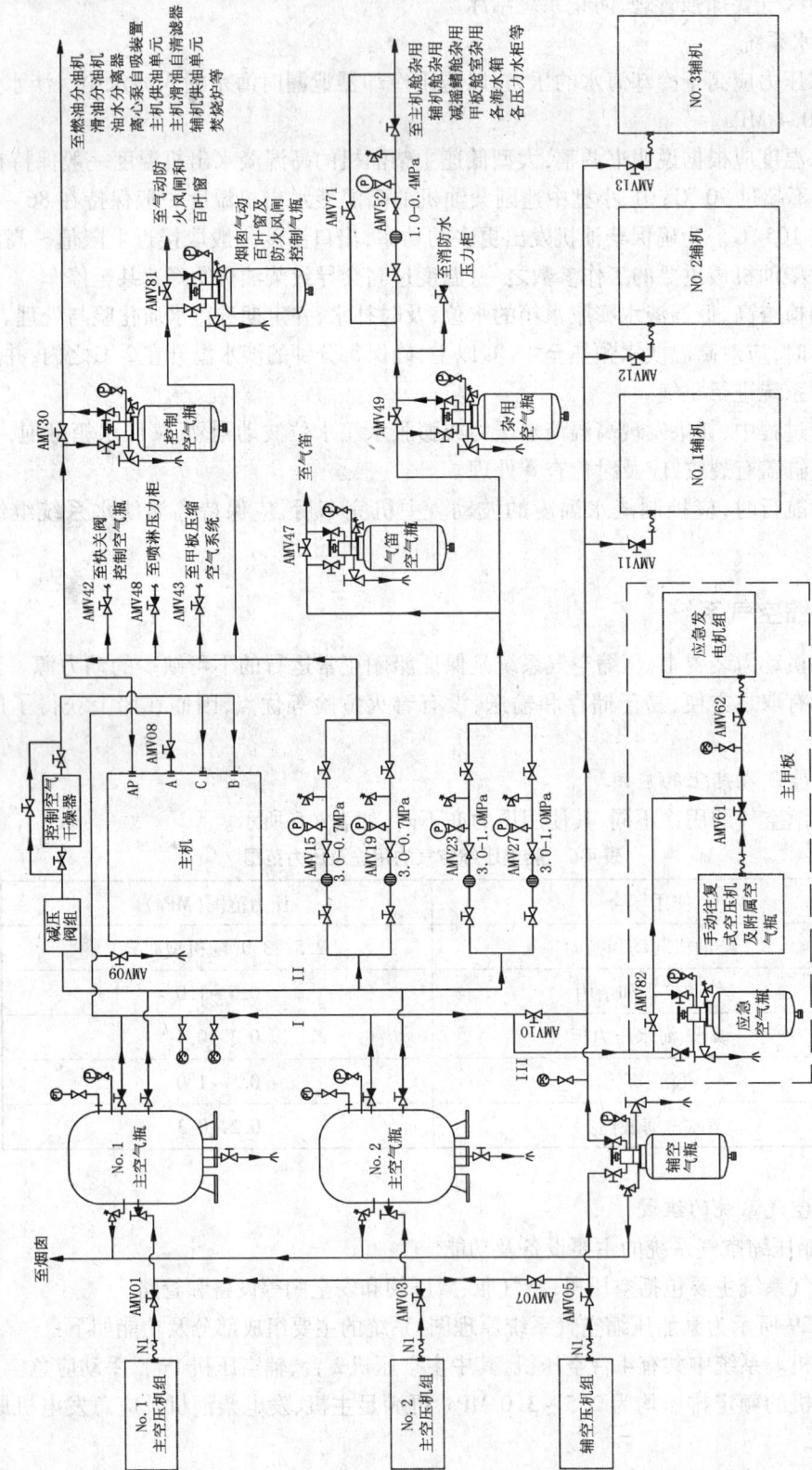

图 4-29 压缩空气系统原理图

气瓶、烟囱气动百叶窗及防火风闸控制气瓶等各 1 台。

③减压阀站。系统中共设置 3 组减压阀站,其中,3.0/0.7 MPa 减压阀 2 套,互为备用;3.0/1.0 MPa 减压阀 2 套,互为备用;1.0/0.4 MPa 减压阀 1 套。

④空气干燥器、滤器、安全阀等。系统中设置有控制空气干燥器 1 台及空气滤器若干,对空气进行干燥、清洁。

(2)全船压缩空气系统的工作流程

如图 4-29 所示,主空气瓶可以向船舶所有用气设备提供压缩空气,压力保持在 2.5 ~ 3.0 MPa。2 个主空气瓶 1 个工作,另 1 个蓄气备用。每个主空气瓶设置 1 个带截止止回阀的进气管和 2 个出气管。较粗的出气管(管路Ⅰ)提供主、副机起动用气,或经管路Ⅲ向应急空气瓶供气;较细的出气管(管路Ⅱ)经减压阀组和控制空气干燥器向主机提供控制空气(B)和紧急停车空气(C),或经减压站向其他设备供气。

减压站由进出口截止阀、滤器、减压阀、安全阀和压力表等元件构成。第一组减压站出口压力为 0.7 MPa,向主机增压器清洗机构(AP)、快关阀控制空气瓶、控制空气瓶、烟囱气动百叶窗及防火风闸控制空气瓶等处供气。第二组减压站出口压力为 1.0 MPa,向气笛空气瓶、杂用空气瓶等处供气。杂用空气瓶出口设置 0.4 MPa 的减压站,向全船提供杂用空气。空气瓶均设置安全阀,其中主、辅空气瓶因为压力高、容积大,安全阀放气口通过管路连接到烟囱顶部,以防伤及人员。其他空气瓶安全阀则就地放气。此外,虽然空压机各级设置放残阀,但压缩空气中仍然会含有少量残液,所以空气瓶也设置放残阀,应定期打开放残以保持压缩空气的清洁。未经良好放残的压缩空气会导致系统元件腐蚀、结垢、堵塞等。

因为空气无污染、资源丰富,所以压缩空气系统采用开式系统,压缩空气被使用完泄压后即直接释放到大气中。

(3)柴油机起动空气系统

船用柴油机的起动方式主要有两种,一种是使压缩空气进入气缸驱动活塞,再通过活塞驱动曲轴起动;另一种是使压缩空气进入气动马达,进而通过飞轮驱动曲轴起动。

①气缸起动空气系统

图 4-30 是 MAN B&W 6S35MC 型柴油所采用的起动空气系统,主要由主起动阀(组)、空气分配器、气缸起动阀及相关的气动控制阀(电磁阀)构成。

主起动阀组是由主起动阀(大球阀)和与其并联的慢转阀(小球阀)组成,两者都是由气动控制阀控制启闭的。此外还组合了一个止回阀用以防止起动管路中压力过高时的倒灌。在止回阀前设有去空气分配器的通路 B。

慢转时,按下操纵台上的慢转开关,电磁阀动作使主起动阀锁闭,慢转阀开启,起动空气经过通路 B 进入空气分配器,经通路 C 进入各缸起动阀,依照发火顺序各缸起动阀逐个被打开使主机慢转。正常起动时,按动起动按钮,控制空气经相应的电磁阀将两球阀都打开,柴油机进入正常起动程序。如果柴油机停车超过 30 min,再次起动时,应操作控制台上的慢转开关使主机慢转,至少要使主机慢转一圈后才能复位,使电磁阀释放主起动阀的锁闭,在控制空气作用下由起动空气打开主起动阀,继续起动柴油机。

②气动马达起动空气系统

若要采用上述气缸起动方式,对柴油机有最少气缸数的要求,二冲程机不少于 4 缸,四冲程机不少于 6 缸;否则,便不能采用气缸起动方式。在此情况下,一般采用气动马达起动。

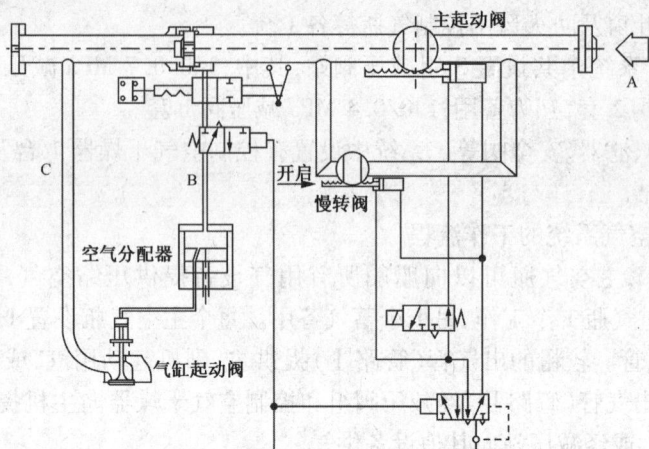

图 4-30　MAN 型柴油机采用的气缸起动空气系统

　　如图 4-31 所示为瓦锡兰 4L20 柴油机采用的气动马达起动空气系统。该压缩空气系统除用于起动柴油机外,并为安全和控制系统提供动力。

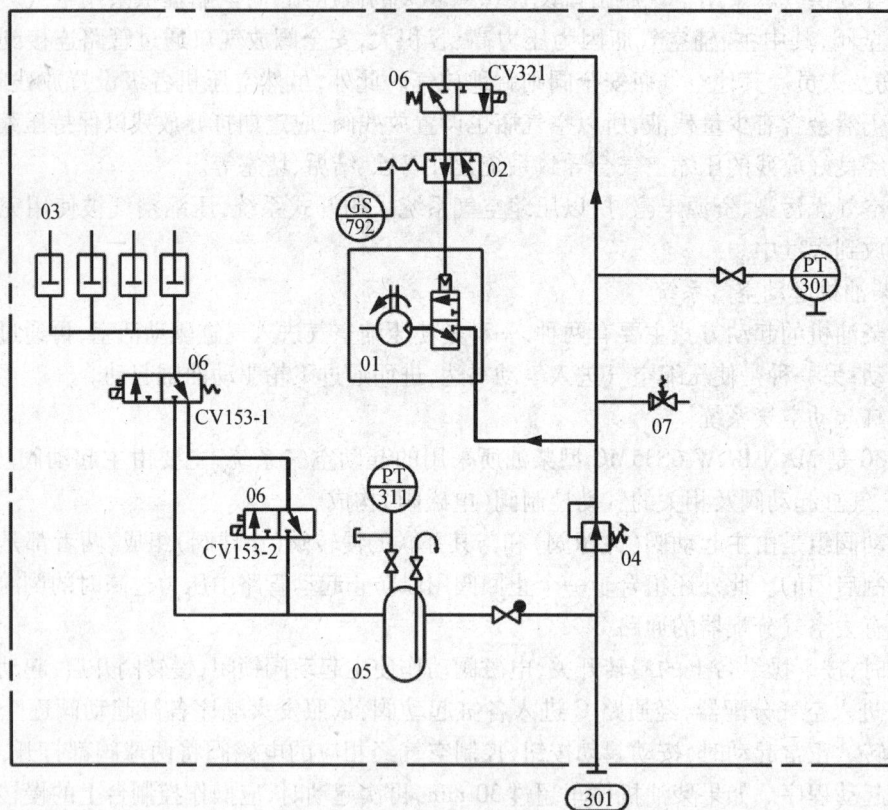

图 4-31　瓦锡兰柴油机采用的气动马达起动空气系统

01—气动马达;02—盘车机啮合连锁阀;03—高压油泵停油气缸;04—减压阀;05—安全空气瓶;06—电磁阀;07—安全阀;301—压缩空气进口

在柴油机起动前,首先应确保盘车机脱离啮合,则盘车机连锁阀02处于左位。然后,按下柴油机起动按钮,电磁阀CV321通电,使气动马达01进口的二位三通阀处于上位,则接口301供入的压缩空气经减压阀04供送到气动马达,带动柴油机起动。若有停车指令或柴油机发生超速时,电磁阀CV153-1和CV153-2处于左位,压缩空气供往高压油泵停油气缸,驱使高压油泵停止供油,柴油机停车。

3.对压缩空气系统的要求

(1)供主机起动用的空气瓶(主空气瓶)至少应有2个,其总容量应在不充气的情况下,保证每台可换向的主机能冷车连续起动不少于12次,试验时应正倒车交替进行;对每台不能换向的柴油机能冷车连续起动不少于6次。空气瓶的安装应使泄放接管在船舶正常倾斜时仍有效。

(2)用压缩空气起动的主机至少应设2台空气压缩机,其中1台应为独立驱动,其总排量应在1 h内使空气瓶由大气压力升至连续起动所需的压力。对无限航区的船舶,还应设置一台应急空气压缩机,以保证对空气瓶的初始充气。

(3)在空气压缩机、空气瓶、大型低速柴油机的起动总管上安装安全阀和其他相应的阀件。空压机安全阀的开启压力不应大于工作压力的1.1倍。每台空压机的排出管应直接与每个空气瓶连接。在空压机与空气瓶之间应安装油、气分离器或过滤器,用以分离并泄放压缩机排气中所含的油和水。

(4)柴油机起动总管上的安全阀开启压力为最高起动压力的1.1倍。在通往柴油机的起动空气管路上装有截止止回阀,用以保护压缩空气管路不受缸内爆炸气体的影响。缸径大于230 mm的柴油机,其起动空气系统应安装火焰阻止器。对于直接换向的柴油机,每一起动阀处安装一个火焰阻止器;对于不可换向的柴油机,则只装在起动空气管上。

(5)空气瓶是压力容器,其排出阀为止回阀,以防当一只空气瓶压力低时,另一只压力高的空气瓶在开启时空气倒灌入压力低的瓶内。空气瓶应设残油、水的泄放设备。空气瓶上安全阀的开启压力不超过工作压力的1.1倍。如在空气进气管上或空压机上装有安全阀,且在充气时能防止瓶内压力超过设计压力时,则可不安装安全阀,但应装易熔塞,熔点约为100 ℃,其尺寸应保证失火时能有效地放出空气。

4.压缩空气系统的管理要点

(1)空压机应处于随时起动状态,保证各主空气瓶中有足够的空气压力。在船舶处于机动航行过程中,必要时可人工起动两台空压机同时向空气瓶供气。

(2)在空压机运行过程中,经常检查曲柄箱的油位和油质,定期打开曲轴箱底部的泄放旋塞泄放滑油中的凝水,以免滑油乳化变质。尤其是在潮湿的夏季,更需要加强凝水泄放,必要时及时更换滑油。

(3)保持空气瓶中空气压力在2.5～3.0MPa,并定期泄放凝水。一般情况下,仅打开一台空气瓶的出口阀,另一个气瓶的出口阀常闭,以确保在紧急情况下有足够的起动空气。

(4)定期清洗系统中的空气滤器,并检查减压阀后的空气压力是否适当。

五、蒸汽系统

1.蒸汽系统的作用

燃油锅炉和废气锅炉所产生的蒸汽,通过管道输送至各处,供燃油、滑油的加热,以及空调装置、热水柜、厨房等生活用汽。大部分蒸汽在放热后变成凝水,经由凝水系统流回热水井,再由给水泵经给水系统送至锅炉水腔。由于少量的蒸汽被直接消耗,以及部分不可避免的泄漏,流回热水井的凝水要少于锅炉向外界提供的蒸汽量,再加上因锅炉排污而损失部分炉水,所以要经常向热水井补水。下面,以某船(废气锅炉为燃油锅炉的一个附加受热面)为例,介绍船舶辅锅炉的四个子系统,即蒸汽、凝水、给水和排污系统。

2.蒸汽系统的组成

(1)蒸汽子系统

蒸汽系统的任务是将锅炉产生的蒸汽按照不同的压力需求送至各用汽设备。

如图 4-32 所示,燃油锅炉和废气锅炉所产生的蒸汽通过燃油锅炉顶部的停汽阀输出,一路蒸汽经阀 STV27 至蒸汽吹灰器对废气锅炉进行吹灰;大部分的蒸汽则汇集于 0.7 MPa 的蒸汽分配器,分别供各油舱、油柜、分油机、主/副机燃油单元等加热使用;另有一部分蒸汽经减压阀减压并送至 0.4 MPa 蒸汽分配器,供各舱室加热、空调加热加湿以及厨房、热水柜等处加热使用;还有一路蒸汽经多余蒸汽释放阀(压力式)泄放至大气冷凝器,用于在废气锅炉供大于求时释放多余蒸汽。

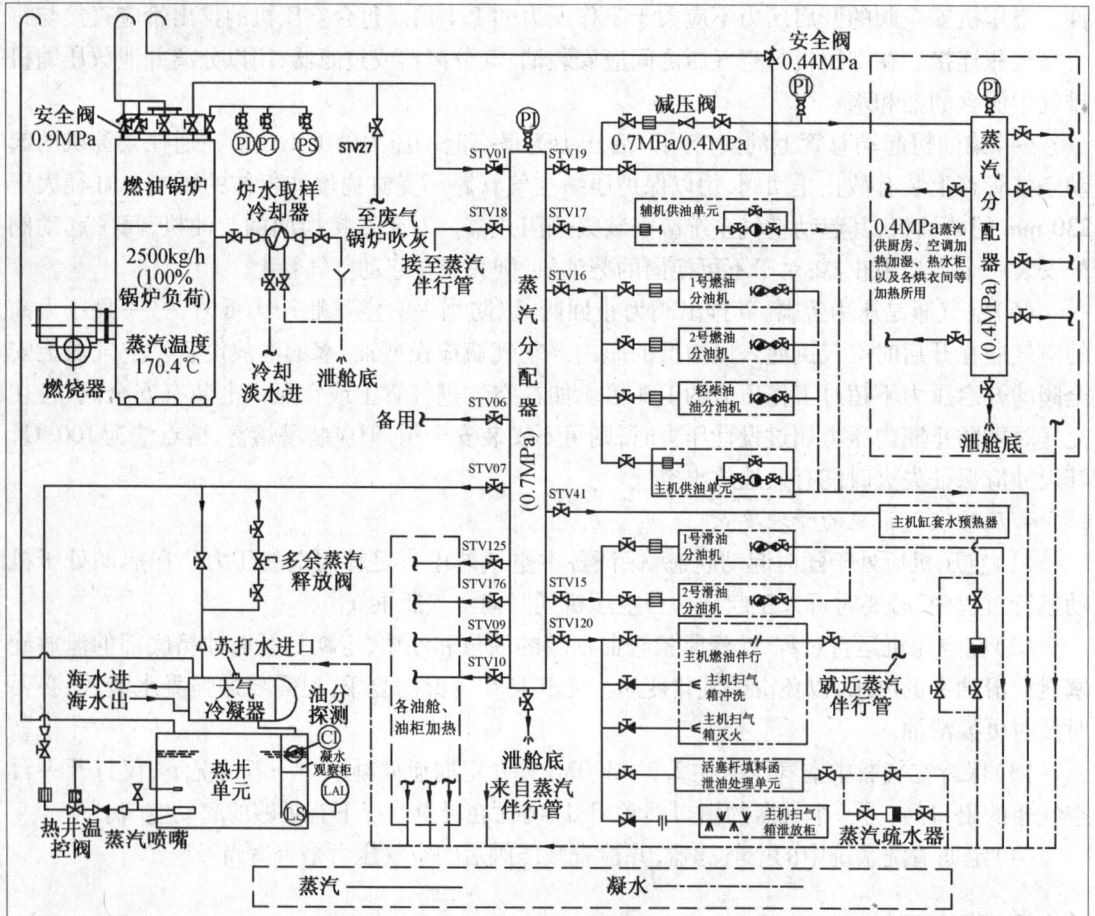

图 4-32　辅锅炉蒸汽及凝水系统

锅炉蒸汽压力由压力开关 PS 来控制,压力开关设定有汽压的上、下限。锅炉工作压力一般设定在 0.5 ~ 0.7 MPa,当蒸汽压力达到 0.7 MPa 时,主油路电磁阀断电,使锅炉断油停炉;而当蒸汽压力降至 0.5 MPa 时,燃油锅炉则会按照预设程序自动投入燃烧。

(2)凝水子系统

凝水系统的任务是回收各处的蒸汽凝水,并防止油分进入锅炉。如图 4-32 所示,供各处加热油、水和空气的蒸汽,在加热器中放热后大部分都会变成凝水,并经各自的蒸汽疏水器流回凝水总管。疏水器仅允许凝水通过,而蒸汽将被阻挡下来。但疏水器毕竟无法完全阻止蒸汽漏过,因此,在凝水回到热水井之前,需要先经大气冷凝器的冷却,使蒸汽完全液化,并可适当降低凝水温度。大气冷凝器为管壳式换热器,采用海水冷却。

(3)给水子系统

给水系统的任务是及时向锅炉提供品质符合要求的炉水,一般有两套完整的管系,以保证可靠补水。如图 4-33 所示为辅锅炉给水和排污系统图。

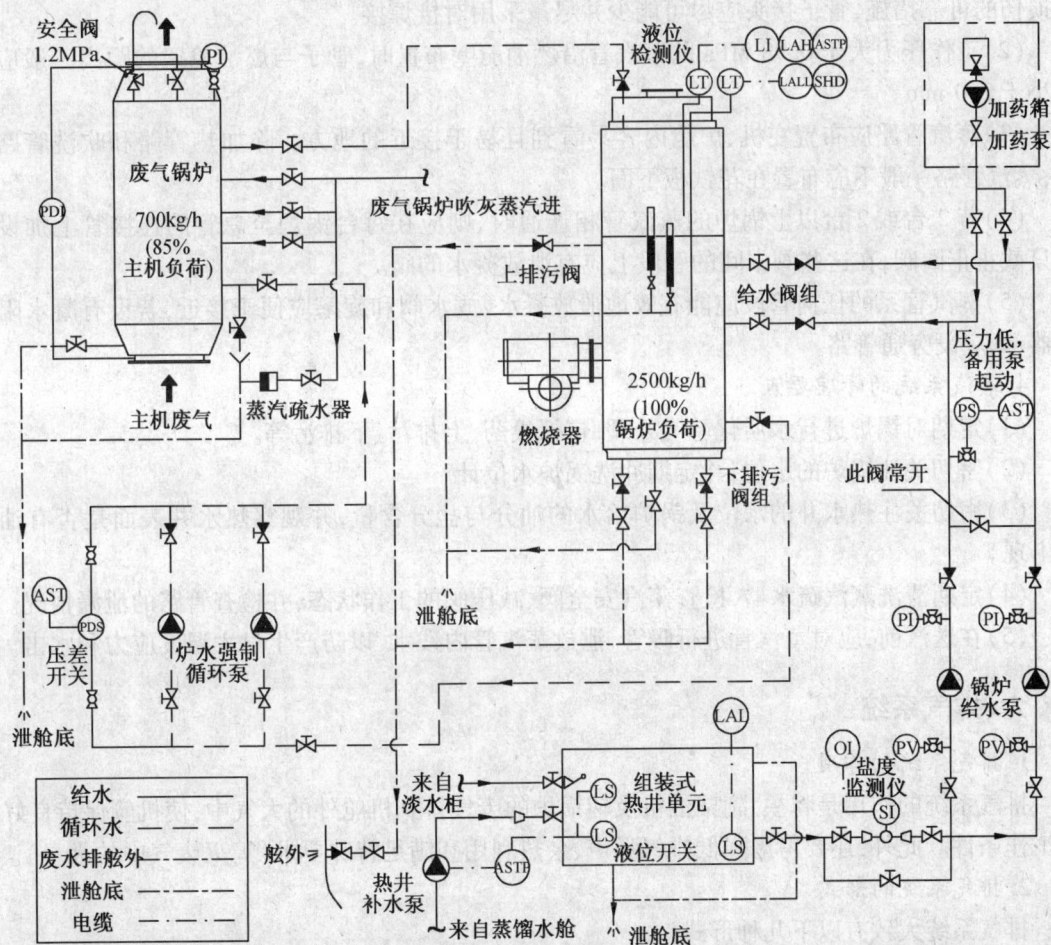

图 4-33　辅锅炉给水和排污系统

锅炉给水泵从热水井吸水,经盐度监测仪的检测,在盐度合格后方可补入锅炉。给水泵的起、停由液位监测仪 LT 控制,使锅炉水位一直保持在设定的范围之内。热水井补水泵(离心旋涡泵)从蒸馏水舱吸水并补入热水井,以弥补锅炉汽、水系统中的损失。在自动状态下,热井补水泵的起、停分别由低、高液位开关 LS 来控制。热水井的功能包括收集蒸汽凝水、探测油分、过滤杂质、加入补充水和投放炉水处理药剂等。

系统中还设有炉水强制循环泵,用于把燃油锅炉中的水送入废气锅炉,在其中吸收主机排烟的热量后再流回燃油锅炉。

(4)排污子系统

锅炉在工作一段时间后,底部可能聚集泥渣,投药处理后也会产生部分沉淀,因此,锅炉底部设有下排污阀,以便定期把泥渣和沉淀排出。同时,炉水表面也可能漂浮一定量的油污、盐分泡沫等,需要通过上排污阀将其泄放。上、下排污经通海阀排至舷外。

3.对蒸汽系统的要求

根据中国船级社《钢质海船入级规范》,对船舶供汽系统的要求如下:

(1)蒸汽管一般不应穿过灯间、油漆间和货舱。但当通过货舱为不可避免时,应有防止机械损伤的可靠措施,管子接头应尽可能少并尽量采用对接焊接。

(2)工作压力大于 0.98 MPa 的蒸汽管沿燃油舱壁布置时,管子与燃油舱壁的距离一般应不小于 250 mm。

(3)蒸汽管路应布置在机、炉舱内容易看到且易于接近的地方。除加热管路和吹洗管路外,蒸汽管路一般不应布置在花铁板下面。

(4)若 2 台或 2 台以上锅炉的蒸汽管相连通时,则应在每台锅炉至总管的连接管上加设一只截止止回阀,在这些阀中间的管段上应有泄放凝水的阀。

(5)蒸汽管系的任何管段应能有效地泄放凝水,放水阀和旋塞应便于接近,若设有凝水阻汽器,则应设旁通管路。

4.蒸汽系统的管理要点

(1)定期对锅炉进行水质化验与处理,包括投药、上排污、下排污等。

(2)密切关注锅炉的水位,并定期冲洗锅炉水位计。

(3)密切关注热水井的水位及锅炉给水的油分与盐分含量,并观察热水井表面是否有油污出现。

(4)定期清洗蒸汽疏水器,检查蒸汽安全阀、减压阀的工作状态,并检查管路的泄漏情况。

(5)在送汽前,应对蒸汽管进行暖管,泄放蒸汽管内残水,以防产生过大温度应力和水击。

六、排气系统

1.排气系统的作用

排气系统的作用是将主、副柴油机及辅锅炉的废气排到机舱外的大气中,使机舱保持良好的工作条件。此外,还要考虑降低排气噪声、余热利用和满足特殊要求(熄灭废气中的火星)。

2.排气系统的形式

排气系统大致有以下几种形式:

(1)柴油机的废气直接由排气总管经消声器排至大气。这种形式常用于没有废气锅炉的中小型柴油机。

(2)在消声器和柴油机集气管之间装设热膨胀补偿器,补偿排气管路因受热而引起的管子变形。

（3）管路上装有废气锅炉,柴油机的废气经膨胀接头、废气锅炉排至大气。锅炉设置旁通管路,由换向阀控制废气的流向,以便在清洗锅炉或不需要蒸汽时将废气导入大气。旁通管路上装有消声器。

（4）对上述（3）的形式,旁通管路不装消声器。这种形式曾广泛用于大中型船舶主柴油机排气系统。

（5）对上述（3）的形式,用废气燃油混合式锅炉替代废气锅炉,利用废气调节阀控制锅炉蒸汽产量。

（6）管路上装有废气锅炉、消声器、火星捕捉器,柴油机的废气经膨胀接头、废气锅炉、消声器、火星捕捉器直接排至大气,锅炉不设置旁通管路。这种形式目前广泛用于大中型船舶主柴油机排气系统。

（7）对于要求满足严格的废气排放控制标准的船舶柴油机而言,排气管路上还可能装有排气后处理装置（SCR）。

以上各种形式的排气管路均通过烟囱向上排出废气。

如图 4-34 所示为某船机舱排气系统布置图。其中,主机排烟经膨胀接头、废气锅炉排至大气,废气锅炉具有消音和火星捕捉功能;3 台副机排烟经各自的膨胀接头、火星熄灭消音器排至大气;燃油锅炉和焚烧炉的排烟直接排至大气中。各装置所收集的雨水或清洗水经泄放管路进入雨水收集柜,其中的杂质被沉淀在柜子底部,过多的水则可溢流至位于机舱底层的舱底水舱。

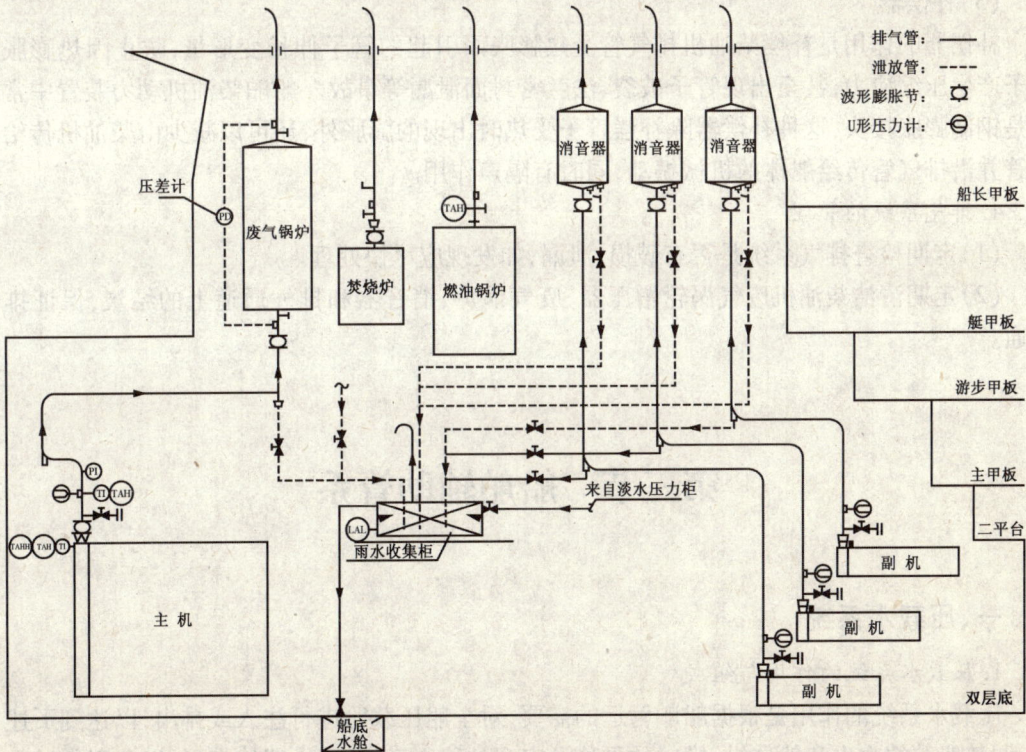

图 4-34　某船机舱排气系统布置图

3. 排气系统主要设备及附件

（1）废气锅炉

为了提高动力装置的经济性，常对柴油机排气废热加以利用。最广泛采用的是废气锅炉。利用废气锅炉产生蒸汽或热水，供应船舶日常生活和加热设备的需要；或者废气锅炉产生蒸汽，驱动汽轮机发电。废气锅炉按工作方式可分为两类：一是单纯利用柴油机排气来产生蒸汽（或热水）；二是既利用柴油机排气又燃烧燃油来产生蒸汽。

（2）消声器

在船舶柴油机动力装置中，主、副柴油机往往是最强的噪声源，它实际上决定了整艘船的噪声级。排气系统中的消声器就是为了从噪声源外部采取措施，降低排气噪声。消声器可分为3种类型：阻性消声器、抗性消声器和复合式消声器。

①阻性消声器。这种消声器是在其内部敷设吸声材料，利用增强声阻的原理吸收噪声。一般选用多孔性的柔顺材料，如玻璃丝、棉毡、矿渣棉、石棉绒绳、细铜屑等。

②抗性消声器。抗性消声器是根据声学滤声器原理，利用改变管路的声阻抗来降低某些频率或频段的噪声，有膨胀式消声器、共振式消声器等。

③复合式消声器。由阻性和抗性复合而成，或由各种结构形式组合而成的消声器称为复合式消声器。出于不同的消声考虑，有各种不同的复合消声器。把对中、低频有效的抗性消声器和对高频有效的阻性消声器组合起来，并综合各种消声结构优点而做成的复合式消声器，在一个宽广的频率范围内都有良好的消声效果。

（3）补偿器

补偿器的作用是补偿柴油机排气管受热膨胀而引起的管子伸长变形量，防止因热膨胀使管子产生压缩应力，甚至出现管子破裂、法兰密封面泄漏等事故。船舶柴油机动力装置中常用的是钢制膨胀接头，这种补偿器除补偿管子受热时出现的膨胀外，还可以减少由柴油机传给排气管并沿排气管传给船体的机械振动，同时有隔声作用。

4. 排气系统的管理

（1）定期检查排气系统是否有破损、泄漏，如发现应尽快处理。

（2）定期清洁柴油机废气涡轮增压器、废气锅炉、消音器和排气通道上的结炭，保证排气畅通。

第三节　船舶辅助管系

一、压载水系统

1. 压载水系统的作用与组成

压载水系统的作用是根据船舶营运的需要，对全船压载舱进行注入或排出，以达到下述目的：调整船舶的吃水和船体纵、横向的平稳及安全的稳心高度；减小船体变形，以免引起过大的弯曲力矩与剪切力，降低船体振动；改善空舱适航性。

压载水系统主要由压载水泵、压载水管路、压载舱及有关阀件或阀箱组成。一般船上可用艏尖舱、艉尖舱、双层底舱、边舱、深舱等作为压载水舱。艏、艉尖舱对调整船舶的纵倾最有效，边舱对调整船舶的横向平衡最有效，而调节深舱的压载水量可有效地调整船舶的稳心高度。货船的压载水量一般占船舶载货量的50%~70%；油船的压载水量占货油量的40%~60%。

2. 对船舶压载水系统的要求

压载水系统既要将水注入压载水舱，又要通过同一管道将压载水舱中的水排出。因此，压载水系统管路应具有"可进可出"双向流动的工作特点。为了可靠地完成压载和卸载，应满足以下要求：

(1)压载水系统的管路上不可设置任何形式的止回阀。

(2)压载水管路应设置在双层底舱中央的管隧内，不可穿过货舱，以防管道泄漏发生货损，也不得穿过饮水舱、炉水舱和滑油舱。

(3)艏尖舱压载水管在穿过船首防撞舱壁时，应在甲板上设置截止阀，以便船首发生海损时可立即在甲板上关闭该阀，防止海水进入压载水系统。

(4)为便于日常操作管理，各压载水舱的控制阀应相对集中。对于设有集中式遥控操纵的压载水系统，其控制台应设在机舱以外，以便于甲板人员使用。

(5)干货舱或油舱(包括深舱)用作压载水舱时，压载水管系应装设盲板或隔离装置。同样，饮用淡水舱兼作压载水舱时亦应如此，以免两个系统相通。

(6)含油压载水的排放应符合有关防污染公约、法规的规定。

(7)压载水系统应设置两台以上的压载水泵，其容量应以排出全部压载水所要求的时间而定。不同类型、不同大小的船舶全部排出压载水的时间不同。

海船压载水舱的容量很大，一般杂货船的压载水量可达船舶满载排水量的15%左右，其中艏、艉尖舱的压载水占总压载水量的12%~17%，其余大多存于双层底舱中。通常，要求压载水系统在2~2.5 h内将最大的压载舱注满或排空，在6~8 h内将全船的压载水舱注满或排空。

3. 压载水系统的布置

(1)支管式

压载水集合管设于机舱前壁或后壁，集合管和压载水泵间用总管相连，集合管和各压载水舱间用支管相连。这种形式便于管理，且各舱均可独立排水和注水，但管路较长，可用于普通货船的双层底、深舱、舷侧顶边舱等。

(2)总管式

对于作压载用的双层底舱、深舱，可在船长方向敷设总管，由总管向各舱引出支管，在支管上安装吸口和遥控阀。油船、散装货船、矿砂船等大型船舶常用这种形式。

(3)管隧式

为避免隔舱开孔和便于维修，在双层底内设管隧，在管隧内敷设压载水总管或支管。这种形式为矿砂船和散装船等所采用。

4. 压载水系统实例

如图4-35所示为某船压载水系统图。该系统采用总管式布置，设置有压载泵和舱底压载泵各一台，前者主用，后者备用。全船分布有包括艏、艉尖舱在内的压载水舱共计15个。海水可以经左、右两个海水箱进入压载水系统，舱内压载水可经出海阀BMV19和BMV20排出舷外。为防止船舶携带的压载水在异地排放时给当地海域带来有害水生物，系统还设置有压载水处理装置,用于杀灭水中微生物。

该压载水系统自动化程度较高,采用了大量的电/液遥控蝶阀,每个阀都具有独立动力源和液压驱动系统。在甲板工作室和机舱集控室内均设置有压载水控制站,可分别遥控操作压载水泵以及管路上的各阀,实现压载水的遥控调驳。

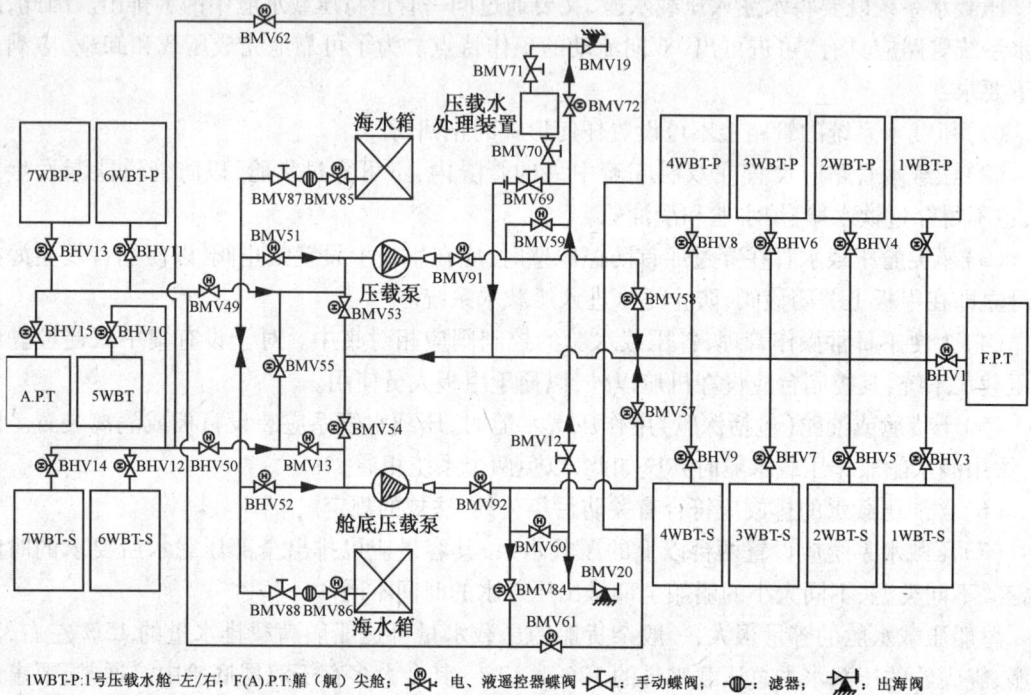

1WBT-P:1号压载水舱-左/右; F(A).P.T:艏(艉)尖舱; ⊠:电、液遥控器蝶阀; ⊲:手动蝶阀; ▬ㅐㅐ▬:滤器; ☗:出海阀

图 4-35 某船压载水系统

5. 压载水系统的操作与管理

船舶压载水系统的日常操作按甲板部的书面通知进行。自动化程度高的船舶大多是由甲板部直接进行压载水系统的日常操作,这种船舶设有专门的船舶压载水控制室,其内安装各舱液位检测装置、泵的控制装置和各种控制阀的遥控设备。

针对如图 4-35 所示的压载水系统,一般由甲板部遥控操作,轮机部需要确保系统能可靠运行。压载水的就地操作步骤如下:

(1)检查压载泵电源的供应是否正常。

(2)人工转动压载泵轴,检查叶轮是否卡阻。

(3)在其余各阀处于关闭状态的前提下,手动打开阀 BMV87,然后在压载水控制站遥控打开阀 BMV85 和 BMV51,将海水引入压载泵内。

(4)压载操作。打开有关阀门后起动压载泵即可。例如,打开阀 BMV91、BMV58 和 BHV1,然后起动压载泵,即可将海水从舷外打入艏尖舱。

(5)排载操作。在其余各阀处于关闭状态的前提下,依次打开阀 BHV1、BMV53、BMV91、BMV59、BMV72 和 BMV19,即可将艏尖舱内的压载水排出舷外。

(6)操作结束后,停泵,关闭各阀门,然后切断电源。

当甲板部遥控操作时,只需要实施步骤(4)至(6)。

压载水系统中的各种设备均由轮机部负责日常维护管理,其要点如下:

(1)压载水泵通常是大排量低压头离心泵,起动前应注油、盘车,确认无卡阻后全开吸入阀、全关排出阀进行封闭起动,以防大起动电流冲击电网,随后逐渐开大排出阀。

(2)注意压载水泵轴封处的泄漏情况,轴承应定期加油。

(3)压载水泵出口压力一般为 0.15~0.25 MPa,可通过泵的排出阀或进、出口间的旁通阀进行压力调节。

(4)熟悉设备位置,防止误操作。例如,船舶舱底水控制阀箱与压载水控制阀箱位置很近,或者部分储油舱改为压载水舱,为防止开错阀应涂以不同颜色以示区别。此外,压载水舱较多,应列出操作程序使操作规范化。

(5)对用燃油舱兼作压载水舱的船舶,压载管系应装设盲板或其他隔断装置,含油压载水的排放应符合有关防污染法规的要求。

二、舱底水系统

在船舶的正常营运中,由于机舱设备的泄水、各种管路的漏泄、冲洗水、船体接缝不严密处的渗漏、从舱口流入的雨水和水线附近甲板或舱室的疏水泄放等均聚集于舱底,形成舱底水。舱底积水对船体有腐蚀作用;货舱积水会浸湿货物造成货损;机舱舱底积水会使机电设备受潮或浸水损坏,影响机器正常运转,并给管理工作带来困难。当舱底水积存过多时,将会严重地影响船舶稳性和危及航行安全。

1. 舱底水系统的作用与组成

舱底水系统的作用是及时将机炉舱和货舱的舱底积水排至舷外。一般而言,正常营运的船舶,机舱舱底积水量为 1~10 m³/d,对于 20~30 万吨级的船舶,则可达到 20 m³/d 左右。当船舶破损时,舱底水系统还可用于应急排出积水。货舱积水一般不含油,通常直接排放至舷外;而机舱积水一般都含油,故需要经油水分离器进行处理,当含油量低于 15 ppm 后方可入海。

舱底水系统一般由舱底水泵、舱底水管、舱底水吸口、阀件及有关附件组成。

2. 对舱底水系统的要求

(1)所有机动船舶均应设置舱底水系统,并能有效地排出任何水密舱中的积水。

(2)舱底水系统应在船舶正浮或横倾不超过 5° 时,均能通过不少于 1 个吸口(一般应在两舷设置吸口)排干任何舱室或水密区域内的积水。

(3)系统中的管路应能防止舷外海水和来自压载水舱的水进入货舱或机炉舱,或从一舱进入另一舱的可能性。对与舱底水系统和压载水系统有连接的任何深舱,应采取有效措施,以防深舱灌入水浸湿货物或深舱压载水通过舱底排水管排出。

(4)为防止各舱底水互相连通,管路中的分配阀箱、舱底水管和直通舱底水支管上的阀门均应为截止止回阀,以保证舱底水系统管路中的水流为单向,即只进不出。

(5)舱底水泵、压载水泵、消防水泵等若相互连通时,管路布置应保证各泵同时工作而不相互干扰。

(6)舱底水泵应为自吸式泵。

(7)机舱舱底污水必须经过油水分离器处理达到防污公约排放标准方可排出舷外,也可将污水暂存于污水舱内,到港后用舱底水泵排至岸上或回收船处理。

此外,对于不同用途的船舶,如客船、油船等的舱底水系统各有相应的附加要求。

3. 舱底水系统的布置原则

如图 4-36 所示为某船的舱底水布置简图。

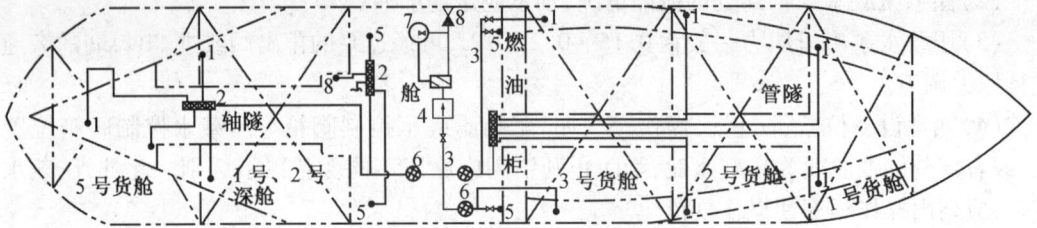

图 4-36　舱底水系统布置原理图

1—货舱舱底水吸入口;2—舱底水集合阀箱;3—舱底水总管;4—舱底水泵;5—机舱底水吸入口;6—泥箱;7—油水分离器;8—舷外排出口

为满足对舱底水系统的上述要求,舱底水系统应按以下原则布置:

(1)为能吸干舱底积水,各吸入管的吸入口 1 皆应布置在每个舱底的最低处。在有舭水沟的船舱中,可位于该舱两舷的最低一端;遇无舭水沟时,则需在两舷或纵中剖面处设有污水井,以便吸出。

(2)为操作方便和简化管路,位于机舱前、后的货舱和管隧及各隔离空舱污水,都应各自从吸入口经吸入支管分组汇集于各舱底水阀箱,然后再经舱底水总管通至舱底水泵的吸入口。在通至各干货舱的管路上应不少于两个截止止回阀。

(3)机舱是整个船舶的要害地区,且经常积水较多,所以应设两个以上的吸入口,并且至少有一根吸入支管与舱底水泵直接相连,其余则经舱底水总管通至舱底水泵。此外,为了在机舱破损时能应急排水,在主机机舱还应设置一个应急舱底水吸口,该吸口一般应通向一台主海水泵并装设截止止回阀,阀杆应适当加长,以使手轮高出花铁板至少 450 mm。应急舱底水吸口阀应安装永久性的清晰铭牌。

(4)舱底水泵应具有自吸能力。由于含油污水要经过油水分离器处理,为了提高分离效果,通常在机舱中都设有一台排量较小的往复泵或单螺杆泵作为日常抽除机舱污水之用。大排量的舱底水泵多为自吸式离心泵。不少货船上还采用喷射泵,这种泵没有运动部件,能排出极其污浊的液体,构造简单,不易损坏,具有干吸能力,在某些场合下往往具有其他类型水泵所不及的优越性。

(5)在远洋船舶上应有两台以上的舱底水泵;对于国际航行的客船,用作舱底水泵的台数应较一般船舶多 1~2 台,以提高船舶的安全性。为了减少机舱中水泵的数量,舱底水泵可由足够排量的压载泵或通用泵兼任。

(6)为了防止舱底水中的污物堵塞吸入口,机器处所和轴隧内每根舱底水支吸管及直通舱底泵吸管(应急吸口管除外)均应设置泥箱,以过滤舱底水。该泥箱应易于接近,并自污泥箱引一直管至污水井或污水沟,直管下端或应急舱底水吸口不得设滤网。

(7)货舱及除机器处所和轴隧外的其他舱室的舱底水吸口端,应封闭在网孔直径不大于 10 mm 的滤网箱内。滤网的流通面积应不小于该舱底水吸入管截面积的 2 倍。

4. 舱底水系统实例

如图 4-37 所示为一般货船的舱底水管系布置图。

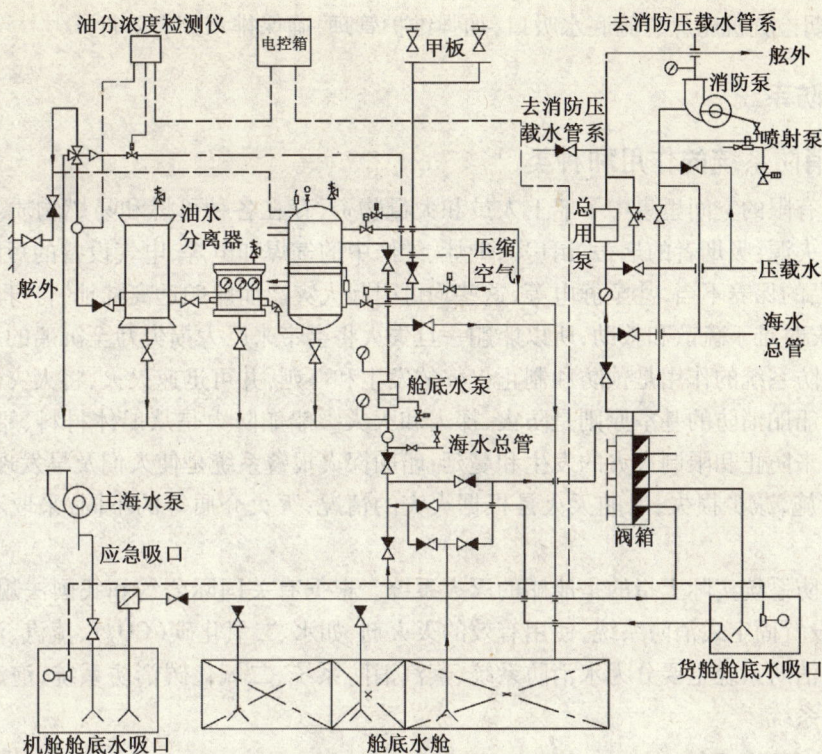

图 4-37　舱底水管系布置图

机舱尾部设有一个污水井,首部左右各设一个污水井,机舱舱底水应急吸口直接与中央冷却系统的主海水泵吸口相连接。货舱舱底水由各支管汇集于机舱前端的阀箱中,因其一般不含油分,故可通过舱底水泵、通用泵、消防泵中的任一台排出舷外。机舱舱底污水必须经过油水分离器处理,然后在含油浓度不超过 15 ppm 的情况下排放入海;也可将污水暂存于舱底水舱内,到港后用舱底水泵经甲板上标准排放接头驳至岸上或回收船处理。

为便于在停止运转之前冲洗油水分离器和舱底水排出管路以及油水分离器本身工作的需要,舱底水泵的吸入口还接有海水吸入管路。污水井内均设有浮子式水位报警装置,以监测全船舱底水水位。

5.舱底水系统的管理

(1)按要求排放含油舱底水。经轮机长和驾驶员同意方可排放,并填写"油类记录簿"。

(2)注意检查舱底水系统各种设备的工作情况,如舱底水泵的吸、排压力是否正常,排出压力过高则说明操作有误或排出管路堵塞。吸水管堵塞和进气是最常见的故障,前者使泵的真空度增加,后者使泵的真空度建立不起来,均造成吸、排水困难,甚至不能排水。

(3)定期检查污水井水位,并及时将污水排入污水舱。定期测量污水舱水位,视情况用油水分离器处理污水舱的污水,并作记录。定期检查机舱污水井报警装置。

(4)定期清洗各污水井和舱底水泵吸入口处的滤器、泥箱,疏通污水沟与污水井,切勿乱丢棉纱、破布和塑料制品等,以免造成堵塞。

(5)排放舱底水时应分区域排放,不宜同时打开全部舱底水的吸口,以免造成泄漏使排放速度降低。

（6）定期检查机舱应急舱底水吸口，加强维护管理，确保排水的有效性。

三、消防系统

（一）消防系统的作用和种类

船舶在有限的空间里集中了船上人员和大量物资，存在各种可燃和易燃物质。船上同时存在着许多火源：吸烟者的烟蒂、厨房的炉灶、维修中的气焊和电焊、电气设备的短路或绝缘不良、易燃物品的保养不当，甚至静电等，这些均可引起火灾。而船舶远离陆地，自身消防能力较差，发生火灾时难于疏散和救助，所以船舶一旦失火将会带来巨大损失乃至沉船的恶果。

船舶消防系统的作用是预防和制止火灾的发生和蔓延，并可迅速灭火，将火灾的损失减至最低程度。船舶消防的基本原则是防火、探火和灭火。船舶防火是从船体材料、船体结构、布置和设施上来防止和限制火灾的发生和蔓延；船舶探火报警系统是使人们及早发现火情，及早采取灭火措施，减少损失；船舶灭火是根据火灾的情况、灭火介质等的不同，采取不同的灭火系统。

船舶消防系统实际上指的是船舶的灭火系统。根据有关国际公约和我国法规、规范的规定，船舶应设置固定式消防系统，使用有效的灭火剂，如水、二氧化碳（CO_2）、蒸汽、泡沫和干粉等。固定式消防系统主要分为水消防系统、蒸汽消防系统、二氧化碳消防系统、泡沫消防系统和干粉消防系统。

（二）水消防系统

水是不燃液体，是船上最常用的灭火剂。利用强大的水流或水雾冲击火区，使燃烧物急剧降温，并利用水受热产生大量水蒸气来稀释火区的氧浓度灭火。扑灭可燃固体物质火灾可采用直流水枪，通过冲刷、冷却作用来灭火；扑灭可燃液体物质火灾可采用喷雾水枪，通过覆盖、冷却作用来灭火。

根据使用场合的不同，水消防系统又可分为固定水灭火系统、舱室水喷淋灭火系统和机舱局部水雾灭火系统。

1. 固定水灭火系统

固定水灭火系统是所有船舶均必须设置的固定式消防系统，它由消防泵、管路、消火栓、消防水带和水枪等组成。灭火时，消防泵将消防水送至船上各甲板和舱室处的消火栓，再经消防水带从水枪喷射到船舶任何处所进行灭火。

（1）固定水灭火系统的要求

①所有消防水泵应为独立机械系统，通常采用离心泵。符合消防水泵的有关要求的卫生水泵、压载水泵或总用水泵均可作消防水泵使用。100 总吨以下的货船，消防水泵可以由主机带动。

②各消防水泵（应急消防水泵除外）的排量最好相同。如水泵排量不同，则最小一台水泵的排量不应小于所需消防水泵总排量的 80% 除以所需消防水泵数，且至少应满足两股射程不小于 12 m 水柱要求，其排量不足部分应由较大排量的水泵补偿。

③对大于及等于 1 000 总吨的船舶，应至少备有 1 只国际通岸接头，并便于由船舶的任何一舷连接，以便在船舶失火时相互救援灭火。

④消火栓的布置和数量，应至少能将两股不是由同一消火栓所出的水柱射至船上任何部

位。消火栓的位置应便于连接消防水带和进行有效的灭火。

⑤锚链冲洗水一般取自水消防系统,应设置隔离阀,以便灭火时切断锚链水供给。

⑥消防泵应具有单独的海底门。

(2)固定水灭火系统的布置

固定水灭火系统的布置,应视船舶的大小、类型及对系统生命力的要求而定。

①对于中小型船舶,消防干管可成直线延至首尾部,再由干管上分出若干支管及分支管至各消火栓处。这种布置简单、管子用量少,但活力差。

②在大型船舶上,消防干管一般作环形布置,在其中部,用横跨管将两舷干管连通起来,泵的排出管与此横跨管沟通,横跨管的两端各装一隔离阀,使消防泵可以向任一舷或同时向两舷干管输水。如果在环形干管上再构成若干小的环形管段,则可进一步提高系统的生命力。当干管局部发生故障时,不致影响其余部分的运用。

③消火栓的数目和位置,应至少将两股不是由同一消火栓射出的水柱,射至船舶在航行中旅客或船员经常到达的任何位置,而且其中一股仅用1根消防水带。管子及消火栓的位置应易于接近,便于操作。

④由于消防泵一般设在机舱内,为在机舱发生火灾而消防泵不能用时进行应急消防,则要在机舱外设置独立的应急消防泵。消防泵及其备用泵(总用泵、压载水泵和舱底泵等),在管路布置中要保证它们互相独立工作。

(3)消防水泵的配置

我国《钢质海船入级规范》规定了各类船舶消防水泵的配置,如表4-7所示。

表4-7 各类船舶消防水泵的配置

船舶类型		台数	容 量	压 头
客船	<500 GT	至少1台	排量应不小于25 m³/h	小于1 000 GT的船舶的每一台消防泵应能在船舶最高位置的消火栓上至少维持两股射程各不小于12 m的水柱
	≥1 000 GT但<4 000 GT	2台	总排量应不小于该船所需全部舱底泵计算排量的2/3	当2台消防水泵同时工作并通过规定水枪由任何相邻消火栓输出要求水量时,在所有消火栓上应维持的压力不小于0.3 MPa
	≥4 000 GT	3台		同上,但不小于0.4 MPa
货船	<1 000 GT	至少1台	排量应不小于25 m³/h	船上每台消防泵应能在船舶最高位置的消火栓上至少维持两股射程各不小于12 m的水柱
	≥1 000 GT但<6 000 GT	2台	总排量应不小于该船所需全部舱底泵计算排量的2/3,但不必大于180 m³/h	当两台消防水泵同时工作并通过规定水枪由任何相邻消火栓输出要求水量时,在所有消火栓上应维持的压力不小于0.25 MPa
	≥6 000 GT	2台		同上,但不小于0.27 MPa

对于应急消防水泵,其排量应不少于所需消防泵总排量的40%,且任何情况下不得少于25 m³/h,在任何消火栓处的压力应不低于表4-7所规定的最低压力。

(4)固定水灭火系统实例

如图4-38所示为某船固定水灭火系统。

消防压力柜经截止止回阀BMV11向消防总管提供一定压力(0.8~1.0 MPa)的消防淡

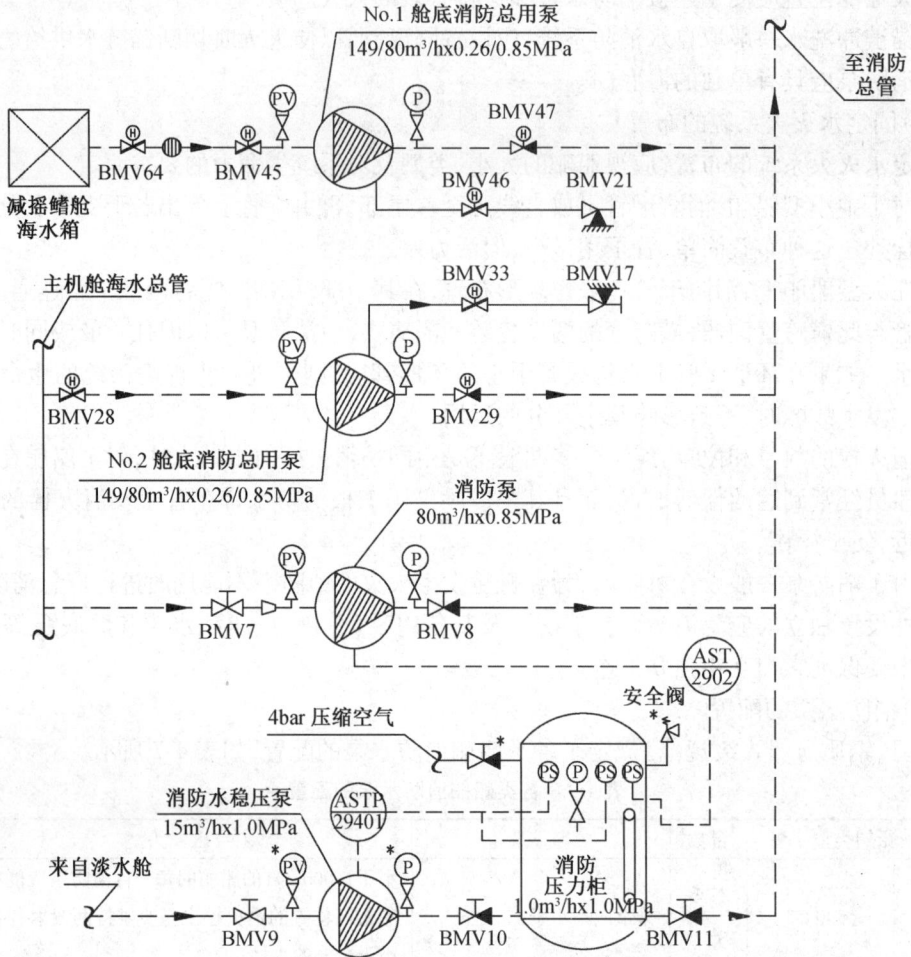

图 4-38　某船固定水灭火系统

水。当柜中压力低于 0.75 MPa 时,压力开关 PS(低压)会发出信号(ASTP)使消防稳压泵起动,从淡水舱吸入淡水,从而补入消防压力柜;当柜中压力升至 1.0 MPa 时,压力开关 PS(高压)发出信号(ASTP)使消防稳压泵停止,从而保持消防压力柜内的压力稳定。消防压力柜上设有补气阀 AMV1,在必要时可向柜中手动补充 1.0 MPa 的压缩空气,以保证柜中压力足够。

当消防水被大量使用时,由于消防稳压泵的流量有限,可能导致其连续运转仍不能保证消防总管有足够压力,此时,消防压力柜中压力会逐渐下降。当压力降至 0.6 MPa 时,第三个压力开关 PS 将发出起动信号(AST),使消防泵起动。消防泵从海水总管吸入,可以向消防总管提供足够压力和流量的海水。

本系统中还有两台流量更大的舱底消防总用泵,吸入海水,可以实现消防水的遥控操作。No.1 舱底消防总用泵接应急电源,用作应急消防泵,可在驾驶台遥控起动。

除用于灭火外,消防水还可用于冲洗锚链、甲板之用。

2. 居住舱室水喷淋灭火系统

随着国际上对船舶安全的日趋重视,载客超过 30 人的客船需要设置居住舱室水喷淋灭火系统,它可扑救初起火灾和自动报警。

如图 4-39 所示为某船居住舱室水喷淋系统。系统设备主要包括消防喷淋泵、喷淋压力柜、喷淋淡水泵、空气喷射器、水雾喷嘴以及各控制装置等。

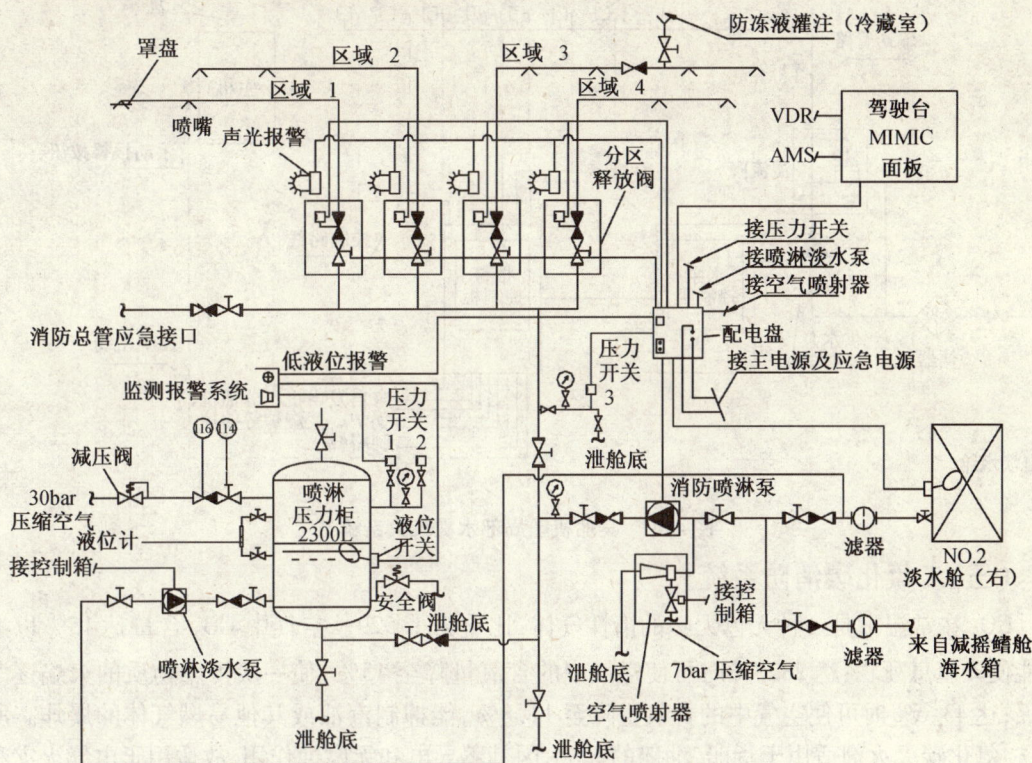

图 4-39　某船居住舱室水喷淋灭火系统

喷淋压力柜设定压力为 1.6 MPa，该压力值可以由补气管路上的减压阀来设定。柜中设有浮子式液位开关，低于设定液位时会发出警报；压力开关 1 也会在柜中压力低于 1.55 MPa 时发出警报。若要向柜中补水时，需要手动起动喷淋淡水泵。压力开关 2 会在柜中压力达到 1.6 MPa 时自动停止喷淋淡水泵。

当系统中的水被大量使用而导致压力低至 0.9 MPa 时，压力开关 3 会起动消防喷淋泵，从而向各喷嘴提供流量足够的淡水。消防喷淋泵从淡水舱吸入淡水，也可在必要的时候应急吸入海水。消防喷淋泵接应急电源，只能在控制箱上手动停止。

当整个喷淋系统意外失压时，也由消防总管应急接口向各喷嘴提供消防水。

设置在各舱室顶部的水雾喷嘴由玻璃管密封，当房间温度达到 68 ℃（厨房为 93 ℃）以上时，玻璃管受热破裂，1.6 MPa 的喷淋水便会以水雾的形式喷出进行灭火。

3. 机舱局部水雾灭火系统

对于无限航区 500 GT 及以上的客船和 2 000 GT 及以上的货船，在机舱设置水雾灭火系统已经成为一项强制性要求。机舱局部水雾灭火系统，主要用于向主机、发电机组、燃油分油机、燃油锅炉和焚烧炉等易燃区域提供中压的细水雾。

如图 4-40 所示为某船机舱局部水雾灭火系统。该系统主要由供水泵、溢流阀（定压至 3.5 MPa）、喷淋选择阀、喷嘴等组成，并有手动报警按钮、报警控制器和水泵控制柜实现手动或自动控制。

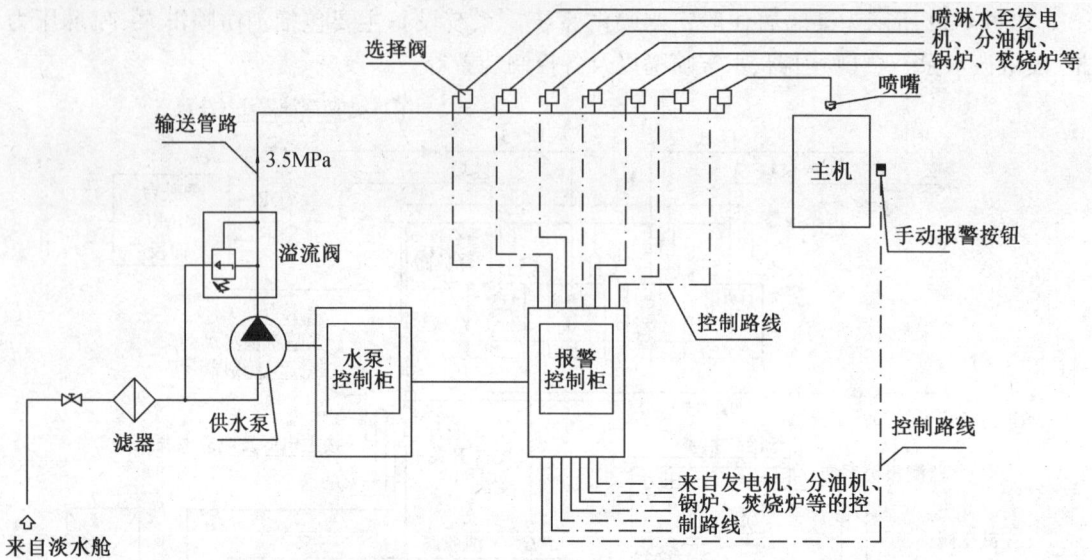

图 4-40　某船机舱局部水雾灭火系统

（三）二氧化碳消防系统

CO_2 在常温下是一种无色无味的惰性气体,比重为 1.529。空气中 CO_2 含量达 15% 以上时能使人窒息死亡;达 28.5% 时可使空气中的含氧量降至 15%,使一般可燃物质的火焰逐渐熄灭;达 43.6% 时可使空气中的含氧量降至 11.8%,能抑制汽油或其他易燃气体的爆炸。所以,二氧化碳灭火剂适用于货船、油船的灭火,因其不导电和无腐蚀作用,故适用于电气火灾和机舱火灾的扑救。CO_2 在船上以液态储存于钢瓶中,利用 CO_2 的窒息和冷却作用灭火。

船舶上一般设置有固定式 CO_2 消防系统,用于机舱和货舱的灭火;一般还设置有小型独立的 CO_2 消防系统,用于油漆间、厨房烟道等处所的灭火。

固定式 CO_2 消防系统分为高、低压两种形式。高压系统为 15 MPa,低压系统为 2.1 MPa(储存于 -18 ℃以下的专用冷库中)。一般船舶的机舱、货舱采用高压系统;CO_2 灭火剂需要量超过 10 t 以上的大型油船、滚装船和集装箱船采用低压系统。

1. 对 CO_2 消防系统的要求

(1) CO_2 灭火剂应储存在上层建筑或开敞的甲板上,通风良好,温度在 0 ~ 45 ℃之间(高压系统),保证其安全与工作可靠。

(2) 全船 CO_2 灭火剂储存量按规定要求,至少为各被保护舱室灭火需要量的最大值。例如货舱,应取其最大货舱舱容的 30%,机舱则取机舱容积的 35% ~ 40%。

(3) 由于 CO_2 的窒息作用,当空气中含 CO_2 量达 5% 时人的呼吸困难,超过 10% 时有生命危险,所以船上 CO_2 管路不准通过起居室处所及经常有人的舱室。使用 CO_2 灭火剂时应先发出声光报警信号。

(4) CO_2 消防系统的操作控制机构应设置在灭火舱室以外且短时间内能达到的地方,如居住舱室的通道、驾驶台、货舱控制室等。

(5) 采用 CO_2 灭火的舱室应设水密门,以便灭火时隔绝失火舱室的空气,提高灭火效果。

(6) CO_2 储存容器上应安装满足规范要求的安全装置。

2. CO_2 消防系统实例

CO_2 消防系统普遍用于干货舱、货油泵舱、机器处所和燃油设备处所等。系统由 CO_2 钢瓶、瓶头阀、分配阀、起动装置、管路和自动烟雾探测装置等组成。烟气探测装置可分为感烟式、感温式和感光式。货舱多采用感烟式,居住舱室一般采用感温式,机舱采用感光式探测装置。

如图 4-41 所示为某船的 CO_2 消防系统。CO_2 钢瓶 2 放置在 CO_2 间,其上设有瓶头阀 1,通过拉杆装置 3 可以打开瓶头阀。拉杆装置可以由起动气缸 4(压缩空气来自起动气瓶 5)或人工驱动。操纵盒 15 设置在消防控制站,可控制起动气瓶和机舱快开阀 7,用于向机舱释放 CO_2。若要向相应的货舱释放 CO_2,还需通过货舱控制阀 12、管路 13 及货舱中的喷嘴 6 来实现。货舱中的气体会连续经吸烟口 14、吸烟管 11 送至烟雾报警器 10 进行检测,一旦发现某个货舱的烟雾浓度超标,烟雾报警器就会及时发出警报。

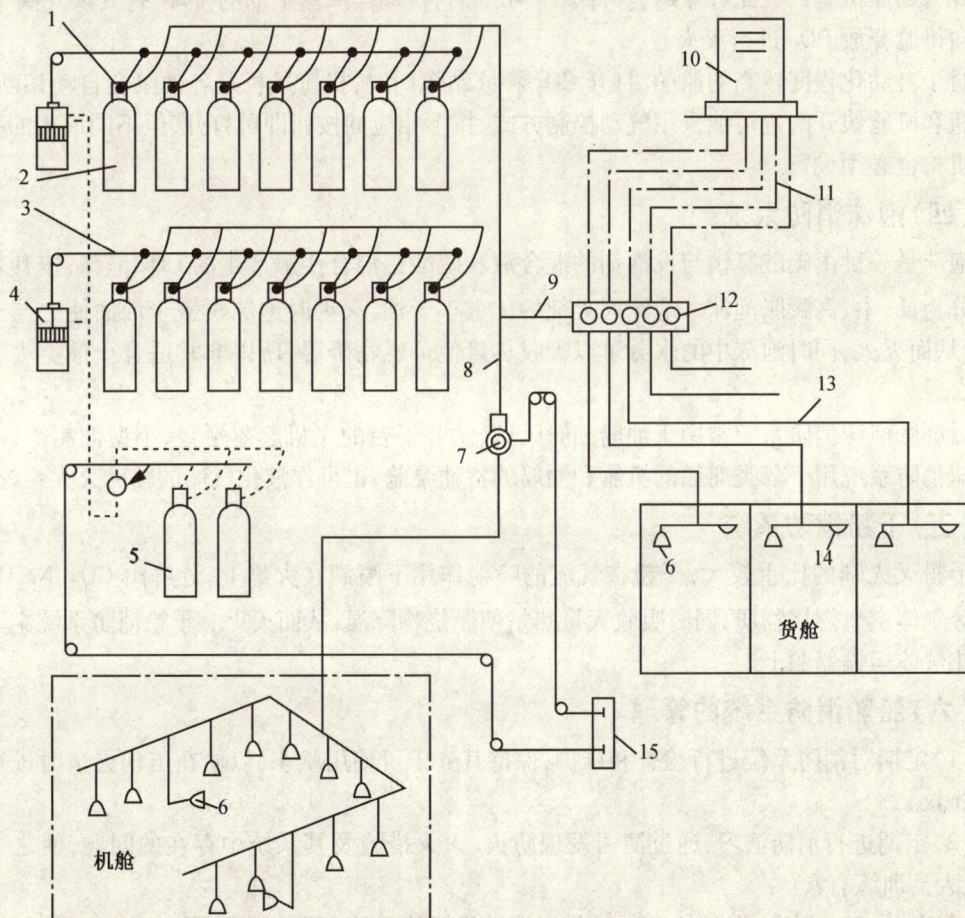

图 4-41　某船 CO_2 消防系统

1—瓶头阀;2—CO_2 钢瓶;3—拉杆装置;4—起动气缸;5—起动钢瓶;6—喷嘴;7—快开阀;8—CO_2 总管;9—分配管;10—烟雾报警器;11—吸烟管;12—货舱控制阀;13—CO_2 管;14—吸烟口;15—操纵盒

高压 CO_2 喷入失火舱室后,压力急剧下降,体积膨胀使失火舱室内的含氧浓度迅速降低,当空气中的含氧量降至 15% 时可扑灭一般可燃物质的火焰,降至 11.8% 时可抑制汽油或其他易燃气体爆炸。

3.CO_2 消防系统的操作

当船舶机舱发生火灾,用手提式灭火器及水消防系统不能扑灭时,针对图 4-41 所示的 CO_2 消防系统,可按如下程序向机舱释放 CO_2:

①用锤敲碎相应遥控释放站箱门上的玻璃,取出钥匙,打开箱门即自动发出释放 CO_2 警报。

②迅速关闭机舱风机及各油泵(经风油切断按钮),以及燃、滑油舱柜出口阀(经速闭阀)。

③确认被保护区所有工作人员均已离开。

④关闭被保护区所有出入口。

⑤拉动操纵盒下部的拉环,即可打开起动钢瓶,使控制空气进入起动气缸,其中的活塞向下运动,并拉动拉杆装置打开所有 CO_2 的瓶头阀。

⑥为确保机舱人员充分撤离,等待 $20 \sim 40$ s 后,拉动操纵盒上部的拉环,打开快开阀7,即开始向机舱释放 CO_2 进行灭火。

对于自动化程度较高的船舶,打开 CO_2 释放站箱门时,机舱风机及各油泵会自动切断;起动钢瓶和机舱快开阀也可能采用气动控制方式,按下相应的按钮即可打开,但不同形式的手动开启机构也必须设置。

(四)泡沫消防系统

泡沫是一种由碳酸氢钠与发泡剂的混合液和硫酸铝混合接触产生的 CO_2 泡沫,按其发泡倍数分为低、中、高膨胀泡沫。泡沫灭火剂的比重小于油,灭火时泡沫覆盖于油面使之与空气隔绝,从而灭火,同时泡沫中的水分可以吸收热量使可燃物降温,所以非常适合于油类火灾的扑救。

低膨胀泡沫消防系统常用于油船油舱区域、钻井平台的飞机起落平台、小型油船等;高膨胀泡沫消防系统用于各类船舶的机舱和油船的货油泵舱,也可作液化气船的辅助灭火系统。

(五)干粉消防系统

干粉灭火剂的比重较大,干粉在气流的喷射作用下喷洒在火焰上,分解出 CO_2、Na_2O、水蒸气等气体窒息燃烧物质,同时吸收大量热量使燃烧物降温,从而灭火。干粉消防系统主要用于液化气体运输船舶上。

(六)船舶消防系统的管理

(1)定期对消防系统进行检查和维护,保持其处于可使用状态,以便在出现火情时进行有效的扑救。

(2)定期进行消防演习,通过演习发现防火、灭火措施及其系统中存在的问题,使之工作可靠、人员训练有素。

(3)如用 CO_2 灭火,需要的 CO_2 量是根据被保护舱室的容积来计算的,灭火时 CO_2 气体的容积应能达到灭火浓度($30\% \sim 45\%$)。按规定,CO_2 需要量为

$$Q = \frac{V \times (30 \sim 45)\%}{0.56} \quad kg$$

式中,V—被保护舱室的容积,m^3;

0.56—1 kg CO_2 的自由气体相当于 0.56 m^3。

四、机舱通风系统

1. 机舱通风系统的作用和组成

机舱通风是船舶通风最主要的部分,因此,船舶通风系统一般是指机舱通风系统。

机舱是集中放置主机、发电机组、辅锅炉和各种机械设备的舱室,发动机和锅炉等机械设备在运行时为保证燃料燃烧均需要一定量的空气;这些机械工作时会散出大量热量,使机舱温度逐渐升高;在机舱内燃油和润滑油在工作过程中大量逸出油气;辅锅炉、蒸汽辅机、热水井和蒸汽管路会泄放(或逸出)一定量的水蒸气;工作人员也要呼出相当数量的二氧化碳。这些情况均使机舱内空气显著地混浊起来。

机舱通风系统的作用就是降低机舱的温度,排除各种油气、水蒸气和供应新鲜空气以保证动力装置正常工作及改善管理人员的工作和卫生条件。通风方式一般分为自然通风和机械通风两类。一般对于大中型船舶机舱,采用机械通风并设置相应的通风管系;对于小型船舶,大多不设机械通风设备,但也利用机舱棚及风斗进行自然通风。

(1)自然通风

自然通风主要是依靠开孔,如门、窗、舱口、通风斗和通风筒等。通风斗和通风筒是一种排气或吸气的专门设备。为了提高自然通风效率,常利用舱室的外壁上对风的一面压力增大、逆风的一面压力降低的原理,把通风斗和通风筒制成各式各样。如图4-42所示为常用的鹅颈式通风斗示意图。新鲜空气经通风头1、通风孔2和金属网3进入舱室。自然通风系统结构和设备简单,造价低,维护费用少,但因其受风向、相对速度和室内外温度差的影响,工作不稳定,故对要求较高的舱室应用机械通风。

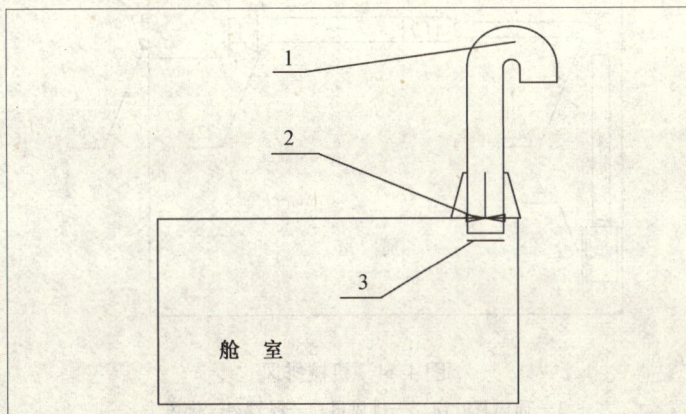

图4-42 鹅颈式自然通风斗
1—通风头;2—通风孔;3—金属网

(2)机械通风

机械通风是利用风机进行送风和排风的。通风机将舱外新鲜的空气送入机舱即为机械送风,用抽风机抽出机舱内的热空气即为机械排风。机械通风的优点是通风量可以人为控制,不受外界自然条件的影响,且能对空气进行合理的分配并输送到各个特定处所,故在大中型船舶上都作为主要的通风方式,还往往和自然通风结合起来使用。如图4-43、图4-44所示分别为机械送风和机械排风示意图。

从图4-43可以看出,机舱内新鲜空气是通过轴流式通风机3从菌形通风筒2吸入,然后经气动防火风闸4,沿着甲板接管5、风管8,从风栅6、7送到需要通风的处所。风栅一般可进行节流调节风量。从图4-44可以看出,舱室内的混浊气体经过排风头4、风管3被排风机2抽出,再经通风百叶窗1送至舱室外。

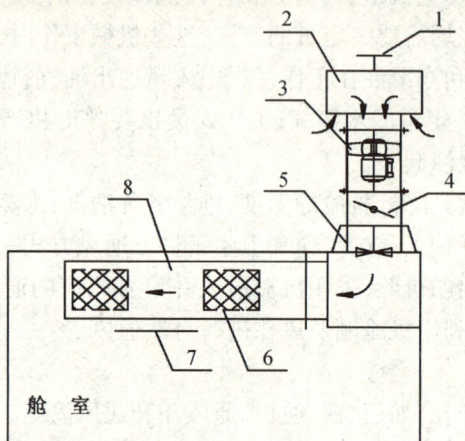

图4-43　机械送风

1—风闸手轮;2—菌形通风筒;3—轴流式通风机;4—气动防火风闸;5—甲板接管;6,7—风栅;8—送风管

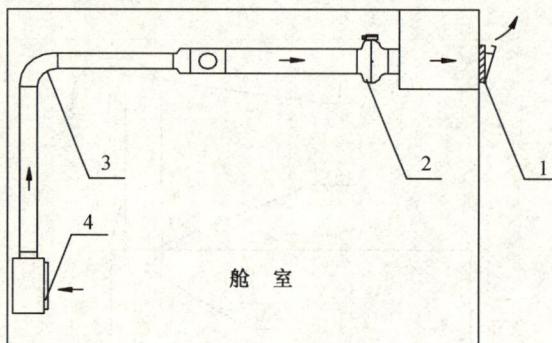

图4-44　机械排风

1—通风百叶窗;2—排风机;3—风管;4—排风头

2.对机舱通风系统的要求

(1)通风管不得通过舱壁甲板以下的水密舱室。

(2)在开敞的干舷甲板和后升高甲板以及开敞的上层建筑甲板上的通风筒,通往干舷甲板或封闭上层建筑甲板以下的处所时,应有钢质或其他相当材料的接管,其结构坚固并与甲板有效地连接,如果通风筒甲板接管的高度超过900 mm,则应有适当的加强支撑。

(3)通过非封闭的上层建筑的通风筒,应在干舷上有坚固结构的钢质或其他相应材料的接管。

(4)机器处所应有足够的通风,以保证其中的机器或锅炉在所有气候条件包括恶劣气候条件下全功率运转时该处有足够的空气供应,从而确保工作人员的安全和舒适以及机器的运转。

(5)所有锅炉自然通风用的风斗,应具有能将风斗转至任何所需位置并能加以固定的转动装置。

(6)通风头应设在开敞甲板上,并尽量远离排气管口、天窗和升降口等处。

(7)通风系统还应满足防火方面的规定。

3.通风系统的管理要点

(1)一般在大风浪天气不应使用通风系统,必要时拔除风帽,另加帆布罩,以保证水密。

(2)装卸煤、石灰等粉尘较大的货物时,不宜通风。

(3)船舶在寒冷天气系泊时,机舱应尽量不通风或间隔通风,以便保温。

(4)发生火灾时要关闭失火舱室的风闸,防止火焰从失火舱室蔓延至其他舱室。

(5)定期清洗通风头、通风管和通风机,防止其脏污严重。

(6)定期检查风机叶轮和轴承的状况,视情维修或换新。

五、机舱供水系统

1.机舱供水系统的作用与组成

机舱供水系统,又称日用海、淡水系统,其作用是提供船员和旅客日常生活用水需要,可分为饮用水系统、生活淡水系统和卫生海水系统。饮用水系统主要供应炊事用水、饮用水和医疗用水等;生活淡水系统主要供应浴室、洗衣室、洗物池和洗盆等处的冷、热洗涤水;卫生海水系统从舷外吸取海水,供厕所等处冲洗用。有些船舶上的饮用水和生活淡水会储存在一起,两者没有区分,则可统称为日用淡水。

供水系统的主要设备有水泵、水柜、热水器、供水管和阀件等。供水方式分为重力供水和压力供水两种形式。目前,大中型海船基本上采用压力供水方式。压力供水的特点是设置压力水柜,借助水柜中空气的压力将水送至各用水处,这种压力水柜的布置不受高度的限制。在大中型船舶上,至少应设两个压力柜:一个是海水压力柜,供应卫生水;一个是淡水压力柜,供应饮水和洗涤水。如果船上需要供应热水,则在供水系统中加设热水器,一般采用蒸汽或电加热方式。

2.对机舱供水系统的要求

(1)为在系统局部发生故障时不致影响整个供水系统的工作,同时也避免使用大直径的供水管,可采取分区供水,即将全船划分为几个用水区,各区直接从压力水柜的输出管上引出一路供水干管,并装设截止阀,分别控制。客船通常按甲板层或客舱等级来划分供水区域,这样可使系统更加灵活可靠。

(2)供水干管应力求避免通过起居室、粮库和物料舱等处,通常各种供水干管敷设在各层甲板两边过道上方,然后再由干管引出支管到附近的各室内用水设备。

(3)当几个用水区相距较远时,可按分区设置热水器,分别向集中在各自区内的几个用水处供热水,以免热水管路过长。

(4)压力水柜应符合有关受压容器的要求。

3.机舱供水系统实例

(1)饮用水系统

如图 4-45 所示为典型的船舶饮用水系统。来自饮用水舱的淡水被饮水泵送入饮水压力柜(0.2～0.4 MPa)。两个压力开关 PS 的设定值分别为 0.2 MPa 和 0.4 MPa,分别决定饮水泵的起、停。当柜中水位较高而压力仍偏低时,需要手动向柜中补充 0.4 MPa 的压缩空气。离开饮水压力柜后,饮用水被压送至饮水矿化装置,并经饮水处理装置的过滤、紫外线消毒后,送往厨房、配餐间以及各饮水机等,供人员饮用。

如果饮用水舱中的水质足以满足要求,可以经阀 FMV47 将饮水矿化装置旁通。当水舱中的水将用完时,可以通过游步甲板上的加水口从岸上加水。

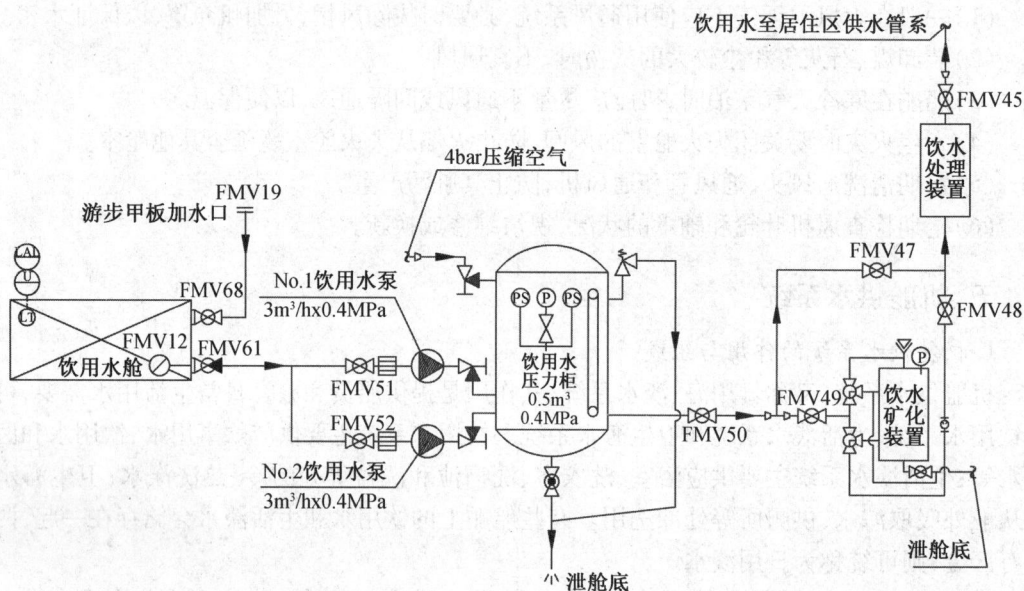

图 4-45　饮用水系统

(2)生活淡水系统

淡水包括冷水和热水。如图 4-46 所示为船舶生活淡水系统图。淡水泵从淡水舱吸入,将淡水送至淡水压力柜加压(0.2～0.4 MPa),两个压力开关 PS 的设定值分别为 0.2 MPa 和 0.4 MPa,分别决定饮水泵的起、停。当柜中水位较高而压力仍偏低时,需要手动向柜中补充 0.4 MPa 的压缩空气。自淡水压力柜,淡水分别经阀 FMV32 和 FMV34 被送至居住区供水系统和热水柜。热水柜中压力由淡水压力柜保持,热水由顶部的阀 FMV28 送至居住区供水系统。热水柜中设有蒸汽加热器,由温度开关 TS 控制蒸汽流量,从而将水加热至 60～65 ℃。为保证管路中一直有热水,还需要有热水循环泵将系统中的热水回水送入热水柜循环加热。No.1 日用淡水泵还可用于各淡水舱之间的互相调驳。

(3)卫生海水系统

如图 4-47 所示为典型的船舶卫生水系统。卫生水泵从海水总管吸入海水,将其送入卫生水压力柜加压(0.2～0.4 MPa)。加压的海水经阀 FMV41 和 FMV38 送至各居住区,供厕所冲洗用。卫生水也可经阀 FMV39 和 FMV40 分别进入 NO.1 和 NO.2 生活污水处理装置,供装置内部清洗所用。

由于海水的腐蚀性较强,卫生海水系统跑、冒、滴、漏现象十分普遍。目前,随着技术的进步,真空抽吸式卫生系统逐渐在远洋船舶上得到应用。

淡水接至居住区供水管系

热水接至居住区
供水管系

4bar压缩空气
至空调系统膨胀水柜
FMV33
FMV32
FMV28

No.1日用淡水泵
21m³/hx0.42MPa
FMV85
至淡水舱常闭
FMV36
来自淡
水舱
FMV37

No.1热水循环泵
3m³/hx0.3MPa
FMV30

淡水
压力柜
3.0m³
0.4MPa
FMV35
FMV34
热水柜
2.0m³
热水
回水
FMV31

No.2日用淡水泵
21m³/hx0.42MPa

No.2热水循环泵
3m³/hx0.3MPa

泄舱底
泄舱底

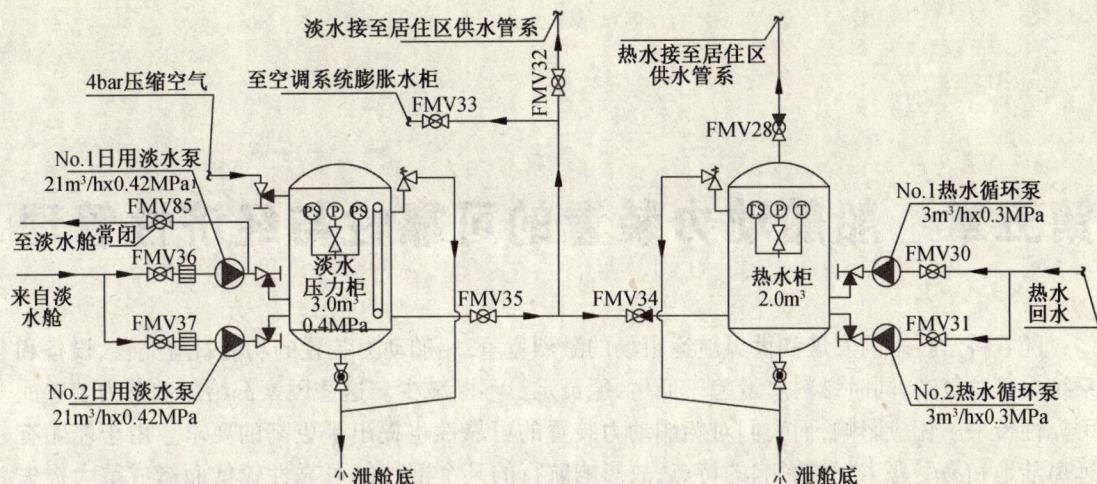

图 4-46 生活淡水系统

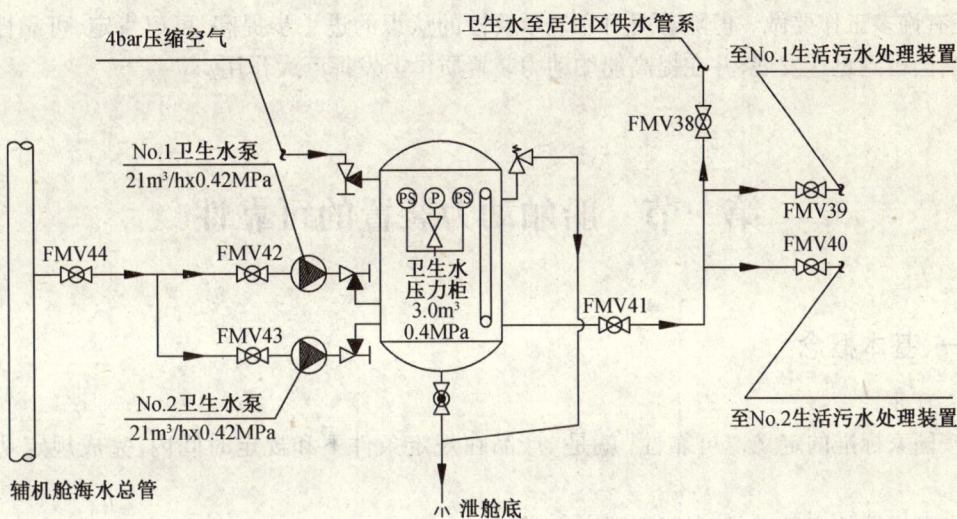

4bar压缩空气

卫生水至居住区供水管系
至No.1生活污水处理装置
FMV38

No.1卫生水泵
21m³/hx0.42MPa
FMV39
FMV40

FMV44
FMV42

卫生水
压力柜
3.0m³
0.4MPa
FMV41

FMV43

No.2卫生水泵
21m³/hx0.42MPa

至No.2生活污水处理装置

辅机舱海水总管

泄舱底

图 4-47 卫生海水系统

4. 日用淡水系统的管理

(1)淡水系统应与其他系统相互隔离,以保护用水不受污染。

(2)保持压力水柜中正常的气水比例,通常为1:2。如果空气太多,则可能使供水中断,此时应打开水柜顶部的放气阀,放掉一部分气体。如果空气太少,则会使水泵起停频繁,对泵的工作不利,此时应打开水柜顶部的补气阀,补入适量的压缩空气。

(3)由于船上的饮用水有限,如果发现用量异常,应及时查找原因并消除泄漏。

(4)当将造水机产生的蒸馏水用作饮用水时,需经过矿化后方可饮用,以补充人体所必须的矿物质。

第五章　船舶动力装置的可靠性与经济性管理

随着科学技术的发展和世界航运市场的激烈竞争,船舶动力装置的功能日益完善,设备和系统也日益复杂,同时燃料质量趋于低劣,船员定员不断减少。这些因素都给船舶动力装置的可靠性带来了相应影响,而人们对船舶动力装置的可靠性也提出了更高的要求。由于船舶有远离陆地和易受恶劣气候影响的特点,故影响航行的某个部件的可靠性较低而造成重大损失的情况屡见不鲜。因此,可靠性指标在动力装置质量指标中占有特殊的地位。从设计、制造、工艺到使用部门都十分重视可靠性问题。目前对船舶动力装置的可靠性研究还处于起步阶段,还有许多工作要做。但随着对可靠性重要性的认识的进一步提高,可以肯定,可靠性研究在今后会得到迅速发展,并在提高船舶动力装置质量上发挥巨大作用。

第一节　船舶动力装置的可靠性

一、基本概念

1. 可靠性

按国家标准的定义,"可靠性"就是"产品在规定条件下和规定时间内,完成规定功能的能力"。

在可靠性的定义中,包含以下因素:

(1)对象

可靠性问题的研究对象是产品,它是泛指的,可定义为"单独研究和分别试验的任何元件、器件和系统"。如果是一个系统,也应把操作系统的人为因素包括在内。

(2)规定条件

"规定条件"是指对象的工作条件,包括外界环境条件、使用工况、使用方法及维护条件等。这些因素对产品的可靠性有很大影响,在研究可靠性时应严格限定。

(3)规定时间

与可靠性关系非常密切的是关于使用期限的规定,因为可靠性是一个有时间性的定义,对时间性的要求一定要明确。它可用时间的累积值表示,也可用距离、次数表示。

(4)规定功能

"规定功能"是指产品在工作参数处于规定范围内完成的给定工作。"完成规定功能"是指在规定的使用条件下能维持所规定的正常工作而不失效,它与不发生故障是等同的。

2. 可靠度

产品完成规定功能所持续的时间对一个产品来说是预先不能确定的随机量,随机量具有统计上的规律性,即可用概率来说明随机量出现的可能性大小。产品在规定条件下和规定时间内,完成规定功能的概率称为可靠度。可靠度是时间的函数,可用 $R(t)$ 表示。若产品在规定的条件下,规定的时间为 t,从开始工作到发生故障的连续工作时间为 T,则产品的可靠度 $R(t)$ 为

$$R(t) = P(T \geq t) \quad 0 \leq t \leq \infty \tag{5-1}$$

式中,$P(T \geq t)$ 为产品连续工作时间达到及超过规定时间的概率。

因为产品的可靠度总是随着规定时间 t 的增长而下降,所以 $R(t)$ 是时间 t 的递减函数,而且有

$$R(0) = 1 \quad R(\infty) = 0$$

在 $0 \leq t \leq \infty$ 范围内,$0 \leq R(t) \leq 1$。

可靠度将可靠性具体化、定量化,它是可靠性的定量定义。在可靠性技术中,通常不把两者严格区分开来,而把可靠度也称为可靠性。

当同型产品的数量相当大时,可靠度可根据故障统计数据近似求出,即

$$R(t) \approx \frac{N - n(t)}{N}$$

式中,N——在初始时间 t_0 所观测的同型产品数;

$n(t)$ ——给定工作时间 t 结束前发生故障的产品数。

若某产品在 1 万小时内工作的可靠度 $R(t) = 0.95$,就是说该产品平均有 95% 可保持不低于 1 万小时的工作能力。

对于船舶动力装置的可靠性可以具体理解为:

产品:整个动力装置。

规定条件:构成动力装置的全部机器、设备、系统等的说明书、使用要求中所规定的工作条件(如环境温度、压力、湿度、振动、负荷和航行条件)以及所要求的操作、管理和维护条件。这些条件对可靠性都有影响,都应给予明确规定。

规定时间:评价可靠性时给定的时间范围,一般取两次大修间隔时间。规定时间越长,可靠性越低。

规定功能:指运行指标,包括功率、转速、燃油和润滑油消耗量、工质参数、发电量、蒸汽产量、装卸货能力以及其他船舶作业和防污染所要求的能力。规定功能不同,可靠性会有很大差异。

3. 不可靠度

可靠性也可以从发生故障也就是完不成规定功能的角度去说明。不可靠度定义为产品在规定条件下和规定时间内丧失规定功能的概率。若产品连续工作到 T 时刻丧失规定功能,规定时间为 t,则不可靠度 $F(t)$ 为:

$$F(t) = P(T < t) \tag{5-2}$$

式中,$P(T < t)$ 为连续工作时间没超过规定时间 t 的概率。

同样,不可靠度在同型产品数量相当大时可根据故障统计数据近似求出。设有 N 个同一型号产品,从开始工作($t = 0$)后到时刻 t 时,有 $n(t)$ 个失效,则

$$F(t) \approx \frac{n(t)}{N} \tag{5-3}$$

不可靠度与可靠度呈互补关系,产品开始工作($t=0$)时,都是好的,故有$n(t) = n(0) = 0$,$R(t) = R(0) = 1$,$F(t) = F(0) = 0$。随着工作时间的增加,产品的失效数不断增多,可靠度就相应降低,不可靠度相应增大。当产品的工作时间t趋向于无穷大时,所有产品不论其寿命多长,最终会失效。因此,$n(t) = n(\infty) = N$,故$R(t) = R(\infty) = 0$,$F(t) = F(\infty) = 1$。如图5-1所示:$F(t)$与$R(t)$形状正好相反。

我们可以通过一个假想的试验来进一步说明$F(t)$的含义。首先取N个某种产品,对它们逐个进行试验,完成规定功能到发生故障为止。我们记下每个产品到发生故障的工作时间后,可以把时间间隔成几等份。以时间t为横坐标,以每段时间间隔发生故障的产品数为纵坐标,则得到图5-2产品故障分布直方图。

现任取某一时刻t_m,则从开始试验至t_m为止的这段时间内,产品发生的故障总数N_{fm}为

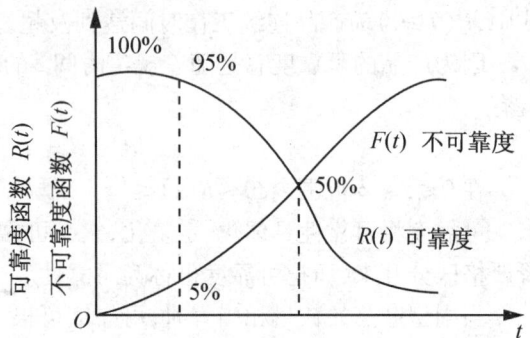

图5-1 可靠度函数与不可靠函数

$$N_{fm} = \sum_{i=1}^{m} \Delta N_i \tag{5-4}$$

在这段时间内产品发生故障的概率为:

$$F_m = \frac{N_{fm}}{N} = \frac{\sum_{i=1}^{m} \Delta N_i}{N} \tag{5-5}$$

当$n \to \infty$,$\Delta t \to 0$时,产品在时间t内发生的故障概率,就是不可靠度,即

$$F(t) = \frac{N_f(t)}{N} = \int_0^t \frac{dN_f(t)}{Ndt}dt \tag{5-6}$$

令

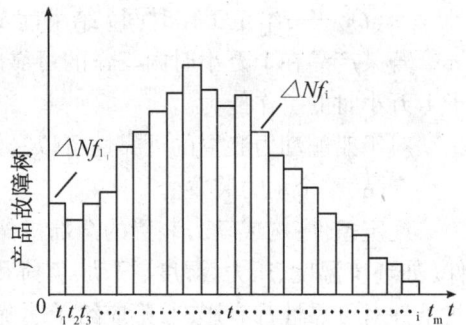

图5-2 产品故障分布直方图

$$f(t) = \frac{1}{N}\frac{dN_f(t)}{dt} \tag{5-7}$$

则

$$F(t) = \int_0^t f(t)dt \tag{5-8}$$

由此可以得出,不可靠度是时间的函数,而且是t时间内累积故障的概率,是一个递增函数。一般称$F(t)$为累积失效密度函数,它可以完整地描述随机量——产品工作时间T的统计规律性。由于$F(t)$与$R(t)$是两个不相容事件,因此有

$$F(t) = 1 - R(t) \tag{5-9}$$

由式(5-7)可知,$f(t)$是任一时刻发生故障的概率变化率,故称之为故障概率密度函数。

将式(5-8)代入式(5-9)得:

$$R(t) = 1 - F(t) = 1 - \int_0^t f(t)\,\mathrm{d}t = \int_t^\infty f(t)\,\mathrm{d}t \qquad (5\text{-}10)$$

对上式两边求微分得

$$f(t) = -\frac{\mathrm{d}R(t)}{\mathrm{d}t} \qquad (5\text{-}11)$$

当试验所取产品数 N 足够多时，在 $0-t$ 时间范围内发生故障的产品数为 $N \cdot F(t)$，仍能可靠工作的产品数为 $N \cdot R(t)$。$F(t)$ 或 $R(t)$ 的具体数值可通过对产品实际运行情况的观察和故障统计资料获得。

4. 故障率

故障率是评价可靠性的又一重要参数。按国家标准定义为"工作到某时刻尚未发生故障的产品，在该时刻后单位时间内发生故障的概率。"故障率是时间的函数，用 $\lambda(t)$ 表示。根据定义，仍按上面的假想试验来说明，有

$$\lambda(t) = \frac{N \cdot [R(t) - R(t+\Delta t)]}{N \cdot R(t)\Delta t} \qquad (5\text{-}12)$$

式中，Δt——时间区间；

$N \cdot R(t)$——在 t 时刻仍能工作的产品数；

$N \cdot R(t+\Delta t)$——在 $(t+\Delta t)$ 时刻仍可工作的产品数。

当 $n \to \infty$，$\Delta t \to 0$ 时，则

$$\lambda(t) = -\frac{1}{R(t)} \cdot \frac{\mathrm{d}R(t)}{\mathrm{d}t} = \frac{-R'(t)}{R(t)} \qquad (5\text{-}13)$$

将式(5-11)代入上式得

$$\lambda(t) = \frac{f(t)}{R(t)} \qquad (5\text{-}14)$$

对式(5-13)两边积分，有

$$-\int_0^t \lambda(t)\,\mathrm{d}t = \ln R(t) - \ln R(0) = \ln R(t) \qquad (5\text{-}15)$$

$$R(t) = \mathrm{e}^{-\int_0^t \lambda(t)\,\mathrm{d}t} \qquad (5\text{-}16)$$

当 $\lambda(t) = \lambda = \mathrm{const}$ 时

$$R(t) = \mathrm{e}^{-\lambda t}$$

在这里我们建立了故障率和可靠度函数的关系。已知故障率函数 $\lambda(t)$ 或已知可靠度函数 $R(t)$ 都可以由式(5-16)求出另一个来。

故障率 $\lambda(t)$ 和故障概率密度函数 $f(t)$ 都是反映故障概率的变化状况的，其不同之处在于：$\lambda(t)$ 是针对到时刻 t 尚能正常工作的产品数而言，即从总数 N 中扣除了 $0-t$ 这段时间发生故障的产品数；而 $f(t)$ 则是针对开始时刻的产品数而言的。

5. 平均寿命

产品平均寿命是产品从工作到发生故障的时间的平均值，用来表示产品连续工作的能力。平均寿命对不可修产品和可修产品含义有别：

对不可修产品，其寿命是指它失效前的工作时间。因此，平均寿命就是指该产品从开始使用到失效前的工作时间平均值，记为 MTTF(Mean Time To Failure)。

对于可修复的产品,其寿命是指相邻两次故障间的工作时间。因此它的平均寿命又可称为平均无故障工作时间,记为 MTBF(Mean Time Between Failures)。

现仍用前面假设试验来说明,见图 5-2。现假设在时间 t_{i-1} 到 t_i 这一段时间内发生故障总数为 ΔN_{fi},且都是工作到 t_i 时才发生故障,这时,这些产品的工作总时间为 $t_i \Delta N_{fi}$,全部 N 个产品在 $(0, t)$ 时间内工作的时间总和为 $\sum_{i=1}^{n} t_i \Delta N_{fi}$。因此每一个产品的平均工作时间为

$$E(t) = \frac{1}{N} \sum_{i=1}^{n} t_i \Delta N_{fi} = \sum_{i=1}^{n} t_i \frac{\Delta N_{fi}}{N} \tag{5-17}$$

当 $n \to \infty$,$t \to 0$ 时利用式(5-17)可得

$$E(t) = \int_0^\infty \frac{t \mathrm{d} N_f(t)}{N \mathrm{d} t} \mathrm{d} t = \int_0^\infty t f(t) \mathrm{d} t \tag{5-18}$$

平均寿命 $E(t)$ 是算术平均值,在概率论中称为数学期望值或均值。若故障密度函数 $f(t)$ 已知,利用该式可求出产品总体的平均寿命。

将式(5-11)代入式(5-18)得

$$E(t) = \int_0^\infty t \left(-\frac{\mathrm{d} Rt}{\mathrm{d} t} \right) \mathrm{d} t = -\int_0^\infty t \mathrm{d} R(t)$$

$$= -\int_0^\infty \mathrm{d} [t \cdot R(t)] + \int_0^\infty R(t) \mathrm{d} t$$

$$= -[t \cdot R(t)|_0^\infty] + \int_0^\infty R(t) \mathrm{d} t$$

当 $t = 0$ 时,$t \cdot R(t) = 0$;当 $t = \infty$ 时,$t \cdot R(t) = 0$,$\lim[t \cdot R(t)] = 0$,因而

$$E(t) = \int_0^\infty R(t) \mathrm{d} t \tag{5-19}$$

当 $\lambda(t) = \lambda = \mathrm{const}$ 时,式(5-15)给出 $R(t) = \mathrm{e}^{-\lambda t}$,将它代入式(5-19),得

$$E(t) = \int_0^\infty R(t) \mathrm{d} t = \int_0^\infty \mathrm{e}^{-\lambda t} \mathrm{d} t = -\frac{1}{\lambda} [\mathrm{e}^{-\infty} - \mathrm{e}^0] = \frac{1}{\lambda} \ (\mathrm{e}^{-\infty} \to 0)$$

即当可靠度函数 $R(t)$ 为指数分布时,平均寿命 $E(t)$ 等于故障率的倒数。

在船舶动力装置中的大多数产品都是可修产品,其平均寿命 $E(t) = \mathrm{MTBF}$,也称为系统平均无故障工作时间。

6. 维修性

在船上,一些成本低、构造简单的零部件,通常作为物料处理,属不予修理的消耗品,如通用螺栓、螺母、垫圈、填料等。但大多数为成本昂贵、构造复杂、耐用的设备或零部件,对这些零部件和设备往往要求经一定的维修后能继续使用。

把产品维持在可使用状态,或为了修复故障及缺陷所做的一切工作称作维修。产品的维修性可用其维修度来衡量。维修度的定义就是"对可能维修的产品在发生故障或失效后在规定的条件下和规定的时间内,按照规定的程序和方法进行维修,使之能保持或恢复到能完成规定功能的概率"。它是维修性的数量指标,也是时间的函数,用 $M(t)$ 表示,即

$$M(t) = P_m(T < t) \tag{5-20}$$

式中,$P_m(T < t)$ 为产品恢复到规定功能所用修理时间不超过规定时间的概率。

产品的维修度表示产品对维护、修理的适应性,也就是对产品进行维修的难易程度。维修

度高的产品可弥补其可靠性的不足,影响维修度的因素有三个:

(1)产品结构的维修方便性。对产品进行结构设计时就要考虑到产品发生故障后,容易发现,便于检查,易于修复。

(2)修理人员的修理技能。

(3)维修系统的效能。包括备件的供应、维修工具及设备的效能和维修系统的管理水平。

二、故障率曲线

产品可能因各种原因而导致故障,故障的出现往往是随机的。不过任何故障的出现又总是服从一定的规律。可修产品的故障率随时间的变化规律可根据试验的统计数据得到如图5-3所示曲线。该曲线称为故障率曲线。这条曲线综合了大量产品的故障率特征,基本上反映了产品故障的一般特点。图5-3中纵坐标为故障率 $\lambda(t)$,横坐标为时间 t (寿命),它以产品制造完成投入使用的时间为坐标零点。由于此曲线的形状像个浴盆,也称为浴盆曲线。

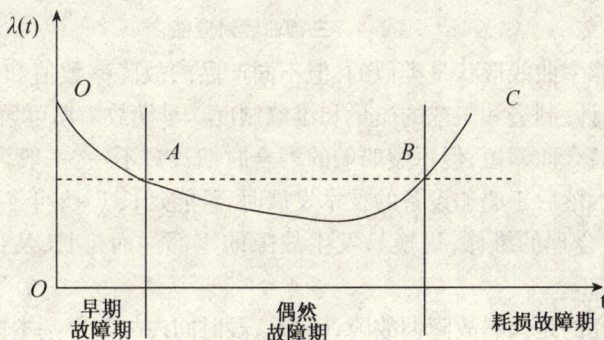

图5-3 故障率曲线图

由图可见,根据 $\lambda(t)$ 随时间变化的特点,我们可将产品从投入运行至耗损老化而报废的整个寿命期分为 OA 段——早期故障期(递减期)、AB 段——偶然故障期(恒定期)和 BC 段——耗损故障期(递增期)。这三个时期发生的故障也可以分别称为早期故障、偶然故障和耗损故障。对应故障率曲线我们可以画出故障密度函数曲线和可靠性函数曲线,如图5-4所示。从图上可以看出,运行进入耗损故障期后故障率急剧上升,故障密度函数出现峰值,可靠性明显下降的规律。

利用浴盆曲线,可以对三个不同时期故障的特点进行分析。

(1)早期故障期:这个时期是产品刚进入工作状态的时期,由于设计、制造和工艺的缺陷或由于使用中磨合不合适会出现较高的故障率,经过短时间运行后,故障率逐步减少,我们也可称这一段时间为排除劣品的试验阶段。

(2)偶然故障期:在这一段时间内故障率基本恒定且比较低。这一段故障原因多是由环境和使用管理方面的偶然因素造成的,因而无法预测故障发生的时间。通常讨论可靠性的一般问题时就以这一段时间为准。它是产品的最佳状态期。

(3)耗损故障期:产品经过较长时间的偶然故障期的运行后,由于元件的疲劳、磨损和老化现象等原因,故障率急剧增加。为防止这类故障发生,我们应该在故障率剧增之前,及时更换或修复产品。如何确定这一转折点是使用维修中的一个重要研究课题。

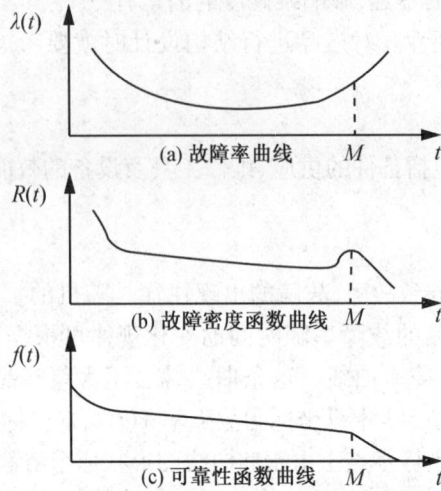

图 5-4　三种曲线对应图

多数产品的故障率曲线形状是类似的,但不同产品的故障率数值和各时期的长短却有一定差异,它取决于设计、制造和工艺的质量和维修制度。早期故障期可通过制造时的质量控制和使用初期的良好磨合而缩短,但每艘船舶的磨合时期长短不一,一般为半年左右,在制造技术和维护管理的技术落后于船舶设备的技术发展时,可能延长 1~2 年。偶然故障期是产品的最佳状态期,可通过合理的维修,更换易发生故障的零部件而延长,从而使产品的使用寿命(也称有效寿命)增加。

可靠性着重研究的是偶然故障期故障,因为这段时间内故障率基本恒定,给可靠性特征量如 $R(t)$、$F(t)$、$E(t)$ 等的分析计算带来很大方便。故障率和平均无故障工作时间都可根据实际使用中的故障统计资料求得。例如对 100 台某产品进行故障统计,经过 5 000 h 的正常使用后,其中有一台工作 500 h 后发生故障,一台工作 1 000 h 后发生故障,一台工作 2 000 h 后发生故障,其余工作正常。若不考虑维修性,那么这 100 台产品的正常运转总时数为 500 + 1 000 + 2 000 + 97 × 5 000 = 488 500 h。总故障数为三次,因此这种产品经过 5 000 h 工作的故障率为:

$$\lambda = \frac{3}{488\ 500} = 6.14 \times 10^{-6}$$

可靠度为:

$$R(5\ 000) = e^{-6.14 \times 10^{-6} \times 5\ 000} = 0.969\ 8$$

若某设备的 $\lambda = 0.001$,工作时间分别为 1 h,10 h,100 h 和 1 000 h,则其 $R(t)$ 分别为 0.999,0.99,0.904 8 和 0.368。可以看出规定的工作时间越长,可靠性就越差。

三、船舶的特殊性与航行的可靠性

1. 船舶的特殊性

船舶动力装置的可靠性与船舶的特殊性密切相关。船舶的特殊性主要表现在:

(1)船舶远离陆地航行,一旦发生故障不易得到陆地支援,大部分故障的排除和修理只能由船员承担。

（2）设备发生故障时，往往处于复杂的航区和严酷的气象条件下，局部故障可能影响全局，导致严重后果。因此，近年来国际上对海上航行安全非常重视并提出了较高要求。

（3）船舶动力装置的使用环境苛刻多变、运行时工作参数变化范围较大，随时都可能要船员进行操纵管理，有时还要求采取应急措施，因此对船员要求较高。

（4）船用机械特别是主机制造台数少，而且母型机的试验难以在陆地上充分进行。

（5）主机型式更新换代速度较快。

（6）机器部件和元件以及它们的质量和功能各异，所需知识面较广。

（7）现场数据要由船员整理和报告。

上述这些船舶的特殊性，不仅体现出动力装置可靠性的重要性，而且说明动力装置的可靠性是个复杂的课题。它既与各组成设备的可靠性、维修性有关，也涉及参与管理的人的因素，因此它和人机工程学、劳动管理学、心理学等领域交错在一起，使问题难以解决。更由于海运界对可靠性的研究历史很短，可以说还处于刚起步阶段。因此研究船舶动力装置可靠性的一般方法，现在多限于当可靠性和维修性发生问题时，首先对发生的故障进行分析并探讨其原因，然后从某时间起将其总计起来，经过进一步分析和计算，找出解决问题的途径，从而提高产品质量和改进管理方法。也就是采用大量搜集和统计分析现场数据的方法。这也可以说是由船舶特殊性而带来的研究方法的特殊性。

2. 航行的可靠性

根据船舶航行状况的不同，可把船舶的航行故障分为以下几类：

（1）当船舶正常航行时，可把故障定义为"使船舶达不到正常航速的事件"，即航行中不能停车或减速修理。

（2）当船舶航行在大风浪中时，为保证船舶安全，要求船舶至少能保持一定的最低航速，这时，可把故障定义为"使船舶不能维持最低航速的事件"。

（3）当船舶在靠离码头及窄水道机动航行时，因为时间紧迫，只能将船舶作为一个不可修复的系统看待。这时对动力装置可靠性的要求不是连续长期工作的性能，而是起停、正倒车及变速等操纵性能。因此，故障可定义为"使船舶失去操纵性的事件"。这时，故障率不应按工作时间，而是按工作次数来确定。

船舶航行故障的极端情况是船舶的全损。据统计，在20世纪70年代的10年中，每天平均每1 000艘船就有6艘沉没，其原因主要是由碰撞、搁浅，火灾及主机、艉轴、螺旋桨、舵、发电机等的故障引起的。20世纪80年代以来，船舶海难事故也不断发生。伦敦承保人协会公布的1987～1991年世界全损船舶统计表（见表5-1）表明：全世界全损船舶的艘数和吨位各年间虽有所变化，但总的来看呈增长趋势，尤其是1991年，达到近年来全损率的最高点。

表5-1　1987～1991年世界全损船舶统计

年份	全损艘数	全损总吨位	占世界船舶总吨位%
1987	139	1 178 973	0.3
1988	147	775 856	0.2
1989	156	1 078 077	0.37
1990	139	1 221 125	0.3
1991	182	1 708 464	0.4

世界全损船舶按船型统计的情况见表5-2。从中可知,近年在全损船舶中散货船所占总吨位的比例较高,特别是1990年竟占到一半以上。

表5-2　1987～1991年世界全损船舶按船型统计表

船型	1987			1988			1989			1990			1991		
	艘数	总吨	%	艘数	总吨	%	艘数	总吨	%	艘数	总吨	%	艘数	总吨	%
油船	9	131 636	11	13	144 371	19	13	313464	29	14	224 884	18	20	501 663	29
散货船和混装船	24	639 834	54	8	133 654	17	16	306 337	28	19	704 615	58	27	720 077	42
其他船型	106	407 503	35	126	497 831	64	127	458 276	43	106	291 626	24	135	486 724	29
总计	139	1 178 973	100	147	775 856	100	156	1 078 077	100	139	1 221 125	100	182	1 708 464	100

统计还表明,在造成全损的各种原因中,大约80%的原因是与人为因素相关的。全损船舶中90%以上船龄超过15年。因此国际海事组织(IMO)采取了一系列的措施,取得了明显的效果。例如:要求各国于1996年开始对船龄大于15年的散货船的结构实行加强检验程序(ESP:Enhanced Survey Programme),以保证船舶有足够的强度;要求散货船的货舱设置进水探测装置,当舱底水位高于内底板0.5 m时发出声光报警,以防货舱意外进水导致船舶沉没;为了防止精铁矿等可液化货物和散装谷物发生移动造成船舶倾覆,对《固体散装货物安全操作规则》(BC规则)和《国际散装谷物安全装运规则》进行了多次修改,并写入了SOLAS公约的文本,作为保证船舶安全的强制要求。IMO公布的2002～2010年全损船舶统计表(表5-3)表明:在全球运力不断增加的情况下,全世界全损船舶的艘数得到了控制。安联保险公司发布的最新"安全与船运报告"指出,2015年全球100总吨以上的全损船舶共85艘,全损船舶与往年相比持续减少。

表5-3　2002～2010年世界全损船舶统计

	2002	2003	2004	2005	2006	2007	2008	2009	2010
100总吨以上全损船舶艘数	144	144	113	149	120	135	135	142	119

四、船舶动力装置故障统计

1. 船舶各种机械的故障统计

根据世界主要航运公司统计,动力装置中各种机械发生故障的比例如表5-4所示。根据某航运公司1993年至2003年统计,船舶机损事故分析如表5-5所示。这些数据表明,在柴油机船上,主机是动力装置中最重要的,但也是可靠性最薄弱的环节。表5-6给出了主机发生故障的各种原因的比例。在主机发生故障的原因中,约一半是由于材料质量不良和机件污损,前者是制造阶段的原因,后者是使用阶段的原因。所以从设计者到管理者,对主机可靠性都要给予足够的重视。

表 5-4　各种机械发生故障占总故障数比例表

机械种类	主机	柴油发电机	机舱辅机	甲板机械	各管路阀	电动机	其他	说明
人×小时（%）	36.6	19.3	17.9	12.3	5.1	2.5	6.3	故障总次数为 7 521
故障次数（%）	38	15.7	10.9	13.7	8.1	3.9	9.7	

表 5-5　船舶机损事故分析

机械种类	主机	副机	发电机	锅炉	起重机械	其他设备	燃润料	火灾、污染	说明
故障次数	58	36	7	7	7	10	3	6	机损总次数为 134
故障比例（%）	43.3	26.9	5.2	5.2	5.2	7.5	2.2	4.5	

表 5-6　按主机故障原因分类的发生故障比例表

设计问题	材料问题	安装问题	操作问题	自然磨损	腐蚀	污损	振动	管理问题
1.9	24.3	7.4	9.5	10.5	10.4	24.7	10.0	1.3

2. 柴油机部件的故障统计

表 5-7 给出了柴油机各部件发生故障占柴油机总故障比例的统计数据，表 5-8 给出了某航运公司 1993 年至 2003 年统计的主机事故情况分析，由这些统计资料可以看出在低速柴油机中发生故障最多的部件是活塞、气缸、气缸盖和十字头轴承。在中速机（包括柴油发电机）中曲轴及其轴承的故障比较突出。这些部件应作为可靠性技术中的重点问题给予研究，在运行管理中也应倍加注意。

表 5-7　柴油机各部件故障占柴油机总故障数比例

资料来源 类别 故障部件	劳氏船级社		前中国远洋运输总公司	
	低速	中速	主机	柴油发电机
气缸盖	14.6	4.9	13.7	13.15
气缸套	6.1	4.8	1.92	1.31
活塞	11.8	10.4	19.2	6.57
气缸体	4.3	1.9		
气阀	2.6	8.6	3.84	2.63
十字头轴承	18.7	0.2	7.69	
连杆大端轴承	8.1	11.1		11.84
曲轴、主轴承	3.8	13.4	11.52	34.2

（续表）

资料来源 类别 故障部件	劳氏船级社		前中国远洋运输总公司	
	低速	中速	主机	柴油发电机
燃油泵	1.1	2.3	7.69	3.94
泵传动装置	0	0.7		
传动齿轮	2.3	5.7	7.69	6.57
增压器	12.6	11.7	5.76	3.94
凸轮轴	1.8	4.4	1.92	
机座	0.2	7.4		
曲轴箱	0.1	0.9	5.76	
机架	2.1	0.9		1.31
调速器	0.2	2.1		3.94
基座	1.2	1.8		
扫气通道	1.0	0.2		
贯穿螺栓			3.84	
操纵系统			1.92	
连杆螺栓				6.57
其他	7.4	6.7	7.55	4.03

表5-8　主机事故情况分析

编号	损坏部位	事故次数					小计	故障比例%
		机型分类						
		SULZER	MAN	MANB&W	其他机型	中速机		
1	活塞	3	1	5		3	12	15.18
2	活塞环	2		2			4	5.57
3	活塞杆填料函			1			1	1.25
4	活塞伸缩管		1				1	1.25
5	气缸套	4		6		2	12	15.18
6	气缸盖		1	2		1	4	5.57
7	排气阀		1	4		3	8	10.1
8	高压油泵	2		1			3	3.8
9	凸轮轴			1		1	2	2.5

（续表）

编号	损坏部位	事故次数					小计	故障比例%
		机型分类						
		SULZER	MAN	MANB&W	其他机型	中速机		
10	燃油凸轮	1		2			3	3.8
11	排气凸轮			1			1	1.25
12	链条装置	1		2			3	3.8
13	十字头导板			1			1	1.25
14	十字头滑油泵			1			1	1.25
15	曲轴			2			2	2.5
16	曲柄销及轴承			1		1	2	2.5
17	主轴承			1		1	2	2.5
18	中间轴承			1			1	1.25
19	缸头螺栓			1			1	1.25
20	连杆螺栓					2	2	2.5
21	操纵系统				1		1	1.25
22	换向机构			1			1	1.25
23	减速齿轮箱					1	1	1.25
24	机油系统	1					1	1.25
25	扫气箱爆炸	1					1	1.25
26	空冷器	1		1			2	2.5
27	透平	1	1	4			6	7.6
	汇总统计	17	5	41	1	15	79	
	各机型所占比例	21.5%	6.0%	51.9%	1.3%	19.3%		

第二节　提高船舶动力装置可靠性的措施

　　要保证和提高船舶动力装置的可靠性,首先在设计时就应满足可靠性要求,然后,在制造和工艺阶段尽可能达到设计时规定的可靠度。只有这样在使用中才能体现出装置是否可靠。显然船舶动力装置的可靠性问题贯穿于整个设计、制造和工艺阶段以及全部运转期间。因此,我们可以把影响动力装置可靠性的因素分为设计、制造工艺和管理三类,详情如表5-9所示。下面着重分析与轮机管理人员关系较为密切的几个问题。

表5-9　影响船舶动力装置可靠性的的因素

设计	制造工艺	管理
推断营运特点和工作条件	原材料	使用操作
选用设备的质量和数量	加工机械	文件管理
系统设计、储备度及可靠度分布	制造工艺	维修制度
安全系数和部件的降级使用	装配工艺	维修工艺
设计数据的选取	试验方法	备件管理
配套和布局	质量检查方法	人员培训
人机工程	质量管理	道德观念和思想状况
维修性	作业人员管理	使用环境
标准化、简单化、自动化		包装、运输、储藏

一、选用合理的系统连接方式

设计动力装置就必须考虑提高可靠性,以免造成可靠性方面的先天不足。这时除了选用可靠性好的设备和零部件外,还必须分析不同连接方式和不同储备对可靠性的影响,以达到设计出成本较低、可靠性又得到足够保证的动力装置的目的。下面就常用的几种连接系统的可靠性进行分析。

1. 串联系统

(1) 定义

我们把由各种不同性质的若干个独立部件为完成某种功能结合起来而构成的一个整体称为系统。如果系统中所有元件对系统的功能是不可缺少的,我们称这样的系统为串联系统。也就是说,系统中没有专门为提高可靠性多设置部件。当这种串联系统中的某一个部件发生故障时,会影响到整个系统功能的正常发挥,则认为系统呈故障状态。如图5-5(a)所示给出了串联系统可靠性方框图。

值得注意的是可靠性方框图和系统的原理结构图不同,前者是从可靠性角度描绘的部件之间的可靠性逻辑关系图。同一个动力系统,它的结构原理图是不随使用条件变化而变化的,而它的可靠性方框图却随条件变化可能会有不同。例如,假设某一中央冷却系统中设有三台循环水泵,若在热带时必须同时运行才能满足冷却的要求,从可靠性角度看,这三台水泵间就是串联关系。而在寒带时,只有一台工作就可以满足冷却需要,则这三台水泵间的可靠性方框图就成了并联关系。当航行在温带时若只要两台正常工作就可以满足冷却要求,此时从可靠性角度看就成为表决系统。

(2) 可靠度

在串联系统中,只有组成系统的所有元件同时正常工作时系统才能正常工作,因此,串联系统的可靠性可用下式表示:

$$R_s(t) = R_1(t)R_2(t)\cdots R_n(t) = \prod_{i=1}^{n} R_i(t) \qquad (5-21)$$

式中,$R_s(t)$——串联系统的可靠度;

$R_i(t)$——系统中各部件单独工作的可靠度。

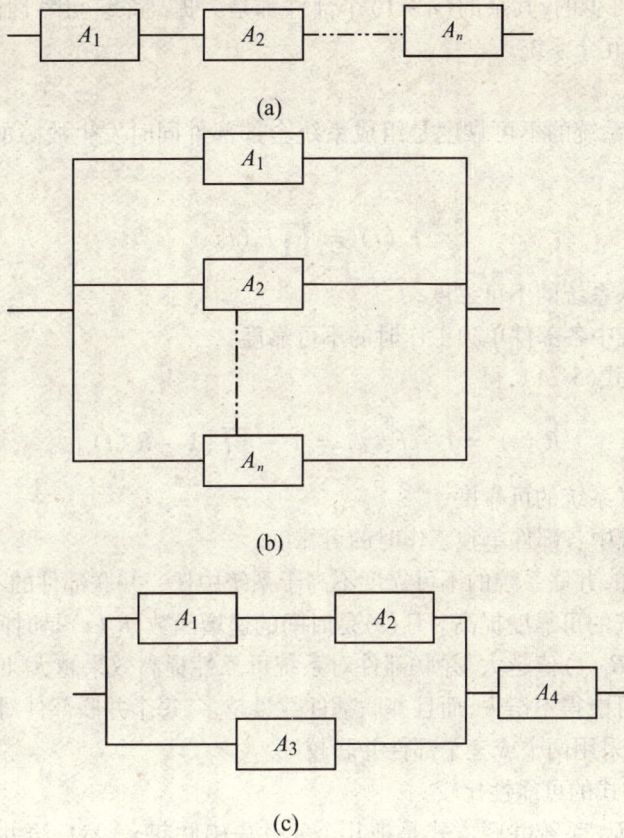

(a)

(b)

(c)

图 5-5　串联、并联和混合连接系统可靠性方框图

如果构成串联系统的几个元件都处于偶然故障期,即各元件故障率是常数时,将式(5-16)代入式(5-21),则有

$$R_s(t) = e^{-\sum_{i=1}^{n} \lambda(t)} \tag{5-22}$$

令 $\lambda_s = \sum_{i=1}^{n} \lambda_i$,则有

$$R_s(t) = e^{-\lambda_s(t)} \tag{5-23}$$

式中,λ_s 为串联系统的故障率。

由式(5-23)可知,影响串联系统可靠性的主要是串联元件的数目、工作时间及系统中各元件的可靠性。显然,串联元件越多,系统可靠性越差;工作时间越长,系统可靠性越差。从式中还可看出,串联系统的可靠度不大于部件的可靠度,可靠度最差的部件对系统的可靠度影响也最大。

2. 并联系统

(1)定义

为了提高系统中某一个元件对系统可靠性的贡献,有时把相同的 n 个元件并联安装,靠"多余"元件实现备份作用。这样如果系统的全部部件都发生故障,系统才失去完成规定的功能的能力,或者只要其中有一个正常工作,则系统就可以正常工作,这样的系统称为并联系统。如图5-5(b)所示给出了并联系统的可靠性方框图。显然可以看出,在系统的 n 个部件里,仅有其中一个是必不可少的,其余的 $(n-1)$ 个部件都是为提高系统可靠性而设置的"多余"部件,故该系统也称为冗余系统。

(2)可靠度

在并联系统中,系统的不可靠度是组成系统全部部件同时发生故障的概率,故可以得出下式

$$F_s(t) = \prod_{i=1}^{n} F_i(t) \tag{5-24}$$

式中,$F_s(t)$——并联系统的不可靠度;

$F_i(t)$——系统中各部件单独工作时的不可靠度。

将式(5-9)代入式(5-24),得

$$R_s(t) = 1 - F_s(t) = 1 - \prod_{i=1}^{n} \left[1 - R_i(t) \right] \tag{5-25}$$

式中,$R_s(t)$——并联系统的可靠度;

$R_i(t)$——系统中各部件单独工作时的可靠度。

由式(5-24)可知,并联系统的不可靠度不高于系统中任一并联部件的不可靠度,也就是采用并联方式可使系统的可靠度提高。$F_i(t)$ 是时间的递增函数,$R_i(t)$ 是时间的递减函数,时间越短,$F_i(t)$ 值越小,$R_i(t)$ 值越大,并联部件对系统可靠性提高效果越大,时间越长,仅靠并联部件来提高可靠性可能得不偿失,而且并联部件数量越多,每个并联部件对系统可靠性提高所起的作用越小,一般采用两个或三个部件并联较好。

(3)两种并联方式的可靠性比较

如图5-6(a)所示,系统并联方式是把几个元件先串联起来,然后再并联;如图5-6(b)所示,部件并联方式是每种部件取两个先并联,然后再串联。

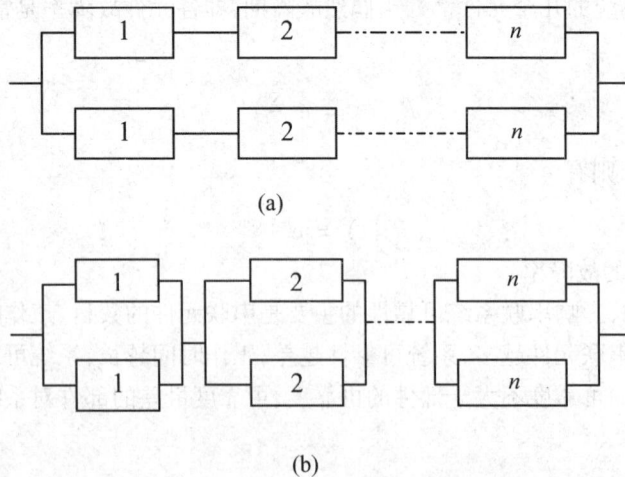

(a)

(b)

图5-6 两种并联方式

系统并联方式的可靠性为

$$R_{sa}(t) = 1 - \left[1 - \prod_{i=1}^{n} R_i(t)\right]^2 = 2\prod_{i=1}^{n} R_i(t) - \left[\prod_{i=1}^{n} R_i(t)\right]^2$$

$$= \prod_{i=1}^{n} R_i(t)\left[2 - \prod_{i=1}^{n} R_i(t)\right] = \prod_{i=1}^{n}\left[1 - F_i(t)\right]\left\{2 - \prod_{i=1}^{n}\left[1 - F_i(t)\right]\right\}$$

部件并联方式的可靠性为

$$R_{sb}(t) = \prod_{i=1}^{n}\left[1 - F_i^2(t)\right] = \prod_{i=1}^{n}\left[1 - F_i(t)\right]\left\{\prod_{i=1}^{n}\left[1 + F_i(t)\right]\right\}$$

比较两个系统的可靠性

$$R_{sb}(t) - R_{sa}(t) = \left\{\prod_{i=1}^{n}\left[1 - F_i(t)\right]\right\}\left\{\prod_{i=1}^{n}\left[1 + F_i(t)\right] + \prod_{i=1}^{n}\left[1 - F_i(t)\right] - 2\right\}$$

显然,上式中两个大括号里的值均大于零。说明,在条件相同时,部件并联方式比系统并联方式的可靠性要高。

应该说明,上面讨论的并联系统、备用部件和基本部件都预先连入系统,也不用分哪个是备用部件,哪个是基本部件,它们都同时投入工作,一起为完成系统功能服务。这种方式称为固定式连接热态(在负荷下)备用。一些重要设备如机动航行时为了安全增开一部主发电机就是采用这种方式。若备用部件虽预先连入系统,但仅在基本部件发生故障后才投入工作,如主泵故障后备用泵自动起动运行;使用中滤器脏污后换用另一台备用滤器等,这种方式称为固定式连接冷态(在无负荷下)备用。冷态备用时,部件的运行时间短,可进一步提高系统可靠性,但转换环节要求可靠耐用。若在基本部件发生故障后才将备用部件连入系统,这种方式称为不固定式备用。在系统中有多个相同的基本部件时,采用不固定式备用可减少备件数量。

(4)表决系统

表决系统也是一种并联系统,其定义是在由 n 个部件组成的并联冗余系统中,若有 r 个部件同时正常工作,则认为系统正常工作,这样的系统称作表决系统。也可以说这 r 个部件有使表决系统可靠的作用,所以也称为"n 个部件中取 r"表决系统,或写成"r out of n"系统。

对组成系统的 n 个部件是相同情况时,表决系统的可靠性可写成

$$R(t) = \sum_{k=r}^{n} C_n^k R_0(t)^k F_0(t)^{n-k}$$

式中,$R_0(t)$——单个部件可靠性;

$R_0(t)^k$——要求 k 个部件同时正常工作时 k 个部件串联可靠性;

$F_0(t)^{n-k}$——表示剩下的 $(n-k)$ 个部件应同时不正常工作,即 $(n-k)$ 个部件不可靠性之积;

C_n^k——表示上述情况有多少种选择取法。

图 5-7 示出了一个表决系统简图。表决系统中备用部件数与工作部件数之比称为备用比,备用比越大,可靠性越高。

3. 混合连接系统

混合连接是串并联兼用的一种连接方式。如图 5-5(c)所示,图示系统中各元件 A_1,A_2,A_3,A_4 的可靠度分别为 R_1,R_2,R_3 和 R_4,则系统的总可靠度 R_t,可在求出 A_1 和 A_2 串联的可靠度 R_{12},以及与 A_3 并联时的不可靠度 F_{123} 之后,最后求出与 A_4 串联的可靠度。具体计算是

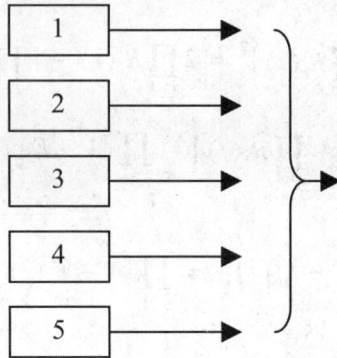

图 5-7 "5 个部件中取 4 个"表决系统方框图

$$R_{12} = R_1 R_2$$

$$F_{123} = F_3 F_{12} = (1 - R_3)(1 - R_1 R_2)$$

$$R_{123} = 1 - F_{123} = 1 - (1 - R_3)(1 - R_1 R_2)$$

$$R_t = R_{123} R_4 = R_4(R_3 + R_1 R_2 - R_1 R_2 R_3)$$

4. 可靠度计算

试比较以下三种情况的电源系统在高峰负荷(12 kW)及平时负荷(6 kW)的供电可靠性。假定各发电机的可靠性相同,故障相互独立。

(1)由一台 12 kW 的发电机构成。

(2)由两台 6 kW 的发电机构成。

(3)由三台 4 kW 的发电机构成。

解:设一台发电机可靠性为 R_0,在高峰负荷时:

(1)用一台 12 kW 的发电机,可靠性 $R_1 = R_0$。

(2)用两台 6 kW 的发电机,相当串联系统,则可靠性为 $R_2 = R_0^2$。

(3)用三台 4 kW 的发电机,相当串联系统,则可靠性为 $R_3 = R_0^3$。

因 $R_0 < 1$,这样在高峰负荷时

$$R_1 > R_2 > R_3$$

在平时负荷时

(1)用一台 12 kW 的发电机,可靠性仍为 $R_1 = R_0$。

(2)用两台 6 kW 的发电机时可看成并联系统,则可靠性为

$$R_2 = 1 - F_2 = 1 - F_0^2 = 1 - (1 - R_0)^2$$
$$= 2R_0 - R_0^2$$

(3)用三台 4 kW 的发电机时,相当于 $n = 3, r = 2$ 的表决系统,则可靠性为

$$R_3 = C_3^2 R_0^2 (1 - R_0) + R_0^3 = 3R_0^2 - 2R_0^3$$

比较平时负荷可靠性

由于 $R_2 - R_1 = R_0 - R_0^2 > 0$,则 $R_2 > R_1$;

由于 $R_2 - R_3 = 2R_0 - R_0^2 - (3R_0^2 - 2R_0^3) = 2R_0(1 - R_0)^2 > 0$,则 $R_2 > R_3$;

对于 $R_1 - R_3 = R_0(1 - R_0)(1 - 2R_0)$,在 $R_0 > 0.5$ 时,$R_1 < R_3$;反之,$R_1 > R_3$。

根据以上分析可知,要提高系统的可靠性,除选用优质价廉的部件外,还要使系统所用部件种类和数量尽量少,部件之间的相互关系尽量简单。对可靠度低的部件要采用"储备"的方式来提高其可靠性;但这种方法有一定缺陷,除提高造价外,在产品尺寸、重量等需要严格限制的场合,将储备件勉强装入较小的容积中,与单个产品相比,亦有可能使可靠性反而下降。这是因为散热面积减小,使温度大幅度上升,加上振动、冲击、温度变化等周围环境因素同时作用于具有"储备的部分",使其失去了故障的独立性,有可能诱发出某些故障。

二、提高维修性

维修是提高产品可靠性的一个重要因素。为了使产品发生故障后能很快修好,除了要求有先进的维修手段、熟练的维修人员之外,产品本身也应该有良好的维修性。维修性包括:易拆卸性、可达性、可还原性、通用性、互换性、适检性等。动力装置的维修性所考虑的问题很多,一不留意就容易疏忽和遗漏,为此可建立维修性检查表,以便参照,表5-8列出了维修性检查表的部分内容供参考。

表 5-10 维修性检查表

机械方面
1. 在装配、更换备件、维修时,能否看清全部操作规程? 身体能否接近这些零件?
2. 在正常状态下,所有的测试点是否都有很好的接近性?
3. 在正常状态下,是否能保证所有现场易于使用专用工具?
4. 采用的装配方式是否考虑了易于拆装和防错措施?
5. 是否对维修、试验、储存等有不符合实际的设施要求?
6. 是否考虑了不使工作人员遭受突然事故的伤害?
7. 各组件能否独立地放置在希望的位置或容易维修的位置?
人机工程方面
1. 指示仪表是否能使操作人员看清? 是否能方便、正确地读出数据?
2. 显示器是否使读数误差最小?
3. 调节器一类的仪表所采用的把手、旋钮及按钮布置是否合适? 是否便于操作员转身操作?
4. 控制台是否便于放腿? 书写是否有合适表面及高度? 是否有良好隔振、隔音和照明?
5. 照明是否考虑了特定工作要求? 有无照明不足的仪表?
6. 是否把眼睛的因素控制得最小?
7. 在更换、修理组件和零件时,是否可以不拆下其他任何零件? 维修工作是否复杂?
8. 是否考虑了重量大的部件的搬运问题?
9. 产品和说明书符号、代码等是否一致?

因此应着重考虑以下几个方面:

(1)充分考虑给工作人员以良好的工作环境,尽量消除妨碍人体感官功能发挥的各种因素。例如,开关、仪表、阀件及各种元件在安装、布置、色彩、识别、照明、读数、接近性方面,都应有利于人员的操作和判断,有利于发挥管理人员的作用。

(2)维修作业应简便易行,减少维修需用专用工具及设备,大件物品要便于维修吊装,尽量采用互换性强的标准件,对作业人员的能力和熟练程度的要求应适当。

(3)系统布置要适合人体特征,即应考虑人的身高、腕力和其他部位的能力,合理设计拆卸部件的重量尺寸及拆装顺序。

（4）在操作和维修环境非常严酷的情况下，应考虑适当的保护措施。

（5）要有防错措施。在维修部件的结合部位注明安装记号或加装结合销，防止出现倒装、反接错误，在重要部位应明显标明维修技术条件和安装说明，以有效减少人为差错，提高维修工作效率。

（6）要有良好可达性。可达性是指在维修作业中对产品内部进行修理操作，插入工具以及更换零件等的难易程度。故障率越高的零件更需有良好的可达性，而且还应安排易于目视的检查、处于没有高温高压和高电压危险的地方。

（7）缩短维修操作时间。设计时尽量简化易损件的连接部分的设计，减少拆卸工作量。尽量使常拆卸紧固件的位置避开外界恶劣环境的影响，以防锈蚀、污损。从而缩短维修操作时间，并可以减少维修费用。

三、提高管理水平

一个产品工作是否可靠，除决定于出厂质量外，使用管理维护的好坏对其可靠性也有决定性影响。因此，管理人员的业务水平，对于保证船舶的可靠性具有头等重要意义。统计表明，许多故障是由于船员采取了不正确的决策和违反技术操作规程所造成的。随着船舶的设备日趋复杂，对船员业务水平、熟练程度、操作技能、发现和排除故障等的能力要求越来越高，其完成任务的职责也在加强。业务水平高的船员，可以保证船舶技术设备的利用和维护的质量处于较好状态；能正确执行操作规程，充分做好设备起动前的准备工作，正确判断设备的技术状态和正确地确定负荷高低；还可以迅速发现和排除故障，用较短的时间完成维修工作。在拆装机械、更换零部件时，如果船员水平不高，则可能使部件遭受异常负荷和额外应力，从而导致故障次数增加。

国内外的故障统计资料表明，人为故障所占比例越来越大。20 世纪 60 年代初仅占 41%，20 世纪 70 年代后 5 年平均占 58%，而 1980 ~ 1983 年平均超过 71%，甚至达到 80% 以上。在人为原因造成的故障中，由责任心不强（工作不仔细，检查不及时和违章）与管理水平低（保养维修不良，指挥命令不当，判断错误，操作错误等）所引发的几乎各占一半，而且低职船员的人为事故所占比例高于高职船员。这些事实说明了提高船员管理水平的重要性和迫切性，并应从思想教育和业务提高两个方面去努力。

四、充分利用技术管理指导性文件

设备供应商、造船厂、造机厂会提供使用说明书、维修手册以及试验报告和各种测量数据等技术资料，这些资料和主管部门的要求以及有关规范，都是做好管理工作的指导性文件，必须充分利用。利用方式有：

（1）利用这些技术资料制定操作规程。遵守操作规程可以避免或减少误操作，有利于延长设备使用寿命。

（2）根据文件判断设备的实际技术状态。特别是主机的推进特性曲线和柴油发电机的负荷特性曲线，都是发动机实际工作状态好坏的衡量标准，依据它可尽早发现故障苗头，及时采取有效措施。

（3）指导维修。对复杂、重要、技术维护所用平均年劳动量高的设备，若采用事后维修则会造成较大的经济损失、可靠性损失（质量损失）和安全事故。因此，应该依靠平时的检查和维修使系统和设备保持最佳状态,防止事故的发生,这就是预防性维修。为了做好这项工作,必须对作业的内容、时间,判断缺陷的方法和缺陷特征,应达到的标准等,按指导性文件的要求,结合设备的具体状态,进行周密计划并实施。

五、做好可靠性数据的收集与管理

可靠性数据的收集与管理是开展提高可靠性活动的基础工作和主要内容。通过对可靠性数据的收集、整理、分类、统计和分析,可达到两个目的:

(1)了解整个动力装置、装置中各种机械设备和各种零部件的可靠性状况,为新型船舶的开发设计、对有关设备和部件的改进,提供可靠的依据,促进造船事业的发展。

(2)通过故障发生时间、产生原因、维护和修理工作量的统计分析,正确制定使用和维修的标准及规范,从而改进管理维修工作,提高管理水平。

做好可靠性工作不能只靠少数人,要靠设计部门、造机厂、造船厂及修船厂,海事船检、海运管理部门和在生产第一线的广大船员通力合作。在对可靠性的研究中,船舶是可靠性信息源,船员应真实地、按规定格式写出能满足可靠性要求的故障报告和可靠性报告。上级主管部门对这些报告进行搜集、归纳整理、统计分析和进行某些计算,从中得出规律性和有指导意义的意见,把这些意见及时地反馈到船上去指导实践,反映给船舶设计建造部门,作为建造新船时改进的依据。这就是可靠性情报的双向传递和横向交换。只有这样才能发挥可靠性情报的作用,并推动可靠性研究向前发展,使船舶动力装置的可靠性进一步提高。

表 5-11 给出一种可靠性数据收集表的格式,供参考。

六、提高船舶动力装置故障诊断水平

1. 船舶常规的诊断方法

船舶机舱是船舶的心脏,对船舶推进装置及辅助设备运行工况的检测和故障诊断是轮机人员技术水平和管理经验的集中体现。对设备的工况检测和故障诊断技术是一门了解和掌握设备在使用过程中的状态,确定其整体或局部是否运行正常,并预报故障发展趋势的技术。轮机人员不仅要会采用传统的手段,如看、摸、听、闻或用一般的热工仪器仪表测试,而且也要随着科学技术水平的提高,掌握各种现代化精密的测试设备。在轮机管理实践中,简易手段和采用高新电子测试设备,互补并存的局面将是长期的,任何偏废都是不可取的。

(1)"望、闻、问、切"的传统诊断法

在自动化程度较差的船舶上轮机管理人员值班时每 2 小时要在机舱巡回检查一遍。在此过程中,他们对运行中的设备常采用看、摸、听、闻的常规检测和故障诊断的方法。随着对设备的日益熟悉,经验的逐渐积累,这种方法对故障诊断乃至预测也是有一定成效的。这就是传统意义上的"望、闻、问、切"诊断法。

所谓"看",就是观察推进装置、辅助装置、甲板机械、管路系统、防污染设备和自动化设备在运行中整体、局部在外表上是否处于正常状态,找出设备故障或零件失效的先期征兆。对一些可疑之处,如肉眼观察有困难,也可借助放大镜仔细察看零件表面是否有裂纹、腐蚀斑点和机械损伤等缺陷。

表5-11 可靠性数据收集

姓名：	部门：	编号：		主机型号：	生产厂：
主机号：	出厂日期：	主发电机型号： 生产厂：			故障设备名称：
故障部件名称：	部件号或图号：	故障日期： 时间：			故障地点： 海水温度：
故障时机舱温度：	风力、浪高：	该设备前一次故障日期：			前一次故障后运行时间：
本次故障修复日期：	人×小时：	该设备累计运行时间：			累计故障次数：

故障时工况						故障后果				故障原因														
A1	A2	A3	A4	A5	A6	B1	B2	B3	B4	C1	C2	C3	C4	C5	C6	C7	C8	C9	C10	C11	C12	C13	C14	C15
起动时	停泊时	机动航行	正常航行	大风浪中	厂修时	设备严重损坏或有人员伤亡，被迫停航进厂修理	停机6日之内无人员伤亡，设备损伤但可自修更换	长时间降负荷运行，不会造成人员伤亡，船员可自修	短时间降负荷，易于排除	结构	零件选择	配合	工艺	其他	加工	材料处理工艺	安装、工艺、处理	其他	调节	保养	修理	操作	巡回检查	清洁
										设计					制造工艺				管理与维修					

故障原因								故障表现形式																					
C16	C17	C18	C19	C20	C21	C22	C23	D1	D2	D3	D4	D5	D6	D7	D8	D9	D10	D11	D12	D13	D14	D15	D16	D17	D18	D19	D20	D21
粗心大意	玩忽职守	异常负荷	灾害	二次故障	厂修	原因不明	其他	短路	开路	绝缘击穿	绝缘不良	接触不良	漂移	触点黏接	磨损	腐蚀	疲劳	氧化	老化	浸蚀	脱落	松动	偏移	弯曲	扭曲	变形	卡滞	断裂
					其他																							

故障表示形式																													
D22	D23	D24	D25	D26	D27	D28	D29	D30	D31	D32	D33	D34	D35	D36	D37	D38	D39	D40	D41	D42	D43	D44	D45	D46	D47	D48	D49	D50	D51
破裂	穴蚀	裂纹	压痕（划痕）	擦伤	折断	污染	烧毁	冷却过度	过热	拉缸	敲击	振动	噪声	误动作	异味	着火	失控	结焦	工作粗暴	不稳定	参数越限	尺寸超差	不同步	漏泄	堵塞	自动停车	自动降速	积炭	其他

采取的措施	船内修理：船员自修，厂修，航修，站修 进厂修理：临时修理，小修，检修，坞修 其他	备件来源	船上自带 船上自制 公司提供 工厂提供	故障排除方式	调整 拆开清洁 换新 修复	今后改进措施	

发现及排除故障过程简述：		主机停车时间：	备注
		主机降速时间：	

故障发现人及职务：	填表人及职务：	填表时间：	轮机长（签字）

  所谓"摸"，通常指用手或工具（如螺丝刀）对运行中的机械的接触，来获取热机设备、部件的运行温度及机械运行的振动情况等信息。一般机械正常运行时都有要求的表面和内部温度

与固有的振动频率和幅度,如果大大超出正常范围说明有异常情况出现,从而判别机器运行的状况和进行早期故障诊断。

所谓"听",就是指听取柴油机或其他机械运行时因振动而产生的声音信息。柴油机运转时产生振动是不可避免的,因为柴油机燃烧室中的气体压力和曲柄连杆机构的运动质量惯性力都与曲轴旋转周期有关。柴油机在周期性变化的力和力矩作用下,在垂直方向和水平方向都会产生振动。同时气阀和阀座的敲击,进、排气系统气流的脉动也会产生振动引起噪声。在故障前期或出现故障时,这些振动噪声的频率、振幅也会出现异常。有经验的轮机管理人员将根据这些声音的变化作出设备早期故障的诊断。对一些有可疑点的零件,也可以根据锤子敲击零件时发出来的声音判断有无缺陷。声音清脆表明零件内部材料完好,或者合金和基体金属结合好。声音沙哑表明零件内部材料有缺陷或者合金和金属基体结合不良。

所谓"闻",有两层含意。一是用嗅觉获取机器正常及不正常时产生的气味信息。如柴油机曲轴箱温度过高,滑油呈油气溢出,机舱中将弥漫着大量的油雾。又如运转中的三相马达缺相运行,长时间后将散发出一股焦味。有经验的轮机管理人员也可以通过这些信息的采集作出判断。二是指轮机管理人员交接班时互相交流上一班值班时动力装置的运行工况,下一班值班的注意事项,以保证推进装置和其他设备的连续安全运行。

(2)一般热工参数的检测法

由于柴油机是热机的一种,它的主要工况参数可由热工参数来表征,如油、水系统的温度与压力,各缸的排气温度,进排气管平均压力,各种压力差,曲轴箱压力,空气流量,转速,功率,各缸指示功率,油耗率,气缸示功图,喷油压力曲线,压缩压力,爆发压力,扭矩等。这些热工参数大部分都能用一般的热工仪表、仪器进行测试。设备运转中输出的各种热工参数的数值不同程度地反映了该设备的整体性能和零件的工作状态。轮机管理人员可将这些数据进行处理,同标准数值相比较,进行分析,判断其故障部位及发展趋势。船上常将主要设备的热工参数引入到机舱中的一个集中监测室内,以便实时对这些参数进行监测、报警和控制。这些方法统称为热工参数的检测法。

2. 现代技术故障诊断方法

(1)性能参数法

对整机的诊断中,一般都是采用柴油机工作过程参数和介质参数来进行间接诊断。即利用发动机中介质如空气、燃气、润滑油、冷却液等参数来间接判断零件或组件的技术状况。它利用传热学、热力学、流体力学理论基础和发动机工作过程的知识,这种方法在理论上研究最多,技术比较成熟,实际上经过鉴定,是目前应用最广的方法。如果加上烟气分析数据配合诊断,效果更好。

在实船上轮机员通常采用测取示功图的方法对柴油机运行工况进行人工诊断,因为示功图是描述柴油机动力性能的基本手段,它较好地反映了柴油机做出机械功的热力交换过程。所以,长期以来人们一直利用示功图对柴油机工作过程作综合性的故障诊断。

(2)润滑油法

润滑油在柴油机中循环流动,润滑油品质的变化和所含杂质状况可以提示我们零部件磨损的部位、类型、程度。目前,油液分析法按工作原理分主要有:理化分析法、铁谱法、光谱法。近年来,人工智能也被应用到油液法中,采用基于神经网络的模糊聚类分析方法诊断柴油机磨损故障取得了较好的效果。但铁谱法及光谱分析法无法确定有问题的缸位,且不易实现实时监测,如果将此法与其他方法联合使用效果可能会更好。油雾浓度则可以用来监测燃烧室密封状态和曲轴箱内各轴承是否有发热现象。

润滑油法包括润滑油理化性能检测(经验法、滤纸法和常规化验法)和磨损微粒的分析(磁塞法、光谱分析法、铁谱分析法、颗粒计数器法)。根据润滑油理化性能的变化,检测船机设备的润滑状态和由此引起的故障;根据磨粒分析判断磨损部位和程度,诊断磨损故障。油液监测技术的监测过程包括取油样,理化性能检测和磨粒分析,取得检测数据、分析诊断等步骤。

①理化性能分析

a. 经验法

经验法是一种定性简易检测方法。轮机员在日常的轮机管理中,经常通过观察润滑油的颜色、闻气味、用手捻搓等方法了解润滑油的黏度和金属屑、污染物及乳化变质等的情况,粗略判断油的质量和摩擦副的磨损程度。

b. 滤纸法

滤纸斑点试验法是测定油品理化性能常用的简易定性分析法。取油样滴于滤纸上,待其充分扩散后观察纸上的油滴斑痕图像,并与新油试样图像比较。油渍越黑表明油越脏。中心黑点较小、色较浅和四周黄色油渍面积较大,表明润滑油尚可使用;黑点较大,呈黑褐色、均匀无颗粒,表明润滑油已变质,应换油。

c. 常规化验法

常规化验是船机润滑油普遍采用的一种定期定量指标检测方法。对船用柴油机润滑系统每隔 3~4 个月取样一次进行定量分析。主要检验项目有:黏度、闪点、酸值、总碱值、水分和机械杂质等。具体检验方法按有关规定由专门化验部门进行。根据化验指标的变化情况综合分析现用润滑油的质量,并对摩擦副状态进行粗略判断。

②油样磨粒分析

通过监测油样中磨粒的成分、含量、尺寸、外形等来定性、定量地评价被监测的船舶机械和设备的磨损状态,诊断故障的类型、部位、程度和原因,并预测故障的发展趋势。近年来,油液监测技术发展迅速,光谱分析是其中最为成熟、可靠的先进监测技术。

a. 磁塞法

磁塞是一种带有磁性探头的检测器,将其安装到滑油管路中适当部位,吸附存于滑油中磨损产物、腐蚀产物和疲劳破坏的金属鳞片等。定期取下磁头,收集其捕捉到的金属屑,在光学或电子显微镜下观察金属屑的外形、尺寸,分析判断故障部位和程度。磁塞分为普通磁塞和电磁塞,其中电磁塞吸附量达到规定值时可自动报警。磁塞法适用于铁磁性材料,磨粒尺寸为 25~400 μm。磁塞法设备简单、成本低、使用方便。

b. 光谱分析法

光谱分析油液中的金属磨粒进行故障诊断的技术是一种应用范围较广、历史较长的诊断方法。

光谱分析是利用原子和分子发射或吸收光谱进行物质化学成分及含量分析的物理方法。具体有原子发射光谱法和原子吸收光谱法两种。由于各种物质的原子和分子都具有自身特定波长的谱线,所以利用光谱的特性进行物质构成的分析是光谱分析的基本原理。油液光谱分析是通过分析润滑油中金属磨粒和污染物微粒的光谱来确定它们的成分和含量,评价船机设备和零件的磨损程度及剩余寿命。

c. 铁谱分析法

铁谱分析法是 20 世纪 70 年代发展起来的一种新型油液监测技术。它是利用高梯度强磁场将磨损产物的微粒和污染物微粒从润滑剂中分离出来，并按其几何尺寸大小依次沉积排列于透明玻璃谱片上，再借助光学或电子显微镜对磨粒和污染物微粒的形貌、成分、尺寸及分布进行定性、定量分析和研究的技术。铁谱分析法具有以下特点：

有较宽的磨粒尺寸检测范围，可检测 $0.1 \sim 1\,000\,\mu m$ 尺寸的磨粒。当磨粒尺寸大于 $5\,\mu m$ 时表明机器有严重的磨损。

铁谱分析法采用的仪器有直读式铁谱仪、分析式铁谱仪、旋转铁谱仪等。各类铁谱仪各具其特点和相应的使用范围。直读式铁谱仪操作简单、迅速，可以较快地获得油样中磨粒浓度的分析结果，适于现场使用作出简单诊断。

（3）振动噪声法

振动噪声法不影响柴油机运行，便于测量，随着信号处理技术的发展，近 30 年来得到了很大的发展。测取信号主要有缸盖表面、机身侧面、主轴承座附近机体振动、扭转振动、噪声。

①利用缸盖表面振动进行柴油机故障诊断的主要方法是频谱分析方法。通过对柴油机工作过程振动诊断的基础研究，分析爆燃段缸盖振动信号的功率谱，给出了喷油提前角偏移、燃油雾化不良、进气压力降低、活塞环和气阀漏气等故障的判别方法。

②利用缸体侧面振动信号进行缸套磨损状况故障诊断。

③利用主轴承座附近机体外壁振动信号，分析频率分量，能有效监测主轴承状态。

④利用扭振信号进行故障诊断。近年来，扭转振动信号也被用在柴油机故障诊断中，扭振信号具有测量设备简单、可靠性好等特点。利用扭转振动信号，采用 BP 神经网络诊断柴油机单缸熄火或部分燃烧故障，但不能确定故障缸所在位置。

⑤利用噪声进行故障诊断。噪声在人工判断中是主要信号，近年来也被引入到故障诊断之中，用固体声监测法对柴油机进行研究，对信号进行了功率谱分析，诊断了示功阀漏气、排气阀漏气、油管泄漏等故障。

（4）红外监测法

船机设备在运转过程中，温度是最基本的工作性能参数之一，零部件的温度变化直接与其工况和故障有关，所以进行温度监测可及时判断船机设备工况以保证安全可靠运转。

温度监测方法分为采用温度计的接触式测量和通过接收热辐射能量的非接触式测量。

红外监测就是温度监测中的非接触式测温技术之一。红外光是介于可见光与微波之间的电磁波，波长范围在 $0.76 \sim 1\,000\,\mu m$ 之间。在自然界中，任何高于绝对零度（$-273\,℃$）的物体都是红外辐射源。通过探测物体的红外辐射强度了解物体表面温度，进而诊断故障。因此，红外检测技术就是利用物体的红外辐射能量与其表面温度的关系实现非接触检测温度的技术，并通过温度变化测定物体内部的缺陷。

红外测温仪是最轻便、最直观、最快速和最价廉的表面测温仪器，分为红外点温仪和红外线温仪。可用指针或数字显示。

红外热成像系统是利用红外传感器、光学成像物镜和光扫描系统，非接触接收被测物体红外辐射信号，转变成电信号后放大、处理进行显示。将人眼看不见的与被测物体表面热分布对应的实时热像图转变成可见的电视图像或照片。红外检测技术具有以下优点：

①非接触测温，减少影响测温精度的因素和用于因距离、动态、高温、不安全等难于接触物

体表面的测温。

②测温速度快、显示直观、携带轻便。

③测温灵敏度高,能区别微小温度(0.01～0.1 ℃)。

④测温范围广,可达 –50～2 000 ℃。

(5)故障诊断专家系统

上述故障诊断方法都是依靠传感器和昂贵的测试设备来进行的。故障诊断专家系统克服了只凭测试技术获得故障症状的局限性,将测试技术、规范要求和专家们的宝贵经验和教训结合在一起,利用计算机人工智能推理判断功能,形成诊断专家系统。它利用大量人类专家的专门知识和方法来解决某些复杂的问题。

①专家系统的特点

a.专家系统能记录和传播诊断专家的珍贵经验,使得少数人类诊断专家的专长不受限制地被有效应用。

b.专家系统可以吸收不同诊断专家的知识,从而使诊断结果更权威、更全面。

c.实际工作中应用专家系统,可提高诊断效率,减少大量测试分析设备,取得较大的经济效益。

②专家系统的组成

a.知识库,即收集并整理出的人类专家的知识。

b.推理机,根据输入的症状,根据故障与症状的相互关系和推理机制,计算机进行智能的推理判断,最终得出诊断结果。

c.数据库,用来存储所诊断问题领域内原始特征参数的信息、推理过程中得到的各种中间信息和最终的诊断结果。

d.解释程序,能对不同信息进行翻译,并对推理过程做出解释说明。

e.知识获取程序,能输入、更新、修改知识库中原来的知识。

除上述主要故障诊断技术外,在故障诊断中还常常采用逻辑诊断法和故障树诊断法。随着计算机技术的高速发展与计算机普遍应用于各种故障诊断技术中,对采集的信息进行分析处理、比较、诊断和报警、存储和显示等,从而促进了故障诊断技术的发展,出现了各类计算机监测和诊断系统,如振动监测系统、油液监测系统等。

3.故障诊断与预测

设备故障诊断的内容包括状态监测、分析诊断和故障预测三个阶段。其具体实施过程可以归纳为以下四个方面:

(1)信号采集,设备在运行过程中必然会有力、热、振动及能量等各种量的变化,由此会产生各种不同信息。根据不同的诊断需要,选择能表征设备工作状态的不同信号,如振动、压力、温度等是十分必要的。这些信号一般是用不同的传感器来拾取的。

(2)信号处理,这是将采集到的信号进行分类处理、加工,获得能表征机器特征的过程,也称特征提取过程,如对振动信号从时域变换到频域进行频谱分析。

(3)状态识别,将经过信号处理后获得的设备特征参数与规定的允许参数或判别参数进行比较、对比以确定设备所处的状态,是否存在故障及故障的类型和性质等。为此应正确制定相应的判别准则和诊断策略。

(4)诊断决策,根据对设备状态的判断,决定应采取的对策和措施,同时应根据当前信号预测设备状态可能发展的趋势,进行趋势分析。

第三节　船舶营运经济性概述

评价船舶的经济性,一方面要计算船舶的运输能力,求得每年的收益;另一方面要研究船舶建造和营运过程中的社会消耗,计算建造和营运成本。从这两个方面可以计算年运输能力、造价、运输成本和年收入等经济指标。

一、年运输能力

船舶的年运输能力通常用一年内的货(客)运量或年货(客)运周转量来表示,即

$$Q_t = 2\alpha_0\omega_0 n$$
$$Q_{tm} = 2\alpha_0\omega_0 nR$$

式中,Q_t——年货运量,t(或年客运量,人次);

　　Q_{tm}——年货运周转量,t·n mile(或年客运周转量,人次·n mile);

　　α_0——载货量平均利用率,%,单程满载、单程空载船舶,$\alpha_0 = 50\%$;

　　ω_0——船舶设计载货(客)量,t(或人次);

　　n——年航次数(往返为一个航次),$n = z/t$(z为年营运天数,t为每航次所需天数);

　　R——预定航线的航程,n mile 或 km。

二、造价

造价对船舶的经济性影响很大,而且直接影响折旧费,关系到营运成本、企业利润和税收计算。

在船型论证、初步设计时需要对造价进行估算。

1.整船一次估算法

当对造价的精度要求不高时,可根据载重量或排水量等,参考有关船型资料进行估算,

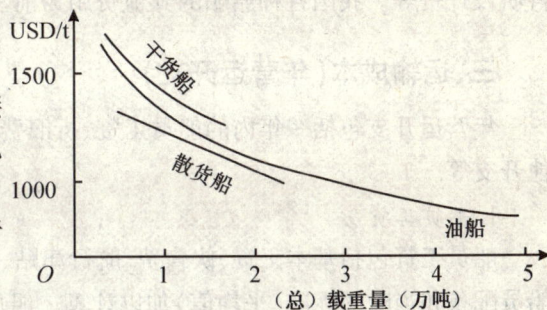

图 5-8　海船每载重吨造价

如图 5-8 所示为海船每载重吨造价的统计资料,由于近年来造价的变化,此图仅作为相对值的参考。

影响船舶造价的因素很多,可修正如下:

(1)机型修正,如果母型船主机为大型低速柴油机,而新船为中速柴油机,则每吨造价约减少 2%,如新船为高速柴油机,则每吨造价减少 3%。

(2)航速修正,航速在 12～15 kn 范围内,航速每增加 1 kn,货船及油船的造价约增加 5%。

(3)批量修正,如为批量建造,则造价可降低 5%～20%。

(4)设备修正,如采用新技术、新设备、新标准、特殊要求等,均需按要求及市场价格进行

修正。

（5）物价等影响。物价、汇率及市场供需关系等都会影响造价，宜适当调整。

2. 分项估算法

分项越细，估算越准确，一般可分为船体造价、舾装造价、机电造价和其他费用四大项来估算。

（1）船体造价

该项主要包括全船钢材。估算出船体重量后，乘以每吨钢材单价，即得船体造价。注意设计中估算的重量为净重，而船厂估价则采用毛重，一般毛重比净重要增加 10% ~ 15%。

（2）舾装造价

该项包括船体木作、船舶金属属具、船舶设备与装置、舾装木作、生活设备及工作用具、甲板敷料、油漆、冷藏、通风及船舶管系等。根据舾装重量，乘以每吨单价，即得舾装造价。

（3）机电造价

该项包括主机、辅机、锅炉、管系、轴系、电气等。可采用两种方法估算：一是按机电重量乘以每吨单价；另一种是按主机功率乘以每千瓦（每马力）单价。此外，还可把机电部分分为主机和其他部分，主机价格按主机出厂价格计算，其他部分可按每千瓦（每马力）造价加以估算，也可按其他部分重量乘每吨单价估算。

机电造价占船舶造价的 30% ~ 45%。

（4）其他费用

该项包括准备费用与辅助工程、胎架、放样、下水等费用，利润、税金、验船费、企业管理费、科研设计费等。我国各种船舶的其他费用为前三项造价总和的 15% ~ 30%。

三、运输成本(年营运开支)

年营运开支包括一年内的船员工资、折旧费、修理费、保险费、燃料费及润料费、港口费、其他开支等。

1. 船员工资

船员工资包括基本工资、伙食费、航行津贴、奖金等直接项目及劳保福利等附加项目，根据船员配备和当时的标准（平均值）加以计算。船员工资中还应考虑编外人员、病假及公休的顶替人员、培训人员的工资。

2. 折旧费

船舶的固定资产在营运过程中，由于发生磨损、锈蚀和老化，而引起价值的降低，称为"折旧"。为了积累资金，以便对船舶进行修复和更新，必须按期将其磨损等计入运输成本，以货币形式计入运输成本中的价值，称为"折旧费"。我国固定资产折旧采用直线折旧法，每年的折旧费相同，其值是由船舶造价减去船舶的残值（指报废时的价格）后再除以船舶使用年限而得到的。随着生产和技术的迅速发展，船舶使用年限不宜过长，现在已降至 20 ~ 25 年，并有进一步降至 10 ~ 15 年的趋势。

3. 修理费

我国现行船舶的修理，分为岁修和特检两种。平均每年的修理费可按船舶造价提成，所提取的百分数分别为：长江船 4.5%、沿海船 3.5%、远洋船 2.5%。

4. 燃润料费

营运中的船舶,主机、副机和锅炉的燃、润料费,都按航次(或月度)燃料消耗报表和加油收据计算。

新建造船舶,主机服务航速时的功率取为主机最大持续功率的80%～85%。柴油机装置燃用轻油和重油的比例可按实际资料选取,或按远洋船为15%:85%,长江与沿海船为20%:80%的比例选取。耗油率取自柴油机资料,燃油单价取当时的价格。

柴油发电机组的使用功率最好按航行、装卸货、无作业停泊三种情况分别计算。使用功率确定后,即可按耗油率、使用时间及油的单价计算航次费用

辅锅炉的使用时间一般可按航次停泊时间的25%～50%计算,单位时间的耗油量可按与锅炉的蒸汽产量的比例加以估算。航次辅锅炉耗油量乘以锅炉油单价得航次费用。

润料费最好是主机、副机分别计算。简化算法可取为燃料费的一个百分数,大体上远洋船与沿海船为7%～10%,长江船为16.7%,蒸汽船为2%。

5. 保险费

保险费是指企业向保险公司投保的船舶险和船员险所支付的保险费用。一般根据船舶使用情况,由航运公司提出保价。为简单起见,年保险费可取为造价的一个百分数,一般干货船为0.55%,油船为0.7%。

6. 港口费

与船舶登记吨有关的港口费用包括拖船费、引航费、码头费、港务费、代理费等,可按与净吨位的比例进行计算。年开支依与净吨位及年航次数的比例,可按同航线相近的船舶换算。

与载货吨有关的费用如装卸费、理货费、代理费、税金等,按年货运量吨数计算并依货种而变。

7. 其他费用

其他费用包括供应品费、企业管理费、其他开支等,一般取为总成本的15%。

四、年收入和年利润

1. 年收入

$$年收入 = 年运输能力 \times 平均货运单价$$

平均货运单价[元/t 或元/(t·n mile)]按当时运费标准决定,随货种与运输里程而变。

2. 年利润

在不计企业所得税的情况下,年度营运收入的分配如图5-9所示。

$$年收益 A = 年收入总额 B - 年营运费用 Y$$

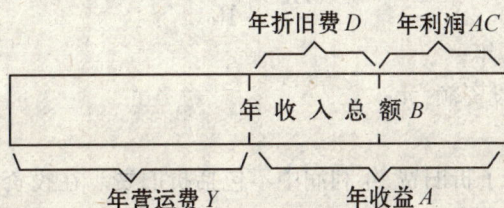

图 5-9 年度营运收入分配图

年营运费用是指船舶在营运一年内不包括折旧费的各项费用总和,而包括折旧费在内的各项费用总和称为年总成本,即

$$年利润 AC = 年收益 A - 年折旧费 D = 年收入总额 B - 年总成本 S$$

企业要交纳所得税,因此就产生税前收益和税后收益、税前利润和税后利润的概念。不计企业所得税的年收益和年利润即为税前年收益和税前年利润。税后年收益是船舶年运费收入扣除年营运费用和税金以后的余额。税后年利润是船舶年运费收入扣除年总成本和税金以后的余额。它们之间的关系如图 5-10 所示。

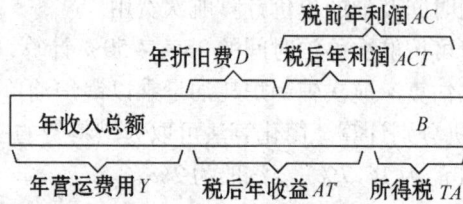

图 5-10 考虑税收后年度营运收入分配图

五、投资不计利息时经济指标

1. 单位运输成本

单位运输成本是船舶完成单位运输量所支出的费用,可用下式计算:

$$b_t = \frac{S}{Q_t}$$

$$b_{tm} = \frac{S}{Q_{tm}}$$

式中,b_t——单位运量的运输成本,元/t 或元/人次;

b_{tm}——单位运输周转量的运输成本,元/(t·n mile);

S——年总成本,元;

Q_t——年运输量,t;

Q_{tm}——年货运周转量,t·n mile。

单位运输成本在船舶技术经济论证中作为评价船舶选型方案的主要指标。

2. 投资回收期

投资回收期是船舶年运费收入扣除年总成本以后的年利润不计利息偿还投资的年限。该指标直接反映了投资效果,即

$$TK = \frac{A}{AC}$$

式中,TK——投资回收期,年;

A——造价,即船舶投资额,元;

AC——年利润,元。

由于年总成本中包括了折旧费,年利润中不包括折旧费。在投资回收期中不仅赚回了船价,而且还有一笔折旧费留存。

3. 单位运输量投资

单位运输量投资是指按船舶的单位运量平均分摊的投资。可按下式计算:

$$\alpha_t = \frac{A}{Q_t}$$

$$\alpha_{tm} = \frac{A}{Q_{tm}}$$

式中，α_t——单位运量投资，元/t(或元/人次)；

$\qquad \alpha_{tm}$——单位周转量投资，元/(t·n mile)[或元/(人次·n mile)]。

这一经济指标反映了完成预定任务所需基建投资的多少，此指标低并不意味着单位运输成本一定低。

4. 单位综合经济指标

单位综合经济指标是既考虑船舶投资又考虑成本的综合性指标，即

$$KS = b_t + K \cdot \alpha_t$$

式中，KS——单位综合经济指标；

$\qquad b_t$——单位运量的运输成本；

$\qquad \alpha_t$——单位运量投资；

$\qquad K$——投资效果系数。

5. 年利润指标

年利润是年运费收入扣除总成本的余额，即

$$AC = B - S$$

式中，AC——年利润，元；

$\qquad B$——年运费收入，元；

$\qquad S$——年总成本，元。

如果将年利润除以造价，即为单位投资利润，这也是一个重要的经济指标。

6. 千吨海里燃料消耗指标

千吨海里(公里)燃料消耗率是指以单位运量计的燃油消耗量，即

$$R_f = \frac{Q_f}{Q_t \cdot R \cdot 10^{-3}}$$

式中，R_f——千吨海里(公里)燃料消耗，kg/(千吨·n mile)；

$\qquad Q_f$——船舶年燃料消耗量，kg；

$\qquad Q_t$——年运输量，t；

$\qquad R$——年航程，n mile。

节约能源是我国的一项重要经济技术政策，所以这个指标很有意义。

六、现代工程经济分析中采用的经济指标

随着经济与财务因素的复杂化，上面所述的一些经济指标越来越显现出它们的不足之处，现代工程经济分析必须考虑下列因素：

(1)资金的时间价值，特别是投资在整个营运年限中的价值变化。

(2)在整个营运期中，营运收入和各项费用的变化。

(3)经济与财务因素，如贷款、津贴、税金和折旧等。

考虑了以上因素后，现在国内外常用下列经济指标：

1. 净现值 NPV

净现值 NPV 指把各年的收入和支出,按投资收益率折现后相减的结果。其含义是考虑到资金的时间价值后,在使用期内,能获得利润(还本付息后)的总现值。当其值为零时,方案收支相抵,恰能达到预期的投资收益率;如所得值为正,表示可以超过预定的投资收益率;如所得值为负,表示达不到预定的投资收益率,即

$$NPV = \sum_{1}^{n} \left[PW_i \times (当年收入) - PW_i (当年营运成本) - \right.$$

$$\left. PW_i \times (当年投资) \right] + PW_n \times (船价残值)$$

式中,PW_i——现值因素,按 $i = 1, 2, \cdots, n$ 逐年计算,$PW_i = (1 + i)^{-n}$;

$\quad\quad n$——船龄。

计算时,年营运成本中不计入折旧费。当年投资为预定的本企业资本投资的年回收额和分期付款买船时的各年付款额。

2. 需要的货运费率 RFR

需要的货运费率 RFR 指为保证一定的利润率,需要货运费率不低于一定的值,即

$$RFR = \frac{\sum_{i=1}^{n} \left[PW_i \times (年成本费) + PW_i \times (当年投资) \right] - PW_n \times (船舶残值)}{年货运量}$$

如算得的 RFR 低于现时水平,该船的竞争力就强,利润率高;如高于现时水平,则该船是不经济的。

七、运输成本的降低

优秀的船舶管理者和轮机人员对降低运输成本有很大帮助。良好的管理不仅节约燃料、降低燃料费用,而且可在各方面降低营运成本。

(1)提高船舶营运率和货物周转量。

(2)降低保险费。

(3)降低修理和维修保养费。

(4)减少船用品和消耗品的消耗。

如图 5-11 所示是大型油船或散货船的期租成本分布图。按"期租船合同"规定,船东应负责船上船员的薪金和给养、船用物料及船舶保险费用,并保持船舶处于适航状况。承租人则负担燃料费、港口使用费及运输货物有关的费用。由图 5-11 可看出,优秀船舶管理者可以降低修理费、备件费、保险费和消耗品费,期租成本降低幅度可达 20% 左右。

第四节　船舶最佳航速

航速对运输效率有很大影响,是经济和技术的综合反映。在第二次世界大战后的 50 多年间,船速和船舶吨位有较大增长,船速已提高了 26%。但是,不同型式船舶的船速变化趋势并不一样。例如,油船和散装货船的船速在最近 30 年来变化不大,而定航线杂货船的船速已增

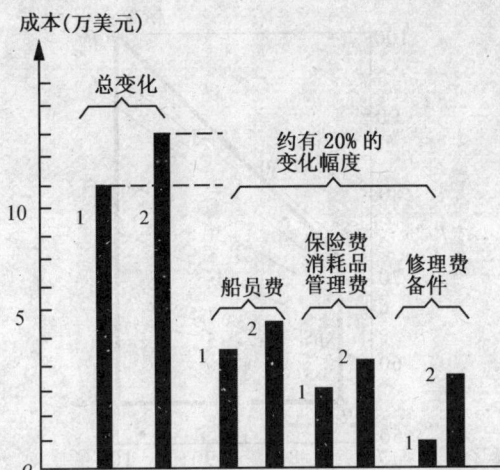

图 5-11　大型油船或散货船期租成本分布图

加了 30% ~ 35%。目前,大部分专业化远洋定期货船——集装箱船和滚装船船速为 23 ~ 28 kn,而某些船舶甚至高达 33 kn。然而在 20 世纪 70 年代之后,由于石油价格剧涨,船速和船舶吨位的发展不仅停顿,油船和一般货船的船速还有所降低,营运中的船舶也曾普遍采用了减功率航行的措施。

一、建造新船时航速的选择

1. 柴油机工况点的选择

40 多年前,处于非增压和低增压阶段的二冲程低速柴油机有较大的超负荷能力,柴油机与螺旋桨的配合工况点都选用柴油机的标定功率和标定转速。在 20 世纪 60 年代前后,二冲程柴油机发展至中增压阶段,热力参数有较大提高,柴油机制造厂都建议用 90% 左右的标定功率和 100% 标定转速作为与螺旋桨的配合工况点,同时也避免了船体污底时主机超负荷的可能。

20 世纪 80 年代,各柴油机制造厂在燃油价格上涨的情况下,为了适应船东对节能和减速航行的普遍要求,都规定 R_1, R_2, R_3, R_4 四个工况点供船东选用。

如图 5-12 所示,R_1 为柴油机的最大持续功率(MCR),约定为 100% 功率和 100% 转速;R_2 为保持最高燃烧压力 p_{max} 不变的条件下,通过降低平均有效压力 p_e 而转速 n 不变时的经济运转工况点,平均有效压力 p_e 每降低 1%,燃油消耗率可降低 0.2% ~ 0.25%;R_3 为保持平均有效压力 p_e 的标定值不变的条件下,降低功率和转速的经济运转工况点;R_4 为同时降低平均有效压力 p_e 和转速 n 的经济运转工况点。在 R_1, R_2, R_3, R_4 所包围的区域内船东可任意选用。

2. 建造新船时最佳螺旋桨转速的确定

船速是由螺旋桨的尺寸和转速来保证的。对于一定大小的船舶及其由船体设计确定的螺旋桨最大直径来说,柴油机的功率与转速必须适应船体设计中螺旋桨的需要。由图 5-13 可知,多种机型都可满足需要。

选用较低转速的柴油机,其燃油费用较小,但是为降低转速而选用大缸径的柴油机或者采取经济工况点(R_2, R_3, R_4)而选用最大持续功率 MCR 相当大的柴油机,都会增加投资费用。对于吨位、航速和吃水一定的船舶来说,最佳的螺旋桨转速一般以投资和燃油费用均最低作为

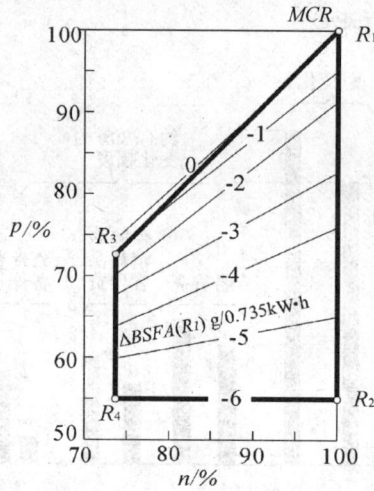

图 5-12　柴油机工况点选择

选择根据,如图 5-14 所示。

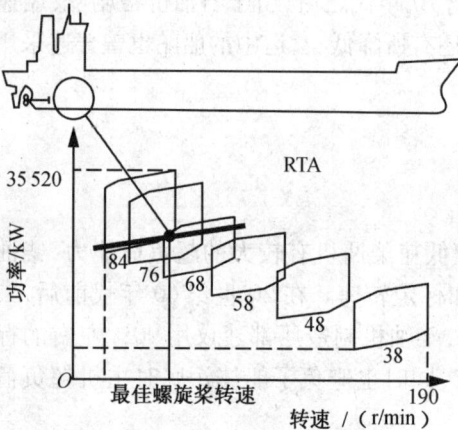

图 5-13　机型的选择

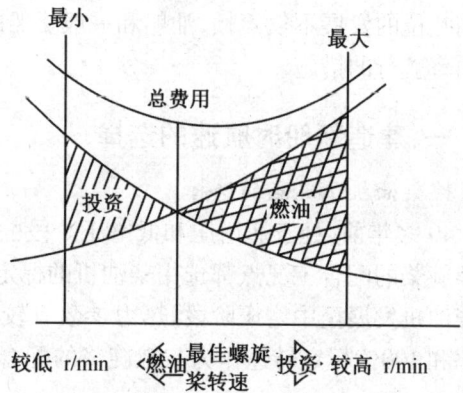

图 5-14　最佳螺旋桨转速

3. 不同设计方案的比较

当动力装置选型确定之后,一般应进行船舶营运经济性的总体论证,以确定最佳航速。

总体论证是以计划航线、货物种类、载货能力、航行天数、装卸天数、运费、燃油消耗、港口使费、管理费等营运费用和固定资本为根据,选用不同的航速进行方案比较。因为燃料费用所占比例甚大,所以对不同航速的影响也较大。

在实践中通过用预定的不同方案计算来选择最佳航速时,应注意组成船舶运输成本的许多部分都在不同程度上取决于船速。例如,船舶动力装置功率的增加大约与船速的立方成正比,燃油费(同样折旧费和修理费)也按同样比例增加;造价随着船速的提高将有所增加,而船员工资则与船速关系不大。对于运输廉价大宗货物的船舶(油船、矿石船、木材运输船),可在 12 ~ 19 kn 范围内研究船速方案;对于运输贵重杂货的干货船,可在 17 ~ 23 kn 范围内研究船速方案。

图 5-15、图 5-16、图 5-17 分别反映了在同一吨位和航速下,装卸效率、造价及燃料价格对

单位运输成本和航速的影响规律。可见,装卸定额高、造价低和燃料价格低,都有利于采用较高的航速。

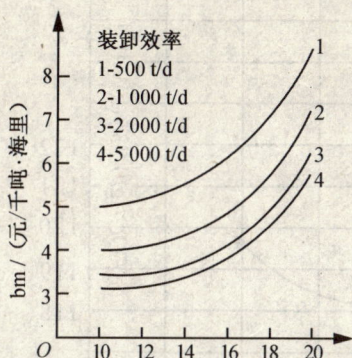

图 5-15 装卸效率变化时的影响

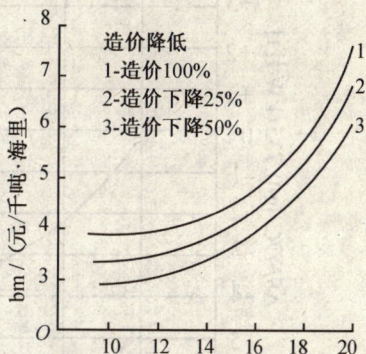

图 5-16 造价变化时的影响

如果船舶用于运输几种价格不同的货物,则最好根据经常运输的最贵货物来选择最佳船速。这样,尽管投资会提高一些,但提高的投资额可以依靠加快交货所得到的利润来补偿。

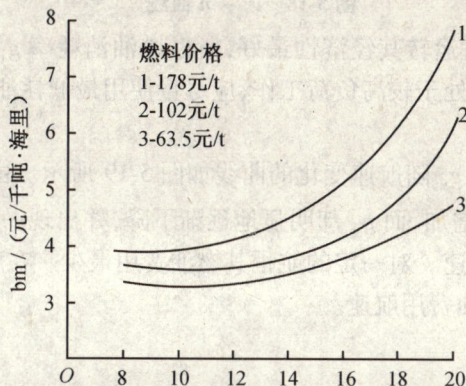

图 5-17 燃料价格变化时的影响

这样选择船速还可使主机功率留有储备,以便在船体生长附生物和受到腐蚀以及在大风浪等条件下航行时保持船速不变。这一点对于定期定航线航行的船舶,特别是对于按严格时间表航行的现代专业化船舶和客船尤为重要。例如,目前集装箱运输船的平均营运速度大大低于设计航速,功率的利用率也未超过 80%。

二、营运船舶的经济航速

由于螺旋桨所消耗的功率约与转速的立方成正比,故航速的少量降低便可节省大量的燃油消耗。但是并非航速越小越经济,因为船舶的运输费用除了燃料费用外还有其他费用,而且对于一定航线的船舶由于航速降低,航行时间增加,运输效率下降,也可能使经济效益减少。

营运船舶常用的经济航速的概念有三种:

1. 最低耗油率航速

柴油机在推进特性下工作,当功率与转速变化时,其燃油消耗率 g_e 由于受到喷油量、换气质量、转速等的影响，不是一个定值，一般在 85% 负荷时 g_e 值最小，如图 5-18 所示。

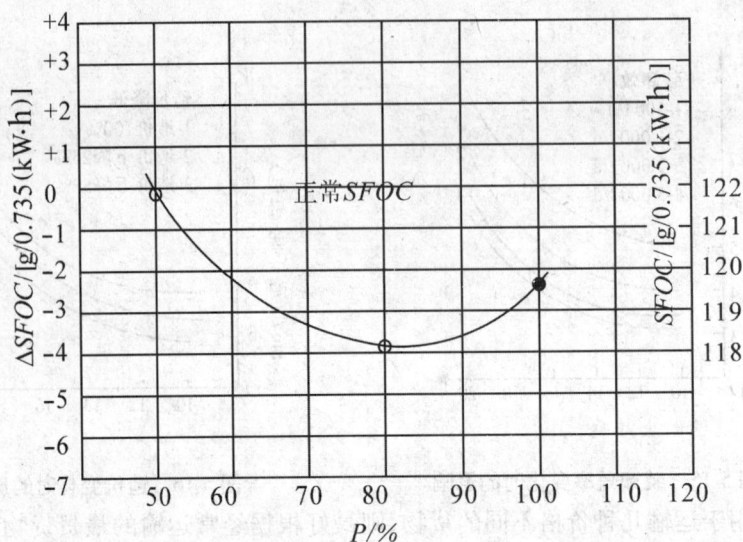

图 5-18 $g_e - n$ 曲线

显然柴油机在 g_e 最小时运转其经济性最好，所以燃油消耗率 g_e 最低时的航速是经济航速。若柴油机在航行时经常处于较高负荷工作，应尽量使用最低耗油率航速。

2. 最低燃油费用航速

每海里航程燃油消耗量 g_e 随航速变化的曲线如图 5-19 所示。由图 5-18 和图 5-19 可知，当船舶降速航行时，g_e 将会增加，而 g_n 却明显地逐渐下降，并出现一个最小值 $g_{n\,min}$，$g_{n\,min}$ 所对应的航速即为节油的经济航速。对一定的航程其燃油费用最少。在船舶经常停航待命和降速航行时，才可能使用最低燃油费用航速。

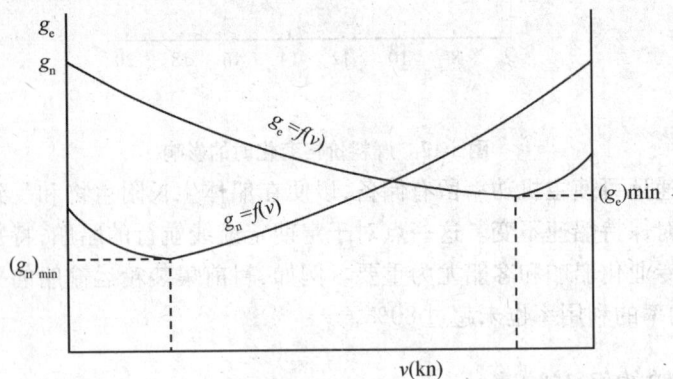

图 5-19 $g_e - n$ 曲线

3. 最高盈利航速

最高盈利航速，即在营运期内盈利最大的航速。上述两种经济航速，因为只考虑了柴油机本身的经济性，所以不一定就是船舶最大的盈利航速，欲获得船舶最大的盈利航速，尚须考虑船舶的折旧费、客货的周转量、运输成本及利润等因素。不同的航区和船舶种类将有其相应的最大盈利航速，需要通过调研、统计及分析来加以确定。

对于航运部门来说,必须全面考虑,从三种经济航速中作出选择,为增加企业收益和节能服务。

利用经济航速运行,一般不需要增加投资,只要求具有严格的科学管理和熟练的操作技术,就能获得显著的经济效果。如长期降速航行,会增加机损事故和技术维护工作。

营运船舶的最佳经济航速,应是单位运输成本最低的航速或是最大盈利航速。

对应于特定的航线和载重量,相应于当时的燃料价格及其他开支,在给定的经济指标下,按单位运输成本可得到最佳航速。图 5-20 表示了 $b_T - v$ 的关系,v_a 和 v_b 分别代表两种航程下单位运输成本最低的航速,曲线 A 的航程 R 比曲线 B 的航程大,而停泊时间 t_2 与航次时间 t 的比值比曲线 B 小,可见长航程船舶的航速可以略高。

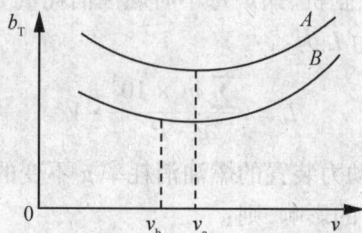

图 5-20 单位运输成本最低的航速

若赢利以收益为目标,进行经济性计算,可得到如图 5-21 所示的曲线。图中 AB 为标准年最大收益,其对应的航速(G 点)就是以收益为目标的最佳航速。影响成本和收入的因素变化,最佳航速也会改变。从图上可以看出,当运费增加和燃料价格下降时,最佳航速可以提高。

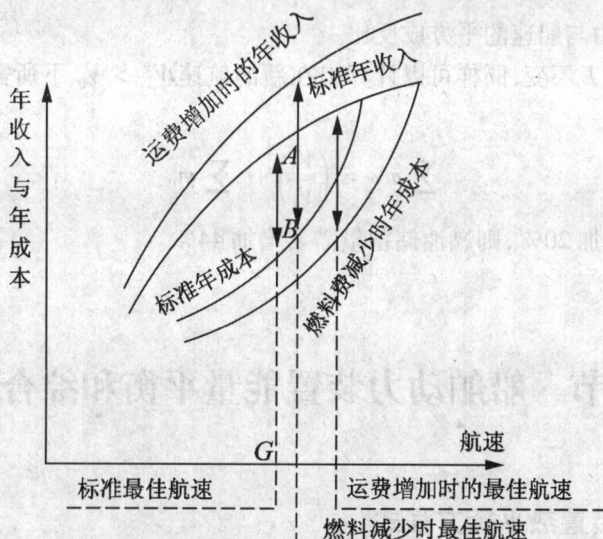

图 5-21 最佳经济航速

三、航速对续航力的影响

船舶动力装置所用的油料(燃油和滑油)是船舶排水量的一部分,它直接决定船舶的续航力,即

$$L = Vt$$

式中，L——续航力，n mile；

    V——船速，kn；

    t——航行时间，h。

如已知燃油储备量 $\sum m$ 及其动力装置每小时消耗量 B，则可求出船舶动力装置的工作时间：

$$t = \frac{\sum m \times 10^3}{B}$$

式中，$\sum m$ ——燃油储备量，t；

    $B = B_1 + B_2 + B_3$——主机、副机、锅炉每小时燃油消耗量 B，kg/h。

考虑到 $B = g \cdot P_e$，则续航力 L 为

$$L = \frac{\sum m \times 10^3}{g \cdot P_e} \cdot V$$

假定燃油储备量固定和在动力装置的燃油消耗率 g 不变的条件下，比较船速为 v_0 和 v_1 两种航行状态，探讨船速对续航力的影响，则：

$$L_1 = \frac{P_{e0}}{P_{e1}} \cdot \frac{V_1}{V_0} L_0$$

或者，因 $P_e = CV^3$，则：

$$L_1 = \left(\frac{V_0}{V_1}\right)^2 \cdot L_0$$

由此可见，续航力与船速的平方成反比。

如果保持续航力 L 不变，同样可以计算出在新的航速 $V_1 > V_0$ 下所需要的燃油储备量增加，即

$$\sum m_1 = \left(\frac{V_0}{V_1}\right)^2 \cdot \sum m_0$$

欲使船舶速度增加20%，则燃油储备量需要增加44%。

第五节　船舶动力装置能量平衡和综合利用

一、船舶动力装置热平衡方程式

柴油机船舶动力装置的动力设备主要是主柴油机、柴油发电机组和辅助锅炉等。它们都以液体燃料为能源。船舶航行工况下所需要的总热量为：

$$Q = Q_m + Q_g + Q_b$$

式中，Q_m、Q_g、Q_b 分别为主机、柴油发电机组和辅助锅炉所消耗的热量，kW/h。

船舶动力装置热平衡方程式为

$$x + y + z = 1 \tag{5-26}$$

式中, $x = Q_m/Q$, $y = Q_g/Q$, $z = Q_b/Q$——分别为主机、柴油发电机组、辅助锅炉消耗热量的百分比。

动力装置的能量平衡各成分的值 x、y、z 与船舶用途和动力装置的类型有关。表5-12 列出各种类型船舶在主机额定工况下的 x、y、z 的大概分配范围。

表5-12 柴油机船舶能量平衡的组成

船舶类型		机械能 x/%	电能 y/%	热能 z/%
海船	干货船	83 ~ 92	4 ~ 10	4 ~ 8
	石油运输船	60 ~ 82	3 ~ 8	10 ~ 32
	冷藏船	57 ~ 76	20 ~ 36	4 ~ 8
河船	货船和拖船	94 ~ 96	2 ~ 4	1 ~ 2
	石油运输船	82 ~ 87	2 ~ 4	10 ~ 15
客货船		75 ~ 80	7 ~ 10	10 ~ 15

在进行船舶动力装置设计时,必须考虑整个船舶的能量平衡和各个耗能设备的热平衡,以便找出能量综合利用的途径,决定所采用能量综合利用的装置和方案,从而提高动力装置能量平衡中有效利用热量的比例,以达到节约燃料的目的。

考虑各个耗能设备的热平衡之后,上述以相对值表示的热平衡方程式还可写成如下形式:

$$(q_m^y + q_m^p + q_m^l + q_m^r + q_m^q) \cdot x + (q_g^y + q_g^s) \cdot y + (q_b^y + q_b^s) \cdot z = 1 \qquad (5\text{-}27)$$

式中, q_m^y, q_m^p, q_m^l, q_m^r, q_m^q——分别为主柴油机热平衡中有效利用热量、排气带走热量、冷却水带走热量、润滑油带走热量和其余热损失的百分比;

q_g^y, q_g^s——分别为柴油发电机中转变为有效功的百分比和由排气、冷却水等热损失总和的百分比;

q_b^y, q_b^s——分别为辅助锅炉装置有效利用热量的百分比和损失热量的百分比。

从船舶动力装置热平衡方程式和表5-12 可以看出,要降低船舶动力装置的燃料消耗,提高船舶动力装置经济性,可采取以下措施:

(1)减少船舶需求的推进功率,降低主机燃油耗量。

(2)充分利用船舶动力装置的余热,降低柴油发电机组、辅助锅炉的燃油耗量。

二、船舶动力装置余热利用方案

从船舶动力装置热平衡方程式和表5-12 可以看出,主机产生的能量所占比例最大,其废热利用价值也最高,柴油发电机组、辅助锅炉消耗热量所占比例较小,它们产生的废热几乎得不到利用。

燃料在主柴油机中燃烧所发出的全部热量,只有部分转变为机械功,其余部分则分别通过排气、冷却介质和机器表面散热等而损失掉,这些部分损失的热量统称为柴油机的废热。

根据柴油机热平衡,能量转换的数值范围如下(不同机型其数值上是有差异的):①转变为机械功的热 $q_1 = 35\% \sim 50\%$;②排气带走的热 $q_2 = 27\% \sim 40\%$;③冷却介质(缸套冷却水、增压空气冷却水、润滑油等)带走的热 $q_3 = 15\% \sim 30\%$;④其他热损失(辐射热、摩擦损失热) $q_4 = 2\% \sim 8\%$。

由上可知,50% ~ 60% 的能量被排气废热和冷却水带走,白白浪费了。充分利用这几部分废热的能量,代替(或部分代替)动力装置中柴油发电机组和辅锅炉所消耗的能量(占总能量的10%~30%),从而改善动力装置经济性是完全可能的,这正是柴油机废热利用的意义。

废热利用的方法是按废热特点进行的。主机排气废热温度高,可利用的单位热量大;而冷却水的温度较低、流量大,可利用的热量也不少。在船上对这两种废热的利用方法是不同的。

把能够被余热利用装置利用的热量和不适于被余热利用装置利用的热量进行分组合并以后,公式(5-27)转换为:

$$q_m^\gamma \cdot x + q_m^p \cdot x + q_m^l \cdot x + q_g^\gamma \cdot y + q_b^\gamma \cdot z + \sum q^s = 1$$

式中:$\sum q^s = (q_m^r + q_m^q) \cdot x + q_g^s \cdot y + q_b^s \cdot z$,表示不能被余热利用装置利用的总热损失。

根据主柴油机废热的特点,船舶动力装置余热利用方案有以下几种:

a. 若

$$q_m^p \cdot x \cdot \psi_m^p \leq q_b^\gamma \cdot z$$

则可以将排气引入废气或废气锅炉产生蒸汽,用废气锅炉全部或部分代替辅助锅炉。

b. 若

$$q_m^p \cdot x \cdot \psi_m^p > q_b^\gamma \cdot z$$

则可以用废气锅炉全部代替辅助锅炉,且还可用废气涡轮发电机部分代替柴油机发电。

c. 若

$$q_m^p \cdot x \cdot \psi_m^p \cdot \eta_t \leq q_g^\gamma \cdot y$$

则可以用废气锅炉产生的蒸汽驱动的汽轮发电机,全部或部分代替柴油机发电。

d. 若

$$q_m^p \cdot x \cdot \psi_m^p \cdot \eta_t > q_g^\gamma \cdot y$$

则可以用废气锅炉产生的蒸汽驱动的汽轮发电机全部代替柴油发电机,并且用废气锅炉部分代替辅助锅炉。

e. 若

$$q_m^p \cdot x \cdot \psi_m^p \cdot \eta_t > q_g^\gamma \cdot y + q_b^\gamma \cdot z$$

则可以用废气锅炉产生的蒸汽驱动的汽轮发电机全部代替柴油发电机,并且用废气锅炉全部代替辅助锅炉。

f. 在上述五种方案中,如果排气余热没有多余,利用冷却水的余热也是合理的。如冷却水温度较高,则冷却水的热量可用来产生蒸汽,以驱动汽轮发电机,也可用于其他需要加热的设备。

g. 把冷却水直接或间接变为冷却液,作燃油加热、制淡、制冷和生活杂用等的热源。

以上各式中,ψ_m^p是主机排气余热利用系数,它是废气锅炉利用的热量与排气热量的比值;η_t是用废气锅炉蒸汽驱动的汽轮机发电机组效率。

目前在船上较普遍地实现了余热利用方案一和方案二,以及把冷却水的热量部分地用于海水淡化装置和加热空调系统中的空气。

利用废热产生蒸汽和热水,可以减少辅柴油机和辅锅炉的耗油,提高装置经济性。然而,装置上是否采用以及如何采用,必须结合船舶动力装置的具体情况加以综合平衡,尤其要对下列三个方面问题进行仔细分析研究后才能作出决定:

(1) 区别船舶类型和装置功率范围。航行期间,废热的供应与船种有关。远洋货船其主机经常处于额定功率附近工作,它的废热供应比较稳定。而沿海港口间的客船、港内拖船和航道复杂的内河船等它们的主机工况多变,废热供应不稳定,可利用的废热量就少。这是决定废热利用与否的因素之一。至于废热利用的方式,也要看装置功率的大小。装置功率比较小、设备比较简单的小型船舶,如 750 kW 以下沿海船及内河船,一般只采用简单的设备,利用主机排气产生热水,供生活用;对于 4 500 ~ 6 000 kW 以下中型客、货船等,则常常利用排气废热产生蒸汽,供生活及燃油加热、制淡等使用;对于 6 000 ~ 7 500 kW 以上的大型万吨级远洋船舶,才有条件利用排气废热产生蒸汽作动力用。

(2)要有专门措施保证废热供应和废热消耗两者的平衡。废热利用系统是由废热供应和废热消耗两方面联合组成的有机整体。要求在任何工况下废热的供应和消耗都应处于平衡状态。由于前者是独立地随发动机负荷而变化的,后者是独立地根据系统的负载(消耗)而变化的,这两方面的变化,实际上彼此无一定关系,如无专门措施,系统必然常常处于不平衡状态,即不是供过于求就是供不应求,这样的废热利用系统显然得不到好的经济效果,也往往是不可取的。

(3)废热利用的目的是节省燃料,提高经济效益,因此,为了利用废热而增加的设备,无论在投资、增加质量和占用空间等方面必须作出详细的计算和比较,废热利用在经济上的收益必须达到乐于接受的程度才能被采用。

三、船舶动力装置效率的计算

为了评定和比较柴油机船舶动力装置的经济性,应计算整个动力装置的效率。目前较常用的计算方法有下列几种。

1. 柴油机船舶动力装置的总效率

在评价不同类型船舶柴油机动力装置的余热利用效率时,先要明确热量有效利用的范围不仅包括与螺旋桨功率等值的热量,还包括全船各种耗能装置和动力装置本身需要的热量。在这种情况下,评价船舶柴油机动力装置的经济性标准就是总效率。总效率为所有耗能设备的有效热能之和与所消耗总热能之比。若发动机与锅炉所用燃料的热值相同,则装置的总效率为:

$$\eta_{zh} = \frac{B_m \eta_m^y \eta_c + B_g \eta_g^y \eta_d + B_b \eta_b^y}{B} \tag{5-28}$$

式中,B_m,B_g,B_b——分别为主机、副机及辅锅炉的燃料消耗量,kg/h;

$B = B_m + B_g + B_b$——装置的总燃料消耗量,kg/h;

η_m^y,η_g^y,η_b^y——分别为主机、副机和辅助锅炉的效率;

η_c——由主机到螺旋桨的传动效率;

η_d——发电机效率。

根据式(5-26),则式(5-28)可写成

$$\eta_{zh} = \eta_m^y \cdot \eta_c \cdot x + \eta_g^y \cdot \eta_d \cdot y + \eta_b^y \cdot z \tag{5-29}$$

式(5-29)表示所有耗能装置对柴油机船舶动力装置总效率的影响。

2. 船舶能量利用效率

船舶动力装置的主要功用是保证额定航速,所以螺旋桨功率的能量与船舶消耗的总能量之比,可以作为船舶热能利用效率的综合性标准。这个比值称为船舶能量利用效率,即推进轴

上总有效功率与所有耗能设备总消耗热能之比。

$$\eta_{ch} = \frac{3\,600 P_P}{BH_u}$$

即

$$\eta_{ch} = \frac{3\,600 T \cdot V_S}{BH_u}$$

式中, P_P——螺旋桨吸收的功率,kW;

T——螺旋桨的有效推力,N;

V_S——船舶航速,m/s;

H_u——燃油的低发热值,一般燃油 $H_u = 4.18$ kJ/kg。

上式可用来比较同类型船舶不同类型动力装置的经济性。船舶能量利用效率不仅反映动力装置本身的热工完善程度,而且还表征综合推进装置的工作效率。例如,在动力装置处于正常技术状态下,因船舶吃水、船体状态、螺旋桨、舵综合体以及航行条件等的不同,船舶能量利用效率也会相差很大。

3. 推进装置的推进效率

现代大功率柴油机船舶动力装置本身(滑油泵、燃油泵、冷却水泵、分油机、热交换器、通风机等)需要消耗大量的能量,因此推进轴上总有效功率与推进装置消耗的热量之比可用来评定各类船舶动力装置的经济性,即

$$\eta_t = \frac{3\,600 P_P}{B_t H_u}$$

式中, B_t——推进装置,包括为它服务的辅助机械所消耗的燃料量,kg/h。

因为它仅考虑推进装置的燃料消耗,故可评定各类船舶动力装置的经济性,而不能评定利用废热的经济性。

第六节　提高船舶经济性的主要措施

一、减少船舶需求的推进功率,降低主机燃油耗量

1. 提高船舶推进性能,降低主机的配置功率

(1)改进船型与降低船舶阻力

船体阻力主要由两部分组成,即黏性阻力和兴波阻力。而前者又由摩擦阻力和形状阻力组成。

船舶在低速航行时,摩擦阻力占总阻力的 70% ~ 80% 。随着航速的增加,兴波阻力所占比重越来越大。

采用哪一种措施来减少船舶阻力,首先取决于船舶的类型。例如,对于低速的油船和散货船应从减少黏性阻力着手,对于高速的客船和集装箱船,则主要从减少兴波阻力着手。

一般而言,降低船舶阻力,从而降低主机的配置功率,通常可建议采用如下方法,以得到优

良的船型和良好的船舶阻力特性:①改进船型等设计,减少航行水阻力;②改进适航性能,减少船体运动阻力。

(2)采用低转速、大直径螺旋桨,提高推进效率

按螺旋桨理论,理想螺旋桨效率 η_{pi} 是推力载荷系数 σ_T 的因数,即:

$$\eta_{pi} = \frac{2}{1 + \sqrt{1 + \sigma_T}}$$

式中,$\sigma_T = \dfrac{T}{1/2 \cdot \rho A \cdot V_p^2}$;

P、A、V_p 分别为螺旋桨推力、桨盘面积和桨进速;ρ 为流体比重。

在上述公式中,推力 T 与进速 V_p 取决于船体型线、尺度和流速的初始设计。若 T 和 V_p 已定,要提高螺旋桨效率必需加大桨盘面积 A,即务必增大螺旋桨直径。此时,若桨转速保持不变,则叶梢线速度增加会引起摩擦损耗增大,从而导致推进效率的下降。因此,在功率一定的情况下,采用大直径螺旋桨必须同时降低转速。这里,螺旋桨转速与其直径有一个最佳关系(使效率达到最高值时的直径)。

过去,低速螺旋桨的设计,转速常在 120 r/min 以上,桨效率一般为 0.5 ~ 0.7 范围内。现在,国内外普遍采用了低转速、大直径的螺旋桨。当转速从 120 r/min 下降至 60 r/min 时,螺旋桨效率的提高可节约主机功率 16% ~ 18%,可以较大幅度地改善装置经济性。一般而言,在常用航速范围内,桨转速降低 1%,在航速及载货量不变的条件下,可减少油耗 0.2% ~ 0.3%。

(3)选配节能型螺旋桨

当前,不大可能对普通的螺旋桨设计作更多的改进,除非冶金学家能找出相当坚韧的材料,这种材料能使桨叶制造得更薄而且具有更好的效率。除采用低转速、大直径螺旋桨以提高推进效率外,还可采用导管螺旋桨、可调螺距螺旋桨等节能型螺旋桨,针对不同的船型以提高推进效率。

2. 机桨节油匹配和主机优选

(1)主机按节油点运行——利用主机减额输出

提高柴油机的热效率,即降低柴油机耗油率的方法之一是提高汽缸内最大爆发压力 P_{zmax} 和平均有效压力 P_e 之间的比值。运行中一般把最大持续功率 MCR 时的 P_e 定为额定值。减额输出时,把 MCR 时的 P_e 降低作为新的额定点。此时,柴油机的喷油系统、冷却系统和增压器等进行优化调整使 P_{zmax} 值仍维持与 MCR 时相对应之值不变。这样提高了 P_e 和 P_{zmax} 的比值,从而,就实现了比 MCR 低的燃油消耗率。

图 1-12 是 MAN B&W 公司的 MC 系列柴油机的减额输出区。在特定的合同要求下,可以在 L_1 ~ L_4 方框间任选一点作为减额最大持续功率(简称 $DMCR$),把该点作为新的额定点。此时的 P_e 值比 MCR 时降低了,燃油消耗率也就降低了。

MAN B&W 公司宣布,参照其减额输出区,恰当地选择节油运行点,可使总油耗率下降 4.3%,其中桨速降低、η_p 提高可节油 2.3%;P_e 降低使油耗率降低 2%。同样,瓦锡兰公司宣布 Sulzer 柴油机其减额输出的最佳节油可比 MCR 低 8.17 g/(kW·h)。

按经验,柴油机减额最大持续功率 $DMCR$ 常取最大持续功率 MCR 的 85% 左右,因为发动机油耗曲线最低点在 85% MCR 附近(见图 1-12)。减额输出的实质是配置较大功率的柴油机

产生较小的输出功率,即用增加初投资换取节油收益。

(2)主机经济选型

20 世纪 70 年代前对同一缸径及冲程的柴油机只有一个额定输出点(MCR)。这在一定程度上不能使某一已定船舶的螺旋桨达到最佳转速和发出所需功率,另外吨位差异较大的船舶,往往能供选配的主机数量甚少,结果形成"船配机"的传统性船机匹配设计。按此配合,所选主机的常用功率是否合适、经济性是否最佳,并用此主机转速和功率所设计的螺旋桨在船体尾部型线下是否能满足布置要求等出现了一系列问题。

当今,可供选择的柴油机型式众多,加上柴油机具有减额输出区,这为今天正确选择主机创造了较好的优选条件,而不再产生以前机型较少时的"船配机"现象。

减额输出方法的主机选型,首先应有确定的船舶类型、尺寸,船舶航速和航线。按船舶特性,估算必须包括海况储备的连续运行功率 CSR,再加上主机功率储备,确定主机最大连续输出功率 MCR 及其相应的转速。其次,按实船航速要求的功率及转速可在如图 1-12 的柴油机减额输出框图内找出,图内等航速功率线上 α 值表示功率减额系数,即随着转速降低,桨效率提高,等航速所需功率降低的百分率。每种型号的柴油机均有自己的匹配框图(即等航速功率线匹配到减额输出区里)。同一系列的机型能适应同一功率及转速的柴油机有时多至五台以上,则不同机型就有更多的发动机与之匹配,供进行选择,以获取最低油耗率的主机匹配。

主机经济选型时,除考虑主机油耗率外,还应根据具体机型和该主机的余热利用,进行整个动力装置的经济性效率计算(或动力装置总燃油耗量计算)。

二、船舶动力装置的余热利用

1. 余热利用的形式

余热利用是提高船舶动力装置经济性的措施之一。不同类型船舶的余热利用形式是很多的,现仅将简化后的几种主要余热利用装置的原理图介绍如下,如图 5-22 所示。

图 5-22(a)是船舶上应用最广泛的一种形式。废气锅炉 1 利用主机排气的余热,产生蒸汽,蒸汽的热量仅用于船舶供热系统。主机冷却水的余热没有利用,它通过淡水冷却器 4 内的海水带到舷外。

图 5-22(b)中废气锅炉 1 产生的蒸汽,一部分经分配器 2 分送到各加热或取暖设备;一部分用来驱动汽轮发电机 5,工作过的乏汽经冷凝器 6 冷凝成水,再由给水泵 3 供给废气锅炉。主机冷却水的余热也没有利用。

图 5-22(c)中,从废气锅炉出来的蒸汽一路驱动汽轮发电机 5,工作过的乏汽经冷凝器 6 冷凝成水,然后由给水泵 3 送回锅炉;一路进入第二级给水加热器 7,在其中放出热量并冷凝成水,然后也由给水泵 3 送进锅炉。主机冷却水的热量被供热系统利用。如果主机出口的冷却水温度不低于 70 ~ 80 ℃,才设两级加热器。

图 5-22(d)中,废气锅炉产生的蒸汽,一路经分配器 2 分给供热系统的各用汽设备;一路驱动汽轮发电机 5 的高压级。凝水由给水泵 3 送回锅炉。从主机出来的冷却水经加热器 7 和淡水冷却器 4 冷却后由循环水泵 3 送回主机。从加热器 7 出来的热水,通过蒸发器 8 产生低压蒸汽,然后用来驱动汽轮机的低压级。这种形式,主要功率取自有效效率不高的低压级,因此只有在功率相当大的动力装置中采用它才比较合理。

图 5-22(e)示出利用冷却水低位热能的吸收式制冷余热利用系统。从发动机流出的具有

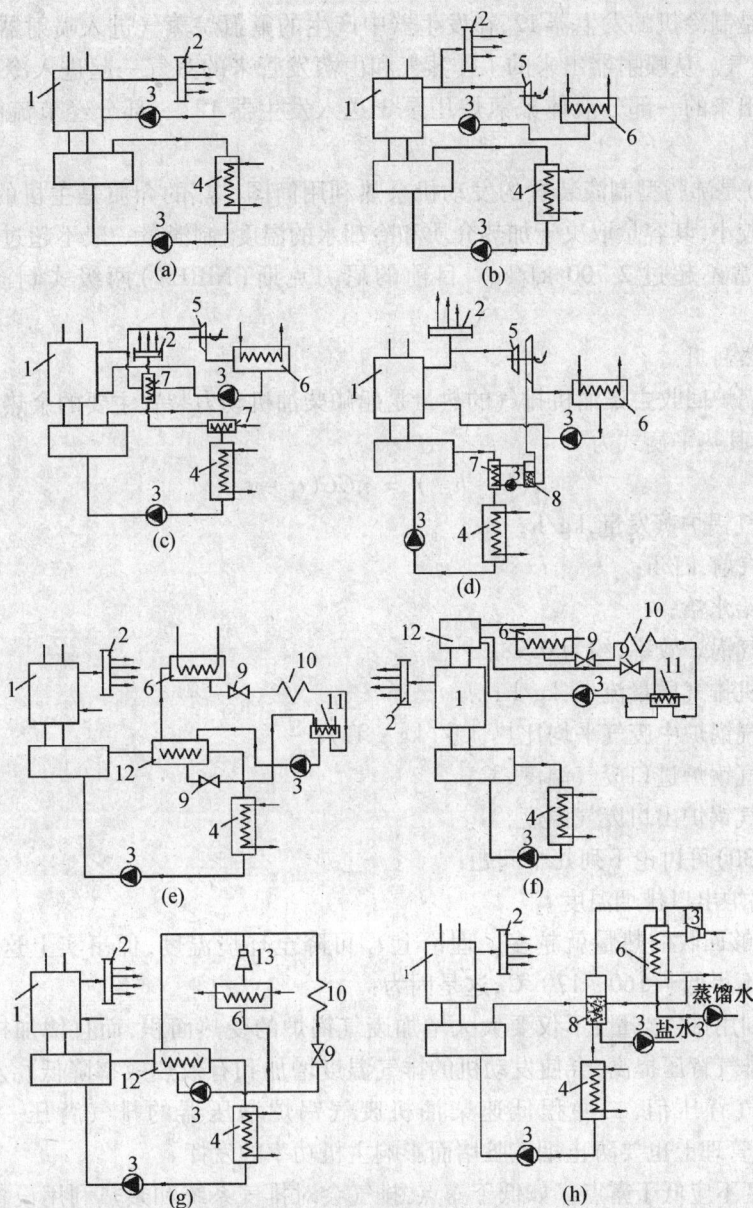

图 5-22　船用余热利用方案简图

75～80℃的冷却水,进入吸收式制冷装置的发生器12,然后进入发动机的淡水冷却器4继续被冷却,最后由淡水泵3送入发动机。淡水冷却器用海水冷却。

由蒸发器10流出的冷剂蒸汽进入吸收器11,在吸收器内形成的高浓度冷剂溶液,被溶液泵3排入发生器12。在发生器中冷剂溶液被发动机冷却水的热量加热成高温高压的冷剂蒸汽,冷剂蒸汽在冷凝器6中冷凝后,经调节阀9送至蒸发器10制冷。

图5-22(f)为利用发动机排气热量的吸收式制冷装置原理图。制冷装置的发生器12装在余热锅炉后面的排气管上。发生器的热负荷靠闸阀进行调节。在发生器直接利用发动机的排气余热的情况下,可以使排气温度大大下降,并更完善地利用发动机的排气余热。

图5-22(g)是利用发动机冷却水低位热能来制冷的喷射制冷装置原理图。此方案中的发

动机冷却器就是制冷机的发生器12,在发生器中产生的氟氯烷蒸气进入喷射器13,并吸出蒸发管10中的蒸气。从喷射器出来的工作蒸气和由蒸发管来的蒸气一起进入冷凝器6进行冷却。由冷凝器出来的一部分液体氟氯烷用泵3送入发生器12,一部分经节流阀9进入蒸发管10。

图5-22(h)是沸腾型制淡装置的发动机余热利用简图。热的介质是主机的气缸冷却水。这种装置容量较小,其容量取决于加热介质和冷却水的温度,制淡量一般不超过20 t/d。它的单位耗热量通常不超过2 700 kJ/kg。目前的尼力克斯(NIREX)两级式制淡器容量可达65 t/d。

2. 排气余热利用

采用废气锅炉回收主柴油机排气的热量是船舶柴油机动力装置主要的余热利用形式。废气锅炉工作时,其热平衡式为

$$D(h - h_{g \cdot s}) = \eta GC(t_1 - t_2) \tag{5-30}$$

式中,D——废气锅炉蒸发量,kg/h;

h——蒸汽焓,kJ/h;

$h_{g \cdot s}$——给水焓;

η——废气锅炉效率,约为0.98;

G——主机排气质量流量,kg/h;

C——废气锅炉中废气平均比热,kJ/(kg·℃);

t_1——废气锅炉进口废气温度,℃;

t_2——废气锅炉出口废气温度,℃。

根据式(5-30)可讨论下列几个问题:

(1)废气锅炉出口排烟温度t_2

t_2越低,能够回收的热量就越多。理论上t_2可降至环境温度,但事实上这是不可能的。通常都规定t_2不得低于160~170 ℃,这是因为:

①要充分利用排气热量,不仅要大大增加废气锅炉的受热面积,而且增加排气的流动阻力。柴油机的排气背压提高,会使发动机的排气温度增加和有效热效率降低。发动机制造厂一般都规定排气背压值,二冲程低速柴油机废气锅炉增压器的排气背压一般不宜超过0.003 MPa。在管理上也要防止烟道脏堵而影响主机功率的发挥。

②排烟温度不应低于露点。如低于露点,排气会对排气系统和余热利用设备造成低温腐蚀的损害。露点的高低与排气中的水蒸气分压有关,也与燃油中的含硫量有关。所用燃油的露点值一般在120~140 ℃范围。为了最大限度利用排气热,在标定工况下废气锅炉排气出口温度为:

$$t_2 = 露点 + \triangle t(℃) \tag{5-31}$$

式中,$\triangle t$不应小于25 ℃。

动力装置长期在部分负荷下工作,t_2过低对废热利用设备的维修管理是不利的。

③保证受热面必需的温差。为保证受热面上任何一个部位排气温度都高于水温,通常使

$$\triangle t = t_2 - t_w \geqslant 40 ~ 60 ℃$$

$$\triangle t = t_2 - t_s \geqslant 40 ~ 60 ℃$$

式中,t_w——给水温度,℃;

t_s——蒸汽温度,℃。

(2)废气锅炉排气进口温度 t_1

t_1 越高,可回收的排气热量就越多。在四冲程柴油机动力装置中,废气锅炉的进口温度约为 400 ℃,大约可利用排气热量的 62%,而在二冲程柴油机动力装置中排气温度较低,在 t_1 = 200 ~ 300 ℃时,则可利用排气热量的 40% 左右。

由于废气涡轮增压器效率提高,扫气压力增高,柴油机的热效率达 54%,同时为了经济航速的需要又按低速经济功率匹配螺旋桨,致使柴油机的排烟温度下降,这对废气锅炉的废热利用是不利的。为了确保废气锅炉的一定蒸发量,不得不适当提高柴油机的排气温度。目前,废气锅炉是按进气温度为 255 ℃,排出温度为 188 ℃的标定工况设计的。

(3)蒸汽产生率与蒸汽压力的关系

从充分利用余热出发,出口废气温度 t_2 应尽量降低,而且 t_2 与蒸汽温度间必须维持一定的传热温差,所以蒸汽压力受到一定的限制,因为只有当蒸汽压力和饱和温度有所降低时,才能获得更多的余热和废气锅炉蒸发量。蒸汽压力升高时则相反。

如图 5-23 所示为二冲程低速机和四冲程中速机单位功率的废气锅炉蒸发量随蒸汽压力变化的关系。

用于供热系统的废气锅炉,蒸汽压力与蒸汽系统的管路长度和它的阻力有关,一般海船调查废气锅炉蒸汽压力取为 0.5 ~ 0.7 MPa,河船可低到 0.3 MPa。产生的蒸汽通常是饱和蒸汽。

在主机功率大于 5 000 kW 的油船和干货船上,对仅用于供热系统的废气锅炉,其单位蒸汽产量为 0.10 ~ 0.15 kg/(kW·h);当主机功率较小时,它达到 0.55 ~ 0.65 kg/(W·h)。

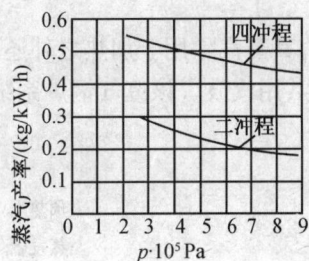

图 5-23 废气锅炉蒸发量与
蒸汽压力变化的关系

实际上在主机功率为 7 350 kW 左右的油船和干货船上,即使是二冲程低速机,当废气锅炉出口温度达 200 ℃以上时,就可得到蒸发量约为 2 000 kg/h、压力为 0.7 MPa 的蒸汽,足够航行时全船加热用汽的需要。

3. 废气锅炉烟灰沉积与着火的预防

(1)典型的废气锅炉系统

废气锅炉蒸汽系统可设计成许多不同的形式,有单供汽压力或双供汽压力;有带给水预热器或不带给水预热器;有单一的废气锅炉或与燃油锅炉组成混合式锅炉等。由于二冲程超长行程柴油机热效率高达 55%,使排烟温度下降。目前 MC 机型在正常额定负荷下透平后的排气温度为 250 ~ 270 ℃,降低负荷运转时将会更低些,因此可利用的排气余热减少,使废气锅炉产生的饱和蒸汽不能满足船舶加热系统的需要,此时燃油辅助锅炉可作为补充。

MAN B&W 公司推出两种典型的废气锅炉系统。其一为标准的废气锅炉系统,如图 5-24 所示,它用于产生饱和蒸汽供加热之需,废气锅炉由单一的蒸发器组成,是简单的单压蒸汽系统。给水直接泵送到烧油锅炉,废气锅炉与燃油辅助锅炉之间有循环水泵并共用一个汽鼓。也可采用单独汽鼓,则一个锅炉故障时另外一个锅炉仍可运转。该系统具有明显的简单性和低投资成本,又完全满足船舶加热时所需蒸汽量的要求,因而得到广泛应用。其二为带透平发电机的废气锅炉系统,如图 5-25 所示,它是带有给水预热器、蒸发器和过热器的单压蒸汽系

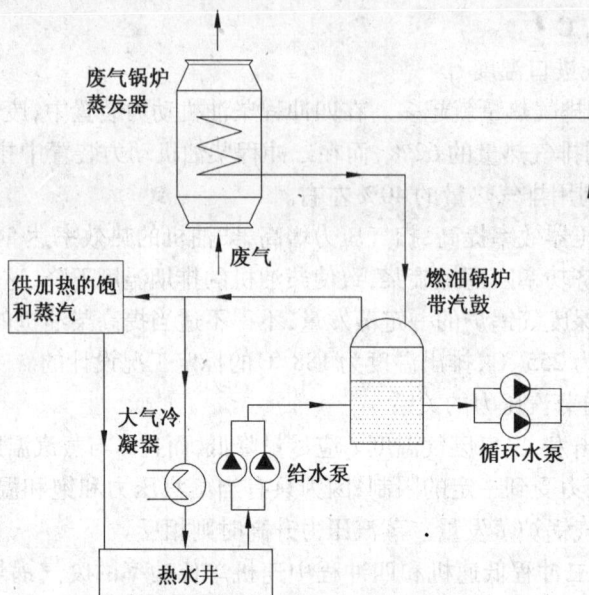

图 5-24　典型废气锅炉系统

统,其蒸汽除用于加热之外还可以用于驱动透平发电机,系统中燃油辅助锅炉的汽鼓一般也作为共用汽鼓。该废气锅炉系统将更先进些。

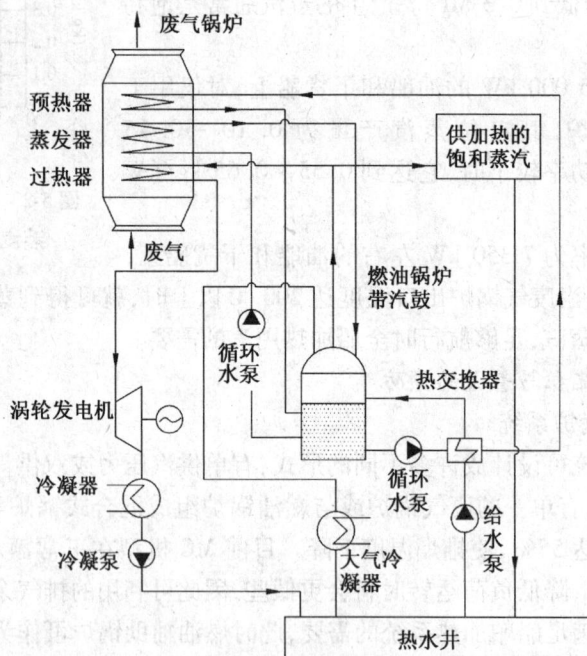

图 5-25　带透平发电机的废气锅炉系统

（2）废气锅炉烟灰积垢与着火的分析

若干年前废气锅炉烟垢着火现象很少发生,但近 10 多年来却时常发生而且呈上升趋势,DNV 和 NK 船级社的统计资料都证实了这一点。在 NK 所统计的 82 艘船舶中,多数为二冲程柴油机和水管锅炉,其中有 53 艘船舶的废气锅炉发生烟垢着火和损坏。

废气锅炉着火可分为小的烟垢着火和高温着火。

①小的烟垢着火

在有充分氧气存在时,烟垢的可燃成分在高温下(高于闪点)自由蒸发,被火花或火焰点燃,并保持小范围和有限的火源,称为小的烟垢着火。由于不良的燃烧设备,使一些未燃烧的剩余燃油和滑油沉积于锅炉管上,特别是在柴油机机动操纵和低负荷运转期间这种现象更容易发生。这种着火对锅炉无危险或危险很有限,但应小心维护。着火的热量主要传导给循环水、蒸汽和废气。

烟垢潜在着火温度一般为 300 ~ 400 ℃,但存在未燃烧的燃油时着火温度约为 150 ℃,极端情况下甚至低至 120 ℃。这意味着着火也可发生于主机紧急停车之后,因为灼热颗粒(火花)还残留在锅炉烟管上。

②高温着火

在一定情况下,小的烟垢着火可发展为高温着火。高温着火有氢着火和铸铁着火,可导致废气锅炉损坏,因为水可分解为氢和氧,或在一定条件下与碳反应生成一氧化碳和氢,如温度在 1 000 ℃ 以上氢着火可以发生。铸铁着火即高温下发生的铸铁氧化反应,从反应过程中释放大量热量。在温度超过 1 100 ℃ 时,铸铁着火可以发生,使锅炉自身燃烧。

废气锅炉烟垢着火的条件可用图 5-26 所示的烟垢着火报警三角形来表示,只有烟垢、火源和氧同时存在时才可能发生着火现象。废气锅炉中来自柴油机的排气,由于高过量空气系数,含有大约 14% 的氧(如图 5-27 所示),而且将氧与烟垢和火源隔离也是不可能的;废气锅炉中更不乏高于闪点的高温废气、火花和火焰,因此烟垢着火的原因往往是由于柴油机燃油燃烧产生的烟灰微粒。

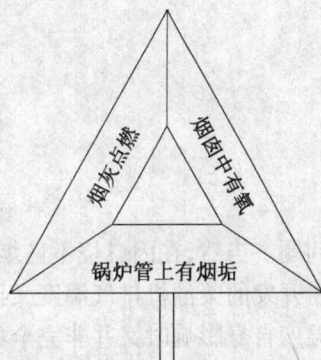

图 5-26 烟垢着火的报警三角形

如图 5-27 所示为 MC 型低速柴油机典型的排气排放值,最引人关注的是污染物 NO_x,SO_x,CO,HC 和排气微粒。排气微粒可源自下列原因:

a. 燃油部分燃烧的许多微粒的凝聚;

b. 燃油和气缸油的灰分;

c. 滑油部分燃烧;

d. 燃烧室及排气系统烟垢的剥落。

燃油成分、滑油牌号和添加剂将会改变排气微粒排放率,因此难以规定统一的柴油机微粒排放率,而当柴油机使用重燃油运转时,排放值为 120 ~ 150 mg/Nm^3 时排放率相应为 0.8 ~ 1.0 $g/(kW \cdot h)$。除了垢片在燃烧室或排气系统壁上剥落之外,柴油机在燃用重燃油运转时,微粒大体上是小的,90% 以上小于 1 μm。筋管锅炉烟灰沉积试验表明,大约有 70% 的烟灰是可燃的。

(3)废气锅炉与柴油机的匹配

NK 船级社的调查统计资料排除了一些疑虑。人们认识到主机的型号及制造工艺对烟垢着火无明显影响,例如 MAN B&W、苏尔特或三菱重工二冲程主机烟垢着火故障的数量都基本相同,甚至和短或长行程也无多大关系。令人意外的是废气锅炉使用水管的形式对烟垢着火也没有明显影响,实际上锅炉安装的简单管件与带有扩展管表面的管件有几乎同样数目的着

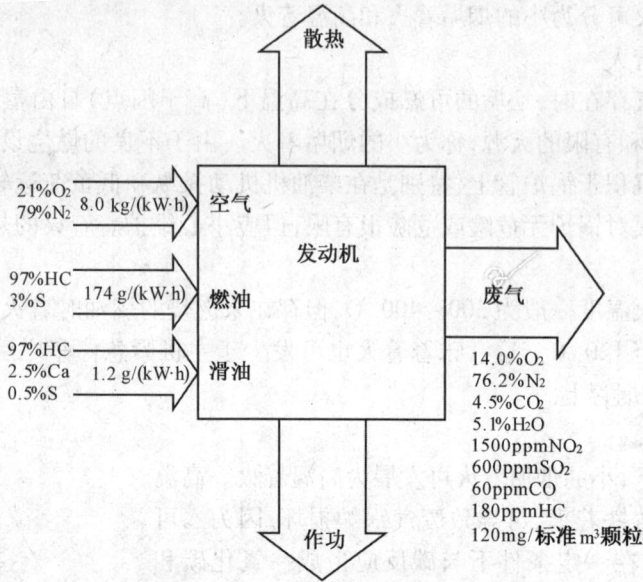

图 5-27　MC 型低速柴油机的典型排放

火问题。当然,在因燃烧不良烟垢着火严重的情况下,带有扩展管表面的锅炉储藏烟垢更多。最新开发的柴油机排气温度又比较低,它是废气锅炉烟灰沉积的原因。但是,当我们只考虑排气温度自身影响时又并非完全如此,统计资料清楚地表明废气锅炉的进口和出口温度对烟垢着火的发生都没有任何明显影响。尽管进口温度高达 325～350 ℃,出口温度高达 225～250 ℃和出口温度低至 100～150 ℃,许多废气锅炉并未发生烟垢着火故障。

在现代柴油机较低排气温度下,为了仍能维持船舶蒸汽消耗的需求,促使与其匹配的废气锅炉被设计得更加高效,这包括利用大受热面,锅炉设计为扩展管表面和低燃气流速。上述的高效与"超扩展"锅炉的设计和劣质燃油的使用使废气锅炉烟管上烟灰沉积有增加的趋势,并导致烟垢着火。DNV 船级社统计资料所证实的自 1988 年来烟垢着火呈上升趋势的原因概源于此。此外,近年来船舶装载不足,也造成着火事故的上升。

图 5-28 和图 5-29 可以说明与高效率柴油机匹配的高效率废气锅炉的一些参数对烟垢着火的影响。

①锅炉窄点的影响

废气锅炉窄点是废气与饱和蒸汽之间的最小温度差,即废气离开蒸发器时的温度和饱和蒸汽之间的温度差。窄点是可以用来表示废气锅炉利用效率的一个参数。

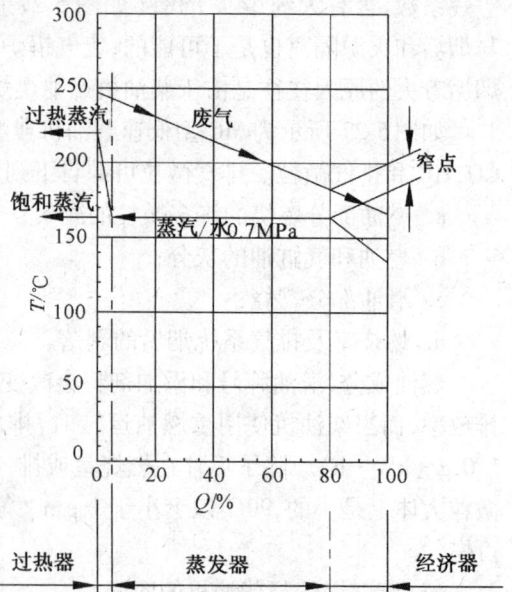

图 5-28　废气锅炉的 T/Q 图

温度/热传导图称为 T/Q 图,图 5-28 是图 5-25 所示废气锅炉系统实例的 T/Q 图。一般蒸

图 5-29 中的坐标轴与曲线：
温度/℃ 轴刻度：125、110、105、100、75、50、25
受热面积 轴刻度：232、225、200、175、150、141、125、100
受热面积/% 轴刻度：232、225、200、175、150、141、125、100、75、50、25、0
蒸汽产量 轴刻度：230、220、210、200、190、180、170、160
窄点/℃ 轴刻度：80、60、50、40、30、20、15、10、5、3

曲线标注：受热面积、蒸汽产量、废气出口温度、蒸汽温度

例：
窄点 5℃与 15℃相比
蒸汽产量增加 10%
要求废气锅炉增大 132%

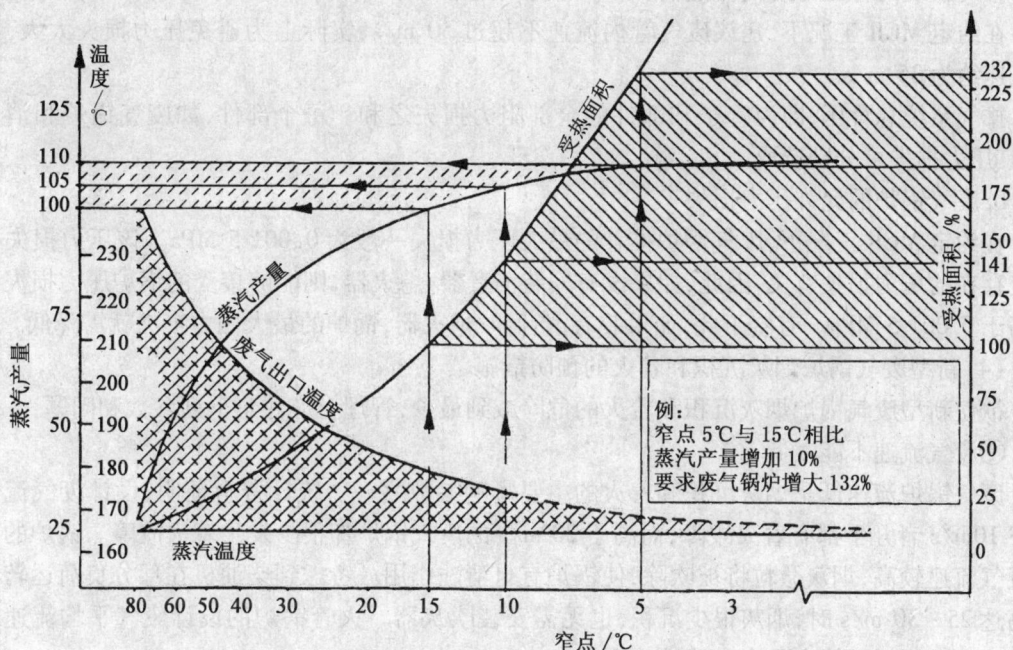

图 5-29 废气锅炉窄点的影响

汽压力为 0.7 MPa(绝对)或以上,相应的最低蒸发温度为 165 ℃,按 T/Q 图废气出口温度不能低于 160 ℃左右,则 15 ℃或以上用作窄点。

a.锅炉窄点对锅炉受热面和蒸汽量的影响

从图 5-29 的曲线可看出,废气锅炉窄点由 15 ℃改变为 10 ℃和 5 ℃时,蒸汽量增加 5%和 10%,而废气锅炉受热面将分别增加 1.41 倍和 2.32 倍,当流经废气锅炉的压力损失太大时可降低废气流速。

b.锅炉窄点对锅炉压力损失和废气流速的影响

较低的窄点可提高废气锅炉的利用效率,但废气锅炉须有较大受热面,因此压力损失也较大。对最大允许废气压力损失有一定限制,设计废气锅炉的废气流速必须降低。低废气流速对形成烟垢有特别明显的影响趋势,现今劣质渣油运转使这种趋势变得更糟。

c.低窄点和烟垢

当窄点及其废气流速低时,窄点是影响烟垢发生的一个参数;相反,高窄点锅炉不必设计成高废气流速的锅炉,原则上,这种锅炉也可以设计成低废气流速,即有低废气压力损失。

②允许的废气压力损失

如前所述,通过锅炉的允许废气压力损失,对通过废气锅炉的废气流速有重大影响。高压力损失如能接受,那么要设计高废气流速的锅炉就是可能的,但是如果只允许小的压力损失,则废气流速必然是低的。

通过锅炉的允许压力损失依赖于柴油机增压器后总的排气系统的压力损失。

a.MC 型柴油机排气系统的允许背压在柴油机约定 MCR 工况下,增压器后排气系统总背压最大不超过 0.003 5 MPa,可用增压器后测量的静压力表示。为了系统尾部有背压储备,在约定 MCR 工况下推荐为 0.003 0 MPa。

排气系统的背压与废气流速有关,即与废气流速的平方成比例,从而与管径 4 次方成比例。在约定 MCR 工况下,建议废气管内流速不超过 50 m/s,实际上为避免压力损失太大,废气流速约为 35 m/s。

排气系统总背压,即为管子和部件的全部阻力损失之和。每个部件,如废气锅炉和消音器,其压力损失可分别选取。

b. 废气锅炉的允许压力损失

在约定 MCR 工况下,废气锅炉推荐的最大压力损失一般为 0.001 5 MPa。该压力损失与系统存在的压力损失有关,因此,如果没有安装消音器/熄火器,则能够接受的锅炉压力损失可稍高于 0.001 5 MPa。有鉴于此,如果装有消音器/熄火器,锅炉的最大压力损失就需降低。

(4)新型废气锅炉烟灰沉积和着火的预防措施

欲使新型废气锅炉烟灰沉积和着火的危险减到最少,管理上应注意下列参数和问题:

①废气流速不能太低

废气锅炉流速低是烟灰沉积和着火的主要影响参数之一。统计资料证明,设计废气流速低于 10m/s 者几乎都有着火故障,而高于 20 m/s 的废气锅炉却很少发生着火故障。锅炉的实际废气流速较高,烟灰微粒将被吹除,使锅炉有自清洗作用。考虑到柴油机在部分负荷运转流速高达 25～30 m/s 时,烟灰很少沉积,也无需安装吹灰器。火管锅炉的设计废气平均流速高于 20 m/s 时,对烟管也具有自清洗作用。

②烟灰黏性的预防

含有灰分、残炭和硫分的劣质渣油的使用,使烟灰具有黏性,这是烟灰发生沉积的重要因素。关于烟灰黏性,最新资料显示,由于碳氢化合物的化学反应,使用含有氧化铁的燃油添加剂可使烟灰失去黏性,导致烟灰沉积趋势的减少。这样对烟垢沉积的废气流速限制也可降低,即烟垢沉积将失去对低废气流速的敏感性。

选用什么型号的燃油、滑油和添加剂,关系到烟灰的黏性大小和废气成分,因此,对低废气流速的限制严格地说应是个"浮动"限制。

③锅炉受热面废气温度不能太低

锅炉废气出口温度应不低于 155 ℃,锅炉进口给水循环温度,对有预热器的应高于 120～130 ℃;否则凝结的硫酸可使烟灰有黏性,增加烟垢形成的趋势。

④锅炉循环水流速度和流量比不能太低

应保持锅炉管表面边界层的废气温度低于烟灰着火温度,减少烟垢点燃的危险。温度高于 150 ℃时可发生烟垢着火危险,极端情况下在 120 ℃时也有着火危险。

⑤柴油机排气不允许恶化

保持柴油机良好的燃烧和排气,减少排气微粒。水管锅炉的旁通烟道(在 50% MCR 自动开关),在柴油机低负荷运转时,旁通全部废气,防止锅炉烟垢沉积。

⑥水管锅炉应装自动吹灰器

为了清除烟垢,在全部吹灰过程中,吹灰介质(蒸汽或压缩空气)的压力应尽可能高些,MAN B&W 建议每天吹灰 4 次和定期人工清洗。

4. 最大限度利用余热的联合装置

一方面军面随着柴油机废气涡轮增压器效率的提高和废气动力涡轮的利用,使柴油机排出的废气能量、质量下降,其可利用部分和十几年前相比约下降 50%,所以仅靠废气锅炉所提供的热量,难以满足船舶动力装置及辅助系统的要求,这就要求对能量平衡必须进行研究。

另一方面柴油机实现了超高增压,增压空气压力超过 0.4 MPa,温度超过 180 ℃,其能量、质量和数量增加,利用价值大大提高,这部分过去未加利用的能量和废气能量的联合利用就可满足新的能量平衡。

近年来,日本一些造船集团竞相开发联合节能发电装置,利用主机排气、增压空气和气缸冷却水的废热,提供给透平发电机、空调装置、加热器和制淡装置。当蒸汽透平发电机满足不了船舶辅助推进装置的马达使用时,废热回收装置的主要设备是多级蒸发经济器、混压蒸汽透平、增压空气冷却器(即炉水预热器)。

图 5-30 为三菱重工的超级透平发电系统(STG)示意图。该系统在双压废气经济器和混压蒸汽透平发电机的基础上补充了一个热水闪发能量发电系统。三菱的 MET-SC 涡轮增压器由于效率提高,只需较少的废气,剩余的废气则提供给一个径流式废气透平。该废气透平和热水闪蒸蒸汽透平通过一个齿轮装置共同驱动发电机。

STG 系统比带有热水闪蒸的蒸汽发电系统多获得 40% ~ 60% 的电能,并且使整个装置的燃油消耗减少 2% ~ 3%。当主机在低负荷运转时,所产生的辅助能量能够满足船上用电需要,而不必使用柴油发电机或轴带发电机装置和辅锅炉产生的蒸汽。

最早的 STG 系统已安装在 VLCC 油船上,主机是装有 MET-SC 型涡轮增压器的 7RTA84M 低速柴油机;废气/蒸汽联合驱动的发电机功率为 1 350 kW;轴带发电机/马达为 500 kW;两台 1 000 kW 的柴油发电机;空气冷却器作为炉水预热器;废气锅炉产生的低压蒸汽供加热器使用。

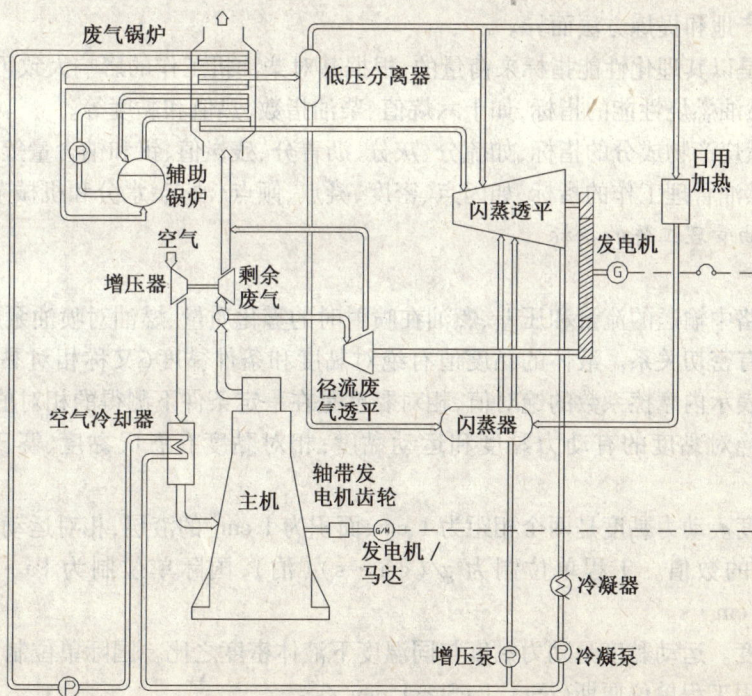

图 5-30 废热利用联合装置 STG 系统

第六章　轮机部油料、备件和物料管理

第一节　燃料管理

一、船用燃油的特性

船用燃油主要来自石油,一般通过蒸馏、热裂化、催化裂化和加氢裂化等加工工艺提炼而成,组成燃油的基本元素是碳和氢,按重量计算为含碳 83% ~87%、含氢 11% ~14%。石油中尚存少量的氧、硫、氮等元素,总重量只占 0.5% ~5%。此外,石油中还含有微量其他元素,如氯、碘、磷、钾、钠、镁、钙、铜、铁、镍、砷、铅、钒等,它们一般以化合物形态存在于石油中。以上所含成分皆因产地和提炼方法而异。

燃油质量是以其理化性能指标来衡量的,根据其对柴油机工作的影响大致可分为三类:

(1)影响燃油燃烧性能的指标,如十六烷值、柴油指数、热值和黏度等。

(2)影响燃烧产物成分的指标,如硫分、灰分、沥青分、残炭值、钒和钠含量等。

(3)影响燃油管理工作的指标,如闪点、密度、凝点、倾点、浊点、水分和机械杂质、黏度等。

1.影响燃油管理工作的指标

(1)黏度

燃油在管路中输送的流量和压差、燃油在喷射时的雾化质量、燃油对喷油泵偶件的润滑能力等都与黏度有密切关系。液体的黏度值有绝对黏度和条件黏度(又称相对黏度)两种表示法。绝对黏度表示内摩擦系数的绝对值,相对黏度是在一定条件下测得的相对值,并因测定仪器而异。属于绝对黏度的有动力黏度和运动黏度;相对黏度有恩氏黏度、赛氏黏度和雷氏黏度。

①动力黏度。动力黏度是两个相距为 1 cm、面积为 1 cm^2 的液层,相对运动速度为 1 cm/s 时所产生阻力的数值。工程单位制为 g/(cm·s)(泊),国际单位制为 Pa·s(帕·秒),1 Pa·s =10 g/cm·s。

②运动黏度。运动黏度是动力黏度与同温度下液体密度之比。国际单位制为 mm^2/s。通常在实际中使用工程单位厘斯(cSt),1 cSt =1 mm^2/s。

(2)密度

燃油在温度 t(℃)时单位体积的质量称密度 ρ_t。常用单位是 kg/m^3 或 g/cm^3。我国将 20 ℃时的密度称为标准密度 ρ_{20};国际上将 15 ℃时的密度称为标准密度 ρ_{15}。

(3)闪点

燃油在规定条件下加热到它的蒸气与空气的混合气能同火焰接触而发生闪火时的最低温度称闪点。根据测试仪器的不同,分为开口闪点和闭口闪点。闭口闪点低于开口闪点。闪点是衡量燃油挥发成分产生爆炸或火灾危险性的指标。按国内外船舶建造规范规定,船舶使用的燃油开口闪点不得低于60 ℃。从防爆、防火的观点出发,在低于燃油闪点17 ℃的环境温度下倾倒燃油或敞开容器才比较安全。

(4)凝点、倾点和浊点

凝点、倾点与浊点都是说明燃油低温流动性和泵送性的重要指标。

燃油在试验条件下冷却至液面不移动时的最高温度称为凝点。燃油的凝点取决于它的成分和组成结构。对于含石蜡较多的燃油在低温下由于石蜡结晶而形成网状晶架,从而使燃油失去流动性,称为结构凝固;对于含石蜡较少的燃油,在低温下由于黏度增大而失去流动性,称为黏温凝固。

燃油尚能够流动的最低温度称为倾点。

燃油开始变混浊时的温度称为浊点。

通常,燃油的浊点高于凝点为5~10 ℃;倾点高于凝点为3~5 ℃。燃油的温度低于浊点时将使滤器堵塞,供油中断。燃油温度低于凝点时,将无法泵送。从使用观点出发,浊点是比凝点更重要的指标。燃油的使用温度至少应高于浊点3~5 ℃。

(5)机械杂质和水分

燃油中所含不溶于汽油或苯的固体颗粒或沉淀物的重量百分数称为机械杂质。轻质燃油不允许含机械杂质,重质燃油允许含有少量机械杂质。

燃油中的水分以容积百分数表示。燃油中的水分能降低燃油的低热值,破坏正常发火,甚至导致柴油机停车。如含有海水将会造成腐蚀,加剧缸套磨损。因此应限制燃油中的水分,尤其对轻柴油应限制其水分不大于痕迹(即不大于0.025%)。

在船舶上可以使用沉淀、过滤和离心分离等净化措施降低燃油的机械杂质和水分。

2. 影响燃烧产物成分的指标

(1)硫分

燃油中所含硫的重量百分数叫硫分。燃油中含硫的危害如下:

其一,液态的硫化物(如硫化氢等)对燃油系统的设备有腐蚀作用。

其二,燃烧产物中的SO_3和水蒸气(H_2O)在缸壁温度低于其露点时,会生成硫酸附着在缸壁表面产生强烈的腐蚀作用。由于这一腐蚀只发生在低温条件下,故称为低温腐蚀。

其三,燃烧产物中的SO_3能加速碳氢化合物聚合而结炭,而且此结炭较硬,不易清除。

其四,硫燃烧后产生的SO_2是柴油机排放的主要有害成分。

(2)灰分

灰分是在规定条件下燃油完全燃烧剩余物的重量百分比。燃烧后残存的灰分中含有的各种金属氧化物,可造成燃烧室部件的高温腐蚀和磨料磨损,加剧气缸的磨损。

(3)钒、钠含量

燃油中所含钒、钠等金属的质量浓度用ppm表示。钒以金属有机化合物形式存在于原油中。一般其熔点最低,仅为300 ℃左右。当排气阀和缸壁温度过高而超过这些化合物的熔点时,它们就会熔化附着在金属表面上,与金属表面发生氧化还原反应而腐蚀金属。由于这种腐蚀只发生在高温条件下,故称为高温腐蚀。由此,为了控制此种腐蚀,应限制排气阀和缸套表面的最高温度。

（4）沥青分

沥青分表示沥青占燃油重量的百分数。沥青是多环的大分子量芳香烃,悬浮在油中呈胶状。沥青不易燃烧,导致滞燃期长,产生后燃,冒黑烟;使用中易形成沉积胶膜和结炭,增加磨损并使喷油器偶件咬死。

（5）残炭值

燃油在隔绝空气条件下加热干馏,最后剩下的一种鳞片状炭渣物称为残炭。残炭占试验油重量的百分数称为残炭值。残炭值表示燃油燃烧时形成结炭、结焦的倾向,并不表示形成结炭的数值。残炭值中包括了机械杂质和灰分。当燃用残炭值较大的燃油时,将在燃烧室产生较多的结炭使热阻增加,引起过热、磨损,缩短柴油机的维修周期。

二、船用燃油的种类和规格

国际标准化组织（ISO）在1987年9月制定了船用燃料油标准,即ISO 8217。ISO 8217将船用燃料油分为DM（Marine Distillate Fuel）级RM（Marine Residual Fuel）级两个大的等级。这一修订在黏度等级和含硫量限制方面普遍被海事组织认可,现在执行的是2012年修订的ISO 8217:2012标准。ISO 8217:2012 DM级和RM级船用燃油标准如表6-1、表6-2所示。

表6-1　ISO 8217:2012 DM级燃油规格

性能指标		单位	极限	DMX	DMA	DMZ	DMB
运动黏度(40 ℃)		mm^2/s	max.	5.5	6.0	6.0	11.0
			min.	1.4	2.0	3.0	2.0
密度(15 ℃)		kg/m^3	max.	—	890	890	900
十六烷值		—	min.	45	40	40	35
硫分		mass%	max.	1.0	1.5	1.5	2.0
闪点		℃	min.	43	60	60	60
硫化氢		mg/kg	max.	2.0	2.0	2.0	2.0
酸值		mgKOH/g	max.	0.5	0.5	0.5	0.5
热过滤总沉淀物		mass%	max.	—	—	—	0.1
氧化稳定性		g/m^3	max.	25	25	25	25
残炭:微量法 [10%蒸馏残炭]		mass%	max.	0.3	0.3	0.3	—
残炭:微量法		mass%	max.	—	—	—	0.3
浊点		℃	max.	−16	—	—	—
倾点	冬季	℃	max.	—	−6	−6	0
	夏季	℃	max.	—	0	0	6
外观		—		清澈透明			—
水分		volume%	max.	—	—	—	0.3
灰分		mass%	max.	0.01	0.01	0.01	0.01
润滑性,60 ℃修正磨痕直径		μm	max.	520	520	520	520

表 6-2　ISO 8217:2012 RM 级燃油规格

性能指标		单位	极限	RMA	RMB	RMD	RME	RMG				RMK		
				10	30	80	180	180	380	500	700	380	500	700
运动黏度(50 ℃)		mm²/s	max.	10	30	80	180	180	380	500	700	380	500	700
密度(15 ℃)		kg/m³	max.	920	960	975	991	991				1010		
CCAI		—	max.	850	860	860	860	870				870		
硫分		mass%	max.	法规要求										
闪点		℃	min.	60	60	60	60	60				60		
硫化氢		mg/kg	max.	2.0	2.0	2.0	2.0	2.0				2.0		
酸值		mgKOH/g	max.	2.5	2.5	2.5	2.5	2.5				2.5		
总沉淀物		mass%	max.	0.1	0.1	0.1	0.1	0.1				0.1		
残炭		mass%	max.	2.5	10.0	14.0	15.0	18.0				20.0		
倾点	冬季	℃	max.	0	0	30	30	30				30		
	夏季	℃	max.	6	6	30	30	30				30		
水分		volume%	max.	0.3	0.5	0.5	0.5	0.5				0.5		
灰分		mass%	max.	0.04	0.07	0.07	0.07	0.10				0.15		
钒		mg/kg	max.	50	150	150	150	350				450		
钠		mg/kg	max.	50	100	100	50	100				100		
铝+硅		mg/kg	max.	25	40	40	50	60				60		

DM 级是指蒸馏燃油,也称为直馏油或船用柴油。在 ISO 8217 船用燃油标准中,将该类燃油分为四种规格,即 DMX、DMA、DMZ 和 DMB。新修订版与 2005 年版在 DM 级油上的主要不同在于增加了 DMZ 级油,而将 DMC 级油降级为 RMA10 级油,同时增加了对硫化氢、氧化稳定性和润滑性的要求。

DMX 为船用应急柴油。该类柴油的自然性指标,即十六烷值(Cetane Number,简称 CN)较高,且浊点最高为 −16 ℃,因此,在环境温度低至 −15 ℃时,也无需对其进行预热处理。此油品适用于救生艇发动机、应急设备柴油机和自动化燃油锅炉。

DMA 为船用轻柴油。通常称之为"轻柴油",LDO(Light Diesel Oil)或 MGO(Marine Gas Oil),这是一种高品质蒸馏燃油,不含渣油成分,其主要性能指标(密度、黏度、倾点、水分)明显好于船用柴油 DMB 和船用重柴油 DMC,此油品适用于中高速柴油机和生活用炉灶。DMZ 级油与 DMA 级油基本相同,只是最低黏度稍高。

DMB 为通用柴油。习惯称之为船用柴油 MDO (Marine Diesel Oil),此油品含有极少的渣油成分,其黏度与倾点的允许值已分别达 11.0 cSt、40 ℃和 6 ℃/夏季,因此,该油品在环境温度较低时,需要进行预热处理,并采取沉淀、过滤、分离等方法,除去油品中的水分和机械杂质,减少危害程度。

RM 级是指残渣燃料油,也称为船用渣油或重油。其中 RMA10 是以前的 DMC 级油,为船用重柴油,也称为掺合(船用)柴油。该油品的主要成分仍然是直馏油,但含有一定比例的燃料油。其他 RM 级燃料油的主要成分有:①蜡(Wax);②沥青质(Asphaltenes);③树脂(Resins);④油(Oil)。ISO 8217:2012 年修订版对 RMF、RMG、RMH、RMK 级的燃料油进行了重新分级,定为 RMG 和 RMK 两级,RMG 级油的密度为 991 kg/m³,RMK 级油的密度为 1 010 kg/m³,对于这两级燃油的黏度进行了细化。船用燃料油主要用于低中速柴油机和辅助锅炉。

　　RM 级燃油中的硫分应符合有关法规,如 MARPOL 公约附则Ⅵ的要求,所以在 ISO 8217 中不再提及,但为了保护小型高速柴油机,仍然给出了 DM 级燃油的硫分要求。

三、燃油的加装

　　1.加油申请

　　(1)船长会同轮机长根据航次任务,计算本航次燃油消耗量、备用油量和油舱、油柜内的存油量,按公司(机务管理部门)规定的燃油规格,拟定加油计划,并向公司(或租家)提出加油申请。

　　(2)船长接到公司(或租家)指定加油的港口及油品的规格、数量并经轮机长确认后,船舶应及时回电确认。如对确定的燃油规格、数量、加油港口有异议,应及时报告公司(或租家)。

　　(3)船长应在船舶抵港前通过代理与供油商联系并商定具体的加油时间和地点,并及时通知轮机长。届时轮机长及主管轮机员应留船等候。如有变动,应尽早通知代理,并应得到供油公司的同意,避免发生装驳费、空驶费等。

　　2.加油前的准备工作

　　轮机长和主管轮机员根据加油数量及船舶储油情况,做好受油计划,在与船长和大副商讨后执行。

　　(1)轮机长应组织召开由轮机部全体成员和大副、水手长参加的加油准备会议。

　　会议应包括以下内容:

　　①通报加油计划。

　　②进行相关法律法规的学习及防污染操作教育。

　　③根据加油港的具体情况,明确各自的职责和分工。

　　(2)轮机长根据受油计划,书面通知大副加油的油舱及各油舱的加油量,以配合装货和水尺调整。

　　(3)大管轮负责安排好受油中的使用工具、通信工具、警告牌、清洁油污材料(木屑、棉纱及化学药剂)、试水膏及其他用品,并逐一检查确认无误。

　　(4)主管轮机员根据受油计划进行必要的并舱(如需要),以避免加油时造成混油。在油船到来前负责检查并打开受油舱的甲板透气管活瓣并确认透气管、测量管的溢油池旋塞可靠关闭。

　　(5)大副负责安排于油气可能扩散到的区域悬挂"禁止吸烟"的警告牌并备妥消防器材,严禁明火作业。

　　(6)在船靠妥油码头或油驳靠妥本船装油前,值班驾驶员应根据港口的规定转挂指示标志。如白天悬挂"B"信号旗,夜间开亮桅杆红灯等。

　　(7)木匠或水手长负责加油前堵塞甲板疏水孔。

　　(8)如加油被供方延误,造成我方直接或间接损失,船长应立即通知代理向供方提交滞期损失索赔通知,同时书面上报公司。

　　3.受油工作

　　(1)加油前

　　加油开始前,轮机长应携同主管轮机员与供方代表联系,商定如下事项:

①燃油的规格、品种、数量是否符合要求。

②确定装油的先后顺序。

③最大泵油量(添装过程中泵油速度)及其控制方法。

④装油过程中的双方联系方法。

⑤加油泵应急停止方法。

⑥装油开始前,轮机长应亲自或指派主管轮机员检查油驳或油罐的检验合格证和规范图表,弄清油驳的舱位分布及数量,与供油方代表一起测量并记录供油油驳的所有油舱或油罐的油位、油温和密度,计算出储油量;审核驳船装单,如发现不一致,需当即弄清;要核对并记录流量计的初始读数,如为油罐车供油则应检查其铅封是否完好;双方确认后、轮机长在供方提交的装前状况确认书签字。

⑦装油开始前,应提请供油方按正确方法提取油样,并监督取样装置的安装及调整。

⑧检查本船各有关阀门开关是否正确,各项工作准备妥善后,即可通知供方开始供油,并记录开泵时间。

(2)加油中

①开始泵油后,注意倾听装油管的油流声,检查装油舱透气管的透气情况,证实油确已装入指定的油舱中,并及时测量受油舱液面的变化情况。

②在全部装油过程中,要勤测量,记录每次测量值,同时计算加油速度,监督装油速度是否符合约定速度,必要时与供方联系调整。注意装油引起船舶倾斜对测量的影响及可能造成油面首先封住透气管引起的跑油现象发生。

③受油舱中的油已达到本舱容量的70%左右,应打开下一个受油舱的进口阀若干圈,防止溢油。

④换装油舱时,应先全开下一个受油舱的进口阀,然后关闭正在装油的受油舱的进口阀。

⑤在寒冷天气装油时,应适当提高加油温度,防止油入舱后温度下降快,影响到测量,甚至造成跑油。

⑥油驳上均有油样提取装置,轮机长或主管轮机员应使用油样提取装置,在加油全过程中点滴取样,最后混为至少4瓶标准油样,每瓶至少1 L,由双方代表现场将瓶口塑封,再将有双方签字的标签贴在瓶上,并注意塑封是否完好,有无编号。

⑦在加油过程中,当有公证人员(Bunker Surveyor)在船时,如果轮机长对公证人员的工作程序或文件有宜异,应当面提出,并应在加油操作前达成一致。加油数量应以公证人员测量数字为准。但是,船舶轮机长必须组织主管轮机员和其他人员在加油全过程中进行现场监装、监测、监督提取油样。油样应由船方、供方和公证共三方代表签字,船方不得接受供方提供的未经三方代表签字的油样。

⑧在整个受油过程中,取样器要由专人照看,不得离人。

(3)加油后

①待油舱中的油气稳定后(正常情况下,1~2小时可消除90%以上的气泡),轮机长和主管轮机员与供方代表一起测量并记录装毕后供方油驳所有油舱或油罐的油尺、油温和密度,并结合船舶装油后船舶的吃水差及左右倾斜角,计算得出剩余油量;核对并记录流量计的读数和停泵的时间(如果有流量计)。双方确认一致后,轮机长在供油方提供的加油收据上签字。

②于加油当天,将受油数量记录在轮机日志上。

③如受油发生争议,轮机长与供应代表交涉,并告知船长,待解决后再在加油收据上签字。若现场双方不能通过协议解决,轮机长不要在加油收据上签字,也暂不要让供方代表及油驳等离开现场。如果船期允许,可以通过代理申请第三方实施公证检验,对双方的油舱、油舱的容积、标尺、油泵的流量计及泵油管路等进行检验、测算,做出裁决,同时将此情况报告公司。公证检验时,我方轮机长及主管轮机员须在现场。如果船期不允许,则轮机长必须在加油收据上加批注(供方不同意加批注时,可书面声明并由双方代表签字),并将此情况通知油公司,同时上报公司,验船费用将由败诉方负担。

4.加油工作报告

加油工作结束后,轮机长应向船长汇报在港加油量(准确到小数点后三位)、规格、存油量及加油过程中的问题。船长应在离港电报中将加油的规格及数量(准确到小数点后三位)上报公司。如加油中出现争执问题,轮机长应及时将争执的起因、过程及处理情况写出详细的书面报告连同有关的日志摘要寄往公司。

5.新加装燃油的试用

按惯例,质量投诉有效期一般为30天(从加油日期开始计算),最少时为7天。因此,加完油后要在一周内试用该油,如有问题及时向公司汇报,以便公司及时安排油样化验、分析等取证工作和在索赔有效期(加油后1个月内)内进行索赔工作。另外,一些公司要求新加装燃油先送交指定的实验室化验,根据实验室的化验结果确定是否使用及如何使用。这样,待加装燃油结束后,应及时将符合要求的油样委托船舶代理送达或寄送实验室,以免耽误新加装燃油的使用。

四、日常用油管理

1.管理注意事项

船舶在日常用油过程中,下列事项需要注意:

(1)"燃油存量记录簿"由主管轮机员保存记录,一般对加油前后,抵离港及长航中间进行测量(一般一周一次),详细记录各油种的存量及存放舱柜。轮机长要定期检查并签字确认。

(2)船舶每天消耗量要准确无误记入"轮机日志",误差不应大于0.5%(有流量表的要定时记录流量表读数)。

(3)轮机长应认真填报"燃润油航次报告表"、抵离港存油电报、申请加油电报,其填报油量要与实际相符,存油误差不应大于1%。

(4)主管轮机员交接班要严格对燃油存量进行核实,并在"燃油存量记录簿"及"轮机日志"上签字确认。

(5)轮机长负责监督指导主管轮机员对燃油的正确使用及储存工作,杜绝出现由于不合理用油而发生的混油或不能按计划加油等现象,并对由此造成的损失负责。

(6)船舶在用油中,如油舱或用油设备出现故障,影响下次加油,应书面报告公司,以便在以后安排加油时予以考虑。

(7)当船舶污底影响航速时,船舶要及时书面报告公司,由公司根据港口情况负责安排刮船底工作。

(8)船舶油舱油角、油泥的清除要书面报告公司,然后根据公司安排进行处理。

(9)船舶期租期间,要严格监督租家所定油品规格是否符合合同规定,对于不符合规定的油品要拒绝接受,并电告公司,根据公司的指示执行。

(10)对于期租期间的燃油质量问题在报租家同时要抄报公司。

(11)期租结束交接船时,轮机长应根据租家雇用的公证人员(Bunker Surveyor)测定的船舶存油数量重新修订轮机日志的燃油数量。如果公证人测定的船舶存油数量与轮机日志记录的船用燃油数量相差较大,应协商妥善解决。如果不能达成一致,应及时请示公司。

(12)每日正午,轮机长应计算当日燃油消耗和船用燃油存量,并由船长电报公司及租家;每航次结束后,轮机长应根据公司或租家的要求格式填写航次燃油消耗报告,由船长签字后发送公司或租家。

(13)船舶转卖时,轮机长记录船舶交船时的存油量并及时上报公司。

2.燃油的取样

燃油的取样应使用专用的全程点滴取样器进行。如图6-1所示,为一符合要求的DNV燃油取样器。该取样器主要由三部分组成,连接法兰、调节阀、取样瓶。连接法兰内有不锈钢穿孔的探针,针孔规格为$4 \times \Phi2$ mm,针孔应沿法兰直径均匀分布;调节阀可调节取样油滴的滴落速度,全程的点滴取样速度一致,取样量满足在加油结束时刚好充满取样瓶为最佳。取样器的前两部分一般由供油方提供,取样瓶由船方提供。应将取样器的连接法兰安装在船舶加油总管上,安装前应检查取样容器中的取样孔是否有堵塞情况,调节阀是否工作正常。在加油的全程连续点滴取样,加油结束后,将混合均匀的油样分装在至少4个油样瓶内,受、供双方现场塑封(如果有Bunker Surveyor在船,也应在场),填签油样瓶标签(如果有Bunker Surveyor在船,也应在场并签字)。受供双方各保存1瓶,按MARPOL公约附则Ⅵ排放控制要求船方另存1瓶备查,另一瓶寄往实验室化验;此外Bunker Surveyor可能会要求保留1瓶。

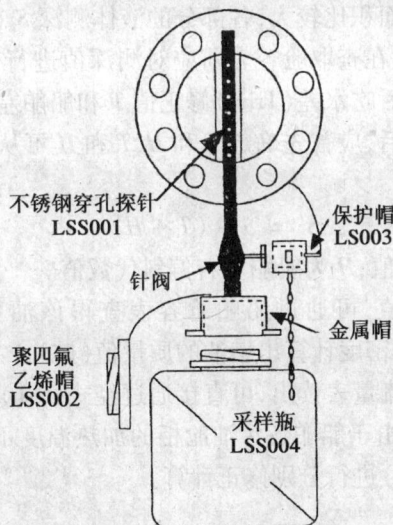

不锈钢穿孔探针 LSS001

保护帽 LS003

针阀

金属帽

聚四氟乙烯帽 LSS002

采样瓶 LSS004

图 6-1 DNV 燃油取样器

3.燃油的存量计算

船用燃油消耗和存量都以吨为计量单位,但船舶舱容表和流量计的读数全是以体积(m^3)为单位,在使用"舱容表"计算燃油舱、柜存量时,应首先确定燃油的密度。一般船舶加油得到的燃油密度(或实验室化验单提供的燃油密度)都是15 ℃时的密度,而不同舱的燃油温度不

同,计算时必须分别对密度进行修正。密度 ρ 的修正值由下式获得:

$$\rho = \rho_{15} - A(t - 15) \tag{6-1}$$

式中,t 为燃油温度;ρ_{15} 为燃油在 15 ℃时的密度;A 为燃油密度/温度修正系数,如表 6-3 所示。

表 6-3 燃油密度/温度修正系数

ρ_{15}	A	ρ_{15}	A
0.990 ~ 0.999	0.000 61	0.870 ~ 0.879	0.000 66
0.980 ~ 0.989	0.000 62	0.860 ~ 0.869	0.000 66
0.970 ~ 0.979	0.000 62	0.850 ~ 0.859	0.000 66
0.960 ~ 0.969	0.000 62	0.840 ~ 0.849	0.000 67
0.950 ~ 0.959	0.000 62	0.830 ~ 0.839	0.000 68
0.940 ~ 0.949	0.000 62	0.820 ~ 0.829	0.000 69
0.930 ~ 0.939	0.000 62	0.810 ~ 0.819	0.000 70
0.920 ~ 0.929	0.000 62	0.800 ~ 0.809	0.000 72
0.910 ~ 0.919	0.000 63	0.790 ~ 0.799	0.000 73
0.900 ~ 0.909	0.000 64	0.780 ~ 0.789	0.000 74
0.890 ~ 0.899	0.000 65	0.770 ~ 0.779	0.000 75
0.880 ~ 0.889	0.000 65	0.760 ~ 0.769	0.000 76

由于船用燃油舱柜的自由面积比较大,各部分的液体测深 S(自由液面到舱底的深度)随船舶的不同方向的倾斜而不同,在查取舱容表前应对测深值进行修正。一般船舶舱容表含有两方面的修正关系,即:船舶前后吃水差(Trim)修正值 T 和船舶左右偏斜(Heel)修正值 H。就是说在测量出燃油舱的测深 S 后,应首先确定 T 和 H,T 和 H 可从各自的修正表查得。S 由下式进行修正:

$$S' = S + (T + H) \tag{6-2}$$

式中,T 为船舶前后吃水差代数值;H 为船舶左右偏斜代数值。

经过式(6-2)修正后的 S' 值,可通过船舶舱容表查得该油舱燃油体积值,再通过经式(6-1)修正的燃油测量温度下的密度计算出燃油的质量值(吨)。

如果燃油的体积值是通过流量表读出,可直接通过经式(6-1)修正的燃油测量温度下的密度计算出燃油的质量值(吨)。由于船舶各污油舱柜的加热温度不同,为精确求得船舶机舱各污油舱的污油量,也应按式(6-1)进行分别修正计算。

4.劣质燃油使用与管理

(1)当两种燃油出现不稳定、不相容时,就会产生沥青质沉淀,有黑灰色或棕色胶状物质析出,易堵塞泵、管系、滤器及分油机等处,为了防止出现此类问题,要求采取下列措施:

①分开储存不同来源燃油,加油前要把储存的燃油集中存放,进行并舱,尽可能避免将两种不同规格油加入同一油舱中。

②相同规格不同产地的混装出现问题的几率为千分之几,尽可能避免1:1混对,7:3混对后需要尽快用完。

③注意不要将硫分不同、黏度不同的直馏燃油和催化裂化燃油混放在一起。

④新加油根据规定的试用程序试用,熟悉其性能,早发现问题及时解决,减少危害程度,缩短危害时间。

(2)认真掌握测量油品数量、取好油样

当前船舶所用燃油黏度都很高,通常加油温度高于 40 ℃。在取样时要注意油品有代表性,避免瓶内油品与实际供应油品出现差异,当出现问题后引起争执缺乏法律依据,难以进行索赔。所以,油样要在加油过程中连续滴油取样。

(3)认真做好预热加温确保燃油充分雾化燃烧

燃油处理好坏的重要标准就是经过处理后,燃油由喷油嘴喷射进燃烧室能充分雾化燃烧,在不损坏运动部件的状况下,燃油充分发挥热效率推动活塞对外做功,达到最大热效率。在油舱中首先预热的目的是解决驳运问题,对于所加燃油来讲必须要有加温装置,不然将无法驳运。在国外加装 MDO 即船用柴油的船舶,当返回中国沿海港口加装 20 号重柴油时,要考虑油舱加温条件,不然在冬季很难驳运。

燃油从油舱中首先驳入沉淀柜,沉淀柜是燃油处理的第一步。沉淀柜的功能主要是通过加温将燃油中水分杂质通过放残管排除,也便于通过放残管放出油样检查燃油质量。因此,通过沉淀柜欲将燃油中所含水分、杂质消除掉就要相应提高预热温度,通常使用 IFO180 cSt,沉淀柜需加温至 70 ~ 80 ℃,当杂质、水分含量高时可提高至 80 ~ 90 ℃。

日用柜是经过滤器、分油机分离后驳入的燃油,在日用柜中油经加温由高压油泵通过喷油嘴喷入燃烧室。经过国际上许多柴油机厂家的试验,二冲程柴油机燃油的最佳喷射黏度为 12 ~ 16 cSt,即雷氏 1 号黏度 60 ~ 75 s;对于四冲程柴油机的最佳喷射黏度为 9 ~ 14 cSt,即雷氏 1 号黏度 50 ~ 70 s。如果加热温度过高,就引起喷射黏度过低,导致燃油易汽化,高压油泵、喷油嘴密封不良出现渗漏,过热易出现积垢、结炭、咬死现象。当加热温度过低时,即使是同品种燃油也有很大区别。比如:IFO 180 cSt 燃油密度最低为 0.94 kg/cm³,最高为 0.998 kg/cm³,甚至达到 1.01 kg/cm³。其他项目相差也很悬殊,因此要根据燃油质量差别采取相应措施。如密度变化了要更换分油机比重环,黏度变化后要相应改预热温度。

5. 细菌对轻柴油的污染

燃用轻柴油的柴油机由于过滤器堵塞可能遭到不可估量的损失,当拆下这些过滤器时,可以看到苍白胶黏的沉淀物。最初看来,像石蜡沉淀物,但化验显示这种非常黏稠的沉淀物主要由水、乳化轻柴油、各种微生物(诸如细菌、醇母、真菌等和它们的分泌物)所构成。这些分泌物具有增黏和胶凝性能。因此,细菌对轻柴油的污染不可忽视。

(1)细菌、微生物和轻柴油

轻柴油是有利于细菌和其他微生物发展的介质,因为它由烃组成,碳很丰富还含有水分。这些水分不可能从炼油厂原油蒸馏的各阶段进入到油中,因为这些产品被加热到 350 ℃ 以上的高温,在这个温度,原油中最初存在的微生物不可能活下来。轻柴油只有在加工后的运输和储存阶段才会受到水的污染。

(2)轻柴油的储存

轻柴油与大气接触时,不可避免地受到污染,先是潮气,然后是各种微生物。如果油舱有固定的顶盖,如呼吸现象一样在装轻柴油时,把舱内的空气和水汽排出去,当放走同样的轻柴油时,却又从外界吸入空气。空气连同水汽和细菌一起被引入油舱。

如果油舱有一个浮动顶盖,呼吸现象实际上被消除了。但当顶盖下行时,大多数的内壁表面与大气接触,细菌附在壁上,尽管顶盖的四周有固定的填料存在;当顶盖上行时,大多数微生物仍留在壁上,于是轻柴油通过舱壁受到污染。由于移注现象,轻柴油中含的水分积聚在舱底。在温度变化时,潮湿空气中的带菌水汽连同细菌和各种溶解物或悬浮物一齐冷凝下来,水也积聚在舱底。

(3)细菌在轻柴油中的发展

在液态中,细菌在它们能找到各种有营养成分的地方生长和繁殖。它们还分泌出各种物质,其中一些物质具有把轻柴油和水乳化的性能。随着舱底的水中有机物的减少,细菌迁移到内界面,在那里它们袭击烃以找到所需的碳继续生活下去。

由于液态中缺乏有营养的环境,微生物迁移到烃态。

这些微生物可以分为两个大家族:

——需氧菌,需要氧气才能活下去和发展;

——厌氧菌,不需要氧气可活下去,甚至惧怕与氧气接触。

在液态中,在舱底主要是需氧菌较迅速发展,当水中的有机物缺乏时,它们开始袭击轻柴油的烃。

当需氧菌把溶解在水中的溶解氧消耗殆尽而窒息衰落时,厌氧菌取代需氧菌开始生长。

在厌氧菌之中,一些被称为"降硫酸"菌特别危险。事实上,它们分泌出酸性代谢物,非常有腐蚀性,会使油壁或壁底穿孔。另外,这些微生物的活力可能导致形成非常有害副产品,如硫化氢(H_2S)。

(4)措施

唯一的措施是清洁储油舱和排放储油舱的水,对舱底的水消毒和对轻柴油本身作最后的处理。

清洁油舱和定期排放舱底的水会花费很大的费用,并导致长时间中断使用。因此更有效和更容易的方法是直接使用杀菌剂袭击细菌本身,杀菌剂实际上是专门杀死细菌的有毒产品。这些产品能堵塞微生物的呼吸或阻止它们再生。这些杀菌剂是:一种产品能处理舱底的水或停止微生物的初扩散,这种产品溶于水;另一种产品能防止和消灭轻柴油中的细菌,这种产品溶于轻柴油。

6. 燃油化验

每次加完油后应立即将油样寄往公司指定的实验室进行化验,一般化验报告一周内即可返船。下面以 DNV Petroleum Services 实验室的一份燃油化验报告为例,如表6-4所示,对相关问题进行叙述。

表6-4　某船某次加油后燃油化验报告

To(收件单位):		＊＊＊	
Attn(收件人):		＊＊＊	
From(发件单位):		DNV Petroleum Services	
Fuel Analysis Report dated(报告日期):		02 – Jun – 2014	
Vessel(船名):		＊＊＊	
Sample Number(油样编号):		ROT1420131	

续表

Product Type(油品类型):		LSFO(低硫燃油)	
Bunker Port(加油港):		Rotterdam	
Bunker Date(加油日期):		22 – May – 2014	
Sampling Point(采样点):		SHIP MANIFOLD	
Sampling Method(采样方法):		CONTINUOUS DRIP	
Sent From(寄样地):		UNKNOWN	
Date Sent(寄样日期):		UNKNOWN	
Arrived at Lab(收样日期):		30 – May – 2014	
Supplier(供油方):		* * *	
Loaded From(燃油装载地):		Amsterdam	
Quantity per C. Eng. (加油量):		800	
Seal Data(塑封信息):		DNVPS, SEAL INTACT, 7169551	
Related Samples(相关油样):			
Supplier(供油方)		7169552	
Ship(受油船舶)		7169553	
SHIP MARPOL(受油船舶)		7169554	
MARPOL(受油船舶)		6044830	
Receipt Data(收据信息)	Unit(单位)		
Source of Data(信息来源):	–	B. D. N. (加油单)	
Density(密度) @15 ℃	kg/m^3	951.0	
Viscosity(黏度) @50 ℃	mm^2/s	120.0	
Sulfur(硫分)	% m/m	0.99	
Volume(总体积) @15 ℃	m^3	841.212	
Quantity(总数量)	MT	800.000	
Test Parameter(测试参数)	Unit(单位)	Result(测试结果)	RMG380(限值)
Density(密度) @ 15 ℃	kg/m^3	953.8	991.0
Viscosity (黏度)@ 50 ℃	mm^2/s	63.8	380.0
Water(水分)	% V/V	0.3	0.5
Micro Carbon Residue(残碳)	% m/m	4	18
Sulfur(硫分)	% m/m	1.00	3.50
Total Sediment Potential(总沉淀物)	% m/m	0.06	0.10
Ash(灰分)	% m/m	0.06	0.15
Vanadium(钒)	mg/kg	19	300
Sodium(钠)	mg/kg	123	
Aluminium(铝)	mg/kg	6	
Silicon(硅)	mg/kg	6	
Iron(铁)	mg/kg	33	

续表

Nickel(镍)	mg/kg	11	
Calcium(钙)	mg/kg	7	
Magnesium(镁)	mg/kg	LT 1	
Zinc(锌)	mg/kg	2	
Phosphorus(磷)	mg/kg	3	
Potassium(钾)	mg/kg	9	
Pour Point(倾点)	℃	24	30
Flash Point(闪点)	℃	GT 70	60
Calculated Values(计算值):			
Aluminium + Silicon(铝+硅)	mg/kg	12	80
Net Specific Energy(净热值)	MJ/kg	41.21	
CCAI (Ignition Quality)(计算碳芳香指数)	—	836	
Quantity (Weight)(数量)	MT	801.423	
Quantity Difference(数量偏差)	MT	1.423	

Note(备注):

LT means Less Than, GT means Greater Than. Quantity (Weight) is based on BDN(Bunker Delivery Note) Volume, DNVPS Density and a weight factor of 1.1 kg/m^3 (ASTM D1250 – 80 Table 56). Specification Comparison: Results compared with amended ISO 8217:2005 specification RMG380, table 2. Based on this sample the specification is met.

(LT 表示"小于",GT 表示"大于"。加油数量(重量)是根据加油单的加油体积、DNVPS 测试的密度和 1.1 kg/m^3 (ASTM D1250 – 80 Table 56)的修正因子得来的。规格对比:测试结果是与 ISO 8217:2005 规格中的 RMG380 参数对比的,基于本样品的测试结果表明符合规格要求。)

Operational Advice(使用建议):

Approximate fuel temperatures(使用温度):

Injection(喷射):105 ℃ for 10 mm^2/s;90 ℃ for 15 mm^2/s;80 ℃ for 20 mm^2/s;75 ℃ for 25 mm^2/s.

Transfer(驳运):35 ℃

Sodium-Because there is little water relative to sodium, the sodium most probably does not come from sea water, in which case it may prove difficult to reduce sufficiently. Some increased corrosion in high pressure parts of the fuel system and to exhaust valves, as well as some increase in turbo charger deposits is possible. Monitor performance closely. Increase the frequency of washing/cleaning turbo chargers if any drop in speed and/or charge air pressure is observed.

Based on Sodium content, we recommend to send a set of FSC samples to assess the efficiency and confirm optimum operation of the fuel treatment plant. As a minimum, representative samples taken before and after the separators are required for this assessment. Red labels should be used for the FSC samples. Please refer to the Instruction Manual included in the sample kits for more detailed information.

(钠——因水分含量较小,可推断钠很可能不是来自于海水,以致显著降低钠含量是比较困难的。因此,燃油系统的高压部件至排气阀之间部件的腐蚀风险可能会增加,废气涡轮增压器积炭可能会加剧,需要密切监视。如果观察到增压器转速下降或增压压力下降,则建议增加增压器清洗的频率。针对钠含量高,我们建议通过采样化验来评价燃油处理装置的效率并确认其最佳操作。为此,需要针对分油机处理前后采集有代表性的样品。这类样品应使用红色标签,详细信息可参见采样工具箱的说明手册。)

Best Regards,

On behalf of DNV Petroleum Services Pte Ltd

＊＊＊(Technical Support Engineer)

End of Report for MV ＊＊＊

化验报告提供了比较详细的燃油信息,同时还提供了主要燃油指标的极限值,利于比对。同时提出了对此次加装燃油的使用建议和注意事项,比如燃油最低驳运温度、雾化温度等。对一些可能影响柴油机正常工作的指标也提出了警示,如燃油中的钠成分偏高等。

一般来说,燃油中含有的铝和硅大部分呈球形,尺寸在 5 ~ 150 μm,硬度比钢大。燃油中铝和硅偏高会导致主机的燃油喷射系统的偶件(喷油泵中柱塞套筒偶件、喷油器中针阀偶件等)和活塞环、气缸套产生过度磨损。而且,它们还会对填料函密封圈造成过度磨损,引起填料函漏泄加重。一般要求铝和硅总量在加油时应小于 30 ppm,在进入气缸前应降低到 10 ppm 以下。如果加油时它们的总量超过 40 ppm,一般认为此次加油含有较高的铝和硅的含量(或称 FCC 燃油)。

如果在加油前发现燃油属于 FCC 燃油,应尽量避免加装此油。如果发现船舶已经加装了 FCC 燃油并不得不使用,一般应采取以下措施:

①提高气缸油注油率。

②降低缸套冷却水温度(如从 85 ℃降到 75 ℃)。

③尽可能降低扫气温度。

④加强燃油沉淀柜和日用柜放残频率,最好放残回流到专用油舱并供给锅炉使用。

⑤起动全部分油机并联运行,缩短排渣周期。

⑥如果燃油系统安装了细滤器,不要使其旁通。

⑦当燃油日用柜有高和低两个吸口时,使用高位吸口。

如果发现过度磨损已经发生,应尽可能降低主机的负荷,如果有条件应更换硬度更高的活塞。实际上,去除燃油中铝和硅的最有效方法是在燃油系统中安装自动反冲洗细滤器(5 ~ 10 μm)。当燃用非 FCC 燃油时可使其工作在旁通位置。

五、"油类记录簿"的使用

根据《国际防止船舶造成污染公约》附则 I 第 20 条的规定,凡 150 总吨及以上的油船和 400 总吨及以上的非油船,应备有"油类记录簿"第 I 部分,以记录有关机器处所的作业,由轮机部保管,一般由轮机长或其指定的其他轮机员记录。凡 150 总吨及以上的油船还应备有"油类记录簿"第 II 部分,以记录有关货油/压载的作业,由甲板部保管,一般由大副记录。对于 150 总吨以下的油船,应参照《国际防止船舶造成污染公约》附则 I 的其他条款,应由主管机关制订合适的"油类记录簿"。

1."油类记录簿"效力

"油类记录簿"是船舶重要的、具有法律效力的船舶防污染文件。

"油类记录簿"中的记录,应使用船旗国的官方文字,对于持有"国际防止油污染证书"(IOPP)的船舶,则还需有英文、法文或西班牙文的一种记录。遇有争议或不相一致的情况时,以船旗国官方文字的记录为准。

缔约国政府主管当局,可以对停靠本国港口或近海装卸站的适合本附则的任何船舶检查"油类记录簿",并可将该记录簿中的任何记录制成副本,也可要求船长证明该副本是该项记录的真实副本。凡经船长证明为船上"油类记录簿"中某项记录的真实副本者,将在任何法律诉讼中成为该项记录中所述事实的证据。主管当局根据本项规定对"油类记录簿"的检查和制作正确无误的副本,应尽快进行,不使船舶发生不当延误。

"油类记录簿"应存放在随时可取来检查的地方,除了没有配备船员的被拖船舶外,均应存放在船上。"油类记录簿"应在进行最后一项记录后留船保存 3 年。

2."油类记录簿"内容

每当船舶进行下列(1)或(2)任何一项作业时,均应逐项填写"油类记录簿":

(1)机器处所的作业(所有船舶):

①燃油舱的压载或清洗。

②上述①所述的燃油舱污压载水或洗舱水的排放。

③残油(油渣)的处理。

④机器处所内积存的舱底水向舷外排放或处理。

⑤船舶加装燃油和散装滑油。

⑥意外或其他特殊情况下的排放。

(2)货油/压载的作业(油船):

①货油的装载。

②航行中货油的内部转驳。

③货油的卸载。

④货油舱和清洁压载舱的压载。

⑤货油舱的清洗(包括原油洗舱)。

⑥压载水的排放,但从专用压载舱排放者除外。

⑦污油水舱的水的排放。

⑧污油水舱排放作业后,所使用的阀门或类似装置的关闭。

⑨污油水舱排放作业后,为清洁压载舱与货油和扫舱管路隔离所需阀门的关闭。

⑩残油的处理。

每当船舶进行上述(1)中任何一项作业时,应根据下表 6-5 所规定的作业代码和细目数字填写:

表 6-5　机器处所作业的项目综合一览表

(A)燃油舱的压载或清洗

　1.压载油舱的编号。

　2.从上次装油后是否已清洗,如未清洗,说明上次所装燃油的种类。

　3.清洗程序:

　　·1 清洗开始和结束的船位及时间;

　　·2 对具体油舱已采用的一种或其他方法的清洗(用化学品清洗、蒸汽、清洗,使用的化学品种类和数量);

　　·3 驳入清洗水油舱的编号。

　4.压载:

　　·1 压载开始和结束的船位和时间;

　　·2 如油舱未清洗时的压载量。

续表

（B）从（A）项所述燃油舱排放污压载水或洗舱水

　　5. 油舱的编号。

　　6. 开始排放时的船舶位置。

　　7. 完成排放时的船舶位置。

　　8. 排放期间的船舶速度。

　　9. 排放方法：

　　　　·1 通过 15 ppm 设备；

　　　　·2 排入接收设备。

　　10. 排放量。

（C）残油（油泥）的收集和处理

　　11. 残油的收集。

留存在船上的残油的数量应每周记录一次（仅指在 IOPP 证书附录格式 A/B 中第 3.1 项所列的油舱）：系指这个数量必须每周记录一次，无论该航次持续时间是否超过一周。

　　　　·1 注明油舱的编号……………………………

　　　　·2 油舱的舱容………………………………… m³

　　　　·3 留存残油的数量…………………………… m³

　　　　·4 通过人工方式收集残油的数量………… m³

　　12. 残油的处理方法。

说明处理的残油数量，同时注明从油舱中排出和留存在油舱中的数量，以 m³ 计：

　　　　·1 排入接收设备（注明港口）①；

　　　　·2 驳入另一（或其他）油舱（注明油舱编号及油舱总存量）；

　　　　·3 已焚烧（注明焚烧作业的总时间）；

　　　　·4 其他方法（具体说明）。

（D）机器处所积存的舱底水非自动方式排出舷外或其他处理

　　13. 排放或处理的数量，以 m³ 计。

　　14. 排放或处理的时间（开始和结束）。

　　15. 排放或处理的方法：

　　　　·1 通过 15 ppm 设备（说明开始和结束时的船位）；

　　　　·2 接入接收设备（注明港口）①；

　　　　·3 驳入污油水舱或污水储存柜（编者注：指在 IOPP 证书附录格式 A 和格式 B 中第 3.3 项所列的污水舱）：注明油舱编号；注明转驳的数量和留存在舱柜内的总量，以 m³ 计

（E）机器处所积存的舱底水自动方式排出舷外或其他处理

　　16. 通过 15ppm 设备将，该系统定为自动向舷外排放的作业方式时的时间和船位。

　　17. 将该系统定为自动将舱底水驳入收集舱的作业方式时的时间和船位。

　　18. 将该系统定为手动作业方式时的时间。

---

①　船长应从包括油驳和油槽车在内的接收设备的操作人员处得到一份收据或证明，详细记录驳运的油舱冲洗水、污压载水、残油或含油混合物的数量，连同驳运的时间和日期。该收据或证明，如附于"油类记录簿"时，可有助于船长证明其船舶未涉嫌油污染事故。该收据或证明应与"油类记录簿"一同保存。

续表

（F）排油监控系统的情况

  19. 系统失效时间。

  20. 系统已修复运转时间。

  21. 故障原因。

（G）意外或其他异常的排油

  22. 发生的时间。

  23. 发生时船舶所在地点或船位。

  24. 油的大概数量和种类。

  25. 排放或渗漏的情况、原因和一般说明。

（H）加装燃油或散装润滑油

  26. 加油：

   ·1 加油的地点；

   ·2 加油的时间；

   ·3 燃油的种类和数量以及油舱编号（说明加入的数量和油舱的总存量，以吨计）；

   ·4 润滑油的种类和数量以及油舱编号（说明加入的数量和油舱的总存量，以吨计）

（I）附加的操作程序及一般说明

  3."油类记录簿"填写要求

  （1）填写要求

  ①应在"油类记录簿"指定的页上绘出本船油水舱柜的布置图，并填写各油水舱柜的容积。

  ②"油类记录簿"中每页的船名、登记号或船舶呼号应正确填写，不得遗漏。

  ③对于非油船，应将每页最前边的"货油/压载作业"字样画线删除。

  ④填写"油类记录簿"时，日期、作业代号字母和细目数字应记入相应的表格内，所要求的细节，应按时间顺序记入空栏，不得留空白间隔。

  ⑤每记完一项作业，应由轮机长或主管高级船员签署姓名和日期，每记完一页，应及时由船长签字。

  ⑥"油类记录簿"包括许多油量参考数。油舱测量装置的精度、温度变化和残油皆可影响到这些读数的精确度。在填写"油类记录簿"时，应予相应的考虑。

  （2）填写注意事项

  在船舶的正常营运中，一般情况下"油类记录簿"中 C、D、H 是经常记录项。表6-6 给出了油类记录簿的记录示例。

  C 项记录中包括两方面：11 细目的残油收集和 12 细目的残油处理。前者收集的残油量是每日实际产生的渣油量（由分油机、放残和漏泄等部分组成），一般应为燃油消耗量的 1% ~ 2%，如果不同，应确定过多污油的来源及原因并消除；后者应注意 12.4 细目的记录，一般污油舱都有加热设备，会有部分水分被蒸发并通过透气孔排到舷外，会导致相关油舱柜中残油数量的减少。

  D 项在记录时，一般应把机舱处所的所有污水首先打入污水舱，然后再通过 15 ppm 设备排出舷外。注意在按 15.1 项排出污水时，污水舱不能被排空，应存留 10% 舱容的污水在污水舱中。当船舶航行于夏季海域时,环境空气含湿量大,主机空冷器会产生较多的冷凝水,因此 15.1 项的排出数量会明显增加。

H 项在记录时,包括燃油和散装润滑油,应注意桶装的滑油不包括在内。

表 6-6　油水记录簿的记录示例

Name of ship（船名）_____×　×　×_____

Distinctive number or letters（IMO 编号）_____×　×　×_____

~~Cargo/Ballast Operations（Oil Tankers）~~ ＊/ Machinery Space Operations（All Ships）＊

~~货油/压载操作（油轮）~~ ＊/ 机器处所操作（所有船舶）＊

Date 日期	Code(Letter) 编码(字母)	Item(Number) 细目(编号)	Record of Operations/Signature of Officer in Charge 操作记录/主管人员签字
6/Nov/2016	C	11.1	Waste Oil Tank/LO Sludge Tank/FO Sludge Tank
		11.2	15.4 m³/6.0 m³/9.0 m³
		11.3	6.3 m³/1.2 m³/5.4 m³
			Signed：C/E Johnny Cheng 2016 – 11 – 06
13/Nov/2016	C	11.1	Waste Oil Tank/LO Sludge Tank/FO Sludge Tank
		11.2	15.4 m³/6.0 m³/9.0 m³
		11.3	9.8 m³/1.5 m³/7.5 m³
		11.4	3.5 m³ collected from Bilge Holding Tank to Waste Oil Tank
			Signed：C/E Johnny Cheng 2016 – 11 – 13
14/Nov/2016	C	12.4	1.5 m³ water evaporated from FO Sludge Tank, 6.0 m³ retained
			Signed：C/E Johnny Cheng 2016 – 11 – 14
15/Nov/2016	C	12.3	2.2 m³ sludge from FO Sludge Tank, 3.8 m³ retained
			Burned in incinerator for 8 hours
			Signed：C/E Johnny Cheng 2016 – 11 – 15
15/Nov/2016	C	12.2	3.5 m³ sludge transferred from FO Sludge Tank, 0.3 m³ retained
			To Waste Oil Tank, 13.3 m³ retained
			Signed：C/E Johnny Cheng 2016 – 11 – 15
15/Nov/2016	D	13	0.5 m³ bilge water collected from engine room bilge wells
		14	Start:0800, Stop: 0900
		15.3	To Bilge Holding Tank, 25.8 m³ retained
			Signed：4/E Sam Ksing 2016 – 11 – 15

（续表）

Date 日期	Code(Letter) 编码(字母)	Item(Number) 细目(编号)	Record of Operations/Signature of Officer in Charge 操作记录/主管人员签字
15/Nov/2016	D	13	3.5 m³ bilge water from Bilge Holding Tank
			Capacity 27.0 m³, 22.3 m³ retained
		14	Start:0900, Stop:1700
		15.1	Through 15ppm equipment overboard
			Position start: 35deg 15min N, 126deg 45min E
			Position stop: 34deg 02min N, 126deg 01min E
			Signed：4/E Sam Ksing 2016 – 11 – 15
16/Nov/2016	D	13	21.8 m³ bilge water from Bilge Holding Tank
			Capacity 27.0 m³, 0.5 m³ retained
		14	Start:1400, Stop:1600
		15.2	Pumped to shore reception facility in Pusan, R.O. Korea
			Signed：4/E Sam Ksing 2016 – 11 – 15
16/Nov/2016	C	12.1	13.0 m³ sludge from Waste Oil Tank, 0.3 m³ retained
			To shore facility during stay in Pusan, R.O. Korea
			Signed：C/E Johnny Cheng 2016 – 11 – 16
20/Nov/2016	C	11.1	Waste Oil Tank/LO Sludge Tank/FO Sludge Tank
		11.2	15.4 m³/6.0 m³/9.0 m³
		11.3	0.3 m³/1.8 m³/1.2 m³
			Signed：C/E Johnny Cheng 2016 – 11 – 20
24/Nov/2016	H	26.1	Singapore
		26.2	Start:1200, Stop:1800
		26.3	1200MT of ISO 8217 380cSt HFO 2.3%S bunkered in tanks:
			620MT added to HFO No.1P now containing total 650MT
			580MT added to HFO No.1S now containing total 800MT
			Signed：C/E Johnny Cheng 2016 – 11 – 24

* Delete as appropriate(不适用者删除).　　　　　　　　Signature of Master（船长签字）_____

第二节 润滑油管理

一、柴油机润滑油规格和种类

润滑油的分类标准一般有两种,一种是以黏度为标准,另一种是以总碱值 T. B. N 为标准。

(1)黏度标准分类

①SAE 黏度等级

SAE 黏度等级是由美国汽车工程师协会制定的黏度标准(如表6-7 所示),广泛用来表示汽车和船舶发动机润滑油的黏度等级,每个等级具有一定的黏度范围,多数润滑油具有一个黏度等级,汽车和船舶应急设备所用润滑油有两个黏度等级,如 10W/50,20W/20。

表 6-7　SAE J300 发动机润滑油黏度等级(2015 - 01 - 20 修订)

SAE 黏度等级	低温起动黏度 mPa·s	低温泵送黏度 mPa·s	运动黏度(100 ℃) cSt		高温剪切黏度(150 ℃) mPa·s
	最大	最大	最小	最大	
0W	6200(-35 ℃)	60000(-40 ℃)	3.8	—	—
5W	6600(-30 ℃)	60000(-35 ℃)	3.8	—	—
10W	7000(-25 ℃)	60000(-30 ℃)	4.1	—	—
15W	7000(-20 ℃)	60000(-25 ℃)	5.6	—	—
20W	9500(-15 ℃)	60000(-20 ℃)	5.6	—	—
25W	13000(-10 ℃)	60000(-15 ℃)	9.3	—	—
8	—	—	4	6.1	1.7
12	—	—	5	7.1	2.0
16	—	—	6.1	8.2	2.3
20	—	—	6.9	9.3	2.6
30	—	—	9.3	12.5	2.9
40	—	—	12.5	16.3	3.5(0W-40,5W-40,10W-40)
40	—	—	12.5	16.3	3.7(15W-40,20W-40,25W-40,40)
50	—	—	16.3	21.9	3.7
60	—	—	21.9	26.1	3.7

②ISO 黏度等级

ISO 黏度等级是由国际标准化组织(ISO)对液体润滑剂制定的黏度标准(如表6-8 所示)。除了柴油机润滑油和气缸油外,船舶大多数润滑油都采用这种黏度标准。

表 6-8　ISO 3448 黏度等级

ISO 黏度等级	运动黏度(40 ℃) mm^2/s = cSt			相当的 SAE 黏度等级
	中值	最小	最大	
ISO VG2	2.2	1.98	2.42	
ISO VG3	3.2	2.88	3.52	
ISO VG5	4.6	4.14	5.06	
ISO VG7	6.8	6.12	7.48	
ISO VG10	10	9.00	11.0	
ISO VG15	15	13.5	16.5	5W
ISO VG22	22	19.8	24.2	10W
ISO VG32	32	28.8	35.2	15W
ISO VG46	46	41.4	50.6	20
ISO VG68	68	61.2	74.8	20
ISO VG100	100	90.0	110	30
ISO VG150	150	135	165	40
ISO VG220	220	198	242	50
ISO VG320	320	288	352	60
ISO VG460	460	414	506	
ISO VG680	680	612	748	
ISO VG1000	1000	900	1100	
ISO VG1500	1500	1350	1650	

（2）总碱值 TBN 分类

总碱值 TBN：

①高：总碱值 30～40，适合 IFO 120 cSt 及 180 cSt 燃油。

②中：总碱值 15～25，适合 MDO 或 IFO 30 cSt 燃油。

③低：总碱值 15 以下，适合 MDO，船用柴油。

近年来，在选择船用柴油机、筒式柴油机曲轴箱润滑油时，由于所用的燃油大多是 IFO 120 cSt以上的黏度，所选润滑油多为 SAE30、SAE40，而 TBN 为 30～40。

在筒式柴油机中，其润滑油选择的特点是其总碱值普遍较高。由于船用中速机近年来为了降低燃油费用，大都选用重质燃油，黏度一般在 IFO 120 cSt 以上，含硫量往往超过 2.5%。因为筒式柴油机的缸套、活塞、活塞环表面温度高，所以不易形成腐蚀性磨损。故筒式柴油机的润滑油总碱值 TBN 通常达 30～40，这也是区别于低速二冲程柴油机气缸油的一个特点。

二、柴油机曲轴箱润滑油

柴油机曲轴箱润滑油又称系统油、循环油。

在柴油机润滑油中,虽然曲轴箱油的消耗量低于气缸油,但用量却最大。为保证可靠连续的润滑,一般柴油机厂家推荐的曲轴箱润滑油量≥1 L/kW,现代柴油机曲轴箱油量已降到0.5~0.7 L/kW。曲轴箱油主要润滑部件有主轴承、曲柄销(连杆大端)轴承、推力轴承、凸轮轴轴承、活塞销轴承、十字头轴承及导板等。除了润滑之外,曲轴箱油还对润滑部件有冷却及清洁功能。

1. 曲轴箱润滑油的使用

曲轴箱润滑油在使用时要注意以下几点:

①使用中滑油应定期进行化验分析,掌握所用滑油的主要性能指标,如黏度、闪点、凝点、总碱值、水分、杂质状况等。

②认真做好滑油的净化分离工作,确保水分、杂质含量不超标,保证使用滑油的品质在最佳的状态。

③每次加油量应控制在10%~15%之间。起动滑油泵让其充分混合,在循环中观察混合情况,确信不引起沉淀且没有润滑不良的反应。

④观察滑油压力,若比正常值低10%~20%时,虽然属于正常值范围,在不能降低滑油工作温度提高其黏度的情况下,要将滑油更换为黏度较高的品种,使滑油在应用中压力维持在正常使用标准,不然随着柴油机运转时间增加,磨损间隙的增大,滑油压力会进一步降低,不能建立足够油膜会使运动部件和轴承造成磨损。

⑤注意环境温度变化对滑油黏度的影响。

2. 曲轴箱润滑油的使用状况分析

曲轴箱润滑油遭受的污染主要有气体、液体和固体三种。

(1)气体污染

润滑油在储存过程中常暴露于空气中,与空气中的氧气直接接触会使油缓慢被氧化并变质。另外长时间储存也容易使添加剂沉淀析出。因此,润滑油存放的时间不宜超过2年。除空气以外,油受高温高速燃气冲刷,一方面使轻质硫分挥发,另一方面高温燃气中的SO_2、SO_3等有害气体进入油中生成盐类,中和掉油中的添加剂的碱性,因此,燃气侵蚀对油污染较重。

水蒸气通过透气管以及机体结合部位与油接触,当柴油机停止工作时,从冷却的金属机体隔板生成的冷凝水会渗进油中,并在机体环境温度、湿度适合时,对于长期停泊的船舶常会有微生物生成,随着这些浮游微生物的繁殖,使油变质。

(2)固体污染

固体污染主要来自燃油、气缸油的不完全燃烧产物——炭粒,还有轴承、运动部件磨损、锈蚀脱落下来的金属屑。除此之外,还有来自外界的灰尘、沙粒、胶质、树脂等。在部分涂有油漆的曲轴箱或油舱中,脱落的油漆片或粉末会混入系统中,在清洗滤器时能观察到。因此,这些以固体形式表现的污染物质,统称为杂质。因柴油机的运转工况不同,固体污染物的成分也有差异。对于燃烧状况不良的情况来说,杂质成分多为碳黑,而在润滑状况较差的情况下,金属颗粒占有相当大的比重。

通常油漆脱落是由曲轴箱润滑油中混入水分、柴油所致。正常情况下油漆不会脱落,当曲轴箱着火或爆炸时,曲轴箱侧壁油漆由于受到剧烈的高温高压燃气的作用会引起脱落。

（3）液体污染

曲轴箱润滑油的液体污染有水、燃油、气缸油等三种。

①水进入曲轴箱中

水对曲轴箱污染占有相当大的比重。进入曲轴箱的水分分为海水和淡水两种。海水污染来源主要通过冷却器、曲轴箱连接管系渗漏进入。有时船舶机舱污水增加,当污水漫过飞轮中心线时,污水也极易从松动的轴封间隙渗漏进入曲轴箱中。淡水来源主要是缸套冷却水漏泄造成的。少量的淡水通常是每个气缸曲轴箱侧壁产生冷凝水进入的,在冬季机舱温差大、空气湿度高时尤其明显。当柴油机停车后轮机员进入曲轴箱内检查时,不难发现有水珠落下,尤其机舱温度较低时,更容易看出。当曲轴箱进水较多时,通过油位检测就可以观察到。少量的进水可通过分油机除掉,但当进水量超过曲轴箱润滑油总量的5%时,通过分油机在短时间就很难除掉,会导致油呈现灰色乳化状态,有条件时最好将进水的油驳入专用的沉淀柜中,加温将进水沉淀放出。

曲轴箱进水时,一方面要及时以最快速度除掉,同时又要尽快找到进水的来源,并从源头上消除进水。当船舶在航行不允许停车处理时,要注意两点:一是控制曲轴箱润滑油进机温度在允许下限以下;二是要调整润滑油压力使其在上限,以便使乳化和半乳化的油充满被润滑点,形成足够的油膜。除尽快清除掉水分外,还需对曲轴箱润滑油进行取样化验,根据化验结果,在公司指导下进行处理。

②燃油进入曲轴箱润滑油中

燃油进入曲轴箱润滑油中会导致润滑油性能降低,严重时会破坏油膜的形成,损坏轴承及运动部件,甚至会造成曲轴箱着火和爆炸,因此,要密切注意燃油的污染。通常进入曲轴箱中燃油甚微,只有在个别缸不发火和喷油器漏油、高压油泵及油管连接处渗漏情况下发生,同时,扫气箱填料函性能变差也有可能使漏泄的燃油进入曲轴箱中。另外,当柴油机发生大的机损事故或主机吊缸操作失误等也可能导致燃油进入曲轴箱中。

检测燃油进入曲轴箱一般通过化验闪点和黏度两个指标确认。少量的燃油（重油）可通过分油机清除,但需提高分油机的工作温度。大量的燃油（重油）进入到曲轴箱中一般只能采取换油措施。

③气缸油进入曲轴箱中

气缸油对曲轴箱润滑油的污染较为普遍,主要是由于过高的气缸油注油率造成的,少量的气缸油混入曲轴箱油中,对曲轴箱油影响不大。如果数量过大,尤其是气缸油混入是随着主机运转转速而逐渐增加时就难于控制,可能会导致曲轴箱油黏度过大,总碱值过高并超过标准。

总之,曲轴箱润滑油要定期化验,船舶航行时,注意观察曲轴箱油的各种变化,及时发现问题并处理。

3. 筒形活塞柴油机润滑油的使用要求

船舶发电机的原动机一般采用筒形活塞柴油机,其曲轴箱润滑油一般同时用于气缸的润滑,因此其工作条件比较恶劣。另外,在一些机动性要求较高和机舱布置空间受限的船舶上（中小型集装箱船舶、客滚船舶等）,也采用大功率中速四冲程柴油机作为船舶主机,由于具有专门的气缸注油润滑系统,使曲轴箱润滑油的工作条件变得更恶劣。

对筒形活塞柴油机润滑油的要求要兼有气缸油和曲轴箱油的功能。

（1）抗氧化抗腐蚀性

筒形活塞柴油机润滑油易受高温燃气直接冲刷,要求润滑油不易被氧化而变质或分解,保持其性能指标不变,同时还要具备足够的碱性,能及时中和燃烧产物中硫的化合物或硫酸,以免其腐蚀被润滑的相关运动部件。

（2）清洁分散性

在所有循环润滑流通部位,能将被润滑部件产生的积垢、磨屑带走,保持润滑部件清洁。因为机器本身热负荷和机械负荷较高,燃烧重油又极易产生积垢,要求润滑油具有良好的分散性,随时清除润滑油中的杂质,始终保持润滑油的品质在允许使用状态。

（3）抗磨损及耐压性能

柴油机在大负荷工况下,油膜应有足够的强度保证缸套、活塞、活塞环的润滑和密封,故要求润滑油具有良好的黏温特性。在高温、高压及活塞往复运动的行程中都能形成足够强度的油膜,减少缸套和活塞环的磨损。

由于筒形活塞柴油机的润滑油通常兼有气缸油及曲轴箱油的双重功能,所以对其使用要求及油品管理也要相应提高。

（1）筒形活塞柴油机系统油污染最重,由于没有十字头填料函隔离,燃烧产物可直接被活塞环刮下并进入曲轴箱中,系统油一方面被高温燃气冲刷,另一方面又被带进的不完全燃烧产生的炭黑、磨损脱落的金属屑、杂质等污染物污染。

良好的系统油必须被认真地分离和过滤出进入或产生的污染物,如果不能及时分离并清除掉进入系统油中的污染物,随着残留物的增多,系统油的品质将慢慢低于允许的使用标准,并造成设备的损坏。

（2）由于筒形活塞柴油机系统油要同时完成气缸和曲轴箱系统润滑的双重任务,其油膜又要有抗磨损及耐压性能,而且也要具备足够的清洁分散性以保持机器部件的清洁。通常的具有抗磨损和耐压的添加剂都难以满足良好清洁分散要求,所以相应系统油处理的困难增加了。因此,对于筒形活塞柴油机系统油分离和过滤要求就更严格,如果处理不当,在短时间内就会对运动部件造成剧烈的磨损损坏。

三、柴油机的气缸油

气缸油主要应用在低速二冲程柴油机上,是伴随低速二冲程柴油机而相互发展的。气缸油是"一次性""全消耗"滑油,管好和用好气缸油是轮机管理中一项技术性很强的工作。加强气缸油管理不仅可以节省开支,而且对柴油机安全运转,并延长寿命都有重要关系。通常四冲程柴油机采用飞溅润滑,不设专用的气缸油系统,其气缸润滑油和曲轴箱润滑油均系同一润滑油。但在部分大功率中低速四冲程柴油机上为保证气缸润滑的可靠性,也设专门的气缸油润滑系统。

1. 气缸油的性能

气缸油的主要功能:一方面在两个金属表面形成一层牢固的、黏附力较强的油膜以减少摩擦、磨损并保持气缸密封;另一方面,还要中和燃烧产物中的酸性物质。为此要求气缸油具有如下性能。

（1）密封载荷性

柴油机的气缸套和活塞之间的密封主要靠活塞环实现的。活塞环靠自身的弹力紧紧压在气缸套内表面,形成"一次密封",而靠气体力实现的"二次密封"更重要。缸套和活塞环间的作用力的大小与气体力成正比,并随着柴油机工作压力的提高而增大,这就要求气缸油具有足够的油膜强度以保证活塞环和气缸套之间的密封。因此,要求气缸油应有足够的黏度,油膜具有一定的承载能力,以确保在活塞环和缸套表面形成的油膜不被破坏。通常,气缸油的黏度在15～21 cSt 之间(100 ℃运动黏度),黏度指数在 75～95 之间,这是指气缸油的载荷性。随着柴油机负荷的增加,气缸中的气体力也在提高,这样就导致气缸和活塞环表面的温度也在提高,因此对气缸油黏度要求也相应提高。最近一些油公司为了满足新型高燃烧压力柴油机的需要,推出了 SAE60 气缸油,黏度由原来的 18 cSt(100 ℃)提高到 21 cSt(100 ℃),使其密封与载荷能力大大加强,气缸内油膜分布呈上薄下厚趋势。

(2)扩展性

气缸油要在每个工作行程期间从注油口注入,并迅速向下方、侧面散布,使气缸和活塞环整个表面均布一层油膜。因为在燃烧压力推动活塞做功时,气缸油要在整个工作表面均布一层油膜,不然会因局部油膜不均匀造成机械磨损。由于新型柴油机行程缸径比(S/D 达到 4.2以上)增大,对于油膜在气缸内均匀分布也愈加困难,因此对气缸油扩展性要求也更高。即使是对于 120 r/min 的低速机来说,完成从活塞上止点到下止点布油时间也仅用 0.2 s,而注油时间就更短,通常在 2.5°曲柄转角范围,即可在 0.02～0.03 s 时间内完成,因此对气缸油要求具有一定扩展性。影响扩展性的因素很多,气缸扫气形式、气缸及活塞的冷却温度、活塞环的性能、气缸套与活塞环之间密封情况等都对扩展性有很大影响,单纯依靠增加气缸油注油量是不能达到目的的。

(3)清洁分散性

气缸油的工作条件是最恶劣的,要在高温、高压下完成润滑,通常燃烧室的最高温度在1 200 ℃左右,压力也高达 6.0～15.0 MPa,而气缸套内表面的温度上部在 400 ℃左右,向下逐渐降低到 180 ℃左右。在每个循环对外做功后,润滑油将暴露在燃烧室中并被烧掉。要求油膜燃烧后长期使气缸套表面、活塞环、活塞、活塞环槽、气口等处保持清洁没有沉积,在完成润滑后燃烧产物要随柴油机排气一同排出燃烧室,燃烧产物要求既软又轻,一是防止将气缸磨损,二是要排除容易。往往高黏度润滑油难以具备清洁性能,清洁性能通常与黏度呈反比,因此良好的清洁分散性是气缸油非常重要的性能指标。

(4)酸中和性能

气缸油要能够中和掉燃油燃烧生成的酸性产物,防止气缸内表面产生酸性腐蚀(低温腐蚀)。当燃油含硫量变化时,要注意选取相应总碱值(TBN)的气缸油,一方面可降低油费开支,另一方面对机器维护保养及运转也有益。

(5)抗氧化安定性

气缸油应在气缸内高温下有良好的抗氧化性,防止生成积炭沉积物,使活塞环区和气口处沉积物减至最少,使缸壁上的油膜得以保持。

2.气缸油的管理

(1)气缸油的种类

根据机型和运转状态的不同要求,气缸油有以下几种类型:

①SAE50 黏度等级,此类气缸油使用广泛,总碱值可覆盖 10～100,燃用不同硫分的燃油应选用不同总碱值的气缸油。

②SAE40 黏度等级,总碱值40。

③黏度等级大于50,总碱值有70、85和100三种,用于长行程高负荷柴油机。

④不含添加剂的SAE50高黏度气缸油,用于新柴油机及换新缸套磨合使用。

(2)气缸油注油率

气缸油注油率通常根据主机负荷、机型、扫气形式、行程缸径比及燃油硫含量等因素来确定。主机负荷低时相应机械效率与热效率均有所降低,要求提高气缸油注油率。由于柴油机负荷同其转速成立方关系,而气缸注油率的调整是一次方关系,并不是越大越好。对于弯流扫气的柴油机,在扫气过程中,气流破坏了气缸油在气缸内表面的均匀分布。特别是在气口处油膜被吹薄和吹散,此处的缸套内表面、活塞环之间就没有足够的油膜润滑,形成油膜间断的临界摩擦,因此也要求以较高的气缸油注油率来进行弥补。对于直流扫气柴油机,扫气口均排列在下部,而排气阀均在气缸顶部,新式长冲程仅有一个排气阀在中间位置。在扫气气流自下向上流动过程中,将气缸内油膜自上而下由薄到厚的不均匀分布予以弥补,在扫气气流流动瞬间,促使气缸套内表面油膜自下而上并滞留在上部位置,这将有利于气缸油膜承受高温、高压的燃气冲击,有助于燃烧室及气缸、活塞、活塞环间密封。通常活塞行至上止点时气缸燃烧室压力、温度都相应地接近最高值,随着活塞下行,最初压力温度将达到最高极限,燃烧室将维持瞬间的高温、高压状态,很快随着活塞下行,高温高压的燃气将推动活塞对外做功,气缸内温度压力也将随之降低。由此可见,直流扫气式柴油机其扫气形式有利于气缸润滑,促使气缸油均匀分布,相对于其他扫气形式气缸油注油率要小些。

新式热效率、机械效率较高的柴油机,冲程缸径比不断增大,活塞在气缸内做功距离(即行程)增加,气缸套内表面油膜均匀性相应降低,所以对同种扫气形式冲程缸径比较大的情况,气缸注油率也要根据冲程缸径比加大而增加。

气缸油注油率最佳标准(又称最佳注油率),它是根据各气缸工作状态、实际需要制定的,对于同一台柴油机的各气缸也因为吊缸检查时间不同,缸套、活塞环、活塞圆周表面及活塞环槽磨损程度的差异,最佳注油率也不一样。

最佳气缸注油率必须根据实际检查各缸运转状态确定,在检查中要注意以下四点:

①应保持活塞自上止点至下止点整个行程,缸套内表面有一层均匀不间断的油膜,而且能维持缸套、活塞环与活塞的密封,最关键的是在每个工作行程完成之后,不能产生剩余的气缸油及气缸油燃烧产物留在燃烧室或运动部件表面。整个气缸在活塞上止点至下止点行程中,缸套内表面油膜均匀,既无局部积垢又不出现金属的直接摩擦,缸套内表面为油性暗光,不得出现金属摩擦的金属光泽。

②活塞外观明亮,没有拉伤或沟痕,活塞环第一道较干爽,第二道应保持湿润,在第二道下部应有连续完整的油膜形成。环表面脏污并积垢的,说明环被卡死,多数已断裂。

③活塞环槽内没有积垢,活塞环转动灵活,有弹性不被卡死,没有断裂。缸套储油槽及注油口没有积垢,储油槽没被磨平,有储油布油功能。

④气口、扫气箱没有积垢及残油存在,扫气箱放残孔畅通。

根据以上标准,按照逐项实际检查状况,调整气缸油注油率。在调整时要采用循序渐进的方法,无论调高还是调低都不要太悬殊,要经过多次检查、调整才能达到最佳状态。

更要注意的是调整气缸油注油率要和主机管理相结合,要求慎重进行。

在实际应用中,对于一些船龄大的老旧船,当检查发现活塞环因积垢多被卡住以后,有条件时要抓紧时间进行吊缸检查。此时,如果活塞环卡住,特别是对于已磨损的气缸套处,活塞环外表面不能与气缸套内表面很好地吻合,原先已形成的吻合的磨合面因活塞环卡住不能发挥作用,导致气缸套与活塞密封不良。此时活塞环极易断裂,破碎的活塞环经常将活塞、缸套拉伤,产生咬缸现象,因此发现活塞环被胶结卡死后要特别重视,如因船期紧来不及吊缸时,可将该缸气缸注油率调高,有针对性地用该缸气缸注油泵增加手动泵油,将气缸油注油器微调高。调高气缸油注油量的目的在于加强活塞、活塞环、缸套间密封,同时过量的气缸油供应能熔解气缸油注油口及活塞环槽间的积垢,有可能使被卡死的活塞环重新恢复弹性。为了清除这些积垢,可在停车时用人工泵油增加气缸油,达到超量供应使积垢得到熔解,更重要的一点就是要增加扫气压力,将这些积垢排出气缸外。因为活塞环断裂后除会出现缸套拉伤、咬缸带来异常磨损外,断裂的活塞环碎块有时还会被排气气流带向涡轮内部,轻者将高速运转的涡轮叶片全部打断,重者将引起爆炸。这种涡轮增压器叶片全损及爆炸事故已发生多起。为了避免这类事故,除了注意检查废气涡轮增压器使之保持高效率外,必要时要增加油门,提高转速与柴油机输出功率。这样一来,使燃烧改善,扫气压力增加,涡轮增压器效率也得到恢复和提高。综合考虑采取一系列措施,往往能取得较好并令人满意的效果。

此时,如果发现积垢过多是由于气缸油注油率高引起,若不顾活塞环卡死危险盲目调低气缸油注油率则可能会造成气缸、活塞、活塞环之间的密封进一步恶化,燃气漏泄进一步增加,磨损严重并有可能导致出现扫气箱着火的恶果。

长期在低负荷下运转的主机,较普遍存在的弊病就是涡轮增压器效率降低,扫气压力下降,燃烧状况不良,对于横流、回流扫气形式尤为严重。没有充分燃烧的燃油、气缸油混合物以积炭的形式存在于燃烧室内,有些没有被扫气清除而留在气缸内就会形成积垢,容易堵塞气口、气阀、活塞环槽,还有的在活塞顶部堆积的积炭,吹散后成为磨料,既影响燃烧又增加了气缸异常磨损。

定期地进行一次高转速、高负荷运转(通常控制在80%~90%标定功率),以提高柴油机本身的热效率和机械效率,增加涡轮增压器效率,提高扫气压力,改善燃烧状况。一方面可使燃烧更充分,不易形成不完全燃烧残存物在气缸中,另一方面可提高扫气压力又能将过去积存于气缸中的积垢吹散并清除出气缸。

以上介绍了气缸注油率的检查标准,在实际应用中由于注油率不当产生的问题很多,远远不只是使油费开支增加的一个简单问题,有时会直接影响运动部件寿命,造成主机停车、影响船舶航行安全。

即使是相同的气缸油注油率,由于管理水平不一样,润滑效果也不尽相同,其影响因素有:燃油燃烧状况、燃油质量、燃油处理差异、缸套磨损间隙不一样,尤其当磨损超标或存在较大圆柱度后,会影响油膜形成;活塞环天地、搭口间隙超标,活塞环密封性就变差;缸套冷却水温度不一样,缸套表面温度因缸套积垢分布不均导致缸套内表面油膜分布不均匀;扫气形式不同,扫气压力变化,扫气质量不同;负荷不同,包括机械负荷、燃烧状况、热负荷影响等。

综上所述,气缸油注油率调整是一项非常科学而艰苦细致的工作,操作中决不能盲目从事。对于同一机型的船舶,也因运转使用年限、管理水平、使用燃油、航线不同而有很大差别,必须慎重。

3.气缸油注油率的计算与调整

(1)气缸油注油率定义

主机在正常运转情况下,如果主机所发出的功率为 $P(kW)$,其 24 小时消耗的气缸油量为 $Q(g)$,则气缸注油率为 $q = Q/(24 \cdot P)$ $[g/(kW \cdot h)]$。一般主机说明书推荐的气缸注油率范围为 $0.95 \sim 1.4$ $g/(kW \cdot h)$。

(2)气缸油注油率调整

气缸油注油率调整根据调整范围的不同可分为总调和单调;根据调整方法不同可分为手动调整和自动调整。

总调是指通过改变同属一组气缸注油器的总调旋钮,统一增加或减少本组气缸的注油率的调整;单调是指通过某一注油点的微调旋钮,增加或减少单一注油点的注油率的调整。由于气缸注油器的型式不同,调整的方法也不同。

手动调整是指气缸注油率的调整只能通过人工调整实现(停车时或运转时)的调整;自动调整是指气缸油注油率的调整可根据主机负荷的变化自动调整注油率的调整方法。在老式的气缸注油器一般仅能进行手动调整,而在现代一些新式的气缸注油器上,一般不仅可进行手动调整,而且还带有自动调整功能。

(3)气缸油注油率的选择

气缸油注油率的调整主要分为三部分。第一部分是柴油机磨合期间的气缸油注油率的调整;第二部分是柴油机完成磨合后在正常航行期间气缸油注油率的选择;第三部分是柴油机在机动航行期间的气缸油注油率的选择。

船舶柴油机一般都有磨合期间的气缸油注油率调整曲线,图 6-2 示出了某柴油机的磨合曲线。一般根据磨合曲线的要求进行调整,并配合严格的气口检查,能满足柴油机在磨合期间

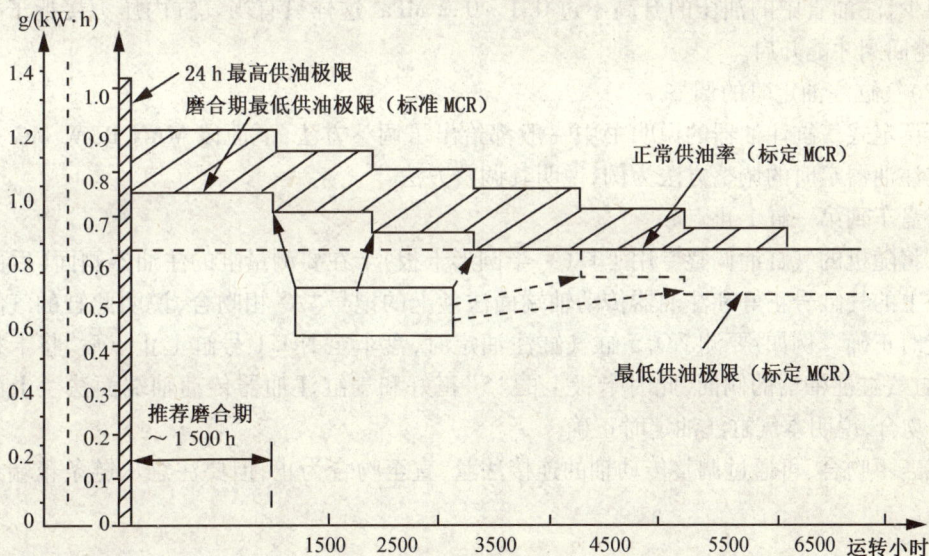

图 6-2 某柴油机的磨合曲线

的要求。在磨合期间气缸油注油率应适当,不是越多越好。如果过多,不但浪费,而且会使过剩的气缸油在活塞顶、活塞环槽、气口等处形成沉淀物,引起活塞环黏着、环面不光亮并使气口和排气通道因积炭严重而变窄,缸套磨损加剧;多余的气缸油还会沉积在活塞下部空间、扫气箱中,导致扫气箱着火;若注油率太少,则难以形成完整的油膜,导致活塞环和气缸套磨损加

剧,漏气增多,漏泄的燃气又会破坏缸壁上的油膜,导致咬缸。一般直流扫气柴油机的最佳注油率为 $1.2 \sim 1.3\ g/(kW \cdot h)$,弯流扫气柴油机的注油率为 $1.0 \sim 1.4\ g/(kW \cdot h)$,而筒型活塞式柴油机的注油率为 $1.3 \sim 2.0\ g/(kW \cdot h)$(如适应)。在实际中最佳注油率的选择应根据磨合曲线、活塞环的状态、缸套表面状态等进行综合考虑确定。一般最佳注油率下的缸内状态特征为:缸壁表面湿润、干净;首环干燥,第二道环半干半湿,其余环湿润,环面光亮,倒角存在。

磨合时间的长短往往根据机型及实际的磨合效果确定,一般存在差异。当达到磨合曲线中规定的正常值后,一般可认为柴油机完成了磨合,进入到了正常航行期间(一般指柴油机定速航行期间)的第二个磨合部分。在船舶正常营运期间,气缸油注油率一般不用调整,如果根据加装燃油品质变化较大时可作适当的调整,如燃油中硫的含量超出了气缸油现有注油率的中和能力及加装了含硅和铝超标的燃油等。

第三部分的气缸油的调整贯穿柴油机的整个使用寿命内。当船舶进行机动操纵时,由于柴油机的负荷变化频繁,应适当加大气缸油的注油率,一般增加正常注油率的 $20\% \sim 50\%$ 为宜。

4. 主机气缸油定时调整

(1)气缸最佳注油定时

气缸的最佳注油定时应在活塞从下止点上行至注油点位于第一道、第二道活塞环之间的位置时,向气缸内进行定时注油对气缸润滑最有利。一般气缸注油接头都设有一个止回阀,宜防止高压燃气吹入注油管中。事实上,只有当气缸内压力低于注油压力时,注油接头的止回阀才开启,油才能注入到气缸壁上的布油槽中。因为注油器每一个工作行程向注油管路排出的油量很少,注油管中的油压的升高不过 $0.1 \sim 0.2\ MPa$,这样只有当气缸内压力接近于扫气压力时,止回阀才能开启。

(2)气缸注油定时的调整

可调定式气缸注油器的说明书中一般都给出了调整方法,下面以 MAN B&W MC 型柴油机气缸注油器定时的调整方法为例,说明其调整方法:

①盘车到第一缸上止点。

②将随机的气缸油调整专用工具(一半圆形卡板)卡在要测量缸的注油器侧面(后面),此时卡板上的气缸号正好和注油器传动轴端面法兰上的记号"A"相吻合,说明此缸的气缸油注油器定时正确。例如:要测 NO.5 缸气缸注油定时,盘车至 NO.1 号缸上止点后,将卡板卡在 NO.5 缸气缸注油器的侧面,此时卡板上的"5"正好和气缸注油器传动轴端面法兰上的记号"A"相吻合,说明本气缸注油定时正确。

③若不吻合,可通过调整传动轴的连接法兰,直至吻合为止,但要注意从链条箱端开始依次调整。

四、其他主要润滑油

船舶使用的润滑油除柴油机润滑油(气缸油和曲轴箱油)外,还有许多小用量的润滑油,如液压油、透平油、齿轮箱油、冷冻机油等。

1. 液压油

液压油广泛用于液压控制和动力传送系统中。随着液压控制技术的发展,在船舶上得到了更广泛的应用,通常包括:舵机、操舵系统、锚机、绞缆机、液压舱盖、起货机、调距桨、艏侧推器、减摇鳍、客滚船尾门尾跳、天窗控制、压载操纵系统、油阀及风门速闭、柴油机遥控系统、水密门控制、散货装卸及控制等。

液压油除了在传递动力时候受压力、剪切等作用外，还具有对机件的润滑、冷却、密封、防锈等功能。对液压油要求如下：

①良好的黏温性。液压设备在船舶分布广泛，从机舱到甲板，温度变化范围较大，要求其黏温指数在90以上，特种液压油则要求高达200以上。

②良好的抗氧化安定性。

③良好的抗磨性。液压油在工作中频繁地受剪切作用，并保持液压部件密封，因此要求具有良好的抗磨性，且在传递动力时本身不受压缩。

④不得含有易气化或产生气体的杂质。

⑤有良好的抗乳化性和抗泡沫性能。

⑥凝固点要低。

另外，选用液压油黏度应依工作油压而定，一般油压高时，黏度应大些，防止漏泄。环境温度低时，凝固点也应低。部件运动的速度越高，黏度应越低，以减少能量损失。

2. 透平油

透平油也称汽轮机油，在船舶上主要用于主、副机增压器轴承、废气涡轮透平机等。这些机械的共同特点是转速高、振动小、工作平稳等。

对透平油的主要要求是：

①具有良好的抗氧化安定性。由于透平的转速高，其轴承对油质变化敏感，因此要求透平油能不被氧化分解以确保轴承能形成足够的油膜。

②抗泡沫性能好。泡沫影响传热和润滑，要求透平油中产生的泡沫能迅速消失。

③防锈防腐性能好，以防轴承和机件腐蚀。

④抗乳化性好，以便使进入系统的水或蒸汽在使油乳化后能较快地从油中分离出来。

⑤黏度要合适。

3. 冷冻机油

冷冻机油又称冰机油，用于润滑和冷却制冷压缩机的气缸、活塞、曲轴等部件，并在气缸和活塞环间起密封作用。由于现代专业冷藏运输船、冷藏集装箱、冷藏舱的出现，冰机油的使用也越来越广泛。

(1)冷冻机油的工作特点

①接触冷剂。如果油中溶入冷剂，不仅黏度会大大降低，而且油中所含石蜡的溶解性也下降，将在比凝点高的温度下析出。

②温度变化较大。曲轴箱中的油温一般不高于70 ℃，冷剂被压缩时的温度可升至150 ℃，而在蒸发器中冷剂蒸发时，温度又急剧降至 −20 ～ −30 ℃，甚至达 −50 ℃。

③密封式或半密封式制冷压缩机的电动机浸入油中，要求冷冻机油有良好的绝缘性。

(2)冷冻机油的要求

①具有良好的抗氧化安定性，以便有较长的使用寿命。

②油品特性与制冷剂相适应，当油和冷剂互溶时，油不应变质。

③具有低的凝点，冷冻机油的凝点应比制冷装置蒸发温度至少低5 ℃，以免在较低温度时析出石蜡和产生沉淀，从而堵塞系统。

④不含水分,以免腐蚀元件和造成冰塞。水分也会降低绝缘性。

⑤电绝缘性能好。

4. 齿轮油

齿轮油分为闭式齿轮油与开式齿轮油两种。闭式齿轮油通常都是液态的,而开式齿轮油多半是用黏度高的油品或润滑脂。

齿轮油应用范围极广,由于齿轮传动可靠,管理方便,所以在有些设备中取代了链条与皮带传动。对齿轮油的要求如下:

①抗极压抗磨损性能。齿轮油是诸多油品中抗极压抗磨损要求最高的原因在于齿轮润滑是对一对啮合和几对啮合齿面间完成的,传送功率集中而且交变,在极小的润滑油膜范围需要承受周期性断续地滑动与滚动的应力作用。由于接触面积小,要求油膜具有良好的载荷性能,齿轮齿面啮合时不能挤碎油膜,要求齿轮油有极佳的抗极压抗磨损性。如果出现油膜破坏,金属与金属将直接接触,会导致齿面金属剥落和齿面深度金属咬伤。

②抗氧化,抗腐蚀稳定性。在受到极压作用和金属接触氧化时不产生分解、沉淀,不会堵塞润滑油路。

③具有较高的抗泡沫、抗乳化性能。由于闭式齿轮润滑中,一般油位浸至传动齿轮一定部位或由于油被强烈喷射到传动齿啮合点,容易被搅动、混入空气而产生泡沫,故要求油品具有良好的抗泡沫性能。另外,受环境影响也容易混入淡水、海水,要求油品具有一定的抗乳化性能,以避免油压波动使润滑油膜遭到破坏。

5. 其他润滑油

(1)压缩机润滑油

压缩机通常是空气压缩机的简称,也称空压机。主要用来满足起动和操纵主机、副机及各种设备仪表控制系统所需气源要求。一般使用要求如下:

①选择具有良好黏温性能的润滑油。压缩机随着输出压力的提高,其本身温度也不断提高,可能会导致空气中的某些气体液化并渗入油中,会对润滑油的黏度产生破坏作用,所以要求油品本身具有良好的黏温特性,不易被所压气体侵蚀而始终保持一定黏度。

②压缩机油油膜长期凝结在阀片和阀口处易沉淀结垢,同时在控制系统中,存在许多精度细小的控制孔、控制膜片等,要求油品具有良好的清洁性,防止在系统中沉积结垢。

③在使用中应定期检测和更换压缩机润滑油,保持油品的黏度变化不大于10%,杂质和水分不大于0.1%。在更换油品时要注意清洁油底壳。

(2)应急设备润滑油

目前船用应急设备(应急发电机、救生艇、救助艇、应急消防泵等)的原动机大多是中高速柴油机。其润滑油的要求基本一致,即驱动这些设备的原动机能根据需求在任何环境下随时可以起动并投入正常运转,并要求设备工作可靠、有良好机动性能。

所有应急设备一般位于机舱之外,工作条件受环境影响较大,一般应选用多级黏度指数的$10W-30$,$15W-40$油品作为润滑油。以便于随时可以起动,保证良好机动性和可靠性。

6. 润滑脂

润滑脂又称"牛油""黄油""黄干油"。它是一种常温下呈膏状的可塑性润滑剂。润滑脂种类繁多,应用范围广泛,其使用历史比润滑油还长,按其成分和性能的不同,可达数百种之多。

由于机械设备的工作条件及性能不同,即使同一台设备在不同的使用环境条件下,其润滑脂的选用也有很大差别。在一定环境条件下,根据设备负荷特性,有针对性地选择好润滑脂才能保证润滑的要求。特别是润滑脂是属于"触变性"的可塑性的固体,外观难以检测确认,如果选择并使用不当,就会导致设备产生损坏。因此在选择润滑脂时,通常应考虑以下几个方面:

(1)耐高温润滑脂

目前工业及船舶要求耐高温的润滑脂,其温度通常可达150 ℃,对于燃气轮机及锅炉部位要求能够达到200 ℃,甚至260 ℃。在这些高温部位要求润滑脂能适应热负荷高、散热条件不好等环境要求,同时要求具有挥发性小、热稳定性好、抗疲劳载荷等特点。

(2)耐低温润滑脂

选择低温润滑脂主要用于冰机及空调设备,对于船舶甲板机械使用的润滑脂,由于要满足寒带地区航行的要求,因此要求润滑脂能在 -40 ℃甚至更低时应能保持良好的润滑性能。

(3)抵抗各种污染的润滑脂

润滑脂虽然本身就具有一定密封性,但由于润滑脂是定期填充的,其数量相对较少而且又不能循环,其散热条件差、易氧化。因此在使用中易遭受污染的途径较多,事实上,润滑脂在应用中易遭受污染而加速氧化,造成润滑性能降低或失去润滑性能,而导致工作设备噪音增大、加剧磨损甚至损坏。其遭受污染情况主要包括以下几个方面:

①水污染

船用设备润滑遭受水污染占有相当的比重。润滑脂遭受水污染,会使结构组织被破坏、纤维断裂而流失,使润滑遭受破坏,金属被磨损或锈蚀。如果进入的是海水,其中的盐分会聚集在金属表面,迅速发生腐蚀与损坏。所以,选择设备润滑,一定要考虑其不同的耐水要求。

②燃油侵蚀及燃气冲刷

用于柴油机的辅助机械的润滑脂有时会遭受燃气的冲刷,特殊场合也有被其他酸碱及有机溶剂污染的情况。这类物质接触很快把润滑脂稀释溶解,促使润滑脂从润滑工作表面脱离流失,因此选用润滑脂必须考虑耐油性能。

③颗粒状污染物污染

在运输矿粉、煤炭、散装水泥、石灰等货物情况下,外界砂粒或灰尘容易侵入到润滑脂中,造成润滑脂的污染,这种造成润滑脂污染的情况统称为固体污染。固体污染造成两种损坏形式,一是这些固体颗粒侵入润滑脂形成磨屑破坏乳化;二是固体颗粒同润滑脂起反应,生成沉淀物。为了消除影响,应尽量增加润滑脂层的厚度,还可通过缩短加油间隔时间,且每次加油确保添注的新油置换出原有的旧油。

(4)润滑脂的混用

在润滑脂的使用过程中应尽量避免不同品牌或不同匹次润滑油的混用。但对于船舶而言,固定使用一个匹次的润滑脂是不可能的,因此在使用不同匹次的润滑脂时,在使用前最好作混合试验,确保混合后不会产生不良影响,同时加大初次注入量,尽量彻底置换出原有的润滑脂,尽量减少混合比例。

五、润滑油的管理

1. 日常管理

（1）加强分离

①滑油分油机的分离温度保持在 85～90 ℃。

②大型低速柴油机的滑油分油机的分离量为额定流量的 1/4，中速筒形活塞柴油机的分油机的分离量为额定流量的 1/5。

③有比重环的分油机应选择合适的比重环，保持油水分离界面在分离盘架的外边缘；无比重环的分油机应确保水传感器的工作精度，保证可靠的排水。

④停泊期间，如果停泊时间不长（一周左右），应使滑油分油机连续工作；如果停泊时间较长（十天以上），可考虑适当地停止滑油分油机一段时间。

（2）对于筒形活塞柴油机，每一年对滑油循环舱进行一次清洁，每两年对滑油储存舱进行一次清洁。对于十字头式柴油机，可适当加长清洁时间间隔。

（3）对于筒形活塞柴油机，应按说明书的要求定期更换系统润滑油。

（4）当检测发现定期的滑油化验单反映出润滑油的部分指标变化异常或超标时，应及时采取措施，并尽快取得公司的技术支持。

（5）更换或报废主机系统润滑油必须得到公司的批准。

2. 润滑油的化验

①一般船舶具有一套专用的滑油取样器具，包括：取样瓶、取样标签、邮寄用包装物等，随润滑油添加一同定购。在公司的文件中包括各种标签填写说明及要求。

②公司的文件中规定了各种润滑油的取样周期，主要包括：主机系统油、副机系统油、艉轴管油、舵机油、甲板液压设备油等。一般主机、副机和艉轴管的取样化验周期为 3～4 个月；甲板机械的取样化验周期为 5～6 个月。

③取样点的选择应能代表使用中的润滑油情况，每次选择同一地点取样。

④取样应在机器运行期间，首先放掉足够的油量，以保证取样的代表性。

⑤取样标签应至少注明：船名、船舶 IMO 编号、公司名、取样港口、取样日期、设备运行时间、滑油牌号、油样邮寄日期及港口等。

六、润滑油的添加

1. 加油申请

轮机长应特别关注船舶各种润滑油的消耗情况，根据公司的要求及时准确地上报。尤其对于一些消耗大、关系到主机安全运行的润滑油，更应留有必要的应急储备量，如主机气缸油、主机系统油等。其加油申请原则应包括以下几个方面：

（1）不同的港口，同一品牌同一型号润滑油的供应价格不同，有时相差较大，为了节省润滑油的费用，应科学选择加油港口和加油量。在船舶配有的润滑油使用相关文件中，一般有关于本船使用品牌的润滑油在世界各地港口加油价格列表，轮机长应根据以后航次任务、船舶润滑油存量及日消耗情况，综合制订出各型号润滑油的补充计划，并报送公司。

（2）在制订加油计划时，应注意保持各润滑油的最低储存量。在抵达加油港加油时，气缸油应保持至少正常航行 5 天消耗的存量；主机系统油应保持至少主机正常工作循环量的 85%

存量。

(3)加油选择在靠泊装卸货或加装燃油时同时进行,应杜绝因加装润滑油专门挂靠港口。

(4)如果船舶处于航次租船或期租期间,应尽可能提前掌握租家的未来航次任务,避免在加油困难的港口补充润滑油。

(5)各主要品牌的润滑油都有各自的取样瓶,在向公司报送加油计划时应根据需要一起定购。

2.加油前的准备工作

(1)轮机长和主管轮机员应根据加油数量及船舶存油情况,做好加油计划。

(2)主管轮机员根据公司批准的加油计划做好加油准备工作,包括适当的并舱,尽量减少或避免混油。

(3)润滑油的加装一般由公司安排,但抵港前船长应主动与代理联系,确保加油时间与品种。

(4)如果加油被供应方延误,造成船舶直接或间接经济损失,船长应向供方提出滞期损失索赔报告并书面报告公司。

3.加油中的工作

(1)轮机长与供油方代表确认加油品种和数量。

(2)在散装情况下,轮机长应同供油方代表确定加油量计量方式。由主管轮机员与供油方代表一起记录供油驳的流量表初始数值和船舶相关油舱初始存油量,如果供油驳没有流量表,一般由主管轮机员与供油方代表一起测量供油驳的相关油舱的初始存油量。

(3)开始加油后应在数分钟之内核实被注入舱(柜)油量,确定油已经注入指定油舱(柜)中。

(4)当受油舱(柜)中的油量达到本舱(柜)高度的 3/4 时,应打开下一个舱(柜)的进口阀,防止溢油。注意应先全开下一个受油舱(柜)的进口阀,然后关闭正在装油的舱(柜)的进口阀。

(5)若主机气缸油与主机系统油同管,应先加装主机系统油;若主机系统油与副机系统油同管,应先加装副机系统油。但在换油之前,应尽量清空管系内的残油,尽量减少混油数量。

(6)监督油样的采取并在油样瓶上做好相关的标记。

4.加油结束后的工作

(1)等油舱(柜)中的油稳定后主管轮机员与供油代表一起测量船方的加油舱(柜)的加油量,同时测量供油驳的供油量,确认一致后,由轮机长在供油收据上签字。

(2)如果发生争议,轮机长应与供油方代表协商,一般应以船方的测量记录为准,如果协商不能达成一致,轮机长应告知船长,由船长决定下一步的措施:

①若船期允许,可通过船舶代理申请公证人上船进行公证测量,以公证测量为准,同时将情况上报公司。

②如果船期不允许,轮机长在加油收据上加批注,并将情况报告公司。

③如果船期不允许,轮机长可以签署书面声名(抗议),并由轮机长与供油方代表签字。

(3)若加装桶装润滑油,应快速驳入油舱(柜)中,在时间不允许的情况下可暂时放在甲板上,但应牢固绑扎,防止被海浪打入海中造成损失及海洋污染。

第三节　机舱备件管理

一、备件的数量要求

为了保证船舶的航行安全,船上必须备用主推进装置及辅助设备的主要备件。船舶库存适量的备件,可减少停航时间,但备件数量过多,则需占用大量资金和库存空间。在正常情况下,一般远洋船舶需备有大约 4 000 件价值 60 万美元的备件。因此,建立一套完善的备件管理系统,做好备件保管工作,及时地从供应商、岸上仓库得到备件,尽可能控制备件库存量,是轮机管理工作的重要组成部分。

1. 备件数量的控制

备件库存最少数量应满足船级社规定的最低数量需要,在正常适航情况下备件数量不得低于这个最少数量。

订货时间系指必须订货的最迟时间;否则将出现库存备件低于最少数量的情况(它与交货时间的长短有关)。

订货的数量主要取决于经济效益。订货量大则占用资金多。库存数量的变化,取决于备件消耗、订货数量和订货次数。对船上库存备件的数量可从下列几个方面来考虑:

(1)从安全上考虑,船上应配带哪些备件。

(2)应满足船级社的备件要求。

(3)适应船舶备件消耗的具体情况。

(4)应估计到备件交货时间的长短。

2. 法规对备件数量的要求

中国船级社《钢质海船入级规范》(2015)和中华人民共和国海事局《船舶与海上设施法定检验技术规则》(2008)对主要备件的数量都做了明确规定。船上备件如不能满足要求,不仅影响轮机入级证书的签发,而且影响法定证书(船舶航行安全证书或适航证书)的签发。

各船级社的规定不尽相同,在建造和营运中船东可引用有利于自己的规定。

(1)轮机装置的备件数量

对装有多机推进装置的船舶,仅需配备 1 台主机所需备件。如果发电机和空气压缩机的数量多于法规所要求的数量时可不需要备件。

(2)自动化系统的备件

船上应备有自动化系统的必要备件,以保证自动化系统的可维修性和可靠性。备件一般应为完整的单元,但如单元中的易损件易于更换,则可由这些零件代替单元。永久装设在自动化系统的储备元件,可作为规定的备件看待。

下列设备应按所装每一不同规格总数的 10% 配置备件,且至少应备一件:①容易损坏的传感器;②指示仪表;③控制器;④执行器(如电磁阀等);⑤继电器;⑥熔断器;⑦指示灯;⑧报警声响器;⑨电子计算机(若使用时)的功能模块、外部设备等。

二、备件管理系统

为了管理好船上的备件,必须建立一个备件管理系统,它包括备件管理、备件编号、备件标签、备件卡片、资料表格、备件存放位置、确定备件最大数量和最小数量、交货时间、订货单、定期记录等。

1. 对备件管理系统的要求

一个合适的备件管理系统应满足下列要求:

(1)完善的库房和备件货架。

(2)备件的良好库存,包括分类编号、标签、卡片等。

(3)备件的及时订购和修复。

(4)完整的备件订货资料,包括备件编号册、规格说明书等。

(5)各供应厂家的资料。

2. 人工备件管理系统

人工备件管理系统适用于分散管理的船舶,也适用于集中管理的船舶,在分散管理的船舶上,往往由轮机长负责备件管理的各项事务,如购置和收货,各类备件订货和备件控制,档案文件。这种系统适用于长时间与岸上人员机构缺乏联系的船舶。

所有备件的资料都可在备件表里查到。如备件存放位置、订货资料(正常库存、订货时间、订货数量等)、技术规格和备件名称。

每个设备应按分类编码给出编号。在各备件表格中应填写备件库存量,记录备件的消耗和订购。每个月轮机长应在相应表格中记录备件的收货和消耗情况。

3. 计算机备件管理系统

对于集中经营几个船队的庞大船舶公司,采用计算机备件管理系统是更有效的,不仅易于管理,而且备件资料也能互相补充。计算机既可用于船上,也可用于公司,或者两个地方都用,这取决于通信设备的能力。

计算机备件管理系统既能用于备件管理,又能用于维修保养系统,以便利用共同的技术资料。这种系统应具有备件供应的各种功用,如掌握整个船队的备件数据;控制备件的订货、接收和发送,当备件到了最小库存量时,计算机具有自动订购的能力;计算机打印出船上和仓库里现有的备件和应订购的数量,以及消耗和费用情况。

计算机备件管理系统的主要优点是:

(1)易于得到所有有关的备件技术资料。

(2)便于备件的成本控制(对资金影响较大的特殊备件的消耗数据)。

(3)有利于备件标签的打印。

(4)具有备件自动订购系统。

(5)可进行备件消耗的预测。

三、备件的管理

备件的管理是一项重要而复杂的技术工作,它不仅关系到备件费用的多少,而且也涉及航行安全和船期。备件数量过多会积压资金,而缺少备件甚至是很小的备件有时也会影响船舶安全,及时提出备件申请很有必要。管理备件的业务是公司和船舶的共同工作,船方的及时申请和公司的及时订购在备件管理中同等重要。目前正逐渐有效地应用电子计算机技术以提高备件管理水平。

1. 备件的管理原则

(1)由轮机部、甲板部船员主管的机、电、动力设备和其他设备备用的成品零部件等都属于备件范围之列。

(2)轮机部备件由大管轮直接管理。亲自或指定其他轮机员负责备件的接收和登记入库工作,各主管轮机员在详细掌握所管设备备件的库存情况的基础上,具体负责各自设备的备件补充申请工作,经大管轮确认,轮机长审批后报公司。

2. 备件的管理制度

中远总公司所制定的有关船舶备件的管理制度如下:

(1)各船应加强对备件的管理和合理使用,按备件清册的要求,对备件进行定期清点、登记,并把消耗情况报公司,重大备件消耗要简要说明损坏原因。

(2)凡申请船舶年度备件,应在该年二月份以前,向公司提出备件申请单。申请单必须准确地注明机型、出厂号、名称、备件号(或图号)、规格和数量。

(3)船在国外购买少量急用备件,必须经公司批准后方可购买,如来不及批复也应电告公司,并将订购情况及账单寄回公司,以便结账。除少量急用备件,一律不要空运。

(4)船在国内领取备件,应根据船存备件情况,合理地提出备件申领单,并由公司船技部门批准。

(5)船上备件要有专人保管,并负责填写备件清册,半年统计一次,并列出清单交轮机长审查后上报公司。

3. 备件的申请

(1)备件的订购

船舶备件的订购一般由公司负责。可以从备件系统(设备说明书)里找到备件编码和设备号码,将要订购的备件编码和数量填进去。订购备件必须填写连续的订货号码。此外,还要告知供应厂家要求的交货时间、交货地点等。当公司收到供应厂的备件供应的具体时间、地点后,应及时通知船舶,以便船舶做好备件的接收工作。

对于应急的备件需求,在获得公司的批准后,船舶可通过船舶当地代理直接向备件供应厂家订购备件。一般由轮机长在船上填写 4 份备件订单。将订单分送给供货厂家(原件)和船公司(副本);船上的 1 份副本放在"已订购"文件夹内,待收到备件后再送给船公司;船上的另 1 份副本存入"已订购"文件夹内长期存查。

(2)船舶备件的申请

备件申请是一项十分细致的工作,必须向供应商或备件制造厂提供本船和机型的详细资料,以便船舶供应商查找到所需要的备件。如果缺乏这方面的详细资料,可能订购不到需要的备件。如订购柴油机备件,订购单应提供下列资料:①船名(包括原船名);②船级社;③主机机型和气缸编号;④主机编号;⑤主机制造厂;⑥所需要的零件名称;⑦零件的编号;⑧需要的零件数量。

备件编号册对迅速正确地选购所需备件是十分重要的,因此轮机人员应熟练地使用备件编号册。如订购某设备的备件,根据其备件编号册可迅速查找到有关备件的编号,并正确填写出订购单。MAN B&W 柴油机没有专门的备件编码册,而且在第三卷结构说明书中给出了各部件的图号和零件号。在零件明细表上注有 B&W 标准号(B&W Standard No.),在订购单上也应注明。

备件申请还应注意下列事项:

①备件改型后是否可以通用。有的柴油机型号和备件编号不变,但某些备件如喷油器等的结构做了改进,应注意到它的适用性。

②备件质量有时差别很大,因为备件来源不同,有原制造厂生产的,有备件厂加工生产的,还有翻新的备件,所以要严格把好质量关。

③为了节约开支,必须向船舶供应商做好报价工作,以便我们选购到价格低廉、质量可靠的备件。

④对急需的备件,要求交货迅速,按期送上船。

⑤做好备件验收工作,凡型号不对、质量不合格、不能使用的备件应及时退货。

(3)船舶备件的接收

①每次备件送船时,大管轮应组织机舱人员对到船备件进行分类验收,验收项目应包括:备件号的核实、备件数量核实、备件质量的检查等,对任何有问题的备件应登记,并及时报告轮机长。

②轮机长对有问题(备件号、数量、质量等问题)的备件,如果时间允许应立即联系公司,根据公司的指示进行处理。

③在所有的送船备件被核实后,轮机长应在签收单上签字,一般还应加盖船章。

④签收的备件签收单应随船舶月报表寄往公司。

第四节 机舱物料和工具管理

一、机舱物料种类

机舱物料种类繁多,一般包括:燃料、润料、淡水、黑白金属、有色金属、金属制品、化学品、电工材料、各种工具、仪器仪表、安全和劳保用品、橡胶和纤维品以及其他各种杂品。

1. 燃润料和淡水

包括各种燃油、润滑油、润滑脂、淡水和蒸馏水。

2. 黑白金属

包括各种型钢、钢板、无缝钢管、焊接钢管、镀锌钢管、优质碳素钢材、合金钢材。

3. 有色金属

包括有色金属原材及合金、紫铜材、黄铜材、青铜材和铅、铝、锌材等。

4. 金属制品

包括各种阀门、管接头、螺栓、螺母、垫圈、开口销、焊接材料和其他金属制品。

5. 化学品

各种化学原料、添加剂、试剂、油漆、清洁剂等。

6. 电工材料

7. 各种工具

机舱使用的工具种类繁多，一般可分为三类：标准工具、推荐的专用工具、可租用的大型专用工具。

（1）标准工具

标准工具指机舱日常保养维修工作所需的通用工具及装置，如活络扳手、梅花扳手、开口扳手、六角扳手、套筒扳手、吊环螺钉、钳子、提升工具、应急处理工具、各种量具、油枪、电焊工具、气焊工具、虎钳、车床、钻床、刨床等。

（2）推荐的随机专用工具

对进行有关保养工作要比使用标准工具简便而省时间。缺乏专用工具不仅难以完成某些保养维修工作，而且还可能损坏设备。为了提高设备的可维修性和寿命，各种设备都随机配备推荐专用工具，因此专用工具的种类和数量越来越多，一般都随设备一起供应或订购。如各种专用扳手、专用拉具、专用吊环螺钉、专用顶丝、专用液压工具、气动工具、专用测量工具、清洗工具、研磨工具等。

（3）可租用的专用工具

可租用的专用工具指可向制造厂租借的、用于柴油机和重要部件的运输和安装的大型专用工具，如吊运横梁、托架、导轨、固定架等，安装结束后应归还给制造厂。

8. 仪器仪表

9. 安全和劳保用品

10. 垫料、橡胶及纤维品

11. 各种杂品

二、物料的申请与供应

一般船舶都配有船舶物料手册，主要有国际船舶供应商协会或国际船舶采购联盟出版的纸质版或电子安装版。手册中有各种物料的编号、规格、性能、材料、图示等，以便指导对物料的选用和订购。

根据公司规定或工作需要，一般每季度或每航次由大管轮填写物料申请单，经轮机长审查后报送公司，公司经审核安排方便港口供应。在港口购买急需的物料，应需事先经公司批准，一般通过港口代理购买。

物料供应到船舶时应安排专人负责接收，一般由大管轮或其指定的人员具体负责，并及时清点入库。

三、物料的保管

为了保证物料储存的安全和按计划使用，避免丢失和浪费现象的发生，根据物料的化学性质、价值和使用，一般分别集中储存。如设有电气物料存储间、易燃易爆物料存储间、易耗物料存储间等。轮机部物料一般由大管轮总负责。可根据船舶类型和配员情况分别指派轮助、机匠长、电机员等分别负责不同物料的具体保管工作。

四、工具的管理与使用

（1）工具清单

大管轮应编制好各类工具的清单，并根据工具清单每年清点一次，报告给公司。如果需要订购附加的专用工具或者需要更换工具时，应查明工具的名称、代号以及设备的型号。这些资料一般都附在设备说明书的工具表中。

（2）标准工具的使用和管理

每天的船舶保养工作都离不开各种工具，大管轮应根据船舶实际情况制定工具使用和管理制度。通常有下列措施：设专人保管工具，负责工具的保管和借还；常用工具发放给个人保管使用；在不同地点架设工具板，将常用工具悬挂在板上固定位置，用后放回原处。

（3）专用测量工具的管理

专用测量工具应保持良好的精度；否则会对机器的技术状况和维修计划带来麻烦。一般由轮机长或大管轮使用和保管。

（4）液压工具的使用和管理

为了减轻体力劳动和提高安装质量，液压工具得到越来越广泛的应用。液压拉伸器由一个千斤顶和一个间隔环组成。使用时应按照说明书规定的压力数值泵油，无论何时均不得超过规定压力的10%，切不可超负荷或敲打碰撞，也不可超过"最大拉伸量"。使用后释放油压并使拉伸器活塞复位，以备再用。万一超过了最大的拉伸量，润滑油由特殊设计的泄油孔泄放，在多数情况下，下密封圈容易损坏，因此要检查这道密封圈，必要时换新。

液压工具不使用时，应仔细地涂上油脂，放在干燥清洁的地方，防止损坏。长期存放或频繁使用后，密封圈会老化变硬，从而失去良好的密封作用。因此应储存一定数量的符合规定尺寸和质量要求的密封备件。安装新的密封圈时，应十分小心，不能损伤，不能过分拉紧而造成变形。

（5）专用工具的使用与管理

各轮机员所分管的专用工具由负责轮机员分管和使用；专用工具应在使用后清洁干净，涂上油脂防止生锈，损坏应及时补充；应放在固定的地方或专用工具箱内。

第七章 船舶安全管理体系和船舶安全检查

第一节 国际海上人命安全公约

一、公约产生的背景与修正

18 世纪欧洲的航海事业蓬勃发展,世界上主要航海国家相继成立了船级社,从而也推动了各国航海事业的更大发展。然而,恰在此时,1912 年 4 月 10 日英国建造的一艘 45 328 总吨的豪华客船"泰坦尼克"(Titanic)号,在从英国驶往美国纽约的首航途中,在大西洋与冰山相撞沉没,1 522 人丧生,造成了世界历史上空前惨重的海难事故,引起了世人的关注和国际组织的巨大震惊。为了避免重大海难事故的发生,首先由英国发起于 1913 年在伦敦主持召开了第一次国际海上人命安全会议,并于 1914 年 1 月 20 日签订了世界上第一个国际海上人命安全公约,即《1914 年国际海上人命安全公约》,由于第一次世界大战爆发,致使公约未能生效。此后,在 1929 年、1948 年分别在英国、美国召开了第二次、第三次国际海上人命安全会议,并分别制订和通过了《1930 年国际海上人命安全公约》《1948 年国际海上人命安全公约》,各于 1932 年、1952 年生效。由于 1959 年国际上已正式成立"政府间海事协商组织"(IMCO),因此国际上的海事公约不再由英国主办,而改由 IMCO 主办。第四次国际海上人命安全会议由 IMCO 在伦敦主持召开,制订了《1960 年国际海上人命安全公约》,于 1965 年生效。第五次海上人命安全会议于 1974 年在伦敦召开,制订了目前各缔约国政府执行的《1974 年国际海上人命安全公约》。

SOLAS 74 公约是历史上第 5 个《国际海上人命安全公约》,于 1980 年 5 月 25 日生效。是一个旨在对船舶及设备、船员操作、公司管理和船旗国管理等实施有效控制从而保障海上人命安全的国际公约,也是海上人命安全方面最古老、最重要的公约。SOLAS 74 公约自生效以来,由于航海技术的不断进步、海上事故的频繁发生、公约执行中所发现的问题以及 IMO 各种文件之间的统一协调等因素,历届 IMO 会议又陆续对其内容进行了修改、补充或更新,到 2006 年 12 月 SOLAS 74 公约共有两个议定书(即 1978 年 SOLAS 议定书和 1988 年 SOLAS 议定书)和 45 个修正案。

现行的公约由 SOLAS 74 公约及其附则和 1988 年议定书(于 2000 年 2 月产 3 日生效),以及不同年份、不断对附则加以修改、补充和更新的 SOLAS 74 公约修正案组成,其核心部分是公约的附则。

（1）国际油船安全和防污染会议于1978年2月17日通过的议定书（1978年SOLAS议定书），已经于1981年5月1日生效；该议定书在检验发证、操舵装置、雷达、惰性气体装置和证书格式等方面对公约提出了补充要求。

（2）国际检验与发证协调体系会议于1988年11月11日通过的议定书（1988年SOLAS议定书），已于2000年2月3日生效，并替代了1978年议定书。由于SOLAS 74公约、LL 66公约、MARPOL 73/78公约所规定的检验与发证的间隔期与公约生效的日期都不相同，而船东为了实施船舶检验，不得不调整船舶航行计划以适应到期的检验日期，这给船公司的运作带来不便。为此，IMO通过1988年SOLAS议定书实现建立一个检验与发证协调系统（HSSC），使上述各种检验能同时进行，且各公约的证书有效期，除客船安全证书为12个月外，其余全部统一协调为5年。

按照SOLAS 74公约第Ⅷ条（修正）的规定，以海上安全委员会扩大会议的形式，或以SOLAS缔约国大会的形式对SOLAS 74公约进行修改和更新。从公约附录中可以明显看出公约附则修改的频繁程度。为了加速使这些修正案生效，SOLAS 74公约引进了"默认程序"：

（1）根据SOLAS 74公约的第Ⅷ条（修正）（b）（ⅵ）（2）规定，对公约附则的修正案，除第Ⅰ章外，下列情况下应认为已被接受：

①从通知缔约国政府供其接受之日起的2年期限届满时。

②在海上安全委员会扩大会议上，由到会并投票的缔约国政府的2/3多数通过时所确定的不少于1年的不同期限届满时。

（2）如果在上述期间内，1/3以上的缔约国政府或商船合计吨位不少于世界商船总吨数50%的缔约国政府通知IMO秘书长反对该修正案，那么应认为该修正案未被接受。

（3）修正案被接受之日起，经6个月后就自动生效。

这就是通常所说的"默认程序"。SOLAS 74公约的所有修正案，几乎都是按照"默认程序"的预计生效日期开始生效。

二、公约的构成与主要内容

SOLAS 74公约包括：（1）公约正文；（2）1988年SOLAS议定书；（3）公约附则（安全规则）及其单项规则。这三个层次的规定是不可分割的。公约正文有13个条款，主要包括：公约的一般定义、适用范围；法律、规则；不可抗力情况；紧急情况下载运人员；以前的条约和公约；经协议订立的特殊规则；修正、签字、接受、核准；加入、生效、退出、保存、登记和文字等。SOLAS公约的附则是公约的主体，它包括以下内容：

（1）第Ⅰ章 总则

总则主要包括：公约的适用范围、有关名词的定义、适用公约的例外、免除以及规则的生效等内容；各种用途船舶法定检验的种类、检验的内容和签发证书以证明这些船舶符合公约要求；缔约国政府对到达其港口的船舶的监督的有关条款。

（2）第Ⅱ-1章 构造——分舱与稳性、机电设备

主要内容包括：本章共分为A、B、C、D、E五个部分，分别为：A部分——通则；A-1部分——船舶结构；B部分——分舱与稳性；B-1部分——货船分舱和破损稳性；C部分——机器设备；D部分——电气装置；E部分——周期性无人值班机器处所的附加要求。

（3）第Ⅱ-2章 构造——防火、探火和灭火

主要内容包括:适用范围、基本原则、名词定义,规定了防火、探火、灭火系统与设备的安装要求,以及对客船、货船、液货船在构造方面的防火措施和设备方面的灭火措施。

这些条款有以下原则:用耐热和结构性限界面将船舶划分为若干主竖区;用耐热和结构性限界面将起居处所与船舶其他处所隔开;限制可燃材料的使用;探知火源区的任何火灾;抑制和扑灭火源区的任何火灾;保护脱险通道或灭火通道;保证灭火设备的随时可用性;将易燃货物蒸发气体着火的可能性降至最低程度。

SOLAS 公约 2000 年 12 月修正案,于 2002 年 7 月 1 日生效的 MSC 99(73)决议,将第 Ⅱ - 2 章全部重新改写,修改后的第 Ⅱ - 2 章将有关消防设备、消防布置的技术标准从公约中分离出来,成为一本独立的强制性规则,即《国际消防系统安全规则(FSS 规则)》。新的第 Ⅱ - 2 章与《FSS 规则》一起构成了 SOLAS 公约中全新形式的防火保护、探火、灭火和逃生的消防安全模式。在保留了基本的规定要求的同时,还允许采用认可的替代消防安全设计和布置的方法。

(4)第Ⅲ章　救生设备与装置

规定了对通用救生设备与装置的要求以及专用于客船、货船上的救生设备与装置的要求。本章被 1983 年修正案全面修正过,并于 1986 年 7 月 1 日生效。经修正后的第Ⅲ章共有三部分:

A 部分——关于适用范围、免除、定义、救生设备和装置的鉴定、试验与认可,以及生产和试验的一般性规定。

B 部分——主要是关于船舶要求,规定了适用于客船和货船的共性要求与附加要求。

C 部分——关于救生设备的要求,共有 8 节:通则、个人救生设备的要求、视觉信号要求、救生艇筏要求、救助艇条款、降放与登乘设备、其他救生设备条款和其他事项。

(5)第Ⅳ章　无线电通信

本章在 1988 年进行了全面修改,将标题"无线电报和无线电话"(Radio Telegraphy and Radio Telephone)改为"无线电通信"(Radio Communications)并引入了全球海上遇险和安全系统(The Global Maritime Distress and Safety System,简称 GMDSS)。

(6)第Ⅴ章　航行安全

本章规定了由缔约国政府提供一定的航行安全服务。除另有明文规定外,本章涉及的安全操作规则适用于一切航线上的所有船舶,而公约附则的其他章节只适用于国际航行业务的一定等级的船舶。

(7)第Ⅵ章　货物装运

在 1991 年以前,本章仅涉及谷物运输的安全:由于谷物在运输中的移动特性,它直接影响到船舶的稳性,并可能导致灾难的发生。本章内容中包括谷物积载、平舱和固定的规定。经 1991 年修正案修正,现适用于除散装液体和气体货物以外的各类货物。

(8)第Ⅶ章　危险货物装运

本章包括了包装形式、散装固体形式、散装化学液体和液化气体危险货物的分类、包装、标志和积载的条款。其内容分为 A、B、C 三个部分:

A 部分——主要包括危险货物的分类、包装、标志、标签、铭牌、相关的文件和货物的存储,要求各缔约国政府颁布或促使颁布关于危险货物安全、包装和积载的细则,本章涉及《国际海运危险货物规则》(International Maritime Dangerous Goods Code,简称 IMDG 规则)。

B 部分——涉及散装液体化学品船舶的构造和设备,并规定 1986 年 7 月 1 日以后建造的液化船必须严格遵守《国际散装化学品船舶构造和设备规则》(The International Bulk Chemical Code,简称 IBC 规则):

C 部分——涉及散装液化气体船舶的构造和设备,并规定 1986 年 7 月 1 日以后建造的液化气体船舶必须严格遵守《国际散装运输液化气体船舶构造和设备规则》(The International Gas Carrier Code,简称 IGC 规则)。

(9)第Ⅷ章 核动力船舶

本章规定了基本要求,主要是关于放射性危害。1981 年国际海事组织大会通过了一个详细的、综合性的核动力商船安全规则,该规则是本章的不可分割的补充。

(10)第Ⅸ章 船舶安全营运管理(ISM)

公约附则新增的一章:1994 年 5 月 25 日缔约国大会通过,1998 年 7 月 1 日生效。

ISM 规则是 IMO 为了促进船舶海上营运安全和防止海洋环境污染的重大举措,是航运管理观念上的一次重大变革,是对传统的安全管理方法的一次重大突破。为了海上安全和环境保护,应该从控制人为因素着手,加强船公司的管理责任和船舶的安全操作,强调预防为主的思想,通过建立和运行安全管理体系和防污染活动实行"过程控制"。

随着 ISM 规则的全面实施,国际上各区域 PSC 组织,由过去重视硬件检查,过渡到重视软件的检查,对 ISM 规则的实施情况的检查,不但检查证书是否齐全有效,而且要查持证船员是否会操作。

(11)第Ⅹ章 高速船的安全措施

公约附则新增的一章:1994 年 5 月通过,1996 年 1 月 1 日生效。

1994 年的修正案还引入了《高速船安全规则》(The International Code of Safety for High-Speed Craft,简称 HSC 规则),并于 1996 年 1 月 1 日起实施。本章适用于 1996 年 1 月 1 日及以后建造的高速船。

2000 年 12 月的修正案对 1994 年的 HSC 规则进行了修改,修改后的规则适用于 2002 年 7 月 1 日及以后建造的高速艇筏,并已于 2002 年 7 月 1 日起强制执行。

(12)第Ⅺ章 加强海上安全的特别措施

公约附则新增的一章:1994 年 5 月通过,已于 1996 年 1 月 1 日生效。

本章Ⅺ-1 的主要内容有 4 条:

①对被认可组织的授权:由政府委托的有义务履行检验和检查的组织应当遵守 1993 年 11 月 IMO 制定的 A. 739(18)号决议案的要求。

②加强检验:对油船、船龄 5 年或以上的散装船,应当按照 IMO 通过的指南加强检验,并按照 MARPOL 73/78 公约和 SOLAS 公约的规定,在定期检验、年度检验和期间检验中进行。在加强检验的内容中特别强调了防腐蚀检验,其中包括钢板厚度、涂层和货舱防腐蚀系统的检验等。

③船舶识别号:100 总吨及以上的客船、300 总吨及以上货船应具有《国际海事组织船舶识别号方案》规定的船舶识别号。船舶识别号自船舶建造完工时给予,直到船舶报废拆船为止始终不变。船舶识别号应当列入船舶所有证书中,包括副本之中。

④港口国对操作要求的监督:规定缔约国政府正式授权的官员,对停靠该国港口的其他缔约国的船舶进行监督,评估船员履行职责的能力及对船舶安全营运程序的熟悉程度。缔约国政府应采取措施,确保检查不合格的船舶在缺陷消除前不得离港。

2002 年 12 月 12 日，IMO 大会通过了 SOLAS 公约新增的第 XI－2 章，即关于加强海上安全和保安的特别措施的修正案；会议通过了《国际船舶和港口设施保安规则》（ISPS 规则）。国际船舶和港口设施保安规则由 A 部分（其规定为强制性）和 B 部分（其规定为建议性）组成，要求船舶、船公司和港口设施符合国际船舶和港口设施保安规则 A 部分规定的相关要求，而规则 B 部分作为指导。ISPS 规则已于 2004 年 7 月 1 日生效。

（13）第 XII 章　散货船的附加安全措施

公约附则新增的一章：1997 年 11 月通过，1999 年 7 月 1 日生效。

本章主要涉及船长为 150 m 及以上的散装船的结构以及结构强度要求。

（14）第 XIII 章　符合性验证

公约附则新增的一章：2014 年 6 月通过，已于 2016 年 1 月 1 日生效。

本章旨在强制执行"IMO 文件实施规则"，从实施、执行、评估和复审等方面规定船旗国、沿岸国和港口国如何履约。

（15）第 XIV 章　在极地水域营运船舶的安全措施

公约附则新增的一章：2014 年 11 月通过，于 2017 年 1 月 1 日生效。

该章使国际极地水域营运船舶规则（引言和第 I－A 篇"安全措施"）具有强制性，旨在加强极地水域营运船舶的安全。

三、公约的性质

SOLAS 公约包含了为增进航运安全的各种各样的强制性措施。其主要目的是提供船舶构造安全、设备安全和操作安全的最低标准，同时要求缔约国政府有义务确保悬挂其国旗的船舶达到这一要求；公约规定船舶必须持有公约规定的有效证书，并作为达到公约标准的证据。当缔约国政府认为抵港的外国籍船舶不能充分履行公约时，有权对其进行监督检查。

IMO 将 1993 年的第 18 届大会通过的 A.741(18) 号决议《国际船舶安全营运和防止污染管理规则》纳入 SOLAS 74 公约第 IX 章内容，并成为强制性要求。2002 年 12 月召开的 IMO 海上保安外交大会，通过了 SOLAS 74 公约第 XI－2 章的新规定和《国际船舶和港口设施保安规则》。将公约的范围延伸至包括港口设施，但关于港口设施的规定应只涉及船/港界面活动。这使 SOLAS 74 公约的性质在以下两个方面发生了重大变化：

（1）SOLAS 公约已由原有的"纯技术"公约变成"技术管理"公约。原有的 SOLAS 74 公约附则共有 8 章，几乎所有条款，除第 III 章/18 条（关于弃船训练和操练）涉及到管理方面内容以外，全是技术性条款。但是新增的第 IX 章和第 XI 章内容多是有关管理方面的。这标志着 IMO 对海上人命安全和环境保护方面所采取的措施，在指导思想上有了一个很大转变，即意识到人为因素在确保海上安全和防止海洋污染中所起的重要作用。

（2）SOLAS 公约的范围从原有的船舶扩大到岸基。由于 ISM 规则和 ISPS 规则的实施，该公约不再局限于船舶本身，而且涉及了岸上的公司和港口设施，因此，可以说将 SOLAS 公约的内容扩大到了岸基。

第二节 国际安全管理规则

一、概述

1. ISM 规则的产生背景

世界经济的发展,促使世界船舶的数量、吨位和种类快速增加,船均可航水面变小了,船舶交通事故和污染事故频繁发生,危及船公司和国际经济利益,引起了国际社会的高度重视。传统上人们曾将船舶事故归咎于科技水平和产品质量,并努力改进。于是,船舶按有关标准配备救生、消防设备;油船设置专用压载舱和采用双层船壳,客船采用结构防火;装备现代化电子助航、导航、通信设备;采用性能优良的材料和计算机技术;用质量标准控制船用产品质量等。这些措施,确实提高了船舶构造和设备的质量和可靠性,避免了诸多事故的发生和恶化。同时,IMO 用《1978 年海员培训、发证和值班标准国际公约》提高船员素质和约束船员行为。然而,据若干年的权威统计,全世界全损船舶数量和吨位均居高不下,尤其是 1991 年全损船舶数达182 艘/171 万总吨,成历史最高记录。统计分析结果表明,船舶安全和污染事故的 80% 是人为因素造成的,且重点在于公司和船员对船舶的管理和操作。由此,IMO 致力于寻找有效地控制公司和船员的人为因素的途径。1987 年国际标准化组织(ISO)推出 ISO 9001~9004,因其较好地综合了现代管理的理论和方法,受到了 IMO 的重视并着手具体研究。1992 年 4 月,IMO 的海上安全委员会草拟了《国际安全管理规则》。1993 年 11 月 4 日,IMO 第 18 届大会通过了 A. 741(18)号决议,即《国际安全管理规则》(英文全称:International Management Code for the Safe Operation of Ships and for Pollution Prevention,缩写为 ISM Code;中文译为《国际船舶安全营运和防止污染管理规则》,简称《国际安全管理规则》;习惯称 ISM 规则)。1994 年 5 月,IMO SOLAS 公约缔约国大会通过了公约附则新增第Ⅸ章"船舶安全营运管理"的决议,把 ISM 规则纳入到 SOLAS 公约,从而使 ISM 规则的各项要求成为强制性实施的要求。国际海事组织海上安全委员会于 2000 年 12 月 5 日以 MSC. 104(73)号决议通过了《国际安全管理规则》(ISM 规则)的修正案。根据经修正的《1974 年国际海上人命安全公约》(SOLAS)的有关规定,该修正案通过默认接受程序于 2002 年 7 月 1 日起生效。缔约国的相应船舶从法定日期起,若未执行 ISM 规则,将不能从事国际航行。非缔约国的船舶则不能享受比缔约国船舶更优惠的待遇。加之 IMO 先后用 A742(18)、A787(19)号决议对港口国授权监控船上操作,为控制人为因素创造了良好条件。ISM 规则适用于除了政府经营用于非商业目的的船舶外的所有船舶,适用的公司有船舶所有人、船舶经营管理人和光船租赁人。

2. ISM 规则的特点

IMO 几十年来制定和实施了一系列有关海上安全和防止海洋污染的国际公约、规则、标准和决议,但 ISM 规则与 IMO 以往的强制性文件有明显的不同。以前的强制性文件都是针对船舶构造、船舶设备和船员的技术性的要求或标准作出的,而 ISM 规则却是要求负责船舶营运的公司和其所营运的船舶建立起一套科学、系统和程序化的安全管理体系,并要求船旗国主管机关对公司和船舶的安全管理体系进行审核和发证。从性质上区分,以前的强制性文件偏重于"硬件"管理;而 ISM 规则偏重于"软件"管理,主要对公司涉及船舶安全和防止污染管理的船岸人员的责任、权力和各种工作程序提出要求。

ISM 规则采用了国际通行的质量保证的过程控制原理,将船公司安全营运和船舶安全操作的各项活动归纳成一套适合本公司和船舶的安全管理体系,达到"工作程序化、活动规范化、行为文件化",并根据过去的经验教训制定预防措施。通过内部定期审核和外来审核、监督,不断改进、不断完善,从而将一切与安全和防污有关的管理活动置于严格控制之下,实现船舶安全营运和防止海上污染、减少海上人命伤亡和财产损失的目标。

二、ISM 规则内容

ISM 规则由前言和 16 条要素组成。这些要素包括:A 部分——实施(总则,安全和环境保护方针,公司的责任和权力,指定人员,船长的责任和权力,资源和人员,船上操作方案的制定,应急准备,不符合规定的情况、事故和险情的报告和分析,船舶和设备的维护,文件管理,公司审核、复查和评价);B 部分——发证与审核(发证与定期审核、临时、验证、审核、证书格式)。

前言指出,ISM 规则旨在提供船舶安全管理、安全营运和防止污染的国际标准;要求各国政府采取必要措施以保证船长在海上安全和保护海洋方面正当履行其职责;要求有适当的管理组织,使其能够对船上的某些需求作出反应,以便达到和保持安全和环境保护的高标准;声明考虑到航运公司或船舶所有人的情况各异以及船舶营运条件的大不相同,而 ISM 规则是根据一般原则和目标制定的,用概括性术语写成,因而具有广泛的适用性;强调高级领导层的承诺是做好安全管理工作的基础,而各级人员的责任心、能力、态度和主观能动性将决定安全和防污染的最终结果。

A 部分——实施

1.总则

1)定义

(1)国际安全管理(ISM)规则:系指由国际海事组织大会通过的,并可由该组织予以修正的《国际船舶安全营运和防止污染管理规则》。

(2)公司:系指船舶所有人,或已承担船舶所有人的船舶营运责任并在承担此责任时同意承担本规则规定的所有责任和义务的任何机构或个人,如管理人或光船承租人。

(3)主管机关:系指船旗国政府。

(4)安全管理体系(SMS):系指能使公司人员有效实施公司的安全及环境保护方针所建立并文件化的体系。

(5)符合证明(DOC):系指颁发给符合 ISM 规则要求的公司的证明文件。

(6)安全管理证书(SMC):系指颁发给船舶,证明公司及其船舶管理营运符合已批准的安全管理体系(SMS)的证书。

(7)客观证据:系指通过观察、衡量或测试获得并能被证实的有关安全或安全管理体系要素存在和实施的量或质的信息、记录或事实声明。

(8)评述:系指在安全管理审核过程中做出的并由客观证据证实的事实声明。

(9)不符合规定情况:系指客观证据表明不满足某一具体规定要求的可见情况。

(10)重大不符合规定情况:系指对人员或船舶安全构成严重威胁或对环境构成严重危险,并需要立即采取纠正措施的可辨别的背离,或未能有效或系统地实施本规则的要求。

（11）周年日：系指对应于有关文件或证书有效期届满之日的每一年中的该月该日。

（12）公约：系指经修正的《1974年国际海上人命安全公约》。

2）目标

（1）本规则的目标是保证海上安全，防止人员伤亡，避免对环境，特别是海洋环境造成危害以及对财产造成损失。

（2）公司的安全管理目标尤其应该是：

①提供船舶营运的安全做法和安全工作环境。

②对其船舶、人员及环境已标识的所有风险进行评估并制定适当的防范措施。

③不断提高岸上及船上人员的安全管理技能，包括安全及环境保护方面的应急部署。

（3）安全管理体系应当保证：

①符合强制性的规范和规则。

②对国际海事组织、主管机关、船级社和海运行业组织所建议的适用的规则、指南和标准予以考虑。

3）适用范围

本规则的要求适用于所有船舶。

4）安全管理体系（SMS）的基本要求

每个公司应建立、实施并保持包括下列基本要求的安全管理体系：

（1）安全和环境保护方针。

（2）确保船舶安全营运和环境保护符合有关的国际和船旗国立法的指令和程序。

（3）明确岸上和船上人员的权限和相互间的通信联络方式。

（4）按本规则规定报告事故及不合格的程序。

（5）应急情况的防备及处理程序。

（6）内审及管理评审程序。

2. 安全和环境保护方针

（1）公司应当制定安全和环境保护方针，说明如何实现公司的安全管理目标。

（2）公司应保证船、岸双方机构的所有层次都执行和维护该方针。

3. 公司的责任和权力

（1）如果负责船舶营运的实体不是船舶所有人，则船舶所有人必须向主管机关报告该实体的全称和详细情况。

（2）对管理、从事和审核涉及安全和防污染工作的所有人员，公司应当用文件形式明确规定其责任、权限及相互关系。

（3）公司负责确保提供足够资源和岸基地的支持，使指定人员能履行其职能。

4. 指定人员

为确保每一艘船舶的安全营运并提供公司与船上之间的联系，公司应当根据情况指定一名或数名能直接同最高管理层联系的岸上人员。指定人员的责任和权力应包括对每一艘船的安全营运和防止污染方面进行监控，并确保需要时提供足够的资源和岸上的支持。

5. 船长的责任和权力

（1）公司应以文件形式明确规定船长的下列责任：

①执行公司的安全和环境保护方针。

②激励船员遵守该方针。

③以简明方式发布相应的命令和指令。

④审核具体要求的遵守情况。

⑤定期复查安全管理体系并向岸上管理部门报告其不足之处。

(2)公司应当保证在船上实施的安全管理体系中包含一个强调船长权力的明确声明。公司应当在安全管理体系中确立船长的绝对权力和责任(the Overriding Authority and the Responsibility),以便做出关于安全和防污染事务的决定并在必要时要求公司给予协助。

6.资源和人员

(1)公司应当保证船长：

①有适当的指挥资格。

②完全熟悉公司的安全管理体系。

③得到必要的支持,以便可靠地履行其职责。

(2)公司应确保每艘船舶：

①根据本国和国际的有关规定,为每艘船舶配备合格、持证且健康的船员。

②配备满足船上各种安全操作要求的合适的人员。

(3)公司应当建立有关程序,以便保证涉及安全和环境保护工作的新聘人员和新调到该岗位的人员能适当熟悉其职责。凡需在开航前做出的指令均应当标明并以文件形式下达。

(4)公司应当保证与公司安全管理体系有关的所有人员对有关规定、规则和指南有充分的理解。

(5)公司应当建立并保持有关程序,以便标明为实施安全管理体系可能需要的任何培训,并保证向所有相关人员提供这种培训。

(6)公司应当建立有关程序,使船上人员藉此能够获得以一种工作语言或他们懂得的其他语言书写的有关安全管理体系的信息。

(7)公司应当保证船上人员在履行其涉及安全管理体系的职责时能够有效地交流。

7.船上操作方案的制订

对涉及人员、船舶安全和防止污染的关键性的船上操作,公司应当建立制订有关程序、方案或须知包括必要的检查清单。与之相关的各项工作,应当明确规定并分配给适任人员。

8.应急准备(应急部署/应急计划)

(1)对船上可能出现的紧急情况,公司应当予以标识并制定对其做出反应的程序。

(2)公司应当制订应急行动的训练和演习计划。

(3)安全管理体系应提供措施,确保公司有关机构能在任何时候对涉及其船舶的危险、事故和紧急情况做出反应。

9.对不符合规定的情况、事故和险情的报告和分析

(1)安全管理体系应当包括确保不符合规定的情况、事故和险情得到报告(至公司)、调查和分析的程序,以便改进安全和防污染工作。

(2)公司应当制定实施纠正措施的程序,包括避免不符合规定情况、事故、险情重复发生的措施。

10.船舶和设备的维护

(1)公司应当建立有关程序,以保证船舶按照有关规定、规则以及公司可能制定的任何附

加要求进行维护中。

（2）为满足这些要求,公司应当保证:

①按照适当的间隔期进行检查。

②报告已知的不符合规定的情况并附可能的原因。

③采取适当的纠正措施。

④保存这些活动的记录。

（3）公司应当标识那些会因突发性运行故障而导致险情的设备和技术系统。安全管理体系应当提供旨在提高这些设备和系统可靠性的具体措施。这些措施应当包括对备用装置及设备或非连续使用的技术系统的定期测试。

（4）上述（2）中的检查和（3）提及的措施应纳入船舶的日常操作性维护。

11. 文件管理

（1）公司应当建立并保持控制与安全管理体系有关的所有文件和资料的程序。

（2）公司应当保证:

①各有关部门均能获得有效的文件。

②文件的更改应由经授权的人审查批准。

③被废止的文件应及时清除。

（3）用于阐述和实施安全管理体系的文件可称为"安全管理手册"。文件应当以公司认为最有效的方式予以保存。每艘船舶应备有与之有关的全部文件。

12. 公司审核、复查和评价

（1）公司应当在不超过 12 个月的间隔期内对船上及岸基实施内部审核,以核查安全和防止污染活动是否符合安全管理体系的要求。在特殊情况下,间隔期不应超过 15 个月。

（2）公司应定期核查所有受托承担涉及 ISM 事务的相关方开展的工作是否与本规则规定的公司责任相符。

（3）公司应当根据制定的有关程序定期评价安全管理体系的有效性。

（4）除非由于公司的规模和性质不可能做到,实施审核的人员应当不从属于被审核的部门。

（5）审核及复查结果应当告知该部门所有责任人员,以提醒他们注意。

（6）负责该部门的管理人员应当对所发现的缺陷及时采取纠正措施。

B 部分——发证与审核

13. 发证与定期审核

（1）船舶应当由持有与该船相关的符合证明或符合 14.1 要求的临时符合证明的公司营运。

（2）符合证明应由主管机关,主管机关认可的机构,或应主管机关的请求由另一缔约国政府,签发给符合本规则要求的公司。符合证明的有效期由主管机关确定,但不超过 5 年。该证明应当被视为该公司能够符合本规则要求的证据。

（3）符合证明只对其载明的船舶种类有效。所载明的船舶种类以初次审核所认定的船舶种类为依据。其他船舶种类,只有在审核其公司的能力确已满足本规则关于此类船舶种类的要求时才能被载入。本规则所指的船舶类型系指 SOLAS 公约第Ⅸ章/1 条所定义的船舶类型。

（4）符合证明的有效性应当服从于由主管机关或主管机关认可的机构，或者应主管机关的请求由另一缔约国政府在周年日前或后三个月内实施的年度审核。

（5）如果没有申请13.4所要求的年度审核，或者有证据表明存在重大不符合规定情况时，主管机关或应主管机关的请求签发证书的缔约国政府应当收回符合证明。如果收回符合证明，所有相关的安全管理证书、临时安全管理证书也应当收回。

（6）船上应当保存一份符合证明的副本，以便船长被要求时出示给主管机关或主管机关认可的机构查验，以及用来接受公约第Ⅸ章/6.2条规定的监督检查。该副本不必是签发的原件。

（7）对于每艘船舶，由主管机关、主管机关认可的机构或在主管机关的要求下，由另一缔约国政府签发不超过5年的安全管理证书。安全管理证书应在验证了公司和船舶的管理已根据批准的安全管理体系运行后签发。此证明应被作为该船舶能符合ISM规则要求的语气予以接受。

（8）安全管理证书的有效性应当服从于由主管机关或主管机关认可的机构，或者是应主管机关的请求由另一缔约国政府实施的至少一次的中间审核。如果只进行一次中间审核，且安全管理证书的有效期为5年，中间审核应当在证书的第二和第三个周年日之间进行。

（9）除了13.5的要求之外，如果没有申请13.8要求的中间审核，或者有证据表明存在重大不符合规定情况时，主管机关或应主管机关请求签发该证书的缔约国政府应当收回安全管理证书。

（10）尽管有13.2和13.7的规定，当换证审核在所持符合证明或安全管理证书有效期届满之前三个月内完成时，新签发的符合证明或安全管理证书应当自完成换证审核之日起有效，且有效期自原证书有效期届满之日起不超过5年。

（11）当换证审核在所持符合证明或安全管理证书有效期届满之日三个月前完成时，新签发的符合证明或安全管理证书应当自完成换证审核之日起有效，且有效期自完成换证审核之日起不超过5年。

（12）当换证审核在原安全管理证书有效期届满之日后完成时，新签发的安全管理证书应当自完成换证审核之日起有效，且有效期自原证书有效期届满之日起不超过5年。

（13）如果在原安全管理证书有效期届满日前换证审核已完成，但新证书还未签发或未到船，则主管机关或主管机关认可的机构可以对原证书予以不超过5个月的展期签注。

（14）当安全管理证书有效期届满时，如果船舶不在将要对其进行审核的港口，主管机关可以对其安全管理证书有效期予以不超过3个月的展期，但此种展期只能是在适当、合理的情况下并且是出于允许该船航行至接受审核的港口的目的。被给予证书展期的船舶到达接受审核的港口后，在没有取得新证书的情况下不允许离港。换证审核完成后，新安全管理证书的有效期自原证书展期前届满日起不超过五年。

14.临时审核

（1）对于下列公司，为便利其初始实施本规则，在审核该公司业已建立的安全管理体系满足本规则的目标要求后，可向其签发一份临时符合证明，但前提是该公司已做出在临时符合证明有效期内运行满足本规则全部规定的安全管理体系的计划：

①公司新成立。

②现有符合证明新增船舶种类。

该临时符合证明应由主管机关或主管机关认可的机构,或者应主管机关的请求由另一缔约国政府签发,有效期不超过12个月。船上应当保存一份临时符合证明的副本,以便船长被要求时出示给主管机关或主管机关认可的机构查验,以及用来接受公约第Ⅸ章/6.2条规定的监督检查。该副本不必是签发的原件。

(2)下述情况下可向船舶签发临时安全管理证书:

①新造船交付使用。

②公司新承担一艘船舶的营运责任。

③船舶换旗。

该临时安全管理证书应由主管机关或主管机关认可的机构,或者应主管机关的请求由另一缔约国政府签发,有效期不超过6个月。

(3)在特殊情况下,主管机关或应主管机关请求的另一缔约国政府,可以对临时安全管理证书进行自其届满之日起不超过6个月的展期。

(4)临时安全管理证书应在审核下述情况后签发给船舶:

①公司符合证明或临时符合证明覆盖了该船种。

②公司在该船实施的安全管理体系涵盖了本规则的关键要素并在为签发符合证明的审核中已做评估或在为签发临时符合证明的审核中已表明。

③公司已做好三个月内对该船实施内审的计划。

④船长和高级船员熟悉安全管理体系以及其实施的计划安排。

⑤已标明的重要指令在开航前已下达。

⑥已用工作语言或船上人员懂得的其他语言提供了有关安全管理体系的信息。

15. 验证

本规则要求的所有审核,应当按照主管机关充分考虑国际海事组织制定的指南后认可的程序进行。

16. 证书格式

(1)符合证明、安全管理证书、临时符合证明和临时安全管理证书应当按照本规则附录所示格式制作。如果所用语言既非英文又非法文,证书文字应当包括其中一种。

(2)除了本规则13.3的要求,符合证明和临时符合证明中所载明的船舶种类可加以签注以反映安全管理体系中所规定的船舶营运的限制。

三、安全管理体系

根据 ISM 规则的要求,凡从事国际航行的船舶及经营国际航运的公司,应根据船舶种类实施 ISM 规则的时间限制要求,建立、实施和保持一个安全管理体系(Safety Management System,简称 SMS),并经主管机关或其授权的机构进行认证审核。凡审核合格的公司将取得《符合证明》(Document of Compliance,简称 DOC),其所属船舶在具有公司《符合证明》副本的情况下,经审核合格,可取得船舶《安全管理证书》(Safety Management Certificate,简称 SMC)。

1. SMS 的基本概念

所谓"安全管理体系",指能使公司人员和船上人员有效地实施公司和船舶的安全与防污染方针的一种结构化和文件化的管理体系。该体系由组织机构、人员责任、工作程序、活动过程和人力财力资源等五大要素构成。

根据 ISM 规则要求,每个公司建立的安全管理体系应遵循的基本原则有:

(1)安全和环境保护方针及其实施策略

管理应该是有目标的,建立一个切实可行的安全管理体系,必须要有明确的目标。安全与环境保护方针是公司经营方针的重要组成部分,是公司安全管理的总纲和灵魂,SMS 是为了遵循和落实安全方针。方针的内容包含 ISM 规则第 1 节规定的规则目标、公司目标和 SMS 目标,以及方针口号和原则性措施。方针以总经理声明的形式签发生效。简单的方针口号有"健康—安全—环保""预防为主、保证安全、保护环境、保持健康、适任适航、优质服务""提高素质、保护环境、安全优质、高效创业"。

(2)明确规定岸上和船上各部门和岗位人员的责任、权力以及相互间的关系,不能存在责任、权力的交叉或空白和关系含糊不清的现象。

(3)达到和保持安全和防污染的高标准。SMS 必须符合 ISM 规则、SOLAS 74、MARPOL 73/78、L. L 66、STCW 95 等国际和国内的强制性规定,同时还要对国际组织、国内主管机关及船级社和有关海运行业组织所建议适用的规则、指南、标准予以充分考虑。

2. SMS 文件体系

SMS 文件体系是描述 SMS 的一整套文件,是公司开展安全管理活动和环境保护活动的法定工作依据,是达到安全管理目标的最好、最切合实际的方法和途径,也是防止、消除和减少事故的工具和保证。

SMS 文件体系的构成可分为 2 个方面 3 个层次。2 个方面指公司和船舶;3 个层次指文件体系、程序文件和运行记录。

1)SMS 文件体系的结构

(1)公司文件体系的构成

①第一部分:公司的方针目标,即公司在安全管理方面想要做什么。

②第二部分:体系,即公司对安全和防污染管理的组织控制要达到什么样的目标。

③第三部分:程序,即说明安全和防污染管理工作由谁做,何时做,何处做,做什么。

④第四部分:须知和相关记录,即在安全和防污染管理上怎么做的文件以及做了以后留下的记录。

(2)船舶文件体系的构成

船舶文件体系结构与公司文件相同,但体现船舶安全和防污染管理特点及对公司体系文件补充的操作性文件。

船舶文件体系和公司文件体系的原则相一致,不应存在矛盾和抵触,而应确定界面,消除重叠,合理接口,形成统一。

2)SMS 文件体系的层次

(1)第一层次:安全管理手册

安全管理手册中包括最高领导层的政策声明、方针目标及落实 ISM 规则的各项具体要求等,其具体内容有:目标与方针,组织结构,职责分工,安全与防污染的管理,人员与配备,资格与培训,文件管理,行政管理与计划,应急部署等项。

(2)第二层次:程序文件(或称专业手册/安全管理程序手册)

程序文件是基于安全管理手册,是后者的支持性文件。即把安全管理手册所规定的要求,按部门分工具体化,同时明确各部门间的相互关系。

（3）第三层次：须知文件（或称操作手册）

包括操作须知、设备使用说明、保养维修规定等指导文件，是具体说明如何进行每一项工作的文件。

SMS文件体系的3个层次，既独立又有联系。其中"安全管理手册"等通用性文件，公司和船舶都须配置。

3. SMS若干要点

1）ISM规则第七条"船上操作方案的制定"中规定：对涉及船舶安全和防污染的关键性的船上操作，公司应建立制定有关方案和须知的程序。

根据对船舶安全和防污染的影响程度，关键性操作可分为关键操作和特殊操作。

（1）关键操作（又称临界操作）系指其任何过失都可能立即造成船舶碰撞、船体损伤、水域污染或人员伤亡等严重事故或产生直接威胁人命安全、船舶安全或环境保护的危险局面的所有操作。

关键操作应严格按照须知进行，并应密切监督操作是否符合要求。公司应对从事船上关键操作的船员的资格予以规定并予以监督。

关键操作至少包括：

①在限制水域或交通密集区域航行。

②在接近陆地水域或交通密集水域内可能造成突然失去操纵能力的操作。

③在视线不良条件下的航行。

④在恶劣气象条件下的航行。

⑤危险货物和有毒有害物质的装卸和积载。

⑥海上加油和驳油。

⑦液化气体运输船、化学品船和油船的货物操作。

⑧关键性机器、设备的操作。

（2）特殊操作系指那些仅在险情已产生或事故已发生时，其过失才会明显看出来的操作。特殊操作具有过失显露的滞后性，往往在发生事故或出现险情时，才显示出操作中的不当或错误行为。因此，船上特殊操作的程序和须知应强调预防和检查，旨在事故发生前纠正不安全的做法。

特殊操作至少包括：

①保证水密完整性。

②航行安全，包括海图和有关出版物的改正。

③影响航行安全设备（如舵机等）及其有关的备用设备可靠性的试验操作、维护保养/操作。

④港内加油操作及驳油作业。

⑤保持稳性、防止超载和应力集中。

⑥集装箱、货物及其他物品的绑固。

⑦船舶保安、防暴力和海盗行为。

2）ISM规则第八条"应急准备"中规定，对船上可能出现的紧急情况，公司应建立标明、阐述和反应的程序。

SMS文件体系应制订应急文件。应急文件包括船岸应急程序（组织、职责、通信联络和报告、请求援助、应对媒体等)和反应计划(应急部署)。

船上紧急情况可分为四类：

(1)火灾与海损类：火灾/爆炸；船舶碰撞；搁浅/触礁；船舶破损、进水；天气损害；弃船等。

(2)机损与污染类：主机故障；舵机失灵；电源故障；机舱事故；油污染等。

(3)货物损害类：货物移动；海难自救抛货；危险货物事故等。

(4)治安与人员伤亡类：严重伤病；进入封闭场所；人员落水；搜寻和救助；海盗和暴力行为；战区遇险；直升机操作等。

SMS 应对可能出现的船上紧急情况制定相应的处理程序，以便船上一旦发生紧急情况，岸上和船上人员能及时有效地处理。

应急部署程序至少应包括：消防和救生演习；应急设备的使用；应急发电机操作；舵机失灵时操作；机舱进水；应急救援和疏散；限制区域的救助；危险物质的清除；意外事故；消防设备、救生设备和人员防护设备的维护管理等。

3)ISM 规则第九条"不符合规定的情况、事故和险情的报告和分析"

(1)不符合规定的情况，系指不能满足某种具体要求的客观情况，例如，未执行相应的体系文件要求等。

(2)事故，系指造成人员伤亡、环境污染、船舶和货物损害的事件，例如，工伤、溢油、碰撞、失火等。

(3)险情，系指危及人身、损害船货事故的前兆。

SMS 应建立并执行不符合规定情况、事故和险情的报告分析制度，以便公司相应管理部门及时进行审议、评估并采取纠正措施，同时，船舶应制定并实施预防措施和纠正措施。预防措施和纠正措施应采用恰当的信息来源，如港口国监督检查、船旗国安全检查所发现的缺陷，船舶法定检验和船级检验时所发现的缺陷，体系内审时发现的缺陷以及本船各类事故和不符合规定情况等。在实施过程中，应对上述缺陷和事故查明原因、损害和后果，并对操作过程的各个环节作出明确详细记录，以便作为 SMS 复查的依据。

四、发证、审核和监督

根据 SOLAS 公约第Ⅸ章规定，由缔约国主管机关负责审核公司与 ISM 规则要求的符合性，并向符合要求的公司颁发符合证明以及向船舶颁发"安全管理证书"；也可由主管机关认可的组织或应主管机关请求的另一缔约国政府颁发 DOC，主管机关认可的组织颁发 SMC，例如主管机关认可的船级社等组织。

我国政府规定，中国船级社为实施《国际船舶安全管理规则》的所有船舶的发证机构，海事局作为主管机关对发证工作负责监督；船公司的符合证明由交通运输部海事局签发。

船公司为获得 DOC 的签发和保持 DOC 的有效性应进行初次审核、年度审核、换证审核和附加审核；船舶为获得 SMC 的签发和保持 SMC 的有效性应进行初次审核、中间审核、换证审核和附加审核。

1.公司的各种审核和 DOC 的签发

1)初次审核

在公司向主管机关提出外部审核的申请后，主管机关将根据评估标准审核公司实施 ISM 规则的情况，公司 SMS 的初次审核是验证公司 SMS 与 ISM 规则要求的符合性。公司 SMS 的初次审核包括文件评审和公司现场审核,必要时,可安排预访问。

(1)文件初步评审

①在现场审核前,审核员应评审安全管理手册,以验证 SMS 及有关文件是否符合 ISM 规则的要求。

②如安全管理手册所描述的 SMS 不充分,本社将通知公司推迟公司现场审核,并要求公司采取纠正措施。

③对纠正文件评审过程中所发现的不足而所进行的安全管理体系文件的修改,可以采用文件书面验证,或在随后的现场审核时进行验证。

(2)预访问

①经文件评审,审核组认为需要,可安排对公司的预访问。预防问的目的是了解公司船舶安全管理体系,并方便制订审核计划。

②在预访问过程中,审核员不应提供任何有关船舶安全管理体系建立和改进的咨询性意见。

(3)公司现场审核

公司现场审核应收集下列方面的客观证据:

①公司 SMS 已至少运行 3 个月。

②公司管理的每种船型中,各有一艘船舶的 SMS 已经至少运行 3 个月。

③公司已进行的岸基地包括分支机构和船上的内部安全管理审核的记录。

④至少检查和验证公司管理的每一种船型的各一艘船舶的法定和船级记录的正确性。

公司的初次审核应验证所有 SMS 的要素,及其符合 ISM 规则要求的有效性。现场审核应对公司的总部进行。如公司的组织机构设有分支机构并指派了 SMS 职责时,现场审核应覆盖代表性的分支机构。需要审核的分支机构数量按表 7-1 确定,以确保覆盖 SMS 要素和 ISM 所有要求所需的所有合适的分支机构。每个分支机构的审核应涉及与该分支机构有关的 SMS 要素。

表 7-1 需要审核的分支机构数量

执行相同活动的分支机构总数	审核的分支机构数量
1	1
2 ~ 3	2
4 ~ 6	3
大于 6	$\sqrt{X}$ 取整数

2)年度审核

年度审核应在 DOC 签发之日的每周年日前或后 3 个月内进行。

(1)年度审核应至少验证下列方面:

①SMS 的有效运行。

②SMS 的可能修改符合 ISM 规则要求。

③纠正措施已实施。

④法定和船级证书保持有效,且没有逾期的检验项目。

⑤公司管理的船舶类型。

（2）公司的年度审核应验证所有 SMS 的要素，及其符合 ISM 规则要求的有效性。

（3）公司的年度审核至少应对在 DOC 上标识的每种船型和各一艘船舶进行法定和船级证书的验证。

（4）年度审核应包括对上一次公司和船舶审核所报告的不合格的评审。审核员应对不合格进行抽查，验证公司是否按 ISM 规则要求对不合格进行调查、分析和处理。

（5）年度审核应包括对总部和分支机构的审核，需要审核的分支机构按表 7-1 取值 0.6 系数乘积取整数。如在 DOC 有效期内，公司在其 SMS 内新增分支机构，则应在下一次的年度审核时对其进行审核，在签署 DOC 时，应将其新增分支机构在 DOC 上标识。

（6）如在年度审核中有客观证据表明公司未管理 DOC 上所列的某一种船型的船舶持续超过 1 年，DOC 上标识的该船型应予以取消。

3）换证审核

DOC 的有效期为 5 年。DOC 到期之日前 6 个月内，公司应经受换证审核，并应在 DOC 到期之日前完成审核。

公司在申请换证审核时，应声明其 SMS 的变更情况。如果 SMS 已进行修改，则应按初次审核规定进行文件评审。

换证审核时，公司的现场审核范围和程度应与初次审核相同。

换证审核应包括对上一次公司和船舶审核所报告的不合格的评审。审核员应对不合格进行抽查，验证公司是否按 ISM 规则要求对不合格进行调查、分析和处理。

当换证审核的结果证明公司的 SMS 仍有效地保持并符合规定时，换发新的 DOC，新 DOC 起算日即为原 DOC 到期日。

在所有严重不合格消除前，不得签发新的 DOC。在其他的不合格消除前，可签发 DOC，但必须有公司和审核员均同意的在 3 个月内完成纠正措施的计划。

4）附加审核

（1）下列情况之一，应申请公司 DOC 的附加审核。

①当 DOC 覆盖的船舶发生重大船舶安全事故、重大船上人员伤亡事故和水域污染事件时，根据公司的报告，认为必要时。

②当公司的 SMS 发生更改时，根据公司报告的 SMS 变更性质，认为必要时。

③当 DOC 覆盖的船舶发生 PSC 滞留，并认为 PSC 滞留与 SMS 实施有关时。

④当 SMS 中增加的具有附加要求的船旗或船型，所涉及船舶临时 DOC 转发为 DOC 时。

⑤当 DOC 撤消后，重新申请签发 DOC 时。

⑥当需要跟踪针对不合格的纠正措施的有效性时。

（2）附加审核的项目、范围和区域根据公司 SMS 的修改或不合格的内容确定。

5）DOC 的签发

（1）在满意地完成初次审核或换证审核后，应向公司签发 DOC。公司应将 DOC 副本送至每一处有关的岸基地和公司船队的每一艘船上。

（2）DOC 应指明公司 SMS 所管理的船舶类型。

（3）在所有严重不合格消除前（即未完成纠正并由审核员验证），不得签发 DOC。

（4）在其他的不合格消除前，可签发 DOC，但必须有公司和审核员均同意在 3 个月内完成纠正措施的计划。

6）临时 DOC 的签发

（1）在更换船旗国或公司时，应根据规定作出专门的过渡性安排。

（2）对新建公司或持有 DOC 但需新增船型的公司，为便于 ISM 规则的初始实施，可签发临时 DOC。

（3）在证明公司具有满足 ISM 规则的目标后，可签发有效期不超过 12 个月的临时 DOC。公司应提供在临时 DOC 的有效期内实施满足 ISM 规则全部要求的 SMS 的计划。

2. 船舶的各种审核和 SMC 的签发

1）初次审核

公司的 SMS 审核满意地完成之后，可开始安排/计划公司所属船舶的初次审核。船舶 SMS 初次审核是验证公司和其船舶管理操作与批准的公司 SMS 的符合性和满足 ISM 规则适用要求的有效性。船舶 SMS 初次审核包括必要的文件核查和船上审核。

（1）文件核查

在船上审核实施之前，应验证下列文件：

①公司 DOC 的有效性，以及与该船型船舶的相关性。

②船上配备了有效的 SMS 文件。

如果与该船舶有关的公司 DOC 不是由该船级社签发，该船级社可要求公司在审核实施前向该船级社提交已批准的船舶安全管理体系文件备查。如果与该船舶有关的公司 DOC 是由该船级社签发，审核员根据具体情况，在船上审核时或之前对船舶安全管理体系文件核查。

（2）船上审核

船上审核至少应收集下列方面的客观证据：

①SMS 的有效运行。

②SMS 在该船型的船上至少已运行 3 个月。

③由公司进行的该船舶内部安全管理审核的记录。

船上初次审核应验证所有船舶适用的 SMS 要素及符合 ISM 规则要求的有效性。是否完全纠正所有严重不合格；对其他不合格所采取纠正措施规定时间，即必须有公司或船舶和审核员均同意 3 个月内完成纠正措施的计划。

在满意地完成审核后，应向船舶签发 SMC，其副本送至公司。SMC 的有效期为 5 年。

（3）临时 SMC 的签发

①在更换船旗国或公司时，应根据规定作出专门过渡性安排。

②在新造船交接和公司为新进船舶承担管理职责时，为使船舶能操作和积累 SMS 有效运行的客观证据。

③临时 SMC 的有效期不超过 6 个月；在特殊情况下，可对临时 SMC 再展期 6 个月。

2）中间审核

（1）在船舶 SMC 有效期内应至少进行 1 次中间审核。在 SMS 运行初期，或根据不合格性质，若主管机关认为有必要可增加中间审核的频次。如仅进行 1 次，则应在证书签发的第 2 周年日至第 3 周年日内进行中间审核。

（2）中间审核特别应验证：

①SMS 的有效运行。

②SMS 的修改符合 ISM 规则要求。

③纠正措施已得到实施。

④法定和船级证书保持有效,且没有一项检验项目逾期。

(3)船上中间审核应验证所有船舶适用的 SMS 要素及符合 ISM 规则要求的有效性。

(4)主管机关根据 SMS 保持的情况,确定适当的审核项目、范围和区域。

(5)在中间审核时,如有要求对不合格采取纠正措施时,船舶应及时采取纠正措施,并由审核员验证其实施情况。

3)换证审核

(1)在 SMC 到期之日前 6 个月内,船舶应按规定经受 SMC 换证审核,并应在 SMC 到期之日前完成审核。

(2)当换证审核的结果证明船舶的 SMS 仍有效地保持并符合规定时,可换发新的 SMC。新的 SMC 起算日即为原 SMC 的到期日。

(3)公司在申请换证审核时,应声明其 SMS 的变更情况。如果 SMS 已进行修改,则应按初次审核规定进行文件评审。

(4)换证审核时,船上审核范围和程度应与初次审核相同。

(5)在所有严重不合格未消除前,不得签发 SMC。

(6)在其他不合格消除前,可签发 SMC,但必须具有公司和审核员均同意的 3 个月内完成纠正措施的计划。

4)附加审核

(1)下列情况之一,应申请船舶 SMC 的附加审核:

①当船舶发生重大船舶安全事故、重大船上人员伤亡事故和水域污染事件时,该船级社根据公司的报告,认为必要时。

②船舶发生 PSC 滞留,并认为 PSC 滞留与 SMS 实施有关时。

③当在船舶的船级定期检验或临时检验、法定检验、PSC 和船旗国检查和其他检验的验船师报告并经中国船级社业务主管部门判定认为必要时。

④当船舶安全管理体系认证从其他国际船级社协会成员船级社转移到中国船级社时。

⑤当 SMS 中增加的具有附加要求的船旗或船型,所涉及船舶临时 SMC 转发为 SMC 时。

⑥当持有本社 SMC 的非公约船舶转为公约船舶时。

⑦当船舶搁置 3 个月以上后,重新投入营运时。

⑧当 SMC 撤消后,重新申请签发 SMC 时。

⑨当 CCS 需要跟踪针对不合格的纠正措施的有效性时。

(2)附加审核的项目、范围和区域根据公司和/或船上 SMS 的修改或不合格的内容确定。

第三节 国际船舶和港口设施保安规则

一、规则产生的背景和目的

2001 年美国"9·11"事件后,国际海事组织清醒地认识到反恐的重要性,并迅速作出了反应。同年 11 月,国际海事组织召开第 22 届大会,一致同意制定关于船舶和港口设施保安的新措施。2002 年 12 月 9～13 日,在伦敦国际海事组织(IMO)总部召开了海上保安外交大会,讨论并通过了旨在建立一个加强海上运输安全、防止和抵制恐怕主义行动的综合性海上保安体系的规章和文件,即:1974 SOLAS 公约修正案和《国际船舶和港口设施保安规则》(International Ship and Port Facility Security Code,简称 ISPS Code 或 ISPS 规则)及其他决议。SOLAS 公约修正案和 ISPS 规则已于 2004 年 7 月 1 日生效。

实施 ISPS 规则的目的是:

(1)建立一个缔约国政府、政府部门、地方行政机关和航运业以及港口业进行合作的国际框架,以探察保安威胁并针对影响到用于国际贸易的船舶或港口设施的保安事件采取防范措施。

(2)确立缔约国政府、政府部门、地方行政机关和航运业以及港口业各自在国内和国际层面上关于确保海上保安的作用和责任。

(3)确保及时和有效地收集和交流与保安有关的信息。

(4)提供一套用于保安评估的方法,以具备对保安等级的变化作出反应的计划和程序,以及确保对具备充分和恰当的海上保安措施抱有信心。

二、规则的主要内容

ISPS 规则包括 A、B 两个部分,其中 A 部分是强制性的要求,B 部分是对 A 部分要求的实施提供指导,其内容相互对应。ISPS 规则的主要内容有三个方面,即对缔约国政府的要求、对公司和船舶的要求和对港口设施的要求。

1. 对缔约国政府的要求

对缔约国政府的要求包括批准"船舶保安计划"及其后的修改;审核船舶是否符合第 XI－2 章和 ISPS Code 部分的规定,并向船舶签发"国际船舶保安证书";为船舶规定保安等级并向船舶通报有关保安信息;规定船舶何时应要求签署"保安声明":向国际海事组织通报公约和 ISPS Code 要求的保安信息。

2. 对公司和船舶的要求

船公司要为公司指定一名或数名公司保安员,为每艘船舶指定一名保安员。公司保安员的职责是确保船舶开展保安评估、制定"船舶保安计划"。船舶保安员主要负责船舶日常营运的保安工作。

"船舶保安计划"是指为确保船舶采取保护船上人员、货物、船舶物料以及船舶免受保安事件威胁的措施而制订的计划。"船舶保安计划"应能保证船舶通常保持在保安等级 I 上营运,在接到指令时,能够采取额外的或加强的保安措施而升级到保安等级Ⅱ,并在保安等级Ⅲ时对可能接到的保安指令作出反应。公司和船舶保安员应监督船舶保安计划持续有效,开展独立的内部审核。"船舶保安计划"的任何修改,必须报经主管机关批准。

ISPS Code 规定船舶须持有"国际船舶保安证书",还规定了公司保安员和船舶保安员以及其他负有保安职责的船上和岸上人员的知识培训、演练和演习的要求。

3. 对港口设施的要求

无论是船舶还是港口设施,需要采取的保安措施包括人员进入船舶或港口设施、船上或港口设施内的限制区域,货物装卸、船舶物料交付、非随身携带行李的装卸,以及监控船舶和港口设施的保安。

各缔约国政府须确保对港口设施开展港口设施保安评估并加以审查和批准。港口设施保安评估有三个要素。首先,它们必须确定并评价对港口设施来说的重要财产和基础设施,以及一些区域和结构,这些区域和结构,如果被破坏的话,将造成重大的生命损失或对港口设施的经济和环境造成重大损失。其次,评估必须确定对关键财产和基础设施的实际威胁,以便为保安措施排定优先次序。最后,评估必须通过确定物理保安措施、结构完整性、保护系统、程序方针、通信系统、运输基础设施设备和其他在港口设施内可能会成为攻击目标的方面的弱点,解决港口设施的薄弱环节。上述港口设施保安评估将用于确定哪些港口设施需要指定港口设施保安员和制订港口设施保安计划。

"港口设施保安计划"应指出港口应采取的操作性和物理保安措施以确保其在保安等级Ⅰ的水平营运。该计划还应指出为了升级到保安等级Ⅱ港口设施所能采取的额外或加强保安措施。另外,计划中还应指明港口设施可以进行的可能准备工作,以使其能够对在保安等级Ⅲ时为应对保安事件或威胁可能发出的指令作出迅速反应。

港口设施保安员应执行经批准的计划,并监控计划的持续有效性和相关性,包括对计划的执行情况开展独立的内部审核。保安员仍应接受适当的培训并定期进行演练和演习。缔约国政府或其指定当局可以测试计划的有效性,对涉及某港口设施的保安评估还应予以定期审查。

三、规则的适用范围

本规则适用于从事国际航行的各类船舶:

(1)客船,包括高速客船。

(2)500 总吨及以上的货船,包括高速货舱。

(3)移动式海上钻井装置。

(4)服务于以上 3 类国际航行船舶的港口设施。

四、国际通用保安等级

缔约国政府要为船舶和港口设施规定保安等级,ISPS Code 规定了 3 个国际通用的保安等级:

(1)保安等级Ⅰ为普通状态,船舶和港口设施通常要在这个等级上运作。

(2)保安等级Ⅱ为加强状态,此等级适用于保安事件风险加大的情况。

(3)保安等级Ⅲ为一段时间内的特殊状态,适用于有发生保安事件的可能性或出现迫在眉睫的保安威胁时。

当船舶处于保安等级Ⅰ时,应通过适当的措施在所有船上开展以下活动,以便针对保安事件确定并采取防范措施。

(1)确保履行船舶的所有保安职责。

(2)对进入船舶予以控制。

(3)控制人员及其物品上船。

(4)监控限制区域,确保只有经过授权的人才能进入。

(5)监控甲板区域和船舶周围区域。

(6)监督货物和船舶备品装卸。

(7)确保随时处于可进行保安通信。

当船舶处于保安等级Ⅱ时,应对以上所列的每项活动实施船舶保安计划中规定的附加保护性措施。

当船舶处于保安等级Ⅲ时,应对以上所列的每项活动实施船舶保安计划中规定的进一步特殊保护措施。

在进港前或在缔约国境内的港口期间,当缔约国规定了保安等级Ⅱ和Ⅲ时,船舶应确认已收到指令,还应向港口设施保安员确认已开始实施船舶保安计划所列明的适当措施和程序,在保安等级Ⅲ时规定了保安等级Ⅲ的缔约国政府发出的指令所列明的适当措施和程序,船舶应报告在实施中遇到的任何困难。

五、保安员、船长的职责

1.公司保安员的职责

(1)利用适当的保安评估和其他相关信息,就船舶可能遇到威胁的水平提出建议。

(2)确保船舶保安评估得以开展。

(3)确保船舶保安计划得以制订、提交批准以及随后得以实施和维护。

(4)确保对船舶保安计划进行适当修改,以纠正缺陷并符合各船的保安要求。

(5)安排对保安活动进行内部审核和评审。

(6)安排由主管机关或经认可的保安组织对船舶进行初次和后续的核验。

(7)确保迅速解决和处理在内部审核、定期评审、保安检查和符合核验期间确定的缺陷和不符合项。

(8)加强保安意识和警惕性。

(9)确保负责船舶保安的人员受到适当的培训。

(10)确保船舶保安员的有关港口设施保安员之间的有效沟通与合作。

(11)确保保安要求的安全要求的一致性。

(12)若采用了姊妹船或船队的保安计划,确保每条船的计划均准确地反映该船具体信息。

(13)确保为某一特定船舶或某一船舶而批准的任何替代或等效安排得以实施和保持。

被指定为公司保安员的人可作为一艘或数艘船舶的公司保安员,视公司所经营的船舶数量或类型而定。

2.船舶保安员的职责

(1)承担船舱的定期保安检查,确保适当的保安措施得以保持。

（2）保持和监督船舶保安计划（包括对该计划的任何修正）的实施。

（3）与船上其他人员并与有关港口设施保安员协调货物和船舶备品装卸中的保安事项。

（4）对船舶保安计划提出修改建议。

（5）向公司保安员报告内部审核、定期评审、保安检查和符合核验期间所确定的缺陷和不符合项，并采取任何纠正行动。

（6）加强船上保安意识和警惕性。

（7）确保为船上人员提供充分的培训。

（8）报告所有保安事件。

（9）与公司保安员和有关港口设施保安员协调实施船舶保安计划。

（10）确保正确操作、测试、校准和保养保安设备。

3. 船长对船舶安全和保安的决定权

船长为船舶安全和保安所作出决定不受公司、承租人和任何其他人员的限制。船长对船舶安全和保安有如下决定权：

（1）拒绝装货。

（2）拒绝人员上船。

（3）如果安全和保安要求发生冲突，应首先满足安全要求，但要采取临时性保安措施并应通知主管机关和港口国。

（4）主管当局要避免类似情况再度发生。

六、船舶保安计划活动保存、船舶保安评估

1. 船舶保安计划涉及的以下活动的记录应按主管机关规定的最低期限保存在船上

（1）培训、演练和演习。

（2）保安威胁和保安事件。

（3）保安状况受到破坏。

（4）保安等级改变。

（5）与船舶直接保安状况有关的通信，例如对船舶或对船舶所在或曾经在的港口设施的具体威胁。

（6）保安活动的内部审核和评审。

（7）对船舶保安评估的定期评审。

（8）对船舶保安计划的定期评审。

（9）对保安计划任何修改的实施。

（10）保安设施（如有）的保养、校准和测试，包括对船舶保安警报系统的测试。

2. 船舶保安评估应包括现场保安检查和至少以下要求

（1）确定现有保安措施、程序和操作。

（2）确定并评价应予重点保护的船上关键操作。

（3）确定船上关键操作可能受到的威胁及其发生的可能性，以确定并按优先顺序排定保安措施。

（4）找出基础设施、方针和程序中的弱点，包括人为因素。

七、船舶保安核验与发证

船舶保安的核验、发证应由主管机关的官员来进行。但主管机关可以将核验委托给规则第XI-2/Ⅰ条所述的经认可的保安组织。船舶保安核验的间隔期不超过5年。

第四节 船旗国监督

一、船旗国监督的由来和现状

自20世纪80年代以来，船舶海上交通事故频繁发生，严重危害人命安全和海洋环境，引起国际海事组织和各港口主管机关的高度重视。为此，国际海事组织强调要落实公约标准的三重责任：IMO负责制定标准，船旗国负责实施标准，港口国负责监督检查。船旗国负责实施标准的措施，包括对船舶进行定期的法定检验和发证，以及对船舶进行定期的安全检查。船旗国海事主管机关对悬挂本国国旗的船舶实施的安全检查，称为船旗国监督（Flag State Control，简称FSC）。港口国落实公约的责任为港口国海事主管机关对到港的外国籍船舶实施监督检查，称为港口国监督（Pport State Control，简称PSC）。

船旗国海事主管机关对本国籍船舶进行船旗国监督，不仅是国家法规的强制性规定，而且是有关国际公约赋予缔约国政府的法律义务。联合国海洋法公约规定：船旗国应对悬挂其国旗的船舶有效地行使行政、技术及社会事项上的管辖和监督。SOLAS公约规定：缔约国无论采取何种方式，都应充分保证船舶检验和检查的全面性和有效性，保证船舶及其设备在各方面都适合该船预定的用途。所有国际公约也都在各自的条文中要求各缔约国政府实施船旗国管辖权，以保证悬挂其国旗的船舶遵守公约的要求，这种管辖权包括船舶安全检查的实施。因此，船旗国监督的依据是国际海事公约，国际劳工组织（ILO）的有关公约，船旗国国家的法律、法规等。

船旗国监督的检查内容与SMS内、外审基本一致，涵盖港口国监督检查项目。在船检查时间一般1~3天或随船从一个港口到另一个港口。检查重点主要侧重于船舶的安全管理体系、文件体系、法定证书、船舶配员证书、配员情况及船员待遇等。有些检查官对"轮机日志"、"油类记录簿"、工作语言、电脑软件是否有船旗国官方语言等进行检查；有些检查官对机器设备、应急设备、PMS执行情况、机舱的卫生状况、船员的居住舱室条件、卫生器具的状况及卫生水平等进行仔细检查。目前，随着港口国检查的日趋严格，各船旗国政府为了在各个港口国监督网络中提高自己的声誉，或者撤销在港口国监督网络中的"黑名单"，都加大了对船舶的检查力度，有些国家政府的检查甚至超过了港口国检查。我国政府对从中国开出的船舶依据《中华人民共和国船舶安全检查规则》实行开航前监督，对悬挂中国国旗的船舶就属于船旗国监督，其检查力度和检查规模都相当于港口国检查。

二、船舶安全检查规则

为规范船舶安全检查活动，保障水上人命、财产安全，防止船舶造成水域污染，根据《中华人民共和国海上交通安全法》《中华人民共和国海洋环境保护法》《中华人民共和国内河交通安全管理条例》等法律、行政法规和我国缔结、加入的有关国际公约,制定本规则。《中华人民共和国船舶安全检查规则》已于 2009 年 10 月 29 日经第 10 次部务会议通过,现予公布,自 2010 年 3 月 1 日起施行。

1. 总则

本规则适用于对中国籍船舶以及航行、停泊、作业于我国港口(包括海上系泊点)、内水和领海的外国籍船舶实施的安全检查活动。本规则不适用于军事船舶、公安船舶、渔业船舶和体育运动船艇。

本规则所称"船舶安全检查",是指海事管理机构按照本规则规定的程序,对船舶技术状况、船员配备及适任状况等进行监督检查,以督促船舶、船员、船舶所有人、经营人、管理人以及船舶检验机构、发证机构、认可组织等有效执行我国法律、行政法规、规章,船舶法定检验技术规范,以及我国缔结、加入的有关国际公约的规定。船舶安全检查遵循依法、公正、诚信、便民的原则。中华人民共和国海事局统一管理全国的船舶安全检查工作。其他各级海事管理机构按照职责开展船舶安全检查工作。

2. 船舶安全检查和处理

船舶安全检查分为船旗国监督检查和港口国监督检查。

船旗国监督检查是指对中国籍船舶实施的船舶安全检查;港口国监督检查是指对航行、停泊、作业于我国港口(包括海上系泊点)、内水和领海的外国籍船舶实施的船舶安全检查。

船舶安全检查应当由至少两名安全检查人员于船舶停泊或者作业期间实施。

禁止对在航船舶进行安全检查,但法律、行政法规另有规定的除外。

从事船舶安全检查的人员应当具备必要的船舶安全检查知识和技能,并取得相应等级的船舶安全检查资格证书。

海事管理机构应当配备足够、合格的船舶安全检查人员和必要的装备、资料等,以满足船舶安全检查工作的需要。

船舶安全检查的内容包括:

(1)船舶配员。

(2)船舶和船员有关证书、文书、文件、资料。

(3)船舶结构、设施和设备。

(4)载重线要求。

(5)货物积载及其装卸设备。

(6)船舶保安相关内容。

(7)船员对与其岗位职责相关的设施、设备的实际操作能力以及中国籍船员所持适任证书所对应的适任能力。

(8)船员人身安全、卫生健康条件。

(9)船舶安全与防污染管理体系的运行有效性。

(10)法律、行政法规、规章以及国际公约要求的其他检查内容。

海事管理机构应当根据中华人民共和国海事局制定的选船标准以及国际公约、区域性合作组织的规定,结合辖区实际情况,按照公平对等、便利公开、重点突出的原则,合理选择船舶实施安全检查。

经海事管理机构检查的中国籍船舶或者经"亚太地区港口国监督谅解备忘录"成员当局检查的外国籍船舶，自检查完毕之日起6个月内不再进行检查，但下列船舶除外：

（1）客船、油船、液化气船、散装化学品船。

（2）发生水上交通事故或者污染事故的船舶。

（3）被举报低于安全、防污染、保安、劳工条件等要求的船舶。

（4）新发现存在若干缺陷的船舶。

（5）依选船标准核算具有较高安全风险指数的船舶。

（6）中华人民共和国海事局指定检查的船舶。

检查人员实施船舶安全检查，在登船后应当向船方出示有效证件，表明来意。先进行初步检查，对船舶进行巡视，核查船舶证书、文书和船员证书。

有下列情形之一的，检查人员应当对船舶实施详细检查，并告知船方进行详细检查的原因：

（1）巡视或者核查过程中发现在安全、防污染、保安、劳工条件等方面明显存在缺陷或者隐患的。

（2）被举报低于安全、防污染、保安、劳工条件等要求的。

（3）两年内未经海事管理机构详细检查的。

（4）中华人民共和国海事局要求进行详细检查的。

检查人员实施详细检查时，船长应当指派人员陪同。陪同人员应当如实回答检查人员提出的问题，并按照检查人员的要求测试和操纵船舶设施、设备。

检查人员应当运用专业知识对船舶存在的缺陷作出判断，并按照有关法律、行政法规或者国际公约的规定，提出下列一种或者几种处理意见：

（1）开航前纠正缺陷。

（2）在开航后限定的期限内纠正缺陷。

（3）滞留。

（4）禁止船舶进港。

（5）限制船舶操作。

（6）责令船舶驶向指定区域。

（7）驱逐船舶出港。

（8）法律、行政法规或者国际公约规定的其他措施。

船舶有权对海事管理机构实施船舶安全检查时提出的缺陷以及处理意见当场进行陈述和申辩。海事管理机构应当充分听取船方意见。

实施船旗国监督检查结束后，检查人员应当签发船旗国监督检查记录簿；实施港口国监督检查结束后，检查人员应当签发港口国监督检查报告。

检查人员应当在船旗国监督检查记录簿或者港口国监督检查报告中标明缺陷及处理意见，签名并加盖船舶安全检查专用章。对于缺陷处理意见为滞留的，检查人员应当在船旗国监督检查记录簿或者港口国监督检查报告中注明理由。

对于中国籍船舶应当通报船籍港海事管理机构；对于外国籍船舶应当通过中华人民共和国海事局通报其船旗国政府、国际海事组织。

第十六条导致滞留的缺陷如与船舶检验机构、发证机构或者认可组织有关的，还应当通报相关的船舶检验机构、发证机构或者认可组织。

接到通报的船舶检验机构、发证机构或者认可组织应当核实和调查有关缺陷情况,采取相应的措施,并将相关情况及时反馈给发出通知的海事管理机构。

船舶以及相关人员应当按照海事管理机构签发的船旗国监督检查记录簿或者港口国监督检查报告的要求,对存在的缺陷进行纠正。

中国籍船舶的船长或者履行船长职责的船员应当对缺陷纠正情况进行检查,并在航行日志中进行记录。

船舶在纠正导致海事管理机构采取本规则所列处理措施之一的缺陷后,应当向海事管理机构申请复查。对其他缺陷纠正后,船舶可以自愿申请复查。

海事管理机构接到自愿复查申请,决定不予复查的,应当及时通知申请人。

海事管理机构可以根据需要对缺陷纠正情况进行跟踪检查。

对已经纠正的缺陷,经复查或者跟踪检查合格后,检查人员应当在船舶安全检查报告中签名并加盖船舶安全检查复查合格章,海事管理机构应当及时解除相应的处理措施。

从事国际航行的中国籍船舶所有人、经营人或者管理人应当按照中华人民共和国海事局的规定,定期将船舶在境外接受检查和处罚的情况向船籍港海事管理机构报告。

对连续两年不能返回国内港口接受船旗国监督检查的船舶,经中华人民共和国海事局授权,船籍港海事管理机构可以到船舶所在地港口对船舶实施船旗国监督检查。

中国籍船舶在境外发生水上交通事故或者污染事故的,或者在境外被滞留、禁止进港(入境)、驱逐出港(境)的,船舶所有人、经营人或者管理人应当在船舶到达国内第一个港口前,将船舶在境外接受检查和处罚的情况向船籍港海事管理机构报告。

对发生第一款规定情形的船舶,中华人民共和国海事局可以根据事故或者缺陷的性质以及客观条件,指定有关船舶检验机构对其实施境外临时检验。

船舶存在可能影响水上人命、财产安全或者可能造成水域环境污染的缺陷和隐患的,船员及其他知情人员应当向海事管理机构举报。

海事管理机构应当为举报人保守秘密。

海事管理机构应当建立健全船舶安全检查信息公开制度,并接受社会公众和有关方面的咨询和监督。

船舶安全检查不免除船舶、船员及相关方在船舶安全、防污染和保安等方面应当履行的法定责任和义务。

3.船旗国监督检查记录簿和港口国监督检查报告使用规定

中国籍船舶应当随船携带船旗国监督检查记录簿。

船旗国监督检查记录簿由船舶或者其所有人、经营人、管理人向海事管理机构申请换发、补发。

船旗国监督检查记录簿使用完毕或者污损不能继续使用的,应当申请换发,并交验前一本船旗国监督检查记录簿。因遗失或者灭失等原因申请补发的,应当书面说明理由,附具有关证明文件,并提供最近一次对其实施船旗国监督检查的海事管理机构名称。

船旗国监督检查记录簿应当连续使用,保持完整,不得缺页、擅自涂改或者故意毁损。

港口国监督检查报告以及使用完毕的船旗国监督检查记录簿应当妥善保管,至少在船上保存两年。

除海事管理机构外,任何单位、人员不得扣留、收缴船旗国监督检查记录簿或者港口国监督检查报告,也不得在船旗国监督检查记录簿或者港口国监督检查报告上签注。

船舶不得涂改、故意损毁、伪造、变造船旗国监督检查记录簿或者港口国监督检查报告,不得以租借、骗取等手段冒用船旗国监督检查记录簿或者港口国监督检查报告。

4. 法律责任

违反本规则,有下列行为之一的,由海事管理机构对违法船舶或者其所有人、经营人、管理人处1 000元以上1万元以下的罚款;情节严重的,处1万元以上3万元以下的罚款。对违法人员处以100元以上1 000元以下的罚款;情节严重的,处1 000元以上3 000元以下的罚款:

(1)拒绝或者阻挠检查人员实施船舶安全检查的。

(2)弄虚作假欺骗检查人员的。

(3)未按照船旗国监督检查记录簿或者港口国监督检查报告的处理意见纠正缺陷或者采取措施的。

(4)船舶在纠正按照第十九条规定应当申请复查的缺陷后未申请复查的。

(5)未按照第二十条第一款、第二十一条第一款规定将船舶在境外接受检查和处罚的情况向船籍港海事管理机构报告的。

(6)涂改、故意损毁、伪造、变造船旗国监督检查记录簿或者港口国监督检查报告的。

(7)以租借、骗取等手段冒用船旗国监督检查记录簿或者港口国监督检查报告的。

中国籍船舶未按照规定携带船旗国监督检查记录簿的,海事管理机构应当责令改正,并对违法船舶处1 000元罚款。

检查人员徇私舞弊、玩忽职守或者滥用职权的,海事管理机构应当按照有关规定作出处理。

海事管理机构在实施船旗国监督检查中发现船舶存在的缺陷与船舶检验机构、发证机构和认可组织有关的,应当根据相关规定对船舶检验机构、发证机构、认可组织或者其工作人员开展调查和处理。

5. 附则

本规则所称缺陷,是指船舶技术状况、船员配备及适任状况等不符合我国法律、行政法规、规章、船舶法定检验技术规范和我国缔结、加入的国际公约要求的情况。

船舶申请复查的,应当按照规定交纳复查费用并负担相应的交通费用。

船旗国监督检查记录簿和港口国监督检查报告由中华人民共和国海事局统一印制。

第五节　港口国监督

港口国监督(Port State Control,简称PSC),是指世界各地的港口国当局对抵港的外籍船舶实施的以船舶技术状况、操作性要求、船舶配员以及船员的生活和工作条件为检查内容的,以确保船舶和人命财产安全、防止海洋污染为宗旨的一种监督与控制。

确保船舶保持国际公约中所规定的标准是船旗国的首要责任,港口国监督更多地表现为一种保护本国水域航行安全的权力。在船旗国不能有效履行职责的情况下,港口国监督可以发挥积极的作用,促进船舶安全航行。港口国监督的实践证明,港口国监督在打击、消除低标准船舶方面的确发挥了重要的作用,并取得了良好的效果。

目前,各港口国政府正日益严格和广泛地采取措施,对抵港的外国船舶实施港口国监督。不少抵港船舶因被发现存在严重缺陷而被警告、限期解决或被滞留。被滞留的船舶不仅会导致船期损失和承担高昂的修船费,还会使船舶、船公司、船旗国、船级社因被列入"黑名单"而遭受名誉损失。

一、港口国监督的由来和现状

港口国监督是由 1978 年"AMODO CADIZ"号船的触礁事故而产生的。当时,该事故引起了欧洲公众与政界的极大震动,普遍认为有些船旗国政府的主管机关,在确保他们所管辖的船舶符合国际公约规定的标准方面,未能尽到职责。为此,1980 年 13 个欧洲国家,加上欧共体、国际海事组织、国际劳工组织在巴黎开会,一致同意共同采取措施,限制并继而消除不符合国际公约船舶的航行。1982 年 1 月召开了第二次会议,会上通过了著名的巴黎谅解备忘录(Paris MOU)。该备忘录于 1982 年 7 月 1 日开始生效。该备忘录现有 18 个成员国:比利时、丹麦、芬兰、法国、德国、希腊、爱尔兰、意大利、荷兰、挪威、葡萄牙、西班牙、瑞典、英国、波兰、加拿大、俄罗斯联邦、克罗地亚。

由于"巴黎备忘录"组织在防止和减少低标准船继续航行方面成效显著,IMO 在 1991 年召开的第 17 次大会上通过了关于"在船舶排放和控制方面加强地区合作"的决议。该决议要求全球各地区建立与"巴黎备忘录"相类似的 PSC 备忘录组织,并且要求各备忘录组织成员国及实施 PSC 的其他国家应作出安排,相互合作,从而建立全球性的 PSC 网络。

目前,地区性 PSC 组织已达 8 个:巴黎备忘录(1982 年 7 月 1 日成立)、拉美 PSC 协定(1992 年 11 月 5 日成立)、亚太地区 PSC 谅解备忘录(1993 年 12 月 2 日成立)、加勒比地区 PSC 谅解备忘录(1996 年 2 月 9 日成立)、地中海地区 PSC 谅解备忘录(1997 年 7 月 11 日成立)、印度洋地区 PSC 谅解备忘录(1998 年 6 月 5 日成立)、中西非地区 PSC 谅解备忘录(1997 年 10 月 22 日成立)和黑海地区 PSC 谅解备忘录(2000 年 4 月 7 日成立)。我国是亚太地区 PSC 谅解备忘录的成员国。

二、港口国监督的法律依据

下列公约及其技术标准作为港口国监督的统一尺度:

(1)《1974 年国际海上人命安全公约》(SOLAS 74)。

(2)《经 1978 年议定书修订的 1973 年国际防止船舶造成污染公约》(MARPOL 73/78)。

(3)《经 1995 修正的 1978 年海员培训、发证和值班标准国际公约》(STCW 78/95)。

(4)《1966 年国际载重线公约》(LL 66)。

(5)《1969 年国际吨位丈量公约》(ITC 69)。

(6)《1972 年国际海上避碰规则公约》(COLREG 72)。

(7)《1976 年商船运输(最低标准)公约》(ILO 第 147 号)。

(8)《2006 年海事劳工公约》(MLC)。

(9)《2001 年国际控制船舶有害防污底系统公约》(AFS 2001)。

根据上述公约要求,PSC 的通常检查项目是:

（1）船舶证书、文件和手册。

（2）船体、机器和设备状态。

（3）有关机器、设备和仪器的使用和操作要求。

（4）船员配备、劳动及生活条件。

三、港口国监督程序

1995 年 11 月 23 日 IMO 第 19 次大会，通过了 A.787(19)决议，即《港口国监督程序（Procedures for Port State Control）》，它已成为各港口国进行 PSC 检查的基准文件。现行的《港口国监督程序》是 2011 年 12 月 20 日修订和公布的，已于 2011 年 12 月 30 日起生效实施。

1.《港口国监督程序》的构成

《港口国监督程序》由 5 章正文和 18 个附则构成。

（1）正文

第 1 章 总则

阐明该程序的目的、适用对象、执行 PSC 适用公约、非公约成员国和低于公约要求长度的船舶的不优惠政策、有关定义并给出 PSC 检查官的专业标准、资格和培训要求。

第 2 章 港口国检查

阐明检查的一般要求、登船检查、PSC 检查官的基本程序指南、需更详细检查的"明显理由"及更详细的检查。

第 3 章 违反与滞留

内容包括低标准船的识别、缺陷资料的提交、针对低标准船舶的港口国行动、港口国采取补救措施的责任、船舶滞留指南、检查的暂停以及缺陷纠正与解除的程序。

第 4 章 报告

内容包括港口国报告、船旗国报告、根据 MARPOL 公约进行指控的报告。

第 5 章 审查程序

IMO 对有关缺陷和纠正措施报告的评价与指导。

（2）附则

附件 1——区域性备忘录组织和港口国控制协议框架内的港口国控制检察官执行检查的良好实践规则。

附件 2——船舶滞留指南。

附件 3——根据 MARPOL 73/78 附则Ⅰ进行调查和检查的指南。

附件 4——根据 MARPOL 73/78 附则Ⅱ进行调查和检查的指南。

附件 5——MARPOL 73/78 附则Ⅰ和附则Ⅱ排放要求指南。

附件 6——船舶结构和设备要求的更详细检查的指南。

附件 7——与操作性要求相关的监督的指南。

附件 8——与 ISM 规则相关的港口国监督指南。

附件 9——与船舶远程识别与跟踪系统（LRIT）相关的港口国监督指南。

附件 10——根据 1969 年国际吨位丈量公约进行港口国监督的指南。

附件 11——最低配员标准和发证。

附件 12——证书和文件清单。

附件 13——符合 PSC 程序的检查报告格式。

附件 14——对缺陷未全部纠正或仅做临时性修理的报告格式。

附件 15——通知下一个港口当局采取行动的报告格式。

附件 16——违反 MARPOL 73/78 的报告格式。

附件 17——船旗国对缺陷报告所作的评述。

附件 18——港口国监督程序相关的文件清单。

2.《港口国监督程序》的用语定义

(1)散货船:依照 SOLAS 公约及 MSC.277(85)号决议,出于港口国监督的目的,港口国检查官决定船舶是否是散货船时应该参照船舶证书中标注的船舶类型,同时要认识到相应条款中所提到的船舶证书中没有标注为散货船类型的船舶也可能载运散货。

(2)明显依据:船舶及其设备或船员并不真正符合相应公约的要求,或船长和船员并不熟悉与船舶安全和防污染有关的船上主要操作管理程序的根据。

(3)缺陷:被发现并不符合相应公约规定的状况。

(4)滞留:当船舶或其船员状况并不真正符合适用公约,为了确保船舶在消除对船舶或船上人命构成的危险或对海上环境构成的过高危害之前不允许开船,港口国采取的干预行动。

(5)检查:检查相关证书和其他文件的有效性,以及检查船舶及其设备和其船员的总体状况的一种登船查访。

(6)更详细检查:当存在明显依据确信船舶及其设备或船员并不真正符合证书的详细要求而进行的检查。

(7)PSC 检查官(PSCO):由某缔约国主管当局正式授权从事 PSC 检查的人员。

(8)认可组织:满足 IMO 决议设定的相关条款的、由船旗国授权对所挂船旗船舶提供法定服务和发证的组织。

(9)停止作业:由于船舶存在单个或几个被识别的缺陷,船舶继续进行作业将导致危险而对继续进行此项作业的正式禁止。

(10)低标准船:其船体、机器、设备或操作安全性实际上低于相应公约规定的标准,或者船员不符合最低安全配员证书的船舶。

(11)有效证书:由缔约国直接签发或缔约国授权组织代其签发的符合相应公约的证书,其包含准确和有效的日期,满足相应公约的规定,符合船舶、船员和设备的细节。

3.采取更详细检查的"明显依据"

(1)缺少公约所要求的主要设备或设施。

(2)检查时,船舶证书被发现一张或几张明显失效。

(3)船舶各种日志、手册或其他所要求的文件不在船上、未保持或保持有误。

(4)由 PSCO 的总体印象和观察发现:船体或结构严重受损或存在重大缺陷可能对船体结构、水密或风雨密的完整性构成危险。

(5)由 PSCO 的总体印象和观察发现:船舶在安全、防污染或航行设备方面存在严重缺陷。

(6)船长或船员不熟悉与船舶安全或防污有关的船上基本操作,或这些操作未被执行的信息或证据。

(7)有迹象表明主要船员之间或主要船员与船上其他人员之间不能够相互交流。

(8)遇险报警信号误发后没有适当的取消程序。

（9）收到某船可能是低标准船的报告或投诉。

检查中若发现船舶存在缺陷，记录在检查表格中，并要求船方对缺陷进行处理，以代码表示，缺陷处理要求代码含义如下：

00	不需采取任何行动	10	缺陷已纠正
12	所有缺陷已纠正	15	下一港解决
16	14 天内解决	17	通知船长开航前解决
20	延误的理由	25	船舶允许在延误后开航
30	滞留的理由	35	船舶允许在滞留后开航
36	船舶允许在再次滞留后开航	40	通知下一港
45	通知下一港再滞留	50	通知船旗国
55	与船旗国联系	60	通知当地政府机构
70	通知船级社	80	临时设备替代
85	对违反排放规定（MARPOL）进行调研	95	签发警告信
96	取消警告信	99	其他（进一步说明）

检查官在检查文件时，完成表格 A 的填写。在现场检查完毕后，将发现的缺陷填写在表格 B 上。如果船舶被滞留，要签发滞留通知（Notice of Detention）。船舶消除缺陷后可以放行时，签发解除通知（Notice of Release）。

4. 更详细的检查

如果船舶未携带有效证书；或者 PSCO 对船舶的总体印象或观察有明显理由认为船舶或设备的状况与证书的细节有重大不符；或者船长/船员不熟悉船上主要操作程序，应进行更详细的检查。

"更详细检查"的内容分为四大部分：船舶构造和设备要求指南、MARPOL 73/78 附则Ⅰ和附则Ⅱ排放要求指南、操作性要求检查指南、最低配员标准和证书。这些指南用于指导 PSCO 的行动，也便于船员掌握"更详细检查"的重点，促使船方充分重视并改善船舶的安全管理状况。

5. 低标准船的识别

（1）一般情况下，如果船舶的船体、机械、设备或操作安全性确实低于相应公约规定的标准，或其船员配备不符合船舶最低安全配员证明的要求，则该船被认定为低标准船。例如：

①缺少公约所要求的主要设备或装置。

②设备或装置不符合公约的有关要求。

③由于诸如管理维护不善造成的船舶或其设备的实质性受损。

④船员操作技能欠缺或对主要操作程序不熟悉。

⑤船员配备不足或船员证书不适当。

（2）如果这些明显原因的总体或单个使船舶不适航和使船舶、船上人员的生命处于危险或如果让船舶开航可对海上环境构成过高的危害，此船应认定为低标准船。

6. 船舶滞留指南

《港口国监督程序》附件 2 的"船舶滞留指南"，用于帮助 PSCO 作专业判断，但其滞留标准和滞留缺陷有助于船方有重点地自查和及时纠正，从而避免船舶被滞留。

1）船舶滞留的主要标准

（1）时机：对离港开航不安全的船舶，不论船舶将在港停留多久，在第一次检查时，就应对其滞留。

（2）标准：如果发现的船舶缺陷足够严重，而使 PSCO 认为船舶离港之前必须再次登船，以确认船舶是否已令其满意地消除了缺陷，则应滞留该船舶。

2）主要标准的应用

（1）当决定船上发现的缺陷是否足够严重而导致滞留时，PSCO 应分析船舶是否具有：

①相关的有效文件。

②"最低安全配员证明"要求的船员。

（2）在检查中，PSCO 应进一步评估船舶/船员在即将开始的航行中是否能够：

①安全航行。

②安全地管理、载运货物和监视货物的状况。

③安全地进行机舱操作。

④维持正常的推进和操纵。

⑤必要时船舶任何部位的有效灭火。

⑥迅速安全地弃船和必要时的有效救助。

⑦防止海洋环境污染。

⑧保持足够的稳性。

⑨保持足够的水密完整性。

⑩必要时遇险情况下的通信。

⑪在船上提供安全和卫生的条件。

（3）如果这些评估的任何结果是否定的，考虑到所有已发现的缺陷，应强烈地认为需要滞留该船。多项不太严重的缺陷的组合也可能导致船舶滞留。

3）可导致船舶滞留的缺陷

（1）依据"SOLAS 公约"

①推进机械和其他主要机械以及电气装置不能正常工作。

②机舱不够清洁、舱底油污水过多，包括机舱中排气管的管系绝热层表面被污染、舱底水泵系统不能正常工作。

③应急发电机、照明、蓄电池组和开关不能正常工作。

④主、副操舵装置不能正常工作。

⑤个人救生设备、救生筏和起落装置数量不足或严重腐蚀。

⑥探火系统、报警系统、消防设备、固定灭火设施、通风阀门、挡火板、速闭装置等缺少、不符合使用要求或严重受损以致不能满足预定用途。

⑦油船货舱甲板区域防火设施没有、严重损坏或不能正常工作。

⑧号灯、号型或号声没有、不符合要求或严重损坏。

⑨用于遇险和安全通信的无线电设备没有或不能正常工作。

⑩航行设备没有或不能正常工作。

⑪针对计划航线，缺乏所需的经改正过的海图/所有其他航海出版物，但可考虑用电子海图替代传统海图。

⑫货油泵舱没有采用无火花型通风设备。

⑬不符合操作性要求的各种缺陷。

⑭船员人数、构成或证书不符合安全配员文件的要求。

⑮没有实施或有效实施 SOLAS 公约要求的加强检验程序。

⑯航行数据记录仪（VDR）缺少或不能正常工作。

（2）依据国际散化规则

①运输"适装证书"中未列出的货物或没有所运货物资料。

②高压安全装置没有或已损坏。

③电气装置为非安全型设计或不符合规则要求。

④危险区域存在着电源。

⑤违反特殊操作要求。

⑥货舱装载量超过最大允许值。

⑦对敏感成品货物缺乏足够的隔热防护。

⑧货舱压力警报不能正常工作。

⑨运输需要抑制的物质时缺少有效的抑制剂证书。

（3）依据国际液化气体船规则

①装运"适装证书"中未列出的货物或没有所运货物资料。

②居住或服务区域缺少关闭装置。

③舱壁不气密。

④空气锁失效。

⑤速闭阀没有或失效。

⑥安全阀没有或失效。

⑦电气装置为非安全型设计或不符合规则要求。

⑧货物区域通风设施无法工作。

⑨货舱压力报警器失效。

⑩气体探测装置/有毒气体探测装置失效。

⑪运输需要抑制的物质而无有效的抑制剂证书。

（4）依据载重线公约

①重要区域损坏或锈蚀，或影响适航性或甲板及船体上承受局部负荷的板材及其相关扶强材的麻点状锈蚀，除非已做了适当的临时性修理以便开往下一个港口作永久性修理。

②稳性不足。

③缺少经认可的足够和可靠的资料，使船长迅速和简单地安排船舶的装载和压载，并保证船舶在航程的各个阶段及航行条件变化时，具有安全的稳性余量和避免船体结构产生过大应力。

④关闭设施、舱口关闭装置和水密/风雨密门缺少、严重腐蚀或失效。

⑤超载。

⑥吃水/载重线标志没有或无法辨认。

（5）依据 MARPOL 公约附则 Ⅰ

①油水分离设备、排油监控系统或 15 ppm 报警装置没有、严重腐蚀或损坏。

②污油水舱或渣油柜的剩余舱容不能满足计划航程的污油存放。

③未能出示油类记录簿。

④设有未经认可的排放旁通管路。

⑤不满足公约对油船双层船壳和双层底相关要求的油船。

（6）依据 MARPOL 公约附则Ⅱ

①无 P&A（程序和布置）手册。

②货物未分类。

③未能出示货物记录簿。

④设有未经认可的排放旁通管路。

（7）依据 MARPOL 公约附则Ⅴ

①缺少垃圾管理计划。

②没有垃圾记录簿。

③船上人员不熟悉垃圾管理计划中的垃圾排放要求。

（8）依据 MARPOL 公约附则Ⅵ

①缺少有效的 IAPP 证书和相关的 EIAPP 证书及技术文件。

②船舶建造时安装的及 2000 年 1 月 1 日后经重大改装的输出功率超过 130 kW 的船用柴油发动机不符合 2008 年氮氧化物技术规则。

③船上燃油硫含量超过限值：2012 年 1 月 1 日及以后为 3.50% m/m；2020 年 1 月 1 日及以后降至 0.50% m/m。

④船舶在硫氧化物排放控制区内，所用燃油硫含量超过限值：2015 年 1 月 1 日及以后为 0.1% m/m。

⑤2000 年 1 月 1 日后船上安装的焚烧炉不符合公约相关要求。

⑥船长或船员不熟悉防止空气污染装置的基本操作程序。

（9）依据 STCW 公约

①船员未持有证书或持证不符、无有效免除或不能提供已提交船旗国当局申请签署的证明文件。

②不符合主管机关规定适用的配员要求。

③驾驶或轮机值班安排不符合主管机关针对船舶制定的要求。

④值班人员不具备操作有关安全航行、安全无线电通信或防止海洋污染等主要设备的资格或能力。

⑤不能安排业已充分休息而适于值班的人员以便作为在航次开始时的首次值班人员和随后的接班人员。

⑥不能提供海员具备所指派船舶安全和防污染职责的专业能力的证据。

（10）依据商船运输（最低标准）公约和海事劳工公约

①有低于 16 周岁的船员在船上工作或有 18 岁以下的海员在夜间工作。

②海员没有有效的就业协议或就业协议包含与海员权利相冲突的条款。

③有证据表明海员工作或休息时间多次超过最长工作时间或少于最短休息时间。

④没有充足的食物或饮用水以航行到下一个港口。

⑤生活区域包括厨房和卫生设施有明显威胁海员健康的缺陷。

⑥要求的医药箱、医疗设备和医疗指南缺失、过期或者没有更新。

⑦多次未按时支付工资或长期没有支付工资。

四、港口国检查机制

世界各大港口国组织根据各自设定的检查机制,决定对到港船舶是否进行检查和检查范围。"巴黎备忘录"组织 和"亚太备忘录"组织是国际上最有影响力的两个港口国组织,其检查机制略有不同,但都基于船舶的风险属性对船舶执行定期检查,或在两次定期检查期间,因特殊因素对船舶进行附加检查。

1. 船舶风险属性

根据到港船舶的历史检查记录、船龄、船舶种类、船公司和检验机构的表现等因素,巴黎备忘录和东京备忘录对船舶进行综合风险评估,确定到港船舶风险属性,从而确定其检查的频率、范围和深度。将抵港船舶风险属性分为低、中、高三级,风险属性越低检查间隔期越长,如表7-2 所示。这种检查机制能够区别对待低风险与高风险船舶,对于高质量、低风险船舶将减少检查,而对高风险有潜在问题的船舶将采取更加深入和频繁的检查,从而提高港口国检查效率,有效地减少低标准船舶。这种对船舶风险分级机制,源于对船舶事故的统计规律。根据船舶事故统计报告,发生重大事故如沉没、碰撞、搁浅或火灾等事故的船舶,多与船旗国监管不利、船公司管理混乱、船舶检验机构检验不利、船龄长以及船舶种类等因素有关。

表 7-2   巴黎备忘录和东京备忘录船舶风险属性表

参数	巴黎备忘录检查机制		东京备忘录检查机制	
	加权核算标准	风险值	加权核算标准	风险值
船型	化学品船、气体运输船、油船、散货船、客船	2	化学品船、气体运输船、油船、散货船、客船	2
船龄	所有船型船龄 >12 年	1	所有船型船龄 >12 年	1
船旗	极高、高、中高风险船旗	2		1
	中等风险船旗	1		
认可组织绩效	低/非常低	1	低/非常低	1
公司绩效	低/非常低	2	低/非常低	2
缺陷			过去 36 个月检查记录的缺陷数量有多少次超过 5 个	缺陷超过 5 个的检查次数
滞留	过去 36 个月内滞留 2 次	1	过去 36 个月内滞留 3 次	1
高风险标准	风险值 ≥5		风险值 ≥4	

巴黎备忘录和东京备忘录将达到高风险标准值的船舶列为高风险等级船舶,对于风险值不足高风险标准值的船舶,如船舶参数满足全部其设定的低风险参数标准,即为低风险等级船舶;否则为中等风险等级船舶。检查机制针对不同风险等级船舶设定不同的检查周期,如下表7-3 所示。

表7-3　巴黎备忘录和东京备忘录检查周期

巴黎备忘录		东京备忘录	
高风险等级船舶	5～6个月	高风险等级船舶	2～4个月
中等风险等级船舶	10～12个月	中等风险等级船舶	5～8个月
低风险等级船舶	24～36个月	低风险等级船舶	9～18个月

2. 选船机制

备忘录组织国家对到港船舶的选择性检查,通常根据船舶风险属性确定的检查周期来执行。这种定期检查分为两种情况,一种是船舶到港日期距上次检查的间隔期已在检查周期内,港口国就可以对其检查或者选择不检查。一种是船舶超过检查周期,港口国则必须对其进行检查。除了对船舶进行定期检查外,如船舶有优先因素或意外因素如违规操作、发生事故或被举报等,则不论船舶是否处在检查周期内都可以或必须进行检查。

(1)巴黎备忘录优先因素船舶

巴黎备忘录将以下情况视为优先因素,船舶有任意一种优先因素,被认为严重威胁船舶、人员或环境的安全,必须进行港口国检查。

①被巴黎备忘录成员国或秘书处通报的船舶。

②船舶在航行途中发生了碰撞、搁浅。

③船舶被控告违反了有害物质和污水排放的相关规定。

④船舶进行不安全方式的操纵或未遵守安全航行程序的情况。

⑤在先前的6个月内,因安全原因船舶证书被其船级社暂停或取消。

⑥未在巴黎备忘录信息系统中出现的船舶。

(2)巴黎备忘录意外因素船舶

巴黎备忘录将以下情况视为意外因素,船舶有任意一种意外因素,被认为可能严重威胁船舶、人员或环境的安全,则可以进行港口国检查,但是否检查取决于当局的专业判断。

①引水或港口当局报告,存在影响安全航行缺陷的船舶。

②没有履行报告义务的船舶。

③有显著ISM缺陷的船舶(缺陷发布3个月后)。

④3个月前被滞留过的船舶。

⑤被相关方(船长、船员,任何与船舶安全有关的人或组织)就船上生活和工作环境或船舶进行投诉的船舶。

⑥防止污染进行投诉的船舶。

⑦操作方式产生了危险的船舶。

⑧船舶被报告载运的货物存在问题,尤其是有毒或危险品货物存在问题。

⑨有可靠信息来源,船舶风险参数与系统中记录的不同,因此增加了风险级别。

⑩船舶持有巴黎备忘录曾认可的组织颁发的证书,但该组织的认可自上次船舶检查后已被巴黎备忘录取消。

(3)东京备忘录优先检查船舶

东京备忘录将以下船舶视为优先检查的船舶,而不考虑其是否在检查周期内,但是否检查取决于当局的专业判断。

(1)被港口当局通报的船舶。

(2)被相关方(船长、船员,任何与船舶安全有关的人或组织)就船上生活和工作环境或船舶防止污染进行投诉的船舶。

(3)要求在规定期限内消除缺陷而此期限已到期的船舶。

(4)引水或港口当局报告,存在影响安全航行缺陷的船舶。

(5)装载危险或污染货物时未按要求进行报告的船舶。

(6)船舶被滞留后,未得到港口国允许,擅自开航的船舶。

(7)PSC委员会公布的优先检查的船舶种类。

3.检查类型

备忘录组织港口国检查类型包括初检、详细检查和扩大检查。

通常检察官登船首先进行初检,检查船舶配备的证书及其他相关文件,以确认其有效性和正确性,同时,也检查船舶的总体状况,确认船舶是否符合相关公约的条款要求,以使自己满意。如果情况良好,检查即告结束,船舶被允许开航。然而,如果检查官初检后有明显依据认为该船实质上并不符合相关公约条款的要求,检察官就会对该船实施详细检查。如果检查官在详细检查中发现有缺陷,通常会令船方纠正。如果发现的缺陷非常严重,船舶将会被滞留,直到缺陷被纠正才允许船舶开航。

扩大检查是巴黎备忘录独有的一种针对高风险船舶进行的检查,其检查范围最大、内容最多。适用扩大检查的船舶有:风险属性划为高风险等级的船舶;船龄大于12年的客船、油船、化学品船、液化气船和散货船;出现优先因素或意外因素的高风险等级船舶和船龄大于12年的客船、油船、化学品船、液化气船和散货船。

扩大检查所有船型适用的项目有:

(1)结构状况:船体和甲板的状况。

(2)水密/风雨密状况:水密/风雨密门;通风筒、空气管和天窗;舱口围和舱口盖。

(3)应急系统:模拟失电/起动应急发电机;应急照明;舱底泵试验;水密设备/水密门的关闭试验;舵机(包括应急舵)试验。

(4)无线电设备:备用电源测试;海上安全信息接收装置测试;GMDSS和便携式VHF测试。

(5)消防设备:消防演习,包括消防员装备的穿着和灭火设施的使用;应急消防泵测试(使用两根水龙);通风和挡火风闸的应急遥控切断;燃油泵的应急遥控切断;速闭阀的遥控切断;防火门;固定灭火系统及相关的警报。

(6)警报系统:火警测试。

(7)生活和工作条件:海员雇用协议;工作和休息时间满足要求;居住舱室的标准;食物和伙食设施;医疗设施;风险评估、程序、培训和指导、事故报告和劳保用品。

(8)救生设备:救生艇筏和救助艇的降落布置(如有明显证据表明救生艇筏处于不适用的状态,则必须将艇筏落水)。

(9)防污染设备:油水分离器试验。

除以上适用于所有船型的基本项目外,扩大检查还另有针对客船、油船、化学品船、液化气船和散货船的特殊项目。

五、降低中国籍船舶 PSC 滞留率的若干措施

为加强船旗国管理,提高船公司及其船舶的安全管理水平,尽快降低中国籍船舶在国外 PSC 检查中的滞留率,维护我国航运大国的声誉,我国海事主管机关特规定下列措施,自 1998 年 2 月 12 日起施行。

1. 船公司责任

经营国际航线的船公司应建立对所管理船舶的自查制度和船舶在国外 PSC 检查中被滞留的惩罚制度,设立专门的机构或人员负责船舶在国外 PSC 检查信息的收集、报告,明确有关船公司管理部门或人员和船舶的责任,及时纠正、消除船旗国管理和 PSC 检查所发现的缺陷,改善船舶的安全技术状况;当所属船舶在 PSC 检查中被滞留时,应按本规定的要求向船籍港海事机关报告。

对 6 个月内在国外被滞留一次以上(不含一次)的船舶,船公司应及时调整该船舶的经营航线或暂时退出国际航线。

船长应认真履行职责,督促、检查全体船员做好自查、整改工作,消除各种缺陷,确保船舶处于良好技术状况;当船舶在国外接受 PSC 检查时,应积极主动地配合检查官员的工作,尽快纠正缺陷。

对按本规定要求应进行开航前检查的船舶,船公司应向海事机关及时通报船舶动态,主动申请开航前检查,并指派专人陪同检查。

2. 开航前检查

凡航经欧洲(巴黎备忘录成员国)、美国、澳大利亚、韩国航线,属于老龄、超龄的散货船、杂货船、油船、集装箱船和在国外 PSC 检查中曾被滞留的船舶,都应实施开航前检查。

开航前检查由海事机关牵头,会同船级社以海事机关实施船舶安全检查的名义,依据《中华人民共和国船舶安全检查规则(1997)》,以 PSC 检查项目为主要内容进行,并对所查出的缺陷,依照《外国籍船舶安全检查缺陷处理细则》进行处理。

船舶应经而未经开航前检查的,或未按要求纠正缺陷的,海事机关不予办理出口岸手续。

凡经开航前检查的船舶,应将其在国外接受 PSC 检查的情况及时反馈实施开航前检查的海事机关。

开航前检查的具体做法和步骤由中华人民共和国海事局作出规定。

3. 报告

凡船舶在国外接受 PSC 检查,其检查报告中"所采取的措施(ACTION TAKEN)"栏内签注"滞留(DETENTION 或代码 30)";或接到滞留通知书的,不论是否造成船期延误,即为船舶滞留。船舶被滞留后,船长应按其公司的规定,尽快将滞留情况报告船公司,并附上 PSC 检查报告和滞留通知书(若有时)的复印件。船公司接到船舶被滞留的报告后,应立即设法帮助船方采取措施纠正缺陷,并于船舶被滞留后的 3 个工作日内将船长报告的情况、PSC 检查报告和滞留通知书(若有时)的复印件等报告船籍港海事局。

船舶被解除滞留后,船长应将缺陷纠正情况及采取的措施、船舶被延误时间等详细报告船公司。船公司接到船舶被解除滞留的报告后,应填写"被滞留船舶单船情况报告表",并附上 PSC 检查报告和滞留通知书(若有时)的复印件,于船舶被解除滞留后的 15 日内报告船籍港海事局和所在省、自治区、直辖市交通厅(委、办、局)。

4. 处理与处罚

对所属船舶在 PSC 检查中的滞留率超过全国平均滞留率的船公司,交通运输部将在全国范围内予以通报,并对其所属船舶由各地海事机关作为重点监督检查对象进行严格控制。

对在 PSC 检查中被滞留的所有船舶,由交通运输部定期通报全国,并由各地海事机关作为重点监督检查对象进行严格控制。

对所属船舶在 PSC 检查中的滞留率连续两年超过全国平均滞留率的船公司,交通运输部将取消该公司经营国际航线的资格。对 12 个月内被滞留两次以上(不含两次)的船舶,交通运输部将取消该船经营国际航线的资格。

船公司未按规定报告的,交通运输部将给予警告,直至撤销船公司国际航线经营资格的处理。

对船舶在国外 PSC 检查被滞留的在任船长,由海事机关将此情况记入该船长的船员服务簿。

对船舶被滞留后船长不报告的,交通运输部还将在全国范围内通报。这些情况将记录在案,作为审核其任职资格的相关要求。

第八章　船舶防污染

第一节　《MARPOL 73/78 公约》的主要内容及其修正案

一、公约背景

第二次世界大战后,世界各国的工业及经济迅速恢复和发展,海上航运船舶和运输量迅速增加,石油对海洋的污染也越发严重。1954 年 4 月 26 日,经英国政府邀请,在伦敦召开了国际防止海上油污染会议。包括各主要海运国家在内的 42 个国家和地区的代表出席了这次会议,联合国和一些国际组织的代表也参加了会议。会上制定并通过了第一个国际防止海上石油污染的文件——《1954 年国际防止海洋石油污染公约》(简称《54 公约》)。该公约于 1958 年 7 月 26 日生效。我国政府未加入这一公约。1959 年 1 月 6 日政府间海事协商组织(即现在的国际海事组织 IMO)正式成立后,该公约便移交给海协组织保存。在海协的组织下,对《54 公约》作了修正,并通过了其 1962 年和 1969 年修正案。这些一起作为各国在领海区域内防止海洋污染而对船舶提出法定要求的基础文件。《54 公约》虽然经过多次修正补充,但仅限于对油类污染规定,不能较全面地控制船舶运输造成的各种污染。

随着现代化工业的飞速发展,以及其他有害物质对海洋的污染越来越严重,而船舶随便地或意外地排放油类和其他有害物质仍是造成海洋污染的一项重要来源。要彻底消除有意排放油类和油性混合物及其他有害物质污染海洋环境,并将这些物质的意外排放减至最低程度,就需要制定一个不仅限于油污染,并包括各种有害物质且具有普遍意义的防污染公约。1973 年 10 月。"国际海协"于英国伦敦召开了一次国际海洋污染会议,制定并通过了《1973 年国际防止船舶造成污染公约》。

《1973 年国际防止船舶造成污染公约》制定后,由于技术上的一些问题,使这个公约的实施工作进展很慢。直到 1978 年,参加该公约的国家还只有约旦、肯尼亚和突尼斯三个国家。然而在 1973～1978 年这 5 年期间,重大油船事故不断发生。为此 1978 年 2 月在美国的倡议下,IMCO 决定在国际场合提出新的海上安全和防污染措施,并敦促各国重新认识和批准防污染公约。1978 年 2 月 6 日至 17 日在英国伦敦召开了国际油船安全和防污染会议(TSPP 大会),产生了两个协议书,即《关于(1974 年国际海上人命安全公约)的 1978 年议定书》和对《关于(1973 年国际防止船舶造成污染公约)的 1978 年议定书》,并对 1973 年公约的附则作了适当的修改和补充。

经1978年议定书修订的《1973年国际防止船舶造成污染公约》是为了尽早并尽可能广泛地执行该公约附则Ⅰ，同时进一步明确，在附则Ⅱ的某些技术问题未得到满意地解决之前，推迟对附则Ⅱ的施行。

《关于(1973年国际防止船舶造成污染公约)的1978年议定书》规定，1973年防污公约和1978年议定书作为一个整体文件来理解和解释。合称为《经1978年议定书修订的(1973年国际防止船舶造成污染公约)》，简称为《73/78防污公约》(MARPOL73/78公约)。

《73/78防污公约》的生效条件与1973年防污公约相同（即不少于15个国家参加，并且这15个国家所拥有的商船吨位，不少于世界商船总吨位的50%）。到1983年10月2日，该公约已经满足上述条件，并从该日起生效。

1997年9月15日至26日，在IMO总部伦敦召开的《MARPOL 73/78公约》缔约国大会，批准《MARPOL 73/78公约》新增一个附则，即"附则Ⅵ——防止船舶造成大气污染规则"。

二、附则

1. 附则Ⅰ——防止油污规则有关规定

附则Ⅰ是必选附则，因此与《MARPOL 73/78公约》同时生效，即1983年10月2日生效。

1) 定义、适用范围

（1）油类——包括原油、燃料油、油泥油渣和炼制品在内的任何形式的石油。

（2）含油混合物——含有任何油分的混合物。

（3）油船——建造或改造为主要在其装货处所装运散装油类的船，并包括油类/散货两用船以及全部或部分装运散装货油的化学品液货船。

（4）最近陆地——指该领土按照国际法划定的领海基线。

（5）油量瞬间排放率——系指任何一瞬间每小时排油的公升数除以同一瞬间船速节速的值，其单位为(L/n mile)。

（6）特殊区域——由于海洋学和生态学以及其运输的特殊性质等方面公认的技术原因，需要采取防止海洋污染的特殊强制办法的海域。

本附则的特殊区域有：地中海区域，波罗的海区域，黑海区域，红海区域，海湾区域，亚丁湾区域，南极区域，西北欧区域，阿拉伯海的阿曼海区域。其中西北欧区域包括北海及其近海区域，爱尔兰海及其近海区域，凯尔特海、英吉利海峡及其邻近区域和紧接爱尔兰西部的东北大西洋部分区域。

2) 检验和发证

（1）检验

凡150总吨及以上的油船和400总吨及以上的其他船舶，应进行下列检验：

①初次检验。在船舶投入营运之前或在首次签发本附则第7条要求的证书之前进行。

②换证检验。按主管机关规定的间隔进行，但不超过5年。

③中间检验。在证书的第2个周年日前或后3个月之内或第3个周年日前或后3个月之内进行，应取代一次年度检验。

④年度检验。在证书的每个周年日前或后3个月之内进行。

⑤附加检验。在任何重大修理或换新后应按情况进行全面或部分检验。

（2）证书的签发

凡150总吨及以上的油船和400总吨及以上的其他船舶,按照本附则规定进行初次检验或换证检验后,应予以签发国际防止油污证书(International Oil Pollution Prevention Certificate,简称IOPP证书)。该证书由主管机关或其正式授权的任何组织或个人签发,还可以由主管机关委托另一缔约国政府代发。主管机关对证书负全部责任。我国的主管机关是中国船级社。

(3)证书的格式

如表8-1所示为国际防止油污染证书的格式,其后附有一份船舶结构及设备记录。这种附页有两种格式:即格式A和格式B。格式A适用于非油船,格式B适用于油船或设有货油舱的非油船。

附页上记载的是该船的船舶资料、排污设备情况、残油的处理措施、标准排放接头和油污应急计划等经主管机关检验认可的记录,并永久附于IOPP证书之后。

证书应用船旗国的官方文字写成。如所用文字既非英文又非法文或西班牙文,则该文本中还应有英文、法文或西班牙文之一的译文。

表8-1 国际防止油污染证书格式

国际防止油污染证书(注:本证书应附有结构及设备记录)

本证书系根据《经1978年议定书修订的(1973年国际防止船舶造成污染公约)》(以下简称《73/78防污公约》)的规定,经(国家全称)政府授权,由(按本公约规定授权的组织或个人全称)发给。

船名	船舶编号或呼号	船籍港	总吨位

船舶种类

油船

属于公约附则Ⅰ第2(2)条规定设有货油舱的非油船舶

上述以外的船舶

(4)证书的期限

国际防止油污证书的有效期自签发之日起为5年,不得展期。

为保持国际防止油污证书的有效性,必须按规定进行年度检验和期间检验,检验后验船师应在证书上签证。

①年度检验

对船舶防止油污结构和设备的年度检验,应在国际防止油污证书每周年前后3个月内进行一次。

②期间检验

期间检验,是安排在证书有效期期满之日前后6个月内进行。即可与第二次年度检验或第三次年度检验结合进行,并可代替年度检验。期间检验除了按规定进行年度检验的项目外,还应对防污染设备进行一些内部检查和试验。对于国内船舶的防止油污证书有效期也是5年,在有效期内只进行年度检验。

(5)证书的换新

IOPP证书5年到期时,应进行定期检验,其检验范围与期间检验范围相当。定期检验合格后,验船师签发新的IOPP证书。

(6)证书的失效

IOPP证书在下列情况失效:

①未按规定申请进行期间检验或证书有效期届满未继续申请定期检验。

②未经主管机关许可,对所要求的结构、设备、各种系统、附件、布置和材料作了重大的改变。

③发现有使设备失效的缺陷,而又不能按主管机关要求进行必要的修理时。

④船舶改挂另一国的国旗时(如果变更船旗系在两个缔约国之间进行,则另有规定)。

3)残油(油泥)舱

凡400总吨及以上的船舶,应参照其机型和航程长短,设置一个或几个有足够容量的舱柜,接收按本附则要求不能以其他方式处理的残旧(油泥),如由于净化燃油、滑油和机器处所中漏油产生的残油。根据不同的船舶,该舱柜的容量要求是不同的,船舶规范中对该舱柜的最小容量有具体规定。

残油(污油)舱最小容积按下式计算:

$$V = K_1 CD \quad (m^3)$$

式中,$K_1 = 0.01$(燃用净化后燃油);

$K_1 = 0.005$(燃用无需净化燃油);

C——燃油日耗量(t);

D——两港口间最大航行时间(天)(指可接收残油的港口,如无资料按30天计)。

如船上装有残油焚烧装置,则

$V = 1 \ m^3$,用于400总吨以上4 000总吨以下的船舶;

$V = 2 \ m^3$,用于4 000总吨及其以上船舶。

4)国际标准排放接头

各缔约国政府应保证在装油港、站,修理港及船舶需排放残油的其他港口,设置接收留存的残油和油性混合物的足够设备,以满足到港船舶的需要。

为使接收设备的管路能与船上机舱舱底残余物的排放管路相连接,在这两条管路上均应装有符合本附则第19条规定的标准排放接头(如表8-2所示)。

表8-2 油类国际标准排放接头法兰尺寸

项 目	尺 寸
外 径	215 mm
内 径	接管外径,最大直径不大于125 mm
螺栓节圆直径	183 mm
法兰厚度	20 mm
法兰上槽口	6个直径为22 mm的孔等距分布在上述直径的螺栓节圆上,槽口开至法兰盘外沿,槽口宽度22 mm
螺栓和螺帽的总数量、直径	6个,每个直径20 mm,长度适当

注:该法兰连同耐油垫圈,应能承受0.6 MPa的压力。

附则Ⅰ适用于所有船舶。

5)含油污水排放及监控要求

附则Ⅰ对船舶营运过程控制操作污染的措施、方法和要求有如下具体规定:

(1)油船货油舱处所的含油污水排放规定(货油舱污压载水、洗舱水、泵舱舱底水)经1992年修正案修改,并于1993年7月6日生效的排放规定是:

①船舶不在特殊区域之内。

②船舶距最近陆地 50 n mile 以上。

③船舶正在航行途中。

④油量瞬间排放率不超过 30 L/n mile。

⑤排放海中的总油量不得超过上航次载油量的 1/30 000。

⑥排油监控系统及污油水舱的装置正在运行。

（2）非油船和油船机器处所的舱底含油污水排放规定。

在特殊区域外：

①船舶正在途中航行。

②未经稀释的排出物的含油量不超过 15 ppm。

③含油污水不是来自货油泵舱的舱底。

④未混有货油残余物。

⑤船上所设符合本附则要求的排油监控系统、油水分离设备、过滤设备或其他装置正在运行，船舶不在特殊区域内。

在特殊区域内：

①含油污水不是来自货油泵舱的舱底。

②含油污水未混有货油的残余物。

③船舶正在途中航行。

④未经稀释的排出物的含油量不超过 15 ppm。

⑤船上所设符合本附则要求的油水过滤设备正在运行。

⑥当排出物含油量超过 15 ppm 时，该过滤系统备有的停止装置能确保自动停止排放。

（3）排油监控系统和滤油设备

1992 年第 32 届环保大会通过的修正案，对第 16 条修改为：

①凡 400 总吨及以上但小于 10 000 总吨的任何船舶，应装设经主管机关认可的滤油设备，而且应保证通过该设备排放入海的含油混合物的含油量不超过 15 ppm。

②凡 10 000 总吨及以上的任何船舶，除应装设同上述（1）一样的滤油设备外，还应装设当排出物含油量超过 15 ppm 时报警并自动停止排放的装置。

③对专门从事在特殊区域内航行的船舶，当船舶设有能够容纳留存在船上的全部含油舱底水的储存柜，而且港口有接收设备时，应保证含油舱底水留存在船上，到港后排入接收设备，这样的船舶可不设滤油设备和警报装置。

④小于 400 总吨的船舶，主管机关应保证尽可能设有将油类或含油类混合物留存在船上的设备。

6）油类记录簿

（1）适用范围

凡 150 总吨及以上的油船，应备有油类记录簿第一部分（机舱的作业记录）和第二部分（货油和压载作业记录）。即油船应备有两种油类记录簿，一种用于机器处所的操作，由轮机部保管；一种用于货油的操作，由大副保管。

（2）法律效力

在油类记录簿中，每项记录应由该项作业的操作负责人签字，每记完一页由船长签字。记完最后一页应留船保存 3 年。船舶事故造成任何油类和油性混合物的排放，不论是有意的还是意外的,均应记入油类记录簿,并说明排放情况和理由。

油类记录簿应存放于船上可随时取来检查的地方。缔约国的主管当局,可检查在港船舶的油类记录簿,可将记录簿中的任何记录制成副本,要求船长证明该副本是该项记录的正确副本。这样的副本得以在任何法律诉讼中作为该项记录所述事实的证据。对油类记录簿的检查和制作正确副本应尽快进行,不使船舶造成不当延误。

油类记录簿,使用船旗国的官方文字记录,但持有 IOPP 证书的船舶,还应有英文、法文或西班牙文中的一种记录,当有争议或不一致时,以船旗国官方文字的记录为准。

(3)油类记录簿的记载内容

船舶机器处所油类记录簿的记载,应按"记载细目一览表"所规定的作业代号和细目数码填写。油类记录簿有统一的格式,每当船舶进行任何一项作业时,均应详细记入油类记录簿。

2. 附则Ⅱ——控制散装有毒液体物质污染规则有关规定

附则Ⅱ是必选附则,于 1987 年 4 月 6 日生效,我国 1983 年 7 月 1 日加入,1987 年 4 月 6 日对我国生效。

1)定义、适用范围

(1)化学品液货船——建造或改建为主要用于装运散装有毒液体物质的船舶,并包括全部或部分散装有毒液体物质货物的油船。

(2)液体物质——在温度为 37.8 ℃时,蒸发压力不超过 0.28 MPa 的物质。

(3)有毒液体物质——附则Ⅱ中列入的物质,或经暂时评定为 X、Y、Z 和其他的物质的任何物质。

本附则的特殊区域为:波罗的海区域、黑海区域、南极地区(1992 年修正案,1994 年 7 月 1 日生效)。

附则Ⅱ适用于所有散装运输有毒液体物质的船舶。

2)检验与证书

所有散装运输有毒液体物质的船舶应进行初次检验、年度检验、期间检验、换证检验、附加检验。

任何航行于其他缔约国所辖的港口或装卸站的散装运输有毒液体物质的船舶,应持有按本附则规定检验后,主管机关签发的《国际防止散装运输有毒液体物质污染证书》。

3)散装有毒液体物质分类

X 类:此类有毒液体物质,如果从洗舱和排放压载水作业中排入海中,将会对海洋资源或人类健康造成严重危害,因此有必要严禁将此类物质排入海洋环境。

Y 类:此类有毒液体物质,如果从洗舱和排放压载水作业中排入海中,将会对海洋资源或人类健康造成严重危害,或对舒适性或其他合法利用海洋造成损害,因此有必要对排入海洋环境的此类物质的质量加以限制。

Z 类:此类有毒液体物质,如果从洗舱和排放压载水作业中排入海中,似乎对海洋资源或人类健康造成较小的危害,因此有必要对排入海洋环境的此类物质的质量加以限制。

其他的物质:应评估作为《国际散装化学品规则》第 18 章污染类栏中所示的物质 OS 并且发现这些物质并不属于 X 类、Y 类或 Z 类,如果从洗舱和排放压载水作业中排入海中,似乎不会对海洋资源或人类健康造成危害,或不会对舒适性或其他合法利用海洋造成损害,因此,排放含有其他物质的舱底污水、压载水其他残余物或混合物不受本附则要求的约束。全面修正后的附则Ⅱ还包含许多其他的重大变化。这是由于船舶技术的改进,例如更有效的分离技术,使某些附则Ⅱ中限制的物质的排放水平可以极大地降低。对2007年1月1日或以后建造的船舶,经排放压载以后的舱内或有关管系内的残留物的最大允许残留量,对X类、Y类和Z类物质均为75 L,而原来最大值分别为100 L和300 L。

4)有毒液体物质排放标准

上述四类物质或含有这些物质的压载水、洗舱水或其残余物、混合物,禁止排放。但满足下列条件时,除特殊海域外,则不在此限:

(1)船舶在航行途中,自航船航速≥7 kn,非自航船航速≥4 kn。

(2)排出口位于水线以下并远离海水入口。

(3)距最近陆地≥12 n mile,水深≥25 m处排放。

排放时的浓度:

X类物质船舶离开卸货港前应对卸载X类物质的货舱进行预洗。其所产生的残余物应排入接收设备,直至检查员抽样表明排往此类接收设备的液体中该物质的浓度等于或低于重量比的0.1%。当达到浓度水平的要求时剩下的洗舱液应继续排放到接收设备直至该舱排空。随后注入该舱的任何水可以按上述排放标准排放入海。

Y类和Z类物质残余物的排放可按上述排放标准排放入海。

3.附则Ⅲ——防止海运包装有害物质污染规则有关规定

该附则是任选附则,于1992年7月1日生效,我国1994年12月13日加入。

附则Ⅲ原为《防止海运包装或集装箱、可移动罐柜或公路及铁路槽罐车装有害物质污染规则》,1992年10月MEPC.58(33)号决议通过《MARPOL 73/78公约》修正案,将附则Ⅲ改为《防止海运包装有害物质污染规则》,并规定该附则适用于所有装运包装的有害物质的船舶。

附则Ⅲ主要内容有:

1)适用范围

除另有明文规定外,本附则适用于所有装运包装形式的有害物质的船舶。

2)包装

包装应在考虑其所装的特定的物质后,应能将它对海洋环境的危害减至最低限度。

3)标志与标签

(1)包装件应永久地标以正确的技术名称,不应只使用商品名称,并永久地加上标志与标签。

(2)包装件上所采用的正确的技术名称和辅助标签的方法,标志和标记应保证包装件在海中浸没至少3个月后仍保持内容清晰可辨。

4)单据

(1)托运人所提供的运输文件中,应包括或附有一份经签字的证明或申明,来说明交运的货物已妥为包装,标志和标签处于可装运的适当状况。

(2)在所有关于海运有害物质的文件上提到此类物质时应使用技术名称,还应补充表明"海洋污染物"字样。

(3)装运有害物质的船舶,应有一份特别的清单或舱单,列明船上的有害物质及位置,也可用详细的积载图来代替。

5)限量

对于海洋环境危害很大的某些有害物质,可能必须禁止载运或对任一船舶可装的数量加以限制。

6)港口国监督操作性要求

当一艘船舶停靠在另一缔约国港口时,如有明显理由认为船长或船员不熟悉船上主要的防止有害物质污染程序时,该船应接受该缔约国正式授权官员根据本附则进行的操作性检查,该缔约国应采取措施确保该船已按本附则的要求调整至正常状态,才准其开航。

4. 附则Ⅳ——防止船舶生活污水污染规则有关规定

附则Ⅳ是任选附则,于 2003 年 9 月 27 日生效。

附则Ⅳ主要内容有:

1)定义、适用范围

"生活污水"是指:

(1)任何形式的厕所、小便池以及厕所排水孔的排出物和其他废弃物。

(2)医务室(药房、病房等)的面盆、洗澡盆和这些处所排水孔的排出物。

(3)装有活的动物处所的排出物。

(4)混有上述排出物的其他废水。

附则Ⅳ适用于 400 总吨及以上的新船,或小于 400 总吨但经核定许可载运 15 人以上的新船。现有船舶自本附则生效之日的 5 年以后适用。

2)检验与证书

凡航行前往其他缔约国所辖港口或近海装卸站的船舶,应备有经主管机关检验后签发的国际防止生活污水污染证书。

3)生活污水排放标准(经 2000 年 3 月第 44 届环保大会通过的 MEPC 88(44)决议修正)

除非另有规定,应禁止将生活污水排放入海,但下列情况除外:

(1)在距最近陆地 3 n mile 以外,排放生活污水需经由主管机关批准的设备粉碎和消毒;或在 12 n mile 以外排放未经粉碎和消毒的生活污水。

(2)排放时不能将集污舱中储存的生活污水顷刻排光,而且船舶应以不小于 4 kn 的航速在航行途中,以中等排放速率排放。

(3)船上的生活污水处理装置正在运转。该装置已经主管机关验证符合 IMO 制定的各项操作及性能要求,同时该设备的试验结果已写入该船的 ISPP 证书,并且排出的废液,在其周围的水中不会产生可见的漂浮固体,也不会使水变色。

4)生活污水标准排放接头

为使港口生活污水接收设备的管路能与船上的排放管路容易连接,船上和港口接收设施均应装设符合本附则规定的生活污水标准排放接头,如表 8-3 所示。

表 8-3　生活污水排放接头法兰的标准尺寸

项目	尺寸
外径	210 mm
内径	按照管子的外径
螺栓圈直径	170 mm
法兰槽口	直径 16 mm 的孔 4 个等距离分布在上述直径的螺栓圈上,开槽口至法兰外沿,槽口宽 18 mm
法兰厚度	16 mm
螺栓和螺帽,数量,直径	4 个,每个直径 16 mm,长度适当
法兰应设计为能接受最大直径不大于 100 mm 的管子,以钢或其他同等材料制成,表面平整,连同一个适当的垫圈,应能承受 6 kg/cm² 的压力	

对于型深为 5 m 和小于 5 m 的船舶,排放接头的内径可为 38 mm。

5. 附则 Ⅴ——防止船舶垃圾污染规则有关规定

附则 Ⅴ 是任选附则,于 1988 年 12 月 31 日生效,我国 1988 年 11 月 21 日加入 1989 年 4 月 6 日对我国生效。

1)定义、适用范围

垃圾:产生于船舶通常营运期间并要不断地或定期地予以处理的各种食品废弃物、生活废弃物、操作废弃物、所有的塑料、货物残留物、焚烧炉灰、食用油、渔具和动物尸体,但本公约其他附则中所界定的或列出的物质除外。垃圾不包括渔业作业过程产生的包括贝类在内的鱼产品及其各部分。

特殊区域:指某一海域,在该海域中,由于海洋地理和生态条件以及其运输的特殊性等公认的技术原因,需要采取特殊的强制办法以防止垃圾污染海洋。就本附则而言,特殊区域指地中海区域、波罗的海区域、黑海区域、红海区域、海湾区域、北海区域、南极区域和泛加勒比海区域。

本附则适用于一切船舶。

2)垃圾处理规定

除非满足下列垃圾排放规定,禁止将垃圾排放入海。

在特殊区域外:

(1)仅当船舶处于在航状态且尽可能远离最近陆地,方允许在特殊区域外排放以下垃圾。

①食品废弃物在距最近陆地 12 n mile 以外可排放入海。但在距最近陆地 3 n mile 以外 12 n mile 以内,应经粉碎机或磨碎机加工处理后,通过筛眼不大于 25 mm 的粗筛排放入海。

②对于无法以常用卸载方法回收的货物残留物,在距最近陆地不少于 12 n mile 外排放。按照制订的导则,这些货物残留物不得含有任何被列为对海洋环境有害的物质。

③对于动物尸体,按照制订的导则,其排放须尽可能远离最近陆地。

(2)货舱、甲板和船体外表面清洗水中的清洁剂或添加剂可以排放入海,但按照制订的导则,这些物质不得危害海洋环境。

(3)当垃圾中掺入其他禁止排放或有不同排放要求的物质,或是被此种物质污染时,须适用更为严格的要求。

特殊区域内:

(1)仅当船舶处于在航状态且遵守以下规定时,方允许在特殊区域内排放以下垃圾:

①食品废弃物在距最近陆地 12 n mile 以外可排放入海。该食品废弃物应经粉碎机或磨碎机加工处理后,通过筛眼不大于 25 mm 的粗筛排放入海。南极区域内,除非将禽类和禽类部位在内的外来禽类产品进行无菌处理;否则禁止其排放。

②对于无法以常用卸载方法回收的货物残留物,须同时满足以下条件:按照制订的导则,这些货物残留物不得含有任何被列为对海洋环境有害的物质;船舶出发港和目的港都在特殊区域内,且不会驶离特殊区域;这些港口没有导则要求的足够的接收设施;距离最近陆地不少于 12 n mile。

(2)货舱、甲板和船体外表面清洗水中的清洁剂或添加剂可以排放入海,但按照制订的导则,这些物质不得危害海洋环境。

(3)以下规则适用于南极区域:

①各缔约国,如其港口内有来往于南极区域的船舶挂靠,有义务根据船舶使用需求,确保尽快为所有船舶提供可接收所有垃圾的充足的实用设施,不使船舶发生不当延误。

②各缔约国须确保悬挂其船旗的船舶在进入南极区域前,船上有足够容积储存船舶在该区域营运期间产生的所有垃圾,且已完成离开该区域后把这些垃圾排至某一接收设施的安排。

(4)当垃圾中掺入其他禁止排放或有不同排放要求的物质,或是被此种物质污染时,须适用更为严格的要求。

3)例外

下述情况可不受本附则规定的排放限制:

(1)保障船舶和船上财产安全或挽救海上人命所必需的船舶垃圾排放。

(2)由于船舶或其设备损坏而导致的垃圾意外灭失,且在损坏发生前后已采取了一切合理的预防措施来防止意外灭失或使其降至最低限度。

(3)渔具意外灭失,且已采取了一切合理的预防措施来防止这种灭失。

(4)为保护海洋环境或保护船舶或其船员安全而从船上抛弃渔具。

(5)船上留存的食品废弃物明显会立刻危害船上人员的安全。

4)告示牌、垃圾管理计划和垃圾记录簿

(1)总长 12 m 及以上的船舶,以及固定或浮动式平台,都应张贴公告标牌,向船员和旅客展示有关垃圾处理的要求。告示牌应以船上人员的工作语言书写,对航行于其他缔约国政府管辖权范围内的港口或近海装卸站的船舶,告示还应以英文、法文或西班牙文书写。

(2)所有 100 总吨及以上的船舶和经核定可载运 15 人及以上的船舶,以及固定或浮动式平台,应备有一份要求船员执行的垃圾管理计划。该管理计划须提供书面的有关垃圾减少、收集、存放、加工和处理以及船上设备使用的程序。该计划还须指定一名或多名人员负责执行垃圾管理计划。该计划须基于制订的导则并使用船员的工作语言。

(3)驶向本公约其他缔约国政府管辖权范围内的港口或近海装卸站的 400 总吨及以上的船舶和经核定可载运 15 人及以上的船舶,以及固定或浮动式平台,均须配备“垃圾记录簿”。“垃圾记录簿”无论是否为官方日志的一部分或其他形式,均须使用本附则附录中规定的格式。

①每次排放入海或排至某一接收设施,或者完成的焚烧作业,须及时记录在“垃圾记录簿”中并且由主管高级船员在排放或焚烧作业的当日签署。“垃圾记录簿”每页记录完成时须由船长签字。“垃圾记录簿”须至少使用英语、法语或西班牙语填写。如“垃圾记录簿”同时还

以船舶的船旗国官方语言填写的,在出现争执或不一致的情况时,须以船旗国官方语言填写的为准。

②每次排放或焚烧作业记录须包括日期和时间、船位、垃圾的种类以及排放或焚烧垃圾的估计量。

③"垃圾记录簿"须留存在船舶、固定或浮动平台上的适当处所,以备在所有合理时间内随时可查。该记录簿在完成最后一次记录后须至少保留2年。

④若发生任何排放或意外灭失,须在"垃圾记录簿"中予以记录,或者对于400总吨以下的船舶,须在船舶官方日志中予以记录。记录包括排放或灭失的位置、环境和原因,排放或灭失物的详情,以及避免或尽可能减少该类排放或灭失的合理预防措施。

6. 附则Ⅵ——关于防止船舶造成大气污染规则有关规定

附则Ⅵ也是任选附则,该附则2005年5月19日生效。

1)定义、适用范围

(1)排放:指从船舶向大气或海洋释放受本附则控制的任何物质,包括:氮氧化物(NOx)、硫氧化物(SOx)、挥发性有机化合物(VOCs)和消耗臭氧层物质(溴氯氟烷烃)。

(2)船上焚烧:指把船舶正常作业时产生的废物或其他物质在船上进行焚烧。

(3)排放控制区:指要求对船舶氮氧化物(NOx)和硫氧化物(SOx)排放采取特殊强制措施,以防止、减少和控制氮氧化物(NOx)和硫氧化物(SOx)造成大气污染以及随之对陆地和海洋区域造成不利影响的区域。

本规则适用所有船舶(条约中另有规定者除外)。

2)检验与证书

凡400总吨及以上的船舶以及所有固定和移动式钻井平台和其他平台应进行初次检验、换证检验、中间检验、年度检验、附加检验。按本附则规定进行了初次或换证检验后,主管机关签发国际防止空气污染证书(The International Air Pollution Prevention Certificate,简称IAPP证书),有效期为5年。

3)船舶排放控制有关要求

(1)臭氧消耗物质

①消耗臭氧物质系指《1987年消耗臭氧层物质蒙特利尔议定书》中定义的并列于该议定书附件A、B、C或E中的受控物质,如溴氯二氟甲烷(Hallon 1211)、溴三氟甲烷(Hallon 1301)、三氯氟甲烷(CFC-11)、二氯二氟甲烷(CFC-12)等物质,但无制冷剂充注接头的永久密封设备或无可拆卸的含有消耗臭氧物质部件的永久密封设备不受本条规定限制。

②须禁止消耗臭氧物质的任何故意排放。故意排放包括系统或设备的维护、检修、修理或处置过程中发生的排放,但故意排放不包括与消耗臭氧物质的回收或再循环相关的微量释放。

③消耗臭氧物质装置的使用时限

2005年5月19日或以后建造的船舶上安装的设备或交付船上的合同日期为2005年5月19日或以后的设备,禁止使用除氢化氯氟烃外的其他含消耗臭氧的物质;2020年1月1日或以后,禁止使用含氢化氯氟烃的物质(如R22)。

④消耗臭氧物质以及含有此类物质的设备,从船上卸下时,须送至合适的接收设施。

⑤每艘按规定须持有IAPP证书的船舶须保存含消耗臭氧物质的设备清单。

⑥按规定须持有IAPP证书并具有含消耗臭氧物质的再充注系统的船舶须保存一份"消

耗臭氧物质记录簿"。经主管机关批准,该记录簿可以是现有航海日志或电子记录系统的一部分。

⑦"消耗臭氧物质记录簿"中的登记,须按物质的质量(kg),就含消耗臭氧物质的设备的全部或部分重新充注、设备的修理或维护、消耗臭氧物质向大气中故意或非故意排放、消耗臭氧物质向陆基接收设施的排放以及向船舶供给的消耗臭氧物质情况及时记录。

(2)氮氧化物(NOx)

①适用范围

本条适用于船舶建造时安装的及 2000 年 1 月 1 日后经重大改装的输出功率超过 130 kW 的船用柴油发动机。安装于救生艇上仅在应急情况下使用或其他仅在应急情况下使用的船用柴油发动机不受本条规定限制。

②氮氧化物排放控制区:目前生效的有北美区域,美国加勒比海区域,以及将来根据设定的衡准和程序而指定的任何其他海域,包括任何港口区域。

③氮氧化物排放标准。

氮氧化物排放限值可分成三个等级,如表 8-4 所示。

表 8-4　氮氧化物排放限值

发动机额定转速 n(r/min)	氮氧化物排放限值[g/(kW·h)]		
	第Ⅰ级	第Ⅱ级	第Ⅲ级
$n < 130$	17.0	14.4	3.4
$130 \leqslant n < 2\,000$	$45.0 \cdot n^{(-0.2)}$	$44.0 \cdot n^{(-0.23)}$	$9 \cdot n^{(-0.2)}$
$n \geqslant 2\,000$	9.8	7.7	2.0

新装船用柴油发动机氮氧化物排放限值:

2000 年 1 月 1 日或以后至 2011 年 1 月 1 日以前建造的船舶上安装的船用柴油发动机或在此期间替换或加装的柴油发动机,其氮氧化物排放量应符合第Ⅰ级标准。

2011 年 1 月 1 日或以后建造的船上安装的船用柴油发动机或在此期间替换或加装的柴油发动机,其氮氧化物排放量应符合第Ⅱ级标准。

2016 年 1 月 1 日或以后建造的船上安装的柴油发动机或在此期间替换或加装的柴油发动机,当船舶在排放控制区外航行时,其氮氧化物排放量须符合第Ⅱ级标准,当船舶在排放控制区内航行时,须符合第Ⅲ级标准。

1990 年 1 月 1 日或以后但在 2000 年 1 月 1 日以前建造的船舶上所安装的、输出功率超过 5 000 kW 且每缸排量在 90 L 或以上的船用柴油发动机,其氮氧化物排放量须符合第Ⅰ级排放标准。

(3)硫氧化物(SOx)和颗粒物质

①船上使用的燃油硫含量限值

排放控制区外,船上使用的任何燃油,其硫含量不得超过下述限值:

2012 年 1 月 1 日以前为 4.50% m/m;2012 年 1 月 1 日及以后降至 3.50% m/m;2020 年 1 月 1 日及以后降至 0.50% m/m。

排放控制区域内,船上所用燃油的硫含量:

IMO 划定的硫氧化物排放控制区（SECA）包括：波罗的海区域和包括英吉利海峡在内的北海海域；北美区域；美国加勒比海区域；以及将来根据设定的衡准和程序而指定的任何其他海域，包括任何港口区域。船舶在 SECA 内营运时船上所用燃油的硫含量 2015 年 1 月 1 日及以后降至 0.10% m/m。

②上述燃油硫含量须由供应商按照本附则要求提供证明文件。

③若使用不同的燃油以符合 SECA 内燃油硫含量规定，进入或离开 SECA 的船舶，须携有一份书面程序表明燃油转换如何完成。燃油转换作业在进入 SECA 以前完成时或离开该区域后开始时的日期、时间及船位及届时各燃油舱中低硫燃油的容量须记录在主管机关规定的日志中。

（4）挥发性有机化合物（VOCs）

①所有指定液货船挥发性有机化合物释放控制港口或装卸站的当事国，须保证在其指定的港口和装卸站配备经该当事国根据 IMO 制定的蒸气排放控制系统安全标准认可的蒸气排放控制系统，并确保该系统的操作安全及能防止造成船舶的不当延误。

②受到 VOCs 排放控制的液货船须配备主管机关认可的蒸气排放收集系统，并须在装载有关货物时使用该系统。根据本条要求安装了蒸气排放控制系统的港口或装卸站可以在生效日期之后的 3 年内接纳没有安装蒸气收集系统的液货船。

③载运原油的液货船须在船上备有并实施经主管机关认可的挥发性有机化合物管理计划。对于国际航行船舶，用船长和高级船员的工作语言编写，如船长和高级船员的工作语言不是英语、法语或西班牙语，则包括其中一种语言的译文。

（5）船上焚烧

①船舶正常操作过程中产生的污泥和油渣可在主或副发电机或锅炉内焚烧，但不得在港口、码头和内河中进行。除此之外，船上焚烧只允许在船上焚烧炉中进行。

②禁止在船上焚烧下列物质：

受附则Ⅰ、Ⅱ或Ⅲ管辖的货物之残余物或相关被污染的包装材料；多氯联苯（PCB）；所含重金属超过限量的附则Ⅴ定义的垃圾；含有卤素化合物的精炼石油产品；不是在船上产生的污泥和油渣；废气滤清系统的残余物。

③禁止在船上焚烧聚氯乙烯，但在已获发 IMO 型式认可证书的焚烧炉内焚烧除外。

④2000 年 1 月 1 日或以后建造的船舶上的焚烧炉，或 2000 年 1 月 1 日或以后在船上安装的焚烧炉，须符合 IMO 制定的船上焚烧炉标准技术规范的要求。

⑤按上述④要求安装的焚烧炉，在该炉运行期间须随时对燃烧室气体出口温度进行监测。如焚烧炉为连续进料型，在燃烧室气体出口温度低于 850 ℃时，不得将废弃物送入该焚烧装置。如焚烧炉为分批装料型，该装置须设计成其燃烧室气体出口的温度在起动后 5 分钟内达 600 ℃且随后稳定在不低于 850 ℃的温度上。

（6）接收设施

各当事国保证提供充分的设施以满足船舶修理或拆船时接收从船上卸下的消耗臭氧物质以及含有这些物质的设备之需要；满足船舶使用其港口、装卸站或修理港时接收废气滤清系统产生的废气清除残余物之需要，而不对船舶造成不当延误。

（7）燃油的质量

①供给本附则所适用的船舶，并用于船上燃烧的的燃油须为石油精炼产生的烃的混合物，

但允许加入少量用于改善某些方面性能的添加剂;燃油须不含无机酸,不得含有任何会危害船舶安全或对机械性能有不利影响、对人员有害或总体上增加空气污染的附加物质或化学废物。

②以石油精炼之外的方法得到的用于燃烧的燃油不得超过本附则规定的硫含量和导致发动机超过本附则规定的氮氧化物排放限值;不得含有无机酸、危害船舶安全或对机械性能有不利影响、对人员有害或总体上增加大气污染。

③根据本公约附则Ⅵ须持有 IAPP 证书的每一艘船舶,须以燃油交付单的方式交付并作为船上燃烧用的燃油的细节加以记录。

④燃油交付单中需包括的资料:接受燃油的船舶名称和 IMO 编号;港口;交付开始日期;船用燃油供应商名称、地址和电话号码;产品名称;数量(公吨);15 ℃时的密度;硫含量(% m/m);一份由燃油供应商代表签署和证明的声明,证明所供燃油符合本附则适用款项的要求。

⑤燃油交付单须在燃油交付之后在船上保存 3 年,以供港口国主管当局检查。

⑥燃油交付单须附有一份所供燃油的有代表性的样品。该样品须由供应商代表和船长或负责加油作业的高级船员在完成加油作业后密封并签字,并须由船方保存至该燃油基本用完,无论如何其保存期不得少于 12 个月。

⑦供应商应将燃油交付单的副本保存至少 3 年,供港口国在需要时检查和核实。

4)船舶能效

国际海事组织第 66 届环保大会于 2011 年 7 月 15 通过了"MARPOL 附则Ⅵ修正案——引入船舶能效条款"决议,将船舶能效条款作为新的一章(第四章)引入附则,于 2013 年 1 月 1 日生效实施。

船舶能效条款旨在通过技术和管理的手段提高船舶能效和减少温室气体的排放,要求包括船舶能效设计指数(Energy Efficiency Design Index,简称 EEDI)和船舶能效管理计划(Ship Energy Efficiency Management Plan,简称 SEEMP)两个方面,与船舶的设计、建造和管理密切相关。

EEDI 是衡量船舶设计和建造能效水平的一个指标,即根据船舶在设计最大载货状态下以一定航速航行所需推进动力以及相关辅助功率消耗的燃油计算出的 CO_2 排放量,单位为 $g/(t \cdot n\ mile)$。EEDI 包括达到的 EEDI 值(Attained EEDI)和要求的 EEDI 值。达到的 EEDI 值,是指单一船舶实际达到的 EEDI 值。要求的 EEDI 值,是指对特定船舶类型和尺度所允许的最大的达到的 EEDI 值。IMO 的相关指南中给出了 EEDI 值的计算方法。

SEEMP 是促进所有船舶营运能效管理水平的一个重要管理手段。SEEMP 包括船舶和公司两方面为提高能效需要采取的措施。船舶的能效措施:提高能效可以通过各种方法,如速度优化、气象定线、船体保养等,对每艘船舶应根据船型、所装货物、航线和其他因素选择一套具体地来进行提高。公司的能效措施:提高船舶营运能效不能仅靠单船的能效管理,而是许多方面努力的结果,包括修船厂、船东、租船人、港口和交通管理机构。人员的培训和教育:为确保措施有效、稳定实施,重要的是提高岸上和船上人员的意识和为他们提供必要的培训。

船舶能效条款主要内容如下:

(1)EEDI 及 SEEMP 适用范围

①EEDI 适用于所有 400 总吨及以上的国际航行的新船以及经过重大改建的现有船舶中的下述 11 种船型:散货船、气体运输船、液货船、集装箱船、杂货船、冷藏货物运输船、兼用船、

滚装货船(车辆运输船)、滚装货船、滚装客船及客船,但不适用于这些船型中具有柴油电力推进、涡轮推进及混合推进系统的非传统推进系统的船舶。

②SEEMP 适用于所有 400 总吨及以上的国际航行船舶。

(2)EEDI 相关要求

EEDI 要求包括船舶获得的 EEDI 值计算和船舶是否满足要求的 EEDI 值两个部分。需要进行获得的 EEDI 值计算的船舶包括上述全部 11 种船型,但仅有散货船、气体运输船、液货船、集装箱船、杂货船、冷藏货物运输船、兼用船 7 种船型需要达到要求的 EEDI 值。

(3)SEEMP 要求

每艘船舶应在船上保存一份具体的船舶能效管理计划(SEEMP),该计划可为船舶安全管理体系(SMS)的一部分。SEEMP 应按 IMO 通过的 SEEMP 导则制定。

(4)检验发证及港口国监督要求

根据船舶能效要求条款,所有 400 总吨及以上的国际航行船舶均需要接受检验并签发给一张国际能效证书(The International Energy Efficiency Certificate,简称 IEE 证书)。

①检验要求

关于能效要求的检验总体分为两种情况:初次检验,首次签发给 IEE 证书;重大改建后的检验,换发新 IEE 证书。

对于现有船舶,如果不经过重大改建,则没有 EEDI 要求,而只需要在船船保存一份 SEEMP。此时的检验是验证船舶配备了一份符合 IMO 制定的 SEEMP 导则的 SEEMP。

②发证要求

经授权,凡是属于所有 400 总吨及以上的国际航行船舶,在检验合格后应发给 IEE 证书。IEE 证书终生有效,但在下列情况下失效:船舶退出营运或发生重大改建后签发新 IEE 证书;或船舶改变船籍。

③港口国监督

凡适用于能效条款要求的船舶,都将受到港口国监督。但此种监督以核实(适用时)船上是否备有有效的 IEE 证书为限,而不核查操作要求(如是否真正实施了 SEEMP 中规定的具体措施,以及效果如何)。

(5)IEE 证书与 IAPP 证书之间的关系

EEDI 及 SEEMP 能效要求被纳入到 MARPOL 公约附则Ⅵ框架后,对船舶而言将同时持有 IEE 和 IAPP 两种证书。两种证书是相互独立的。IEE 证书代表船舶的能效符合情况,IAPP 证书代表船舶的空气污染符合情况。其中任何一张证书的失效不会影响另一张证书的有效性。

第二节　国际船舶压载水和沉积物控制与管理公约

一、公约背景

长期以来,船舶一直使用压载水来保证船舶稳性和安全航行。压载水对于船舶,特别是空载船舶的安全是至关重要的。随着国际贸易的发展,船舶变得越来越大,航行速度也越来越快。一些国家进行的研究表明,许多种细菌、植物和动物即使经过数月的航程,仍以一种变异的形式存活于船舶携带的压载水和沉积物中。某些物种在通过压载水的排放到达异地后会对当地的经济、环境造成灾难性的后果。典型的例子是原产于欧洲东部(黑海)的斑马贝,被引入欧洲西部和北部,包括爱尔兰和波罗的海直到半个北美东部(大湖区)。由于斑马贝的大量繁殖、聚集,阻塞了该地区的水下结构和管路,造成了数十亿美元的损失。

从20世纪80年代起,IMO开始积极地寻求解决这个问题的方案:

《1982年联合国海洋法公约》(UNCLOS)第196(1)条规定,"各国应采取一切必要措施以防止、减少和控制由于在其管辖或控制下使用技术而造成的海洋环境污染,或由于故意或偶然在海洋环境某一特定部分引进外来的或新的物种致使海洋环境可能发生重大和有害的变化"。

在1991年发布了《防止船舶压载水和沉积物排放引入有害生物和病原体的指南》(后被国际海事组织以A.774—1993决议通过);1997年上述指南被更多的最新信息和建议改进形成了MoA.868(20)决议,提供了关于如何减少随着压载水装入有害生物机会的建议。

《生物多样性公约》(CBD)也提及了船舶压载水传播和引入的有害水生物和病原体对生物多样性的保护和可持续利用所造成的威胁,进而提出指导原则。

1992年联合国环境与发展大会(UNCED)要求国际海事组织考虑制订并通过适当的压载水排放规则。

2002年可持续发展问题世界首脑会议在其实施计划第34(b)段中要求采取所有级别行动,加速制定处理压载水中外来入侵物种措施。

2004年2月9日至13日,关于船舶压载水管理的外交大会在伦敦IMO总部成功召开,大会最终通过了《国际船舶压载水和沉积物控制与管理公约》。

2016年9月8日公约达到了生效条件,将于2017年9月8日正式生效。

二、公约主要内容

1. 定义

(1)压载水:指为控制船舶纵倾、横倾、吃水、稳性或应力而在船上加装的水及其悬浮物。

(2)压载水管理:指单独或综合的机械、物理、化学和生物处理方法,以清除、无害处置、避免摄入或排放压载水和沉积物中的有害水生物和病原体。

(3)有害水生物和病原:指如被引入海洋,包括河口或引入淡水水道则可能危害环境、人体健康、财产或资源、损害生物多样性或妨碍此种区域的其他合法利用的水生物或病原体。

(4)沉积物:指船内压载水的沉淀物质。

2. 适用范围

除公约另有明文规定外,本公约应适用于有权悬挂某一当事国国旗的船舶,和无权悬挂某一当事国国旗但在一当事国的管辖下营运的船舶。

本公约不适用于:

(1)设计和建造成不承载压载水的船舶。

(2)仅在某一当事国管辖水域内营运的该当事国的船舶。

(3)仅在某一当事国管辖水域内营运并得到该当事国授权免除的另一当事国的船舶。

(4)仅在一个当事国的管辖水域内和在公海上营运的船舶,但不包括未根据第(c)项给予授权的船舶。

（5）任何军舰、海军辅助船舶或由国家拥有或营运并在当时仅用于政府非商业服务目的的其他船舶。

（6）船上密封舱柜中的不排放的永久性压载水。

3. 压载水管理计划

每一艘船舶均应在船上携带并实施压载水管理计划。此种计划应由主管机关批准并考虑到本组织制定的指南。压载水管理计划由各船制定并应具体说明：

（1）本公约要求的压载水管理有关的该船舶和船员的安全程序。

（2）实施本公约中所载的压载水管理要求和补充性的压载水管理实践所应采取的行动。

（3）沉积物的海上处置程序和岸上处置程序，包括与将在其水域中进行海上排放的国家当局协调的船上进行海上排放压载水管理程序。

（4）指定在船上负责确保计划得到正确实施的高级船员。

公约规定的船舶报告要求以船舶的工作语言写成，如果使用的语言不是英文、法文或西班牙文，则应包括其中之一的译文。

4. 压载水记录簿

每一艘船舶均应在船上备有至少载有附录Ⅱ规定信息的压载水记录簿。该记录簿可以是一种电子记录系统，可以被合并到其他记录簿或系统中。

压载水记录簿的记录事项应在完成最后一项记录后保留在船上至少两年；此后应在至少3年的期限内由公司控制。在依据第A-3条、A-4条或第B-3-6条排放压载水时，或在发生本公约未以其他方式予以免除的压载水的其他意外或异常排放时，应在压载水记录簿中作出记录，说明排放情况的理由。压载水记录簿应在所有合理时间随时可供检查；对于被拖带的无人船、可放在拖船上保存。

每一项压载水作业均应及时在压载水记录簿中作出完整记录。每一条记录均应由负责有关作业的高级船员签字，每一页填写完毕均应由船长签字。

压载水记录簿中的记录事项应以该船的工作语言填写。如果该语言不是英文、法文或西班牙文，则该记录事项应载有其中一种语言的译文。当填写的记录事项也使用了船舶有权悬挂其国旗的国家的官方语言时，在发生争端或有不一致时，应以此种语言填写的记录事项为准。当事国正式授权的官员，当船舶在该当事国的港口或离岸码头时，可在本条适用的任何船上检查压载水记录簿，并可制作任何记录事项的副本和要求船长证明该副本是真实副本。经此种证明的任何副本应在任何诉讼中被允许作为记录事项中所述事实的证据。压载水记录簿的检查和被证明的副本的制作应从速进行，不应造成船舶不适当的延误。

5. 船舶压载水管理

公约附则B部分根据船舶建造时间和压载水容量对船舶的压载水处理提出了不同的要求，如表8-5所示。

表 8-5 公约附则 B 部分规定的压载水管理时间表

船舶建造时间	压载水容量（m³）	执行标准
2009 年之前	1 500 ≤ C ≤ 5 000	2014 年之前至少符合压载水更换或压载水性能标准，其后至少符合压载水性能标准
2009 年之前	C < 1 500 或 C > 5 000	2016 年之前至少符合压载水更换或压载水性能标准，其后至少符合压载水性能标准
2009 年之后	C < 5 000	至少符合压载水性能标准
2009 年或之后但在 2012 年之前	C ≥ 5 000	2016 年之前至少符合压载水更换或压载水性能标准，其后至少符合压载水性能标准
2012 年或之后	C ≥ 5 000	至少符合压载水性能标准

6. 压载水管理标准

（1）压载水更换标准

船舶按本条进行压载水更换，其压载水容积更换率应至少为 95%。对于使用泵入—排出方法交换压载水的船舶，泵入—排出三倍于每一压载水舱容积应视为达到第 1 款所述标准。泵入—排出少于压载舱容积三倍，如船舶能证明达到了至少 95% 容积的更换，则也可被接受。

（2）压载水性能标准

按本条进行压载水管理的船舶的排放，应达到每立方米中最小尺寸大于或等于 50 μm 的可生存生物少于 10 个，每毫升中最小尺寸小于 50 μm 但大于或等于 10 μm 的可生存生物少于 10 个；并且，指示微生物的排放不应超过第 2 款中所述的规定浓度。

作为一种人体健康标准，指示微生物应包括：

①有毒霍乱弧菌（01 和 O139）：少于每 100 ml 1 个菌落形成单位（cfu）或小于每 1 克（湿重）浮游动物样品 1 个 cfu。

②大肠杆菌：少于每 100 ml 250 个 cfu。

③肠道球菌：少于每 100 ml 100 个 cfu。

7. 压载水更换

（1）为符合置换标准而进行压载水置换的船舶：

①凡可能时，均应在距最近陆地至少 200 n mile、水深至少为 200 m 的地方进行此种压载水更换并应考虑本组织制定的指南。

②当船舶不能按第 1.1 款进行压载水更换时，应考虑第 1.1 款所述指南，在尽可能远离最近陆地的地方，并在所有情况下距最近陆地至少 50 n mile、水深至少为 200 m 的地方进行此种压载水更换。

（2）在距最近陆地的距离或水深不符合第 1.1 或 1.2 中所述参数的海区中，经视情与邻近或其他国家协商并考虑到第 1.1 款所述指南，港口国可指定船舶进行压载水更换的区域。

（3）不应为符合第 1 款的任何特定要求而要求船舶偏离其预定航线或推迟航行。

（4）如船长合理地确定：由于恶劣天气、船舶设计或应力、设备失灵或任何其他异常状况，压载水更换会威胁船舶的安全或稳性，则应视情不要求进行压载水更换的船舶符合第 1 或 2 款。

（5）当船舶被要求进行压载水更换但却未按本条这样做时，其理由应在压载水记录簿中作出记录。

8. 船舶沉积物管理

所有船舶应按本船的压载水管理计划的规定清除和处置被指定承载压载水的处所中的沉积物。第 B—3.3 至 B—3.5 条中所述船舶的设计和建造应考虑本组织制定的指南,在不降低安全或营运效率的情况下做到将沉积物的摄入和不良聚留减至最低程度,便于沉积物的清除和提供用于沉积物清除和取样的安全通道。第 B—3.1 条所述船舶应在可行的范围内符合本款。

9. 高级和普通船员的职责

高级和普通船员应熟知其在供职船舶实施其具体压载水管理方面的职责并应熟知与其职责相应的船舶压载水管理计划。

10. 压载水管理的检验和发证

本公约适用的 400 总吨及以上的船舶,应接受初次检验、换证检验、中间检验、年度检验和附加检验。证书应按主管机关规定的、不超过 5 年的期限颁发。以颁证国的官方语言写成,如使用的语言不是英文、法文或西班牙文,则文本应包括其中一种语言的译文。

第三节 《中华人民共和国海洋环境保护法》 及《中华人民共和国防止船舶污染海域管理条例》

一、《中华人民共和国海洋环境保护法》有关规定

在 1982 年 8 月 23 日《中华人民共和国海洋环境保护法》由全国人民代表大会常务委员会颁布,于 1983 年 3 月 1 日生效,本法是我国第一部为保护海洋环境及资源,防止污染损害,保护生态平衡,保障人体健康,促进海洋事业发展的国家法律。

现行的《中华人民共和国海洋环境保护法》是经 1999 年 12 月 25 日修订和公布的,并于 2000 年 4 月 1 日起生效施行。

修订后的《中华人民共和国海洋环境保护法》以可持续性发展战略和环境保护基本国策等大政方针为依据,用法律的形式确定了现行的一些行政法规和规章中的行之有效的海洋环境管理制度和措施;增加了"海洋环境监督管理"和"海洋生态保护"两章;在有关污染防治的章节中,增加和完善了海洋环境保护法律制度的规定,细化了法律责任,加大了行政处罚力度;调整了部门职责分工;增加了国际履约的相关内容。

1.《中华人民共和国海洋环境保护法》的适用范围和海洋环境保护管理体制

本法适用于中华人民共和国的内水、领海、毗连区、专属经济区、大陆架以及中华人民共和国管辖的一切其他海域。在中华人民共和国管辖海域内从事航行、勘探、开发、生产、旅游、科学研究及其他活动,或者在沿海陆域内从事影响海洋环境活动的任何单位和个人,都必须遵守本法。在中华人民共和国管辖海域以外也适用本法。

国务院环境保护行政主管部门作为对全国海洋环境保护工作统一监督管理的部门,对全国海洋环境保护工作实施指导、协调和监督,并负责全国防治陆源污染、海岸工程项目对海洋

污染损害的工作。

国家海洋行政管理部门负责海洋环境的监督管理,组织海洋环境的调查、监测、监视、评价和科学研究;负责全国海洋工程建设项目和海洋倾倒废弃物对海洋污染损害的环境保护工作。

国家海事行政主管部门负责所辖港区内非军事船舶和港区水域外非渔业、非军事船舶污染海洋环境的监督管理,并负责污染事故的调查处理;对在中华人民共和国管辖海域航行、停泊和作业的外国籍船舶造成的污染事故登船检查处理;船舶污染事故给渔业造成损害的,应当吸收渔业行政主管部门参与调查处理。

国家渔业行政主管部门负责渔港水域内非军事船舶和渔港水域渔业船舶污染海洋的监督管理,负责保护渔业水域生态环境工作,并调查处理前款规定的污染事故以外的渔业污染事故。

军队环境保护部门负责军事船舶污染海洋环境的监督管理及污染事故的调查处理。

2.《中华人民共和国海洋环境保护法》中防止船舶及有关作业活动对海洋环境污染损害的主要规定

(1)在中华人民共和国管辖海域,任何船舶及相关作业,不得违反规定向海洋排放污染物、废弃物和压载水、船舶垃圾及其他有害物质。从事船舶污染物、废弃物、船舶垃圾接收、船舶清舱、洗舱作业活动的,必须具备相应接收处理能力。

(2)船舶必须配置相应的防污设备和器材。

(3)国家完善并实施船舶油污损害民事赔偿责任制度,建立船舶油污保险、油污损害赔偿基金制度。

(4)载运具有污染危害性货物进出港口的船舶,必须事先向海事行政主管部门申报。

(5)港口、码头、装卸站和船舶修造厂必须备有足够的用于处理船舶污染物、废弃物的接收设备。装卸油类的港口、码头、装卸站和船舶必须编制溢油污染应急计划,配备相应的溢油污染应急设备和器材。

(6)船舶在港区水域内使用焚烧炉、洗舱、清舱、驱气、排放压载水、残油及含油污水接收、舷外拷铲及油漆、冲洗有毒有害物质甲板等作业;船舶、码头、设施使用化学消油剂;从事船舶水上拆解、打捞、修造和其他水上、水下船舶施工作业等活动时,均需事先按有关规定报请有关部门批准或者核准。

3.法律责任

新修订的《中华人民共和国海洋环境保护法》中加大了行政处罚力度和法律责任。其主要内容有:

(1)对违反《中华人民共和国海洋环境保护法》有关规定的各类行为,海洋环境监督管理部门依据违法程度,有权予以警告、责令限期改正、停止生产或施工、吊销许可证等行政处罚和罚款,罚款额度最少为 2 万元,最高为 100 万元。

(2)对违反《中华人民共和国海洋环境保护法》造成海洋环境污染损害的责任者应当排除危害,并赔偿损失;完全是由于第三者的故意或者过失,造成海洋环境污染损害的,由第三者排除危害,并承担赔偿责任;对破坏海洋生态、海洋水产资源、海洋保护区,给国家造成重大损失者,由海洋环境监督管理部门代表国家对责任者提出赔偿要求。

(3)对违反《中华人民共和国海洋环境保护法》规定,造成海洋环境污染事故的单位,由海洋环境监督管理部门处以罚款,按其直接损失的30%计算,但最高不得超过30万元;负有直接责任的主管人员和其他直接责任人员属于国家工作人员的,依法给予行政处分;对造成重大海洋环境污染事故,致使公、私财产遭受重大损失或者人身伤亡严重后果的,依法追究刑事责任。

(4)海洋环境监督管理人员滥用职权、玩忽职守、徇私舞弊,造成海洋环境污染损害的,依法给予行政处分;构成犯罪的,依法追究刑事责任。

二、《中华人民共和国防治船舶污染海域管理条例》有关规定

为了防治船舶及其有关作业活动污染海洋环境,依据《中华人民共和国海洋环境保护法》,制定本条例,经国务院批准,自 2010 年 3 月 1 日起施行(1983 年 12 月 29 日国务院发布的《中华人民共和国防止船舶污染海域管理条例》同时废止)。该《条例》共九章 78 条:第一章总则;第二章防治船舶及其有关作业活动污染海洋环境的一般规定;第三章船舶污染物的排放和接收;第四章船舶有关作业活动的污染防治;第五章船舶污染事故应急处置;第六章船舶污染事故调查处理;第七章船舶污染事故损害赔偿;第八章法律责任;第九章附则。

1. 适用范围和主管机关

防治船舶及其有关作业活动污染中华人民共和国管辖海域适用本条例。

国务院交通运输主管部门主管所辖港区水域内非军事船舶和港区水域外非渔业、非军事船舶污染海洋环境的防治工作。

海事管理机构依照本条例规定具体负责防治船舶及其有关作业活动污染海洋环境的监督管理。

2. 船舶污染物的排放和接收

(1)船舶在中华人民共和国管辖海域向海洋排放的船舶垃圾、生活污水、含油污水、含有毒有害物质污水、废气等污染物以及压载水,应当符合法律、行政法规、中华人民共和国缔结或者参加的国际条约以及相关标准的要求。

船舶应当将不符合前款规定的排放要求的污染物排入港口接收设施或者由船舶污染物接收单位接收。

船舶不得向依法划定的海洋自然保护区、海滨风景名胜区、重要渔业水域以及其他需要特别保护的海域排放船舶污染物。

(2)船舶处置污染物,应当在相应的记录簿内如实记录。

船舶应当将使用完毕的船舶垃圾记录簿在船舶上保留 2 年;将使用完毕的含油污水、含有毒有害物质污水记录簿在船舶上保留 3 年。

(3)船舶污染物接收单位从事船舶垃圾、残油、含油污水、含有毒有害物质污水接收作业,应当依法经海事管理机构批准。

(4)船舶污染物接收单位接收船舶污染物,应当向船舶出具污染物接收单证,并由船长签字确认。

船舶凭污染物接收单证向海事管理机构办理污染物接收证明,并将污染物接收证明保存在相应的记录簿中。

(5)船舶污染物接收单位应当按照国家有关污染物处理的规定处理接收的船舶污染物,并每月将船舶污染物的接收和处理情况报海事管理机构备案。

3.船舶污染事故应急处置

（1）本条例所称船舶污染事故是指船舶及其有关作业活动发生油类、油性混合物和其他有毒有害物质泄漏造成的海洋环境污染事故。

（2）船舶污染事故分为以下等级：

①特别重大船舶污染事故，是指船舶溢油1 000吨以上，或者造成直接经济损失2亿元以上的船舶污染事故。

②重大船舶污染事故，是指船舶溢油500吨以上不足1 000吨，或者造成直接经济损失1亿元以上不足2亿元的船舶污染事故。

③较大船舶污染事故，是指船舶溢油100吨以上不足500吨，或者造成直接经济损失5 000万元以上不足1亿元的船舶污染事故。

④一般船舶污染事故，是指船舶溢油不足100吨，或者造成直接经济损失不足5 000万元的船舶污染事故。

（3）船舶在中华人民共和国管辖海域发生污染事故，或者在中华人民共和国管辖海域外发生污染事故造成或者可能造成中华人民共和国管辖海域污染的，应当立即启动相应的应急预案，采取措施控制和消除污染，并就近向有关海事管理机构报告。

发现船舶及其有关作业活动可能对海洋环境造成污染的，船舶、码头、装卸站应当立即采取相应的应急处置措施，并就近向有关海事管理机构报告。

接到报告的海事管理机构应当立即核实有关情况，并向上级海事管理机构或者国务院交通运输主管部门报告，同时报告有关沿海地区的市级以上地方人民政府。

（4）船舶污染事故报告应当包括下列内容：

①船舶的名称、国籍、呼号或者编号。

②船舶所有人、经营人或者管理人的名称、地址。

③发生事故的时间、地点以及相关气象和水文情况。

④事故原因或者事故原因的初步判断。

⑤船舶上污染物的种类、数量、装载位置等概况。

⑥污染程度。

⑦已经采取或者准备采取的污染控制、清除措施和污染控制情况以及救助要求。

⑧国务院交通运输主管部门规定应当报告的其他事项。

做出船舶污染事故报告后出现新情况的，船舶、有关单位应当及时补报。

（5）船舶发生事故有沉没危险，船员离船前，应当尽可能关闭所有货舱（柜）、油舱（柜）管系的阀门，堵塞货舱（柜）、油舱（柜）通气孔。

船舶沉没的，船舶所有人、经营人或者管理人应当及时向海事管理机构报告船舶燃油、污染危害性货物以及其他污染物的性质、数量、种类、装载位置等情况，并及时采取措施予以清除。

（6）发生船舶污染事故或者船舶沉没，可能造成中华人民共和国管辖海域污染的，有关沿海地区的市级以上地方人民政府、海事管理机构根据应急处置的需要，可以征用有关单位或者个人的船舶和防治污染设施、设备、器材以及其他物资，有关单位和个人应当予以配合。

被征用的船舶和防治污染设施、设备、器材以及其他物资使用完毕或者应急处置工作结束，应当及时返还。船舶和防治污染设施、设备、器材以及其他物资被征用或者征用后毁损、灭失的,应当给予补偿。

(7)发生船舶污染事故,海事管理机构可以采取清除、打捞、拖航、引航、过驳等必要措施,减轻污染损害。相关费用由造成海洋环境污染的船舶、有关作业单位承担。

需要承担前款规定费用的船舶,应当在开航前缴清相关费用或者提供相应的财务担保。

(8)处置船舶污染事故使用的消油剂,应当符合国家有关标准。

海事管理机构应当及时将符合国家有关标准的消油剂名录向社会公布。

船舶、有关单位使用消油剂处置船舶污染事故的,应当依照《中华人民共和国海洋环境保护法》有关规定执行。

4. 船舶污染事故调查处理

(1)船舶污染事故的调查处理依照下列规定进行:

①特别重大船舶污染事故由国务院或者国务院授权国务院交通运输主管部门等部门组织事故调查处理。

②重大船舶污染事故由国家海事管理机构组织事故调查处理。

③较大船舶污染事故和一般船舶污染事故由事故发生地的海事管理机构组织事故调查处理。

④船舶污染事故给渔业造成损害的,应当吸收渔业主管部门参与调查处理;给军事港口水域造成损害的,应当吸收军队有关主管部门参与调查处理。

(2)发生船舶污染事故,组织事故调查处理的机关或者海事管理机构应当及时、客观、公正地开展事故调查,勘验事故现场,检查相关船舶,询问相关人员,收集证据,查明事故原因。

(3)组织事故调查处理的机关或者海事管理机构根据事故调查处理的需要,可以暂扣相应的证书、文书、资料;必要时,可以禁止船舶驶离港口或者责令停航、改航、停止作业直至暂扣船舶。

(4)组织事故调查处理的机关或者海事管理机构开展事故调查时,船舶污染事故的当事人和其他有关人员应当如实反映情况和提供资料,不得伪造、隐匿、毁灭证据或者以其他方式妨碍调查取证。

(5)组织事故调查处理的机关或者海事管理机构应当自事故调查结束之日起 20 个工作日内制作事故认定书,并送达当事人。

5. 船舶污染事故损害赔偿

(1)造成海洋环境污染损害的责任者,应当排除危害,并赔偿损失;完全由于第三者的故意或者过失造成海洋环境污染损害的,由第三者排除危害,并承担赔偿责任。

(2)完全属于下列情形之一,经过及时采取合理措施,仍然不能避免对海洋环境造成污染损害的,免予承担责任:

①战争。

②不可抗拒的自然灾害。

③负责灯塔或者其他助航设备的主管部门,在执行职责时的疏忽,或者其他过失行为。

(3)对船舶污染事故损害赔偿的争议,当事人可以请求海事管理机构调解,也可以向仲裁机构申请仲裁或者向人民法院提起民事诉讼。

第四节　区域性协议和沿海国要求

除了上述国际性公约外,一些有共同利害关系的沿海国家达成的区域性协议在特定的航区内起作用。在大西洋东北、北海、波罗的海和地中海区域的沿岸国家,在这方面已达成了具体协议。沿海国家除参加国际防污公约外,一般都根据本国实际情况,制定国家性的防污染法规。

1. 区域性协议

1969 年和 1971 年,北海沿岸国家两次签署了防止和消除石油污染北海水域的合作协议。1974 年波罗的海沿岸国家外交会议通过了《保护波罗的海区域海洋环境公约》。1976 年地中海区域沿岸国于巴塞罗那召开了关于保护地中海的全权代表会议,并通过了三个区域性协议,即《防止地中海污染公约》《防止船舶和飞机倾废污染地中海的协议书》《在紧急情况下消除地中海区域石油和其他有害物质污染的协作议定书》。

2. 沿海国家的防污法规

世界各国除参加国际防污公约外,一般都根据本国实际情况,制定本国的国家防污染法规。如日本政府以法律、运输省令和环境厅告示等规定了防止海洋污染法和有关防止船舶造成污染的具体要求。对违反其法规的船舶,要受到其主管机关的罚款惩处。特别是美国,制定了一整套本国的防止海洋污染法规,如《联邦水域污染控制法》《公海干预法》《外部大陆架地带法》《深水港口法》《防止船舶污染法》《溢油责任信托基金》和《1990 年油污法》。

美国《1990 年油污法》(Oil Pollution Act 1990,简称 90 油污法,OPA90),是于 1989 年 3 月 24 日,美国"埃克森·瓦尔迪兹(Exxon Valdez)"号油船在阿拉斯加威廉王子湾搁浅,造成海域严重污染和巨大经济损失的背景下制定的。

90 油污法虽然不是国际公法,但对油污损害规定了船东、经营人和光船租船人的严格责任和义务,以及对油船和其他各类船舶设计和安全设备提出了严格要求。凡在美国海域从事航运的船舶都必须在其管理和经营方面遵守其制定的规则,因此引起国际航运界的极大关注。下面简要介绍其主要内容。

1)概况

90 油污法共 9 章 78 节,涉及已颁布的美国四项法律,即《联邦水域污染控制法》《公海干预法》《深水港口法》》和《外部大陆架地带法》(1978 年修正案)。

90 油污法从油污责任与赔偿、油污事件的预防与清除等方面,就防止船舶和海洋石油勘探开发等造成的污染作出了一系列严格规定。

90 油污法对保护美国海域环境和油污受害者的利益起了重要作用,致使油船建造成本和石油运输成本大幅度上升并促成了《MARPOL 73/78 公约》的修正。

2)油污赔偿

(1)赔偿限额(责任限制)

责任方(船舶拥有者、经营者或光船租赁该船的任何人)的赔偿责任以及负责方就每一油污事件造成的或在其名下的任何清污费用的总额不超出下列规定的范围:

①3 000 总吨及以上的液货船限额为每总吨 1 200 美元,或总额 1 000 万美元,取其大者。

②3 000 总吨以下的液货船限额为每总吨 1 200 美元,或总额 200 万美元,取其大者。

③其他船舶限额为每总吨 600 美元,或总额 50 万美元,取其大者。

（2）无限赔偿

如果油污染事故是由于负责方或其代理人、雇员或按照与负责方的合同关系的人员的下列行为,则将承担无限赔偿,即不享受责任限制的权力:

①有重大过失或故意不当行为。

②违反适用的联邦安全、构造或操作规则和命令,其中包括没有按规定报告该事故或没有向有关方面提供关于清污活动和一切合理的合作与协助。

③从外部大陆架设施运载货油时,油污染事故所产生的一切清污费用全部由船东或经营人承担,不享受责任限制。

（3）免责

由下述原因造成的油污事故,可免除赔偿损害和清污费用:

①天灾。

②战争行为。

③第三方的行为或不为,但负责方的雇员或代理人或其行为或不为涉及与负责方的任何合同关系的第三方不在此例。

在要求负责时,必须进行抗辩,即负责方以占优势的证据证明自己:

①考虑到油类特性并根据一切有关的事实和情况,已对油类给予适当的注意。

②已采取措施防止可以预见到的第三方的行为或不为及后果。

尽管上述三项理由可以抗辩,但由于下列原因仍要承担赔偿责任:

①负责方知道或有理由知道事故,而没有或拒绝按照法律要求报告该事故。

②没有或拒绝向负责官员提供关于清污活动和一切合理合作与协助。

③没有执行有关法律和法令。

（4）拒赔

油污事故由索赔人的严重过失或故意不当行为所造成,则负责方不对索赔人负责赔偿。

3）清污费和损害赔偿

（1）清污费用

①根据联邦、州或印第安部落的有关法律规定所付出的一切清污费用。

②任何人为其采取的符合国家应急计划的行动所付出的任何清污费用。

（2）损害赔偿

①自然资源损害:因自然资源的损坏、破坏、损失或失去用途而遭受的损害,包括评估损害的合理费用。

②不动产或个人财产损害:因不动产或个人财产的毁坏或其破坏引起的经济损失而遭受的损害。

③生活用途损害:因损失自然资源的生活用途而遭受的损害。

④总收入损害:相当于不动产、个人财产或自然资源的毁坏、破坏或损失造成的税收、使用费、租金、收费或净利润份额的净损失的损害。

⑤利润和盈利能力损害:相当于不动产、个人财产或自然资源的毁坏、破坏或损失造成的

利润损失或盈利能力削弱的损害。

⑥公共服务损害:清污活动期间或之后为提供排油引起的新增的或额外的公共服务(包括防水、安全或防止卫生危害)的净费用损害。

4)基金

为减少事故后油污的扩散和减轻受害者的损失,设立油污基金,从每桶石油征收 5 美分,拟筹集 10 亿美元。

5)财务责任能力证书

为使油污事故受害者得到应有赔偿,按 90 油污法规定建立财务责任制,颁发统一的财务能力证书。

6)对船员的要求

(1)对船员的酗酒和吸毒进行严厉处罚,严重者追究刑事责任。

(2)凡到美国的船舶尤其是油船,其船上的船员要接受美国主管机关的考核,其内容包括配员、培训、资历和值班标准。油船还要求"原油洗舱"培训与证书、航行计划及英语能力,必须具备为防止和消除油污行动的应急反应能力。其他国家船员发证标准至少相当于美国法律或美国所接受的国际标准规定的能力;否则禁止其进港。

7)对液货船航行安全标准的规定

(1)配备完善、足够的航行设备和系统。

(2)制定符合规定的航行计划和驾驶台常规命令。

(3)用船旗国官方语言和英文对照的船东管理船舶的规章制度。

(4)实施船位报告制度。

(5)威廉王子湾、华盛顿的罗萨里欧海峡和普夫特海峡等水域,强制雇用拖船护航。

8)对油船构造和货油系统的要求

(1)油船必须建造成双层壳体。

(2)货油舱必须设置液位和舱内压力监测装置、超高液位报警装置。

(3)设置舱内油气回收装置,保证油气不排入大气。

第五节　船舶污染海域事故及处理

一、船上油污应急计划

1.适用范围

根据《MARPOL 73/78 公约》附则Ⅰ新增第 26 条规定,凡 150 总吨及以上的油船和 400 总吨及以上的非油船,均应备有经主管机关批准的《船上油污应急计划》(以下简称《计划》)。《计划》的编制必须依据 1992 年 3 月 6 日通过的 MEPC.54(32)号决议《船上油污应急计划编制指南》进行编写。

《计划》用于帮助船员处理意外排油,其主要目的是制定必要的措施,以控制或减少排放和减轻其影响。《计划》不仅适用于操作性溢油,还包括帮助船长应付船舶发生事故排放时所需的指导。编制《计划》时要考虑到处于应急情况下的人员,面临着各种压力和复杂工作。在这种紧急情况下,缺乏有效的计划会使某些明智的关键人员陷于混乱、错误和失败、导致时间上的延误和浪费,使处境变得更糟,其结果可能使船舶及船员面临更大的危险和环境损害。因此《计划》必须确切、实用、易于操作;船上人员和岸上船舶管理人员都能理解;定期进行评估,检查和修改。

2. 强制性规定部分

《MARPOL 73/78 公约》附则 I 第 26 条规定,《计划》至少应有下述四部分组成:

1)报告程序

船长或负责管理该船的其他人员,按照 IMOA.648(16)决议通过的《船舶报告制度》及《船舶报告要求总则》(包括危险货物、有害物质海洋污染物事报报告指南)的要求,以 IMO 制定的《船上油污应急计划编制指南》为基准,在报告油污事故时应遵循的程序。

(1)报告时间

①实际排放

凡涉及下列情况都应该报告最近沿海国:

a. 由于船舶或其设备受损,或为保障船舶安全和海上救助人命所致的排放。

b. 船舶航行中,油类排放超过《MARPOL 73/78 公约》附则 I 所允许的的数量或瞬间排放率。

②可能发生的排放

凡涉及下列情况时船长应报告:

a. 船舶发生碰撞、搁浅、火灾、爆炸、结构受损、船舱进水、货物移动等影响船舶安全的故障。

b. 舵机、推进器、发电系统、关键的导航设备发生故障或失灵,使航行安全性下降。

(2)报告内容

报告应按规定的统一格式填写,其内容包括:

船名、呼号、船旗国;发生事故的日期、时、分;船位(经、纬度);航速(节);下次报告日期、时、分;船上货物/燃油的数量和种类;缺陷、故障、损坏简况;污染简况(包括估计溢出油量)以及天气和海况简况等。

(3)报告步骤

①初始报告发生排油或可能发生排油立即报告。

②补充报告根据需要对初始报告作进一步补充或提供有关油污事态发展信息,报告格式与初始报告一样。

③附加报告依据沿岸国的要求提供更详细的信息,报告格式也与初始报告一样。

2)油污事故中需联系的当局或人员名单

船舶发生污染事故,需要进行通信联系的应包括:沿岸国联系人;港口联系人;与船舶有关的重要联系人。这些人的单位、姓名、地址、电话、电传、传真号码等,列入附录的表中,而且随着人员更换和电话号码等的变动,这些信息必须经常更新。

3)为减少或控制油类排放的措施

控制排放的措施应明确地指导船长,如何在各种情况下减轻损害。计划不仅要制订拟采取的措施,而且还要明确船上各类人员的责任,以避免在应急反应中出现混乱。对不同类型的

船舶,拟采取的措施侧重点可能有所不同,但至少在以下几方面为船长提供指导:

①操作性溢油

包括:管系泄漏;舱柜溢油;船体泄漏。

②海损事故溢油

计划应制订发生事故溢油时船上的应急反应程序,并对搁浅、火灾、爆炸、碰撞、船壳破损、严重横倾等项事故作为独立部分,分别制定防止措施和应急反应程序。计划还应就优先措施、稳性、应力影响及减载等方面提出要求。

4)国家和地方协作

在防止油污染行动中,船舶与国家及地方当局协同行动需取得联系的程序和要点。

发生溢油事故,船舶与沿岸国或其他有关部门快速、有效地协作,对减少污染事故的危害影响至关重要,因此实施控制措施之前,有必要与沿岸国取得联系,以得到核准,计划应提供与沿岸国或地方当局联系请求协作的方式、注意事项和有关应急反应队伍的资料。

3. 非强制性部分

除《MARPOL 73/78 公约》附则Ⅰ第 26 条规定的上述强制部分外,计划应有由地方或船公司要求提供的指导,如图表和图纸、应急反应设备、公关事务、记录保存、计划检查及演练等。

4. 船舶溢油应变部署表

按油污应急计划规定,每艘船舶应有本船溢油应变部署表,在表中应注明:溢油报警信号;船员集合地点;每个船员负责的部位和应有的职责等。在此以某船公司制定的溢油应变部署表为例说明,如表8-6所示。

表8-6 溢油应变部署表

溢油报警信号:·——·   船员集合地点:主甲板

职务	负责部位	职责
船长	驾驶台/现场	总指挥,对外联系
政委	溢油现场	副总指挥,动员组织人员回收清除溢油
大副	溢油现场	协助轮机长做好溢油现场指挥工作
二副	驾驶台/现场	驾驶台值班,采取应急措施,做好现场记录
三副	溢油现场	提供并携带防污器材,艇长,指挥放艇,回收清除溢油
报务员	无线电台/现场	负责对外通信/回收清除溢油
水手长	溢油现场	提供并携带防污器材,协助指挥放艇,回收清除溢油
木匠	溢油现场	检查甲板排水孔,关闭有关通道,回收清除溢油
部分水手	溢油现场	艇员,协助放艇,随艇下,回收清除溢油
轮机长	机舱/溢油现场	现场指挥,组织人员回收清除溢油
大管轮	机舱/现场	管理机舱设备/回收清除溢油
二管轮	溢油现场	控制有关阀门,防止溢油扩散,作好现场记录
三管轮	溢油现场	协助放艇,随艇下,操纵艇机,回收清除溢油
电机员	机舱/现场	管理电站,现场回收清除溢油
机工长	溢油现场	提供并携带应急工具和防污器材,现场回收清除溢油
部分机工	溢油现场	艇员,协助放艇,随艇下,回收清除溢油
管事	生活区/现场	检查居住区火情,关闭有关通道,回收清除溢油
大厨	厨房/现场	检查厨房火情,关闭有关通道,回收清除溢油
二厨	溢油现场	回收清除溢油
医生	溢油现场	携带医疗急救器械和药品
其余船员	溢油现场	(携带防污器材)回收清除溢油

二、船舶污染海域事故的处理

船舶污染事故是指由船舶直接或者间接地把物质或者能量引入水环境,产生损害生物资源、危害人体健康、妨害渔业和水上其他合法活动、损害水资源使用素质和减损环境质量等有害影响的事故。

为加强船舶污染事故调查处理工作,规范船舶污染事故调查处理行为,依据《中华人民共和国海洋环境保护法》《中华人民共和国水污染防治法》《中华人民共和国防治船舶污染海洋环境管理条例》《中华人民共和国防治船舶污染内河水域环境管理规定》等有关法律、法规和规章,中华人民共和国海事局制定了《船舶污染事故调查处理管理规定》,自 2007 年 8 月 1 日起施行。该规定适用于发生在中华人民共和国管辖水域的船舶污染事故的调查处理。

海事管理机构应对船舶污染事故现场进行勘验、检查、收集证据。因收集证据的需要,可要求事故相关船舶配合调查。对于专业性较强的检验或者勘查,海事管理机构可以委托专门机构或者组织专家进行鉴定。鉴定费用由肇事方承担。在事故原因不明、污染物来源不明、污染范围不确定或船方拒不承认污染事实等情况下,应尽快将样品送往中华人民共和国海事局指定的鉴定机构进行化验鉴定。

1. 船舶污染事故调查处理人员在进行事故调查时,享有以下权力:

(1)询问有关人员。

(2)要求被调查人员提供书面材料和证明。

(3)查阅航海日志、轮机日志、车钟记录簿、海图、船舶资料、设备仪器的性能资料及其他调查所必需的原始文书资料,复印或复制上述资料,并要求当事人签字确认。

(4)检查船舶、设施及有关设备的证书、人员证书。

(5)勘察事故现场,搜集有关物证。

(6)可以使用录音、照相、录相等设备和其他法律允许的调查手段。

2. 船舶污染事故调查中的证据包括:

(1)书证、物证、视听资料。

(2)证人证言。

(3)当事人陈述。

(4)鉴定结论。

(5)勘察记录、现场笔录、现场记录。

(6)其他可以证明事实的证据。

3. 物证包括:

(1)水上和船舶不同位置的机舱污油、燃油、润滑油及其他污染物样品。

(2)事故现场和事故所涉及的任何设备、器材(如软管、拆开后残存油污的管件、阀门、渗漏物等)的照片。

(3)污染现场、受损资源的录像或照片。

4. 搜集船舶相关物证时,应要求船长指定一位负责人在场,并对有关物证签字确认。船舶污染事故调查中搜集的书证资料包括:

(1)船舶的基本资料,如船舶概况、船舶入级证书或船舶检验证书、船东和经营人、船舶保险情况及原始建造资料等。

（2）航海日志、轮机日志等原始记录。

（3）油类记录簿、货物记录簿的相关记录。

（4）港口日志或装、卸货作业的相关记录。

（5）船舶机舱、货舱污油水管系图。

（6）航次维护计划、修理申请记录、机器设备操作和维护手册。

（7）天气预报或事故发生区域当时的水文气象记录。

（8）理货、港调等相关部门的作业记录。

（9）与事故调查相关的其他资料。

搜集的书证和视听材料可以是原件，也可以抄录、复印、拍照。所有资料应由当事人签字认定。

《中华人民共和国海上船舶污染事故调查处理规定》（中华人民共和国交通运输部令 2011 年第 10 号）于 2011 年 9 月 22 日通过并颁布，自 2012 年 2 月 1 日起实行。全文共七章 42 条。第一章 总则；第二章 事故报告；第三章 事故调查；第四章 鉴定机构的认定；第五章 事故处理；第六章 法律责任；第七章 附则。

1. 总则

为了规范船舶污染事故调查处理工作，依据《中华人民共和国海洋环境保护法》《中华人民共和国防治船舶污染海洋环境管理条例》等规定，制定本规定。

本规定适用于造成中华人民共和国管辖海域污染的船舶污染事故的调查处理。

国务院交通运输主管部门主管船舶污染事故调查处理工作；国家海事管理机构负责指导、管理和实施船舶污染事故调查处理工作；各级海事管理机构依照各自职责负责具体开展船舶污染事故调查处理工作。

船舶污染事故调查处理应当遵循及时、客观、公平、公正的原则。查明事故原因，认定事故责任。

2. 事故报告

（1）发现船舶及其有关水上交通事故、作业活动造成或者可能造成海洋环境污染的单位和个人，应当立即将有关情况向就近的海事管理机构报告。海事管理机构接到报告后，应当按照应急预案的要求进行报告和通报。

（2）发生污染事故的船舶、有关作业单位，应当在采取应急措施的同时及时、妥善地保存相关事故信息，立即向就近的海事管理机构报告以下事项：

①船舶的名称、国籍、呼号、识别号或者编号。

②船舶所有人、经营人或者管理人、污染损害赔偿责任保险人的名称、地址和联系方式。

③相关水文和气象情况。

④污染物的种类、基本特性、数量、装载位置等情况。

⑤事故原因或者事故原因的初步判断。

⑥事故污染情况。

⑦已经采取或者准备采取的污染控制、清除措施以及救助要求。

⑧签订了船舶污染清除协议的，还应当报告船舶污染清除单位的名称和联系方式。

⑨船舶、有关作业单位认为需要报告的其他事项。

（3）船舶、有关作业单位向海事管理机构报告后，经核实发现报告内容与事实情况不符的,应当立即对报告内容予以更正。

(4)发生污染事故的船舶、有关作业单位,应当在事故发生后24 h内向就近的海事管理机构提交"船舶污染事故报告书"。因特殊情况不能在规定时间内提交"船舶污染事故报告书"的,经海事管理机构同意后可予适当延迟,但最长不得超过48 h。

"船舶污染事故报告书"至少应当包括以下内容:

①船舶及船舶所有人、经营人或者管理人的有关情况。

②污染事故概况。

③应急处置情况。

④污染损害赔偿责任保险情况。

⑤其他与事故有关的事项。

(5)中国籍船舶在中华人民共和国管辖海域外发生的船舶污染事故,其所有人或经营人应当立即向船籍港所在地直属海事管理机构报告,并在48 h内提交"船舶污染事故报告书";船舶应当在到达国内第一港口之前提前24 h向船籍港直属海事管理机构报告,并接受调查处理。

(6)船舶污染事故报告后出现的新情况及污染事故的处理进展情况,船舶、有关单位应当及时补充报告。

3.事故调查

(1)船舶污染事故调查处理依照下列规定组织实施:

①特别重大船舶污染事故由国务院或者国务院授权国务院交通运输主管部门等部门组织事故调查处理。

②重大船舶污染事故由国家海事管理机构组织事故调查处理。

③较大船舶污染事故由事故发生地直属海事管理机构负责调查处理。

④一般船舶污染事故由事故发生地海事管理机构负责事故调查处理。

(2)船舶污染事故发生地不明的,由事故发现地海事管理机构负责调查处理。事故发生地或者事故发现地跨管辖区域或者相关海事管理机构对管辖权有争议的,由共同的上级海事管理机构确定调查处理机构。

(3)在中华人民共和国管辖海域外发生的船舶污染事故,造成中华人民共和国管辖海域污染的,调查处理机构由国家海事管理机构指定。

(4)中国籍船舶在中华人民共和国管辖海域外发生重大及以上船舶污染事故造成或者可能造成严重影响的,国家海事管理机构可派员开展事故调查。

(5)船舶污染事故给渔业造成损害的,应当吸收渔业主管部门参与调查处理;给军事港口水域造成损害的,应当吸收军队有关主管部门参与调查处理。

(6)发生下列情况时,船舶污染事故调查处理机构可以组织开展国际、国内船舶污染事故协查:

①污染事故肇事船舶逃逸的。

②污染事故嫌疑船舶已经开航离港的。

③辖区发生污染事故但暂时无法确认污染来源,经分析可能为过往船舶所为的。

④其他需要组织协查的情况。

(7)国际间的船舶污染事故协查,由国家海事管理机构统一组织协调。

（8）船舶污染事故调查处理机构调查船舶污染事故，应当勘验事故现场，检查相关船舶，询问相关人员，收集证据，查明事故原因。

（9）下列材料可以作为船舶污染事故调查的证据：

①书证、物证、视听资料。

②证人证言。

③当事人陈述。

④鉴定结论。

⑤勘验笔录、调查笔录、现场笔录。

⑥其他可以证明事实的证据。

（10）船舶污染事故的当事人和其他有关人员应当配合调查，如实反映情况和提供资料，不得伪造、隐匿、毁灭证据或者以其他方式妨碍调查取证。船舶污染事故的当事人和其他有关人员提供的书证、物证、视听资料应当是原件原物，提供抄录件、复印件、照片等非原件原物的，应当签字确认；拒绝确认的，事故调查人员应当注明有关情况。

（11）船舶污染事故调查处理机构根据调查处理工作的需要可以行使以下职权：

①责令船舶污染事故当事人提供相关技术鉴定或者检验、检测报告。

②暂扣相应的证书、文书、资料。

③禁止船舶驶离港口或者责令停航、改航、驶往指定地点、停止作业、暂扣船舶。

4.事故处理

（1）船舶污染事故调查处理机构应当根据船舶污染事故现场勘验、检查、调查情况和有关的技术鉴定、检验、检测报告，完成船舶污染事故调查。

（2）船舶污染事故调查处理机构应当自事故调查结束之日起20个工作日内制作船舶污染事故认定书，并送达当事人。

（3）船舶污染事故当事人对事故认定不服的，可以在收到船舶污染事故认定书之日起15日内，向船舶污染事故调查处理机构或者其上级机构申请一次重新认定。

（4）造成海洋环境污染的船舶应当在开航前缴清海事管理机构为减轻污染损害而采取的清除、打捞、拖航、引航过驳等应急处理措施的相关费用或者提供相应的财务担保。财务担保应当是现金担保、由境内银行或者境内保险机构提供的信用担保。

（5）船舶污染事故引起的污染损害赔偿争议，当事人可以向海事管理机构申请调解，海事管理机构也可以主动调解。当事人一方拒绝调解的，海事管理机构不得调解。征得所有当事人同意后，调解可以邀请其他利害关系人参加。

（6）调解人员应当按照有关法律、法规的规定，对船舶污染损害赔偿争议进行调解。调解成功的，由各方当事人共同签署船舶污染事故民事纠纷调解协议书。船舶污染事故民事纠纷调解协议书由当事人各执一份，调查处理机构留存一份。

（7）在调解过程中，当事人向人民法院提起诉讼或者申请仲裁的，应当及时通知海事管理机构，调解自动终止。

（8）当事人中途退出调解的，应当向海事管理机构提交退出调解的书面申请，海事管理机构应当终止调解，并及时通知其他当事人。

（9）海事管理机构调解不成或者在3个月内未达成调解协议的，应当终止调解。

三、溢油污染的处理技术

海上发生溢油事故后,首先应该防止石油继续溢漏,采取停泵、打开或关闭有关阀门、调驳舱柜存油等减少溢出手段;然后要控制溢油的继续扩散,如使用围油栏、集油剂等方式;再采取适当措施将溢油回收,可用人工方法、撇油器、回收船、吸油材料等方法;在不可能回收的情况下,则应果断采取措施将溢油消除,如油分散剂处理、燃烧处理、沉降处理和生物降解等手段。

(一)海上溢油的自然动态

石油溢入海洋后,在海洋特有的环境条件下,有着复杂的物理、化学和生物变化过程,并通过这些变化最终从海洋中消失。这种变化有扩散、漂移、蒸发、分散、乳化、光化学氧化分解、沉降和生物降解等。

1. 扩散

扩散是海面溢油在某些海洋环境条件影响下产生的水平扩散过程。它一方面决定了溢油扩散面积的大小;另一方面,由于其表面积增大,溢油的挥发、溶解、分散和光氧化过程都会受到不同程度的影响。

研究表明,扩散受重力、表面张力、惯性力和黏滞力四种因素的制约。一般使用三个阶段扩散理论,即静水中厚度均匀的圆形油膜的扩散过程,可分为重力与惯性力起主要作用的初始阶段、重力和黏滞力起主要作用的中间阶段和表面张力与黏滞力起主要作用的最后阶段。

2. 漂移

由于受风、流的影响而导致溢油的平行运动过程叫漂移,它是影响溢油运动的主要因素之一。溢油的漂移过程受风力、潮汐、密度和压力梯度等因子的制约,其中风、流是最重要的因素。

3. 风化

石油溢流到海面后其组分和性质随时间变化,最后从海面消失的过程称为溢油的风化。这是物理、化学氧化和生物降解等在自然状态下综合作用的结果,它包括蒸发、溶解、乳化、分散、沉降、光氧化和生物降解等过程。从短期来看,蒸发和乳化是主要的风化过程,对溢油的残留量及其组成、性质和状态起决定性作用;从长期来看,光氧化和生物降解作用越来越重要,决定着海上溢油的最终归宿。

(二)海上溢油的围控

将溢油控制在较小范围内并阻止其进一步扩散和漂移所采取的措施称为溢油围控。所使用的设备主要有麦秆、玉米秸、稻草、围油栏、缆绳、网具等。

1. 围油栏

围油栏是防止溢油扩散、缩小溢油面积、配合溢油回收的最常用的、也是较为有效的设备。围油栏主要有围控、集中、诱导和防止潜在溢油等作用。

发生溢油事故后,溢油在外界因素的影响下,会迅速任意地扩散和漂移,形成大面积污染。在开阔水域、近岸水域或港口发生溢油时,及时布放围油栏,能够将扩散的溢油及时围控,并通过围油栏拖带或缩小围拢范围,可以将油膜集结到较小的范围内进行回收。这样既可以防止溢油扩散,也可以增加油膜厚度,便于回收和进行其他处理。在溢油量大,风、流、浪的影响较大,在现场围控溢油不可能的时候,或者为了保护海岸或水产资源,可以利用围油栏将溢油诱导到能够进行回收作业或污染影响较小的海面上,根据现场情况可设多道围油栏。防止潜在溢油通常指在有可能发生溢油或存在溢油风险的地方,根据当地水域情况,提前布放围油栏进行溢油防控。这样可以在真正出现溢油时,防止溢油扩散,采取回收措施,将围控中的溢油及时回收。船舶在码头进行油类装卸作业或在锚地进行油类过驳时,通常都要按照规定要求提前布放围油栏进行防控;对搁浅、沉没的船舶在尚未打捞前,也要根据实际情况进行适当的围控。

目前常用的围油栏有固体浮子式、充气式、气幕式三种类型。各种类型的围油效果都受流速和浪高的限制。

2. 集油剂

集油剂是一种防止溢油扩散的界面活性剂,亦可以说是一种化学围油栏,适合在港湾附近使用。

用化学凝聚剂阻止扩散,在油膜周围喷洒一种比溢油的扩散压大的化学药剂,它在水面上扩散并压缩油膜,使油膜面积大大缩小,从而阻止溢油扩散,收缩溢油,从而将溢油集中起来。喷洒化学凝聚剂的作业比铺设围油栏容易且迅速。化学凝聚剂对防止煤油、柴油等轻油和重油的扩散是行之有效的方法。但集油剂不能与分散剂同时使用,也应避免同时用吸油材料,另外要防止混入碱类或洗涤剂;否则集油剂的效力将下降。还要注意对人体的防护。

(三)海上溢油的回收

用物理的方法回收溢油,是清除海面溢油较为理想的办法,既可避免溢油对环境的进一步危害,又能回收能源,物理回收方法包括人工回收、机械回收和溢油吸附材料回收。

溢油吸附材料指能将溢油渗透到材料内部或吸附于表面的材料。理想的溢油吸附材料应疏水、亲油,溢油吸附量大,亲油后能保留溢油且不下沉,还应有足够的回收强度。吸油材料便于携带,操作方便,适用于吸附很薄的油层,通常在大型溢油事故的处理后期或较小的溢油事故中使用。溢油吸附材料按其原料属性分为天然吸附材料和合成吸附材料。天然吸附材料主要有稻草、锯末、鸡毛、玉米秸、珍珠岩等,营运船上通常准备的是锯末。合成吸附材料主要包括聚氨酯、聚乙烯、聚丙烯、尼龙纤维和尿素甲醛泡沫等,具有较高的亲油性和疏水性。合成吸附材料可以做成多种形状,船上习惯使用的是吸油毡、吸油栏和吸油颗粒。

溢油吸附材料用于溢油未扩散时清除围油栏以外的油以及围油栏以内的油;有两道围油栏时,清除两道围油栏之间的油;利用溢油回收机械收油使油层变薄、回收效率下降时;用吸油材料吸附较薄的油层;当溢油到达岸边及不易处理的狭窄海域时,用吸油材料吸附;吸油材料还可用于对水面上的浮油进行阻拦或做记号。

(四)海上溢油的海上处理

当海上溢油无法用机械、物理方法回收时,可采用化学油分散剂、燃烧、沉降或降解等方法,在海上直接处理掉。

1. 油分散剂

油分散剂,又称乳化分散剂、化学分散剂或消油剂,它是至今使用最多的油处理剂。用由表面活性剂、溶剂和少量添加剂组成的乳化分散型油处理剂喷洒在海面溢油(尤其是经过回收处理的薄油膜)上,经搅拌或波浪作用,使浮油迅速分散成微小颗粒溶于水中。油被分散成微小颗粒后,加速了其在海水中的物理扩散、化学分解和生物降解过程,从而达到清洁海面的目的。一般在外海及开阔水域中,使用油分散剂会有显著效果。在半封闭海域或交换条件不良海面,不宜采用油分散剂。使用油分散剂会造成二次污染,使用前必须得到港口当局的批准,而且选用经主管机关认可的产品。

2. 燃烧处理

在远离陆地及船舶航道以外的海面,发生大规模溢油,又由于海上气候条件恶劣,无法用机械方法回收溢油时,可直接将溢油在海上燃烧处理掉。虽然油本身是可燃物质,但对海面上溢油直接点火燃烧和完全烧尽确是件很困难的事。一般燃烧处理海面溢油,需用特别灯芯材料(麦秆、稻草、珍珠岩等)和引火剂(金属钠、镁等)进行引燃或帮助燃烧。采用燃烧处理法有如下优点:能够短时间燃烧大量的溢油;比其他方法处理得彻底;对海洋底栖生物无影响;不需要人力和复杂的装置,且处理费用低。为防止燃烧蔓延,利用燃烧法处理溢油时要远离海岸、海上设施和船舶停泊的地方。在油量多、油层厚、扩散迅速的情况下,需要采用耐火性围油栏或集油剂。有一种化学药品,它能在油迹表面形成一层泡沫,使油上浮并与空气接触,使油保持连续燃烧,这种方法效果很好,被烧掉的油可达98%。

3. 沉降处理

用比重大的亲油性物质,例如液体沉降剂(包括氯仿、四氯乙烯等)或固体沉降材料,如石膏、碳酸钙、砂、砖瓦碎屑、硅藻土等,散布在溢油表面上,并与油一起沉降到海底。由于沉降处理容易造成二次污染,对海洋底栖鱼、贝类危害较大,许多国家禁止使用。一般只能在特定海域采用,大多数国家规定在距陆地 50 n mile 以内不准使用。

4. 微生物处理

微生物治理污染的方法:一是在被污染的地区或其附近分离微生物,大量繁殖并增强其活性;二是向被污染地区引进新的微生物,进行遗传改良,用于处理污染物。

海洋环境中存在着大量能够降解石油烃的微生物。石油一旦进入海洋,就受到一系列物理、化学的综合作用,同时被海洋中的各种微生物氧化、降解。由于微生物具有种类多、繁殖快、容易培养和代谢能力强等特点,所以采用生物降解处理溢油能收到成本低、设备简单、无二次污染和适于大面积应用的效果。

第九章　船舶技术状态监督与维护

第一节　船舶检验及船舶证书

为了促进海上人命和财产的安全,保护海洋环境,保证船舶安全适航,满足国家主管机关以立法形式对船舶结构强度、机器设备、航行、救生、消防设备等规定,确保船舶处于良好技术状态, 就必须有一个监督机构对船舶进行检验, 使其处于良好的技术状态, 符合国际公约、国家规定和船舶检验机构的规范,并授予其相应的船级,以确保船舶航行安全和防止污染海洋。

一、船舶检验机构

国际上对船舶进行法定检验、入级检验或其他各种检验比较有影响的机构主要有 25 个,如英国劳氏船级社(LR)、法国船级社(BV)、美国船级社(ABS)、挪威船级社(DNV)、德国劳氏船级社(GL)、意大利船级社(RINA)、日本海事协会(NK)、俄罗斯船舶登记局(RS)、中国船级社(CCS)等。这些检验机构基本上有两种性质,一种是国家的船舶安全监督机构,另一种是民间性质的船级社。船舶检验的目的在于通过对设计、建造过程和船舶结构、设备、材料等的监督检验,促使船舶及海洋工程设施处于良好的技术状态,以保证海上人命和财产的安全,防止船舶及海上设施对海洋造成污染。

中国验船机构成立于 1956 年 8 月 1 日,当时称"中华人民共和国船舶登记局"。1958 年 6 月 1 日更名为"中华人民共和国船舶检验局",并以"ZC"("中船"汉语拼音第一个字母)作为代号。中国船级社成立于 1986 年 1 月 1 日,简称"ZC"。1988 年 5 月 1 日,中国船级社被接纳为国际船级社协会(IACS)正式成员,并于 1993 年 3 月 10 日将代号"ZC"改为"CCS"(China Classification Society),制定了新的社徽(龙锚图案)。1993 年 10 月中国船级社通过了 IACS 的 ISO9002 认证,进入了国际先进船级社行列。1996 年 7 月 1 日至 1997 年 6 月 30 日,中国船级社首次出任国际船级社协会轮值主席。1999 年,船舶检验局的职能划归中华人民共和国海事局,而中国船级社仍为独立的民间组织。

中国船级社的服务宗旨是:对船舶、海上设施、集装箱以及相关的工业产品提供合理和安全可靠的技术规范,并通过中国船级社独立、公正和诚实的入级、认证和技术服务,为交通运输、海上开发及相关的制造业和保险业服务,为促进水上人命和财产的安全与保护海洋及其他环境服务。

中国船级社的主要业务是:

（1）船舶与海上设施及其产品（包括集装箱）入级服务：规范制定与维护、审图、检验与发证。

（2）船舶与海上设施及其产品授权法定服务：法定检验技术规则制定、审图、检验与发证。

（3）受理其他验船机构委托的检验与发证、船舶与海上设施公证检验和安全评估、船舶与海上设施鉴定检验和发证、重大海上安全事故调查。

（4）相关陆上工业设施与产品认证、检验及发证，外国验船机构委托船用与相关陆上工业设施和产品代理检验及发证。

（5）船舶安全管理体系（ISM）审核与发证。

（6）船舶保安体系（ISPS）审核与发证。

（7）船舶技术状况勘验与技术状况鉴定。

（8）ISO9000 与 ISO14000 等系列质量体系与环境管理体系认证。

（9）船舶与海上设施入级技术研究、水上安全与环境保护技术研究、船用与相关陆上工业设施和产品检验技术研究、相关信息技术应用研究。

（10）其他服务。

二、船级符号和附加标志

1. 中国船级社（CCS）的入级符号和附加标志

（1）入级符号

入级符号是船舶主要特性的表述，具有强制性。船舶的船体（包括设备）和轮机（包括电气设备）符合 CCS 规范、指南或等效规定，CCS 将授予相应的入级符号与附加标志。

凡船舶的船体（包括设备）与轮机（包括电气设备）经 CCS 批准入级，将根据不同情况授予下列入级符号：★ CSA，★ CSM；或 ★ CSA，★ CSM；或 ★ CSA，★ CSM

入级符号含义如下：

★ CSA ——表示船舶的结构与设备由 CCS 审图和建造中检验，并符合 CCS 规范的规定。

★ CSA ——表示船舶的结构与设备不由 CCS 审图和建造中检验，其后经 CCS 进行入级检验，认为其符合 CCS 规范的规定。

★ CSM ——表示船舶推进机械和重要用途的辅助机械由 CCS 进行产品检验，而且船舶轮机和电气设备由 CCS 审图和建造中检验，并符合 CCS 规范的规定。

★ CSM ——表示船舶推进机械和重要用途的辅助机械不由 CCS 进行产品检验，但船舶轮机和电气设备由 CCS 审图和建造中检验，并符合 CCS 规范的规定。

★CSM ——表示船舶轮机和电气设备不是由 CCS 审图和建造中检验，其后经 CCS 进行入级检验，认为其符合 CCS 规范的规定。

（2）附加标志

附加标志是船舶不同特点的分级表述，加注在入级符号之后。对非强制性附加标志应由船东申请，经 CCS 审图与检验，确认符合 CCS 规范的相应规定后，由 CCS 授予。

附加标志包括船舶类型、货物特性、特种任务、特殊的特征、航区、航线限制以及其他含义的 1 个或 1 组标志。应船东申请，按 CCS 颁布的有关规范或接受的其他标准建造的船舶、轮机与电气设备，CCS 将根据具体情况授予相应的附加标志。

下面列举与船舶、轮机与电气设备有关的一些附加标志。

①特殊检验附加标志

ESP：加强检验程序，油船、油/散、油/散/矿、化学品、散装货船应经受的检验程序。

In-Water Survey：水下检验，一定条件下替代坞内检验。

CHS：船体循环检验，除液货船和散货船外的船舶，将特别检验项目均匀分配在 5 年内轮流检查，以替代特别检验时需作内部检验和试验项目。

CMS：轮机循环检验，将特别检验项目均匀分配在 5 年内轮流检查，以替代特别检验时需作内部检验和试验项目。

SCM：螺旋桨轴状态监控对螺旋桨轴在用润滑油进行各种测试分析掌握轴承磨损状态，确定润滑油的劣化状态。

ECM：柴油机滑油状态监控，对柴油机零部件在用润滑油进行各种测试分析、掌握滑油分析结果及其他性能参数等情况，决定是否拆检。

PMS：机械计划保养系统，对船舶机械，根据 CCS 规范及制造厂的说明书规定，制订维修保养计划，并付之贯彻和实施。

②特殊设备附加标志

Emergency Towing Arrangements：配备了应急拖带装置的船舶，应授予该标志。

Equipped with Single Point Mooring Connecting Installation：配备单点系泊连接装置，按相关要求配备单点系泊连接装置的船舶将授予该附加标志。

IGS：惰性气体系统，使用惰性气体，保持液货舱内的气体在任何时候不能燃烧。

COW：原油洗舱系统。

Electrical Propulsion System：电力推进系统。

LPG Fuel System：液化石油气为燃料，以液化石油气为燃料符合 CCS 接受的标准。

Water Jet Units：喷水推进装置，装有喷水推进装置符合 CCS 接受的标准。

Z-Propulsion：Z 向推进系统。

Thruster：侧推装置。

Controllable Pitch Propeller：可调螺距螺旋桨。

Non-propulsion：非机动推进，无推进设备。

Auxiliary Propelling/Maneuvering Units：辅助推进/操纵装置，装有非航行用途的，仅用作局部调整作业船位使用的辅助推进/操纵装置。

DFD：双燃料发动机动力装置，装有符合指南要求的双燃料发动机动力装置的液化天然气船舶，可加注该标志。

LNG Fuel：液化天然气为燃料，以液化天然气为燃料的船舶，可加注该标志。

CNG Fuel：压缩天然气为燃料，以压缩天然气为燃料的船舶，可加注该标志。

Dual Fuel：双燃料，既可以天然气为燃料，又可以燃烧燃油或者同时燃烧燃油和天然气燃料的船舶，可加注该标志。

DP-N：动力定位系统，安装有动力定位系统的船舶，授予该附加标志，其中 N 为如下之一：

1—可在规定的环境条件下，自动保持船舶的位置和首向，同时还应设有独立的集中手动船位控制和自动首向控制。

2—在出现单个故障（不包括一个舱室或几个舱室的损失）后，可在规定的环境条件下，在规定的作业范围内自动保持船舶的位置和首向。

3—在出现任一故障(包括由于失火或进水造成一个舱室的完全损失)后,可在规定的环境条件下,在规定的作业范围内自动保持船舶的位置和首向。

③自动控制附加标志

AUT-0:由驾驶台控制站进行遥控运行的推进机械装置,机器处所集中控制站周期性无人值班。

MCC:由机器处所集中控制站进行遥控运行的推进机械装置。

BRC:由驾驶台控制站进行遥控运行的推进机械装置,机器处所有人值班。

④环境保护附加标志

Clean:洁净环境保护。

FTP:燃油舱保护,船舶装载的与推进装置和辅机有关的并用作燃油的各种油控制。

GWC:灰水控制,船上所设的洗衣房、浴室、厨房、住舱房的排出废水控制。

NEC:NOx 排放控制,柴油机的 NOx 排放量控制。

SEC:SOx 排放控制,船上所用的所有燃油硫含量控制。

RSC:冷藏系统控制,制冷剂的臭氧消耗控制。

AFS:防污底系统,船舶防污底系统不含作为生物杀灭剂的有机化合物。

GPR:绿色护照,船舶应备有一本符合 IMO A.962(23)决议通过的"IMO 拆船指南"中定义的绿色护照。

VIB(M):机械振动,船舶相关机械满足 CCS《船上振动控制指南》有关机械振动的要求,不会产生机械疲劳损坏或运动部件加速磨损,可授予该标志。

Green Ship Ⅰ:绿色船舶,船舶在环境保护、能效(包括设计能效和营运能效)、工作环境三个方面的绿色要素满足绿色船舶 Ⅰ 级所有适用要求。

Green Ship Ⅱ:绿色船舶,船舶在环境保护、能效(包括设计能效和营运能效)、工作环境三个方面的绿色要素满足绿色船舶 Ⅱ 级所有适用要求。

Green Ship Ⅲ:绿色船舶,船舶在环境保护、能效(包括设计能效和营运能效)、工作环境三个方面的绿色要素满足绿色船舶 Ⅲ 级所有适用要求。

EEDI(Ⅰ):船舶设计能效,$0.90RLV < $ Attained EEDI $\leqslant RLV$,RLV 为船舶 EEDI 基准线值。

EEDI(Ⅱ):船舶设计能效,$0.70RLV < $ Attained EEDI $\leqslant 0.90 \ RLV$,RLV 为船舶 EEDI 基准线值。

EEDI(Ⅲ):船舶设计能效,Attained EEDI$\leqslant 0.70 \ RLV$,RLV 为船舶 EEDI 基准线值。

SEEMP(Ⅰ):船舶营运能效,船舶应持有一份按照 IMO 相关导则制定的船舶能效管理计划(SEEMP)。

SEEMP(Ⅱ):船舶营运能效,对具有 SEEMP(I) 附加标志的船舶,若船舶所在航运公司或船舶经营者建立船舶营运能效管理体系,并获得 CCS 能效管理体系认证证书,可授予该标志。

SEEMP(Ⅲ):船舶营运能效,对具有 SEEMP(Ⅱ) 附加标志的船舶,若船舶具有诸如航线优化、船体生物污垢监测等实时监测的软件,以随时监控影响船舶能效的相关参数和/或调整能效措施,可授予该标志。

AMPS:高压岸电,船舶配置了额定电压交流 1 kV 以上、15 kV 及以下的高压岸电系统,在靠港期间向船舶供电,并能保证在关停船舶发电机时,预期使用设备能够正常工作,可授予该标志。

⑤货物冷藏装置附加标志

CRS(××hold－××℃ max.Sea Water Temperature－××℃):货物冷藏(××货舱－×
×℃,海水最高温度××℃),冷藏装置在海水最高温度下能维持的最低温度或其范围。

CF:水果保鲜,载运水果货物的冷藏装置。

LG:气体再液化,液化气体运输船的再液化或制冷设备。

Quick Freezing:速冻,渔船的具有速冻能力的制冷装置。

CRC(××holds),AC f/WC:舱内载运冷藏集装箱(×× 货舱),其中:AC—风冷式冷藏
集装箱;f—制冷装置的同时使用系数;WC—水冷式冷藏集装箱。

⑥其他附加标志

EOM:船舶能效实时在线综合监控,通过采集船舶耗能设备、航行设备运行参数并与岸基
同步,可实时监控船舶营运过程,并对营运能效管理与优化进行决策支持。

2.英国劳氏船级社(LR)的入级符号和附加标志

(1) 船体及设备入级符号

╬ 表示在 LR 监督下建造。

╪表示在其他船级社监督下建造。

100A1—船体及锚设备符合 LR 规范,适合远洋航行。

100A—同上,锚设备及链不符合规范,但仍可接受。

100A—同上,但不要配备锚、锚链、索具等舾装设备。

附加标志:

①冰区加强,$\left.\begin{array}{l}\text{Ice Class I}\\ \text{Ice Class 1}\\ \text{Ice Class 2}\\ \text{Ice Class 3}\end{array}\right\}$与芬兰、瑞典1971 年冰区加强范围一致。

②重货加强,Strengthened for Heavy Cargo,Hold may be Empty 。

③船舶特定用途,如 Liquefied Gas Carrier (液化气体运输船),Tug (拖船),Chemical Tank-
er(化学品运输船)。

④腐蚀控制,如 CC(腐蚀控制):

   CR(S.STL)[耐腐蚀(不锈钢)]。

   CR(R.L)[耐腐蚀(橡胶衬层)] 。

(2)轮机入级符号

LMC 机械设备建造、安装符合 LR 规范要求。

附加标志 :

①UMS(无人机舱)。

②IGS(惰性气体系统)。

③冷藏装置入级符号。

RMC 冷藏机械设备的建造和安装符合 LR 规范要求。

3.法国船级社(BV)的入级符号和附加标志

(1)船舶及轮机入级符号

+ 表示船舶及推进装置(或冷藏装置)在 BV 监督下建造。

± 表示船舶及推进装置(或冷藏装置)不在 BV 监督下建造,或在 BV 监督下建造,但某些条件不符合规范。

∸ 表示除上述两种情况及符号以外,但仍可以接受。

Ⅰ 表示船舶及推进装置的建造符合规范全部要求。

Ⅱ 表示船体结构和构件尺寸不完全符合规范要求。

3/3 表示船舶处于良好技术状态。

5/6 表示船舶处于稍差技术状态。

附加标志:

①锚、锚链和索具 E(符合规范要求)。

②船舶特定用途,如 BULK CARRIER(散装船),CHEMICAL CARRIER(化学品船)。

③航区限制,DEEP SEA.(远洋),COASTAL WATERS(沿海),SHELTE RED WATERS(遮蔽水域)。

④自动化,AUT 或 AUT-MS(公海,操纵自动化)。

       (AUT)或 AUT-OS(公海自动化)。

       PORT(港口及锚地自动化)。

⑤加强,如 HEAVY CARGO(载运重货加强)。

$$\left.\begin{array}{l} \text{Ice I-super} \\ \text{Ice I} \\ \text{Ice II} \\ \text{Ice III} \end{array}\right\}(\text{抗冰加强})。$$

⑥其他,F(消防符合 SOLAS 规定)。

STB(完整稳性满意)。

CSA 或 $\dfrac{1 \wedge 9}{7 \vee 4}$(破舱稳性满意)。

GRN(散装谷物完整稳性满意)。

IG(油船或化学品船装有惰性气体系统)。

COW(油船装有原油洗舱装置)。

(2)冷藏装置入级符号

RMC(一部机组工作可保持所需温度);

RMC-s(全部机组工作可保持所需温度);

RMC-v(伙食冷藏装置)。

4. 美国船级社(ABS)的入级符号和附加标志

(1) 船体及设备入级符号

+AI 表示在 ABS 监督下建造,完全符合规范,无限航区。

AI 表示不在 ABS 监督下建造,但满足入级条件。

附加标志:

①锚、锚链 E(锚及锚链符合规范要求)。

②用途或特殊用途,如 OIL CARRIER(油船),ORE CARRIER(矿沙船)。

③航区限制。

④冰区加强,如 Class AA：

Class Ⅰ A
Class IB ⎫与芬兰、瑞典 1971 年冰区加强一致
Class IC ⎭

(2)轮机入级符号

+AMS 表示在 ABS 监督下建造、安装和试验。

AMS 表示不在 ABS 监督下建造和安装,但符合入级标准。

附加标志：

①自动化,如 +ACC 或 ACC(遥控,单体自动化)。

+ACCU 或 ACCU(无人机舱)。

+ABCU 或 ABCU(自动控制)。

②消防,如 FPA(消防设备符合规范要求)。

(3)货物冷藏装置入级符号

+RMC 表示冷藏装置在 ABS 监督下建造、安装和试验。

RMC 表示冷藏装置不在 ABS 监督下建造、安装和试验,但符合入级标准。

5.挪威船级社(DNV)的入级符号和附加标志

(1) 船舶入级符号

+1Al 表示船体及设备在 DNV 监督下建造并符合规范规定。

⫶1A1 表示船体及设备在其他船级社监督下建造,但符合入级。

+1A2 表示船体及设备在 DNV 监督下建造,但状态存在不足。

⫶1A2 表示船体及设备在其他船级社监督下建造,但状态存在不足。

附加标志：

①冰区加强，如 Ice IA ·
Ice IA
Ice IB ⎫根据冬季波罗的海冰区条件分级
Ice
Ice ⎭

②载重货加强,如 HC 或 HC(Holds No. -Empty)；

(重货可不均匀分布,满载时一个舱或数舱可处于空舱)。

③航区限制,如 N(某些特定海域如挪威沿海、波罗的海、地中海、黑海航行)。

K(沿海航行)。

I(湖泊、内河、海湾航行)。

(2)轮机入级符号

+MV 表示主机在 DNV 监督下建造和试验满意。

⫶MV 表示主机不在 DNV 监督下建造和试验满意。

+KV 表示主锅炉在 DNV 监督下建造和试验满意。

⫶KV 表示主锅炉不在 DNV 监督下建造,但经检验满意。

附加标志：

①自动化,如 EO(无人机舱)。

②消防,如 F(具有特别消防措施)。

Inert(没有惰性气体灭火系统)。

(3)冷藏装置入级符号

+KMC 表示冷藏装置在 DNV 监督下建造,检验和试验符合要求。

·+KMC 表示冷藏装置不在 DNV 监督下建造,但检验和试验符合要求。

6. 德国劳氏船级社(GL)的入级符号和附加标志

(1)船舶入级符号

+100A4 表示船舶在 GL 监督下建造,符合规范要求。

·+100A4 表示船舶在其他船级社监督下建造,但符合入级条件。

+90A3 表示船舶在 GL 监督下建造,但不完全符合规范要求。

·+90A3 表示船舶在其他船级社监督下建造,且不完全符合规范要求。

附加标志：

(1)冰区加强

$$E\begin{cases} \text{Ice} & \text{Class} & \text{E1} \\ \text{Ice} & \text{Class} & \text{E2} \\ \text{Ice} & \text{Class} & \text{E3} \\ \text{Ice} & \text{Class} & \text{E4} \end{cases}$$

(2)船舶特定用途,如 OIL TANKER(油船),CONTAINER SHIP(集装箱船)……

(3)分舱,⊕(GL 监督下确定一个舱或相邻数舱浸水不沉)。

⊕̇(在其他船级社监督下确定一个舱或相邻数舱浸水不沉)。

(4)航区限制,K(近海航行距岸不超过 200 n mile)。

K̇[限于内海(波罗的海)沿岸航行]。

W(限于浅水航行)。

(2)轮机入级符号

+MC 表示机械设备在 GL 监督下建造,符合规范要求。

·+MC 表示机械设备在其他船级社监督下建造,但符合规范要求。

+MC̅ 表示机械设备在 GL 监督下建造,但不完全符合规范要求。

·+MC̅ 表示机械设备在其他船级社监督下建造,且不完全符合规范要求。

附加符号：

自动化,AUT-XX/24 (24 h 内 XX 小时无人值班机舱);

AUT-Z (主机遥控,装置集控,有人值班机舱);

A(主机遥控,机舱有人值班);

H(停泊期间,机舱无人值班)。

(3)货物冷藏装置入级符号

+KAZ(或·+ KAZ)表示冷藏装置在(或不在)GL 监督下建造,符合规范要求。

$+\overline{KAZ}$(或 $\dot{+}\overline{KAZ}$)表示冷藏装置在(或不在)GL 监督下建造,且不完全符合规范要求。

三、船舶检验的类别与作用

1. 法定检验

法定检验是一种强制性检验,是船旗国政府规定的对船舶执行政府法令、法规的一种监督检验,由政府主管机关设置的检验机构、政府指定的验船师或授权的组织和个人执行检验。法定检验的依据是船旗国政府承认、批准、接受和参加的国际公约、规则和规定的要求;船旗国政府制订和颁布的有关法律、条例和规范等。法定检验依据不同检验内容分别进行初次检验、年度检验、期间检验、定期检验、换证检验、附加检验和船底外部检验等。检验合格后,由政府主管或授权的检验机构签发或签署法定证书。

2. 船级检验

船级检验是船级社根据船东的自愿申请,对船舶进行的一种技术状态评定。新造船舶在船级社的验船师监督和检验下进行建造,符合船级社的船舶建造和入级规范时授予相应的船级并载入船级社的船舶录中。对购买的国外建造船舶和已取得船级正在营运的船舶均根据船级社规范,由验船师进行规定的各种检验,符合规定的技术要求时船级社授予相应的船级证书或保持其原有的船级证书。

船级社按其《钢质海船入级规范》实行入级和保持入级的检验,签发入级证书和必要的文件,出版船舶录。验船师对拟在该船级社入级的船舶进行入级检验和试验,合格后,按规定编写记录、报告等文件,由社长授予并签发下列相应的船级证书。船级社在未签发上述证书前,如确认船舶的船体和机械处于良好和有效状态,则可签发相应的临时船级证书(其期限不超过 6 个月)给申请船舶入级的单位或其代理人,以使船舶能及时投入营运。已取得船级的船舶,验船师对其进行保持船级的各种检验合格后,按规定核发新的船级证书或在船级证书上做相应的签署。

船级检验分为建造入级检验、初次入级检验和保持船级检验。

1)建造入级检验

船舶在建造前,船厂首先要根据与船东签定的合同,按照船东选择的船级社,及船级社公布的入级规则和建造规范进行技术设计,然后办理入级申请,并将设计图纸送该船级社审核认可,然后进行施工设计,最后下料施工,该船级社派出自己的验船师按照认可的图纸进行检验。涉及到产品检验,安装上船材料、设备等都必须经该验船师的检验认可。

造船厂建造的船舶经各阶段检验合格,最后经试航合格,验船师就可以发给有关的证书。该船级社除授予该船入级符号和附加标志外,还要列入船级社的"船舶录"中。

2)初次入级检验

初次入级检验是指船舶需要更换船级社,新船级社将派出验船师对该船进行坞内检验,其范围相当于特别检验的检验。如国外购进二手船,现要入新的船级社,船级社将派出验船师进行上述检验,根据检验查明的技术状况来决定是否授予船级。对存在一般缺陷的船舶将建议修理或做某些补充使其符合入级规范后发给船级证书并列入新船级社船舶录中。

3)保持船级检验

对已入级的船舶,为保持船级,应进行下列检验:

(1)年度检验。所有船舶应接受年度检验。年度检验应于完工、投入使用或特别检验日期的每周年前后 3 个月内进行。

(2)中间检验。所有的船舶应接受中间检验。中间检验应于完工、投入使用或特别检验后的第 2 个或第 3 个年度检验时进行。该中间检验替代 1 次年度检验,并于年度检验到期日的前后 3 个月内进行。

(3)坞内检验。所有船舶应接受坞内检验,除另有规定外,坞内检验 5 年内应不少于 2 次,间隔期为 2.5 年,最长间隔不大于 3 年,但其中 1 次应在特别检验时进行。

从事国际航行的客船坞内检验每年应进行 1 次。

经申请获得批准,坞内检验可用水下检验代替。

(4)特别检验。一般船体和轮机(包括电气设备)的特别检验应 5 年进行 1 次,以保持其船级证书的有效性。

第 1 次特别检验应在初次入级检验日期之后 5 年(船体 4 年或 3 年)内完成。以后的每次特别检验应从上次特别检验期满之日起 5 年(4 年或 3 年)内完成。

特别检验可在到期之日前开始,但应不超过 12 个月,如特别检验在到期之日 3 个月前完成,则新的特别检验日期将自此次检验完成之日算起,其他情况则按原检验到期之日算起。

如果在特别检验到期之日还未完成特别检验,经验船师上船检验并经船级社批准,可给予不超过 3 个月的展期,以便完成特别检验。在这种情况下,下次船级特别检验的日期仍应从展期前的特别检验到期之日算起。

(5)螺旋桨轴和艉轴管检验。装有认可的油封装置或轴用认可的耐腐蚀材料制造的下列 3 种轴,检验间隔期为 5 年:

①用键安装螺旋桨的轴和轴上装有连续铜套,如键槽符合现行规范规定时。

②用无键安装螺旋桨的轴。

③在轴的后端为整体连接法兰的轴。

不属于上述规定的其他螺旋桨轴,其检验间隔期为 2.5 年。

用于主推进的调距桨应按螺旋桨轴的检验间隔期进行检验。

用于主推进的全方位螺旋桨的检验间隔期应不超过 5 年。

动力定位和侧向推进器的轴的检验间隔期应不超过 5 年。

(6)锅炉和热油加热器检验

每船装有 2 台及以上的主锅炉,每 2.5 年检验 1 次。

每船仅有 1 台主锅炉,炉龄在 10 年以下者,每 2.5 年检验 1 次,以后每年检验 1 次。

重要用途的辅锅炉以及设计压力超过 0.35 MPa 或受热面超过 4.5 m^2 的非重要用途的辅锅炉、热油加热器,每 2.5 年检验 1 次。

如船东申请,锅炉检验还可给予不超过 6 个月的展期。

所有锅炉和热油加热器的外部检验,包括安全装置检验要结合年检时进行。

(7)机械检验的其他替代检验方法

①循环检验(详见本章第二节)。

②基于计划保养系统的检验(PMS)(详见本章第二节)。

③基于状态监控系统的检验(视情维修体系)。如船东申请并经船级社批准,可采取状态监控系统检验(如螺旋桨轴状态监控系统、柴油机滑油状态监控系统等),但现在大部分船级社只监控艉轴,不能替代年度检验、中间检验、特别检验。

3. 公证检验

公证检验又称为公证性鉴定,不同于法定检验和船级检验,它没有规定的检验周期、检验项目,更没有法令、规则和规范的强制性要求。公证检验是应申请人的需要而办理的一种技术性检验。

船级社的验船师在进行公证检验时,以第三者身份、公证客观的态度,对申请检验项目实际情况进行独立的检验和鉴定,为申请人提供处理有关业务的依据。

公证检验的范围如下:

(1)损坏检验。损坏检验又称海损检验。它包括由于船舶水上建筑与其相关联的损坏,以及由外界因素如搁浅、触底、碰撞、触礁、火灾等引起的海损和机损。检验时应确定船舶的损坏范围、程度、性质和原因,以及对安全航行的影响程度,以作为海损理赔和裁决的依据之一。这种检验也包括保持船级的修理要求。

(2)起租、退租检验。起、退租检验是根据起、退租约进行的,比较起、退租约的船舶技术状况,在退租时还应对船上油水存量进行测定。

(3)索赔检验。对购买的新船及机械设备等,由于其设计、材料、制造工艺不当造成的损坏,在质量保证期内所进行的检验,以作为船舶所有人索取赔偿的依据。

(4)船舶状况检验。船舶状况检验是鉴定船舶的技术状况、设备状况。一般给保险商、船舶经纪人、船舶抵押、船舶拍卖、船舶作价或货主等提供详细资料,作出准确估计和判断。

(5)货损检验。货物损坏检验主要是根据货主、货物保险人、货物承运人、船东的申请而进行的。这种检验一般包括货物损坏的数量、程度以及引起货物损坏的原因。

4. 临时检验

临时检验是根据用船部门或其代理人临时向验船部门提出申请,而涉及到船级检验和法定检验范围的一种检验。船舶在下列情况下应申请临时检验:

(1)更改船名、船籍港或船舶所有人时。

(2)遭受影响船级和船舶安全的海损和机械事故时。

(3)改变航区或变更用途时。

(4)涉及船级和船舶安全的任何修理或改装时。

(5)船舶证书有效期满,要求展期时。

(6)上次检验中准予展期检验的项目或限期检验的项目的期限届满时。

(7)船舶封存后起用时。

(8)其他临时检验。

四、船舶证书

1. 船舶登记证书

我国船舶登记的目的在于证明船舶的所有权、国籍、船籍港,享有悬挂中华人民共和国国旗权,享有在我国沿海和内河航行权,到达外国港口受到我国驻外使节的保护和协助,在海上航行可以得到我国人民海军的舰队保护。中华人民共和国海事局是船舶登记主管机关,各港口的海事局或港务监督机构是船舶登记机关。船舶登记后一般发给船舶所有权登记证书,国际航行的船舶发给船舶国籍证书。

在国外接船,必须向驻当地中华人民共和国大使馆、领事馆或就近的大使馆、领事馆办理船舶登记手续,领取临时的船舶国籍证书,该证书在到达国内船籍港办理登记手续以前一直有效,但一般不超过一年。

（1）船舶所有权登记证书

船籍港船舶登记机关接到船舶所有人的申请和提供的合法身份的文件、有关船舶技术资料和船舶所有人取得的证明文件后,进行审查核实,对符合规定的,向船舶所有人颁发船舶所有权登记证书,授予船舶登记号码。

（2）船舶国籍证书

在船舶所有权登记的基础上,由船舶登记机关审查船舶所有人依航区提供的船舶适航证明文件,核准后发给船舶国籍证书。该证书的有效期为5年。

2.船舶入级证书

（1）船体（包括设备）入级证书

（2）轮机（包括电气）入级证书

如船体入级证书和轮机入级证书之一失效时,则另一证书也同时失效。即船舶必须同时具有船体和轮机的船级证书,船舶才具有船级。

3.船舶法定证书

国际航行船舶的法定证书如表9-1所示。

表9-1　国际航行船舶的法定证书

序号	证书名称	有效期
1	国际吨位证书	
2	国际船舶载重线证书	5年
3	客船安全证书	12个月
4	货船结构安全证书	5年
5	货船设备安全证书	24个月
6	货船无线电安全证书	5年
7	货船电台执照	1年
8	免除证书	
9	国际散装运输危险化学品适装证书	5年
10	国际散装运输液化气体适装证书	5年
11	特种用途船舶安全证书	5年
12	船舶航行安全证书	5年
13	船舶乘客定额证书	12个月
14	国际防止油污证书	5年
15	国际防止散装运输有毒液体物质污染证书	5年
16	国际防止生活污水污染证书	5年
17	国际压载水管理证书	5年

（续表）

序号	证书名称	有效期
18	集装箱安全证书	
19	船舶卫生证书	1 年
20	国际船舶起重设备检验和试验证书	4 年
21	船舶起重和起货设备检验簿	4 年
22	船舶起重设备活动零部件试验和检验证书	4 年
23	符合证明	5 年
24	安全管理证书	5 年

第二节 船舶设备的维护管理

一、轮机实行循环检验(CMS)

CMS 是代替轮机特别检验的一种检验方式,是船级社将特别检验项目分解到规定检验周期的每一年来进行, 并可结合维护保养体系和修船等工作同时进行。这样就可以减少停泊时间,缩短坞期,提高船舶的营运率。

1. CMS 的申请

(1)公司机务管理部门向船级社提出实行循环检验的申请,并提供下述材料:

①船舶总布置图。

②机舱总布置图。

③机电装置、设备明细表。

④设备的重大更改或增加。

(2)船级社按规定编制循环检验项目表,机务管理部门将检验项目表结合船舶管理的需要或者船舶维修保养体系, 按每年检验总项目的 1/5 的原则,分配各个项目的具体检验时间,安排好检验时间的项目报送船级社。

(3)船级社接到安排好的时间项目表后,将据此发给循环检验卡。此卡发给船东二份,一份存放在船上,一份存放在机务管理部门。存放在船上的循环检验卡,船体部分由船长保存,轮机部分由轮机长保存。以后就按循环检验卡所载的时间进行循环检查。

2. 轮机长代理实施循环检验的条件

只有经过船级社授权,轮机长才能代理实施循环检验。授权条件如下:

(1)持有我国海事局颁发的正式轮机长证书,并在船任轮机长职务三年以上,在目前工作的同型船上工作过一年以上。

(2)办事公正、认真负责,且熟悉船级社循环检验的各项规定。

具备上述条件的轮机长要求取得船级社授权时,由船公司机务部门出具一份推荐书。在推荐书中应按船级社上述规定说明该轮机长的资历、技术水平及工作态度,并附免冠近照二张,报送船级社。船级社收到推荐书后,经审核合格,即发给授权证书。轮机长持有授权证书后,即可代行船级社规定的项目检验。

3. 循环检验项目的检验申请

(1)船长、轮机长应熟知当年内要进行循环检验的项目以及检验时间。按规定,可在规定时间内前 3 个月进行。

(2)根据船舶运行情况和公司安排,可在船抵港后写一份申请书,注明船名、停泊地点、希望验船师登船的时间、要求检验的项目(按循环检验卡所载的项目号码和名称填写)等,送交船级社。如船舶停泊时间较短,也可电传给代理或公司机务主管部门转交船级社。

(3)每次申请检验的项目可根据停泊时间,相对集中一些项目申请,可节省一些费用。

4. 循环检验的实行

(1)轮机部门的检验项目有些是在解体情况下进行的,船舶设备应事先解体,并清洁好,按序放好。

(2)舱柜等场所的检验要提前打开入孔进行足够的通风,预备好符合安全的照明设备。

(3)对需要做效用试验的项目,要做好试验的准备,操作人员不要离船。

(4)验船师检验的项目,船长、轮机长或责成有关负责人必须现场陪同。

(5)如果船级社授权轮机长代理实行检验,则应遵循下列原则:

①授权的轮机长要熟悉船级社循环检验办法的规定和检验规范,严格按授权代检的范围进行。

②检验完成后,应在轮机日志上记录所进行的检验,并应准备检验报告一式三份。报告中应注明:船名、船东、检验地点、检验时间、检验和修理情况。此报告一份留船、一份寄船东、一份提交进行确认检验的船级社。

③检验中换下的零部件应存放在船上,以备核查。

5. 授权轮机长代理实行循环检验的确认性检验

(1)授权轮机长在完成代理检验后,当船舶抵达船级社有验船师的第一个港口时,应向验船部门申请对其所完成的项目进行确认性检验。

(2)当验船师对授权轮机长检验的项目进行确认时,授权轮机长应在场,并出示船级社签发的有效授权证书,提交检验报告、提供轮机日志和换下的零部件供验船师查核。对验船师提出的检验,应予满足。

(3)如果授权轮机长代理检验的项目,在检验完成后 3 个月尚不能进行上述确认,则轮机长应将检验后的结果直接报告船级社。

6. 中国船级社(CCS)可授权轮机长进行的部分检验项目

(1)主机气缸盖及其附件。

(2)主机气缸套。

(3)主机活塞、活塞杆。

(4)主机连杆、十字头销、轴承和导板。

(5)主机高压油泵、燃油增压泵。

(6)主机减振器。

(7)主机扫气泵。

（8）主机驱动的舱底泵、润滑油泵、冷却水泵。

（9）独立的舱底水泵、压载泵、消防泵、淡水冷却泵、通用海水泵、海水循环泵、滑油泵、喷油嘴冷却泵、燃油驳运泵。

（10）冷却器（每类冷却器只有一个除外）。

（11）低压加热器。

（12）空气压缩机。

（13）锚机。

（14）机舱鼓风机、抽风机。

（15）副机包括其驱动泵。

以上项目，每年由授权的轮机长代理检验的项目总数不能超过规定的50%，并且是在当地海上或港口未有该船所属船级社或其代理机构时，才可进行。

二、船舶机械有计划保养系统（PMS）

PMS是轮机船级证书附加标志之一，它指船舶机械（包括电气设备）根据CCS现行规范的有关要求和设备制造厂说明书的规定，由船东制订一套详细的周期性维修保养计划，通过该计划在船上的贯彻和实施，使船舶机械始终保持在良好的技术状态。

PMS的申请和实施可替代船级换证检验，可作为轮机特别检验或轮机循环检验（CMS）的一种替代方式，不能替代年度检验。其检验项目应与所替代的特检或循环检验项目相覆盖。

1. 适用范围

（1）中国船级社钢质海船（高速船除外）和海上设施。

（2）原则上已实施CWBT的船舶。

（3）只适用于船舶机械（包括电气设备，不包括船体）。

（4）特检间隔期不超过5年的船舶，不接受实行PMS申请。

2. 申请

拟实行PMS的船舶，船东应向中国船级社总部提出申请。船东应首先建立一个由专门人员负责的主管PMS的机构，并提供下述资料一式三份：

1）报批资料

（1）PMS的设备维修保养计划（对采取定时检验的设备，应在计划中注明检修周期的小时数）。

（2）状态监控设备的维修保养计划。

（3）PMS的设备维修工作卡汇总表。

（4）计算机PMS管理程序、软件（如有时）。

2）备查资料

（1）轮机长的PMS授权证书（PMS培训或经历证明）。

授权轮机长职责如下：

①PMS授权轮机长是船上实施PMS的负责人。

②轮机长负责安排每一项目的检修，检修应按照工作卡汇总表的要求进行，并保存必要的维修和测量记录。轮机长负责检查或确认、签署相关的检修报告。

③只有轮机长或指定的人员有权修改和更新船上的PMS数据库。

④轮机长应向公司上报 PMS 计划的完成情况。

（2）PMS 的设备清单。

（3）状态监控设备的清单和设备规格。

（4）状态监控设备的基准数据。

3. 批准

中国船级社总部在收到船东的申请及提交的资料后，应及时对上述资料进行审查。初步审查合格后，入级船舶部将安排对船公司主管部门（机务部或 PMS 主管部门）进行审核。对公司审核满意、资料齐全、内容符合申报要求的可批准船方实施 PMS，然后将上述批准资料退给船东两份。

4. PMS 附加标志授予

（1）批准实施 PMS 的船舶，建议最好在轮机特检或轮机循环检验完成后开始执行 PMS。对于正在执行循环检验的船舶，如果能合理编排 PMS 检验，则可对原循环检验项目予以确认，PMS 检验项目应完全覆盖所有循环检验项目，并保证原循环检验项目完成日距下次维修保养日期不超过 5 年。

（2）开始执行 PMS 的船舶，应进行 3 个月的试运行。试运行结束后应提交一份执行情况的报告，并申请入级部进行确认性检查。

（3）检查合格后，总部将签发新的轮机入级证书，加注"PMS"附加标志。

5. 计划实施

船公司主管机构应提前数月将月计划指令下达到船上。如船舶已安装计算机和 PMS 管理系统，在船上可自动生成月保养计划，则可免除指令的下发。轮机长应按照公司指令及时完成要求的项目。船上应至少每季度将该季度内每个月的完成情况报公司主管机构，主管机构负责汇总和管理。

6. 报告

公司主管机构应每年度将 PMS 执行情况按指定的电子文件格式用 E-mail 转发中国船级社总部。在船舶申请船级年度检验时，公司应同时提交 PMS 年度审核的申请；当船级特别检验到期时，公司应同时提交 PMS 年度审核的申请。

第三节　修船管理

一、维修方针

1. 对主要的动力设备采用定时维修方式，并在此基础上逐步向视情维修方式发展。

定时维修，是以磨损理论为依据，以设备主要零部件的磨损率为基础来预测设备或设备中某一部件的维修或更新周期。它的特征是以设备或主要部件的运转小时来推算维修间隔周期，以检查更换磨损零部件为维修的主要内容。

视情维修，也称状态监测维修，它对某一设备不预先规定其维修期，而是以设备的运转工况为依据，以工况数据的趋向分析为基础，来决定设备是否需要维修。它的特征是以先进的测试技术进行状态监测和故障诊断,通过检测、比较和分析确定设备或部件的技术状况和确定是否需要维修。

视情维修能够发挥设备的最大效益,可有效地减少事故的发生,特别适用于以磨损故障为主的设备上。PMS制度中关于状态监控设备的检验正是向视情维修方式跨出了重大一步。

2. 对耐用型设备、低值设备、非生产型设备和维护价格高昂而安全风险低的设备采用事后维修方式。

事后维修,也称故障维修,是指设备发生故障后才进行维修或更换其中损坏部件,也就是有坏即修。它的原则是不坏不修,除了应用中的一般检查和保养外不作任何计划的维护性修理。它的特征是对某种类型的设备采取能修则修、不能修(或不值得修)即换的政策。它适用于某些对生产安全影响不大的设备和低值设备。

3. 除了船级社规定的项目外,尽量减少定期维修方式。

定期维修,是以设备的使用频度、用途的重要性、损坏的规律为依据,或某些设备不以磨损为主要特征而拟定出一个平均安全运行期限和确保这一使用期限而需要的全面维修的内容。

它的特征是设备按照预定的维修计划的日历时间,不论实际情况如何,到时间必须进行规定内容的维护保养工作。

定期与定时维修方式都属于计划性维修,它对预防突发性的随机故障有一定的局限性。可通过加强对设备状态监控来进行改善。

二、修船的类别和要求

1. 修船的类别

(1)航修

船舶在营运期中发生局部过度磨损或一般性事故,影响航行而船员难以自修,必须由船厂或航修站协助修复的工程项目。

(2)检验修理

结合船舶检验类别安排修理,在修复设备缺陷,恢复功能的同时满足船舶检验的规范要求。

(3)事故修理

事故修理是指船舶在营运中,如遇到不可抗拒(台风、龙卷风)的因素或意外船舶碰撞、触礁所造成的海损事故,其修理情况要根据船舶损坏程度和船检部门提出的修理意见和要求进行临时性的修理,以便能取得适航证书。事故修理日期如接近计划修理时,可以考虑合并进行,但必须征得公司和船检部门的同意。事故修理涉及索赔方面的问题,工程项目须另外开出单据,单独结账。

2. 船舶修理的原则和要求

(1)船舶修理必须以原样修复为主,特殊需要的船舶更新和改造,应作经济论证,并经上级部门批准。

由于船舶航区和种类的不同,使用年限有很大差别,修船方针也不同,如某公司规定船舶的使用年限,杂货船、多用途船为20~25年,散货船、滚装船、集装箱船及客轮为15~20年,油船、液化气船和化学液品船为8~15年。上述船舶达到2/3使用年限时则称为老龄船。

对营运期不到三分之一使用年限的船舶,按设计要求进行修理,保持基本性能良好。达到一类级别。

对营运期达到三分之一以上,但不到三分之二使用年限船舶,修理时应在原结构和设备的基础上,按照营运期的要求进行修理,保持其使用年限和满足入级要求的工程。达到二类级别。

对营运期已超过三分之二使用年限的船舶,可以在减载或限制功率的条件下进行维持性修理,充分利用其剩余价值,但必须满足入级的最低要求和营运安全。

(2)远洋船舶应按入级标准进行修理。如为达到原入级要求而修理范围过大,经技术经济论证不合算时,应按改变入级航区或根据移交沿海使用的要求进行修理。

(3)保证修船的质量。修理的项目必须达到的质量标准,应满足验船规范、修理标准、技术说明书等有关规定,做到牢固可靠、经久耐用、性能良好。厂方应对修理的质量负责,修船质量保证期,固定部件应为 6 个月,运动部件为 3 个月。

(4)缩短修理时间。修船时间直接影响船舶营运率,是船舶运力的一个重要指标,应努力缩短修理期。减少对船舶营运和利润造成的损失。

(5)降低修船成本。修理费直接影响运输成本,是运输单位的重要经济指标,修船要勤俭节约,重点把主要设备修好。努力降低各类船舶不同修理类别的修理费限额。

三、修船的准备工作

1.修理单的编制

(1)编制修理单的依据:

①公司的修船计划和规定的修理级别。

②船舶证书上需要船级社检验的项目。

③说明书所规定的各种设备和部件的检修间隔期。

④船舶在航行中的技术状况,磨损与损坏规律及各种测试资料。

(2)修理单的分类

船舶修理单分甲板、轮机、电气和坞修四个部分。

轮机和电气部分由轮机员和电机员负责编制,由大管轮汇总和轮机长审定。

(3)编写修理单的要求

①写清楚每项修理工程的内容、规格,以及修理部件的材料和性能,并注明需要修理的机械设备的制造厂名、出厂日期、数量和规格。

②修理单上要注明修理类别,以便于确定修理范围。

③涉及船级修理的工程要注明,以便于船厂在修理过程中安排验船师进行检验和签证或换发船级证书。

④修理单一式三份,上交给公司船技部门两份,留船一份。

2.修船备件、工具和物料的准备

(1)在编制修理单的同时,根据修船项目的需要,做好所需备件的订货工作,保证修船进度和节约修理费用,并注明备件由船方提供。

(2)对于订货困难需船厂制造加工的配件应提前向船厂提出,由船厂事先安排制造,并在修理单上注明备件由厂方提供。

(3)对于修船中使用的工具、物料以及自修项目的备件也应有计划的分期申领。

四、修船的组织工作

1. 安全工作

（1）船舶修理期间的防火安全工作，由船方、厂方结合实际情况拟订具体措施，共同做好。

（2）施工过程中，双方都要严格履行开工前商定的安全协议，遵守双方的防火等安全规定。船舶修理时施工区域的防火安全以厂方为主负责，船方应给予密切配合。

（3）为使进厂修理的船舶得以安全、顺利地完成修理工程，双方协商，签定协议书，共同遵守。

（4）为配合船厂做好施工安全工作，机舱应派员看火，协助船厂安全员做好机舱防火安全工作和施工现场安全工作。

（5）修船中万一发生意外灾害事故时，船员要坚守岗位，首先保卫好本船的安全，然后服从厂方统一指挥，共同保护或抢救其他船舶。如遇不可抗拒的自然灾害，则造成的一切损失由船方负责，或向保险公司索赔。

2. 自修工作

船员自修工作时摸清技术状况，对及时消除隐患、节约修理费用、缩短修理期、延长船舶寿命、提高船员技能和保证船舶安全都有重要作用，必须充分发动船员开展自修工作。

（1）厂修期间应适当按排船员自修项目，以配合船厂共同完成修船任务，缩短修期，节省修理费用。

（2）根据船员人力和备件情况尽量安排自修工程，对不停航无法解决的项目，如主机吊缸、锅炉清炉等应在厂修期间完成。

（3）进厂时自修主要项目应该编入修船计划，并由船技部门审核和检查质量。

（4）船员自修应该充分利用船上已有的设备和工具，船技和供应部门要有计划地给船舶配备必要的电动、风动和小型机械化工具。

（5）船员自修所必需的备品、配件和物料，各主管部门要给予优先安排及时供应。

（6）船舶进厂时船员要固定，必须调动时要征得船技部门的同意以保持自修力量。

（7）厂方要为船员自修安排必要的协作加工任务。

3. 监修工作

（1）船舶所有单位应指派船舶监修师进行监修，并代表甲方制定和签署文件。不指派专人监修时，应由轮机长负责监修轮机修理项目。

（2）对修理工程进度、材料、工艺和测量数据等，轮机员应该进行监修，如有不妥应及时向厂方提出意见。

（3）本船修理项目中需提交船级社检验的项目，由船方申请检验。

（4）单项工程修理完工或试验合格后，由轮机长检查认可。

（5）全部修理工程竣工后（海上试验或码头试验结束后），由双方代表签署本船完工验收单作为交船的依据。

（6）试验、试航和工程验收，根据甲乙双方事先商定的内容和按船级社的标准进行。如试验和试航中，船级社和船方提出属厂方修理工程中的缺陷和遗漏，厂方应及时清除和完成；如不属厂方修理工程范围而又需厂方修理时，则按加账工程办理。

（7）厂方应对承修工程的质量负安全责任。厂方修理工程的保修期，固定部件为 6 个月，运动部件为 3 个月。

(8)厂修期内,如属厂方工程项目的质量问题,由厂方及时免费修复;如该船在其他港口,厂方不便前往修理时,船方可将厂方应负责的项目修妥,然后将其账单交厂方审检,并由厂方支付其修理费用。如双方对问题发生的原因有分歧时,在听取船级社意见后协商解决。

五、轮机坞修工程

1. 主要工程项目

(1)海底阀箱的检查与修理

拆下格栅,检查连接螺栓和螺帽,钢板敲锈出白,涂防锈漆 2～3 度;箱内锌块换新;如钢板锈蚀严重,必要时应测厚检查,钢板换新后必须对海底阀箱进行水压试验。

(2)海底阀的检查与修理

各海底阀应解体清洁,阀体在除锈后涂防锈漆 2～3 度;阀及阀座应研磨密封,如锈蚀严重可光车后再磨;阀杆填料换新;海底阀与阀箱的连接螺栓检查;锈蚀严重时应换新。

(3)螺旋桨的检查与修理

拆下螺旋桨进行检查,桨叶表面抛光,测量螺距,桨叶如有变形应予矫正和做静平衡试验,如发现桨叶有裂纹和破损,需按螺旋桨修理标准进行焊补和修理。

(4)螺旋桨轴及轴承

当抽轴检查时,应对螺旋桨轴的锥部进行探伤检查。检查铜套是否密封,滑油密封装置应换新密封圈,锥部的键槽和键应仔细检查,如换新必须与键槽研配,测量轴下沉量和轴承间隙,检查轴承磨损情况。

(5)舵系的检查和修理

对舵杆、舵轴承、舵叶、舵销、密封填料装置进行检查,如发现缺损、碰撞等缺陷,及时进行修复。

(6)船舷排出阀、海水出海阀和锅炉排污阀等位于水线以下,应和海底阀一样严格检查修理。

2. 坞修的准备工作

(1)编制好坞修项目修理单,将修理单提前报公司船技处审核、报价,以选定坞修的船厂。

(2)为节省经费,船方应预先订购好坞修所需的重要备件。如需抽出螺旋桨轴检查,则必须备好密封装置的密封环和螺旋桨"O"形密封圈;否则会延误坞修期或者不能进行抽轴检查。

(3)准备好坞修所需的专用工具,如拆装螺旋桨螺帽的专用扳手、液压工具,拆装中间轴法兰螺栓的专用扳手,移动中间轴和螺旋桨轴的滑道滚轮,测量螺旋桨轴下沉量的专用测量工具等。

(4)准备好有关图纸资料,如船体的进坞安排图、螺旋桨图、螺旋桨轴及其轴承图,以及上次坞修的测量记录和检验报告等,提供给船厂和验船师参考。

(5)油舱的清洁处理。对于需要烧焊和明火作业的油舱,必须将油驳出,并经过洗舱和防爆安全检验。

(6)如需在坞内进行锅炉检验,进坞前应将炉水放光,以免在坞内烫伤工作人员和影响坞修工程。

(7)与厂方商洽坞修事项,如进出坞日期、岸电的供应、淡水的供应、蒸汽的供应、冷藏系统冷却水的供应、消防水的供应、厨房的使用、卫生设备的使用、油水的调驳和临时追加项目的可能性等。

3. 坞修工程的验收

（1）质量检查与验收

坞修中的各海底阀和通海阀必须解体、清洁，打磨完好，阀与阀座的密封面经轮机员检查认可后才能装复。

安装艉轴和螺旋桨时，轮机长应在场监督进行。

对坞修中的各项修理项目，应按修理单的要求检查修理质量，必要时应做水压试验和运行试验。

（2）测量记录的交验

坞修的测量记录（如艉轴下沉量，螺旋桨螺距测量和静平衡试验，艉轴承间隙，舵承间隙，轴系找正等）和其他年度检验的测量记录，应一式两份提交给轮机长。

（3）验船师的检验

主要坞修工程应申请验船师现场检验，签署检验报告。

4. 出坞前的检查

出坞前，轮机长应对下列修理工程仔细检查，认可后方可允许出坞。

（1）检查海底阀箱的格栅是否装妥，箱中是否有被遗忘的工具，塑料布等异物。所有海底阀和出海阀是否装妥。

（2）检查舵、螺旋桨和艉轴是否装妥，保护将军帽是否涂好水泥，艉轴密封装置装妥后充油做油压试验。

（3）船底塞及各处锌板是否装复好。

（4）坞内放水后检查各海水阀和管路，先使各阀处于关闭状态，观察海水有无漏入管内，然后分别开启各阀，对所有管路接头及拆修过的部分检查是否漏水，必要时上紧连接螺栓。

（5）坞内放水后对海水系统放空气，使其充满海水。

（6）冷却系统、燃油系统和润滑油系统正常工作后，起动柴油发电机，切断岸电，自行供电。

5. 试验与试航

为了保证制造和修理质量，监修人（监造人）应要求厂方做好各项试验和试航工作。

船舶柴油机从制造到装船使用，必须经五个阶段的试验，即重要部件的材料试验、部件试验、出厂座台试验、系泊试验和航行试验。

1）材料试验

重要部件的材料必须进行材料成分的分析和机械性能的试验，以保证工作的可靠性。需要进行材料试验的重要部件有：

（1）气缸盖。

（2）机座。

（3）主轴承横梁。

（4）气缸套。

（5）曲轴。

（6）活塞顶。

(7)活塞杆。

(8)连杆。

(9)十字头。

(10)连杆螺栓。

(11)凸轮。

(12)高压燃油管。

(13)起动空气管。

(14)涡轮转子。

(15)涡轮叶片。

2)部件检查

重要部件在装配之后应该根据其工作条件进行水压试验、表面检查、平台找正等。需要检查的部件有:

(1)机座水压试验。

(2)活塞水压试验。

(3)气缸套水压试验。

(4)喷油器冷却水侧压力试验。

(5)气缸安全阀压力试验。

(6)起动阀压力试验。

(7)曲轴检验。

(8)曲轴拐挡差测量。

(9)十字头导板间隙测量。

(10)贯穿螺栓预紧力和伸长度测量。

(11)增压器转子动平衡。

(12)燃油泵试验和调整。

3)出厂座台试验

(1)试车前的准备工作

①串油串水,对柴油机的燃油、滑油和冷却水系统的管系进行清洗,各系统试运行。

②低速运转2 h,检验柴油机各运动部件的装配是否正常。

(2)性能试验

①起动试验。冷态正倒车连续交替起动各6次,记录空气瓶每次起动的空气压力数值,检验柴油机的起动是否迅速、灵活和可靠。

②换向试验。柴油机在最低稳定转速下进行换向试验,从换向操纵开始到柴油机已在相反方向工作,开始供燃油为止,其换向时间应不超过15 s。

③最低稳定转速试验。柴油机稍带负荷缓慢降低转速,测定柴油机最低稳定工作转速,运行15 min,记录最低稳定工作转速。

④超速试验。柴油机空负荷或带一定负荷(为使转速稳定)缓慢增加转速,测定超速限制装置起作用切断燃油供给而使柴油机停车时的转速,该转速不应超过额定转速的115%。

⑤低压安全切断装置试验。柴油机以最低稳定转速运转,分别逐渐调低气缸冷却水、活塞冷却水、主轴承滑油的压力。记录低压安全切断装置切断燃油供给时的压力。

⑥推进特性试验。柴油机按25%,50%,75%,90%,100%,110%负荷进行特性试验,每挡负荷各运行1 h,其中110%负荷运行时间为0.5 h,100%负荷运行时间为4 h,记录其主要参数,并测示功图,绘制推进特性主要参数的曲线。

标定功率运转试验是连续性的,如在运转试验过程中,柴油机发生不良现象须停车修理时,则标定功率运转试验应按验船规范重新试验。

⑦调速性能试验。柴油机功率100%负荷突卸至0负荷,记录柴油机转速的变化,最高转速不应超过额定转速的115%。

⑧停增压器试验。将其中一台增压器盲板封死后,柴油机从低负荷起,按推进特性渐渐增加负荷,以柴油机的排烟温度和爆发压力均不超过正常规定数值为限。记录工作参数和输出最大功率值,并运转15 min。

⑨减缸试验。任选一缸停止工作,柴油机从低负荷起,按推进特性渐渐增加负荷,以柴油机排烟温度、爆发压力均不超过正常规定数值为限,缓慢增加负荷时不能有剧烈振动。记录工作参数和输出的最大功率值,并运转15 min。

⑩倒车试验。柴油机在空负荷的情况下,倒车转速为标定转速的90%左右,运转15min。

(3)试验后的拆检

试验结束后,任选一缸拆开检查,并记录情况。

4)系泊试验

船舶在建造完毕或修理结束后,为了确保船舶具备出海试验的条件,对船舶动力装置在验船师监督下进行一次安装、修理质量和工作效用的试验。如在系泊试验过程中发现有不正常现象,应由船厂重新修复后再做系泊试验。

(1)主机起动试验。对修理的船舶主机连续起动3次;对新建造的船舶主机,利用起动空气瓶的容积,在一次充满空气后要能连续起动12次。

(2)主机换向试验。连续换向4次,包括遥控操纵主机在内。

(3)主机运转试验(大于2 205 kW)

系泊试验的最高转速为额定转速的80% ~85%。如果螺旋桨露出水面而影响主机功率时,应尽可能压载或适当增加试验所用的转速。试验要求如下:

①正车50% n_H 连续运转0.5 h。

②正车70% n_H 连续运转1 h。

③正车80% ~ 85% n_H 连续运转2 h。

④倒车70% ~80% n_H 连续运转0.5 h。

在各种转速下要测取主机各种参数。

(4)发电柴油机组及其他辅机的试验。

5)航行试验

系泊试验合格后才允许进行航行试验。

海上航行试验是为了进一步保证船舶动力装置各系统的安装修理质量,运转的稳定性和可靠性,测试有效功率及经济性能等,验证各项试验结果的性能是否符合规范要求,以保证船舶航行安全。

(1)主机的试验

①扭转振动试验,测量主机的扭转振动临界转速,确定转速禁区。

②推进特性试验(大于 2 205 kW)。

a. 正车 80% n_H 连续运转 0.5 h。

b. 正车 90% n_H 连续运转 1 h。

c. 正车 100% n_H 连续运转 4 h。

d. 正车 103% n_H 连续运转 0.25 h。

e. 倒车 80% ~85% n_H 连续运转 0.25 h。

各种转速下所测取的参数要均匀,即:

a. 各缸压缩压力的差值不超过 ±2.5%。

b. 各缸爆炸压力的差值不超过 ±4%。

c. 各缸排气温度的差值不超过 ±5%。

d. 各缸指示功率的差值不超过 ±2.5%。

③最低稳定转速试验。

④紧急倒车试验,从全速前进到紧急停车,到紧急最大倒车转速。

⑤航速试验。

⑥调速试验。

⑦减缸试验。

⑧减增压器试验。

(2)其他试验

①锚机试验。

②舵机试验。

③起货机试验。

④锅炉蒸发量测定及安全阀试验。

⑤泵的自动交换试验。

(3)无人机舱船舶的海上试验

各船级社要求无人机舱船舶在海上试运转期间进行特殊的运转试验要点如下:

①主机由驾驶台操纵,在可能的所有功率范围内进行正车及倒车运转试验,同时还要进行正倒车试验和应急停车试验。

如中国船级社规定,自控和遥控系统的试验方法和时间,对柴油机推进装置按图 9-1 所示的程序进行;对柴油机动力的调距桨推进装置的单手柄控制系统按图 9-2 进行。试验时至少在驾驶台遥控作两个循环的控制,在集控室作一个循环的控制。

②在主机正车及倒车运行中进行操纵部位的切换以及在所有操纵部位进行运转试验。

③在驾驶台操纵时,主要泵的自动起动试验,以及限于自动起动功能状态下进行停止试验检验报警及安全装置。

④一台常用发电装置处于断电状态时,确认备用机组能自动运转,副机按顺序起动。两台常用发电装置有一台停止,确认能选择切断及备用机组自动运转,而且,这些试验要在正常航速航行下进行。

⑤各个机器都试验完了之后,再在与正常海上航行相同的状态下进行 6 h 的无人机舱运转。

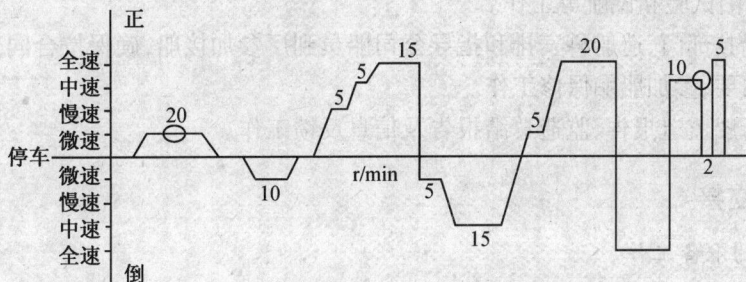

图9-1 主柴油机控制系统试验程序

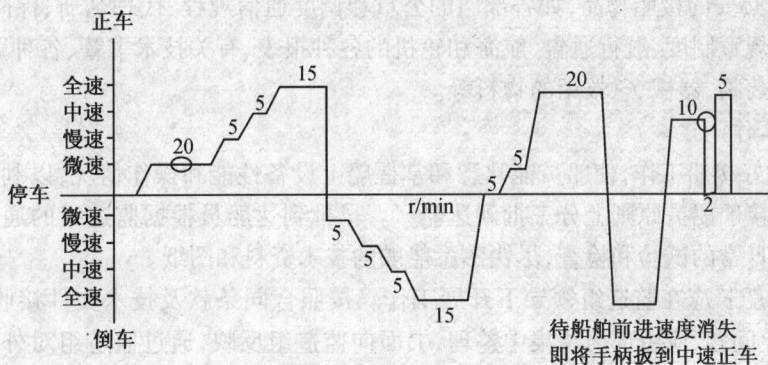

图9-2 柴油机动力调距桨推进装置单手柄控制系统试验程序

第四节 船舶监造与监修

一、监造工作

新船驻厂监造组是一个临时的组织机构。监造组人员的组成,主要来自公司船技部门造船科的船体、轮机、电气专业人员,通导中心的专业人员和部分干部船员,公司干部和船员的比例均视需要、视实际情况而定。在监造期间,新船驻厂监造组直接接受公司船舶贸易部、船技部门和造船科的领导。新船驻厂监造组负责新船现场监造,代表船东对船舶的质量进行把关。

新船驻厂监造组的工作内容与要求:

(1)驻厂监造组成立后,需对船厂进行了解与熟悉。制定船体、机电、通导等专业主管的具体工作内容。

(2)对船舶建造的规格书进行严格细致的审议,校对船舶建造的实际情况。

(3)对船厂提交的施工技术图纸、修改通知书等按专业分类保管并对其进行认真审核与确认。

(4)检验、确认船用产品、设备的质量以及现场施工的质量。

(5)熟悉并遵守双方签署的新造船买卖合同的有关条款规定,按时参加设备座台试验、施工质量检验、系泊试验和试航等工作。

（6）协助船技部门、造船科安排和指导公司船员到厂参加接船,确保按合同交接船舶。

（7）根据需要,参加船舶保修工作。

（8）做好新船监造报告、监造总结报告及信息反馈工作。

二、船舶交接

1.接船前的准备工作

（1）组成责任感强、专业知识全面、经验丰富的接船班子。

（2）了解船舶的主要技术规范及合同条款内容。

（3）领取必要的接船物品,如各部门的公章和调度通信规程、代理名册、保险商名册、使馆通讯录、航运规章制度、航行通告、航海和轮机的各种报表、有关技术书籍、各种财务报表、接船外币备用金、药物、器械、急救用的物料等。

2.接船工作

（1）为做好接船工作,使船员能熟悉和掌握船上设备性能和操作情况,以利接船后早日顺利投入营运,接船船员原则上分三批到达船厂。早批到达船员根据监造组的通知在接船船长安排下,参加日常的试验和检查,尽快熟悉船舶的技术资料和图纸。

（2）接船船长应在监造组领导下开展工作。按照合同条款及技术文件接收船舶,如发现质量和技术上问题,应由部门长集中整理,书面向监造组反映,通过监造组对外交涉。接船船员要熟悉、掌握船上设备及操作方法。要求船员对自己分工的机械、仪器及设备做到操作管理、维修保养有把握,会预防和排除故障,懂得各种应急处理方法。注意与厂方人员配合,不要影响船厂人员的施工作业。

（3）清点船厂和设备厂移交的备件、物料、存船的燃油和滑油记录、安全用品、图纸资料、证书,并签字认可。各种船级证书正本和一整套完工图纸由船长保管,另一套按部门分别保管。

（4）试航前要了解试航大纲,具体主管人员按时到现场,并要求做好各种数据的记录。每一船员应充分利用试航期间熟悉各种机电、通信设备,测定设备性能和精度,试航结束后,整理出存在的问题交监造组解决。

（5）有关资料齐全,如航区海图、国籍证书、最低安全配员证书、船上油污应急计划、油类记录簿等。

（6）船东供应品由公司物管部门供应,凡国内能采购的,一律由国内供应,确需国外采购的,由公司物管部门自行比较后订购。如国内运去的供应品不足,经物管部门同意授权船舶领导可购买少量急需物料。

三、监修工作

1.监督修理

（1）船舶进厂修理时,机务管理部门应派出监修代表,负责与船厂联系,最后确定工程,处理修船中发生的问题,办理结账等事宜。船舶方应负责具体修理项目的监修和验收工作。

（2）船舶进厂后,根据检查的情况允许对工程范围进行修正,但应及时作出决定,以免影响工程进度。增减工程项目应由船员与监修代表协商,最后由监修代表决定,通知厂方。如未派监修代表,由船舶领导决定。

(3)增减工程的范围不宜过大,决定应该及时,不影响施工,对重大的增减项目如未派监修代表,应迅速请示公司,对不修将影响开航的工程,则可一方面通知厂方施工,同时向公司报告。

(4)一般工程由轮机长、大副分别组织人员监修,重要工程应由该设备的检修负责人亲自监修。监修人负责监督船厂是否按船舶修理单指定的范围和要求施工;工艺、材料及安装质量是否符合技术要求;施工中有无船厂责任引起的部件及设备的损坏;施工时有无不安全因素,可能引起火灾及其他危险,必要时有权停止其施工,并向主管人员汇报,等待处理;做好必要的修理记录,以便验收和审核账单。此外监修人应配合船厂工作,为施工提供方便条件。

2.验收项目

(1)验收的目的是检查修理质量是否达到技术要求。

(2)船厂施工完毕应交船员验收。验收时应有厂、船双方代表在场,验收后验收人签字作为该项工程的结束。

(3)对船级社要求检验的项目,应申请验船师检验。

(4)修理完工后可根据修理范围决定是否需要试航或在码头试车。试航时应由双方提出试航大纲,明确试航时的安全责任。在试航中发现的问题,凡应厂方负责的项目应由工厂负责修理。

(5)修理完毕,应即组织力量,认真审核完工单。完工单是编制账单的主要依据,要严格把关,质量未达到要求的应文字注明,并双方签字。

3.审核账单

修船结束后应对船厂开列的账单进行审核。审核账单应注意如下各项:

(1)账单内容是否与实际工程相符。

(2)账单所列价格与报价是否一致。

(3)船厂价格表未包括的工程项目开价是否合理。

(4)对保险索赔工程是否分别列账。

(5)审核账单由船员与监修代表共同负责,如船舶急于开航,船厂未能及时作出账单,可留待监修代表最后结账;如未派监修代表,则由船舶领导审核签署作为付款依据。

4.交验内容

为了保证重要设备的修理质量,"中船总"发布了国家行业标准《民用钢质海船修船交验项目》。该标准规定了柴油机动力装置民用钢质海船经修理后须交验的项目。船方应据此要求厂方交验。

该标准所列的交验项目中凡由船厂修理者,由船厂按规定向验船师提交检验。凡由船员自行修理的项目,应由船方向验船师提交检验。遇有海损修理项目时应由验船师根据具体情况决定提交的项目。为了保证船舶修理质量,验收内容应符合船级社有关规定及国家已颁布有关修理技术标准要求。在验船师检验船厂提交项目的过程中,船厂应邀请用船部门代表一起到场。船舶在修理期间,凡未经船厂修理但是船检必验的设备和项目,由委修方向验船师交验。

(1)柴油机交验项目

①机座底部垫片及铰孔螺栓接触面。

②曲轴主轴颈与主轴承接触面及间隙。

③主轴承全部安装后的臂距差。

④气缸盖本体水压试验。

⑤气缸套、气缸盖安装后紧密性水压试验。

⑥活塞组装后，冷却水腔水压试验。

⑦气缸体、导板冷却水腔水压试验。

⑧活塞、活塞杆、十字头滑块、连杆在船上安装后校中。

⑨曲柄销、十字头及轴承的安装间隙。

⑩活塞行至上止点时，活塞与气缸盖之余隙。

⑪气缸盖安全阀试验。

⑫废气涡轮增压器的油封、气封、轴承间隙。

⑬废气涡轮转子平衡试验。

⑭防爆门防爆装置开启压力。

⑮热交换器水压试验。

⑯调速器性能试验。

⑰码头系泊试验。

⑱试车后的曲轴臂距差。

⑲航行试验提交。

（2）推力轴、中间轴、艉轴、艉轴管及轴系的交验项目

①推力面与推力块的接触面及间隙。

②推力轴承底座垫片接触面。

③推力轴、轴承外观及间隙。

④中间轴承底座垫片接触面。

⑤中间轴与轴瓦接触面及间隙。

⑥艉轴铜套的结合。

⑦新换铜套水压试验。

⑧艉轴、前后轴承外观及安装间隙。

⑨艉轴可拆联轴节锥度接触面及探伤。

⑩艉轴油封装置外观及安装后的油压试验。

⑪轴系校中。

⑫轴系联轴节铰孔精度。

⑬轴系试航提交。

（3）舵及舵机的交验项目

①舵叶外观质量及水密试验。

②舵系轴承安装间隙。

③舵角零位、限位校正。

④舵机液缸安装后油密试验。

⑤舵机主要零部件。

⑥舵机安全装置性能试验。

⑦舵机航行试验。

（4）泵、系统及阀件的交验项目

①各种泵的主要零部件。

②各种泵运转和效用试验。

③舱底、压载、消防系统效用试验。

④蒸汽管路水压试验。

⑤管系安全阀上船实效试验。

⑥快关阀系统动作试验。

⑦新制阀壳强度水压试验。

⑧海底阀、舷侧阀现场色油检查。

（5）分油机及机器处所油污水处理装置的交验项目

①分油机油水分离实效试验。

②油水分离/过滤装置效用试验。

③舱底油污水高位报警试验。

④标准排放接头安装的正确性。

⑤15 ppm 报警试验。

第十章　船舶安全运行与应急处理

第一节　机动航行及恶劣海况下轮机部安全管理措施

　　船舶营运过程中要进行各种操作,包括船舶进出港航行和定速航行、船舶和设备的维护保养、装卸货、燃油加装等。据统计,绝大部分海上事故是在船舶操作过程中发生的。因此,分析和认识船舶操作过程中的不安全因素并采取相应对策加以消除和控制,对实现船舶安全营运是至关重要的。船舶操作过程很多,为实现安全营运的目标,需要重点控制那些关键操作,即对安全和防污染有直接影响并至关重要的操作。按照 ISM 规则的规定,这些关键操作包括船舶进出港或交通限制区域机动航行、船舶在视线不良条件下航行、船舶在恶劣气象或海况条件下航行等。一旦这些关键操作没有得到有效执行,极有可能造成船舶搁浅、碰撞甚至全损等事件,严重威胁船上人命和财产安全。例如,某船在美国密西西比河机动航行期间,由于主机突然停车导致正在转弯的船舶失控,撞到岸边码头,造成重大事故。又如,某船在大风浪天锚地抛锚期间,船舶突然走锚,由于不能及时起动主机,导致船舶相撞事故。轮机部人员在船舶关键操作中,只有遵循规范的操作程序,妥善管理相关机电设备,才能有效预防船舶事故的发生。

一、机动用车时的安全措施

　　船舶在靠离码头和进出港口、经过养殖区、狭水道、船闸、运河,顶风浪航行、避让船舶等情况时,船舶处于机动航行状态。相应地,机舱设备运转状态需要频繁变换。为了保证安全运行,应注意以下方面:

　　(1)轮机长应在机舱,指导并监督值班人员操作。

　　(2)船舶在机动航行之前,一般均需对主机进行备车和冲试车,检验检查主机的起动和换向性能,保证机器设备不出或少出故障,确保机动用车的可靠性。

　　(3)机动用车时,空气压缩机、应急鼓风机、侧推器、舵机、绞缆机、锚机、开关舱盖等设备和操作使电站负荷增加且变化频繁,可增开一台发电机,防止运行的发电机超负荷,从而减少停电的可能性。

　　(4)舵机的安全可靠运行对船舶机动航行时保持良好的操纵性极为重要,备车时,机舱和驾驶台之间进行对舵,试验应急舵机。起动舵机两套操纵装置,提高舵效保证安全性。

　　(5)对于某些型号的主柴油机,通过换用轻油可提高机动性能,也便于机器的检修。

　　(6)在船舶机动航行、主机机动运转时,可能频繁使用压缩空气。因此需要加强对空气压缩机、空气瓶的管理,保证起动用气和气笛用气。

(7)加强对废气锅炉的管理,调整蒸汽压力或旁通烟道,使锅炉在废气或燃油燃烧下保持一定的蒸汽压力,满足全船可能的用汽需要。

(8)注意主机应急鼓风机的工作情况,保证柴油机的低负荷运转。

(9)注意适时调整主柴油机冷却水、滑油的温度与压力,保证其在频繁变负荷工况下工作状态的稳定。

(10)如船舶进入浅水区航行,应将低位海底门转为高位海底门,防止经海水管路吸入泥沙污物,造成阻塞,影响冷却系统的正常工作。

二、轮机部的防台工作

1. 防台安全措施

(1)在台风发生区域和盛行季节,港口停泊的船舶应保持全部船员留船。

(2)会同甲板部,尽早对防台设备和器材进行一次全面的检查,确保锚机、绞缆机、主机、发电机、锅炉、舵机等处于良好的技术状态。

(3)出航前,按航区情况备足粮食、淡水、燃润油、物料及医药用品等;在台风季节航行时,船上应备有比正常航行多5天的备用燃油。

(4)停泊或航修的船舶,应服从当地主管机关指挥,自行做好防台工作;厂修船舶,应厂船结合、以厂为主,搞好防台工作。

2. 防台应急措施

(1)船舶在未来48 h内将遭受台风袭击,风力达6级并继续增强,被认为处于"台风威胁中",此时应急措施包括:

①当港内悬挂一号风球时,登岸人员应立即回船进行抗台准备。

②在港船舶如需拆检主机、舵机、锚机和清洗锅炉等,必须征得当地海事局同意;在修理工作进行中遇台风警报时,应立即装复并采取相应的安全措施。

③港内避风船舶应服从当地海事局的统一安排、调遣。

(2)船舶在未来24 h内将遭受台风袭击,风力达6级以上并继续增强,被认为处于"台风严重威胁中",此时应急措施包括:

①拔下甲板上的机舱通风筒,盖上木盖,套上帆布罩;机炉舱、厨房等处的高大风斗应增加临时支索等。

②甲板上的出入口、通道口、水密门除急用者外,应一律关闭;关闭舷窗及铁盖;旋紧油、水舱及污水沟的测量盖。

③各舱柜中的燃油、淡水应尽量合并以减少自由液面。

④检查驾驶台与船首尾、机舱的通信设备(包括联系灯、电话、话管、对讲机、车钟等),保证联系畅通。

(3)当台风中心接近,风力达8级以上时,被认为处于"台风袭击中",此时应急措施包括:

①在航行中遇台风时,值班轮机员应在控制室里随时操纵主机,并督促值班机工加强巡回检查。

②轮机长应在机舱亲自指挥,保持主机、副机、锅炉、舵机等机电设备正常运转;在安全范围内尽一切可能配合驾驶台的操作需要。

③如为锚泊遇台风,应备妥主机,以便运用车、舵减轻锚链受力,缓和船身偏荡。

(4)台风过后,应检查损失情况,特别要查验锚机、舵机、螺旋桨有无潜在损伤。

三、大风浪中航行时轮机部安全管理事项

(1)轮机长要督促轮机部全体人员集中精力加强检查,防止主、副机和舵机发生故障。

(2)值班轮机员不得远离操纵室,注意主机转速变化,防止主机飞车和增压器喘振。认真执行船长和轮机长的命令。

(3)轮机长应根据海上风浪、船体摇摆情况以及主机负荷变化情况,适当降低主机负荷,调整好主机限速装置,防止出现飞车事故损坏主机。

(4)轮机长或大管轮安排、监督、检查轮机部船员做好下列工作:

①关好机舱管辖范围内的门窗和通风道。

②绑扎好机舱内的行车、工具、备件和可移动的物料、油桶等。

③将船上分散在各燃油舱柜中的燃油,调驳或集中到少数几个燃油舱柜中,及时妥善进行机舱污水的集中和处理,以保持左右舷平衡,减少自由液面,防止船舶倾斜。

(5)轮机部值班船员应对日用油柜和沉淀油柜及时放残水,及时驳油和使用分油机分油,保持相应油柜较高的油位和适当的油温。

(6)注意检查和保持主、副机燃油系统的压力、温度等参数,酌情缩短燃油滤器的清洗间隔时间,以免燃油滤器堵塞影响供油。

(7)巡回检查时,观察和注意主机滑油循环油柜处于正常液位,防止因为船舶摇摆而吸空,造成主机故障降速或停车。

(8)密切注意辅助锅炉和废气锅炉的蒸汽压力、热水井及锅炉水位、供油和燃烧等情况,特别是防止锅炉因出现假水位而影响对锅炉正常的补水。

(9)换用低位海底门,勤查、勤洗海底门滤器,防止泥沙或海生物堵塞,保证各处冷却水尤其是主、副机冷却水(包括对扫气空气、缸套水、滑油的冷却)不间断的充足供应。

(10)为了保证舵机、锚机、侧推器等抗风浪设备的可靠运行,以及主机起动的需要,必要时增开一台发电机,并保证空气瓶处于充满的状态和随时可用。

(11)根据实际工作的需要,无人值班机舱可临时改为有人值班及时处理各种报警并排除故障,确保航行安全。

四、船舶在大风浪中锚泊轮机部安全管理事项

(1)按航行状况保持有效的轮机值班,检查并迅速纠正影响主要机器设备正常运转的缺陷。

(2)正在进行的各项维修检查工作应尽快完成,确保能够随时备车和投入运转的需要。

(3)全面仔细地检查所有运转和备用的机器和设备,如有必要增加巡回检查的频率。

(4)保持主机和副机等处于备用状态,保证能够满足驾驶台命令,随时可用。

(5)本船如有可能对周围环境造成污染,应采取相应措施,遵守各项防污规则。

(6)使所有安全设备和消防系统均处于备用状态。

(7)做好各项准备工作,随时注意执行可能的大风浪航行中的命令。

五、冰区航行轮机部安全措施

除做好必要的防冻工作外,还要做到:

(1)轮机值班人员加强监视主、辅机等机电设备的工况。

(2)指定专人照看主、辅海水泵的工作,及时换用低位海底阀,防止冰块卡住或堵塞,以致海水系统因缺水而无法正常工作。

(3)特别注意舵机的运转情况。

(4)注意船体与舷外冰块的摩擦声响,船体的动态及推进器搅动冰块的声响。空载、轻载船舶应增加尾部吃水,使推进器全部浸入水中。

(5)发现异常动态,要做好记录并及时通知轮机长和船长。

第二节 船舶搁浅、碰撞和主、副机及舵机故障的应急措施

船舶安全管理的目标是预防事故,包括预防事故的发生和事故的扩大,即应急救援。船舶安全管理工作通过各种技术和管理手段防止船舶发生事故,但船舶所处的环境和情况复杂多变,极有可能出现一些预想不到的非常紧急的情况。这些紧急情况将严重危及人员、船舶和环境的安全,这就要求航运企业制订周密的应急部署和计划,作为公司和船舶在紧急情况下的行动指南。船舶应急包括船舶应急部署表规定的救生、消防及油污应急,以及 ISM 规则要求的搁浅、碰撞、进水、主机故障、副机跳电故障、舵机失灵等。轮机部人员掌握相关的应急知识和技能,对船舶转危为安、防止事故扩大极为重要。

一、船舶搁浅后应急处理措施

1. 应急处理

船舶发生搁浅、擦底时,首先应考虑到处于双层底的舱柜可能已经出现漏泄,其次应考虑到主机及轴系可能因船体弯折而出现异常变形,另外应考虑到船舶的螺旋桨及舵叶设备可能会造成碰撞损坏。机舱相关人员应紧急采取下列措施:

(1)轮机长迅速进入机舱,使动力装置处于备车航行状态。

(2)搁浅后,无论采取冲滩或退滩措施,机舱只能向驾驶台提供机动操纵转速或系泊试验转速,防止主机超负荷。

(3)搁浅时值班的轮机员应迅速换用高位海底门,防止舷外泥沙进入海水管系,堵塞低位海底门。

(4)在浅水区,舷外泥沙通过低位海底门后可能积聚于机舱海水总管上的海水滤器和海水泵前的滤器。如不及时清除滤器积存的泥沙,可能发生海水低压,冷却系统工作异常,从而影响到主机和发电机的正常运行,甚至因海水低压或冷却水高温报警使安全保护系统动作降速或停车。

(5)船舶进入浅水区或者发生搁浅时,因为船舶阻力增加,主机转速下降是正常现象。如果主机在全制式调整器作用下自动增加油门则可能造成超负荷。所以当值班轮机员发现主机

转速和功率变化异常时,应考虑到搁浅的可能,主动向驾驶台联系询问情况,并采取降速措施。

2. 轴系检查

船舶搁浅可能引起船体变形,进而造成柴油机轴系中心线弯曲,影响柴油机运转,所以船舶搁浅后必须检查轴系的情况。判断轴系状态可用下列方法:

(1)在柴油机运转中,如果发现下列现象,则可以初步判断船舶有搁浅的可能性

①曲轴箱轴承、中间轴承和艉轴承温度有异常升高。

②在某些中间轴段和艉轴段出现较明显的跳动。

③中间轴承地脚螺栓有松动。

④如果轴系中装有齿轮箱,那么倾听其运转的声音中会有异响。

⑤轴段出现发蓝现象。

⑥感觉轴系所波及的船体部分有明显的振动,等等。

(2)盘车检查

当船舶发生搁浅可能影响到轴线状态时可以在主机停车后,合上盘车机进行盘车,通过查看盘车机电流大小(比正常情况下大)及可能出现的周期性波动变化,判断轴系运转是否受阻(注意盘车时,各缸示功阀均应打开;否则也会引起盘车机电流波动变化)。

(3)主机曲轴臂距差检查

柴油机停车后,如条件允许应测量臂距差,据此判断曲轴中心线的变化和船体的变形。如臂距差值超过允许范围,主机继续运转则可能导致曲轴断裂,引起更大的事故。

3. 双层底舱柜检查

在初步判断船舶可能搁浅时,要注意检查和测量位于双层底舱柜液位的变化。一方面,应严密注视是否有油溢出,出现海面浮油。另一方面,应做好机舱排水准备工作,防止舷外海水通过船体或管系裂缝等处进入机舱或其他舱室。因此应当:

(1)连续检查主机滑油循环柜的液位。

(2)测量干隔舱、油水舱等双层底舱柜,如有漏泄须将测量管、透气管等封死,降低溢出或流入的速度,为救援或采取措施留出充分的时间。

4. 舵系及螺旋桨的检查

初步判断船舶可能发生搁浅,还必须对舵系及螺旋桨进行检查,即进行操舵试验,判断其是否有被擦伤和碰坏,以及判断其损坏程度,即

(1)通过观察电机电流和舵机油压力判断转舵是否受阻,舵机负荷是否增加。

(2)核验从左满舵到右满舵转舵时间是否符合正常要求。

(3)在转舵过程中,通过倾听、观察及触摸判断舵柱振动情况。

(4)如有可能,检查舷外螺旋桨的情况。

二、船舶发生碰撞后的应急措施

不论何种原因,船舶发生碰撞、触礁事故,轻者船壳板发生变形,严重者会出现船体破裂,造成油类、货物泄漏,船舱进水,以致引起船舶倾斜,甚至沉没,必须立即采取应急安全措施。

(1)事故发生后,轮机长应立即进入机舱,命令当值人员做好备车工作,使主机处于随时可操纵状态(航行中),或停止甲板作业(装卸货中),或加开一部发电机(锚泊中);监督值班轮机员按照船长命令操纵主机,做好轮机日志、车钟记录簿的记录。

（2）视情切断碰撞部位的油、水、电、气、汽源，关闭有关油水柜的进出口阀。

（3）反复测量受损部位及其附近油水舱的液位高度（水舱由甲板部负责）的变化情况，检查是否有漏泄进水情况。

（4）如有火情、进水现象发生，各职责人员应按应变部署表的规定迅速进入各自应变岗位。

（5）在统一的指挥下，根据船体破损进水情况，采取相应的堵漏排水措施。

（6）详细记录机电设备的损失或损失的估计、发生的时间和抢救措施，为海事处理提供确凿的法律依据。

（7）万一自救失败，必须弃船时，轮机长应带走轮机日志和其他重要文件最后离开机舱。

三、机舱进水后的应急操作程序

1. 机舱进水时的应急排水措施

（1）一旦发现机舱进水，值班人员应立即发出警报并报告轮机长、驾驶台或船长，同时应迅速采取紧急措施，不得擅离机舱。

（2）轮机长或值班轮机员接到报告后，应立即进入机舱现场检查并按应急部署组织抢救。

（3）轮机长与船长协商后根据需要操纵主机。

（4）尽力保持船舶电站正常供电，必要时起动应急发电机。

（5）根据机舱进水情况使用舱底水系统或应急排水系统。

（6）机舱大量进水时应进行应急吸入阀及其海水泵系的应急操作：

①根据轮机长的命令按照应急吸入阀阀盘所示方向全开吸入阀。

②起动与应急吸入阀相连的应急海水泵向舷外排水。

（7）根据进水部位、进水速率判断排水措施的有效性，进一步采取相应措施或请求外援。

2. 机舱进水时的应急堵漏措施

（1）执行机舱进水时的应急排水措施，同时船长和轮机长立即组织人员摸清破损部位、进水流量，拟定有效的堵漏措施。

（2）风浪天应关好水密门窗及通风口。

（3）艉轴管及其密封装置破损，应酌情关闭轴隧水密门。

（4）如果海底阀及阀箱、出海阀或应急吸入阀等破损，应关闭相应的阀，并选用有效的堵漏器材封堵。

（5）冷却器、海水滤器或管路等破损，应关闭相应的阀，组织修复或堵漏。

（6）机舱部位破损，按应急部署投入抢险。

3. 机舱的油、水舱柜破损时的应急操作。

（1）尽力查明受损部位、受损程度与油水舱柜及相邻舱柜液位的变化。

（2）封堵受损舱柜的测深管口及透气管口，延缓和阻止舷外水继续涌入。

（3）注意舷外水是否出现油污，防止污染区扩大。

（4）做好机舱应急排水工作。

4. 机舱进水事故报告

（1）值班人员立即将现场情况报告轮机长，轮机长立即报告船长。报告内容：①破损的部位、程度与原因；②已经采取的应急措施；③机舱水位与排水情况。

（2）轮机长将抢修、抢救情况报告船长。报告内容：①人员安排情况；②堵漏措施及堵漏效果；③机舱进、排水量；④所需要的支援与要求。

（3）船长应向海事局和公司报告的内容：①机舱进水的时间、船位与海况；②破损的部位、程度与原因；③应急排水和堵漏的效果；④所需要的支援与要求。

（4）事后船长应向海事局和公司报告的内容：①进水的原因与性质；②采取的应急措施及效果；③进水对船舶营运影响、损失的估计。

5. 弃船

（1）若机舱进水抢救无效，船舶陷入极端危险境地，必须弃船时，听候船长命令实施弃船。

（2）发出弃船命令后，轮机长按应急部署组织机舱人员，关停锅炉和机电设备，封闭油舱柜等，最后离开机舱，并携带轮机日志、车钟记录簿和重要文件等到指定地点集合待命。

四、主机发生故障时的安全措施

主机发生突发性故障时，相关人员操作适时得当，管理和指导得力，安全措施合理，方可保证船舶、主机和人身的安全。

（1）当机械设备发生故障不能执行驾驶台命令时，轮机长应立即通知驾驶员，并报告船长，且需将故障情况记载于轮机日志。如需停车，应先征得船长同意。如果主机继续运转可能造成人身事故以及重要机件损坏等严重威胁安全的情况，那么轮机长可先停车，后报告船长。

（2）在接到船长命令时，如发现执行该项命令，将引起机电设备损坏，轮机长应将可能引起的后果告知船长，然后按照船长经过考虑后的指示进行。轮机长应将上述情况详细记入轮机日志。船长也应将经过详细记入航海日志。

（3）主柴油机在运转过程中，如发生下列情况应立即停车：

①柴油机的运转已危及人身安全。

②为柴油机服务的滑油、燃油管系破裂，出现油类大量外泄，危及柴油机安全，或者已造成严重污染。

③柴油机出现了曲轴箱、扫气箱着火或爆炸的事故。

④值班轮机员确信柴油机运转将引起重大事故等。

（4）主机故障停车后应立即合上盘车机盘车，并继续保持冷却与润滑系统运转。

（5）如需打开曲轴道道门检查，至少停车 15 min 后，等曲轴箱温度下降时方可谨慎进行。

五、副机跳电时的安全措施

船舶在航行过程中，由于发电/柴油机突发故障等造成全船失电时，主机和舵机停止运转，船舶失去控制，因此必须及时果断采取正确的措施，并避免其他重大事故发生。

（1）船舶在航行中，如果副机发生故障或跳电，通常应急发电机在 45 s 内自动起动向应急配电板供电，应急照明、导航设备和应急舵机等开始供电，主机通常会由于滑油低压保护自动停车。对于未自动停车的主机，值班轮机员应马上停车并立即电告驾驶台，然后迅速起动备用发电机，尽快恢复供电。如果情况特殊，急需用车避让，对于可以短时运转的主机则应执行驾驶台命令。驾驶台应马上起动应急舵机，进行手动操舵，在最短时间内实现船舶操纵。在恢复正常供电后，再起动为主机服务的各电动泵，然后再起动主机。

（2）船舶在狭窄水道或进、出港航行，副机发生故障或跳电时，应该迅速起动备用发电机，尽快恢复供电,对于未自动停车的主机,应马上停止主机运转并立即通知驾驶台。在应急处理过程中必须有人坚守主机操纵台,随时与驾驶台联系,如情况危急,船长必须用车时对于可以短时运转的主机,可按驾驶台车令强制主机运行而不须考虑主机后果。

在狭窄水道、进出港航行时,为了尽量避免紧张局面,确保安全,一般应增开一台发电机并车运行。如果是单机跳电,应迅速调整用电负荷,保证主机安全运行。

(3)船舶处在系泊状态,副机发生故障或跳电时,应先起动备用发电机,恢复正常供电后,再检查故障,分析原因并予以排除。

六、舵机失灵时的安全措施

船舶在海上或港内航行时,舵机失灵将导致船舶失控,此时驾驶台与轮机部应密切配合,采取正确有效的应急措施以避免造成其他重大事故。

1. 一般应急措施

1)航行中发现舵机失灵,驾驶台应先转换为辅助操舵系统,并通知机舱立即起动辅助或应急操舵装置。若无效,轮机部人员应立即进入舵机房,轮机长为现场指挥,组织抢修和排除故障,同时向船长报告排除故障情况。

2)船长应上驾驶台亲自指挥,并召集甲板部人员采取应急措施:

(1)若船舶在海上航行,则:

①值班驾驶员应按"国际信号规则"和"国际海上避碰规则"规定显示号灯、号型。

②加强瞭望,并用 VHF 发布通告。

③可利用主机操纵船舶,安全离开航线,若水深合适,应随时准备抛锚。

④应换用任何备用转舵装置。

(2)若船舶正在进出港或狭水道航行时,则应:

①立即备锚、尽快选择合适地点抛锚。

②按"国际信号规则"和"国际海上避碰规则"规定显示号灯、号型。

③加强瞭望并用 VHF 发布通告,提醒来往船只注意安全。

④必要时要求港方派拖船协助拖航。

3)如果轮机部自行抢修困难或无效时,轮机长应立即报告船长,说明舵机失灵的原因、已经进行的抢修措施、需提供的支援和准备进一步采取的措施。

4)甲板部和轮机部均应做好记录。

5)轮机部对舵机发生的任何故障,均应对故障做彻底检查。在查明故障源后,应做出结论,以便对本船舵机的安全运转管理做出评估,以免今后发生类似故障。

2. 舵机应急操作

1)突然发生全船失电故障不能立即恢复供电时必须做到的事项

(1)值班轮机员应立即向值班驾驶员、轮机长报告并采取相应的紧急措施停车,尽快恢复供电。

(2)轮机长、大管轮及全体轮机员迅速进入机舱,应急发电机不能自动起动的应立即起动应急发电机由应急配电板向舵机、导航设备供电。

(3)起动应急舵机油泵电机并由驾驶台操纵舵机。

(4)有专人值守应急发电机及应急配电板,注意观察应急发电机组燃油、曲轴箱滑油、冷却水箱液位,根据消耗量及时补充燃油。

(5)有专人值守舵机室,防止意外事故发生或按船长命令准备好应急操舵。

(6)尽快恢复正常供电,切除应急发电机,待故障排除后将详细经过记入轮机日志。

2)船舶航行中必须使用应急操舵设备操舵时的操作程序

船舶无论在何种航行条件下,只要发生驾驶台不能有效地通过主、辅操舵装置操纵舵机的紧急情况,轮机部的操作程序:

(1)值班轮机员接到驾驶台的通知后,立即报告轮机长并按驾驶台的指令操纵主机。

(2)轮机长、大管轮立即进入舵机室现场指挥。

(3)迅速起动手动应急操舵装置,按照船长的指令操舵。

(4)克服舵机室噪声大等不利条件,听清舵令、回复舵令,确保操舵的准确性。

(5)在舵机应急操纵过程中,值班轮机员不能远离主机操纵台,按车令操纵主机,执行船长和轮机长的命令。

(6)加强轮机值班,指导值班水手能独立操作应急操舵装置,尽全力抢修驾驶台主、辅操舵装置。

(7)向公司汇报驾驶台主、辅操舵装置失灵的经过、不能修复的原因及所采取的应急措施,并请求驶向最近海岸有能力修复主、辅操舵装置的有关港口进行修复。

(8)轮机长做详细的事故报告:发生故障的时间、海况、地点、原因、抢修经过和采取的措施及可能需要的支援。

第三节　机舱消防安全措施

一、船舶常发生的火灾爆炸事故

1. 机械设备管理操作不当引起的火灾爆炸事故

(1)柴油机曲轴箱爆炸。

(2)柴油机扫气箱着火并进一步引发爆炸。

(3)锅炉炉膛爆炸。

(4)空压机曲轴箱爆炸。

(5)烟囱冒火引起火灾。

(6)燃油管破裂、油柜冒油使燃油喷到柴油机排气管和锅炉上引起火灾。

2. 电气设备管理操作不当引起的火灾爆炸事故

(1)导线超负荷或老化引起火灾。

(2)绝缘不良引起火灾。

(3)电气设备故障,因电流的热作用而产生火花。

3. 对易燃物质管理不严引起火灾

(1)地板上、舱底、机器周围漏油过多。

(2)浸过油的破布、棉纱、木屑等因空气不流通而导致温度过高引起火灾。

4.明火及明火作业引起火灾

(1)吸烟、火柴、打火机。

(2)焊接。

(3)锅炉与厨房炉灶。

5.油舱柜的爆炸与火灾

(1)透气管处遇明火引起火灾与爆炸。

(2)油舱柜清洗产生静电引起火灾与爆炸。

(3)油舱柜附近有明火和明火作业引起爆炸。

6.易燃易爆货物引起事故

(1)油船。

(2)货船装运易燃易爆货物或物资。

二、船舶修理防火防爆管理

船舶在国内船厂、航修站修理期间,船舶消防安全工作,由厂、站方负责,同时,船方需要加强自身防火管理,积极协助厂、站方做好修船施工的消防安全工作。场、站方与船方按照修船作业前双方签订的消防安全协议书,划分双方的消防安全责任。

(1)船舶进厂、站修理前,应事先做如下工作:

①油船(包括液化石油气、天然气体船,散装危险化学品液货船)应当按照中华人民共和国船舶检验局制定的《船舶清除可燃气体检验规则》的要求,清除舱内油、气,由船舶检验部门或其认可的机构检验,确认符合消防安全要求并出具检验合格证书。

②非油船的燃油、滑油、污油舱(柜)以及与其相连通且无法拆卸的管系,如需动火作业,其要求与油船相同;如不需动火作业,且所装载油料闪点在60 ℃及其以上的,可不清除存油,船舶应设置明显禁火标志。

③船舶的易燃易爆化学危险物品必须清除干净。

(2)船舶在厂、站修理期间,进行明火作业前,应:

①船方应当清除作业现场及其周围(包括上下左右管系、相邻舱室)的易燃可燃物;厂、站方应将与下层舱室连通的孔洞封堵。

②机舱内(包括油舱柜、油管线附近)明火作业时,可燃气体浓度须保持在爆炸下限值的1%或以下;否则应当停止作业。

③厂、站方要有专人在作业现场看火,并置备小型灭火器材。当班作业完毕,施工和看火人员应当在认真检查、清理现场后方可离开。

④敷设氧气软管、乙炔气软管、电焊线时,要采取防挤、压、摩擦措施。当班作业完毕,须切断电源和气源。

(3)在修船过程中如需使用易燃易爆物品,必须符合下列要求:

①厂、站方须有专人负责管理、监护。

②在作业场所周围划定安全警戒区,设置禁火标志。警戒区内严禁使用明火和非防爆插座、开关、电气设备。

③当班作业完毕,须将油料、油漆、油棉纱等易燃易爆物品全部带离船舶,不得存留在船。

修船中应当对船舶电气设备和施工用电严格管理。凡临时拉接线路要采用绝缘物架空,严禁拖、拽、挤、压。

（4）厂、站方不得擅自拆除或改变船上的防火结构、消防设备和管系。如确需改动的,应当经船舶检验部门同意。船上配置的消防器材和消防设施,任何人不得随意动用或挪作他用。在发生火灾或爆炸等紧急情况时,由厂（站）、船方值班负责人在核准失火舱室无人后方可使用船上二氧化碳等固定灭火系统。

（5）修船期间,船方应当严格实行护船值班制度,保证有 1/3 以上的船员留船。

三、运输船舶的防火防爆管理

1. 船舶火灾预防

（1）船舶探火、报警及固定灭火系统必须保证完好适用。船舶的消防器材要在指定位置存放,确定专人负责维护、保养。船舶要按规定配备消防员装备品。

（2）船舶机舱作业要严格执行各项安全规定:

①供油系统必须完好,高温管系不得裸露,及时清除可燃杂物。

②船舶自用的危险物品要集中存放于专门的物料间。

③氧气和乙炔气瓶要分开存放,保持安全距离。

（3）油船要严格执行有关安全规定和安全技术操作规程,并符合以下规定:

①要有防止静电产生、积聚和放电的措施。

②避雷装置完好,接地电阻要在规定的范围内。

③货油舱呼吸阀、阻火器要保持正常技术完好状态。

④惰性气体装置要保护完好。

2. 机舱防火防爆的预防措施

（1）定期检验机械的安全设备。

如锅炉、空气瓶、柴油机气缸盖上的安全阀,由船检定期检验铅封。

（2）保持电路绝缘良好。

（3）对油舱柜加强管理:

①空油柜经过清洗、除气、测爆合格后,才准予明火作业。

②国际及我国都规定:船舶油舱柜的油气浓度在爆炸下限的 1% 或以下时,才能进行热工作业,在爆炸下限的 5% 或以下时,才能进入某些区域。

③清洗空油柜时,严禁污水再循环。

④空油柜附近严禁拖动电焊用电缆。

⑤空油柜中应充满惰性气体,以防雷电。

（4）机炉舱里应保持清洁,严禁吸烟。

（5）自动探火及报警系统应保持正常工作。

（6）消防系统和各种消防器材能随时投入工作并在规定的部位上。

（7）加强船员防火防爆的安全教育和消防能力训练,做好应变部署。

3. 机舱火灾应急操作规程

（1）发现机舱火情,当值人员应迅速发出火警信号并及时灭火,控制火势蔓延。

（2）轮机部全体人员立即进入应变部署岗位,服从统一指挥。

（3）轮机长迅速进入机舱,在现场进行正确判断和果断指挥。

（4）紧急措施：

①切断火场电源或停止发电机运转,起动应急消防泵灭火。

②通知船长减速、改变航向或停车。

③停止机舱通风机、燃油泵,关闭油柜速闭阀、机舱天窗和风道挡板。

（5）抢救人员三人一组,穿好消防衣,佩戴呼吸器,做好支援通信联络工作。

（6）确认机舱必须施放 CO_2 灭火,应按有关规定与船长商定后执行。在机舱施放 CO_2 前必须封闭机舱,按响警报通知人员撤离现场,确认无人后方可施放。使用 CO_2 灭火所需时间较长,不可急于开启机舱。

（7）火灾扑灭后,要查找隐藏火源,严防死灰复燃。救护伤员,机舱通风,清理现场检查机电设备状况,排除舱底水。

（8）查清火灾成因,起火、灭火准确时间,灭火过程,善后处理,火灾损失情况,需要修理项目并记入轮机日志。将有关情况电告公司,为海事处理做好必要准备。

4. 消防演习制度

根据我国有关船舶应变部署制度的规定,消防演习每 1 个月举行 1 次,客船一般每周举行 1 次,在离港 24 小时内进行。

消防演习的紧急信号以船钟、警报器或气笛声鸣放短声一分钟,然后用钟声或笛声的次数表示火灾区域。如：

（1）一阵乱钟后,敲(或鸣)1 声,表示船首失火。

（2）一阵乱钟后,敲(或鸣)2 声,表示船中失火。

（3）一阵乱钟后,敲(或鸣)3 声,表示船尾失火。

（4）一阵乱钟后,敲(或鸣)4 声,表示机舱失火。

（5）一阵乱钟后,敲(或鸣)5 声,表示甲板失火。

消防紧急演习信号发出后,全体船员(除值班人员外)均应在 2 分钟内迅速携带按应变部署表规定的消防器材,分别赶赴现场或指定地点,听候命令或调遣位置。警报发出 5 分钟,消防泵应出水。

一阵长声(6 秒),口令传达或撤消警报,宣布演习结束。

5. 船员日常防火防爆守则

（1）吸烟时烟头、火柴杆必须熄灭后投入烟缸,不能乱丢或向舷外乱扔,也不准扔在垃圾桶内。

在机舱、货舱、物料间、储藏室等禁烟场所禁止吸烟,在卧室内禁止躺着吸烟。装卸货或加装燃油时,禁止在甲板上吸烟。

（2）按规定必须集中保管的易燃易爆品,不准私自存放。禁止任意烧纸或点燃烟花炮竹,严禁玩弄救生信号弹。

（3）离开房间时应随手关闭电灯和电扇,靠近窗口的台灯尤应关熄。风雨或风浪天气应将舷窗关闭严密。航行中不得锁门睡觉。

（4）禁止私自使用移动式明火电炉。使用电炉、电水壶、电熨斗、电烙铁等电热器具或工具时,必须有人看管,离开时必须拔掉插头或切断电源。

（5）不准擅自接拆电气线路或拉线装灯(插座);不准用纸或布遮盖电灯;不准乱拉收音机和电视天线;不准在电热、蒸汽器具上烘烤衣物等。

（6）废弃的棉纱头、维丝应放入指定金属容器，不得随处丢弃和堆放。潮湿或油污的棉纱、维丝等应及时妥善处理，不能在闷热处堆放，以防自燃。

（7）大舱货灯必须妥善保管。使用时要检查灯泡及护罩，发现损坏，应及时换新。货灯电缆要通畅，防止被他物压坏，用后应放在指定处所，妥善保管。

（8）进行明火作业前，经船长同意后须查清周围及上下邻近各舱有无易燃物，特别要查明焊接处是否通向油舱。当气焊作业时要严防"回火"，避免事故，并须派人备妥消防器材且在旁监护。港方如有规定，还应向海事局申请，经批准后方可施工。作业完毕后，要仔细检查有无残留火种。

（9）对于油船除应遵守《交通运输部油船安全生产管理规则》外，其货油泵间必须保持清洁，不得堆放杂物，污油应经常清除。货油泵要定期检查，并按规定注油。装卸期间，泵浦员或轮机员不得擅离职守。禁止闪光照相和在甲板阳光下配戴老花眼镜。

（10）严格遵守与防火、防爆有关的安全操作规程和有关规定。提高警惕，严防坏人破坏。发现任何不安全因素时，每个船员均有责任及时报告领导；对违章行为，人人有责及时制止。

6. 防火和灭火中的人为因素

船舶消防工作应贯彻"预防为主，防消结合"的方针。在船舶消防工作中，下列情况对于火灾的预防和扑灭都是有重大影响作用的。

（1）及时发现和消除重大火险隐患。

（2）在危急情况下，果断有效地防止火灾、爆炸事故的发生或蔓延。

（3）及时提供和反映情况，迅速查明起火原因。

（4）熟练的演习和技巧。

与上述情况相反，下述情况对灭火是不利的。

（1）擅离职守或失职、违章作业，故意隐匿灾情或提供假情况，违反规定乱接乱拉电线或在禁烟场所违章吸烟，特殊工种无证上岗等。

（2）不按规定配备灭火器材，药剂过期不及时更换，擅自改动船舶消防设施或消防器材。

（3）防火负责人不履行职责，日常防火管理不严，不按要求进行消防演习等情况对于成功的灭火都是不利的。

第四节　机舱作业安全注意事项

机舱作业有很多潜在危险，轮机人员作业时如不能有效识别风险和预先采取控制措施，往往容易发生事故，造成人身伤亡和船舶事故。例如，某轮机员拆洗燃油滤器时，未正确关闭相关阀门，在没有确认滤器已泄压情况下盲目拆卸滤器，导致人员烫伤、燃油大量漏泄的事故。又如，某轮机员在拆检锅炉燃烧器、喷油器前，没有充分扫风，就地用工具清洁喷油器，导致锅炉爆炸、人员伤亡的重大事故。目前，船舶控制作业风险，通常要求作业前进行风险评估和控制，对高危作业如热工作业、高空作业、吊运作业等实行作业许可制度。轮机员只有了解相关作业的风险和控制措施，遵守作业安全制度，才能保证作业安全，避免事故的发生。

一、高空作业时的安全注意事项

（1）上高作业易发生人员坠落或重物落下砸人等伤亡事故。在强风中或涌浪时，除非特殊需要，禁止上高作业。

（2）上高作业用具如：系索、滑车、脚手架、坐板、保险带、移动式扶梯等，在使用前必须严格检查，确认良好。脚手架上应铺防滑的帆布或麻袋。

（3）上高作业人员应穿防滑软底鞋、系带保险带并系挂在牢固的地方，必要时应在作业处下方铺张安全网。

（4）上高作业和多层作业时，上层作业所有的工具和所拆装的零部件应放在工具袋或桶内或用软细绳索缚住，以防落下伤人或砸坏部件。

（5）当上层有人作业时，其他人员应尽量避免在其下方停留或作业。如属必需，应佩戴安全帽。

二、吊运作业时的安全注意事项

（1）严禁超负荷使用起吊工具。在吊运较重的部件或物件前，应认真检查起吊工具、吊索、吊钩以及受吊处，确认牢固可靠。禁止使用断股钢丝、霉烂绳索和残损的起吊工具。吊起的部件，除非必要，应立即在稳妥可靠的地方放下，并衬垫绑系稳固。

（2）起吊时，应先用低速将吊索绷紧，然后摇晃绳索，注意观察，确定起吊物牢固、均衡无松动后，再慢慢起吊。如发现起吊困难，应立即停止，进行检查或采取相应措施，防止吊索绷断引起伤亡事故。

（3）在吊运过程中，应尽量避免在其下方通过，停留或作业；不得在起吊部件下方进行工作；如确属必须，应采取各种有效的防范措施。

（4）使用气动吊车时，应派人看守压缩空气阀，在出现失控时及时切断气源，以免发生事故。

（5）严禁用起重设备吊运人员。

三、焊接作业注意事项

1. 焊接守则

（1）除施焊间外，必须经轮机长或大管轮同意方可在机炉舱内进行焊接作业。在其他部位施焊必须征得船长同意。船靠码头或在装卸作业期间如需进行焊接，必须遵守港方有关规定或征得港方同意方可进行。

（2）在任何部位施焊均必须先清理现场，现场不得有任何易燃物品，并注意周围环境有无易燃的物品和气体，必要时应予以挪移和通风。根据不同环境备妥适当的灭火器材。

（3）施焊时必须有二人作业，一人操作，一人监守。作业人员应穿长袖衣裤，戴手套、眼镜，必要时应戴防护面具。电焊时必须使用面罩，不得用墨镜代替。

（4）严禁对存有压力的容器、未经清洁和通风的油柜、油管施焊。

（5）在狭窄舱、柜内或其他空气不够流通的部位施焊要特别注意通风，施焊持续时间不应太久。照明灯具应使用低压型的，并注意电线不能离施焊处过近。

（6）有色金属或合金施焊时应注意通风，作业人员应在上风位置或戴防护面具，以防中毒。

（7）敲打焊渣时必须戴眼镜并注意角度，以防碎屑飞溅入眼。

（8）焊件未冷，作业人员不应离开现场，如属必要，应采取防范措施，防止误触烫伤。

（9）施焊完毕，应将工具整理好并复归原处，现场打扫清洁，仔细检查周围有无火种隐患，确认无火种隐患后方可离开。

（10）如由船厂工人施焊时，应由主管部门同意，派专人备妥消防器材，并监督施焊以防止发生火灾；如认为施焊不安全时，有权停止其作业。施焊完毕后应仔细检查，应特别注意施焊物的背面，有无隐患，待施焊物完全冷却后方可离去。

2. 电焊注意事项

（1）严格遵守电焊机的使用操作规程，开机时应逐步启动开关，不可过快，注意防止焊夹和焊条碰地。

（2）经常注意检查焊机温度及运转是否正常。禁止在施焊时调整电流。

（3）禁止在运转中的机电设备、起重用的钢丝绳或乙炔、氧气管或钢瓶上通过电焊线。

（4）电焊完毕或较长时间停焊应切断焊机电源。

（5）密切注意电焊设备的绝缘状况，夏季作业时焊工脚下最好垫木板、橡皮等绝缘物。

3. 气焊注意事项

（1）连接各部分焊具前，应先吹净阀口，检查并确认各阀门无漏气。在任何时候，气瓶阀口和焊枪喷嘴均不应对准人。

（2）连接胶管时（尤其应注意焊枪一端）要注意颜色标志，氧气胶管为蓝或黑色，乙炔胶管为黄或红色，不能反接。

（3）胶管要牢固，接口要紧密，不宜用铁丝捆扎胶管接口，以防扎孔或断裂。烧焊时胶管不应拉得过紧，并尽量远离火焰和焊件。

（4）一般情况下，气瓶总阀的开度不应超过 $1/2$，以便应急关闭。

（5）气焊结束后，应先关掉焊枪上的控制阀，然后关闭气瓶总阀。

（6）点火、熄火、回火。

点火时，首先打开钢瓶上的阀门，转动减压器的调节螺丝，将氧气和乙炔调到工作压力（氧气为 $0.3 \sim 0.5$ MPa，乙炔为 $0.01 \sim 0.05$ MPa），然后打开焊枪上的乙炔阀门，稍开氧气阀，在喷嘴侧面点火，点着后慢慢开大氧气阀，将火焰调到中性焰（或碳化焰、氧化焰）。

熄火时，首先将氧气阀关小，再将乙炔阀关闭，然后关闭氧气阀；如使用割炬时，则应先关切割氧气阀，再关乙炔和预热氧气阀。

施焊中如果出现爆响，随之火焰熄灭，同时焊枪有吱吱响声现象，即为发生回火。回火可能导致气瓶爆炸，酿成重大事故。此时，应迅速将胶管曲折握紧，并且先关闭焊枪氧气阀，再关闭乙炔阀。

四、船上封闭处所作业的安全注意事项

任何封闭处所内的气体都有可能缺氧（或含有易燃、有毒气体或蒸汽）。这种不安全气体也可能出现在以前是安全的处所。不安全的气体也可能在靠近已知是危险的处所中存在。所以在进入船上封闭处所时应该按步骤严格遵守以下安全技术要求。

1.危险评估

为确保安全,合格人员应在考虑到船舱先前载运的货物、处所的通风、处所的涂层和其他有关因素的情况下,首先对将要进入的处所的潜在危险做出初步评估。合格人员的初步评估应确定存在缺氧、易燃或有毒空气的可能性。

如果初步评估指出了对健康或生命具有最低危险或在处所工作期间有出现危险的可能性,应视情采取相应的预防措施。如果初步评估确定对健康或生命具有危险,若要进入该处所,还应采取额外的防护措施。

2.进入许可

未经船长或指定负责人许可并且未采取为具体船舶规定的适当安全措施,不得打开或进入封闭处所。进入封闭处所应有计划,并建议采用进入许可制度,其中可能包括使用核对清单。进入封闭处所许可证,应由船长或指定负责人发放,并在进入之前由进入封闭处所的人员填写。

3.空气测试

应由专门训练使用该仪器的人员使用标有准确刻度的仪器对处所的空气进行适当的测试。制造厂家的使用说明应得到严格遵守。空气测试应在人员进入处所之前进行,并在人员进入后按固定的时间间隔继续直至所有工作完成。应在不同层面上对处所进行测试,从而得到处所中空气的有代表性的抽样。

(1)空气质量要求

①舱内空气中的氧气浓度始终不得低于18%,一般氧气含量表显示氧气占21%的体积。

②舱内空气中的二氧化碳浓度始终不得高于1%。

③如初步评估已确定有易燃气体(或蒸汽)的可能性,敏感度恰当的易燃气体指示表的读数不超过爆炸下限的1%。

如果不能满足上述条件,应对处所进行补充通风并且在适当的时间间隔后再对处所进行空气测试。为得到准确的读数,任何气体测试须在停止对封闭处所通风后进行。

(2)通风换气

①船舶应对装有易造成缺氧危险货物的货舱及其相关处(如人孔等)进行有效的通风换气,为进舱作业人员提供安全作业环境。

②因故暂停作业、封闭的货舱在重新作业前,必须重新进行有效的通风换气。

③对有多层货舱的船舶,在进入不同货舱作业时,必须分别进行通风换气。对于深层货舱尤其要充分地通风换气。

④进入自然通风换气效果不好的舱室或封闭时间较长的舱室(如空舱、水舱、锚链舱、边舱、双层底、油舱和浮筒舱等)必须采用机械通风。

⑤清舱作业前,应通风换气。

⑥严禁使用纯氧通风换气。对可能存在可燃、可爆气体的舱室使用机械通风时,应采用防爆通风机械。

⑦采用二氧化碳气体灭火的货舱,应进行有效的通风换气。

(3)空气检测

①检测方法类型:现场检测可采用便携式氧气检测仪和二氧化碳检测仪进行检测;实验室检测应采用 GB12301 气相色谱分析法进行检测。

②对于装有原木、粮食等一类易造成缺氧窒息事故的货舱,当工人进舱前和工人在舱内作业期间,应检测舱内空气质量。

③船舱通风换气后,应检测舱内空气中氧气、二氧化碳的浓度。尤其要注意检测舱室底部、角落的氧气、二氧化碳的浓度,检测结果未达到标准,严禁人员进舱作业。

④检测人员应尽量采用不下舱的检测方法,当必须进舱或进入孔内检测或采样时,检测人员必须佩戴自给式空气呼吸器进舱,严禁佩戴过滤式防毒面具。

⑤检测点的选择应根据船舱结构、货物装载状况等实际情况合理布点。

只有按照以上安全技术要求,即经过严格的危险评估、建立了进入许可制度以及空气测试合格以后,有关作业人员才能进入封闭处所作业,但是还应采取以下安全防护措施。

4. 一般安全防护措施

(1)港航单位应配备准确可靠的检测仪器,要明确专管部门和专管人员。仪器要定期检查和维护,保证检测数据准确可靠。

(2)作业单位应配备自给式空气呼吸器,要明确专管部门和专管人员。每次使用前应仔细检查空气呼吸器,发现异常立即更换,不得使用。

(3)进入舱室的检测人员,应配备必要的自给式空气呼吸器和安全带、安全索等防护用品。每次使用前应认真检查,发现异常立即更换,不得使用。

5. 进入封闭处所期间的安全防护措施

(1)进入舱室作业或检测时,必须安排监护人员。作业人员与监护人员应事先规定明确的联络信号,监护人员始终不得离开工作点,随时按规定的联络信号与作业人员取得联系。

(2)对作业过程中易发生氧气、二氧化碳浓度变化的舱室和作业过程长的舱室应随时监视空气中的氧气、二氧化碳的浓度变化情况,应保持必要的检测次数或连续检测,并根据检测结果采取相应的通风换气措施。

(3)货舱内作业应严格遵守卸货程序规定。对必须定位分层拆卸作业的,要采取阶梯式拆卸方法,并检测每层每处作业点的氧气浓度。

(4)作业中不得以任何理由离开工作场所和擅自进入货舱深处。作业工具落入舱内不准私自下舱拾取,必须重新领取使用。

(5)当处所内有人和人员在暂时休息期间,应继续保持通风。在休息结束后再次进入之前,应对处所内再次进行测试。万一通风系统失灵,处所内所有人员应立即离开。

(6)万一出现紧急情况,在救助人员尚未到达和尚未对情况做出评估以确保进入处所进行救助作业的人员的安全无法保证前,照应的船员无论如何都不得进入处所内。

(7)作业人员进入舱室前和离开舱室时,应清点人数。

6. 发生事故的应急防护措施

(1)当发现舱内有异常情况或有缺氧危险可能性(如发生不明原因的突然晕倒、坠落等)或发生缺氧窒息事故时,必须立即停止作业,应组织作业人员迅速撤离现场,在安全处清点人数并迅速向有关机关报告。

(2)发生缺氧窒息事故时,港、船双方应积极营救遇险人员,对已患缺氧症的作业人员应立即在空气新鲜处施行现场抢救(人工心肺复苏),并尽快与医疗单位联系,以便进一步抢救和治疗。

(3)进舱抢救人员必须佩戴自给式空气呼吸器等救生用具,不允许佩戴过滤式防毒面具下舱救人。

(4)舱内发生缺氧窒息事故时应封锁通道,在危险解除前非抢救人员以及未配备安全救护器的救护人员不得进入事故现场。

7.如果已知或怀疑处所内空气危险时进入处所的额外防护措施

(1)如果怀疑或知道封闭处所内的空气危险,只有在别无其他可行的选择时才能进入处所。只有在进行进一步测试、绝对必要的操作、出于船上人员安全或船舶本身安全时,才应进入处所。进入处所人员的数量应为完成工作要求的最低数。

(2)应携带合适的呼吸器,例如空气管或自给式呼吸器,而且只有在使用呼吸器方面经过训练的人员才准许进入封闭处所。由于空气过滤呼吸器不能提供封闭处所以外的清洁空气,因此不应使用这种呼吸器。

(3)应系配救助安全带,且除非不可行,还应使用救生索。

(4)应穿着适当的防护服,特别是在存在有毒物质或化学品可能接触进入人员皮肤或眼睛等危险的情况下。

进入封闭处所,除了以上的安全技术要求和防护措施要严格遵守外,还要对作业人员和作业负责人进行必要的安全教育和预防缺氧窒息事故的技术培训。

8.作业人员的教育

(1)一般作业人员的教育内容

①缺氧症的主要症状,预防舱内缺氧窒息事故的措施和安全作业注意事项。

②自给式空气呼吸器及其他安全防护用品的正确佩戴、使用知识。

③事故现场的应急措施及现场抢救(人工心肺复苏)知识。

(2)作业负责人的培训内容

①与缺氧作业有关的法规。

②缺氧窒息事故发生的原因,缺氧症的主要症状,预防舱内缺氧窒息事故的方法和措施。

③事故现场应急抢救措施及人工心肺复苏技术。

④自给式空气呼吸器和其他安全防护用品的使用、检查和维修、保养技术。

⑤仪器的使用方法及氧气、二氧化碳的检测方法。

五、清洗和油漆作业时的安全注意事项

(1)油管及过滤器、加热器等如有漏泄应尽快清除,并注意防止漏油流散。

(2)机舱地板上的油污必须随时抹去。在用水冲洗机舱底部时,要防止水柱和水珠冲溅到电气设备上引起损坏,并防止人员滑倒跌伤。

(3)使用易燃或有刺激性的液体清洗部件时,一般应在尾部甲板等下风处进行,不宜在机舱进行,同时要注意防止发生污染海面的事故。

(4)在处理酸、碱或其他化学品,或进入有毒气体处所时,需相应地戴手套、防护眼镜、口罩、面罩等。

(5)处理化学品时,要按规定的步骤操作,避免引起剧烈的反应,损伤人体。如果身上溅到液体,要迅速用水清洗或做相应的处理。

(6)油漆空气瓶内部或其他封闭处所,不能同时多人作业,应轮流作业互相照顾,且时间不能太久,防止油漆中毒。

六、车、钳作业时的安全注意事项

(1)在车床、钻床作业时应严格遵守操作规程,工件应夹持牢固,夹头扳手用后应立即从夹头上取下,操作者衣着要紧身,袖口要扣好,戴好防护眼镜,禁止戴手套操作。

(2)在磨制工具和砂轮机作业时(包括除锈、除积炭时),作业者应戴防护眼镜和口罩,并站在砂轮旋转方向略偏角度处作业。

(3)禁止使用手柄不牢的手锤。

七、压力容器使用注意事项

(1)氧气、乙炔和氟化物钢瓶是高压容器。乙炔是易燃易爆的危险性气体,装卸或搬运时不准跌落或抛扔,避免碰撞,插好瓶口钢帽,取下钢帽时不准敲击。

(2)压力钢瓶不准卧放使用,应直立安放在妥善处并用卡箍或绳子紧固。两瓶的间距以及气瓶与烧焊处的距离均应大于 3 m。

(3)钢瓶不准在电焊间存放,应放在阴凉处,禁止日晒或靠近锅炉、火焰等热源。

(4)钢瓶内气体绝不能全部用光,剩余压力应不小于 0.1 MPa。

(5)待充灌的空瓶应做好明显标记并按原来气体充灌,不准改用于充灌其他气体。

(6)钢瓶在开阀前应仔细检查,要特别注意阀门是否反螺纹。开阀时要缓慢开大。

(7)钢瓶如因严寒结冻,不能用明火烘烤,但可用蒸汽或热水适当加温,瓶体温度一般不得高于 30 ℃。

(8)出现下列情况,禁止或停止使用:

①在超温、超压、过冷、严重漏泄时。

②主要受压元件发生裂缝、鼓毛、变形、漏泄而危及安全时。

③安全阀失效、接管端断裂,难以保证安全时。

(9)发生火灾、爆炸或相邻管道发生事故危及容器安全时,应迅速搬移他处或泄压。

八、设备检修作业时的安全注意事项

(1)检修主机时应合上盘车机,以防舷外水流带动推进器,并需在主机操纵处悬挂"禁止动车"的警示牌。检修中如需盘车,须告知驾驶员并征得同意。应对可能引起伤害、造成事故或影响盘车的各有关部位进行检查,特别注意通知这些部位周围的人员,移走涉及的物品和构件,防止人员伤亡或机器损坏。

(2)检修副机和各种辅助机械及其附属设备时应在相应的操纵处或电源控制部位设置"禁止使用"或"禁止合闸"的警示牌。

(3)检修发电机、电动机时,应在配电板或分电箱的相应部位悬挂"禁止合闸"的警示牌。如有可能还应取出控制箱内的保险丝。

(4)检修管路及阀门时应事先按需要将有关阀门置于正确位置,并在相应位置设置"禁动"的警示牌,必要时用锁链或铁丝将阀扎住。

(5)在锅炉、油水舱内部工作,作业前,应打开两个导门,并给予足够通风。作业期间应经常保持空气流通,派专人守望配合,注意在舱内工作人员的情况。并悬挂"有人工作"的警示牌。

（6）在锅炉汽包等汽水空间内工作时，应参照上述4、5两项执行。如在连通的其他部位存有压力时，还应事先检查并确认阀门不漏泄，并派专人看守阀门。

（7）检修空气瓶、压力柜及有压力的管道时，应先泄放压力，禁止在压力泄放前作业。

（8）在锅炉、机器、舱柜等内部工作时，应使用便携式低压照明灯，但在油柜内应使用防爆式照明灯，且在使用前必须认真检查并确保状态良好。

（9）拆装热部件时，要穿长袖工作衣裤并戴帽及手套。

（10）拆装冷冻液管路、阀件等附件之前，一般应先抽空，拆装时必须戴手套、防护镜或面罩，以防受伤和中毒。

（11）在检修气阀室、气缸、透平内部、减速齿轮以及其他较为隐蔽或不易接近的部位时，作业人员衣袋中不得携带任何零星杂物，以免滑落其中造成事故。检查减速齿轮时，必须在主管检修轮机员的亲自监督指导下方可打开探视门，收工以前必须盖好；严禁在无人看守时敞开探视门。

（12）柴油机在运转中如发现喷油器故障需立即更换时，应先停车，打开示功阀，泄放气缸内压力，禁止在运转中或气缸尚有残存压力时拆卸喷油器。

（13）试验柴油机喷油器时，禁止用手探摸喷油器的油嘴或油雾。

（14）裸露的高压带电部位，必须悬挂危险警示牌或用油漆书写危险标记。除非绝对必要，严禁带电作业；确需带电作业时，必须使用绝缘良好的工具。禁止单人作业，轮机长应指派一名合适的人员进行协助。作业中注意防止工具、螺栓、螺帽等物掉入电器或控制箱内。看守人员应密切注意工作人员的操作情况，随时准备采取切断电源等安全措施；作业完毕后，应再认真检查。

（15）一切电气设备，除主管人员和电气人员外，任何其他人不得擅自拆修。

（16）禁止使用超过额定电流的保险丝。

（17）一切警示牌均由检修负责人挂卸，其他任何人不得乱动。

（18）为检修而移走栏杆、花铁板或盖板后，应在周围用绳子拦住，以防人员不慎踏空而伤亡。

第五节　机舱、驾驶部门联系制度

一、开航前

（1）船长应提前24小时将预计开船时间通知轮机长，如停靠港不足24小时，应在抵港后立即通知轮机长预离时间。轮机长应向船长报告开航准备情况，如主要机电设备的技术状况，燃、润油料的存量。开航时间如有变化，船长应立即通知轮机长更正。

（2）机舱按船长通知时间备车，如果未能按时开航，船长也未明确推迟开航时间，值班驾驶员应将情况告知机舱，主机仍应继续备车。

（3）开航前1小时，值班轮机员、驾驶员及电机员核对船钟、车钟并试舵，将情况分别记入航海日志、轮机日志及车钟记录簿。

（4）机舱备车

当主机的油水温度、压力正常后，值班轮机员通知驾驶员进行盘车、冲车和试车，当驾驶员认为船舶情况允许后，电话通知机舱方可动车。

试车程序：驾驶台同意动车后即将车钟指令"备车"，机舱回令"备车"，机舱准备就绪后根据主机试车要求，将车钟放在"前进一"、"后退一"等处，进行起动、换向操纵试验。待动作正确无误后，机舱才将车钟放在"停车"位置，表示主机备妥，驾驶台可随时用车。

无人机舱船舶，在备车时转为机舱集控室操作，按上述程序进行，试车完毕后可转为驾驶台遥控。

二、航行中

（1）每班下班前，轮机员向驾驶员告知主机平均转速、海水温度。值班驾驶员向轮机员告知本班平均航速、风向、风力，并分别记入轮机日志和航海日志。

（2）每日正午驾驶台和机舱核对时钟并交换正午报告。

（3）机动航行时，可以分别按不同情况加强联系。如在狭水道、浅滩、危险区域或抛锚等需备车航行时，驾驶台应提前通知备车航行。如遇雾或暴雨等突发情况，则应尽快通知机舱备车航行，备车航行时主机按港内机动转速操纵。

（4）判断将有风暴来临时，船长应及时通知轮机长做好各种准备。如因等引航员、候潮、等泊位等原因需短时间抛锚时，值班驾驶员应将情况及时通知值班轮机员。

（5）到港前驾驶台应提前1小时通知机舱，以便换用轻油和备车。

（6）当船舶驶入宽阔水域时，主机可能定速航行，以车钟重复一次"前进三"表示。

（7）因机械故障不能执行航行命令时，如需停车，一般应先征得船长同意，但因事态紧急，轮机长可立即停车并通知驾驶台。

（8）轮机长规定的主机转速和油门，未经允许，值班驾驶员、轮机员不得增加。

（9）轮机部如调换发电机、并车或暂时停电，应事先通知驾驶台。

（10）在应变情况下，值班轮机员应立即执行驾驶台发出的信号，及时提供所要求的水、气、汽、电等。

（11）船舶到港前，应对主机进行停、倒车试验，当无人值守的机舱因情况需要改为有人值守时，驾驶台应及时通知轮机员。

（12）抵港前，轮机长应将本船存油情况告知船长。

三、停泊中

（1）抵港后，船长应将预计的本船动态告知轮机长，以便轮机长安排检修工作和根据下航次任务与船长协商燃、润油料，物料的补充数量。

（2）机舱检修影响动车的设备，轮机长应事先将工作内容和时间报告船长，取得船长同意后方可进行。

（3）使用本船起货机装卸货时，值班驾驶员应将开工的舱口和工作班数提前通知当班轮机员，以保证安全供电。使用重吊时，大副应通知轮机长派人协助检查重吊，以策安全。

（4）轮机长应将机舱各油水舱的存量告知大副，以便计算船舶吃水和稳性。

（5）如因装卸作业不当或其他原因造成船舶过度倾斜，影响机舱正常工作进行，轮机长应通知大副给予纠正。

(6)对船舶压载的调整,以及可能涉及海洋污染的任何操作,驾驶和轮机部门应建立起有效的联系制度,包括书面通知和相应的记录。

(7)每次添装燃油前,轮机长应将本船的存油情况和计划添装的油舱以及各舱添装数量告知大副,以便计算稳性、水尺和调整吃水差。

四、其他

(1)木匠负责锅炉水舱以外的各淡水舱的调换,并将调换情况和各舱存水量通报机舱。木匠有责任不使水舱抽空,以免淡水泵空转而损坏。

(2)各燃油舱的调驳和使用应通报大副。

(3)排、灌、移注压载水或淡水,需凭大副或值班驾驶员的书面通知,由木匠负责测量并注意与机舱值班人员联系。完毕时木匠应及时通知机舱停泵。机舱值班人员应将舱别和时间记入轮机日志。

(4)甲板使用锚机、绞缆机、起货机等,需凭木牌送机舱通知供电,用后通知停电并收回木牌。

五、油船补充规定

油船除执行本节各条规定外,还应:

(1)大副在编制装卸作业计划和洗舱除油、除气作业计划时,应征求轮机长的意见。

(2)下列情况,甲板部应提前通知轮机部:

①需用货油泵,在运转中需减速或停泵时。

②需泵出或灌注压载水时。

③货油舱加热或除油、洗舱、除气需用蒸汽时。

(3)甲板工作告一段落不需或暂不需用水、汽、气时,值班驾驶员应及时通知值班轮机员。

(4)锅炉故障或货油泵出现问题影响正常工作必须停止使用时,轮机部应立即通知甲板部。

(5)检修货油泵、压载泵应事先征得大副同意。

(6)停港期间,甲板与泵房必须保持密切联系。各船应根据具体条件,讨论制订出明确的、又切实可行的具体联系办法并共同遵守。

第六节 机舱应急设备及管理

一、机舱应急设备组成及相关规定

1. 应急设备组成

机舱应急设备按功能不同可分为:

(1)应急动力设备:应急电源、应急空压机、应急操舵装置。

(2)应急消防设备:应急消防泵、燃油速闭阀、风油应急切断开关、通风筒防火挡板、机舱天窗及烟囱百叶窗速闭装置。

(3)应急救生设备:救生艇发动机、脱险通道。

(4)机舱进水时应急设备:应急舱底水吸口和吸入阀、水密门。

2. 应急电源

1)应急电源的一般要求

(1)客船和500总吨及以上的货船应设独立的应急电源。

(2)应急电源应布置于经船级社同意的最高一层连续甲板以上和机舱棚以外的处所,使其确保当发生火灾或其他灾难致使主电源装置失效时能起作用。整个应急电源的布置,应能在船舶横倾22.5°和(或)纵倾10°时仍起作用。

(3)应急电源可以是发电机——由具有独立冷却系统、燃油系统和起动装置的柴油机驱动。原动机的自动起动系统和原动机的特性均应能使应急发电机在安全而实际可行的前提下尽快承载额定负载(最长不超过45 s)。

(4)应急电源也可以是蓄电池组,当主电源供电失效时,自动连接至应急配电板。它应能承载应急负载而无需再充电,并在整个放电期间保持电压在额定电压的±12%之内。

(5)应急电源功率应满足SOLAS公约和船级社对不同类型船舶的规定。

2)应急电源的供电范围和时间

(1)每一登乘救生艇、筏的集合地点、登乘地点和舷外的应急照明供电时间,货船为18 h、客船为36 h(包括通达上述地点的走廊、梯道和出入口)。

(2)对下列处所的应急照明供电,货船为18 h、客船为36 h:

①所有服务及起居处所内的通道、梯道、出入口,乘人电梯内及其围阱壁上。

②超过16人的居住舱室。

③机器处所和主发电站,包括它们的控制站。

④所有控制站、机器控制室和每一主配电板和应急配电板处。

⑤消防员装备储放处所。

⑥操舵装置处。

⑦规定的消防泵、喷水器供水泵和应急舱底泵等处以及这些泵的电动机起动位置。

(3)对下列设备供电,货船为18 h、客船为36 h:

①现行《国际海上避碰规则》所要求的航行灯和其他信号灯。

②应急情况下所要求的所有内部通信设备。

③公约要求的助航设备。

④探火和火灾报警系统。

⑤继续使用的白昼信号灯、船舶号笛、手动报警按钮和紧急时需要的所有船内信号。

⑥公约要求的无线电报设备。

⑦公约要求的无线电话设备。

⑧消防泵。

⑨应急舱底泵。

(4)对经常从事短程航行的船舶,若主管机关认为能达到同样的安全程度,则可考虑采用较短的供电时间。但客船与货船都不得少于12 h。

3. 应急操舵装置

(1)每艘船舶应配备主操舵装置和辅助操舵装置,并且两者之一发生故障,不能导致另一装置不能工作。

(2)辅助操舵装置应能于紧急时迅速投入工作,并能在船舶最深航海吃水和以最大营运前进航速的一半或7节前进时,在不超过60 s内将舵自一舷15°转至另一舷15°。

(3)对于辅助操舵装置,其操作在舵机室进行,如系动力操纵也应能在驾驶台进行,并应独立于主操舵装置的控制系统。

(4)驾驶台与舵机室之间应备有通信设施。

4. 水密门

(1)水密门应为滑动门或铰链门或其他等效形式的门。任何水密门操作装置,无论是否为动力操作,均须于船舶向左或向右倾斜至15°时能将门关闭。

(2)机舱与轴隧间舱壁上应设有滑动式水密门的开关增长装置应,能两面操纵和远距离操纵。在远距离操纵处应设有水密门开关状态的指示器。

5. 脱险通道

货船和载客不超过36人的国际航行客船,在机器处所内,在每一个机舱、轴隧和锅炉舱应设有两个脱险通道。其中一个可为水密门。在未设水密门的机器处所内,两个脱险通道应为两组尽可能远离的钢梯,通至舱棚上同样远离的门,从该处至登艇甲板应设有通路。

从机舱处所的下部起至外面的一个安全地点,应能提供连续的防火遮蔽。

6. 通风系统及机器处所的特殊布置

(1)应有设施以停止用于机器处所及装货处所的通风机和关闭通达该处所的一切门道、通风筒、烟囱周围的环状空间。此项设施在失火时应能从各处所的外部操纵(通风筒挡火板及天窗、烟囱的应急关闭装置)。

(2)强力送风机或抽风机、燃油驳运泵和燃油装置所用的泵以及其他类似的燃油驱动机械,应在有关处所的外部装设遥控装置,以便在这些处所失火时可将其工作停止(风机油泵速停装置)。

(3)设在双层底上方的储油柜、沉淀柜或日用油柜的每一泵吸出口上,应装设当该油柜所在处失火时能从有关处所的外部加以关闭的旋塞或阀(遥控速闭阀)。

7. 应急消防泵

应急消防泵是当机舱进水、失火或全船失电时,用来提供消防水的设施。

根据中国船级社《钢质海船入级规范》要求,2 000总吨以下船舶的应急消防泵可为便携型的,常用汽油机驱动的离心泵;2 000总吨及以上船舶应设固定式动力泵。固定式应急消防泵应设在机舱以外,其原动机为柴油机或电动机。电动应急消防泵需主配电板和应急配电板供电。

应急消防泵的排量应不少于所要求的消防泵总排量的40%,且任何情况下不得少于25 m³/h。

规范规定,应急消防泵按要求的排量排出时,在任何消火栓处的压力应不少于下列最低压力:

(1)客船

①4 000总吨及以上为0.4 MPa。

②4 000 总吨以下为 0.3 MPa。

（2）货船

①6 000 总吨及以上为 0.27 MPa。

②1 000 总吨及以上但小于 6 000 总吨为 0.25 MPa。

③1 000 总吨以下 2 股不小于 12 m 射程的水柱。

作为应急消防泵驱动力的柴油机，应在温度降至 0 ℃时的冷态下能用人工手摇曲柄随时起动。若不能做到，或可能遇到更低气温时，则应设置经主管机关认可的加热装置，以确保随时起动。若人工起动不可行，可采用其他起动装置。这些起动装置应能在 30 分钟内至少使动力源驱动柴油机起动 6 次，并在前 10 分钟内至少起动 2 次。任何燃油供给柜所装盛的燃油应能使该泵在全负荷下至少运行 3 小时，在主机舱以外可供使用的储备燃油，应能使该泵在全负荷下再运行 15 小时。

8. 应急空气压缩机

应急空气压缩机应采用手动起动的柴油机或其他有效的装置驱动，以保证对空气瓶的初始充气。

应急空气压缩机是船舶从"瘫船"状态恢复运转的原始动力。所谓"瘫船状态"是指包括动力源的整个船舶动力装置停止工作，而且使主推进装置运转和恢复主动力源的辅助用途的压缩空气和起动蓄电池等都不起作用。

9. 应急舱底水吸口及吸入阀

机舱应设一个应急舱底水吸口。应急吸口应与排量最大的一台海水泵相连，如主海水泵、压载泵、通用泵等。少数船舶的应急吸口还与舱底水泵相通，其管路直径应不小于所连接泵的进口直径。应急吸口与泵的连接管路上装设截止止回阀，阀杆应适当延伸，使阀的开关手轮在花铁板以上的高度至少为 460 mm。

二、机舱应急设备的管理

按照检修分工明细表规定，机舱应急设备分别由轮机员、电机员专人负责。

应急发电机、应急空压机、应急消防泵、救生艇发动机，应定期检查、养护和试验，并将情况记入轮机日志：

（1）应急发电机应检查其柴油柜油量、冷却水箱及曲轴箱液位是否正常，润滑点要加油；检查起动电瓶或起动空气瓶，进行起动和并电试验（包括遥控起动），冬季要做好保温防冻措施。若位于不保暖处所，冬季应做的保护工作有：选用适当凝点的轻柴油和冬用润滑油；冷却水中加防冻剂；对于采用机外循环冷却的，应在使用后尽量放掉机内和管系中的残水。

（2）应急空压机要按其结构的具体情况，检查和加注润滑油，进行起动和效用试验，确保随时可用。

（3）应急消防泵应做起动和泵水试验，检查排水压力，试车后关闭海底阀和进口阀，放出消防管中残水，防止冬季冰冻。

（4）对于救生艇发动机要检查发动机和离合器，进行起动试验，冬季做好防冻措施。

（5）应定期清洁机舱应急舱底水吸口，防止污物堵塞；截止止回阀阀杆应定期加油，防止锈死。

（6）对脱险通道应保持通道清洁无障碍；照明良好；脱险通道上、下门应经常加油活络，上、下扶梯安全可靠,不可封闭。

（7）水密门、速闭阀、风机、风油应急切断开关、应急蓄电池组应定期保养和检验,并进行就地操纵试验和遥控试验。

（8）各种应急设备必须保持良好的工作状态,以备船舶到港后海事部门（或主管机关）登船检查。

第十一章　船员管理

为实现"清洁海洋上安全、环保和高效的航运"这一目标,除日渐提高对船舶及其设备的技术要求外,国际海事组织(IMO)和国际劳工组织(ILO)还制定有与船员管理相关的国际公约;我国政府根据履约要求,也颁布了一系列的船员管理法规;航运公司也都有相应的船员管理规定。这些公约、法规和规定的实施对于加强船员管理,提高船员素质,减少人为因素对船舶安全、环保和保安的影响具有重要意义。

第一节　海员培训、发证和值班标准国际公约

《海员培训、发证和值班标准国际公约》(International Convention on Standards of Training, Certification and Watchkeeping for Seafarers,简称 STCW 公约),是 IMO 制订的最重要的公约之一,于 1978 年 7 月 7 日通过,已于 1984 年 4 月 28 日生效。我国于 1980 年成为公约的缔约国。STCW 公约规定了海船船员培训、发证和值班的最低标准,自生效实施以来,对促进包括我国在内的各缔约国海员素质的提高,有效控制人为因素起到了积极的作用。

一、STCW 公约的适用范围

STCW 公约适用于在有权悬挂缔约国国旗的海船上工作的海员,但在下列船上工作的海员除外:

(1)军舰、海军辅助舰船或者为国家拥有或营运而只从事于政府的非商业性服务的其他船舶;但是各缔约国应采取无损于其他拥有或营运的此类船舶的作业或作业能力的适当措施以保证在此类船上工作的人员,在合理可行的范围内符合本公约的要求。

(2)渔船。

(3)非营业的游艇。

(4)构造简单的木船。

二、STCW 公约的修正过程

1978 年,IMO 通过了有史以来第一个 STCW 公约,即《1978 年海员培训、发证和值班标准国际公约》(简称 STCW78 公约)。STCW78 公约由正文(Text)和附则(Annex)两部分构成,分别用条款(Article)和规则(Regulation)描述。公约首次规定了国际上可以接受的船员的最低标准,对于统一世界各主要航运国家关于海员培训、发证和值班标准起到了巨大作用。

根据航海技术的发展及航运业的需要，势必要求对 STCW 公约作出相应的调整。至今，IMO 对 STCW 公约进行了多次修正。其中，包括了两次全面修改，分别形成了《STCW78/95 公约》和《STCW 公约马尼拉修正案》。

1991 年修正案是关于"全球海上遇险与安全系统（GMDSS）"和驾驶台单人值班，于 1992 年 12 月生效。

1994 年修正案是关于液货船船员的特殊培训，于 1996 年 1 月生效。

1993 年，IMO 着手对 STCW78 公约进行全面的修改，1995 年缔约国大会通过该修正案，形成了经 1995 年修正的《1978 年海员培训、发证和值班标准国际公约》（简称 STCW78/95 公约）。《STCW78/95 公约》沿用了 STCW78 公约的正文条款，但对其附则作了全面修改，并新增了与正文和附则相对应的更为具体的《海员培训、发证和值班规则》（Seafarers' Training, Certification and Watchkeeping Code，简称 STCW 规则）。STCW 规则包括 A 部分的强制性标准和 B 部分的建议性指导。《STCW78/95 公约》规定了公司的责任，强调了实操评估的要求，取消了专职电报员与专职电机员的要求；其最重要的内容是授权 IMO 审核公约缔约国的船员管理、培训和发证的程序，规定缔约国提交履约报告后每 5 年应向 IMO 提交独立评价报告，以供 IMO 审核。

随着世界经济全球化的进程，船舶正朝着大型化、快速化、专业化、现代化的方向发展，全球对海洋环境保护的要求更严格，包括信息技术（IT）在内的新技术的应用越来越广泛与深入，对海员的培训与值班标准的要求越来越高，同时，由于海盗猖獗，海运安全受到严重的挑战，对海员的培训与值班标准又提出了新的保安要求。1995 年修正案以后，IMO 海上安全委员会（MSC）对公约又进行了多次修正，其中，对公约附则和 STCW 规则 A 部分的修正主要有：

（1）1997 年修正案，MSC.66(68) 号决议——关于滚装客船船长、高级船员、普通船员和其他人员的最低强制性要求，1999 年 1 月 1 日生效。

（2）1998 年修正案，MSC.78(70) 号决议——关于装载固体散货的船舶人员的最低适任要求，2003 年 1 月 1 日生效。

（3）2004 年修正案，MSC.156(78) 号决议——对 STCW 规则证书和签证的修正，2006 年 7 月 1 日生效。

（4）2004 年修正案，MSC.180(79) 号决议——对 STCW 规则第 A－Ⅵ/2 节的修正，2006 年 7 月 1 日生效。

（5）2006 年修正案，MSC.203(81) 号决议——对附则第 Ⅰ 章和第 Ⅵ 章的修正，2008 年 8 月 1 日生效。

（6）2006 年修正案，MSC.209(81) 号决议——对 STCW 规则第 A－Ⅵ/2 节和 A－Ⅵ/5 节的修正，2008 年 1 月 1 日生效。

1995 年修正案通过 10 年后，IMO 认为需要对 STCW 公约和 STCW 规则进行全面回顾，从而对其进行系统的修正。2006 年，应船员培训和值班标准（STW）分委会第 37 次会议的请求，MSC 第 81 次会议指示 STW 分委会在工作计划中加入"对 STCW 公约和规则全面回顾"的高优先权议题。2007 年，STW 分委会第 38 次会议确定了对 STCW 公约和 STCW 规则全面回顾的 8 项原则，包括：

（1）保留 1995 修正案的结构和目标。

（2）不降低现有标准。

（3）不修改公约条款。

（4）解决不一致的问题、清理过时的要求及体现技术发展的需求。

（5）确保有效的信息交流。

（6）由于技术的创新，在履行培训、发证与值班要求方面，提供一些灵活性。

（7）考虑短航线船舶与近海石油公约的特点与环境。

（8）考虑海上保安。

经过4次STW分委会会议及2次特别会间会议的审议，2010年1月召开的STW分委会第41次会议基本完成对STCW公约和STCW规则进行全面回顾的议题，形成《1978年海员培训、发证和值班标准国际公约》2010年修正案的初稿。2010年6月21日～25日，在菲律宾马尼拉召开的IMO STCW公约缔约国外交大会上通过了该修正案，并将其称为《STCW公约马尼拉修正案》。STCW公约马尼拉修正案于2012年1月1日生效，过渡期为5年，2017年1月1日起全面实施。

三、STCW公约马尼拉修正案

（一）STCW公约马尼拉修正案的构成

《STCW公约马尼拉修正案》主要包括正文、附则、STCW规则及19项决议。

1. 公约正文

公约正文包括17条条款，只是对公约的一般义务、定义、适用范围、证书、过渡规定、特免、等效、监督、修正案、加入、生效、退出等进行了规定，其实质性的内容都规定在公约的各项附则和STCW规则中。正是由于公约的正文条款描述得比较笼统，一般不需要进行修正。

2. 公约附则

公约的附则分为8章，主要内容如下：

（1）第Ⅰ章：总则。共15条规则，对附则中的有关定义、证书和签证、控制近岸航行的原则、监督程序、国家的规定、培训和评估等做出了规定。

（2）第Ⅱ章：船长和甲板部。共5条规则，包括对500总吨或以上船舶的负责航行值班的高级船员、船长和大副发证的强制性最低要求，对未满500总吨船舶的负责航行值班的高级船员和船长发证的强制性最低要求，对组成航行值班部分的普通船员和作为高级值班水手的普通船员发证的强制性最低要求。

（3）第Ⅲ章：轮机部。共7条规则，包括对有人值班机舱负责轮机值班的高级船员或周期性无人值班机舱指定值班的轮机员发证的强制性最低要求，对主推进装置为3 000 kW或以上船舶、750～3 000 kW船舶的轮机长和大管轮发证的强制性最低要求，对组成有人值班机舱值班部分或指定在周期性无人值班机舱履行职责的普通船员、作为高级值班机工的普通船员发证的强制性最低要求，对电子电气员、电子技工发证的强制性最低要求。

（4）第Ⅳ章：无线电通信和无线电操作员。共2条规则，提出了对GMDSS无线电操作员发证的强制性最低要求。

（5）第Ⅴ章：特定类型船舶的人员特殊培训要求。共2条规则，包括对油船和化学品船、液化气船船长、高级船员及普通船员的培训和资格的强制性最低要求，对客船船长、高级船员、普通船员和其他人员的培训和资格的强制性最低要求。

（6）第Ⅵ章：应急、职业安全、保安、医护和求生职能。共6条规则，包括对所有海员的安全熟悉、基本培训及训练的强制性最低要求,对签发救生艇筏、救助艇及快速救助艇培训合格证书的强制性最低要求,对高级消防培训的强制性最低要求,关于医疗急救和医护的强制性最低要求,对签发船舶保安员培训合格证书、所有海员与保安有关的培训和训练的强制性最低要求。

(7)第Ⅶ章:可供选择的发证。共 3 条规则,对可供选择的发证、海员的发证、控制签发可供选择的证书的原则等做出了规定。

(8)第Ⅷ章:值班。共 2 条规则,对适于值班、值班安排和应遵循的原则做出了规定。

在公约的附则中,只是针对各章节的内容以规则的形式提出了相关的要求(Requirements),仍然没有提出详细的标准。由于附则中规则的描述也不是很具体,一般情况下只需要小幅修正,自 1978 年以来,仅进行了两次全面修正,即 1995 年修正案和 2010 年的马尼拉修正案。

3. STCW 规则

STCW 规则分为 A、B 两部分,均为 8 章,并在内容上与附则的章节一一对应。

A 部分是关于附则有关规定的强制性标准,详述了附则中制定的标准、证书格式、对各职能(Function)和责任级别(Level)发证的最低适任标准(Specification)。我国作为 IMO 的 A 类理事国和 STCW 公约的缔约国,已将这些标准全部形成履约文件,并作为国家法规性文件由主管机关颁布执行,如本章第五节介绍的《中华人民共和国海船船员适任考试和发证规则》《中华人民共和国海船船员值班规则》等。

B 部分是关于附则的建议和指导,所建议的措施虽为非强制性要求,但很可能在 STCW 公约的下一次全面修正时变成 A 部分的强制性要求。因此,一些建议在我国的履约文件中也有体现。

为了阐明附则和 STCW 规则第Ⅶ章的发证规定与第Ⅱ章、第Ⅲ章和第Ⅳ章发证规定之间的联系,STCW 规则 A 部分将在适任标准中规定的能力适当地归纳为 7 项职能和 3 种责任级别。

(1)7 项职能(Functions)

职能系指 STCW 规则规定的船舶操作、海上人命安全或保护海洋环境所需的一组任务、职责和责任。7 项职能包括:

①航行。

②货物装卸和积载。

③船舶作业管理和人员管理。

④轮机工程。

⑤电气、电子和控制工程。

⑥维护和修理。

⑦无线电通信。

其中,第①、②、③、⑦项职能为对船长和甲板部船员提出的适任标准;第③、④、⑤、⑥项职能为对轮机部船员提出的适任标准。

(2)3 种责任级别(Levels of Responsibility)

3 种责任级别包括管理级、操作级和支持级。

①管理级(Management Level)。系指与下列内容有关的责任级别:作为船长、大副、轮机

长或大管轮在海船上服务,并确保正确履行指定职责范围内的所有职能。

②操作级(Operational Level)。系指与下列内容有关的责任级别:作为负责航行或轮机值班的高级船员或被指定为周期性无人值班机舱的轮机部高级船员或作为无线电操作员在海船上服务,以及在相同责任范围的管理级人员的指导下,按照正确的程序,对指定责任范围内的所有职能的履行保持直接的控制。

③支持级(Support Level)。系指在操作级或管理级人员的指导下,在海船上与履行指定的任务、职责或责任有关的责任等级。

(3)最低适任标准(Specification of Minimum Standard of Competence)

在 STCW 规则 A 部分第Ⅱ章、第Ⅲ章和第Ⅳ章,分别对不同职能和责任级别的海员提出了最低适任标准,以表格的形式呈现。附录二列出了 STCW 规则第 A－Ⅲ/1 节表 A－Ⅲ/1 "有人值班机舱负责轮机值班的高级船员或周期性无人值班机舱指定值班的轮机员最低适任标准"。可见,针对特定的职能和责任级别,STCW 规则用 4 栏列出了最低适任标准。

(二)《STCW 公约马尼拉修正案》的主要修正内容

1. 第Ⅰ章"总则"的主要修正内容

(1)新增"适任证书""培训合格证书""书面证明""电子电气员""电子技工""高级值班水手""高级值班机工""保安职责"等新定义。

明确证书分为三层:适任证书、培训合格证书、书面证明。

①适任证书(Certificate of Competency)系指依据本附则第Ⅱ章、第Ⅲ章、第Ⅳ章或第Ⅶ章的规定向船长、高级船员以及 GMDSS 无线电操作员签发和签注的赋予其合法持有人按证书标明的责任等级担任职位和履行职能的证书。

②培训合格证书(Certificate of Proficiency)系指除适任证书以外向海员签发的,表明已符合本公约的有关培训、适任或海上服务资历相关要求的证书。

③书面证明(Documentary Evidence)系指除适任证书或培训合格证书以外的,用以证明已符合本公约的相关要求的文件。

《STCW 公约马尼拉修正案》提高了证书的签发、签注、认可的审查要求,规定适任证书、根据规则第Ⅴ/1－1 条和规则第Ⅴ1－2 条规定签发给船长和船员的培训合格证书仅应由主管机关签发。强调现代化船舶配备电子电气员的必要性;适应海上运输保安的需要增设船舶保安方面的强制性培训要求。

(2)新增证书的签发和登记条款,对海上服务资历的认可、培训课程的确认、登记的电子查询、证书注册数据库的开发都作了明确的规定。

(3)在控制近岸航行原则中新增缔约国应与相关缔约国就有关航区和其他相关条件的细节达成一致的条款。

(4)增加了独立评价报告内容的明确要求,对最初资料交流(履约报告)、后续报告(独立评价报告)及有资格人员的小组等作出了明确的规定。

(5)明确了海员健康标准及健康证书的签发要求。要求海员健康检查均应由缔约国认可的完全合格的有经验的从业医生完成;缔约国应制定认可从业医生的规则,对从业医生进行登记,并根据请求向其他缔约国、公司及海员提供。

(6)增加了公司的责任。公司应确保其指派到任一条船上的海员均接受了本公约要求的知识更新的培训;任何时候都必须按照 SOLAS 公约第Ⅴ章第 14 条第 3 款的规定确保其在船上能进行有效的口语交流。

（7）明确了过渡期的安排。过渡期为5年。

2．第Ⅱ章"船长和甲板部"的主要修正内容

（1）强调电子海图显示与信息系统（ECDIS）的应用。新增使用ECDIS保持船舶安全的航行值班（操作级）和使用有助于指挥决策的ECDIS和附属系统以保持安全航行（管理级）的要求。

（2）简化天文航海的知识、理解和熟练要求，提倡使用电子航海天文历和天文航海计算软件。

（3）新增领导和团队技能的使用（操作级）、领导力和管理技能的使用（管理级）的强制性适任要求。驾驶台资源管理（BRM）成为强制性适任标准。

（4）新增海洋环境保护意识方面的知识、理解和熟练。

（5）新增按照船舶报告系统和船舶交通管理系统（VTS）报告程序的一般规定进行报告的内容。

（6）新增高级值班水手发证的强制性最低要求。

3．第Ⅲ章"轮机部"的主要修正内容

（1）删除"至少30个月的认可的教育与培训"的要求。

（2）提高普通船员晋升轮机员的要求，从1995修正案的"不少于6个月的轮机部海上服务资历"提高到"完成不少于12个月的组合车间技能培训和认可的海上服务资历"，其中包括不少于6个月的机舱值班（在轮机员的指导下）服务资历。

（3）新增领导力和团队工作技能的使用（操作级）、领导力和管理技能的使用（管理级）的强制性适任要求。机舱资源管理（ERM）成为强制性适任标准。

（4）新增电子电气员和电子技工发证和资格的强制性最低要求。

（5）新增高级值班机工发证和资格的强制性最低要求。

4．第Ⅳ章"无线电通信和无线电操作员"的主要修正内容

本次修订，对第Ⅳ章的有关概念进行了修改。将本章中出现的"无线电人员"全部修改为"无线电操作员"，此外，在第Ⅰ章的规则Ⅰ/1中增加了GMDSS无线电操作员的定义。

5．第Ⅴ章"特定类型船舶的人员特殊培训要求"的主要修正内容

（1）对1995修正案的液货船船长、高级船员和普通船员培训和资格的强制性最低要求作了重大的调整，将液货船细分为油船、化学品船和液化气船，从而将原来的Ⅴ/1条分解为Ⅴ/1-1"对油船、化学品船船长、高级船员和普通船员培训和资格的强制性最低要求"及Ⅴ/1-2"对液化气船船长、高级船员和普通船员培训和资格的强制性最低要求"两部分。证书调整为5种：油船和化学品船货物操作基本培训证书、油船货物操作高级培训证书、化学品船货物操作高级培训证书、液化气船货物操作基本培训证书、液化气船货物操作高级培训证书。

（2）新增承担货物装卸、积载、洗舱、过驳或其他与货物有关操作直接责任人的人员强制性适任能力的要求。

（3）将"滚装客船"和"除滚装客船以外的客船"合并为"客船"，从而将原来的Ⅴ/2和Ⅴ/3合并为新的Ⅴ/2"对客船船长、高级船员、普通船员和其他人员的培训和资格的强制性最低要求"，不再突出滚装客船的特殊要求。

（4）在STCW规则的B部分，增加B-Ⅴ/e"关于对近海供给船上的船长和负责航行值班

驾驶员培训和资格的指导"，B－V/f"关于对动力定位系统操作人员的培训和资历的指导"，B－V/g"关于在极地水域操作的船舶船长和高级船员培训的指导"。

6. 第Ⅵ章"应急、职业安全、保安、医护和求生职能"的主要修正内容

(1)明确所有海员的安全熟悉和基本培训及训练的强制性最低要求，增加海洋环境保护基本知识、船上有效沟通、团队工作、理解并采取措施控制疲劳等新内容。

(2)保安培训分为4类：熟悉保安培训、保安意识培训、承担指定保安职责人员的培训、船舶保安员培训。船舶保安员必须持有"船舶保安员培训合格证书"，所有船员必须持有"保安意识培训合格证书"、被指定承担保安职责的海员则还应持有"承担指定保安职责培训合格证书"。

(3)将船员保持包括基本培训、熟练救生艇操作、高级消防等适任能力的方式修改为"每5年需要提供保持适任的证据"；对于那些可以在船上实施的训练项目，主管机关可以接受船员在船上的训练和实践经历。但对于如何保持不能在船上实施的训练项目的适任能力的方式与方法，并没有达成一致。

7. 第Ⅶ章"可供选择的发证"的主要修正内容

增加了高级值班机工申请高级值班水手、高级值班水手申请高级值班机工应符合的适任标准，支持级船员发证资历要求，以及甲板部、轮机部特殊综合培训项目的指导。

8. 第Ⅷ章"值班"的主要修正内容

(1)规定主管机关为防止承担安全、防污染及保安职责的值班人员疲劳，应制定与实施保证足够休息时间的措施；规定主管机关为防止滥用药物和酗酒，应制定适当的措施。

(2)增加了承担保安职责的值班人员的规定、值班时间与休息时间的要求，以及防止滥用药物和酗酒的指导。

此外，在STCW公约中引用的一些法规的变化也体现在本次修正案中。例如，以《国际航空和海上搜寻救助手册》取代《商船搜寻和救助手册》，以《IMO标准航海通信用语》取代《标准航海用语》，等等。

(三)《STCW公约马尼拉修正案》附则中对轮机部人员的要求

在公约附则的第Ⅲ章"轮机部"中，共有7条规则，分别对主推进装置为750 kW或以上船舶的值班轮机员、主推进装置为3 000 kW或以上船舶的轮机长和大管轮、主推进装置为750 kW至3 000 kW船舶的轮机长和大管轮、主推进装置为750 kW或以上船舶的值班机工、主推进装置为750 kW或以上船舶的高级值班机工、主推进装置为750 kW或以上船舶的电子电气员、主推进装置为750 kW或以上船舶的电子技工提出了强制性最低要求。在此，仅介绍第Ⅲ/1条至第Ⅲ/3条要求。

1. 第Ⅲ/1条"对有人值班机舱负责轮机值班的高级船员或周期性无人值班机舱指定值班的轮机员发证的强制性最低要求"

(1)每个在主推进装置为750 kW或以上海船上的有人值班机舱负责轮机值班的高级船员或在周期性无人值班机舱指定值班的轮机部高级船员，应持有适任证书。

(2)每个证书申请人应：

①年龄不小于18周岁。

②已完成不少于12个月的组合车间技能培训和认可的海上服务资历，作为包括符合《STCW规则》第A－Ⅲ/1节要求的船上培训在内的经认可的培训计划的组成部分，并在认可

的培训记录簿中记载,或具有不少于 36 个月的组合车间技能培训和认可的海上服务资历,其中在轮机部的海上服务资历不少于 30 个月。

③在所要求的海上服务资历中,在轮机长或合格的轮机部高级船员的监督下,履行机舱值班职责不少于 6 个月。

④已完成认可的教育和培训,并且达到《STCW 规则》第 A - Ⅲ/1 节规定的适任标准。

⑤达到《STCW 规则》第 A - Ⅵ/1 节第 2 段、第 A - Ⅵ/2 节第 1 段至第 4 段、第 A - Ⅵ/3 节第 1 段至第 4 段及第 A - Ⅵ/4 节第 1 段至第 3 段规定的适任标准。

2. 第Ⅲ/2 条"对主推进装置为 3 000 kW 或以上船舶的轮机长和大管轮发证的强制性最低要求"

(1)每个在主推进装置为 3 000 kW 或以上海船上的轮机长和大管轮应持有适任证书。

(2)每个证书申请人应:

①符合对在主推进装置为 750 kW 或以上的海船上负责轮机值班的高级船员的发证要求,并在该职位上具有认可的海上服务资历:申请大管轮证书,担任合格的轮机部高级船员应不少于 12 个月;申请轮机长证书,担任合格的轮机部高级船员应不少于 36 个月,但若已具有不少于 12 个月的大管轮海上服务资历,则该资历可缩短为不少于 24 个月。

②已完成认可的教育和培训,并达到《STCW 规则》第 A - Ⅲ/2 节规定的适任标准。

3. 第Ⅲ/3 条"对主推进装置为 750 kW 至 3 000 kW 船舶上的轮机长和大管轮发证的强制性最低要求"

(1)每个在主推进装置为 750 kW 至 3 000 kW 海船上任职的轮机长和大管轮应持有适任证书。

(2)每个证书申请人应:

①符合对负责轮机值班的高级船员的发证要求,并且:申请大管轮证书,应具有不少于 12 个月的作为助理轮机员或轮机部高级船员认可的海上服务资历;申请轮机长证书,应具有不少于 24 个月的认可的海上服务资历,其中具备大管轮资格并实际担任大管轮不少于 12 个月。

②已完成认可的教育和培训,并达到《STCW 规则》第 A - Ⅲ/3 节规定的适任标准。

(3)每个有资格担任主推进装置为 3 000 kW 或以上船舶大管轮的轮机部高级船员,只要其证书已如此签注,则可在主推进装置为 3 000 kW 以下的船舶上担任轮机长。

(四)STCW 规则 A 部分中关于轮机部的标准

在 STCW 规则 A 部分第Ⅲ章"关于轮机部的标准"中,列出了 7 节内容,分别与公约附则第Ⅲ章的 7 条规则一一对应。在此,仅介绍其中第 A - Ⅲ/1 节"对有人值班机舱负责轮机值班的高级船员或周期性无人值班机舱指定值班的轮机员发证的强制性最低要求"。

1. 培训

规则第Ⅲ/1 条第(2)项要求的教育和培训,应包括有关轮机部高级船员职责的机械和电气车间技能的培训。

2. 船上培训

每个申请在主推进装置为 750 kW 或以上海船上有人值班机舱负责轮机值班的高级船员或周期性无人值班机舱指定值班的轮机员证书的申请人,根据规则第Ⅲ/1 条第(2)项,其海上服务资历构成经认可满足本节要求的培训计划的一部分,应参加认可的船上培训计划,该培训计划:

（1）确保证书申请人在规定的海上服务期间，受到关于负责机舱值班高级船员的任务、职责和责任方面的系统而实际的培训并获得经验，同时考虑本规则第 B - Ⅲ/1 节给予的指导。

（2）在执行认可的海上服务中得到船上合格并持证的轮机部高级船员的密切监督和指导。

（3）在培训记录簿中充分记载。

3．适任标准

（1）每个申请在主推进装置为 750 kW 或以上海船上有人值班机舱负责轮机值班的高级船员或周期性无人值班机舱指定值班的轮机员证书的申请人，应表明承担表 A - Ⅲ/1 第 1 栏所列操作级的任务、职责和责任的适任能力。表 A - Ⅲ/1"有人值班机舱负责轮机值班的高级船员或周期性无人值班机舱指定值班的轮机员最低适任标准"见附录二。

（2）发证要求的最低的知识、理解和熟练列于表 A - Ⅲ/1 第 2 栏中。

（3）表 A - Ⅲ/1 第 2 栏所列内容的知识水平，应足以能使轮机部高级船员履行其值班职责。

（4）为获取所需的理论知识、理解和熟练的培训和经验，应以第 A - Ⅷ/2 节第 4 -2 部分"轮机值班中应遵循的原则"为基础，并应考虑本规则本部分的有关要求和 B 部分给予的指导。

（5）对在蒸汽锅炉不作为主机部分的船上服务的证书申请人，可删除表 A - Ⅲ/1 中的有关要求。据此所签发的证书不应对蒸汽锅炉作为主机部分的船舶上的服务有效，直至该轮机部高级船员达到了从表 A - Ⅲ/1 中被删除项目的适任标准。任何这种限制应在证书和签证上载明。

（6）主管机关可删除那些对所发证书有效的机械装置以外的其他类型的推进装置的知识要求。据此所发的证书不应对已被删除的任何种类的机械装置有效，直至该轮机部高级船员证明能符合这些知识的要求。任何这种限制应在证书和签证上载明。

（7）每个证书申请人应按照表 AⅢ/1 第 3 栏和第 4 栏所列的表明适任的方法和评价适任的标准，提供已达到所要求的适任标准的证据。

4．近岸航行

规则第Ⅲ/1 条第（2）项中与表 A - Ⅲ/1 第 2 栏不同部分所列的对知识、理解和熟练的要求有关的规定，如认为必要，可对主推进装置为未满 3 000 kW 从事近岸航行的船舶的轮机部高级船员有所变动，但要切记对可能在同一水域航行的所有船舶安全的影响，任何这种限制应在证书和签证上载明。

第二节　海事劳工公约

《2006 年海事劳工公约》（Maritime Labour Convention, 2006,简称 MLC），是国际劳工组织（ILO）在综合和修订了其先前通过的 68 个相关公约和建议书的基础上制定的新的综合性海事劳工公约，被誉为海员的"人权法案"，同时又被称作与 IMO 通过的《SOLAS 公约》《MARPOL 公约》和《STCW 公约》共同支撑国际海事法律体系的第四根支柱。

一、MLC 的产生背景及实施现状

自 1920 年至 2001 年,在 80 多年的时间内,ILO 召开了 10 次专门有关商船海员的海事大会,通过了涉及海事方面的 38 项公约、1 项议定书和 30 项建议书,覆盖了海员工作和生活条件的各个方面。这些公约和建议书对世界海运业的发展产生了重要影响。

但是,ILO 制定的这些公约与 IMO 的公约相比,无论是在加入国家的数量上还是在执行力度上,都显得远远不足。而且,这些公约的年度跨度大,跟不上时代的发展要求。

2001 年,ILO 理事会通过一项决议,决定制定一部新的综合海事劳工公约,为国际海事劳工保护制定统一的国际标准,同时确保新公约能够获得广泛的批准和有效实施。于是,ILO 理事会于当年成立了高级三方工作组(包括政府代表、船东代表和海员代表)。工作组历时四年,整理并修订了 ILO 现有的涉及海事的 38 份公约和 30 份建议书,合并成一个综合文本。2005 年,工作组完成了综合海事劳工公约草案,并提交第 94 届大会。

ILO 第 94 届会议暨第十届海事大会于 2006 年 2 月 7 日至 23 日在日内瓦举行,92 个国家政府、船东组织、船员组织及国际政府间组织和国际非政府组织共约 1200 名代表出席了本届大会。大会于 2006 年 2 月 23 日正式通过了《2006 年海事劳工公约》(MLC)。MLC 整合了 ILO 自成立以来所制定的 68 个相关公约和建议书,清除了现行海事劳工标准中存在的大部分矛盾和过时的条款,同时为使新公约更具生命力并确保其得到一致实施,公约还借鉴了 IMO 公约的特点,采纳了对不给非缔约国更优惠待遇、默认修正程序、检验和发证、港口国检查等新要素。MLC 是一部结构合理、内容全面的综合海事劳工公约。

MLC 只对其批准书已由国际劳工局登记的 ILO 成员国具有约束力,在合计占世界船舶总吨位 33% 的至少 30 个成员国的批准书已经登记之日 12 个月后生效。此后,对于任何成员国,本公约将于其批准书经登记之日 12 个月后对其生效。

2012 年 8 月 13 日,第 30 个国家菲律宾批准了 MLC,并于 2012 年 8 月 20 日在国际劳工局备案。这使该公约生效的两个条件——"最少 30 个国家批准公约"和"批准国商船吨位占世界商船总吨位的 33%"已经达到,因此,该公约于菲律宾批准书备案之日一年后即 2013 年 8 月 20 日正式生效。

2015 年 8 月 29 日,经第十二届全国人大常委会第十六次会议审议通过,中国正式批准加入 MLC;2015 年 11 月 12 日,批准书递交国际劳工局登记;一年后,即于 2016 年 11 月 12 日,MLC 对中国正式生效。

二、MLC 的构成与根本目标

1. MLC 的构成

MLC 在结构上分三个层次,即正文条款(Article)、规则(Regulation)和守则(Code)。

条款和规则规定了核心权利和原则以及批准本公约的成员国的基本义务。条款和规则只能由大会在《国际劳工组织章程》相关条款的框架下修改。

守则包含了规则的实施细节。它由 A 部分(强制性标准)和 B 部分(非强制性导则)组成。守则可以通过公约相关条款规定的简化程序来修订。由于守则涉及具体实施,对守则的修正必须仍放在条款和规则的总体范畴内。

2.MLC 的三个根本目标

(1)在正文和规则中规定一套确定的权利和原则。

(2)通过守则允许成员国在履行这些权利和原则的方式上有相当程度的灵活性。

(3)通过标题五(遵守与执行)确保这些权利和原则得以妥善遵守和执行。

三、MLC 的性质

(1)除非另有明文规定,本公约适用于所有船员。

(2)除非另有明文规定,本公约适用于除从事捕鱼或类似捕捞的船舶和用传统方法制造的船舶(例如独桅三角帆船和舢板)以外的通常从事商业活动的所有船舶,无论其为公有或私有。本公约不适用于军舰和军事辅助船。

(3)如果主管机关确定目前对悬挂该成员国旗帜的一艘船舶或特定类别船舶适用守则的某些细节不合理或不可行,只要该事项由国家法律或条例或集体谈判协议或其他措施来处理,守则的有关规定将不适用。此决定只能在与有关的船东或海员组织协商后作出,且只能针对那些不从事国际航行的 200 总吨以下船舶。

(4)除非另有明文规定,提及本公约同时意味着提及规则和守则。

另外,公约要求 500 总吨及以上国际航行船舶应持有"海事劳工证书"和"海事劳工符合声明",并规定公约生效后,缔约国可对非缔约国的到港船舶进行 PSC 检查。

四、MLC 规则和守则的主要内容

MLC 的规则和守则在内容上分为五个领域(Title),分别为:海员上船工作的最低要求,就业条件,起居舱室、娱乐设施、食品和膳食服务,健康保护、医疗、福利和社会保障保护,遵守与执行。下面,对其中的主要标准进行介绍。

1.海员上船工作的最低要求

包括了最低年龄、体检证书、培训和资格、招募与安置等。

(1)最低年龄:确保未成年人不得上船工作

禁止任何 16 岁以下的人员受雇、受聘或到船上工作;禁止 18 岁以下的海员在夜间工作;禁止雇用或聘用 18 岁以下的海员从事可能损害其健康或安全的工作。

(2)体检证书:确保所有船员的健康状况适合履行其海上职责

海员在上船工作之前应持有有效的体检证书,证明其健康状况适合其将在海上履行的职责;体检证书的最长有效期为两年,如果船员小于 18 岁,体检证书的最长有效期应为一年。

(3)培训和资格:确保海员经过培训并具备履行其船上职责的资格

除非海员经过培训或经证明胜任或者具备履行其职责的资格;否则不得在船上工作。除非海员成功地完成了船上个人安全培训;否则不得允许其在船上工作。按 IMO 通过的强制性文件(STCW 公约)进行的培训和发证应被视为满足本规则的要求。

(4)招募和安置:确保船员有机会利用高效和规范的海员招募和安置系统

所有海员应能够利用不向船员收费的高效、充分和可靠的系统寻找船上就业的机会;在成员国领土内开办的海员招募和安置服务机构应符合本守则所规定的标准。

2.就业条件

就业条件包括船员就业协议、工资、工作或休息时间、休假的权利、遣返、船舶灭失或沉没

时对船员的赔偿、配员水平、职业和技能发展和船员就业机会等。

(1)船员就业协议:确保船员取得公平的就业协议

在所有情况下,海员就业协议均应包括以下细节:海员的全名、出生日期或年龄及出生地;船东的名称和地址;订立海员就业协议的地点及日期;海员将担任的职务;海员的工资数额及带薪年假的天数;协议的终止及其终止条件;将由船东提供给海员的健康津贴和社会保障保护津贴;海员获得遣返的权利。

各成员国应通过法律和条例确定海员和船东提前终止海员就业协议发出预先通知的最短期限。最短期限的长度应在与有关船东和海员组织协商后确定,但不得短于 7 天。

(2)工资:确保海员得到工作报酬

各成员国应要求按不超过一个月的间隔并根据任何适用的集体协议向在悬挂其旗帜的船舶上工作的海员支付其应得的报酬。

应给海员一个应得报酬和实付数额的月薪帐目,包括工资、额外报酬,以及在其报酬采用的货币或兑换率不同于曾经达成一致的货币或兑换率时所用的兑换率。

各成员国应要求船东采取措施,为海员提供一种将其收入的全部或部分转给其家人或受赡养人或法定受益人的方式。

守则的 B 部分还给出了工资导则,包括工资的计算和支付、最低工资等。

(3)工作或休息时间:确保海员享有规范的工作时间或休息时间

同其他工人一样,海员的正常工时标准应以每天 8 小时,每周休息 1 天和公共节假日休息为依据。在确定国家标准时,各成员国应考虑到海员疲劳带来的危险,特别是那些职责涉及到航行安全以及船舶的安全和保安操作的海员。工作或休息时间应作如下限制:

①最长工作时间:在任何 24 小时时段内不得超过 14 小时,且在任何 7 天时间内不得超过 72 小时。

②最短休息时间:在任何 24 小时时段内不得少于 10 小时,且在任何 7 天时间内不得少于 77 小时。

③休息时间最多可分为两段,其中一段至少要有 6 小时,且相连的两段休息时间的间隔不得超过 14 小时。

集合、消防和救生艇训练以及国家法律、条例和国际文件规定的训练应以对休息时间的影响最小和不会造成疲劳的方式进行。

各成员国应要求在容易进入的地点张贴一份船上工作安排表,该表格应至少包括:在海上和在港口的工作时间表、最长工作时间和最短休息时间。该表格应按标准化的格式以船上的一种或多种工作语言和英文制订。

保持对海员的日工作时间或其日休息时间进行记录,以便监督是否符合本标准的规定。海员应得到一份由船长或船长授权人员以及海员本人签字认可的有关其本人记录的副本。

本标准的任何规定不得妨碍船长出于船舶、船上人员或货物的紧急安全需要,或出于帮助海上遇险的其他船舶或人员的目的而要求一名海员从事任何时间工作的权力。为此,船长可中止工作时间或休息时间安排,要求一名海员从事任何时间的必要工作,直至情况恢复正常。一旦情况恢复正常,船长应尽快地确保所有在计划安排的休息时间内从事工作的海员获得充足的休息时间。

(4)休假的权利:确保海员有充分的休假

各成员国应通过法律和条例,确定在悬挂其旗帜的船舶上工作的海员的最低年休假标准,并充分考虑到海员对这种休假的特殊需要。

带薪年休假的权利应以每服务一个月最低 2.5 日历天为基础加以计算。计算服务期长度的方法应由各国主管当局或通过适当的机制来确定。合理的缺勤不应被视作年假。除非属于主管当局规定的情况;否则禁止达成放弃享受本标准规定的最低带薪年休假的任何协议。

守则的 B 部分还给出了"休假的权利"导则,包括休假权利的计算、年休假的使用、分段和累计休假等。

(5)遣返:确保海员能够回家

各成员国应确保悬挂其旗帜船舶上的海员在以下情形有权得到遣返:如果当海员在国外时海员就业协议到期;如果其海员就业协议被船东终止或被海员出于合理的理由终止,以及如果海员不再具备履行其就业协议中职责的能力或在具体情形下不能指望其履行这些职责。包括:①因患病或受伤或其他健康问题需要其遣返且身体状况适于旅行时;②在船舶失事时;③在由于破产、变卖船舶、改变船舶登记或任何其他类似原因船东不能继续履行其作为海员雇用者的法律或契约义务时;④在船舶驶往国家法律或条例或海员就业协议所界定的战乱区域而海员不同意前往的情况下;⑤根据仲裁裁定或集体协议而终止或中断雇用,或出于其他类似原因终止雇用。

海员在有权得到遣返前在船上服务的最长期间应少于 12 个月;船东应同意给予的具体遣返权利,包括关于遣返的目的地、旅行方式、船东将负担的费用项目和将做出的其他安排方面的内容。

禁止船东要求海员在开始受雇时预付遣返费用,禁止船东从海员的工资或其他收益中扣回遣返费用,除非根据国家法律或条例或其他措施或适用的集体谈判协议,海员出现严重失职而被遣返。

成员国不得因为船东的财政状况或因船东不能或不愿意替换海员而拒绝任何海员得到遣返的权利。如船东未能为有权得到遣返的海员安排遣返或负担其遣返费用:①成员国的主管当局应安排有关海员的遣返;如果它未能这样做,海员将被遣返起程的国家或海员为其国民的国家可安排该海员的遣返,并向船舶所悬旗帜的成员国收回费用;②船舶所悬旗帜的成员国应能够向船东索回遣返海员发生的费用;③不论何种情况,均不得向海员收取遣返费用,除非根据国家法律或条例或其他措施或适用的集体谈判协议,海员出现严重失职而被遣返。

在遣返方面将由船东承担的费用应至少包括以下项目:①到达遣返目的地的旅费;②从海员离船时起至抵达遣返目的地时止的食宿费;③如果本国法律、条例或集体协议有规定,从海员离船时起至抵达遣返目的地时止的工资和津贴;④将海员个人行李 30 公斤运至遣返目的地的运输费;⑤必要时,提供医疗使海员身体状况适合前往遣返目的地的旅行。等待遣返所用的时间和遣返旅行时间不应从海员积累的带薪年假中扣减。

成员国应要求船东负责通过适当和迅速的方式对遣返做出安排。通常的旅行方式应为乘坐飞机。成员国应规定海员可被遣返的目的地。目的地应包括可视为海员与之存在着实质性联系的国家,包括:海员同意接受雇用的地点;集体协议规定的地点;海员的居住国;或可能在聘用时双方同意的其他地点。

海员应有权从规定的目的地中选择其将被遣返的地点。如果有关海员在国家法律或条例或集体协议规定的合理的时间内未提出遣返要求,其应享的遣返权利可能失效。

(6)船舶灭失或沉没时对海员的赔偿:确保在船舶灭失或沉没时对海员进行赔偿

各成员国应制定规章,确保在任何船舶灭失或沉没的情况下,船东应就这种灭失或沉没所造成的失业向船上每个海员支付赔偿。

对因船舶灭失或沉没而造成的失业所给予的赔偿,在海员实属失业期间,应等于就业协议中可支付工资的比率,但向任何一个海员支付的赔偿总额可仅限于两个月的工资。

(7)配员水平:为了船舶运营的安全、高效和保安,确保海员在人员充足的船上工作

各成员国应要求悬挂其旗帜的所有船舶配有充足的海员数目,确保船舶的安全和高效操作,并充分注意到保安。各船舶均应根据主管当局签发的最低安全配员证书或等效文件,并满足本公约的标准,从数量和资格角度配备充足的海员,确保在各种操作情况下船舶及其人员的安全和保安。

在确定配员水平时,主管当局应考虑到规则和守则中关于食品和膳食服务的所有要求。

(8)海员职业发展和技能开发及就业机会:促进海员职业发展和技能开发及增加就业机会

为了向海运业提供稳定和胜任的劳动力,各成员国应制定鼓励海员职业发展和技能开发及海员就业机会的国家政策,政策的目标应为帮助海员增强其适任性、资格和增加就业机会。

3. 船上居住、娱乐设施、食品和膳食

(1)起居舱室和娱乐设施:确保海员在船上有体面的起居舱室和娱乐设施

实施本规则的守则中与船舶建造和设备有关的要求仅适用于本公约对有关成员国生效之日或以后建造的船舶。对于该日之前建造的船舶,《1949年船员起居舱室公约(修订)》(第92号)和《1970年船员起居舱室(补充规定)公约》(第133号)中规定的关于船舶建造和设备的要求在该日之前应根据有关成员国的法律或实践继续在其适用的范围内适用。一艘船舶在其龙骨铺设之日或当其处于类似建造阶段应被视为已建造。

除非另有明文规定,守则修正案中与海员居住舱室和娱乐设施有关的任何要求应仅适用于修正案对有关成员国生效之日或以后建造的船舶。

守则中分别给出了以下关于舱室和设施的标准及导则:房间和其他起居舱室空间的尺寸,取暖和通风,噪声和振动及其他环境因素,卫生设施,照明,医务室。

(2)食品和膳食服务:确保海员获得根据规范的卫生条件提供的优质食品和饮用水

各成员国应确保悬挂其旗帜的船舶携带并供应充分满足船舶需求的质量、营养价值和数量均合适的食品和饮用水,同时考虑到不同的文化和宗教背景。作为负责食品准备的船上厨师而受雇的海员必须就其所担任的职位经过培训并取得资格。

主管当局应要求由船长或经船长授权,在船舶上对以下方面开展有记录的经常性检查:食品和饮用水供应;用于储存和处理食物和饮用水的所有场所和设备;以及用于准备和供应餐食的厨房或其他设备。

4. 健康保护、医疗、福利及社会保障

包括船上和岸上医疗,船东的责任,保护健康和安全保护及防止事故,获得使用岸上福利设施和社会保障等。

(1)船上和岸上医疗:保护海员健康并确保其迅速得到船上和岸上医疗

各成员国应确保采取措施向在悬挂其旗帜的船舶上工作的海员提供健康保护和医疗,包括必需的牙科治疗,所提供的保护和医疗原则上不由海员支付费用。这些措施包括:

①保证将任何与海员职责相关的关于职业健康保护和医疗的一般规定以及专门针对船上工作的特殊规定适用于海员。

②保证向海员尽可能提供相当于岸上工人一般能够得到的健康保护和医疗,包括迅速使用诊断和治疗所必需的药品、医疗设备和设施,以及利用医疗信息和医疗专业技能。

③凡可行,在停靠港不延误地给予海员去看合格医生或牙医的权利。

④在与成员国国家法律和惯例一致的限度内,保证免费向船上海员或在外国港口下船的海员提供健康保护和医疗。

⑤不局限于患病或受伤海员的治疗,同时还应包括预防性措施,如促进健康和保健教育计划。

各成员国应通过法律和条例对悬挂其旗帜的船舶规定船上医务室及医疗设施和设备以及培训的要求。国家法律或条例最低限度应规定以下要求:

①所有船舶均应携带医药箱、医疗设备和医疗指南,具体内容由主管当局规定并受到主管当局的定期检查。

②载员 100 人或以上,通常从事 3 天以上国际航行的船舶应配备一名医生负责提供医疗。

③不配备医生的船舶,要么在船上指派至少一名海员,其一部分正式职责是负责医疗和管理药品,要么船上至少有一名海员胜任提供医疗急救;不是专职医生但负责船上医疗的人员应该令人满意地完成了符合 STCW 公约要求的培训;被指定提供医疗急救的海员应令人满意地完成了符合 STCW 公约要求的医疗急救培训。

④主管当局应通过一个预先安排的机制,保证船舶在海上能够每天 24 小时均可得到通过无线电或卫星通信提供的医疗指导,包括专家指导。

(2)船东的责任:确保在因就业而产生的疾病、受伤或死亡导致的经济后果方面对海员予以保护

各成员国应通过法律和条例,要求悬挂其旗帜的船舶的船东根据以下最低标准,对船上工作的所有海员的健康保护和医疗负责:

①对于在其船上工作的海员,船东应有责任对海员从开始履行职责之日起到其被视为妥善遣返之日期间所发生的或在此期间的就业的疾病和受伤承担费用。

②船东应提供财务担保,保证对海员因工伤、疾病或危害而死亡或长期残疾的情况提供国家法律或海员就业协议或集体协议所确定的赔偿。

③船东应有责任支付医疗费用,包括治疗及提供必要的药品和治疗设备,以及在外的膳宿,直到该患病或受伤海员康复,或直到该疾病或机能丧失被宣布为永久性的。

④如果发生海员受雇期间在船上或岸上死亡的情况,船东应有责任支付丧葬费用。

如果疾病或受伤造成工作能力丧失,船东应有责任:只要患病或受伤海员还留在船上或者在海员根据本公约得到遣返以前,向其支付全额工资;从海员被遣返或到达上岸之时起直到身体康复,或直到有权根据有关成员国的法律获得保险金(如果早于康复的话),按照国内法律或条例或集体协议的规定向其支付全额或部分工资。

国家法律或条例可以把船东支付医疗和膳宿费用的责任,以及船东向一名离船海员支付全部或部分工资的责任限制在从受伤或患病之日起不少于 16 周的期限内。

国家法律或条例可在以下情况下排除船东的责任:在船舶服务之外发生的其他受伤;受伤或患病是因患病、受伤或死亡海员的故意不当行为所致;在接受雇用时故意隐瞒的疾病或

病症。

（3）保护健康和安全及防止事故：确保海员的船上工作环境有利于职业安全和健康

各成员国应确保悬挂其旗帜的船舶上的海员得到职业健康保护，并且在一个安全和卫生的环境下在船上生活、工作和培训。

各成员国应通过国家法律和条例及其他措施处理守则中规定的事项，同时考虑相关的国际文件，并为悬挂其旗帜的船舶规定职业安全和健康保护及防止事故的标准，包括：

①在悬挂其旗帜的船舶上通过和有效实施并促进职业安全和健康政策和计划，包括风险评估及培训和指导海员。

②采取合理预防措施，防止船上的职业事故及伤害和疾病，包括减少和防止置身于有害水平的环境因素和化学品中的风险以及由于使用船上设备和机械而可能引起的伤害和疾病的风险。

③船上防止职业事故、伤害和疾病及确保不断改善职业安全和健康保护的计划，让海员代表和所有其他有关人员参与其实施，同时考虑到预防性的措施，包括工程和设计控制、对成组或独立的任务采取替代工序或程序以及使用个人保护设备等。

④关于检查、报告和纠正不安全的状况的要求以及关于调查和报告船上安全事故的要求。

（4）获得使用岸上福利设施：确保在船上工作的海员能使用岸上设施和服务，以确保其健康和福利

各成员国应要求，如果在其领土内存在福利设施，这些设施应向所有海员开放，无论其国籍、种族、肤色、性别、宗教信仰、政治见解或社会出身，也无论他们受雇、受聘或工作的船舶的船旗国。

（5）社会保障：确保采取措施向海员提供社会保障的保护

各成员国承诺根据其本国情况采取措施，独自或通过国际合作，逐步为海员提供全面的社会保障的保护，包括：医疗、疾病津贴、失业津贴、老年津贴、工伤津贴、家庭津贴、生育津贴、病残津贴和遗属津贴等9个分项。在批准本公约时，各成员国所提供的保护应至少包括上述9个分项中的3项。

5.遵守与执行

包括了检查与发证、港口国控制、船上及岸上投诉程序及船员提供国应尽的义务等。

（1）船旗国责任：确保各成员国就悬挂其旗帜的船舶履行其在本公约下的责任

《"海事劳工证书和海事劳工符合声明"规则》。本规则适用于以下船舶：从事国际航行的500总吨及以上船舶；以及悬挂一成员国的旗帜并从另一成员国港口或在另一成员国港口之间航行的500总吨及以上船舶。

各成员国应要求悬挂其旗帜的船舶携带和保有一份海事劳工证书，证明该船舶上的海员工作和生活条件，包括海事劳工符合声明中所包括的持续符合措施，已经过检查并满足国家法律或条例或其他实施本公约之措施的要求。

各成员国应要求悬挂其旗帜的船舶携带和保有一份海事劳工符合声明，陈述在海员的工作生活条件方面实施本公约的国家要求，并列明船东为确保符合对有关船舶的要求所采取的措施。

海事劳工证书应由主管当局或主管当局为此目的而正式授权的认可组织签发给船舶，有效期不得超过5年。在签发海事劳工证书之前，在船上海员工作生活条件方面必须予以检查

并表明满足国家法律和条例或其他实施本公约要求之措施的项目清单。

海事劳工证书的有效性应取决于主管当局或主管当局为此目的而正式授权的认可组织所进行的一次中期检查,以确保持续符合实施本公约的国家要求。如果仅开展一次中期检查且证书的有效期为5年,该检查应安排在证书的第二和第三个周年日之间。中期检查的范围和深度应与证书换证检查相同。在中期检查通过后应对证书进行签注。

海事劳工符合声明应附在海事劳工证书之后。声明应有两个部分,第Ⅰ部分应由主管当局编制,第Ⅱ部分应船东编制并应明确所采取的确保在两次检验之间持续符合国内要求的措施和为确保不断改进而建议的措施。

(2)港口国的责任:使各成员国能够履行本公约关于在外国船舶上实施和执行公约标准方面进行国际合作的责任

港口国授权官员可要求到港船舶出示海事劳工证书和海事劳工符合声明,如发现下述问题,可以进行更详细的检查,以确定船上的工作和生活条件:

①未出示或未持有所要求的证书,或持有虚假证书或所出示的证书未包含本公约所要求的信息或在其他方面无效。

②有明确理由相信该船舶上的工作和生活条件不符合本公约的要求。

③有合理的理由相信该船舶出于逃避符合本公约之目的而变更船旗。

④有投诉指控船舶上的具体工作和生活条件不符合本公约的要求。

如果在更详细检查后发现船上的工作和生活条件不符合本公约的要求,授权官员应立即请该船的船长注意这些缺陷并提出纠正这些缺陷的截止日期要求。如果授权官员认为这些缺陷为重大缺陷,或者这些缺陷涉及投诉,授权官员应提请开展检查所在成员国的适当海员和船东组织注意这些缺陷,并且可以通知船旗国的代表,并向下一挂靠港口的主管当局提供有关信息。

如果授权官员进行更详细的检查后发现船舶不符合本公约的要求,并且船上条件明显危害海员的安全、健康或保安,或不符合有关要求的情况构成对本公约要求(包括海员权利)的严重或屡次违反,授权官员应采取措施确保只有在所有不符合情况得到纠正后,或者直到授权官员接受了纠正不符合情况的行动计划并认为该计划将会得到迅速实施后才允许船舶开航。如果船舶被禁止开航,授权官员应立即将有关情况通知船旗国并请船旗国的代表到场,若可能,要求船旗国在规定的期限内答复。授权官员还应立即通知开展检查所在港口国的适当船东和海员组织。

第三节 国际卫生条例

《国际卫生条例》(International Health Regulations,简称 IHR)是一部具有普遍约束力的国际卫生法,中华人民共和国是 IHR 的缔约国。目前实施的是 IHR2005,由第58届世界卫生大会于2005年5月通过,已于2007年6月15日生效。

一、IHR 的产生与发展

14 世纪,欧亚两洲发生鼠疫大流行,南亚死亡 1 300 余万人,欧洲死亡 2 500 余万人,由此,在 1374 年,在意大利的威尼斯建立了世界第一个检疫站,颁布了第一部检疫规章,即海员管理规定,该规定很大程度上限制了疾病的传播。

19 世纪以来,西方商品迅速发展,国际交通往来迅猛增加,同时,鼠疫、霍乱、天花、黄热病等烈性传染病广泛流行。既往的检疫规章已经不能适应现有的情况,许多国家为防御瘟疫的传播蔓延,相继采取检疫措施,制定检疫法规,并从地区性的协调逐渐发展到国际间的合作。第一次国际卫生会议于 1851 年在巴黎召开,制定了世界第一个地区性《国际卫生公约》。

随着社会及疾病的发展,《国际卫生公约》也逐渐发展。1866 年土耳其君士坦丁堡会议和 1874 年维也纳会议,针对当时霍乱历经四次世界性大流行,重点提出防止霍乱国际间传播的措施;同时将鼠疫、黄热病并列为国际检疫传染病,建立了国际流行病委员会;1892 年意大利国际卫生会议制定了船只通过苏伊士运河检疫办法;1893 年德里斯顿(德国)国际卫生会议,专门研究了防止东方(印度等国)鼠疫传入欧洲的检疫措施;1897 年维也纳会议强制要求各国电报报告鼠疫首发病例;1903 年巴黎第 11 次国际卫生会议,修订国际卫生检疫城市 184 条,船舶除鼠;1912 年巴黎第 12 次国际卫生会议中形成的《国际卫生公约》文本,将霍乱、鼠疫、黄热病定为国际检疫传染病;1924 年布鲁塞尔 24 国会议,设立海港性病防治机构;1926 年巴黎第 13 次国际卫生会议,37 个国家参加,正式通过了《国际卫生公约》,共 172 条,增加天花、斑疹伤寒为国际检疫传染病,中国也出席了该会议,签订了该公约;1933 年荷兰海牙 22 国会议制定国际航空卫生公约,加强机场的卫生管理。

随后,《国际卫生公约》继续发展,逐渐形成《国际卫生条例》。1944 年修订的《国际卫生公约》,提出货物、行李检查和移民与边境检疫等事项;1946 年在纽约签订了世界卫生大会组织宪章,共 21 条,制定检疫规章,成立检疫专家委员会;1948 年第 1 届世界卫生大会起草了《国际公共卫生条例》;1951 年第 4 届世界卫生大会通过了《国际公共卫生条例》。确立《国际公共卫生条例》的目的是最大限度防止疾病在国际的传播,同时又尽可能小地干扰世界交通运输;1969 年 22 届世界卫生大会对《国际公共卫生条例》进行了修改、充实,并改称为《国际卫生条例》(IHR);1973 年和 1981 年先后对 IHR 进行修改、补充,修改后的条例,强调了流行病学监测和传染病控制,旨在加强流行病学的监测手段在国际间的运用,以尽早发现或扑灭传染源,改善港口、机场及其周围的环境卫生,防止媒介扩散,并且鼓励各国卫生当局重视流行病学调查,减少疾病入侵的危险。

《国际卫生条例》的产生,为人类社会应对疾病的挑战发挥了重要的作用,但是,随着时间的推移,尤其是在科学技术高速发展的今天,《国际卫生条例》已难以适应新形式的挑战,比如说原 IHR(1969 年)主要规定鼠疫、霍乱、黄热病三种传染病的国境卫生检疫措施和相关技术文件。但是,近 30 年来,由于国际疾病谱发生了巨大变化,新发传染病不断发现,人类对卫生需求不断增加,卫生检疫内容不断延伸,尤其是 20 世纪后期,全球化进程加速,人员和物资的国际流动快速、频繁,疾病国际传播的风险大大增加,原有的 IHR 条款不足以调整卫生检疫关系,规范法律关系主体的行为。为此,各国根据本国的实际情况,尤其针对新出现的传染病开展卫生检疫工作,制定了各自的法规、规定。这种现象导致在卫生检疫措施上各国存在较大差异,国际卫生检疫秩序比较混乱的局面,反映出原 IHR 与国际卫生状况不相适应,不能满足实际需要。因此,为了应对新发传染病的出现和国际间传播,1995 年召开的世界卫生组织(WHO)第 48 届世界卫生大会通过了关于对《国际卫生条例》进行实质性修订的决议。而 2003 年以来 SARS 和人禽流感疫情的爆发流行增加了修订《国际卫生条例》的紧迫性,国际社会也因此呼吁扩大《国际卫生条例》的使用范围。2003 年召开的第 56 届世界卫生大会作为紧急事项讨论了《国际卫生条例》的修订问题,并要求 WHO 秘书处加快修订工作的进程。为此,WHO 加速了修订 IHR 的工作。

2004 年 1 月和 9 月,WHO 先后两次提出 IHR 修订草稿,广泛征求各成员国意见;2004 年 3 月至 2005 年 5 月,WHO 先后召开各区域会议和两次政府间工作组会议,磋商修订 IHR,审议修改《国际卫生条例》修订草案文本。2005 年 5 月,第 58 届世界卫生大会通过了 IHR 的修订,于 2007 年 6 月 15 日生效。

二、IHR 2005 的主要内容

(一)目的、范围、原则和责任当局

1. 目的和范围

本条例的目的和范围是以针对公共卫生危害,同时又避免对国际交通和贸易造成不必要干扰的适当方式预防、抵御和控制疾病的国际传播,并提供公共卫生应对措施。

2. 原则

(1)本条例的执行应充分尊重人的尊严、人权和基本自由。

(2)本条例应在联合国宪章和世界卫生组织《组织法》的指导之下执行。

(3)本条例的执行应以其广泛用以保护世界上所有人民不受疾病国际传播之害的目标为指导。

(4)根据联合国宪章和国际法的原则,国家具有主权权利根据其卫生政策立法和实施法规。在这样做时,它们应遵循本条例的目的。

3. 责任当局

(1)每个缔约国应当指定或建立《国际卫生条例》国家归口单位以及在各自管辖行政范围内负责按本条例实施卫生措施的当局。

(2)《国际卫生条例》国家归口单位应随时能够同根据相关条款设立的 WHO《国际卫生条例》联络点保持联系。《国际卫生条例》国家归口单位的职责应该包括:

①代表有关缔约国同 WHO《国际卫生条例》联络点就有关本条例实施的紧急情况进行沟通。

②向有关缔约国的相关行政管理部门传播信息,并汇总反馈意见,其中包括负责监测和报告的部门、入境口岸、公共卫生服务机构、诊所、医院和其他政府机构。

(3)WHO 应当指定《国际卫生条例》联络点,后者应与《国际卫生条例》国家归口单位随时保持联系。WHO《国际卫生条例》联络点应将本条例的执行情况及时分送有关缔约国的《国际卫生条例》国家归口单位。WHO《国际卫生条例》联络点可由 WHO 在本组织总部或区域一级任命。

(4)缔约国应当向 WHO 提供本国《国际卫生条例》国家归口单位的详细联系方式,同时 WHO 应当向缔约国提供 WHO《国际卫生条例》联络点的详细联系方式。以上联系细节应不断更新并每年予以确认。WHO 应当让所有缔约国了解 WHO 按本条规定所收到的《国际卫生

条例》国家归口单位的联系细节。

（二）入境口岸

1. 总职责

除本条例规定的其他职责外，每个缔约国应当：

（1）确保规定的指定入境口岸的能力在规定的期限内得到加强。

（2）确定负责本国领土上每个指定入境口岸的主管当局。

（3）当为应对特定的潜在公共卫生危害提出要求时，尽量切实可行地向WHO提供有关入境口岸感染或污染源（包括媒介和宿主）的相关资料，因此类感染或污染有可能导致疾病的国际传播。

2. 机场和港口

（1）缔约国应当指定理应加强规定的能力的机场和港口。

（2）缔约国应当确保：根据要求和示范格式签发船舶免予卫生控制证书和船舶卫生控制证书。

（3）每个缔约国应当向WHO寄送被授予以下权限的港口名单：签发船舶卫生控制证书和提供附件提及的服务；或只签发船舶免予卫生控制证书；以及延长船舶免予卫生控制证书一个月，直至船舶抵达可能收到证书的港口。每个缔约国应当将列入名单的港口情况可能发生的任何改变通知WHO。WHO应当公布根据本款收到的信息。

（4）在有关缔约国的要求下，WHO可以在经适当调查后设法证明：在其领土上的机场或港口符合上述第（1）、（3）款的要求。以上证明材料可由WHO在与缔约国协商下定期审核。

（5）WHO在与相关政府间组织和国际机构的合作下，应当制定和公布按本条规定为机场和港口颁发证书的准则。WHO还应该发布经认证的机场和港口的清单。

（三）公共卫生措施

1. 总则

①遵循适用的国际协议和本条例各有关条款，缔约国出于公共卫生目的可要求在到达或离开时

a. 对旅行者：了解有关该旅行者旅行目的地的情况，以便与其取得联系；了解有关该旅行者旅行路线以确认到达前是否在受染地区或其附近进行过旅行或可能接触感染或污染，以及检查旅行者的健康文件；进行能够实现公共卫生目标的干扰性最小的非创伤性医学检查。

b. 对行李、货物、集装箱、交通工具、物品、邮包和骸骨进行检查。

②如通过规定的措施或通过其他手段取得的证据表明存在公共卫生危害，缔约国尤其对嫌疑或受染旅行者可在个别情况个别处理的基础上，按本条例采取能够实现防范疾病国际传播的公共卫生目标的干扰性和创伤性最小的医学检查等额外卫生措施。

③根据缔约国的法律和国际义务，未经旅行者本人或其父母或监护人的事先知情同意，一般不得进行本条例规定的医学检查、疫苗接种、预防或卫生措施。

④根据缔约国的法律和国际义务，按本条例接种疫苗或接受预防措施的旅行者本人或其父母或监护人应当被告知接种或不接种疫苗以及采用或不采用预防措施引起的任何风险。缔约国应当根据该国的法律将此要求通知医生。

⑤对旅行者实行或施行涉及疾病传播危险的任何医学检查、医学操作、疫苗接种或其他预

防措施时,必须根据既定的国家或国际安全准则和标准,以尽量减少这种危险。

2.对交通工具和交通工具运营者的特别条款

(1)交通工具运营者

缔约国应当采取符合本条例的一切可行措施,确保交通工具运营者:遵守WHO建议并经缔约国采纳的卫生措施;告知旅行者WHO建议并经缔约国采纳的舱内卫生措施;并经常保持所负责的交通工具无感染或污染源状态。如果发现有感染或污染源的证据,需要采取相应的控制措施。

(2)国境船舶和飞机

除另有规定或经适用的国际协议授权之外,缔约国对以下情况不得采取卫生措施:

①不是来自受染地区、在前往另一国家领土港口的途中经过该缔约国领土的沿海运河或航道的船舶。在主管当局监督下应当允许任何此类船舶添加燃料、水、食物和供应品。

②通过该缔约国管辖的航道、但不在港口或沿岸停靠的任何船舶。

③在该缔约国管辖的机场过境的飞机,但可限制飞机停靠在机场的特定区域,不得上下人员和装卸货物。然而,在主管当局监督下应当允许任何此类飞机添加燃料、水、食物和供应品。

(3)受染交通工具

①如果根据公共卫生危害的事实和证据发现交通工具舱内存在着临床迹象或症状和情况,主管当局应当认为该交通工具受染,并可:

a.对交通工具进行适宜的消毒、除污、除虫或灭鼠,或使上述措施在其监督下进行。

b.结合每个具体情况决定所采取的技术,以保证按本条例的规定充分控制公共卫生危害。若WHO为此程序有建议的方法或材料,应予以采用,除非主管当局认为其他方法也同样安全和可靠。

主管当局可执行补充卫生措施,包括必要时隔离交通工具,以预防疾病传播。应该向《国际卫生条例》国家归口单位报告这类补充措施。

②如果入境口岸的主管当局不具备执行本条例要求的控制措施的实力,受染交通工具在符合以下条件的情况下可允许离港:

a.主管当局应当在离港之际向下一个已知入境口岸的主管当局提供相关的信息。

b.如为船舶,则在船舶卫生控制证书中应当注明所发现的证据和需要采取的控制措施。应当允许任何此类船舶在主管当局监督下添加燃料、水、食品和供应品。

③主管当局对以下情况表示满意时,曾被认为受染的交通工具应不再被如是对待:本条第①款规定的措施已得到有效执行;以及舱内无构成公共卫生危害的情况。

(4)入境口岸的船舶和飞机

①除适用的本条例条款或国际协议另有规定之外,不应当因公共卫生原因而阻止船舶或飞机在任何入境口岸停靠。但是,如果入境口岸不具备执行本条例规定的卫生措施的能力,可命令船舶或飞机在自担风险的情况下驶往可到达的最近适宜入境口岸,除非该船舶或飞机有会使更改航程不安全的操作问题。

②除适用的本条例条款或国际协议另有规定之外,缔约国不应当出于公共卫生理由拒绝授予船舶或飞机"无疫通行";特别是不应当阻止它上下乘员、装卸货物或储备用品,或添加燃料、水、食品和供应品。缔约国可在授予"无疫通行"前进行检查,若舱内发现感染或污染源,则可要求进行必要的消毒、除污、灭虫或灭鼠,或者采取其他必要措施防止感染或污染传播。

③在可行的情况下,缔约国如根据船舶或飞机到达前收到的信息认为该船舶或飞机的到达不会引起或传播疾病,则应当通过无线通信或其他通信方式授予无疫。

④船舶的负责官员或飞机的机长或其代理在到达目的地港口或机场前,应当将舱内任何显示出某种传染病迹象的患病者的情况或存在公共卫生危害的证据尽早通知港口或机场管制部门。此信息必须立即告知港口或机场的主管当局。在紧急情况下,负责官员或机长应直接向有关港口或机场主管当局通报此类信息。

⑤如由于非飞机机长或船舶负责官员所能控制的原因,嫌疑受染或受染的飞机或船舶着陆或停泊于不是原定到达的机场或港口,则应当采取以下措施:

a.飞机机长或船舶负责官员或其他负责人应当尽一切努力立即与最近的主管当局联系。

b.主管当局一旦得知飞机着陆,可采取WHO建议的卫生措施或本条例规定的其他卫生措施。

c.除非出于紧急情况或与主管当局进行联系的需要,或得到主管当局的批准;否则搭乘飞机或船舶的旅客不得离开飞机或船舶附近,也不得从飞机或船舶附近移动货物。

d.在执行主管当局要求的所有卫生措施后,如果此类措施圆满完成,飞机或船舶可继续前往原定着陆或停泊的机场或港口,或如因技术原因不能在这里着陆或停泊,可前往位置方便的机场或港口。

⑥虽然有本条所含的条款,船舶的负责官员或飞机的机长可为了舱内旅客的健康和安全而采取认为必需的紧急措施。负责官员或机长应就按本款采取的任何措施尽早告知主管当局。

3.对货物、集装箱和集装箱装卸区的特别条款

(1)转口货物

除非另有规定或经适用的国际协议授权;否则除活的动物外,无须转运的转口货物不应当接受本条例规定的卫生措施或出于公共卫生目的而被扣留。

(2)集装箱和集装箱装卸区

①缔约国应当在可行的情况下确保集装箱托运人在国际航行中使用的集装箱保持无感染或污染源,特别是在打包过程中。

②缔约国应当在可行的情况下确保集装箱装卸区保持无感染或污染源。

③一旦缔约国认为国际集装箱装卸量非常繁重时,主管当局应当采取符合本条例的一切可行措施评估集装箱装卸区和集装箱的卫生状况,以确保本条例规定的义务得到履行。

④在可行的情况下,集装箱装卸区应配备检查和隔离集装箱的设施。

⑤如集装箱装卸区具有多种用途,集装箱托运人和受托人应当尽力避免交叉污染。

(四)卫生文件

1.一般规定

除本条例或WHO发布的建议所规定的卫生文件外,在国际航行中不应要求其他卫生文件,但本条不适用于寻求临时或长期居留的旅行者,也不适用于根据适用的国际协议有关国际贸易中物品或货物公共卫生状况的文件要求。主管当局可要求旅行者填写符合规定要求的通信地址表和关于旅行者健康情况的调查表。

2.疫苗接种或其他预防措施证书

(1)按本条例或建议对旅行者进行的疫苗接种或预防措施以及与此相关的证书应当符合

有关附件的规定,适用时应当符合附件有关特殊疾病的规定。

(2)除非主管当局有可证实的迹象和(或)证据表明疫苗接种或其他预防措施无效;否则持有与有关附件相符的疫苗接种或其他预防措施证书的旅行者不应当由于证明中提及的疾病而被拒绝入境,即使该旅行者来自受染地区。

3.海事健康申报单

(1)船长在到达缔约国领土的第一个停靠港口前应当查清船上的健康情况,而且除非缔约国不要求;否则船长应当在船舶到达后,或到达之前(如果船舶有此配备且缔约国要求事先提交),填写海事健康申报单,并提交给该港口的主管当局。如果带有船医,海事健康申报单则应当有后者的副签。

(2)船长或船医(如果有)应当提供主管当局所要求的有关国际航行中船上卫生状况的任何信息。

(3)海事健康申报单应当符合有关附件规定的示范格式。

(4)缔约国可决定:免予所有到港船舶提交海事健康申报单;或根据对来自受染地区的船舶的建议,要求提交海事健康申报单或要求可能携带感染或污染的船舶提交此文件。缔约国应当将以上要求通知船舶运营者或其代理。

4.船舶卫生证书

(1)船舶免于卫生控制措施证书和船舶卫生控制措施证书的有效期最长应为六个月。如果所要求的检查或控制措施不能在港口完成,此期限可延长一个月。

(2)如果未出示有效的船舶免于卫生控制措施证书或船舶卫生控制措施证书,或在舱内发现公共卫生危害的证据,缔约国可根据本条例的有关规定行事。

(3)本条提及的证书应当符合附件的示范格式。

(4)只要有可能,控制措施应当在船舶和船舱腾空时进行。如果船舶有压舱物,应在装货前进行。

(5)如需要进行控制措施,并圆满完成,主管当局应当签发船舶卫生控制措施证书,注明发现的证据和采取的控制措施。

(6)主管当局如对船舶无感染或污染状况表示满意,可在规定的任何港口签发船舶免于卫生控制措施证书。当船舶和船舱腾空时或只剩下压舱物或其他材料时,只有对船舶进行检查后一般才应签发证书。

(7)如果执行控制措施的港口主管当局认为,由于执行措施的条件有限,不可能取得满意的结果,主管当局应当在船舶卫生控制措施证书上如实注明。

第四节　我国劳动法的有关规定

为保护劳动者的合法权益,我国分别于 1994 年和 2007 年制定了两部国家法律,即《中华人民共和国劳动法》和《中华人民共和国劳动合同法》。

一、中华人民共和国劳动法

《中华人民共和国劳动法》(简称《劳动法》)于1994年7月5日经第八届全国人民代表大会常务委员会第八次会议通过,于1994年7月5日经中华人民共和国主席令第二十八号公布,自1995年1月1日起施行。其宗旨是为了保护劳动者的合法权益,调整劳动关系,建立和维护适应社会主义市场经济的劳动制度,促进经济发展和社会进步。

《劳动法》共107条,分为13章:总则、促进就业、劳动合同和集体合同、工作时间、工资、劳动安全卫生、女职工和未成年工特殊保护、职业培训、社会保险和福利、劳动争议、监督检查、法律责任和附则。现根据船员的职业需要择要介绍。其中,与劳动合同有关的内容将在本节第二部分"中华人民共和国劳动合同法"中介绍。

1. 总则

(1)为了保护劳动者的合法权益,调整劳动关系,建立和维护适应社会主义市场经济的劳动制度,促进经济发展和社会进步,根据宪法,制定本法。

(2)在中华人民共和国境内的企业、个体经济组织(以下统称用人单位)和与之形成劳动关系的劳动者,适用本法。国家机关、事业组织、社会团体和与之建立劳动合同关系的劳动者,依照本法执行。

(3)劳动者享有平等就业和选择职业的权利、取得劳动报酬的权利、休息休假的权利、获得劳动安全卫生保护的权利、接受职业技能培训的权利、享受社会保险和福利的权利、提请劳动争议处理的权利以及法律规定的其他劳动权利。劳动者应当完成劳动任务,提高职业技能,执行劳动安全卫生规程,遵守劳动纪律和职业道德。

(4)用人单位应当依法建立和完善规章制度,保障劳动者享有劳动权利和履行劳动义务。

(5)国家采取各种措施,促进劳动就业,发展职业教育,制定劳动标准,调节社会收入,完善社会保险,协调劳动关系,逐步提高劳动者的生活水平。

(6)国家提倡劳动者参加社会义务劳动,开展劳动竞赛和合理化建议活动,鼓励和保护劳动者进行科学研究、技术革新和发明创造,表彰和奖励劳动模范和先进工作者。

(7)劳动者有权依法参加和组织工会。工会代表维护劳动者的合法权益,依法独立自主地开展活动。

(8)劳动者依照法律规定,通过职工大会、职工代表大会或者其他形式,参与民主管理或者就保护劳动者合法权益与用人单位进行平等协商。

(9)国务院劳动行政部门主管全国劳动工作。县级以上地方人民政府劳动行政部门主管本行政区域内的劳动工作。

2. 工作时间

(1)国家实行劳动者每日工作时间不超过8小时、平均每周工作时间不超过44小时的工时制度。

(2)对实行计件工作的劳动者,用人单位应当根据本法第三十六条规定的工时制度合理确定其劳动定额和计件报酬标准。

(3)用人单位应当保证劳动者每周至少休息一日。

(4)企业因生产特点不能实行上述第(1)、(3)条规定的,经劳动行政部门批准,可以实行其他工作和休息办法。

(5)用人单位在下列节日期间应当依法安排劳动者休假:元旦;春节;国际劳动节;国庆节;法律、法规规定的其他休假节日。

(6)用人单位由于生产经营需要,经与工会和劳动者协商后可以延长工作时间,一般每日不得超过1小时;因特殊原因需要延长工作时间的,在保障劳动者身体健康的条件下延长工作时间每日不得超过3小时,但是每月不得超过36小时。

(7)有下列情形之一的,延长工作时间不受上述第(6)条规定的限制:发生自然灾害、事故或者因其他原因,威胁劳动者生命健康和财产安全,需要紧急处理的;生产设备、交通运输线路、公共设施发生故障,影响生产和公众利益,必须及时抢修的;法律、行政法规规定的其他情形。

(8)用人单位不得违反本法规定延长劳动者的工作时间。

(9)有下列情形之一的,用人单位应当按照下列标准支付高于劳动者正常工作时间工资的工资报酬:安排劳动者延长工作时间的,支付不低于工资的百分之一百五十的工资报酬;休息日安排劳动者工作又不能安排补休的,支付不低于工资的百分之二百的工资报酬;法定休假日安排劳动者工作的,支付不低于工资的百分之三百的工资报酬。

(10)国家实行带薪年休假制度。劳动者连续工作一年以上的,享受带薪年休假。具体办法由国务院规定。

3. 工资

(1)工资分配应当遵循按劳分配原则,实行同工同酬。工资水平在经济发展的基础上逐步提高。国家对工资总量实行宏观调控。

(2)用人单位根据本单位的生产经营特点和经济效益,依法自主确定本单位的工资分配方式和工资水平。

(3)国家实行最低工资保障制度。最低工资的具体标准由省、自治区、直辖市人民政府规定,报国务院备案。用人单位支付劳动者的工资不得低于当地最低工资标准。

(4)确定和调整最低工资标准应当综合参考下列因素:劳动者本人及平均赡养人口的最低生活费用;社会平均工资水平;劳动生产率;就业状况;地区之间经济发展水平的差异。

(5)工资应当以货币形式按月支付给劳动者本人。不得克扣或者无故拖欠劳动者的工资。

(6)劳动者在法定休假日和婚丧假期间以及依法参加社会活动期间,用人单位应当依法支付工资。

4. 社会保险和福利

(1)国家发展社会保险事业,建立社会保险制度,设立社会保险基金,使劳动者在年老、患病、工伤、失业、生育等情况下获得帮助和补偿。

(2)社会保险水平应当与社会经济发展水平和社会承受能力相适应。

(3)社会保险基金按照保险类型确定资金来源,逐步实行社会统筹。用人单位和劳动者必须依法参加社会保险,缴纳社会保险费。

(4)劳动者在下列情形下,依法享受社会保险待遇:退休;患病、负伤;因工伤残或者患职业病;失业;生育。劳动者死亡后,其遗属依法享受遗属津贴。劳动者享受社会保险待遇的条件和标准由法律、法规规定。劳动者享受的社会保险金必须按时足额支付。

(5)社会保险基金经办机构依照法律规定收支、管理和运营社会保险基金,并负有使社会保险基金保值增值的责任。社会保险基金监督机构依照法律规定,对社会保险基金的收支、管理和运营实施监督。社会保险基金经办机构和社会保险基金监督机构的设立和职能由法律规定。任何组织和个人不得挪用社会保险基金。

(6)国家鼓励用人单位根据本单位实际情况为劳动者建立补充保险。国家提倡劳动者个人进行储蓄性保险。

(7)国家发展社会福利事业,兴建公共福利设施,为劳动者休息、休养和疗养提供条件。用人单位应当创造条件,改善集体福利,提高劳动者的福利待遇。

5.劳动争议

(1)用人单位与劳动者发生劳动争议,当事人可以依法申请调解、仲裁、提起诉讼,也可以协商解决。调解原则适用于仲裁和诉讼程序。

(2)解决劳动争议,应当根据合法、公正、及时处理的原则,依法维护劳动争议当事人的合法权益。

(3)劳动争议发生后,当事人可以向本单位劳动争议调解委员会申请调解;调解不成,当事人一方要求仲裁的,可以向劳动争议仲裁委员会申请仲裁。当事人一方也可以直接向劳动争议仲裁委员会申请仲裁。对仲裁裁决不服的,可以向人民法院提起诉讼。

(4)在用人单位内,可以设立劳动争议调解委员会。劳动争议调解委员会由职工代表、用人单位代表和工会代表组成。劳动争议调解委员会主任由工会代表担任。劳动争议经调解达成协议的,当事人应当履行。

(5)劳动争议仲裁委员会由劳动行政部门代表、同级工会代表、用人单位方面的代表组成。劳动争议仲裁委员会主任由劳动行政部门代表担任。

(6)提出仲裁要求的一方应当自劳动争议发生之日起60日内向劳动争议仲裁委员会提出书面申请。仲裁裁决一般应在收到仲裁申请的60日内作出。对仲裁裁决无异议的,当事人必须履行。

(7)劳动争议当事人对仲裁裁决不服的,可以自收到仲裁裁决书之日起十五日内向人民法院提起诉讼。一方当事人在法定期限内不起诉又不履行仲裁裁决的,另一方当事人可以申请人民法院强制执行。

(8)因签订集体合同发生争议,当事人协商解决不成的,当地人民政府劳动行政部门可以组织有关各方协调处理。因履行集体合同发生争议,当事人协商解决不成的,可以向劳动争议仲裁委员会申请仲裁;对仲裁裁决不服的,可以自收到仲裁裁决书之日起15日内向人民法院提出诉讼。

二、中华人民共和国劳动合同法

《中华人民共和国劳动合同法》(简称《劳动合同法》)由第十届全国人民代表大会常务委员会第二十八次会议于2007年6月29日修订通过,经中华人民共和国主席令第六十五号公布,自2008年1月1日起施行。其宗旨是为了完善劳动合同制度,明确劳动合同双方当事人的权利和义务,保护劳动者的合法权益,构建和发展和谐稳定的劳动关系。《劳动合同法》于2012年12月28日经第十一届全国人民代表大会常务委员会第三十次会议《关于修改〈中华人民共和国劳动合同法〉的决定》修正。

《劳动合同法》共98条,分为8章:总则、劳动合同的订立、劳动合同的履行和变更、劳动合同的解除和终止、特别规定(集体合同、劳务派遣和非全日制用工)、监督检查、法律责任和附则。这是自《劳动法》颁布实施以来,我国劳动和社会保障法制建设中的又一个里程碑,对促进社会主义和谐社会的建设具有十分重要的意义。现根据船员的职业需要择要介绍。

1. 总则

(1)为了完善劳动合同制度,明确劳动合同双方当事人的权利和义务,保护劳动者的合法权益,构建和发展和谐稳定的劳动关系,制定本法。

(2)中华人民共和国境内的企业、个体经济组织、民办非企业单位等组织(以下称用人单位)与劳动者建立劳动关系,订立、履行、变更、解除或者终止劳动合同,适用本法。国家机关、事业单位、社会团体和与其建立劳动关系的劳动者,订立、履行、变更、解除或者终止劳动合同,依照本法执行。

(3)订立劳动合同,应当遵循合法、公平、平等自愿、协商一致、诚实信用的原则。依法订立的劳动合同具有约束力,用人单位与劳动者应当履行劳动合同约定的义务。

(4)用人单位应当依法建立和完善劳动规章制度,保障劳动者享有劳动权利、履行劳动义务。用人单位在制定、修改或者决定有关劳动报酬、工作时间、休息休假、劳动安全卫生、保险福利、职工培训、劳动纪律以及劳动定额管理等直接涉及劳动者切身利益的规章制度或者重大事项时,应当经职工代表大会或者全体职工讨论,提出方案和意见,与工会或者职工代表平等协商确定。在规章制度和重大事项决定实施过程中,工会或者职工认为不适当的,有权向用人单位提出,通过协商予以修改完善。用人单位应当将直接涉及劳动者切身利益的规章制度和重大事项决定公示,或者告知劳动者。

(5)县级以上人民政府劳动行政部门会同工会和企业方面代表,建立健全协调劳动关系三方机制,共同研究解决有关劳动关系的重大问题。

(6)工会应当帮助、指导劳动者与用人单位依法订立和履行劳动合同,并与用人单位建立集体协商机制,维护劳动者的合法权益。

2. 劳动合同的订立

(1)用人单位自用工之日起即与劳动者建立劳动关系。

(2)用人单位招用劳动者时,应当如实告知劳动者工作内容、工作条件、工作地点、职业危害、安全生产状况、劳动报酬,以及劳动者要求了解的其他情况;用人单位有权了解劳动者与劳动合同直接相关的基本情况,劳动者应当如实说明。

(3)用人单位招用劳动者,不得扣押劳动者的居民身份证和其他证件,不得要求劳动者提供担保或者以其他名义向劳动者收取财物。

(4)建立劳动关系,应当订立书面劳动合同。已建立劳动关系,未同时订立书面劳动合同的,应当自用工之日起一个月内订立书面劳动合同。用人单位与劳动者在用工前订立劳动合同的,劳动关系自用工之日起建立。

(5)用人单位未在用工的同时订立书面劳动合同,与劳动者约定的劳动报酬不明确的,新招用的劳动者的劳动报酬按照集体合同规定的标准执行;没有集体合同或者集体合同未规定的,实行同工同酬。

(6)劳动合同分为固定期限劳动合同、无固定期限劳动合同和以完成一定工作任务为期限的劳动合同。固定期限劳动合同,是指用人单位与劳动者约定合同终止时间的劳动合同;无固定期限劳动合同,是指用人单位与劳动者约定无确定终止时间的劳动合同;以完成一定工作任务为期限的劳动合同,是指用人单位与劳动者约定以某项工作的完成为合同期限的劳动合同。

(7)劳动合同由用人单位与劳动者协商一致,并经用人单位与劳动者在劳动合同文本上签字或者盖章生效。劳动合同文本由用人单位和劳动者各执一份。

(8)劳动合同应当具备以下条款:用人单位的名称、住所和法定代表人或者主要负责人;劳动者的姓名、住址和居民身份证或者其他有效身份证件号码;劳动合同期限;工作内容和工作地点;工作时间和休息休假;劳动报酬;社会保险;劳动保护、劳动条件和职业危害防护;法律、法规规定应当纳入劳动合同的其他事项。劳动合同除前款规定的必备条款外,用人单位与劳动者可以约定试用期、培训、保守秘密、补充保险和福利待遇等其他事项。

(9)劳动合同期限3个月以上不满一年的,试用期不得超过一个月;劳动合同期限一年以上不满3年的,试用期不得超过2个月;3年以上固定期限和无固定期限的劳动合同,试用期不得超过6个月。同一用人单位与同一劳动者只能约定一次试用期。以完成一定工作任务为期限的劳动合同或者劳动合同期限不满3个月的,不得约定试用期。试用期包含在劳动合同期限内。劳动合同仅约定试用期的,试用期不成立,该期限为劳动合同期限。

(10)劳动者在试用期的工资不得低于本单位相同岗位最低档工资或者劳动合同约定工资的百分之八十,并不得低于用人单位所在地的最低工资标准。

3.劳动合同的履行和变更

(1)用人单位与劳动者应当按照劳动合同的约定,全面履行各自的义务。

(2)用人单位应当按照劳动合同约定和国家规定,向劳动者及时足额支付劳动报酬。用人单位拖欠或者未足额支付劳动报酬的,劳动者可以依法向当地人民法院申请支付令,人民法院应当依法发出支付令。

(3)用人单位应当严格执行劳动定额标准,不得强迫或者变相强迫劳动者加班。用人单位安排加班的,应当按照国家有关规定向劳动者支付加班费。

(4)劳动者拒绝用人单位管理人员违章指挥、强令冒险作业的,不视为违反劳动合同。劳动者对危害生命安全和身体健康的劳动条件,有权对用人单位提出批评、检举和控告。

(5)用人单位变更名称、法定代表人、主要负责人或者投资人等事项,不影响劳动合同的履行。

(6)用人单位发生合并或者分立等情况,原劳动合同继续有效,劳动合同由承继其权利和义务的用人单位继续履行。

(7)用人单位与劳动者协商一致,可以变更劳动合同约定的内容。变更劳动合同,应当采用书面形式。变更后的劳动合同文本由用人单位和劳动者各执一份。

4.劳动合同的解除和终止

(1)用人单位与劳动者协商一致,可以解除劳动合同。

(2)劳动者提前30日以书面形式通知用人单位,可以解除劳动合同。劳动者在试用期内提前三日通知用人单位,可以解除劳动合同。

(3)用人单位有下列情形之一的,劳动者可以解除劳动合同:未按照劳动合同约定提供劳动保护或者劳动条件的;未及时足额支付劳动报酬的;未依法为劳动者缴纳社会保险费的;用人单位的规章制度违反法律、法规的规定,损害劳动者权益的;因以欺诈、胁迫的手段或者乘人之危,使对方在违背真实意思的情况下订立或者变更劳动合同而致使劳动合同无效的;法律、行政法规规定劳动者可以解除劳动合同的其他情形。用人单位以暴力、威胁或者非法限制人身自由的手段强迫劳动者劳动的,或者用人单位违章指挥、强令冒险作业危及劳动者人身安全的,劳动者可以立即解除劳动合同,不需事先告知用人单位。

(4)劳动者有下列情形之一的,用人单位可以解除劳动合同:在试用期间被证明不符合录用条件的;严重违反用人单位的规章制度的;严重失职,营私舞弊,给用人单位造成重大损害的;劳动者同时与其他用人单位建立劳动关系,对完成本单位的工作任务造成严重影响,或者经用人单位提出,拒不改正的;因以欺诈、胁迫的手段或者乘人之危,使对方在违背真实意思的情况下订立或者变更劳动合同而致使劳动合同无效的;被依法追究刑事责任的。

(5)有下列情形之一的,用人单位提前30日以书面形式通知劳动者本人或者额外支付劳动者一个月工资后,可以解除劳动合同:劳动者患病或者非因工负伤,在规定的医疗期满后不能从事原工作,也不能从事由用人单位另行安排的工作的;劳动者不能胜任工作,经过培训或者调整工作岗位,仍不能胜任工作的;劳动合同订立时所依据的客观情况发生重大变化,致使劳动合同无法履行,经用人单位与劳动者协商,未能就变更劳动合同内容达成协议的。

(6)有下列情形之一,需要裁减人员二十人以上或者裁减不足二十人但占企业职工总数百分之十以上的,用人单位提前三十日向工会或者全体职工说明情况,听取工会或者职工的意见后,裁减人员方案经向劳动行政部门报告,可以裁减人员:依照企业破产法规定进行重整的;生产经营发生严重困难的;企业转产、重大技术革新或者经营方式调整,经变更劳动合同后,仍需裁减人员的;其他因劳动合同订立时所依据的客观经济情况发生重大变化,致使劳动合同无法履行的。

裁减人员时,应当优先留用下列人员:与本单位订立较长期限的固定期限劳动合同的;与本单位订立无固定期限劳动合同的;家庭无其他就业人员,有需要扶养的老人或者未成年人的。

用人单位依照本条规定裁减人员,在6个月内重新招用人员的,应当通知被裁减的人员,并在同等条件下优先招用被裁减的人员。

(7)劳动者有下列情形之一的,用人单位不得以上述(5)、(6)条的规定解除劳动合同:从事接触职业病危害作业的劳动者未进行离岗前职业健康检查,或者疑似职业病病人在诊断或者医学观察期间的;在本单位患职业病或者因工负伤并被确认丧失或者部分丧失劳动能力的;患病或者非因工负伤,在规定的医疗期内的;女职工在孕期、产期、哺乳期的;在本单位连续工作满15年,且距法定退休年龄不足五年的;法律、行政法规规定的其他情形。

(8)用人单位单方解除劳动合同,应当事先将理由通知工会。用人单位违反法律、行政法规规定或者劳动合同约定的,工会有权要求用人单位纠正。用人单位应当研究工会的意见,并将处理结果书面通知工会。

(9)有下列情形之一的,劳动合同终止:劳动合同期满的;劳动者开始依法享受基本养老保险待遇的;劳动者死亡,或者被人民法院宣告死亡或者宣告失踪的;用人单位被依法宣告破产的;用人单位被吊销营业执照、责令关闭、撤销或者用人单位决定提前解散的;法律、行政法规规定的其他情形。

(10)劳动合同期满,有上述第(7)条规定情形之一的,劳动合同应当续延至相应的情形消失时终止。

5.特别规定——劳务派遣

(1)经营劳务派遣业务应当具备下列条件:注册资本不得少于人民币200万元;有与开展业务相适应的固定的经营场所和设施;有符合法律、行政法规规定的劳务派遣管理制度;法律、行政法规规定的其他条件。

经营劳务派遣业务,应当向劳动行政部门依法申请行政许可;经许可的,依法办理相应的公司登记。未经许可,任何单位和个人不得经营劳务派遣业务。

(2)劳务派遣单位是本法所称用人单位,应当履行用人单位对劳动者的义务。劳务派遣单位与被派遣劳动者订立的劳动合同,除应当载明本法规定的常规事项外,还应当载明被派遣劳动者的用工单位以及派遣期限、工作岗位等情况。

劳务派遣单位应当与被派遣劳动者订立2年以上的固定期限劳动合同,按月支付劳动报酬;被派遣劳动者在无工作期间,劳务派遣单位应当按照所在地人民政府规定的最低工资标准,向其按月支付报酬。

(3)劳务派遣单位派遣劳动者应当与接受以劳务派遣形式用工的单位(以下称用工单位)订立劳务派遣协议。劳务派遣协议应当约定派遣岗位和人员数量、派遣期限、劳动报酬和社会保险费的数额与支付方式以及违反协议的责任。

用工单位应当根据工作岗位的实际需要与劳务派遣单位确定派遣期限,不得将连续用工期限分割订立数个短期劳务派遣协议。

(4)劳务派遣单位应当将劳务派遣协议的内容告知被派遣劳动者。劳务派遣单位不得克扣用工单位按照劳务派遣协议支付给被派遣劳动者的劳动报酬。劳务派遣单位和用工单位不得向被派遣劳动者收取费用。

(5)劳务派遣单位跨地区派遣劳动者的,被派遣劳动者享有的劳动报酬和劳动条件,按照用工单位所在地的标准执行。

(6)用工单位应当履行下列义务:执行国家劳动标准,提供相应的劳动条件和劳动保护;告知被派遣劳动者的工作要求和劳动报酬;支付加班费、绩效奖金,提供与工作岗位相关的福利待遇;对在岗被派遣劳动者进行工作岗位所必需的培训;连续用工的,实行正常的工资调整机制。用工单位不得将被派遣劳动者再派遣到其他用人单位。

(7)被派遣劳动者享有与用工单位的劳动者同工同酬的权利。用工单位应当按照同工同酬原则,对被派遣劳动者与本单位同类岗位的劳动者实行相同的劳动报酬分配办法。用工单位无同类岗位劳动者的,参照用工单位所在地相同或者相近岗位劳动者的劳动报酬确定。劳务派遣单位与被派遣劳动者订立的劳动合同和与用工单位订立的劳务派遣协议,载明或者约定的向被派遣劳动者支付的劳动报酬应当符合上述规定。

(8)被派遣劳动者有权在劳务派遣单位或者用工单位依法参加或者组织工会,维护自身的合法权益。

(9)被派遣劳动者可以依照本法有关规定与劳务派遣单位解除劳动合同。被派遣劳动者有用人单位可以解除劳动合同的情形的,用工单位可以将劳动者退回劳务派遣单位,劳务派遣单位依照本法有关规定,可以与劳动者解除劳动合同。

(10)劳动合同用工是我国的企业基本用工形式。劳务派遣用工是补充形式,只能在临时性、辅助性或者替代性的工作岗位上实施。临时性工作岗位是指存续时间不超过6个月的岗位;辅助性工作岗位是指为主营业务岗位提供服务的非主营业务岗位;替代性工作岗位是指用工单位的劳动者因脱产学习、休假等原因无法工作的一定期间内,可以由其他劳动者替代工作的岗位。

用工单位应当严格控制劳务派遣用工数量,不得超过其用工总量的一定比例,具体比例由国务院劳动行政部门规定。

(11)用人单位不得设立劳务派遣单位向本单位或者所属单位派遣劳动者。

第五节　我国海船船员管理相关法规

我国海船船员管理相关法规分别由国务院、交通运输部或国家海事局颁发,从而形成了国家、部、局三个层次的法规体系。其中,由国务院颁发的《中华人民共和国船员条例》是所有船员管理法规的上位法,是制定相关法规的基本依据。

一、中华人民共和国船员条例

为了加强船员管理,提高船员素质,维护船员的合法权益,保障水上交通安全,保护水域环境,中华人民共和国国务院于 2007 年 3 月 28 日在第 172 次常务会议上通过了《中华人民共和国船员条例》(以下简称《船员条例》),并于 2007 年 4 月 14 日经中华人民共和国国务院令第494 号公布,自 2007 年 9 月 1 日起施行。之后,《船员条例》经过了三次修订:2013 年 7 月 18日,根据国务院第 10 次常务会议通过的《国务院关于废止和修改部分行政法规的决定》进行了第一次修订;2013 年 12 月 7 日,根据国务院第 32 次常务会议通过的《国务院关于修改部分行政法规的决定》进行了第二次修订;2014 年 7 月 9 日,根据国务院第 54 次常务会议通过的《国务院关于修改部分行政法规的决定》进行了第三次修订。

(一)《船员条例》的适用范围和主管机关

《船员条例》共有 73 条,分为 8 章,分别为总则、船员注册和任职资格、船员职责、船员职业保障、船员培训和船员服务、监督检查、法律责任和附则。中华人民共和国境内的船员注册、任职、培训、职业保障以及提供船员服务等活动,适用本条例。

国务院交通主管部门(现指交通运输部)主管全国船员管理工作。国家海事管理机构(现指国家海事局)依照本条例负责统一实施船员管理工作。负责管理中央管辖水域的海事管理机构和负责管理其他水域的地方海事管理机构(以下统称海事管理机构),依照各自职责具体负责船员管理工作。

(二)《船员条例》的主要内容与意义

《船员条例》从提高船员素质、明确船员的职责、维护船员合法权益和保证船员有序流动等方面进行了规定。

1.提高船员素质

在提高船员素质方面,主要从四个方面进行了规定:

(1)建立了船员注册制度。

(2)建立了船员任职资格制度。

（3）建立了船员培训许可制度。

（4）明确了船员上船应当完成相应的专业培训、特殊培训和适任培训。

对于船员应当具备的条件，《船员条例》规定：年满18周岁（在船实习、见习人员年满16周岁）但不超过60周岁，符合船员健康要求，经过船员基本安全培训，并经海事管理机构考试合格的，可以申请领取船员服务簿，注册为船员。经依法注册的船员，满足了在船上工作的最低要求，可以在船上担任二水、机工、厨师等职务。但是，符合船员注册要求的船员，还不能满足参加航行和轮机值班等船员职务的要求。因此，《船员条例》对船长、大副、轮机长、大管轮等参加航行和轮机值班的船员，规定除必须取得船员注册外，还应当经过适任培训和特殊培训，具备相应的任职资历，有良好的任职表现和安全记录，并通过国家海事管理机构组织的船员任职考试，取得相应的船员适任证书。

2. 明确船员职责

在明确船员职责方面，主要从六个方面进行了规定：

（1）规定了船员应当携带有效的船员证书。

（2）规定了船员不得隐匿、篡改或者销毁有关船舶法定证书、文书。

（3）规定了船员应当遵守船舶的管理制度和值班规定。

（4）规定了船员应当参加船舶应急训练、演习，落实各项应急预防措施。

（5）规定了船员发现或者发生险情、事故或者保安事件以及影响航行安全的情况，应当及时报告，在不严重危及自身安全的情况下，尽力救助遇险人员。

（6）规定了船员不得利用船舶私载旅客、货物，不得携带违禁物品。

3. 维护船员合法权益

在维护船员合法权益方面，主要从七个方面进行了规定：

（1）明确了船员用人单位和船员应当按照国家有关规定参加工伤保险、医疗保险、养老保险、失业保险以及其他社会保险，并依法按时足额缴纳各项保险费用。

（2）明确了船员生活和工作的场所应当符合国家船舶检验规范中有关船员生活环境、作业安全和防护的要求。

（3）明确了船员服务机构向船员用人单位提供船舶配员服务时，应当督促船员用人单位与船员依法订立劳动合同。

（4）明确了船员用人单位应当根据船员职业的风险性、艰苦性、流动性等因素，向船员支付合理的工资，并按时足额发放给船员，任何单位和个人不得克扣船员的工资。

（5）明确了船员用人单位应当向在劳动合同有效期内的待派船员，支付不低于船员用人单位所在地人民政府公布的最低工资。

（6）明确了船员除享有国家法定的节假日外，还享有在船舶上每工作2个月不少于5日的年休假，船员用人单位应当向年休假期的船员，支付不低于船员在船服务期间平均工资的报酬。

（7）明确了船员要求遣返和选择遣返地点的权利。

4. 保证船员有序流动

在保证船员有序流动方面，主要从四个方面进行了规定：

（1）建立了船员服务许可制度。

（2）明确了船员服务机构应当建立船员档案，加强船舶配员管理，掌握船员的培训、任职资历、安全记录、健康状况等情况。

(3)明确了船员服务机构应当向社会公布服务项目和收费标准。

(4)明确了船员服务机构为船员提供服务,应当诚实守信,不得提供虚假信息,不得损害船员的合法权益。

二、中华人民共和国海船船员适任考试和发证规则

为了提高海船船员素质,保障海上人命和财产安全,保护海洋环境,根据《中华人民共和国海上交通安全法》《中华人民共和国船员条例》以及我国缔结或者加入的有关国际公约,中华人民共和国交通运输部于 2011 年 12 月 8 日经第 12 次部务会议通过了《中华人民共和国海船船员适任考试和发证规则》(简称《11 规则》),并于 2011 年 12 月 27 日经中华人民共和国交通运输部令 2011 年第 12 号公布。该规则自 2012 年 3 月 1 日起施行,2004 年 8 月 1 日由原交通部颁布的《中华人民共和国海船船员适任考试、评估和发证规则》(交通部令 2004 年第 6号)同时废止。2013 年 12 月 24 日,经中华人民共和国交通运输部令 2013 年第 18 号公布了《关于修改〈中华人民共和国海船船员适任考试和发证规则〉的决定》,对该规则进行了部分修改。

《11 规则》共有 64 条,分为 9 章,分别为总则、适任证书、适任考试、特免证明、承认签证、航运公司及相关机构的责任、监督管理、法律责任和附则。

(一)《11 规则》的适用范围和主管机关

本规则适用于为取得中华人民共和国海船船员适任证书(以下简称适任证书)而进行的考试以及适任证书,适任证书特免证明和外国适任证书承认签证的签发与管理。

国务院交通运输主管部门主管全国海船船员适任考试和发证工作。国家海事管理机构在国务院交通运输主管部门的领导下,对海船船员适任考试和发证工作进行统一管理。国家海事管理机构所属的各级海事管理机构按照国家海事管理机构确定的职责范围具体负责海船船员适任考试和发证工作。

(二)《11 规则》的主要内容

1. 适任证书

(1)适任证书的航区

持证人适任的航区分为无限航区和沿海航区,但无线电操作人员适任的航区分为 A1、A2、A3 和 A4 海区。

无限航区,是指海上任何通航水域,包括世界各国的开放港口和国际通航运河及河流;沿海航区,是指我国沿海的港口、内水和领海以及国家管辖的一切其他通航海域。

(2)适任证书的等级

①无限航区船长、驾驶员、轮机长和轮机员适任证书等级分为:一等适任证书,适用于 3 000 总吨及以上或者主推进动力装置 3 000 kW 及以上的船舶;二等适任证书,适用于 500 总吨及以上至 3 000 总吨或者主推进动力装置 750 kW 及以上至 3 000 kW 的船舶。

②沿海航区船长、驾驶员、轮机长和轮机员适任证书等级分为:一等适任证书,适用于 3 000总吨及以上或者主推进动力装置 3 000 kW 及以上的船舶;二等适任证书,适用于 500 总吨及以上至 3 000 总吨或者主推进动力装置 750 kW 及以上至 3 000 kW 的船舶;三等适任证

书,适用于未满 500 总吨或者主推进动力装置未满 750 kW 的船舶。

③高级值班水手、高级值班机工适任证书适用于 500 总吨及以上或者主推进动力装置 750 kW 及以上的船舶。

④无限航区值班水手、值班机工适任证书适用于 500 总吨及以上或者主推进动力装置 750 kW 及以上的船舶。

⑤沿海航区值班水手、值班机工适任证书分为二个等级:一等适任证书,适用于 500 总吨及以上或者主推进动力装置 750 kW 及以上的船舶;二等适任证书,适用于未满 500 总吨或者主推进动力装置未满 750 kW 的船舶。

⑥电子电气员和电子技工适任证书适用于主推进动力装置 750 kW 及以上的船舶。

⑦在拖船上任职的船长和甲板部船员所持适任证书等级与该拖船的主推进动力装置功率的等级相对应。

(3)船员职务

船员职务根据服务部门分为:

①船长。

②甲板部船员:大副、二副、三副、高级值班水手、值班水手,其中大副、二副、三副统称为驾驶员。

③轮机部船员:轮机长、大管轮、二管轮、三管轮、电子电气员、高级值班机工、值班机工、电子技工,其中大管轮、二管轮、三管轮统称为轮机员。

④无线电操作人员:一级无线电电子员、二级无线电电子员、通用操作员、限用操作员。

(4)适任证书与船员职务的对应关系

适任证书持有人应当在适任证书适用范围内担任职务或者担任低于适任证书适用范围的职务。但担任值班水手职务的船员必须持有值班水手或者高级值班水手适任证书,担任值班机工职务的船员必须持有值班机工或者高级值班机工适任证书。

(5)取得适任证书的条件

取得适任证书,应当具备下列条件:持有有效的船员服务簿;符合国家海事管理机构规定的海船船员任职岗位健康标准;完成本规则附件规定的适任培训;具备本规则附件规定的海上任职资历,并且任职表现和安全记录良好;通过相应的适任考试。

拟在油船、化学品船、液化气船、客船、高速船等特殊类型船舶上任职的船员,还应当完成相应的特殊培训,并取得培训合格证。

如表 11-1 所示为申请海船轮机长、轮机员适任证书的培训、海上任职资历和适任考试要求。

(6)适任证书的有效期

适任证书有效期不超过 5 年,有效期截止日期不超过持证人 65 周岁生日。

2.适任考试

(1)海船船员的适任考试包括理论考试和评估。理论考试以理论知识为主要考试内容,重点对海船船员专业知识的掌握和理解程度进行测试。评估通过对相应船舶、模拟器或者其他设备的操作,国际通用语言(一般指英语)听力测验与口试等方式,重点对海船船员专业知识综合运用、操作及应急等能力进行技能测评。

表 11-1　申请海船轮机长、轮机员适任证书的培训、海上任职资历和适任考试要求

申请职务	培训		海上任职资历		适任考试	特别规定
	基本安全和专业技能适任培训	岗位适任培训	海上服务资历	船上见习		
三管轮	完成基本安全培训、精通救生艇筏和救助艇培训、高级消防培训、精通急救培训、保安意识培训和负有指定保安职责船员的培训	完成相应的三管轮岗位适任培训	担任值班机工或者高级值班机工合计不少于18个月	在相应航区相应等级或者低一航区或者低一等级的船舶上，在合格的高级船员的指导下履行了不少于6个月的机舱值班职责	通过三管轮适任考试	未满750 kW 的船舶（特殊类型船舶除外），免除精通救生艇筏和救助艇培训、高级消防培训、精通急救培训
二管轮		免除	担任三管轮满18个月	免除	免除	
大管轮		完成相应的大管轮岗位适任培训	担任二管轮满12个月	在相应航区相应等级或者低一等级的船舶上完成不少于3个月的任职前船上见习	通过大管轮适任考试	
轮机长		完成相应的轮机长岗位适任培训	担任大管轮满18个月	在相应航区相应等级的船舶上完成不少于3个月的任职前船上见习	通过轮机长适任考试	

备注：

（1）表中"海上服务资历"一列中规定的海上服务资历须在参加岗位适任培训前取得，其中申请无限航区适任证书职务晋升所要求的海上服务资历至少有6个月是在无限航区的船舶上任职，其余时间可以在沿海航区的船舶上任职；轮机长和高级船员船上见习需在适任考试所有科目和项目全部通过后进行，并在船上见习记录簿中记载。

（2）正在接受航海类教育的学生和三管轮岗位适任培训的学员，可以在毕业或者结业前6个月内相应地申请参加值班机工适任考试，免于参加相应的值班机工岗位适任培训。

（3）接受航海类教育或者岗位适任培训的学员通过二/三管轮适任考试后，应当在相应航区相应等级或者低一航区或者低一等级的船舶上完成不少于12个月的船上见习，其中至少应当有6个月是在轮机长或者高级船员的指导下履行了机舱值班职责。

（2）适任考试科目、大纲由国家海事管理机构统一制定并公布。相关海事管理机构应当在职责范围内制定并公布适任考试具体计划，明确适任考试的时间、地点、申请程序等相关信息。

（3）适任考试有科目或者项目不及格的，可以在初次适任考试准考证签发之日起3年内申请5次补考。逾期不能通过全部适任考试的，所有适任考试成绩失效。适任考试成绩自全部理论考试和评估成绩均合格之日起5年内有效。

3. 法律责任

（1）以欺骗、贿赂等不正当手段取得适任证书、特免证明、承认签证的，由签发证书的海事管理机构或者其上级海事管理机构吊销有关证书,并处 2 000 元以上 2 万元以下的罚款。

(2)伪造、变造或者买卖适任证书、特免证明、承认签证的,由海事管理机构收缴有关证书,处 2 万元以上 10 万元以下罚款,有违法所得的,还应当没收违法所得。

(3)船员未在培训、见习记录簿内作出如实填写或者记载的,由海事管理机构处 1 000 元以上 1 万元以下罚款;情节严重的,并给予暂扣船员服务簿、船员适任证书 6 个月以上 2 年以下直至吊销船员服务簿、船员适任证书的处罚。

(4)因违反本规则或者其他水上交通安全法规的规定,被海事管理机构吊销适任证书的,自被吊销之日起 2 年内,不得申请适任证书。

三、中华人民共和国海船船员值班规则

为了规范海船船员值班,保障海上人命与财产安全,保护海洋环境,加强船舶保安管理,根据《中华人民共和国海上交通安全法》《中华人民共和国海洋环境保护法》和《中华人民共和国船员条例》,以及我国缔结或加入的有关国际公约要求,中华人民共和国交通运输部于 2012 年 11 月 27 日经第 9 次部务会议通过了《中华人民共和国海船船员值班规则》(简称《海船船员值班规则》),并于 2012 年 12 月 17 日经中华人民共和国交通运输部令 2012 年第 10 号公布。该规则自 2013 年 2 月 1 日起施行,1997 年 10 月 20 日交通部颁布的《中华人民共和国海船船员值班规则》(中华人民共和国交通部令 1997 年第 11 号)同时废止。

《海船船员值班规则》共有一百三十四条,分为十章,分别为总则,航次计划及值班一般要求,驾驶值班,轮机部航行值班,无线电值班,港内值班,驾驶、轮机联系制度,值班保障,法律责任和附则。

(一)《海船船员值班规则》的适用范围和主管机关

1.适用范围

100 总吨及以上中国籍海船的船员值班适用本规则,下列船舶除外:

(1)军用船舶。

(2)渔业船舶。

(3)游艇。

(4)构造简单的木质船。

2.主管机关

国家海事管理机构是实施本规则的主管机关。各级海事管理机构按照职责具体负责海船船员值班的监督管理工作。

航运公司应当根据本规则以及有关国际公约的要求编制《驾驶台规则》《机舱值班规则》等船舶值班规则,张贴在船舶各部门的易见之处,要求全体船员遵守执行,以保证船舶航行安全。

(二)《海船船员值班规则》中与轮机值班相关的要求

本节中所使用的"轮机值班",系指一个人或组成值班的一组人履行其职责,包括一名高级船员亲临机舱或不亲临机舱履行其高级船员的职责。"轮机员",系指大管轮、二管轮、三管轮的统称。

1.值班的一般要求

(1)航运公司和船长应当为船舶配备足够的适任船员,以保持安全值班。

（2）船长应当安排合格的船员值班,明确值班船员职责。值班的安排应当符合保证船舶、货物安全及保护海洋环境的要求,并保证值班船员得到充分休息,防止疲劳值班。轮机长应当经船长同意,合理安排轮机值班,保证机舱运行安全。船长应当根据保安等级的要求,安排并保持适当和有效的保安值班。

（3）值班应当遵守下列驾驶台和机舱资源管理要求:

①根据情况合理地安排值班船员。

②考虑值班船员资格和适任的局限性。

③值班船员应当熟悉其岗位职责和部门职责。

④值班船员对值班时所接收到的与航行有关的信息应当能够正确领会、正确处置,并与其他部门适当共享。

⑤值班船员应当保持各部门之间的适当沟通。

⑥对为保证安全所采取的行动,值班船员如果产生任何怀疑,应当立即告知船长、轮机长、负责值班的高级船员。

（4）值班的高级船员认为接班的高级船员明显不能有效履行值班职责时,不得交班,并立即向船长或者轮机长报告。

（5）值班的高级船员在交班前正在进行重要操作的,应当在确认操作完成后再交班,船长或者轮机长另有指令的除外。

（6）接班的高级船员应当在确认本班人员完全能有效地履行各自职责后,方可接班。

（7）不得安排船员在值班期间承担影响值班的工作。

（8）值班船员应当将值班期间发生的重要事件按照要求做好记录。

2.轮机部航行值班

（1）值班安排

①轮机值班的组成应当适合当时的环境和条件,以确保影响船舶安全操作的所有机械设备在自动操作方式、手动操作方式模式下均能安全运行。

②确定轮机值班组成时,应当考虑下列因素:

a.保持船舶的正常运行。

b.船舶类型、机械设备类型和状况。

c.对船舶安全运行关系重大的机械设备进行重点监控的值班需求。

d.由于天气、冰区、污染水域、浅水水域、各种紧急情况、船损控制或者污染处置等情况的变化而采用的特殊操作方式。

e.值班人员的资格和经验。

f.人命、船舶、货物和港口的安全及环境保护的要求。

g.有关国际公约、国家法规和当地规定。

（2）值班交接

①交、接班轮机员应当清楚下列交接事项:

a.轮机长关于船舶系统和机械设备运行的常规命令和特别指示。

b.对机械设备及系统进行的所有操作及目的、参与人员以及潜在的危险。

c.污水舱、压载舱、污油舱、备用舱、淡水柜、粪便柜、滑油柜等使用状况和液位以及对其中储存物的使用或者处理的特殊要求。

d. 备用燃油舱、沉淀柜、日用油柜和其他燃油储存设备中的燃油液位和使用状况。

e. 有关卫生系统处理的特殊要求。

f. 主机、辅机系统(包括配电系统)的操作方式和运行状况。

g. 监控设备和手动操作设备的状况。

h. 自动锅炉控制装置和其他与蒸汽锅炉操作有关设备的状况和操作模式。

i. 恶劣天气、冰冻、被污染的水域或者浅水引起的潜在威胁。

j. 在设备故障或危及船舶安全的情况下而采取的特殊操作方式和应急措施。

k. 机舱普通船员的任务分派。

l. 消防设备的可用性。

m. 轮机日志的填写情况。

②接班轮机员对接班事项不满意或者观察到的情况与轮机日志记录不相符时,不得接班。

(3)值班职责

①值班轮机员是轮机长的代表,主要负责对与船舶安全有关的机械设备进行安全有效的操作和保养,并根据要求,负责轮机值班责任范围内的一切机械设备的检查、操作和测试,保证安全值班。

②值班轮机员应当维持既定的正常值班安排。机舱值班的普通船员应当协助值班轮机员使主机、辅机系统安全和有效运行。

③轮机长在机舱时,值班轮机员仍应当继续对机舱工作全权负责,除非被明确告知轮机长已承担责任。

④轮机值班的所有成员都应当熟悉被指派的值班职责,并掌握本船下列情况:

a. 内部通信系统的适当使用。

b. 机舱逃生途径。

c. 机舱报警系统和辨别各种警报的能力。

d. 机舱的消防设备和破损控制装置的数量、位置和种类,以及它们的使用方法和应当遵守的各种安全预防措施。

⑤轮机值班开始时,应当对所有机械设备的工作情况、工况参数加以验证、分析,以保持在正常范围值内。

⑥在值班期间值班轮机员应当定期巡回检查机舱和舵机房,及时发现机械设备的故障和损坏情况,并采取相应措施。

⑦值班轮机员应当对运转失常、可能发生故障或者需要特殊处理的机械设备,以及已经采取的措施作详细记录。需要时,应当对拟采取的措施作出安排。

⑧在机舱值守的值班轮机员应当能够随时操纵推进装置,以应对换向和变速的需要。机舱无人值守的,值班轮机员在获知报警、呼叫时,应当立即到达机舱。

⑨值班轮机员应当执行驾驶台的命令。对主推进动力装置进行换向和变速操作的,应当做好记录。当人工操作时,值班轮机员应当确保主推进动力装置的操纵装置有人不间断地值守,并随时处于准备和操作状态。

⑩值班轮机员应当掌握正在维护保养的机械设备(包括机械、电气、电子、液压和空气系统)及其控制装置和与此相关的安全设备、所有舱室服务系统设备的维护保养情况,并注意其物料和备品的使用记录。

⑪轮机长应当将值班时拟进行的预防性保养、破损控制或者修理工作等情况通知值班轮机员。值班轮机员应当负责值班责任内的拟处理所有机械设备的隔离、旁通和调整，并将已进行的全部工作做好记录。

⑫机舱处于备车状态时，值班轮机员应当保证一切在操纵时可能用到的机械设备处于随时可用状态，并使电力有充足的储备，以满足舵机和其他设备的需要。

⑬值班轮机员应当指导本班值班人员，告知其可能对机械设备造成不利影响或者危及人命、船舶安全的潜在危险情况。

⑭值班轮机员应当对机舱保持不间断监控。在值班人员丧失值班能力时，应当安排替代人员。

⑮值班轮机员应当采取必要的措施，以减轻因设备损坏、失火、进水、破裂、碰撞、搁浅和其他原因所造成损害。

⑯进行预防性保养、破损控制或者维修工作时，值班轮机员应当与负责维修工作的轮机员配合，做好下列工作：

a. 对要进行处理的机械设备加以隔离，并保留值班所需的通道。

b. 在维修期间，将其他的设备调节至充分和安全地发挥功能的状态。

c. 在轮机日志或者其他适当的文件上详细记录维修保养过的设备、参加人员以及采取的安全措施。

d. 必要时将已修理过的机器和设备进行测试、调整，投入使用。

⑰值班轮机员应当确保，在自动设备失灵时履行维修职责的轮机部普通船员能够立即协助其对机器进行手动操作。

⑱值班轮机员应当了解失去舵效或者因机械故障导致失速会危及船舶和海上人命的安全，当发生机舱失火或者机舱中即将采取的行动会导致船速下降、瞬间失去舵效、船舶推进系统停止运转或者电站发生故障或者类似威胁安全的情况，应当立即通知驾驶台。如可能，应当在采取行动之前通知，以便驾驶台有最充分的时间采取一切可能的措施来避免发生海上事故。

⑲出现下列情况，值班轮机员应当立即通知轮机长，并根据情况采取措施：

a. 机器发生故障或者损坏，可能危及船舶的安全运行。

b. 发生可能引起推进机械、辅机、监视系统、调节系统的损坏失常的现象。

c. 遇到其他紧急情况或感到疑虑时。

⑳值班轮机员应当给予其他机舱值班人员适当的指示和信息，以保持安全值班。常规的机械设备保养应当纳入值班工作。全船的机械、电子与电气、液压、气动等设备的维修工作，应当在轮机长和值班轮机员知情下进行，并做好记录。

(4) 特殊情况下的值班

①值班轮机员应当保证提供鸣放声号用的空气或蒸汽压力，并随时执行驾驶台变速、换向的命令，还应当备妥用于操纵的一切辅助机械。

②值班轮机员接到船舶进入通航密集水域航行的通知时，应当确保涉及船舶操纵的机械设备能够随时置于手动操作模式、舵和其他设备的操作有足够备用动力、应急舵和其他辅助设备处于随时可用状态。

③船舶在开敞的港外锚地或者开敞的海域锚泊时，值班轮机员应当做到下列内容：

a. 保持有效的轮机值班。

b.定时检查所有正在运行和处于准备状态的机械设备是否正常。

c.执行驾驶台发布的使主机和辅机保持准备状态的命令。

d.遵守适用的防治污染规则,防治船舶污染海洋环境。

e.保持破损控制和消防系统处于准备状态。

④在开敞锚地,轮机长应当与船长商定是否仍保持与在航时同样的轮机值班。

3.港内值班

(1)港内值班应遵循的一般要求

①船舶在港内停泊时,船长应当安排适当而有效的值班。对于具有特种形式的推进系统或者辅助设备,以及装载有危害、危险、有毒、易燃物品或者其他特殊货物的船舶,还应当按照有关规定的特殊要求值班。

②船长应当根据停泊情况、船舶类型和值班特点,配备足够具有熟练操作能力的值班船员,并安排好必要的设备。

③船舶在港内停泊期间的值班安排应当满足下列要求:

a.确保人命、船舶、货物、港口和环境的安全。

b.确保与货物作业相关机械的安全操作。

c.遵守有关国际公约、国家法规和当地规定。

d.保持船舶工作正常。

④停泊时,甲板值班人员应当至少包括一名值班驾驶员和一名值班水手。

⑤轮机长应当与船长协商确定轮机值班安排。决定轮机值班人员组成时,应当考虑下列内容:

a.至少有一名值班轮机员。

b.推进功率750 kW及以上的船舶,至少安排一名值班机工协助值班轮机员。

⑥轮机员在值班期间,不应当承担妨碍其监控船上机械系统的其他任务。

(2)轮机值班

在港内值班时,值班轮机员应当做到下列内容:

①遵守有关防范危险情况的特殊操作命令、程序和规定。

②监测运行中的所有机械设备及系统的仪表和控制系统。

③遵守当地有关防污染规定,按照规定采用必要的技术、方法和程序,防止船舶对周围环境造成污染。

④查看污水井中污水的变化情况。

⑤出现紧急情况并且需要时,发出警报并且采取一切可能的措施避免船上人员、船舶及其货物遭受损害。

⑥了解驾驶员对装卸货物时所需设备的要求,以及对压载和船舶稳性控制系统的附加要求。

⑦经常巡查以判断可能发生的设备故障或者损坏情况,发现设备故障或者损坏情况的,应当采取补救措施以确保船舶、货物作业、港口及其周围环境的安全。

⑧在职责范围内采取必要措施,避免船上电气、电子、液压、气动以及机械系统发生事故或者损坏。

⑨对影响船上机械运转、调节或者修理的重要事项做好记录。

（3）轮机值班的交接

①交、接班轮机员应当清楚交接下列事项：

a. 当日的常规命令，有关船舶操作、保养工作、船舶机械或者控制设备修理的特殊命令。

b. 所有机械和系统进行检修工作的性质、涉及人员以及潜在的危险。

c. 舱底、残渣柜、压载水舱、污油舱、粪便柜、备用柜的液位及状态，以及对其中储存物的使用或者处理的特殊要求。

d. 有关卫生系统处理的特殊要求。

e. 灭火设备以及烟火探测系统的状况和备用情况。

f. 获准从事或者协助机器修理的人员及其工作地点和修理项目，以及其他获准上船的人员。

g. 港口有关船舶排出物、消防要求及船舶防备工作等方面的特殊规定。

h. 发生紧急情况或者需要援助时，船上与岸上人员、相关机关可使用的通信方式。

i. 其他有关船员、船舶、货物的安全以及防治环境污染等重要情况。

j. 轮机部的活动造成环境污染时，向相关机关报告的程序。

②接班轮机员在承担值班任务前还应当做到以下内容：

a. 熟悉现有的和可用的电、热、水源和照明来源及其分配情况。

b. 了解船上的燃油、润滑油及淡水供给的可用程度。

c. 备妥机器以应对紧急状况。

4. 驾驶、轮机联系制度

（1）开航前

①船长应当提前24小时将预计开航时间通知轮机长，如停港不足24小时，应当在抵港后立即将预计离港时间通知轮机长；轮机长应当向船长报告主要机电设备情况、燃油、润滑油和炉水存量；如开航时间变更，应当及时更正。

②开航前1小时，值班驾驶员应当会同值班轮机员核对船钟、车钟、试舵等，并分别将情况记入航海日志、轮机日志及车钟记录簿内。

③主机试车前，值班轮机员应当征得值班驾驶员同意。待主机备妥后，值班轮机员应当通知驾驶台值班人员。

（2）航行中

①每班交班前，值班轮机员应当将主机平均转数和海水温度等参数告知值班驾驶员，值班驾驶员应当回告本班平均航速和风向风力，双方分别记入航海日志和轮机日志；每天中午，驾驶台和机舱校对时钟并互换正午报告。

②船舶进出港口，通过狭水道、浅滩、危险水域或抛锚等情况下需备车航行时，驾驶台应当提前通知机舱准备。如遇雾或暴雨等突发情况，值班轮机员接到通知后应当尽快备妥主机。判断将有恶劣天气来临时，船长应当及时通知轮机长做好各种准备。

③因等引航员、候潮、等泊等原因须短时间抛锚时，值班驾驶员应当将情况及时通知值班轮机员。

④因机械故障不能执行航行命令时，轮机长应当组织抢修，通知驾驶台报告船长，并将故障发生和排除时间及情况记入航海日志和轮机日志。停车应当先征得船长同意。但情况危急，不立即停车会威胁人身安全或者主机安全时，轮机长可以立即停车并及时通知驾驶台。

⑤因调换发电机、并车等需要暂时停电时,值班轮机员应当事先通知驾驶台。

⑥在应变情况下,值班轮机员应当立即执行驾驶台发出的信号,及时提供所要求的水、气、汽、电等。

⑦值班驾驶员和值班轮机员应当执行船长和轮机长共同商定的主机各种车速,另有指示的除外。

⑧船舶在到港前,应当对主机进行停、倒车试验,当无人值守的机舱因情况需要改为有人值守时,驾驶台应当及时通知轮机员。

⑨抵港前,轮机长应当将本船存油情况告知船长。

(3)停泊中

①抵港后,船长应当告知轮机长本船的预计动态,以便安排工作,动态如有变化应当及时更正;机舱若需检修影响动车的设备,轮机长应当事先将工作内容和所需时间报告船长,取得同意后方可进行。

②值班驾驶员应当将装卸货情况随时通知值班轮机员,以保证安全供电。在装卸重大件、特种危险品或者使用重吊之前,大副应当通知轮机长派人检查起货机,必要时应当派人值守。

③因装卸作业造成船舶过度倾斜,影响机舱正常工作的,轮机长应当通知大副或者值班驾驶员采取有效措施予以纠正。

④驾驶和轮机部门应当对船舶压载的调整,以及可能涉及海洋污染的各种操作,建立起有效的联系制度,包括书面通知和相应的记录。

⑤添装燃油前,轮机长应当将本船的存油情况和计划添装的油舱以及各舱添装数量告知大副,以便计算稳性、水尺和调整吃水差。

5.值班保障

①航运公司及船长应当采取有效措施防止船员疲劳操作。除紧急或者超常工作情况外,负责值班的船员以及被指定承担安全、防污染和保安职责的船员休息时间应当满足以下要求:

a.任何24小时内不少于10小时。

b.任何7天内不少于77小时。

c.任何24小时内的休息时间可以分为不超过2个时间段,其中一个时间段至少要有6小时,连续休息时间段之间的间隔不应当超过14小时。

船长按照第b、c项中规定安排休息时间时可以有例外,但是任何7天内的休息时间不得少于70小时。

对第b项规定的每周休息时间的例外,不应当超过连续两周。在船上连续两次例外时间的间隔不应当少于该例外持续时间的两倍。

对第c项规定的例外,可以分成为不超过3个时间段,其中一个时间段至少要有6个小时,另外两个时间段不应当少于1个小时。连续休息时间间隔不得超过14个小时。例外在任何7天时间内不得超过两个24小时时间段。

②紧急集合演习、消防和救生演习,以及国内法律、法规、国际公约规定的其他演习,应当以对休息时间的干扰最小且不导致船员疲劳的形式进行。船员处于待命情况下,因被派去工作而中断了正常休息时间的,应当给予补休。

③因船舶、船上人员或者货物出现紧急安全需要,或者为了帮助海上遇险的其他船舶或者人员,船长可以暂停执行休息时间制度,直至情况恢复正常。情况恢复正常后,船长应当根据

实际情况尽快安排船员获得充足的补休时间。

④船舶应当将船上工作安排表张贴在易见之处。船舶应当对船员每天休息时间进行记录,并制作由船长或者船长授权的人员和船员本人签注的休息时间记录表发放给船员本人。船上工作安排表和休息时间记录表应当参照《国际劳工组织(ILO)和国际海事组织(IMO)编制船员船上工作安排表和船员工作时间或休息时间记录格式指南》,并使用船上工作语言和英语制定。

⑤船长在安排船员值班时,应当充分考虑女性船员的生理特点和国家的有关规定。

⑥船员不得酗酒。值班人员在值班前 4 小时内禁止饮酒,且值班期间血液酒精浓度(BAC)不高于 0.05% 或呼吸中酒精浓度不高于 0.25 mg/L。

⑦船员不得服用可能导致不能安全值班的药物。

⑧航运公司应当制定相应的措施防止船员酗酒和滥用药物。船员履行值班职责或者有关安全、防污染和保安值班职责的能力受到药物或酒精的影响时,不得安排其值班。

6. 附则

(1)本规则的值班规定系海船船员的最低值班要求。航运公司或船舶可以根据不同的航线、船舶种类或等级制定相应值班程序和要求,但是不得低于本规则的值班规定。

(2)未满 100 总吨的海船参照本规则制定相应的船员值班程序和要求,在合理和可行的范围内符合本规则的要求,并充分考虑保护海洋环境和保证此类船舶以及同一海域中其他船舶的安全。

(3)进入中华人民共和国内水、领海和管辖水域的外国籍船舶的船员值班,应当符合中华人民共和国政府缔结或者参加的有关国际公约的相应规定。

四、中华人民共和国船舶最低安全配员规则

《中华人民共和国船舶最低安全配员规则》于 2004 年 6 月 30 日由交通部发布,自 2004 年 8 月 1 日起施行。之后于 2014 年 9 月 5 日经中华人民共和国交通运输部令 2014 年第 10 号《关于修改(中华人民共和国船舶最低安全配员规则)的决定》修正。该《规则》共有二十八条,分为五章,分别为总则、最低安全配员原则、最低安全配员管理、监督检查、附则,

(一)总则

第一条 为确保船舶的船员配备,足以保证船舶安全航行、停泊和作业,防治船舶污染环境,依据《中华人民共和国海上交通安全法》《中华人民共和国内河交通安全管理条例》和中华人民共和国缔结或者参加的有关国际条约,制定本规则。

第二条 中华人民共和国国籍的机动船舶的船员配备和管理,适用本规则。

本规则对外国籍船舶作出规定的,从其规定。

军用船舶、渔船、体育运动船艇以及非营业的游艇,不适用本规则。

第三条 中华人民共和国海事局是船舶安全配员管理的主管机关。各级海事管理机构依照职责负责本辖区内的船舶安全配员的监督管理工作。

第四条 本规则所要求的船舶安全配员标准是船舶配备船员的最低要求。

第五条 船舶所有人(或者其船舶经营人、船舶管理人,下同)应当按照本规则的要求,为所属船舶配备合格的船员,但是并不免除船舶所有人为保证船舶安全航行和作业增加必要船员的责任。

（二）最低安全配员原则

第六条 确定船舶最低安全配员标准应综合考虑船舶的种类、吨位、技术状况、主推进动力装置功率、航区、航程、航行时间、通航环境和船员值班、休息制度等因素。

第七条 船舶在航行期间,应配备不低于按本规则附录一、附录二、附录三所确定的船员构成及数量。高速客船的船员最低安全配备应符合交通部颁布的《高速客船安全管理规则》(交通部令1996年第13号)的要求。

第八条 本规则附录一、附录二、附录三列明的减免规定是根据各类船舶在一般情况下制定的,海事管理机构在核定具体船舶的最低安全配员数额时,如认为配员减免后无法保证船舶安全时,可不予减免或者不予足额减免。

第九条 船舶所有人可以根据需要增配船员,但船上总人数不得超过经中华人民共和国海事局认可的船舶检验机构核定的救生设备定员标准。

（三）最低安全配员管理

第十条 中国籍船舶配备外国籍船员应当符合以下规定:

(1)在中国籍船舶上工作的外国籍船员,应当依照法律、行政法规和国家其他有关规定取得就业许可。

(2)外国籍船员持有合格的船员证书,且所持船员证书的签发国与我国签订了船员证书认可协议。

(3)雇佣外国籍船员的航运公司已承诺承担船员权益维护的责任。

第十一条 中国籍船舶应当按照本规则的规定,持有海事管理机构颁发的船舶最低安全配员证书。

在中华人民共和国内水、领海及管辖海域的外国籍船舶,应当按照中华人民共和国缔结或者参加的有关国际条约的规定,持有其船旗国政府主管机关签发的船舶最低安全配员证书或者等效文件。

第十二条 船舶所有人应当在申请船舶国籍登记时,按照本规则的规定,对其船舶的最低安全配员如何适用本规则附录相应标准予以陈述,并可以包括对减免配员的特殊说明。

海事管理机构应当在依法对船舶国籍登记进行审核时,核定船舶的最低安全配员,并在核发船舶国籍证书时,向当事船舶配发。

第十三条 在境外建造或者购买并交接的船舶,船舶所有人应持船舶买卖合同或者建造合同及交接文件、船舶技术和其他相关资料的副本(复印件)到所辖的海事管理机构办理。

第十四条 海事管理机构核定船舶最低安全配员时,除查验有关船舶证书、文书外,可以就本规则第六条所述的要素对船舶的实际状况进行现场核查。

第十五条 船舶在航行、停泊、作业时,必须将船舶最低安全配员证书妥善存放在船备查。

船舶不得使用涂改、伪造以及采用非法途径或者舞弊手段取得的船舶最低安全配员证书。

第十六条 船舶所有人应当按照本规则的规定和载明的船员配备要求,为船舶配备合格的船员。

第十七条 船舶所有人应当在有效期截止前1年以内,或者在船舶国籍证书重新核发或者相关内容发生变化时,凭原证书到船籍港的海事管理机构办理换发证书手续。

第十八条 证书污损不能辨认的,视为无效,船舶所有人应当向所管辖的海事管理机构申请换发。证书遗失的,船舶所有人应当书面说明理由,附具有关证明文件,到船籍港的海事管理机构办理补发证书手续。

换发或者补发的证书有效期,不超过原发的证书有效期。

第十九条　船舶状况发生变化需改变证书所载内容时,船舶所有人应当到船籍港的海事管理机构重新办理。

第二十条　在特殊情况下,船舶需要在船籍港以外换发或者补发,经船籍港海事管理机构同意,船舶当时所在港口的海事管理机构可以按照本规定予以办理并通报船籍港海事管理机构。

(四)监督检查

第二十一条　中国籍、外国籍船舶在办理进、出港口或者口岸手续时,应当交验。

第二十二条　中国籍、外国籍船舶在停泊期间,均应配备足够的掌握相应安全知识并具有熟练操作能力能够保持对船舶及设备进行安全操纵的船员。

无论何时,500 总吨及以上(或者 750 kW 及以上)海船、600 总吨及以上(或者 441 kW 及以上)内河船舶的船长和大副,轮机长和大管轮不得同时离船。

第二十三条　船舶未持有或者实际配员低于要求的,对中国籍船舶,海事管理机构应当禁止其离港直至船舶满足本规则要求;对外国籍船舶,海事管理机构应当禁止其离港,直至船舶按照最低安全配员证书的要求配齐人员,或者向海事管理机构提交由其船旗国主管当局对其实际配员作出的书面认可。

第二十四条　对违反本规则的船舶和人员,依法应当给予行政处罚的,由海事管理机构依据有关法律、行政法规和规章的规定给予相应的处罚。

第二十五条　海事管理机构的工作人员滥用职权、徇私舞弊、玩忽职守的,由所在单位或者上级机关给予行政处分;构成犯罪的,依法追究刑事责任。

(五)附则

第二十六条　由中华人民共和国海事局统一印制。

最低安全配员证书的编号应与船舶国籍证书的编号一致。有效期的截止日期与船舶国籍证书有效期的截止日期相同。

第二十七条　本规则附录一、附录二、附录三的内容,可由中华人民共和国海事局根据有关法律、行政法规和相关国际公约进行修改。

第二十八条　本规则自 2004 年 8 月 1 日起施行。

(六)附录

规则还包含了三个附录,分别是"海船甲板部、轮机部和客运部最低安全配员表""海船无线电人员最低安全配员表"和"内河船舶甲板部、轮机部和客运部最低安全配员表"。

为履行好《STCW 公约马尼拉修正案》和《2006 海事劳工公约》,交通运输部海事局于 2016 年 11 月 12 日发布"交通运输部海事局关于调整海船最低安全配员有关事项的通知",对海船最低安全配员标准进行了调整。调整后的海船轮机部最低安全配员标准如表 11-2 所示。

表 11-2 轮机部最低安全配员标准(2017 年 1 月 1 日起实施)

轮机部				
所有船舶	海上	航区和总功率	一般规定	附加规定
		3 000 kW 及以上	轮机长、大管轮、二管轮、三管轮各 1 人,值班机工或者高级值班机工 3 人(国际航行船舶配备高级值班机工 1 人,值班机工 2 人)	(1)连续航行时间不超过 36 小时,可减免三管轮和值班机工各 1 人; (2)AUT-0 自动化机舱可减免二管轮、三管轮和值班机工 2 人; (3)AUT-1 自动化机舱可减免三管轮和值班机工 2 人; (4)BRC 半自动化机舱可减免值班机工 2 人
		750 kW 及以上至未满 3 000 kW	轮机长、大管轮各 1 人、值班机工或者高级值班机工 2 人(国际航行船舶配备高级值班机工 1 人,值班机工 1 人)	连续航行时间超过 16 小时,须增加三管轮 1 人和值班机工 1 人(自动化机舱及 BRC 半自动化机舱除外)
		220 kW 及以上至未满 750 kW	轮机长、三管轮各 1 人,值班机工 2 人	连续航行时间超过 24 小时,须增加二管轮 1 人(自动化机舱及 BRC 半自动化机舱除外);连续航行时间不超过 8 小时,可减免值班机工 1 人;连续航行时间不超过 4 小时,可再减免三管轮 1 人
		75 kW 及以上至未满 220 kW	轮机员 1 人,值班机工(自动化机舱、BRC 半自动化机舱及机驾合一可减免)1 人	连续航行时间不超过 8 小时,可减免值班机工 1 人
		未满 75 kW	值班机工(机驾合一的免)1 人	
	港内		二管轮、三管轮(或轮机员)各 1 人,值班机工 1 人(机驾合一的免)	未满 750 kW,可减免二管轮 1 人;未满 75 kW,可再减免三管轮(或轮机员)1 人;机驾合一,可再减免值班机工 1 人

备注:(1)在船上担任电子电气员、电子技工职务的船员须持有相应的适任证书;

(2)国际航行船舶的机舱自动化程度按其轮机入级证书载明情况为准;国内航行船舶的机舱自动化程度按照船舶检验证书簿载明情况为准,主推进装置驾驶台遥控的可按半自动化机舱进行减免;

(3)轮机部可按航行时间减免,或按机舱自动化程度减免,但不应按航行时间和机舱自动化程度同时减免;

(4)船舶在中途港或海上作业点停留时间不超过 4 小时的,计入连续航行时间;机驾合一指在驾驶台能直接操纵主机;

(5)低级岗位可由持有相应等级适任证书的较高级岗位船员担任,也可由持有较高等级适任证书的同级岗位船员担任。

五、中华人民共和国船员注册管理办法

为规范船员的注册管理,中华人民共和国交通运输部于 2008 年 5 月 4 日印发了《中华人民共和国船员注册管理办法》(中华人民共和国交通运输部令 2008 年第 1 号),自 2008 年 7 月

1 日起施行。

（一）总则

第一条　为规范船员注册管理,根据《中华人民共和国船员条例》,制定本办法。

第二条　中华人民共和国境内的船员注册以及相关管理活动,适用本办法。本办法所称船员注册,是指海事管理机构根据申请人的申请,经依法审查,对符合船员注册条件的予以登记,签发船员服务簿,准许申请人从事船员职业的行为。

第三条　交通运输部主管全国船员注册管理工作。中华人民共和国海事局负责统一实施全国船员注册管理工作。负责管理中央管辖水域的海事管理机构和负责管理其他水域的地方海事管理机构(以下统称海事管理机构),依照各自职责具体负责船员注册以及相关管理工作。

（二）船员注册的申请和受理

第四条　船员注册申请可以向任何海事管理机构提出。船员注册申请可以由申请人本人提出,也可以由船员服务机构、船员用人单位代为提出。

第五条　申请船员注册,应当具备下列条件:(1)年满 18 周岁(在船实习、见习人员年满16 周岁)但不超过 60 周岁;(2)符合船员健康要求;(3)经过海船船员、内河船舶船员基本安全培训,并经海事管理机构考试合格。

申请注册国际航行船舶船员的,还应当通过海事管理机构组织的船员专业外语考试。

第六条　申请船员注册,应当提交下列材料:(1)船员注册申请;(2)居民身份证复印件;(3)船员体格检查表;(4)近期直边正面 5 厘米免冠白底彩色照片 2 张;(5)海船船员、内河船舶船员基本安全培训合格证明复印件。

申请注册国际航线船舶船员的,还应当提交船员专业外语考试合格证明复印件。申请人在提交居民身份证、海船船员基本安全培训合格证明、内河船舶船员基本安全培训合格证明以及船员专业外语考试合格证明等复印件时,应当同时向海事管理机构出示原件。

第七条　船员注册的申请和受理工作应当按照《交通行政许可实施程序规定》的有关要求办理。

第八条　海事管理机构应当自受理船员注册申请之日起 10 日内作出注册或者不予注册的决定。对符合本办法规定的,应当给予船员注册,并签发船员服务簿。对不符合本办法规定的,应当退回申请材料并书面说明理由。

第九条　海事管理机构应当对船员赋予唯一的注册编号。业经注册的船员不得重复申请船员注册。

（三）船员注册的变更和注销

第十条　有下列情形之一的,船员应当在 6 个月内向管理本人注册档案的海事管理机构申请办理船员注册变更手续:(1)船员服务簿中记载的事项发生变化;(2)相貌发生显著变化。海事管理机构应当将变更情况在船员服务簿中作相应记载或者换发新船员服务簿。

第十一条　船员有下列情形之一的,海事管理机构应当注销船员注册,并予以公告:(1)死亡或者被宣告失踪的;(2)丧失民事行为能力的;(3)依法被吊销船员服务簿的;(4)本人申请注销注册的。

船员在劳动合同期间发生本条第一款第(1)项、第(2)项情形的,船员服务机构或者船员用人单位应当向海事管理机构报告,并提交相关证明材料,由海事管理机构核实后依法予以注销。海事管理机构吊销船员服务簿的决定,应当向管理该船员注册档案的海事管理机构通报。

第十二条　申请人被依法吊销船员服务簿的,自被吊销之日起5年内不予重新注册。

(四)船员服务簿管理

第十三条　船员服务簿是船员的职业身份证件,任何单位或者个人不得冒用、出租、出借、伪造、变造或者买卖。船员在船工作期间应当携带船员服务簿。

第十四条　船员服务簿应当载明船员的姓名、性别、国籍、出生日期、住所、联系人、联系方式以及其他有关事项。海事管理机构应当在船员服务簿中记载船员的安全记录、累计记分情况和违法情况。

第十五条　船员上船任职后和离船解职前,应当主动将船员服务簿提交船长办理船员任职、解职签注。船长应当为本船船员办理船员任职、解职签注,并在船员服务簿中及时、如实记载其服务资历和任职表现。船长的任职签注由离任船长负责签注,船长的解职签注由接任船长负责签注。因船舶新投入运行、报废等特殊情况无离任或者接任船长时,船长的任职、解职,在境内由船舶靠泊地海事管理机构签注;在境外由船长本人签注。

第十六条　船员服务簿记载页满或者损坏的,应当到管理本人注册档案的海事管理机构办理换发事宜,并提交下列材料:(1)船员服务簿换发申请;(2)近期直边正面5厘米免冠白底彩色照片2张;(3)记载页满或者损坏的船员服务簿。

第十七条　船员服务簿遗失的,应当到管理本人注册档案的海事管理机构办理补发事宜,并提交下列材料:(1)船员服务簿补发申请;(2)相应证明文件;(3)近期直边正面5厘米免冠白底彩色照片2张。

(五)监督检查

第十八条　海事管理机构应当建立船员注册数据库和设立船员注册记录簿,记载船员的基本信息。

第十九条　船员用人单位应当建立船员档案,记录船员的个人基本资料、服务资历、培训记录、安全记录、健康状况、任解职情况等信息,保持记录内容的真实、连续和完整,并定期向海事管理机构报送船员任职、解职情况。

第二十条　海事管理机构对船员进行监督检查时,应当对下列情况进行核查:(1)持有并携带船员服务簿;(2)船员服务簿的真实性和符合性;(3)船长为在船船员进行签注的情况。

第二十一条　海事管理机构对船员服务机构和船员用人单位进行监督检查时,应当对下列情况进行核查:(1)船员档案的建立情况;(2)定期向海事管理机构报送船员任职、解职情况。

第二十二条　海事管理机构实施监督检查,可以询问当事人,向有关单位、船舶或者个人了解情况,查阅、复制有关资料。有关单位、船舶或者个人应当配合。海事管理机构应当保守被调查单位、船舶或者个人的商业秘密和个人隐私。

(六)法律责任

第二十三条　违反本办法的规定,以欺骗、贿赂等不正当手段进行注册并取得船员服务簿的,由海事管理机构吊销船员服务簿,并处2000元以上2万元以下罚款。

第二十四条　违反本办法的规定,伪造、变造或者买卖船员服务簿的,由海事管理机构收缴船员服务簿,并对违法个人处 2 万元以上 5 万元以下罚款,对违法单位处 5 万元以上 10 万元以下罚款,有违法所得的,还应当没收违法所得。

第二十五条 违反本办法的规定,船员服务簿记载的事项发生变更,船员未办理变更手续的,由海事管理机构责令改正,并可以处 1000 元以下罚款。

第二十六条 违反本办法的规定,未进行船员注册而上船工作的,由海事管理机构责令其离岗。

第二十七条 违反本办法的规定,船员在船工作期间未携带船员服务簿的,由海事管理机构责令改正,并可以处 2000 元以下罚款。

第二十八条 违反本办法的规定,船长未在船员服务簿内及时、如实记载船员服务资历和任职表现的,由海事管理机构处 2000 元以上 2 万元以下罚款;情节严重的,并给予暂扣船员适任证书 6 个月以上 2 年以下直至吊销船员适任证书的处罚。

第二十九条 违反本办法的规定,船员用人单位招用未经注册的人员上船工作的,由海事管理机构责令改正,处 3 万元以上 15 万元以下罚款。

第三十条 海事管理机构工作人员有下列情形之一的,依法给予处分:(1)违反规定给予船员注册或者签发船员服务簿;(2)不依法履行监督检查职责;(3)不依法实施行政强制或者行政处罚;(4)滥用职权、玩忽职守的其他行为。

(七)附则

第三十一条 船员服务簿由中华人民共和国海事局统一印制。

第三十二条 船员体格检查按照交通运输部制定的船员体检标准执行。

第三十三条 本办法自 2008 年 7 月 1 日起施行。

六、中华人民共和国船员违法记分办法

为增强船员遵守法律意识,减少人为因素对水上交通安全和防治船舶污染水域的影响,进一步规范船员违法记分工作,根据《中华人民共和国船员条例》等有关法规,国家海事局于 2015 年 10 月 20 日印发了《中华人民共和国船员违法记分办法》(海船员〔2015〕600 号)。该办法自 2016 年 1 月 1 日起施行,2002 年 7 月 11 日印发的《中华人民共和国船员违法记分管理办法(试行)》(海船员〔2002〕333 号)同时废止。

(一)总则

第一条 为增强船员遵守法律意识,减少人为因素对水上交通安全的影响,防治船舶污染水域,根据《中华人民共和国船员条例》等有关法律和法规,制定本办法。

第二条 本办法适用于对船员违反水上交通安全和防治船舶污染水域法律、行政法规行为实施累计记分(以下简称"船员违法记分")。本办法所称船员,是指经注册取得服务簿的船员和引航员、以及游艇操作人员。

第三条 中华人民共和国海事局负责统一实施全国船员违法记分管理工作。各级海事管理机构,依照各自职责负责具体实施船员违法记分工作。

(二)周期和分值

第四条 船员累计记分周期(即记分周期)为 1 个公历年,满分 15 分,自每年 1 月 1 日始至 12 月 31 日止。

第五条　根据船员违法行为的严重程度，一次船员违法记分的分值为：15 分、8 分、4 分、2 分、1 分五种。船员违法记分分值标准见本办法附件（本书略去）。

（三）实施

第六条　船员违法记分由船员违法行为发生地的海事管理机构管辖。船员违法行为发生地，包括船员违法行为的结果发现地、初始发生地和过程经过地。海事管理机构对船员违法记分管辖发生争议的，报请共同的上一级海事管理机构指定管辖。海事管理机构对不属其管辖的船员违法记分案件，应当移送有管辖权的海事管理机构；受移送的海事管理机构如果认为移送不当，应当报请共同的上一级海事管理机构指定管辖。

第七条　海事管理机构发现船员存在依法应当实施船员违法记分行为的，应当进行调查，并听取当事人的陈述申辩。船员违法行为事实清楚、证据确凿的，具有管辖权的海事管理机构应按照本办法对其实施船员违法记分，并予以相应记载。

第八条　船员一次存在两种以上违法行为的，应当分别计算，累计记分分值。对存在共同违法行为的船员，应当分别实施船员违法记分。对船员的同一违法行为，不得给予两次及以上船员违法记分。

第九条　船员在一个记分周期内累计记分达到 15 分的，最后实施船员违法记分的海事管理机构应当扣留其船员适任证书，责令其参加为期 5 日的水上交通安全、防治船舶污染等有关法律、行政法规的培训（以下简称"法规培训"）并进行相应的考试。船员在一个记分周期内累计记分未达到 15 分的，记分分值重新起算。

第十条　船员在一个记分周期内两次及以上达到 15 分，或在连续 2 个记分周期内分别达到 15 分，或连续 2 个记分周期内累计记分达到 40 分的，最后实施船员违法记分的海事管理机构应当扣留其船员适任证书，责令其参加法规培训和考试，考试内容除理论部分外，还包括船员适任能力考核。

（四）培训和考试

第十一条　船员需参加法规培训的，可向最后被实施船员违法记分地、船员注册地或船员适任证书签发地的海事管理机构报名。海事管理机构收到船员的报名后，对符合上款规定的应在 15 个工作日内组织培训。

第十二条　法规培训应包括水上交通安全和防治船舶污染等管理法规、安全知识的教育和海事案例等内容。

第十三条　被扣留船员适任证书的船员经相应考试合格后，海事管理机构应发还其船员适任证书，记分分值重新起算。

第十四条　被扣留船员适任证书的船员未经考试合格的，不得在船舶上继续服务。

（五）附则

第十五条　本办法规定的法规培训及考试，不收取费用。

第十六条　本办法自 2016 年 1 月 1 日起施行。2002 年 7 月 11 日印发的《中华人民共和国船员违法记分管理办法（试行）》（海船员［2002］333 号）同时废止。

第六节 我国有关机关对船员的管理

对船员的管理十分重要,因其涉及国家的主权和安全,以及国家的税收和国境卫生。国家通过制定相应的法规来加强对船员的管理,从而有效控制船员的身份、职业素质和行为。对船员的管理具体由海事局、海关、边检与出入境检验检疫局实施。

一、海事局对船员的管理

中国海事局(Maritime Safety Administration of China,简称 China MSA),对外称"中华人民共和国海事局",对内称"交通运输部海事局",为交通运输部直属行政机构,实行垂直管理体制。根据法律、法规的授权,海事局负责行使国家水上安全监督和防止船舶污染、船舶及海上设施检验、航海保障管理和行政执法,并履行交通运输部安全生产等管理职能。

中国海事局是我国船员管理的主管机关,通过海员证、船员服务簿、培训、考试和发证、安全配员及值班标准等立法来管理船员。海员证是船员的身份证明,用以加强海员出入境管理,保障航行安全和航运秩序。船员服务簿用以加强对船员的监督管理,核定其在船上的服务资历。培训、考试和发证用以控制船员的技术素质。安全配员规定用以确保船舶在航行和停泊时,配有足够数量的合格船员以保证船舶安全。海船船员值班规则用以加强船员值班管理。

1. 海员证

"海员证"是我国海员出入中国国境和在境外通行使用的有效身份证件,是根据我国原交通部、外交部、公安部联合制定的《中华人民共和国海员证管理办法》(1989 年 12 月 1 日起施行),由中华人民共和国海事局或其授权的下属海事局(下称颁发机关)颁发。海员证在国外的延期和补发由我国驻外的外交代表机关、领事机关或外交部授权的其他驻外机关办理。海员证颁发给在国际航线的中国籍船舶工作的中国海员,和由国内有关部门派往外国籍船舶工作的中国海员,以加强对海员出入境的管理,保障航行安全和航运秩序。

海员证由海员所在单位或派出单位向颁发机关申请办理。海员证的有效期,由颁发机关根据海员出境任务所需时间长短确定,最长不超过 5 年。海员脱离原工作单位应交回海员证;否则颁发机关可处以罚款。

2. 船员服务簿

"船员服务簿"是在中华人民共和国注册的船员职业身份证件,主要用于记录船员本人的海上资历,是船员申请考试、办理职务升级签证和换领船员适任证书的证明文件之一。

除个人信息外,船员服务簿包含有"船员服务资历"表格,所涉及的信息主要包括船名、总吨和主机功率、船舶种类、IMO 船舶识别号、职务、上船任职日期和地点、解职离船日期和地点、船长签名、船长注册号等。各项内容都必须正确无误,不得谎报或涂改。

3. 船员培训、考试和发证

中华人民共和国海事局是全国船员考试、发证的主管机关,负责监督实施船员考试发证工作,监督指导船员专业训练。证书分为适任证书和培训合格证书。

(1)适任证书

根据职务的不同,国家海事局对不同船员颁发不同的适任证书。适任证书由中华人民共和国海事局统一印制,正式授权官员署名签发,有效期最长不超过5年。

(2)培训合格证书

培训合格证书系指向海船船员签发的除按《中华人民共和国船员条例》规定的适任证书以外的,表明符合《STCW公约马尼拉修正案》有关培训、适任或海上服务资历相关要求的证书。其中,对轮机长、轮机员应当持有的培训合格证书要求如下:

①所有船员均应当持有基本安全培训合格证。

②在750 kW及以上船舶上服务的轮机长、轮机员,应当持有精通救生艇筏和救助艇、高级消防、精通急救、保安意识、负有指定保安职责船员培训合格证。

船员培训合格证书由中华人民共和国海事局统一印制,正式授权官员署名签发。根据项目的不同,培训合格证书的有效期分为"5年"和"长期"。

4.船舶最低安全配员证书

《中华人民共和国船舶最低安全配员规则》规定,每条船都应持有海事局审核办理的,考虑船舶种类、技术设备、主机功率、航区、航程等因素,每条船舶最低安全配员有所不同,轮机部的最低配员标准见本章第五节表11-2。

二、海关对船员的出入境管理

中华人民共和国海关简称中国海关(China Customs),是国家进出境监督管理机关。海关依照《中华人民共和国海关法》和其他有关法律、法规,监管进出境的运输工具、货物、行李物品、邮递物品和其他物品;征收关税和其他税、费;查缉走私;编制海关统计;办理其他海关业务。

上下进出境船舶的人员携带的物品,应当以自用、合理数量为限,向海关如实申报并接受海关监管。如违反《中华人民共和国海关法》和有关法律、法规,海关可依法处以罚款。构成走私罪的,由司法机关依法追究刑事责任。

为了照顾从事国际间营运的运输工具服务人员(包括船员)的合理需要,加强海关对国家限制进口物品的管理,中国海关从1992年8月1日起,实施《运输工具服务人员携带进境自用物品限量表》,海关按"限量表"规定的时间、数量给予免税优待。以船员实际在外天数为验放依据,实际在外天数满120天,准予免税验放"限量表"中规定的物品。海关向船员发放《运输工具服务人员进出境携带物品登记证》并进行管理。船员带进"限量表"内规定的物品和外币、金银制品,应如实填写"登记证",向入境海关申报,经海关审核、验收后,方可进口。

为了维护国家利益,保护人民身体健康,船员进出境不得携带国家禁止进出口的物品。船员因休假离船时,应向海关申报并结清海关手续。

三、边防检查机关对船员的出入境管理

中华人民共和国边防检查机关简称中国边检,是国家设立在对外开放口岸的重要执法力量,由公安部垂直领导,担负着维护国家主权、安全和社会秩序,管理人员和交通运输工具出入境的重要职责。

中国边检依据《中华人民共和国出境入境管理法》对进出国境的人员及其护照,或者其他进出国境证件、行李物品、载运工具和物资实施边防检查,以保护我国主权和国家安全。进出

境的船舶,必须向边防检查站申报船员、旅客清单,并接受其检查。进出境的船舶,在我国领海、内海、港湾或者江河内行驶时,不准中途上、下人员或者装卸货物。外国籍船舶上、下人员,必须向边防检查机关交验上、下船的有效证件,检查行李物品,并经许可后,方可上船、下船。

我国在对外开放的港口、航空港、车站和边境通道等口岸,设立边防检查站。边防检查站负责对进出国境的人员及其护照(或海员证)、行李物品和进出国境的交通运输工具及其载运的物资,实施边防检查。

出境、入境的人员必须按照规定填写出境、入境登记卡,向边防检查站交验本人的有效护照或者其他出境、入境证件,经查验核准后,方可出境、入境。

上、下外国船舶的人员,必须向边防检查人员交验出境、入境证件或者其他规定的证件,经许可后,方可上船、下船。

四、出入境检验检疫局对船员的出入境管理

我国各省、自治区、直辖市均设有出入境检验检疫局,是为国家进行出入境检验检疫工作的部门,直属于国家质量监督检验检疫总局,其职责是对出入境的货物、人员、交通工具、集装箱、行李邮包携带物等进行包括卫生检疫、动植物检疫、商品检验等的检查,以保障人员、动植物安全卫生和商品的质量。

出入境检验检疫局下设国境卫生检疫部门,依照《中华人民共和国国境卫生检疫法》及其实施细则,实施国境卫生检疫,保护人员身体健康,防止传染病的传入或传出。中国籍船员出境前,均须到卫生检疫部门接受健康检查,预防接种,领取"健康证明书"和"国际预防接种证书"等卫生文书,出境时经卫生检疫机关验证,方可出境。入境船员需经卫生检疫机关验证。卫生检疫重点为鼠疫、霍乱、黄热病等检疫传染病;对中国籍船员还要检查有无艾滋病、性病或其他传染病。

对违反《中华人民共和国公民出境入境管理法实施细则》和《中华人民共和国国境卫生检疫法实施细则》者,予以处罚。对违反我国《中华人民共和国国境卫生检疫法》构成犯罪的,由司法机关依法追究刑事责任。

第七节　我国航运企业关于轮机部人员的管理规定

船舶营运必须通过船员来实现。营运的安全状况和经济效益与船员的职业素质和工作效能密切相关。按工作性质形成船员组织,明确各部门和人员的职责,能有序高效地发挥船员的功能,使海上人命财产安全、海洋环境保护和船舶营运效益得到保障。

一、船舶部门及其分工

船舶人员的组织结构如图11-1所示。其中,船长是船舶领导者,负责驾驶船舶和管理船舶;在船公司的领导下,全面负责船舶的安全生产、经营管理、航行工作、行政管理、应变指挥等;模范遵守国家法律,服从主管机关的管理;执行船公司的各项规章和指令,具体制定并督促执行本船的规章和计划,安全优质、经济高效地履行其职责。

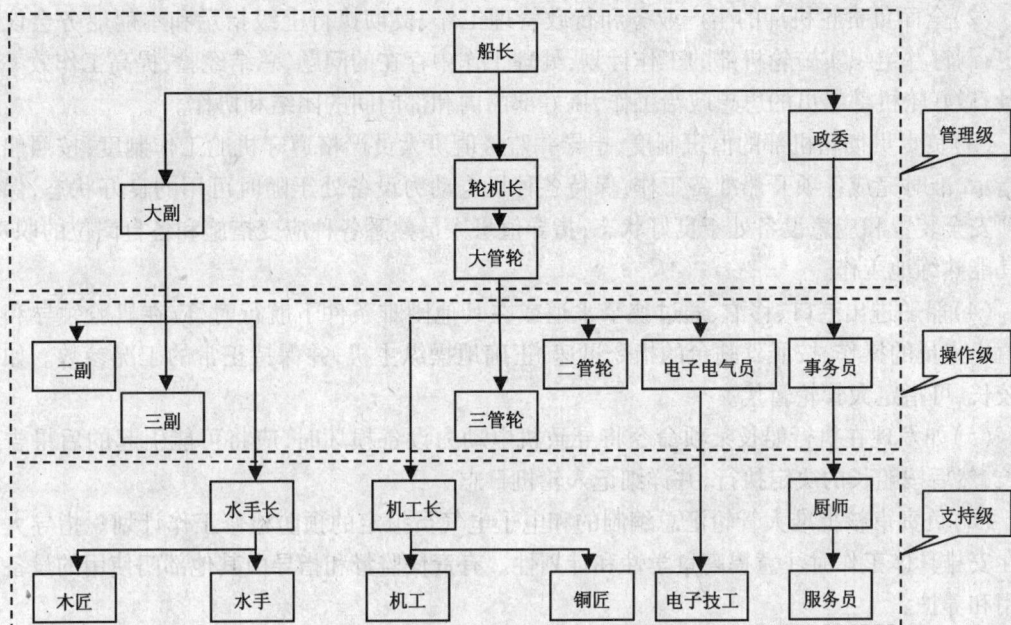

图 11-1　船舶人员的组织结构

在船长的领导下,船舶一般分为 3 个部门,分别是甲板部、轮机部和事务部。大副、轮机长、政委分别是三个部门的部门长;很多时候,政委会被定位为船舶领导,此时,事务员则是事务部的部门长。船舶政委主管船员的思想工作,相当于部队的参谋;在很多船上,政委还负责伙食、防海盗等工作;也有些船舶政委是兼职的。目前,除少数国有企业和高校的实习船外,大多数远洋船舶上已经取消了政委一职。事务员,又称管事,具体负责全船的生活服务工作,办理进出港有关手续和有关客运工作。目前,一些船舶取消此职务,其业务由大副代行。

轮机部的主要职责包括:

(1)主机、发电设备、舵机、锚绞机、锅炉等机械和管系的管、用、养、修。

(2)全船电力系统及用电设备的管理。

(3)全船的明火作业、舱面机械转动部分的保养、修理,舱面管系的修换。

(4)其他有关事项。

二、轮机部高级船员职责

在轮机部,轮机长、大管轮属于管理级,二管轮、三管轮和电子电气员属于操作级,机工长、机工、铜匠和电子技工属于支持级。支持级船员在操作级和管理级船员的指导下开展工作;操作级船员在管理级船员的指导下开展工作。

结合我国各大航运公司的实际情况,对轮机部管理级和操作级船员的基本职责总结如下:

1. 轮机长

(1)轮机长在船长、政委的领导下,全面负责轮机部的工作;是全船机械、动力、电气设备的技术总负责人,并对其他部门所管设备的技术管理进行监督和指导;负责执行船舶维修保养体系和技术操作规程,使各种设备保持良好技术状态,确保船舶安全、优质地完成运输生产任务。

（2）全面负责轮机部的生产业务和行政管理工作，贯彻执行上级指示和本船船务会议的决定；制订并组织实施轮机部的工作计划，处理工作中存在的问题，总结经验，提高工作效率和质量；做好轮机部船员的思想政治工作，搞好部门内和部门间的团结和协作。

（3）负责贯彻轮机部的值班制度，指导并监督值班人员严格遵守机舱工作制度；按照船长的指示，准时完成各项开船准备工作，保持各种机电动力设备处于随时可用的良好状态，保持各项安全装置和应急设备处于良好状态；指导值班人员熟悉各种应变措施和各自岗位的职责，使其能熟练地工作。

（4）船舶进出港口、移泊、通过狭窄水道或在其他困难条件下航行时，应在机舱领导和监督值班人员的操作，按照驾驶台的指令迅速、正确地操纵主机，并保持正常的工况参数。如时间较长，可指定大管轮暂代。

（5）如发现在执行船长某项命令将导致机电动力设备损坏时，应将可能引起的后果告知船长，然后按船长的决定执行，并详细记入轮机日志。

（6）负责审核批准大管轮汇总编制的和电子电气员拟定的预防检修工作计划。指导大管轮在安排具体工作时注意提高科学性和计划性。有责任监督和指导由其他部门使用的设备的使用和养护。

（7）根据本船的实际情况，对未曾列入"船舶保养维修分工明细表"内的机电动力设备，制订补充分工明细表报船长批准，并制订这些设备相应的操作规程、维修保养规则和使用规定等一并公布执行。

（8）经常亲自检查各种机电设备的工作情况，及时纠正异常的工况参数和不正确的操作方法。当轮机员、电子电气员等有疑难问题唤请时，应及时前往现场具体指导处理。

（9）当机电动力设备发生事故时，应立即组织抢修，防止损坏扩大，并采取防止类似事故重复发生的有效措施；及时查明事故原因，如实地将经过和结果记入轮机日志，并写出书面报告，凡涉及索赔或保修的，应按规定另外提出报告并附具必要的证明材料，一并经船长签署后报送船东。

（10）当本船遭遇海难或其他危急情况时，按应变信号指挥机舱人员根据"船舶应变部署表"的分工，坚守岗位，积极抢救；在接到船长的弃船命令时，应尽一切可能对有关设备采取相应的安全措施，亲自携带轮机日志、车钟记录簿或记录纸带（在驾驶台的除外），最后离开机舱。

（11）经常审阅各种机电动力设备的检修记录，审查记录的准确性和完整程度。指导各主管负责人提高检修的技术水平，督促他们在检修过程中认真检查和测量各种部件的磨耗情况，亲自分析测量结果，掌握磨耗规律，及时向船东提供测量记录文件。

（12）航行中应每日审阅并签署轮机日志，并经常检查轮机部其他各种日志记载的正确性和完整性，及时分析和纠正各种不正常工况。轮机日志在船保存三年后送交船东。

（13）负责核算燃润料和锅炉用淡水的储量，及时向船长提出添加量；与大副密切联系，商定油、水的添加和耗用计划，并按计划实施。添加燃油时，应督促二管轮在装前测量岸上油柜或油驳，核对燃油品种和质量，商定添加次序、速度和联系办法，防止错装或溢油；装完后还应测量一次，计算添加数量并与本船计算结果相核对。

（14）负责审核由大管轮汇总编制的修船计划和航次修理项目，送交船长审核后转报船东。厂修期间，组织轮机部船员制订并落实各项安全防护措施；安排好监修、自修、测量记录和验收工作,亲自参加重要机电动力设备和应急设备的拆装和验收。

进坞后,会同船长和大副检查海底阀门、通海阀和阀箱、推进器、艉轴及轴套等,并做好测量记录;出坞前,还须会同检查船底通海阀、船底旋塞等水线以下的各项装置的技术状态。

(15)按时主持轮机部安全活动日的活动,检查各项管理制度和技术操作规程的执行情况;分析事故原因及其经验教训;检查潜伏性事故和不安全因素,采取积极措施,防止发生事故。

(16)教育并督促轮机部船员严格遵守国际防污染公约的有关规定,制订本部门的防污染具体措施;审阅并签署油类记录簿。

(17)监督燃润物料和备件的合理使用;定期提取主、副机润滑油样交有关单位化验分析,发现问题及时处理,使润滑油性能、参数和指标等保持在正常使用的范围内。督促本部门船员做好备件、物料、工具、劳保用品的请领、验收、保管、使用、盘点和报销工作;督促检查计量器具的正确使用和定期鉴定工作。

(18)负责保管图纸、说明书、技术图书及其目录清册;保管备件、属具、物料等清册以及其他技术文件、修理文件和公文:每年至少清点一次所有文件。

(19)负责保管轮机日志和除由船长保管以外的各种设备证书,经常检查证书的有效期,及时报告船长,申请检验和换证。

(20)负责本部门船员在船培训计划的编制和实施,并指导其他部门的有关人员学习机电动力设备的使用、保养知识。

(21)了解本部门新接任船员的技术业务水平和实际工作能力;帮助新接任轮机员或电子电气员尽快熟悉和掌握本船设备的性能、特点、技术指标,操作方法和各项规章制度,使其能够迅速地独立值班和正确地操纵设备。

(22)每航次结束后,应填制或审核签署轮机部航次工况报告,轮机部航次维修保养工作报告,主、副机臂距差测量记录,船舶轮机部热工报告,炉水试验及处理报告表,冷却水处理记录,低速机(或中速机)船主要设备运行时间统计表,航次燃、润滑油消耗报告和其他船东所要求的机务报表,一并报送船东。

(23)接船时组织和指导轮机部船员按合同规定或技术说明书并参照有关规范做好试车、试航和验收工作;按岗位分工对口交接并清点备件、工具、证书、技术文件和其他技术资料;协助并指导其他部门对机电设备的交接验收工作。接船之后,应组织本部门船员进行技术演练,迅速地熟练掌握各种设备的性能、特点、使用方法和操作规程,熟悉各路管系和各种附属设备;负责编制本部门所有的技术文件和技术资料的目录清册;及时审核和申领各种开航必需的备件和物料,并做好各项开航准备工作,将准备情况及时报告船长。

(24)经常对本部门船员的业务技术和工作表现进行考核并定期作出鉴定,提出对他们奖惩、任免的建议并签署意见,报送船长、政委。

(25)安排本部门船员的休假计划报送船长、政委。

(26)经常如实地向船长、政委汇报轮机部的工作,交流并协调全船性的运输生产和安全工作。

2. 大管轮

(1)大管轮是轮机长的主要助手。在轮机长领导下,认真履行值班职责,主管船舶推进装置及其附属设备。协助轮机长做好技术管理和轮机部日常工作,保证轮机部安全优质地完成生产任务。在未配备冷藏员的船上，还承担冷藏员的职责。

（2）负责维护机舱的工作秩序，督促检查本部门船员保持机舱内各个工作场所、各种设备、各种备件、工具、物料及其周围环境的整洁，防止锈蚀、损坏和丢失；安排轮机部所属各舱室的除锈油漆和清洁工作。

（3）负责保持由轮机部管理的各种安全设备、装置和防护设施等经常处于良好可用状态，定期进行必要的检查或试验；负责指导有关人员熟悉和掌握正确的管理和使用方法；负责做好机舱的防火、防爆和防污染工作。

（4）负责分工明细表中规定的以及轮机长指定设备的管理养护、检修工作，使之经常处于良好的技术状态。负责制订主管设备的操作规程、使用规定和注意事项，经轮机长批准后公布实行。

（5）拟定主管设备的预防检修计划，审核二、三管轮和冷藏员所提出的预防检修计划，汇总编制成机械动力设备预防检修计划，经轮机长批准后，组织轮机部人员按计划检查、测量和修理；负责记载并保管修理记录簿，定期送轮机长审阅；指导本部门人员提高检修技术，正确使用工具、量具、仪器等。

（6）拟定主管设备的修船计划，审核二、三管轮和冷藏员等所提出的修船计划，汇总编制轮机部机械动力设备、管系和其他有关设备的修船计划和航次修理项目，送轮机长审核。

（7）厂修时，协助轮机长组织好本部门的监修、自修、测量记录和验收等工作，亲自主持推进装置及其附属设备的监修、测量和验收；具体指导和安排自修工程，合理安排人员，指导并帮助其他轮机员的修理工作和解决工作中的疑难问题；做好机舱的安全防范工作。

（8）及时汇总编制轮机部机械动力设备的备件、物料、工具和本部门劳保用品的申领计划，送轮机长审核上报；指导有关人员做好验收、保管、盘点和合理使用；负责润滑油的申领、验收和报销。

（9）负责保管由本人主管设备的技术文件、技术资料、图纸和专用工具、专用仪器等。

（10）安排轮机部的航行和停泊值班表，并按值班制度执行；停泊期间每日审阅和记载轮机日志。

（11）协助轮机长修改完善各种设备的操作规程和使用规定；提出技术管理的建议，经轮机长批准后公布施行。

（12）协助轮机长制订和实施本部门船员的在船培训计划。

（13）在抢修主机或主机吊缸检修、主机大修后试验、新到任轮机长首次试验主机时，均应在场。

（14）当本船遭遇海难或其他危急情况时，除按照"船舶应变部署表"规定的职责做好工作外，还应按轮机长的指示，指挥轮机部人员做好应变抢救工作。

（15）当轮机长因病或其他原因不能继续执行职务，或新接任轮机长尚未到任前，临时代理轮机长的职务。

3.二管轮

（1）二管轮在轮机长和大管轮的领导下执行值班制度，主管发电原动机及其附属设备及分工明细表规定的和轮机长指定的各种设备。

（2）拟定主管设备的预防检修计划，交大管轮审核汇总，按大管轮的安排进行检查、测量及修理；记载并保管修理记录簿定期送轮机长审阅。

（3）停泊时除执行值班制度外,领导大管轮分派给他的人员进行检修工作。

（4）负责燃油测量、记录和统计,按时报告轮机长;负责添加燃油,在装油前测量油驳或岸上油柜,并测试油质;安排好添加次序、速度,装完后还应测量、计算添加数量,并与本船计算结果相核对。在加油过程中,正确留取油样,防止错装或溢油。航次结束后,负责填写燃润料消耗报告送轮机长审核后报船东。

（5）在海上航行时每天填写并与二副交换正午报告。

（6）执行各项操作规程和制度,提出主管设备的技术管理意见,报轮机长批准后执行。

（7）拟定主管设备的修船计划,提出航次修理项目,送交大管轮审核汇总;修船期间,除完成自修项目外,按大管轮的安排认真对厂修工程进行监修和验收,完成轮机长和大管轮指派的其他工作。

（8）拟定主管设备的备件、专用物料、工具、仪器请领计划送交大管轮汇总后报轮机长审核;并负责验收、清点和报销。

（9）负责保管由本人主管设备的技术文件、资料以及专用物料、工具、仪器等,并保持良好可用状态。

（10）坞修时,应监督船厂拆装燃、润料油柜的船底旋塞。

（11）在不配备电子电气员的船上,承担电子电气员的部分职责。

4. 三管轮

（1）三管轮在轮机长和大管轮的领导下执行值班制度,主管甲板机械、副锅炉及其附属设备及分工明细表规定的和轮机长指定的各种设备;在未配备冷藏员的船上,还应在大管轮的指导下履行冷藏员的部分职责。在未配备电子电气员的船上,还应担任电子电气员的部分职责。

（2）拟定主管设备的预防检修计划,交大管轮审核汇总,按大管轮的安排进行检查、测量及修理;记载并保管修理记录簿,定期送轮机长审阅。

（3）停泊时除执行值班制度外,领导大管轮分派给他的人员进行检修工作。

（4）负责拆检泄水管和排污管系。在排污过程中,应严格遵守国际防污染公约中的有关规定,采取有效的防污措施,并认真填写油类记录簿。船在港口应严格遵守当地的防污规定。指导甲板部有关船员正确操作和保养甲板机械。

（5）负责救生艇发动机、应急泵和其他由本职所管的应急、安全设备的管理,定期进行保养、检查、维修和试验,使其经常处于良好技术状态。

（6）执行各项操作规程和制度,提出对主管设备的技术管理意见,报轮机长批准后执行。

（7）拟定主管设备的修船计划,提出航次修理项目,送交大管轮审核汇总;修船期间,除完成自修项目外,按大管轮的安排认真对厂修工程进行监修和验收,完成轮机长和大管轮指派的其他工作。

（8）提出主管设备的备件、专用物料、工具、仪器请领计划送交大管轮汇总后报轮机长审核,并负责验收、清点和报销。

（9）负责保管由本人主管设备的技术文件、资料以及专用物料、工具、仪器等,应保持正常良好的使用状态。

5. 电子电气员

电子电气员是《STCW公约马尼拉修正案》的新增职责,其综合了前期的电机员和报务员的职责。目前,电子电气员并非船舶的强制配员,但满足条件的人员可以申请电子电气员适任证书。

　　根据《STCW 公约马尼拉修正案》规定,电子电气员的职能共有三项:电子电气和控制工程、维护和修理、船舶操作控制和船上人员管理。在此基础上,各航运公司可结合船舶设备、船舶配员、船员技术水平等实际情况,对电子电气员的职责作适当调整。一般情况下远洋船舶电子电气员的主要职责如下:

　　(1)电子电气员在轮机长的领导下,熟悉和执行公司的质量方针,主管船舶电力系统、电机等电气设备、自动检测报警和控制装置的管理和维修;负责船舶通信设备、助航仪器和全船其他电气电子设备的维护和保养;完成公司质量管理体系中有关工作。

　　(2)全面负责管理、维护和保养船舶发电机、电动机、电力系统及其自动控制装置;负责维护和修理船舶主机遥控及安全保护系统、主机曲柄箱油雾探测器、集中监控警报系统及副机、舵机、制冷装置、锅炉、防污染设备等机舱辅助机械的电子电气部分;负责维护和修理船舶内部通信系统、火警系统和烟雾探测系统、电气仪表、船体外加电流阴极保护装置、海水防海生物装置、船舶避雷装置;负责维护和修理空调系统及全船通风系统的电气部分、厨房和生活电器设备;负责修理移动式电气设备和电动工具;负责货物装卸设备、锚缆机及其他甲板机械的电气及控制系统;负责管理和维护船舶正常和应急照明系统、岸电接入装置、24 V 直流系统。

　　(3)负责导航、助航设备电气部分的检查、维护和修理,包括船舶导航雷达、GPS 接收机、电罗经、回声探测仪、计程仪等的检查、维护和修理,其他电子电气装置如自动车钟仪、主机转速指示器、风速仪、舵角指示器、航行灯、运河灯、信号灯等电气电子设备的维修等;负责各种通信设备的维护和保养,包括各类 Inmarsat 船站,MF/HF 组合电台、VHF 设备、SART、EPIRB、DSC 设备、救生艇电台、GMDSS 专用蓄电池;船上各种天线等。

　　(4)负责船上办公用计算机硬件系统和通用软件系统的检查和修理,负责船上计算机和网络控制系统的维护、故障排除和病毒防控。

　　(5)根据本船实际情况,按照国家、公司有关标准和规则,负责船舶安全用电和电气防火防爆规则的制定,经轮机长批准后公布实施;根据船舶电机和电气设备、电子设备的情况,拟定和实施主管设备的安全操作规程。

　　(6)日常检查和记录船舶电力系统、电机及其他电子电气设备的运行情况,纠正不正常的工况参数,遇到疑难问题应及时报告轮机长;设备发生事故时应立即采取有效措施防止事故扩大,及时报告轮机长并查明原因,落实防止事故重复发生的措施。

　　(7)对全船应急电源系统、应急照明系统应定期检查、保养和试验,负责应急发电机起动电瓶充放电与保养,并做好记录;对其他应急设备的电子、电气部分配合检查,确保使用可靠性;对重要关键电气设备应定期检查和功能试验。

　　(8)定期测量、检查、记录全船电气绝缘,保证设备和线路经常处于良好的技术状态;做好防潮湿、防高温、防擦碰等防护工作;经常注意危险警告牌的正确悬挂;禁止非电气工作人员接触重要的带电设备。

　　(9)开航前做好各项开航准备工作,特别应注意检查舵机、锚机、绞缆机、航行灯、无人机舱的遥控装置、各种报警装置等电机(气)设备的可靠性;开航后,应检查甲板、室外电气设备和装置的水密与防潮情况。

　　(10)到港前应检查锚机、绞缆机、装卸设备的电气部分,甲板和室外照明装置及装货灯,发现问题应及时修复,确保系泊和装卸作业的顺利进行。

（11）船舶进出港、移泊、抛（起）锚或在备车状态航行时，应在机舱值班。

（12）拟定电机、电子、电气设备和线路的预防检修计划，经轮机长批准后，按计划检查、测量和维修；负责记载并保管电机日志和测量修理记录簿，定期送轮机长审阅签署。

（13）负责保持电机、电气设备、物料间和电气工作间的整洁。

（14）拟定主管设备的修船计划，提出航次修理项目，送交轮机长审核；厂修期间，负责发电机、电站、重要的电机和电气设备、通信导航设备的监修和验收；负责船舶临时用电的管理；做好自修工作；在重要设备安装或更新时，应亲自在场监督、验收。

（15）负责编制全船电气设备、电子设备、控制系统的计算机、办公用电脑等设备的备件、工具、仪器（表）、专用物料等的请领计划，送轮机长审核，并负责保管、养护、验收、盘点和报销。

（16）负责保管由本人主管设备的技术文件、图纸、说明书和其他技术资料；负责所属设备各类报表的填报、存档。

（17）在有电子技工的情况下，合理分工，领导电子技工或实习船员完成上述工作；负责对实习船员的业务指导和培训工作；交接班时做好交接班工作。

（18）在应急情况下履行应急程序所规定的职责。

（19）经常如实地向轮机长汇报工作，并完成轮机长指派的其他工作。

6. 船舶机电设备检修与养护分工明细表

根据上述轮机部高级船员的职责，总结出我国船舶轮机员、电子电气员分工明细如表11-3所示。由于各公司管理制度不尽相同，船舶设备及自动化程度、船员配备也不尽相同，实际分工可能略有区别。

表11-3　我国船舶机电设备检修与养护分工明细表

序号	负责人	类别	分工明细
1			主机，主机盘车机
2			为主机服务的动力系统
3		推进装置及其系统	主机及其系统的监测和应急装置
4			中间轴、艉轴及其系统，螺旋桨
5			侧推器及其系统
6			推进装置遥控、自动控制装置
7		船舶操纵设备	舵机和操舵装置
8			船舶减摇装置
9		制冷装置	伙食（货物）冷藏装置
10	大管轮	滑油管理	滑油舱柜、滑油驳运泵及系统
11			滑油分油机及其系统
12			机舱灭火系统
13			机舱防火风闸
14		应急设备及系统	机舱水密门、逃生通道
15			机舱舱底应急吸口
16			机舱堵漏设备
17			防海生物装置
18		其他	机舱起重设备、车床、测量工具
19			各种物料

（续表）

序号	负责人	类别	分工明细
20	二管轮	副机	副机
21			为副机服务的动力系统
22		燃油管理	燃油舱柜、燃油驳运泵及系统
23			燃油分油机及其系统
24			油渣柜
25		压缩空气系统	空气压缩机、空气瓶、空气管系
26		造水机	造水机及其系统
27		应急设备及系统	应急发电机原动机
28			应急空压机
29			油柜速闭阀及操纵机构
30	三管轮	锅炉及蒸汽系统	锅炉及附属设备和系统
31			全船蒸汽与凝水系统、给水与排污系统
32		甲板机械	起货机，舱盖启闭系统
33			锚机，绞缆机
34		空调系统	空调及其制冷和取暖设备
35		船舶辅助管系	舱底水系统
36			压载水系统
37			机舱饮用水、日用淡水（包括热水）、卫生水系统
38		防污染设备	油水分离器
39			焚烧炉
40			生活污水处理装置
41		应急设备及系统	消防系统（含应急消防泵）
42			救生艇发动机
43		其他	厨房机械
44	电子电气员（电机员）	电气设备及系统	发电机，电动机，各种电气设备

三、船员调动交接制度

1. 通则

（1）船员公休假、因故调离船舶或在原船变动职务并有接替人员到船接任时，均应按本制度各项规定把工作认真交接清楚。在港期间短期请假的船员也应参照本制度向临时接任的人员妥善地交待或安排离船期间本职需做的工作及有关事宜。

（2）交班船员接到领导通知后应按要求认真做好交接准备，抓紧完成（或完成其中一个段落）正在进行中的工作，集中并整理好各种应交物品，以便交接工作得以顺利进行。

（3）接班船员按公司通知到船后，应立即向直接领导人报到并按指示抓紧接班，不得借口拒绝或拖延接班。

（4）交班时间一般不应超过3天。交接时交方应耐心细致，接方要虚心勤问，不含糊接班。原则上，属于设备问题和遗留工作交方一定要交待清楚，接方不应因本身的业务能力而过多地拖延时间，如有争议应报告领导处理。

（5）交班船员中凡涉及事故处理，各种海、机、货损报告以及保险索赔等手续的当事者和有关负责人等均应亲自办理完毕，不得移交给接班船员代办，但应向接班船员详细说明情况。

（6）接班完毕后：

①共同向直接领导人汇报交接情况。

②高级船员应办理调动交接记录，双方签署后由直接领导人加签监交。

③船长、轮机长、大副交接后还应分别在航海日志、轮机日志上共同签署。

④持有适任证书的高级船员，不论调离职或到任，应由船长、轮机长、电台负责人分别在有关日志记载并签署。

⑤经直接领导认可或监交签署后，交接方告完毕。在此之前，工作由交班船员负责，之后，由接班船员负责。

（7）交接完毕后，交班船员应在三天内离船，不要妨碍接班船员的工作或影响其生活秩序。

（8）如有同职实习人员并为正职代管或分管部分工作的情况，当实习人员离职时应将工作交回正职船员。正职船员交接时应包括实习人员代管或分管的工作，不能省略，也不能因有同职实习人员而不认真交班。凡因此而影响工作或产生后果者，由正职船员承担责任。

（9）凡接班船员到船时交班船员先已离去，因而未能对口交接者，应由直接领导人或由其指定的人员代为交接，或者由接班者单方面清点物品，熟悉情况。在此情况下，也须填写调动交接记录，详细注明情况并由直接领导人签署。

（10）凡因在原船变动职务而不认真执行本制度或者拖延办理交接手续，从而发生事故造成损失者，按本制度第（6）条区分责任。

2. 交接

（1）交接工作分实物交接和情况介绍两部分。如果实物短缺，一般物品应在交接记录中注明，重要物品或者虽为一般但数量甚多者，应报告领导处理。必要时还应请示公司解决。实物交接时应结合情况介绍。

（2）情况介绍

①本船、本部门和本专业的概貌、特点、总的技术状况和存在的主要问题。

②除公司和上级领导机关规定以外的本船自订或补充制定的各项规章制度，特别是涉及本专业和本职的部分。

③根据分工明细表和补充分工明细表，本职在本船的具体分工职责及有关规定。

④本职和别的部门、专业、工种相衔接或协作配合的工作项目及其主次关系和工作习惯等。

⑤本职、本部门和本专业的各项生产、工作计划及其执行情况。

⑥公司最近下达的重要指示和新的规章制度。

⑦在港期间，本船、本部门或本专业的本职范围正在进行的和待办的工作以及领导布置的工作。

⑧下航次任务和开航准备的进行情况。

⑨本职在应变部署中的岗位和职责，实地交待救生衣、应携带或操作的设备、器材的位置、用途、性能和使用方法、注意事项等。

⑩各级负责船员还应将所领导的人员的技术业务能力、思想表现、工作作风和其他特点等向接方详细介绍。

（3）双方共同到设备现场和工作现场，包括共管或协作的项目，由交方详细介绍。

①所管设备及其附属设备、装置、属具、专用仪表（器）和工具的名称、性能、运转现状、易出故障或事故的部分及其解决办法或应急措施以及注意事项等。

②有关管系、（电）线路的各种阀门和开关，操纵控制装置和监测指示仪表的位置、工况数

据、使用方法,操作时容易发生的错误及其注意事项。

③重要仪表的准确程度,安全报警装置或指示信号的可靠性,各种安全应急设备(或装置)的位置及其操作使用方法。

④油、水柜的分布,各柜容量和残留量(即死油、死水),测量管或测量装置的位置,测量数据的换算方法以及误差等情况。

⑤结合实物交接弄清各种属具、备件、工具、器具、物料的存放位置、储备情况和亟待补充的品种和数量;专用物料(如化学品剂等)的性能、保管、使用方法及安全注意事项。

⑥除严格规定不得任意拆动或者有碍安全生产的实物外,当接方认为必要时,要进行操作示范或者拆开某些部件,使接方更清楚地了解情况。对于某些无法直观或拆检工作量很大的部件,交方要尽其所知详细介绍。

⑦其他需要说明或强调的问题。

(4)各种现存问题、遗留工作、正在进行尚未结束的工作、重要待办事项等均应详细交接并记入交接记录内。

附录一　轮机管系符号说明

轮机管系符号说明（一）

符号	名称	符号	名称	符号	名称
	温度表		通岸接头		分离器
	水银温度计		水封式甲板漏水口		疏水器
	压力表及阀		甲板漏水口		漏斗
	压力真空表及阀		可闭式甲板漏水口		异径接头
	压差表		帽型空气管头（带网）		手动泵
	流量计		帽型空气管头（不带网）		Y型滤器
	吸入口		测深头或注入头		波形膨胀接头
	液流视察器		喷射器		油品流量计
	节流孔板		油盘		排油监控装置流量计

(续表)

符号	名称	符号	名称	符号	名称
	伸缩接头		液位计		吸入滤网
	盲板法兰		泥箱		取样装置
	盲通法兰（常闭）		单联滤器		
	盲通法兰（常开）		双联滤器		

轮机管系符号说明（二）

符号	名称	符号	名称	符号	名称
	截止止回阀		三通旋塞		泄舱底
	截止阀		速闭阀		上行管
	止回阀		电磁阀		下行管
	蝶形止回阀		隔膜阀		不连接交叉管
	舌形止回阀		遥控蝶阀		连接交叉管
	手动蝶阀		软管阀		空气管

（续表）

符号	名称	符号	名称	符号	名称
▷◁	闸阀	温控阀图	温控阀	软管图	软管
自闭式泄放阀图	自闭式泄放阀	浮球阀图	浮球阀		
减压阀图	减压阀	防浪阀图	防浪阀		
安全阀图	安全阀	热油调节阀图	热油调节阀		
调节阀图	调节阀	测深自闭阀图	测深自闭阀		
旋塞图	旋塞	甲板操纵油船闸阀图	甲板操纵油船闸阀		

轮机管系符号说明（三）

符号	名称	符号	名称	符号	名称
1. 传感器					
PS	压力开关	FS	流量开关	LT	液位变送器
TS	温度开关	PT	压力变送器		
LS	液位开关	TT	温度变送器		
2. 指示器					
PI	压力指示器	TI	温度指示器	LI	液位指示器

（续表）

符号	名称	符号	名称	符号	名称
3. 报警					
PAH	压力高报警	DAH	浓度高报警	SAH	盐度高报警
PAL	压力低报警	VAH	黏度高报警	VAN	失电报警
TAH	温度高报警	EAS	应急停止报警	IAF	综合故障报警
TAL	温度低报警	FAN	断流报警	TDAH	温度偏差值高报警
LAH	液位高报警	FAS	异常停止报警	OA	其他异常报警
LAL	液位低报警	PDAH	压差高报警		
4. 控制					
SHD	故障停车	ASTP	自动启/停	TAC	温度自动控制
SLD	故障降速	ACH	自动切换		

附录二 STCW 规则表 A − Ⅲ/1

有人值班机舱负责轮机值班的高级船员或周期性无人值班机舱指定值班的轮机员最低适任标准

职能:轮机工程 操作级

第1栏	第2栏	第3栏	第4栏
适任	知识、理解和熟练	表明适任的方法	评价适任的标准
保持安全的轮机值班	轮机值班应遵守的基本原则的全面知识,包括: .1 与接班有关的职责 .2 值班期间履行的日常职责 .3 轮机日志的填写和所填读数的意义 .4 与交班有关的职责 安全和应急程序;将所有系统遥控/自控转换为现场控制 值班时应遵守的安全预防措施以及一旦发生火灾或事故(特别是油类系统火灾或事故)时应采取的紧急措施	评估从下列一项或数项获取的证据: .1 认可的工作资历 .2 认可的培训船经历 .3 认可的模拟器培训,如适用 .4 认可实验室设备培训	值班和交接班符合公认的原则和程序 轮机设备和系统的检测频度和范围符合厂家的建议、公认的原则和程序,包括轮机值班中应遵守的原则 对有关船舶轮机系统的动态和活动保持规范的记录
保持安全的轮机值班(续)	机舱资源管理 机舱资源管理原则的知识,包括: .1 资源的分配、分派和优先排序 .2 有效的沟通 .3 决断力和领导力 .4 具有和保持情景意识 .5 考虑团队经验	评估从下列一项或数项获取的证据: .1 认可的培训 .2 认可的工作经历 .3 认可的模拟器培训	根据需要按正确的优先顺序分配和分派资源,以执行必要的任务 交流清楚、无歧义 对有疑问的决定和/或行动适当质疑和响应 确认有效的领导行为 团队成员对当前和预计的机舱及其关联系统的状态及外部环境有共同的准确理解
以书面和口语形式使用英语	使轮机部高级船员能够使用轮机出版物并能履行轮机职责的足够的英语知识	考试并评估从实际训练中获取的证据	正确解读与轮机职责有关的英语出版物 交流清楚、明白

（续表）

第1栏	第2栏	第3栏	第4栏
适任	知识、理解和熟练	表明适任的方法	评价适任的标准
使用内部通信系统	船上所有的内部通信系统的操作	评估从下列一项或数项获取的证据： .1 认可的工作经历 .2 认可的培训船经历 .3 认可的模拟器培训，如适用 .4 认可的实验室设备培训	信息的发送和接收持续有效通信记录完整、准确且符合法定要求
操作主机和辅机以及相关的控制系统	机械系统的基本结构和工作原理，包括： .1 船用柴油机 .2 船用蒸汽轮机 .3 船用燃气轮机 .4 船用锅炉 .5 轴系，包括螺旋桨 .6 其他辅助机械，包括各种泵、空压机、分油机、造水机、热交换器、制冷装置、空调及通风系统 .7 舵机 .8 自动控制系统 .9 滑油系统、燃油系统和冷却系统的流体流动和特性 .10 甲板机械 推进装置机械的安全和应急操作程序，包括控制系统	考试并评估从下列一项或数项获取的证据： .1 认可的工作经历 .2 认可的培训船经历 .3 认可的实验室设备培训	利用图纸/说明书理解和解释结构及工作机理
操作主机和辅机以及相关的控制系统（续）	为防止下列机械设备和控制系统的损坏的准备、操作、故障检测及必要的措施 .1 主机及相关辅助设备 .2 蒸汽锅炉和相关辅助设备及蒸汽系统 .3 副机原动机及相关系统 .4 其他辅助机械，包括制冷装置、空调和通风系统	考试并评估从下列一项或数项获取的证据： .1 认可的工作经历 .2 认可的培训船经历 .3 认可的模拟器培训，如适用 .4 认可的实验室设备培训	操作有计划，并按照操作手册、既定规则和程序进行，以确保操作安全和防止海洋环境污染 迅速发现异常情况 推进装置和轮机系统的输出功率持续满足要求，包括与变速和变向有关的驾驶台指令 迅速识别机械故障的原因，采取的措施旨在确保船舶和动力装置的总体安全，并考虑当前的环境和条件

（续表）

第1栏	第2栏	第3栏	第4栏
适任	知识、理解和熟练	表明适任的方法	评价适任的标准
燃油系统、滑油系统、压载水系统和其他泵系以及相关控制系统的操作	泵和管系的工作特性，包括控制系统 泵系操作： .1 泵的日常操作 .2 舱底水系统、压载水系统和货泵系统的操作 油水分离器（或类似设备）的要求和操作	考试并评估从下列一项或数项获取的证据： .1 认可的工作经历 .2 认可的培训船经历 .3 认可的模拟器培训，如适用 .4 认可的实验室设备培训	操作有计划，并按照操作手册、既定规则和程序进行，以确保操作安全和防止海洋环境污染 迅速发现异常情况，并采取适当的行动

职能：电气、电子和控制工程（操作级）

第1栏	第2栏	第3栏	第4栏
适任	知识、理解和熟练	表明适任的方法	评价适任的标准
操作电气、电子和控制系统	下列电气、电子和控制设备的基本配置和工作原理 .1 电气设备： .a 发电机和配电系统 .b 备车、起动、并车和发电机的切换 .c 电动马达，包括起动方式 .d 高压装置 .e 相序控制电路和相关系统设备 .2 电子设备： .a 基本电路元件的特性 .b 自动和控制系统的流程图 .c 机械设备控制系统的功能、特性和参数，包括主推进装置操作控制和蒸汽锅炉自动控制 .3 控制系统： .a 各种自动控制方式和特性 .b 比例－积分－微分（PID）的控制特性和用于程序控制的相关系统设备	考试并评估从下列一项或数项获取的证据： .1 认可的工作经历 .2 认可的培训船经历 .3 认可的模拟器培训，如适用 .4 认可的实验室设备培训	操作有计划，并按照操作手册、既定规则和程序进行，以确保操作安全 利用图纸/说明书理解和解释电气、电子及控制系统

(续表)

第1栏	第2栏	第3栏	第4栏
适任	知识、理解和熟练	表明适任的方法	评价适任的标准
电气和电子设备的维护与修理	船舶电气系统的工作安全要求,包括在允许人员检修该设备之前所要求的电气设备的安全隔离 电气系统设备、配电板、电动机、发电机和直流电气系统及设备的维护与修理 电气故障和故障位置的检测及防止损坏的措施 电气测试和测量设备的结构和操作 以下设备及其装置的功能和性能测试: .1 监控系统 .2 自动控制设备 .3 防护设备 电气和简单电路图的识读	考试并评估从下列一项或数项获取的证据: .1 认可的车间技能培训 .2 认可的实际经验和测试 .3 认可的工作经历 .4 认可的培训船经历	工作安全措施适当 手动工具、测量仪表、检测设备适当,且对结果的解释准确 设备的拆卸、检查、修理和装复符合操作手册及良好的做法 装复和性能测试符合操作手册及良好的做法

职能:维护和修理(操作级)

第1栏	第2栏	第3栏	第4栏
适任	知识、理解和熟练	表明适任的方法	评价适任的标准
适当使用用于船上加工和修理的手动和机械工具及测量仪表	船舶和设备建造和修理中使用的材料的特性和局限性 加工和修理程序的特点和局限性 在系统和元器件的加工和修理中考虑的性质和参数 进行安全应急/临时修理的方法 为确保安全的工作环境和使用手动和机械工具及测量仪表而采取的安全措施 使用手动和机械工具及测量仪表 使用各种类型的密封材料和填料	考试并评估从下列一项或数项获取的证据: .1 认可的车间技能培训 .2 认可的实际经验和测试 .3 认可的工作经历 .4 认可的培训船经历	对用于典型船用元器件加工的重要参数的识别适当 材料选择适当 加工满足指定的公差 设备、手动和机械工具及测量仪表的使用适当且安全
船上机械和设备的维护与修理	为修理和维护采取的安全措施,包括在允许人员进行船上机械和设备检修之前的安全隔离 适当的基础机械知识和技能 机械和设备的维护与修理,如拆卸、调整和装复 合适的专用工具及测量仪表的使用 设备制造中设计特点和材料选择 机械图纸和手册的识读 管路、液压及图纸的识读	考试并评估从下列一项或数项获取的证据: .1 认可的车间技能培训 .2 认可的实际经验和测试 .3 认可的工作经历 .4 认可的培训船经历	遵循的安全程序适当 所选择的工具和备件适当 设备的拆卸、检测、修理和装复符合使用手册及良好的做法 重新调试和性能测试符合使用手册及良好的做法 材料和部件的选择适当

职能:船舶作业管理和人员管理(操作级)

第1栏	第2栏	第3栏	第4栏
适任	知识、理解和熟练	表明适任的方法	评价适任的标准
确保遵守防污染要求	防止海洋环境污染 防止海洋环境污染应采取的预防措施的知识 防污染程序和所有相关设备 采取积极措施保护海洋环境的重要性	考试并评估从下列一项或数项获取的证据: .1 认可的工作经历 .2 认可的培训船经历 .3 认可的培训	监督船上操作和确保符合《MARPOL公约》要求的程序得到全面遵守 采取的行动旨在确保维持良好的环保声誉
保持船舶的适航性	船舶稳性 稳性、吃水差、强度图表和强度计算设备的实用知识和应用 理解水密完整性的基本知识 理解一旦完整浮性部分丧失时应采取的基本行动 船舶构造 船舶主要构件的一般知识和各部件的正确名称	考试并评估从下列一项或数项获取的证据: .1 认可的工作经历 .2 认可的培训船经历 .3 认可的模拟器培训,如适用 .4 认可的实验室设备培训	各种装载条件下的稳性状况达到IMO完整稳性标准 为确保和维持船舶水密完整性而采取的行动符合公认的做法
船上防火、控制火灾和灭火	防火和灭火设备 组织消防演习的能力 火的种类和化学性质的知识 灭火系统的知识 失火(包括发生涉及油类系统的火灾)时应采取的行动	评估从第A-Ⅵ/3节第1段至第3段规定的认可的消防培训和实践经验中获得的证据	迅速确定问题的类型和范围,初始行动符合船舶应急程序和意外事故应急计划 撤离、应急关闭和隔离程序适合紧急情况的性质,并迅速实施 向上报告和通知船上人员的优先顺序、级别、时限与紧急情况的性质相关,并反映事态的紧急程度
操作救生设备	救生 组织弃船演习的能力和操作救生艇筏、救助艇及其释放装置和设备,包括无线电救生设备、卫星应急无线电示位标、搜救应答器、救生服和保温用具在内的知识	评估从第AⅥ/2节第1段至第4段规定的认可的培训和实际经验中获取的证据	在弃船求生情况下采取的行动适合于当时的环境和条件,并符合公认的安全做法和标准
在船上应用医疗急救	医护 实际应用医疗指南和无线电咨询,包括根据这种知识对船上可能发生的事故和疾病采取有效行动的能力	评估从第AⅥ/4节第1段至第3段规定的认可的培训中获取的证据	迅速确认伤病的可能原因、性质和程度,加以治疗以尽快减小对生命的直接威胁

（续表）

第1栏	第2栏	第3栏	第4栏
适任	知识、理解和熟练	表明适任的方法	评价适任的标准
监督遵守法定的要求	涉及海上人命安全和保护海洋环境的 IMO 有关公约的基本实用知识	评估从考试或认可的培训中获取的证据	正确确认有关海上人命安全和保护海洋环境的法定要求
领导力和团队工作技能的运用	船上人员管理和培训的实用知识 国际海事公约和建议以及相关国内立法的知识 运用任务和工作量管理的能力，包括： .1 计划和协调 .2 人员指派 .3 时间和资源的限制 .4 优先排序 运用有效资源管理的知识和能力： .1 资源的分配、分派和优先排序 .2 船上和岸上的有效沟通 .3 决策反映出团队的经验 .4 决断力和领导力，包括激励 .5 具有并保持情景意识 运用决策技能的知识和能力： .1 局面和风险评估 .2 识别并考虑选项 .3 选择行动方案 .4 评价结果的有效性	评估从下列一项或数项获取的证据： .1 认可的培训 .2 认可的工作经历 .3 实际演示	分配船员工作，并以适合相关人员的方式告知所要求的工作标准和行为准则 培训目标和培训活动以对目前适任性和能力的评估和操作要求为基础 表明操作符合适用的规则 操作有计划并根据需要按正确的优先顺序分配和分派资源，以执行必要的任务 交流清楚、无歧义 表明有效的领导行为 相关团队成员对当前和预计的船舶和操作的状态及外部环境有共同的准确理解 决策对于局面最有效
有助于人员和船舶的安全	个人求生技能的知识 防火知识和灭火能力 基本急救的知识 个人安全和社会责任的知识	评估从第 AVI/1 节第 2 段规定的认可的培训中获取的证据	正确使用适当的安全和防护设备 始终遵循旨在保护人员和船舶的程序和安全工作做法 始终遵循旨在保护环境的程序 发生紧急情况时的初始和后续行动符合既定的应急反应程序

参考文献

[1] 黄连忠,赵俊豪.船舶动力装置与特种装备[M].大连:大连海事大学出版社,2016.

[2] 于洪亮.船舶动力装置技术管理[M].大连:大连海事大学出版社,2009.

[3] 于洪亮,黄连忠.船舶动力装置[M].大连:大连海事大学出版社,2006.

[4] 李世臣.海上轮机实习[M].大连:大连海事大学出版社,2010.

[5] 张跃文,等.船舶管理(中华人民共和国海船船员适任考试培训教材)[M].大连:大连海事大学出版社,2012.

[6] 杜太利,张存有,吴桂涛.2种空气型艉密封的特点及应用[J].航海技术,2014.

[7] Propeller Instruction Manual. Man B&W Diesel A/S, 2006.

[8] Brown Brothers Aquarius series folding fin ship stabilizer operation and maintenance manual. Rolls-Royce, 2005.

[9] Instruction Manual for Auxpac520W4L20 Diesel Engine. Wartsila, 2006.

[10] Computerised Engine Application System (CEAS), MAN-B&W Diesel A/S, 2006.

[11] Project Guide. MAN-B&W Diesel A/S, 2014.

[12] 中国船级社.钢质海船入级规范[S].2015.

[13] 中华人民共和国海事局.船舶与海上设施法定检验技术规则[S].2004,2008年修改通报.

[14] 中国船级社.法定检验实施指南[S].2006.

[15] 中国船级社.船舶安全管理体系认证规范[S].2010.

[16] 国际海事组织.国际海上人命安全公约(SOLAS公约)[S].2014年综合文本.

[17] 国际海事组织.国际防止船舶造成污染公约[S].2011.

[18] 国际海事组织.国际船舶压载水和沉积物控制与管理公约[S].2004.

[19] 国际海事组织.1978年海员培训、发证和值班标准国际公约马尼拉修正案.中华人民共和国海事局译.[M].大连:大连海事大学出版社,2010.

[20] 中华人民共和国海事局.STCW公约马尼拉修正案履约指南[M].大连:大连海事大学出版社,2010.